114年版
近五年
英文學測/指考
試題詳解 詳解本

114 年升大學學測 / 指考英文試題　詳解　目錄

114 年升大學學測英文試題　詳解 ………	學 114 年 P.1 - P.32
113 年升大學學測英文試題　詳解 ………	學 113 年 P.1 - P.30
112 年升大學學測英文試題　詳解 ………	學 112 年 P.1 - P.30
111 年升大學學測英文試題　詳解 ………	學 111 年 P.1 - P.30
110 年升大學學測英文試題　詳解 ………	學 110 年 P.1 - P.32
110 年升大學指考英文試題　詳解 ………	指 110 年 P.1 - P.32
109 年升大學指考英文試題　詳解 ………	指 109 年 P.1 - P.34
108 年升大學指考英文試題　詳解 ………	指 108 年 P.1 - P.32
107 年升大學指考英文試題　詳解 ………	指 107 年 P.1 - P.36
106 年升大學指考英文試題　詳解 ………	指 106 年 P.1 - P.34
110 年升大學試辦學測英文試題　詳解 ‥	試 110 年 P.1 - P.29

學測篇

114 年升大學學測英文試題詳解

114 年升大學學測英文試題 解答

1. (C)　　2. (A)　　3. (A)　　4. (C)　　5. (C)
6. (D)　　7. (D)　　8. (A)　　9. (B)　　10. (A)
11. (B)　　12. (B)　　13. (A)　　14. (C)　　15. (D)
16. (D)　　17. (C)　　18. (C)　　19. (B)　　20. (A)
21. (I)　　22. (A)　　23. (B)　　24. (F)　　25. (D)
26. (C)　　27. (E)　　28. (G)　　29. (J)　　30. (H)
31. (D)　　32. (C)　　33. (A)　　34. (B)　　35. (A)
36. (C)　　37. (D)　　38. (C)　　39. (A)　　40. (B)
41. (D)　　42. (B)　　43. (C)　　44. (A)　　45. (D)
46. (A)　　47. educating / entertaining　　48. confined / caged

49. (C)、(D)、(G)、(I)

50. fostering empathy 或 Fostering empathy.

114 年升大學學測英文試題 詳解

第壹部分：選擇題（占 62 分）

一、詞彙題（占 10 分）

(C) 1. 如果你在漏水的水龍頭下放一個容器，你會對二十四小時內收集到的水量感到驚訝。
  a. (A) border [ˋbɔrdɚ] n. 邊界，國界 & vt. 與……接壤
    The wooden fence forms a decorative border around the large backyard garden.
    （木圍籬繞在寬敞的後花園周圍形成裝飾性的界線。）
   (B) timer [ˋtaɪmɚ] n. 定時器，計時器
    The digital timer on the oven beeped loudly after twenty minutes of cooking.
    （烤箱上的數位計時器在烹煮二十分鐘後發出響亮的嗶嗶聲。）
   (C) container [kənˋtenɚ] n. 容器
    The old wooden container in the corner of the barn held a collection of rusty tools.
    （穀倉角落的木製舊容器裡裝著一批生鏽的工具。）
   (D) marker [ˋmɑrkɚ] n. 標誌；馬克筆，奇異筆
    The orange markers on the hiking trail helped tourists navigate safely through the forest.
    （登山步道上的橘色標記幫助遊客安全地穿越森林。）
  b. 根據語意，可知 (C) 項應為正選。

必考重點

1. leak [lik] vt. & vi. 漏……（液體）（本句為現在分詞當形容詞）
2. faucet [ˋfɔsɪt] n. 水龍頭（美式用法）

(A) 2. 當地的農夫市集因提供各種新鮮的當季農產品而受到社區居民的歡迎。
  a. (A) produce [ˋprodjus / ˋprɑdjus] n. 農產品（不可數）& [prəˋdjus] vt. 生產
    Anna selected the finest produce from the supermarket for dinner.
    （安娜從超市裡挑選最優質的農產品作為晚餐的食材。）
   (B) fashion [ˋfæʃən] n. 流行；方式 & vt. 塑造
    be in fashion 流行
    be / go out of fashion 退流行
    The brightly colored floral dresses by the designer were in fashion last summer.
    （那位設計師設計的鮮豔花卉圖案洋裝在去年夏天非常流行。）
   (C) brand [brænd] n. 商標，牌子
    brand new 全新的
    The athlete signed an endorsement deal with a leading sportswear brand this season.
    （那位運動員於本賽季跟一家運動服飾的領導品牌簽下代言合約。）
    ＊endorsement [ɪnˋdɔrsmənt] n. 名人代言；支持，認可

(D) trend [trɛnd] *n.* 趨勢；潮流
The popularity of electric vehicles reflects a growing trend toward green travel.
（電動車的人氣反映了綠色 / 環保旅遊的成長趨勢。）
b. 根據語意，可知 (A) 項應為正選。

> **必考重點**
>
> a variety of...　　各式各樣的……
> The bakery on the corner offers a variety of freshly baked bread every morning.
> （轉角那間麵包店每天早晨提供多種新鮮出爐的麵包。）

(A) 3. 隨著歲月流逝，許多童年回憶已經變得模糊；我已記不清楚當時發生的事情。
註：本句主要子句中的動詞 are blurring 建議改為 have blurred，以與副詞子句的動詞 have passed 結構一致。

a. (A) blur [blɝ] *vi. & vt.*（使）模糊（三態為：blur, blurred [blɝd], blurred）
The fog outside the window was blurring the view of the beautiful mountain range.
（窗外的霧氣使美麗的山脈景色變成一片朦朧。）
(B) trim [trɪm] *vt. & n.* 修剪（頭髮、樹枝等）（三態為：trim, trimmed [trɪmd], trimmed）
The hairstylist suggested trimming the split ends to improve the overall look of my hair.
（髮型師建議修剪分叉的髮尾來改善我頭髮的整體外觀。）
(C) drain [dren] *vi & vt.*（使）排放，放乾（液體）；使疲倦 *& n.* 排水管，下水道
The plumber worked for hours draining the water from the flooded basement.
（水管工花了好幾個小時將地下室的淹水排掉。）
(D) glare [glɛr] *vi.* 發出刺眼的光；怒視 *& n.* 刺眼強光
glare at...　　瞪著……
The cat glared at the dog that had just stolen its favorite spot on the couch.
（那隻貓怒視著剛搶去沙發上牠最愛位置的狗狗。）
b. 根據語意，可知 (A) 項應為正選。

> **必考重點**
>
> 1. pass by　　消逝
> Many years have passed by, and Tim still hasn't found his birth parents.
> （多年過去，提姆仍未找到他的生身父母。）
> 2. recall [rɪˋkɔl] *vt.* 回想，憶起，記得；召回
> The old photograph on the wall made me recall the happy days with my family.
> （牆上那張老照片讓我憶起與家人的快樂時光。）

(C) 4. 種族歧視言論本質上是無禮且傷人的，在所有場合中都應該避免。
a. (A) excessive [ɪkˋsɛsɪv] *a.* 過多的
excessive drinking / eating　　暴飲 / 食
The excessive noise from the construction site disturbed the residents nearby.
（從建築工地傳來的大量噪音打擾了附近的居民。）

(B) furious [ˈfjʊrɪəs] *a.* 憤怒的；強烈的
　　be furious about / at...　　對……極為憤怒
　　The manager was furious about the team's failure to meet the project deadline.
　　（經理對於團隊未能按時完成專案非常生氣。）
(C) offensive [əˈfɛnsɪv] *a.* 冒犯的，無禮的；攻擊性的
　　The offensive advertisement displayed on the billboard was quickly taken down.
　　（在看板上展示的那個得罪人的廣告很快便被撤下。）
(D) stubborn [ˈstʌbɚn] *a.* 頑固的，固執的
　　Mr. Johnson is a stubborn man who refuses to change his old habits.
　　（強森先生是個拒絕改變老習慣的頑固蛋。）
b. 根據語意，可知 (C) 項應為正選。

必考重點

1. remark [rɪˈmɑrk] *n.* & *vi.* 評論，談論 & *vt.* 說，談到
2. by nature　　本質上；生性
Laura is a kind and generous person by nature and always helps those in need.
（蘿拉天性善良大度，總是幫助有需要的人。）

(C) 5. 瑪麗對文章的初稿不滿意，在交給老師前修改了好幾次。
a. (A) text [tɛkst] *n.*（書籍等）文字部分（不可數）；（行動電話等）簡訊
　　　　　　（= text message）（可數）
　　The text message failed to send due to a poor connection.
　　（由於連線不佳，簡訊無法發送。）
(B) brush [brʌʃ] *n.* 刷子 & *vt.* 用刷子刷
　　Frank grabbed a brush to clean the dust off the table.
　　（法蘭克拿起一支刷子來清理桌上的灰塵。）
(C) draft [dræft] *n.* 草稿 & *vt.* 草擬
　　Erin wrote a draft of her presentation and practiced it several times.
　　（艾琳擬了簡報的草稿，然後練習了好幾次。）
(D) plot [plɑt] *n.*（故事）情節；陰謀 & *vt.* & *vi.* 圖謀（三態為：plot, plotted [ˈplɑtɪd],
　　　　　plotted）
　　The plot of the movie involved a love triangle between the main characters.
　　（這部電影的情節是關於主角間的三角戀。）
b. 根據語意，可知 (C) 項應為正選。

必考重點

1. revise [rɪˈvaɪz] *vt.* 修正
The teacher suggested that Pat revise his essay to make his arguments clearer.
（老師建議派特修改他的文章，讓論點更清楚。）
2. turn sth in / turn in sth　　繳交某物
The students were required to turn in their research papers by the end of the semester.
（學生們必須在學期結束前繳交他們的研究報告。）

(D) 6. 此<u>空置</u>多年的廢棄屋裡面布滿厚厚的灰塵，且彌漫一股朽木的潮溼味。
    a. (A) casual [ˋkæʒuəl] *a.* 偶然的；無心的；非正式的（指服裝）
          This is a casual dinner party, so there's no need to dress up.
          （這是非正式的晚宴，所以不用穿得太正式。）
      (B) fragile [ˋfrædʒəl] *a.* 脆弱的
          Be careful with that vase; it's extremely fragile.
          （小心那個花瓶，它非常容易碎。）
      (C) remote [rɪˋmot] *a.* 偏僻的；久遠的
          It took us hours to reach the remote cabin in the mountains.
          （我們花了好幾個小時才到達山裡的那間偏僻小屋。）
      (D) vacant [ˋvekənt] *a.* 空的；未被占用的
          The hotel has a few vacant rooms available tonight.
          （這家飯店今晚還有幾間空房。）
    b. 根據語意，可知 (D) 項應為正選。

必考重點
1. deserted [dɪˋzɝtɪd] *a.* 被拋棄的；空蕩蕩的
2. coating [ˋkotɪŋ] *n.* 厚厚一層
3. damp [dæmp] *a.* 潮溼的

(D) 7. 這個高中女生展現<u>驚人</u>的勇氣，幫那個老人逃離火場。
    a. (A) gigantic [dʒaɪˋgæntɪk] *a.* 巨大的，龐大的（多用於形容具體事物）
          The cruise ship was so gigantic that it felt like a floating city.
          （這艘遊輪大得像一座漂浮的城市。）
      (B) exclusive [ɪkˋsklusɪv] *a.* （新聞、商品）獨家的，專用的；不包括的
          The newspaper published an exclusive interview with the famous actor.
          （這家報紙刊登了那位知名演員的獨家專訪。）
      (C) multiple [ˋmʌltəpl] *a.* 多重的，眾多的
          There are multiple ways to solve this math problem.
          （這道數學題有多種解法。）
      (D) enormous [ɪˋnɔrməs] *a.* 巨大的（形容數量、程度及抽象事物）
          Alice felt an enormous sense of relief after passing the final exam.
          （期末考通過後，愛麗絲感到如釋重負。）
    b. 根據語意，可知 (D) 項應為正選。

必考重點
escape from...   從……逃脫
Andre wanted to escape from the chaos of city life and move to the countryside.
（安德烈想要逃離城市生活的混亂，搬到鄉下。）

(A) 8. 在經濟艱困時期，由於資源短缺，政府資助的專案經常<u>停擺</u>或延宕。
    a. (A) halt [hɔlt] *vi. & vt.* （使）停止，暫停 & *n.* 暫停，停止

　　　　　The construction work was halted due to bad weather conditions.
　　　　　（由於天氣條件惡劣，工程停擺。）
　　　(B) hatch [hætʃ] *vi.* 孵（蛋）& *vt.* 祕密擬定
　　　　　We watched the chick hatch from its egg.
　　　　　（我們看著小雞從蛋裡孵出來。）
　　　(C) possess [pəˋzɛs] *vt.* 擁有，持有
　　　　　Bob possesses great leadership skills that inspire his team.
　　　　　（鮑伯具備極強的領導能力，能激勵他的團隊。）
　　　(D) reinforce [͵rinˋfɔrs] *vt.* 加強；補強（建築物）；增援
　　　　　The teacher used visual aids to reinforce the students' understanding of the lesson.
　　　　　（老師使用視覺輔助工具來加強學生對課程的理解。）
　　b. 根據語意，可知 (A) 項應為正選。

必考重點

1. finance [faɪˋnæns] *vt.* 向……提供資金（本句為過去分詞當形容詞）& [ˋfaɪnæns]
　　　　　　　　　　　　n. 財政，財務；財力，財務狀況（恆用複數）
　　The city is planning to finance the construction of a new sports center.
　　（這座城市計劃出錢蓋新的運動中心。）
2. economic [͵ɛkəˋnɑmɪk] *a.* 與經濟有關的

(B) 9. 總統在百忙之中仍蒞臨學校的畢業典禮，並發表一段感人的演講。
　　a. (A) praise [prez] *vt. & n.* 讚美
　　　　　Carrie was praised for organizing the charity event so well.
　　　　　（凱莉因把慈善活動籌劃得如此成功而受到讚揚。）
　　　(B) grace [gres] *vt.* 使增光；使美化 & *n.* 優雅；大方
　　　　　grace sb with your presence　　您的蒞臨讓某人蓬蓽生輝
　　　　　It was such a privilege to have you grace us with your presence at the wedding.
　　　　　（能夠在婚禮上見到您蒞臨，真是我們的榮幸。）
　　　(C) address [əˋdrɛs] *vt.* 對……發表演說；寄給…… & [ˋædrɛs / əˋdrɛs] *n.* 地址；網址；
　　　　　　　　　　　　　　　　電子郵件地址；演說
　　　　　address sb　　對某人發表演說（不適用本題目句）
　　　　　The president will address the nation on television tonight.
　　　　　（總統今晚將在電視上向全國發表演說。）
　　　(D) credit [ˋkrɛdɪt] *vt.* 將功勞歸因於……（常用被動）& *n.* 信譽（不可數）；學分（可數）
　　　　　sb is credited with sth　　某事要歸功於某人
　　　= sth is credited to sb
　　　　　The scientist is credited with discovering the cure for the disease.
　　　　　（發現該疾病的療法要歸功於這位科學家。）
　　b. 根據語意，可知 (B) 項應為正選。

必考重點

1. despite [dɪˋspaɪt] *prep.* 儘管
　　despite + N/V-ing　　儘管……
　= in spite of + N/V-ing

Despite being a beginner, Fred performed exceptionally well.
（儘管弗瑞德是新手，他表現得非常出色。）
2. graduation [ˌgrædʒʊˈeʃən] *n.* 畢業
3. ceremony [ˈsɛrəˌmonɪ] *n.* 典禮
a wedding / graduation ceremony　　婚禮／畢業典禮
4. heartwarming [ˈhɑrtˌwɔrmɪŋ] *a.* 感人的

(A) 10. 這家公司的經理被告了，因為他言語侮辱同事，說他們是「沒希望的魯蛇」。
　a.　(A) verbally [ˈvɝblɪ] *adv.* 言語上；口頭地
　　　　　Ian apologized verbally and then said sorry again in a letter.
　　　　　（伊恩先口頭道歉，然後在信中又再次道歉。）
　　　(B) dominantly [ˈdɑmənəntlɪ] *adv.* 支配地；占優勢地
　　　　　The team played dominantly and beat their opponents easily.
　　　　　（這支隊伍以壓倒性優勢輕鬆打敗對手。）
　　　(C) legitimately [lɪˈdʒɪtəmɪtlɪ] *adv.* 合法地；合理地
　　　　　The business operates legitimately and follows all local laws.
　　　　　（這家企業合法經營，遵守所有當地法律。）
　　　(D) relevantly [ˈrɛləvəntlɪ] *adv.* 相關地；貼切地
　　　　　The speaker answered the question relevantly, providing useful information.
　　　　　（這名演講者切題地回答了這個問題，提供了有用的資訊。）
　b.　根據語意，可知 (A) 項應為正選。

必考重點

1. sue [su] *vt.* & *vi.* 控告，對……提起訴訟
   sue sb for sth　　控告某人某事
   Sam's neighbors threatened to sue him for property damage.
   （山姆的鄰居威脅要控告他毀損財物。）
2. abuse [əˈbjuz] *vt.* & [əˈbjus] *n.* 虐待，辱罵；濫用
   Haley saw her neighbor physically abusing a stray cat.
   （海莉看到鄰居在虐待一隻流浪貓。）
3. colleague [ˈkɑlig] *n.* 同事

二、綜合測驗（占 10 分）

第 11 至 15 題為題組

　　一九九五年某日，一群商界與學界領袖聚集在瑛妮塔・布朗與大衛・艾薩克斯位於加州米爾谷的家中。他們沒有一個人預見自己將創造出一種席捲全球的創新社交型態。

　　這群人原本要在美麗的庭園裡圍成個大圓圈來進行交談。不巧的是天空開始下起大雨。由於原先的安排被雨打亂，二十四位與會者就通通擠進了客廳。他們被打散成一桌一桌的小團體，進行較為親近的對談，並將見解寫在紙桌巾上當作記錄，每隔一段時間就暫停交談然後轉檯，這麼一來各自的見解與想法就得以流轉並且深化。當他們轉檯時，就會看到分桌討論時產生的新點子。如此在接下來的回合裡，對話的內容就會更豐富。經過一個早上，他們透過這種創新的討論流程發想出一種新的群聊模式，改變了他們的討論深度、廣度與對話品質。

8－114 年學測

世界咖啡館模式就此誕生。在米爾谷那個大雨傾盆的早晨過後，世界咖啡館模式已被應用在各種分組討論以及全球範圍的商業、工業與教育機構的合作過程當中。

(B) 11. 理由：
  a. 空格前有關係代名詞 that，得知空格為形容詞子句的一部分，用來修飾先行詞 a social innovation（一種創新的社交型態），根據語意，這種方式才即將被創造出來，且可能會席捲全世界，又全文為講述過去的事情，故採 would ＋ V 的形式。
  b. 根據上述，(B) 項應為正選。

(B) 12. 理由：
  a. (A) facilitate [fəˋsɪləˌtet] vt. 促進；有助於……
      Your explanation really facilitated my understanding of the use of that word.
      （你的解釋對我理解那個字的用法相當有幫助。）
    (B) disrupt [dɪsˋrʌpt] vt. 干擾，擾亂，使中斷
      The storm disrupted the power supply at the hospital.
      （這場暴風雨中斷了該醫院的電力供應。）
    (C) disclose [dɪsˋkloz] vt. 揭露
      The minister refused to disclose details of the agreement to the press.
      （部長拒絕向媒體透露該協定的細節。）
    (D) fulfill [fʊlˋfɪl] vt. 實現
      You can fulfill your dreams if you work hard.
      （你若努力就有可能實現夢想。）
  b. 根據語意，(B) 項應為正選。

(A) 13. 理由：
  a. (A) circulate [ˋsɝkjəˌlet] vt. 使循環；流傳
      John turned on the fan to circulate the air in the room.
      （約翰打開電扇讓房間裡的空氣流通一下。）
    (B) emphasize [ˋɛmfəˌsaɪz] vt. 強調，著重
      The article emphasizes the importance of environmental protection.
      （這篇文章強調環保的重要性。）
    (C) recover [rɪˋkʌvɚ] vt. 找回 & vi. 恢復
      recover from...　　從……復原／康復
      The police recovered my stolen car last Monday.
      （警方在上週一找回了我被偷的車子。）
      It took Andy seven months to recover from his injuries.
      （安迪的傷勢花了七個月才康復。）
    (D) preserve [prɪˋzɝv] vt. 保存；儲存
      The mayor decided to build a museum to preserve aboriginal culture.
      （那位市長決定要蓋一座博物館以保存原住民文化。）
  b. 根據語意，(A) 項應為正選。

(C) 14. 理由：
  a. (A) make up for...　　彌補……；補償……
      We will do whatever we can to make up for our mistake.
      （我們將竭盡所能來彌補我們的過失。）

(B) keep track of...　　隨時掌握……，持續追蹤……
It's hard to keep track of all my old friends; in fact, I've lost contact with most of them.
（要和所有的老友保持聯繫蠻困難的，事實上我已經跟大部分人失聯了。）

(C) give rise to...　　引起；開啟……
The mayor's speech gave rise to a heated discussion.
（市長的演說引發熱烈的討論。）

(D) look out for sth　　小心某事物
Drivers should look out for people on the roads at night.
（駕駛在夜晚應該要小心路上的行人。）

b. 根據語意，(C) 項應為正選。

(D) 15. 理由：
a. (A) still [stɪl] adv. 仍然，還
I've eaten five hamburgers, but I'm still hungry.
（我已經吃了五個漢堡，但還是很餓。）

(B) also [ˋolso] adv. 也，而且
Sharon is a businesswoman and also a mother of three children.
（雪倫是女企業家，也是三個小孩的母親。）

(C) further [ˋfɝðɚ] adv. 更進一步
Walk two blocks further down, and you'll see the post office on your right-hand side.
（往下再走兩個街區，你就可看到郵局在你的右手邊。）

(D) thus [ðʌs] adv. 因此
The contract will end next week, and thus we'll have to sign a new one.
（合約將於下週到期，因此我們得再簽一份新的。）

b. 根據語意，(D) 項應為正選。

重要單字片語

1. **academic** [͵ækəˋdɛmɪk] a. 學術的
2. **innovation** [͵ɪnəˋveʃən] n. 新方法，新觀念（可數）；創新（不可數）
   innovative [ˋɪnə͵vetɪv] a. 創新的
3. **rapidly** [ˋræpɪdlɪ] adv. 迅速地
4. **be supposed to V**　　應該做……
   Jenny was supposed to meet me at eight o'clock, but she didn't show up.
   （珍妮應該要在八點和我碰面，但她卻沒有出現。）
5. **pour** [por] vi. & vt. 下大雨；傾注
   When it rains, it pours.
   （每次下雨，就會下傾盆大雨。/ 禍不單行。）
6. **squeeze** [skwiz] vi. & vt. 擠；壓
   squeeze into...　　擠進 / 擠入……
   The six of us squeezed into a car that only had four seats.
   （我們六個人擠入只有四個座位的車子。）
7. **intimate** [ˋɪntəmət] a. 私自的；親密的
8. **insight** [ˋɪn͵saɪt] n. 深入理解，深刻見解（可數）；洞察力（不可數）
9. **periodically** [͵pɪrɪˋɑdɪklɪ] adv. 定期地
10. **emerge** [ɪˋmɝdʒ] vi. 出現，冒出（常與介詞 from 並用）
    emerge from...　　從……冒出來
    A shark fin emerged from the sea surface, causing all the swimmers to panic.
    （海面突然冒出一片鯊魚鰭，引起所有泳客的恐慌。）

11. **enrich** [ɪnˈrɪtʃ] *vt.* 使豐富
    Dean enriches his life by always trying things that he hasn't experienced before.
    （迪恩總會嘗試自己以前沒經歷過的事情來豐富人生。）
12. **subsequent** [ˈsʌbsɪˌkwɛnt] *a.* 隨後（發生）的
13. **course** [kɔrs] *n.* 過程
14. **collective** [kəˈlɛktɪv] *a.* 集體的，共同的
15. **approach** [əˈprotʃ] *n.* 方法

16. **apply** [əˈplaɪ] *vt.* 運用
    （三態為：apply, applied [əˈplaɪd], applied）
    apply A to B　　將 A 運用在 B 上
    If you apply this principle to this math problem, you'll get the answer.
    （如果你將這原理運用在這道數學題上，就可以得到答案。）
17. **cooperative** [koˈɑpəˌretɪv] *a.* 合作的
18. **action** [ˈækʃən] *n.* 行動；動作

第 16 至 20 題為題組

　　如果你曾在搖晃的船上或顛簸的車程中感到噁心想吐，那麼你是知道暈船（車）的感覺的。它會突然來襲，從坐立不安的感覺進而開始冒冷汗。很快它就會讓你暈眩、作嘔並真的嘔吐。

　　暈船（車）的發生在於你的大腦從眼睛、耳朵和身體等處接收到的訊號不一致。當這幾個部位發送相互矛盾的訊號時，你的大腦就會分不清楚你是處在靜止還是移動狀態：你的平衡感應系統當中，一部分察覺到你的身體在移動，但其他部分沒察覺到。大腦的混淆反應會讓你覺得不適。這種不適感會出現在移動的車輛、船隻或遊樂場設施中，也可能出現在打電動或看顯微鏡時。

　　你可以採取預防措施來幫助避掉這樣的不適感。外出旅行時要預訂晃動感最小的座位，如汽車的前座或是火車的較前段車廂。從交通工具裡面朝遠處看也會有用。此外還可以在搭乘前服用藥物以避免或減輕噁心與嘔吐。

(D) 16. 理由：
　　a. (A) crash [kræʃ] *vi.* 衝撞，撞擊 & *n.* 墜毀；撞擊聲
        crash into...　　撞上……
        The car crashed into the tree, killing the driver on the spot.
        （這輛車撞上樹，駕駛當場死亡。）
        ＊on the spot　　當場，立刻
    (B) flush [flʌʃ] *vi.* 沖（馬桶）；臉紅 & *vt.* 沖（馬桶）& *n.* 沖（馬桶）；紅暈
        The toilet isn't working properly; it won't flush.
        （馬桶故障了；它沒法沖水。）
    (C) burst [bɜst] *vi.* & *vt.* （使）爆破 / 炸 & *n.* 爆破 / 炸，噴；（感情）爆發（三態同形）
        The pipe burst and flooded the bathroom.
        （水管爆掉，浴室淹水了。）
    (D) strike [straɪk] *vi.* & *vt.* 突然侵襲；打，擊 & *vt.* 突然想起 & *vi.* 罷工 & *n.* 打，擊；罷工（三態為：strike, struck [strʌk], struck / stricken [ˈstrɪkən]）
        Accidents can strike at any time.
        （意外會隨時來襲。）
　　b. 根據語意，可知 (D) 項應為正選。

(C) 17. 理由：
　　a. (A) are not regular　　（……）是不規律的
　　　　　regular [ˈrɛɡjələ] a. 規律 / 固定的；經常發生的；普通 / 一般的
　　　　　The child's mealtimes are not regular; he should follow a consistent schedule.
　　　　　（這小朋友的用餐時間不規律。他該定時吃飯才對。）
　　　(B) can hardly move　　（……）幾乎不能動
　　　　　hardly [ˈhɑrdlɪ] adv. 幾乎不
　　　　　After hurting his back lifting a heavy box, Fred could hardly move.
　　　　　（弗瑞德在搬重箱子背部受傷後，幾乎沒法動彈。）
　　　(C) do not match　　（……）不搭
　　　　　match [mætʃ] vi. & vt. （與……）相配
　　　　　Your dress and shoes don't match.
　　　　　（你的洋裝跟鞋不搭。）
　　　(D) are rarely cued　　（……）很少被點到
　　　　　rarely [ˈrɛrlɪ] adv. 很少，難得
　　　　　cue [kju] vt. & n. 提到，提示 / 點到某人
　　　　　The theater actors are rarely cued since they know their lines by heart.
　　　　　（劇場演員們很少被提詞，因為他們都熟記臺詞。）
　　b. 根據語意，可知 (C) 項應為正選。

(C) 18. 理由：
　　a. 本題測試對等連接詞 but 的使用方式。它可連接對等的單字、片語或子句。but 所連接的第二個子句的動詞需和主要子句的動詞時態一致，且兩個子句的語意必須互相衝突。
　　b. 原句中 but 連接兩個對等子句，依據第一個子句的線索，得知動詞為一般動詞 (detects)，時態為現在式，而第二個子句的主詞 (the other parts) 為複數，所以空格內需要替代一般動詞現在式的複數助動詞 don't。
　　c. 根據上述用法，可知 (C) 項應為正選。

(B) 19. 理由：
　　a. (A) special opportunities [ˈspɛʃəl ˌɑpəˈtjunətɪz] n. 特別機會
　　　　　opportunity [ˌɑpəˈtjunətɪ] n. 機會
　　　　　There will be many special opportunities available to you at the summer camp.
　　　　　（夏令營將提供給你很多特別的機會。）
　　　(B) preventive measures [prɪˈvɛntɪv ˈmɛʒəz] n. 預防措施
　　　　　take preventive measures to + V　採取預防措施以做……
　　　　　We should take preventive measures to stop a pandemic from breaking out.
　　　　　（我們應當採取預防措施以防止流行病爆發。）
　　　(C) potential risks [pəˈtɛnʃəl rɪsks] n. 潛在風險
　　　　　The report forgot to mention the potential risks involved in the project.
　　　　　（這則報告忘了提這專案的潛在風險。）
　　　(D) significant advantages [sɪɡˈnɪfəkənt ədˈvæntɪdʒɪz] n. 顯著優點
　　　　　There are significant advantages to having a large family.
　　　　　（有個大家庭有明顯的好處。）
　　b. 根據語意，可知 (B) 項應為正選。

(A) 20. **理由**：
　　a. (A) **as well**　也；同樣地
　　　　Verne invited me to go to the dance as well.
　　　　（佛恩也有邀請我去舞會。）
　　　(B) **by far**　……得多，非常（常用於強化修飾最高級形容詞／副詞）
　　　　Football has by far the most fans of any sport in the US.
　　　　（在美國，美式足球的粉絲人數遠超過任何其他運動。）
　　　(C) **at least**　至少，起碼
　　　　You should at least apologize for lying to me.
　　　　（你騙我，好歹該道個歉吧。）
　　　(D) **after all**　畢竟，終究
　　　　Don't listen to what everyone else says; the choice is yours after all.
　　　　（不用聽別人說什麼，畢竟決定權在你。）
　　b. 根據語意，可知 (A) 項應為正選。

重要單字片語

1. **bumpy** [ˈbʌmpɪ] a. 顛簸的，不平穩的
2. **discomfort** [dɪsˈkʌmfət] n. 不舒適，不適 & vt. 使不舒服
3. **motion sickness**　移動時產生的暈眩（暈車、暈船、暈機）
　　motion [ˈmoʃən] n. （物體的）移動
4. **uneasiness** [ʌnˈizmɪs] n. 不適
5. **dizziness** [ˈdɪzənɪs] n. 暈眩
6. **nausea** [ˈnɔzɪə] n. 噁心，嘔吐感
7. **vomit** [ˈvɑmɪt] vi. & vt. 嘔吐 & n. 嘔吐物（不可數）
   I was so ill last week that I vomited anything I ate.
   （我上禮拜病得很厲害，吃什麼都吐。）
8. **stationary** [ˈsteʃənˌɛrɪ] a. 靜止的；固定的
9. **conflicting** [kənˈflɪktɪŋ] a. 衝突的；矛盾的
10. **detect** [dɪˈtɛkt] vt. 察覺，發現，查出
    As soon as Sandy opened the door, she detected that something was wrong.
    （珊蒂一打開門就察覺出有東西不對勁。）
11. **microscope** [ˈmaɪkrəˌskop] n. 顯微鏡

三、文意選填（占 10 分）

第 21 至 30 題為題組

　　巴黎聖母院是歐洲最著名的大教堂之一。這座中世紀大教堂位於巴黎市中心，出名的有精雕細琢的建築、美到極致的七彩玻璃窗以及凌駕其他所有特色的那些鐘。

　　巴黎聖母院的鐘安裝在大教堂的兩座塔樓上，已經持續敲響超過八百年。事實上，早在十二世紀，就有記錄提到在大教堂尚未建成前，鐘聲便已響起。這十口鐘大小不一，每口都有名字。最大的那口名字叫「伊曼紐爾」，重量超過十三噸。它是整組鐘裡面唯一逃過法國大革命劫難的，其餘的都被熔掉去製作武器了。熔掉的那些鐘在十九世紀末重新鑄造。但由於音質糟糕，除去保留了其著名優美音色的伊曼紐爾以外，其他所有的鐘又在二〇一三年全部更換。伊曼紐爾所發出的升 fa 音被認為是歐洲最和諧優美的聲音之一。

　　幾個世紀以來，鐘聲已成為巴黎人生活中熟悉的一環，被稱為「大教堂的聲音」。它們被用來整點報時、呼喚信徒進行禱告，以及警示火災和侵略等緊急狀況。它們也會在慶典和哀悼時刻敲響，宣告王室婚禮、國王加冕以及國家元首葬禮等儀式。

然而在二○一九年大教堂半毀於災難性的大火之後，鐘聲沉寂了。建物經歷複雜而耗時的修復過程後，這座地標終於在二○二四年十二月八日重新開放。巴黎聖母院的鐘聲再次響徹巴黎，而且未來將會繼續被人們聽見，直到永遠。

(I) 21. 理由：
　　a. 空格前為 be 動詞，空格後為介詞 for，得知空格應置形容詞以修飾後面描述鐘樓的名詞詞組。
　　b. 選項中為形容詞的有 (B) bearing（可承受的）、(C) familiar（熟悉的）、(D) retained（被保留的）、(E) faithful（忠誠的）、(I) noted（著名的）及 (J) silent（沉寂的），惟選項 (I) 置入空格後符合用法與語意，故應為正選。
　　c. noted [ˈnotɪd] a. 著名的，眾所周知的
　　　 be noted for...　　以……聞名
　　　 This hotel is noted for its culture-themed rooms.
　　　（這間飯店以文化主題的客房裝潢聞名。）

(A) 22. 理由：
　　a. 空格前為過去分詞 documented（被記錄的）作為形容詞，空格後為介詞 to，得知空格應置名詞並和後面的介詞 to 用以提及後面的名詞詞組 the ringing of bells（鐘聲響起）。
　　b. 選項中為名詞的有 (A) reference（提到）、(B) bearing（軸承）、(E) faithful（忠實信徒）、(G) celebration（慶祝）及 (H) restoration（修復），惟選項 (A) 置入空格後符合語意，故應為正選。
　　c. reference [ˈrɛfərəns] n. 言及，提到（常與動詞 make 並用）；參考
　　　 make reference to + N　　提到，言及……
　　　 The manager made reference to the company's impending new policy on punctuality.
　　　（經理提到公司即將登場的關於準時上班的新規定。）
　　　　＊punctuality [ˌpʌŋktʃʊˈælətɪ] n. 準時，守時

(B) 23. 理由：
　　a. 空格前為代名詞 each，表示前面所提的有關 The 10 bells（這十口鐘），空格後為名詞 a name（名字），得知空格應置動詞，接 a name 作受詞。
　　b. 本題測試獨立分詞構句的用法：
　　　 使用「獨立分詞構句」目的是為了簡化句型。
　　　 原句應為：The 10 bells vary in size, and each bell bears a name.
　　　 兩個對等子句主詞形式不同（10 bells / each bell），但有部分重複（bell），可進行獨立分詞構句的簡化程序，但仍可保留核心意義。首先刪除連接詞 and，然後刪除第二個子句中重複的部分 bell，把動詞改為分詞，由於是主動用法，因此使用現在分詞 V-ing。
　　c. 選項中為現在分詞的僅有 (B) bearing（具有），置入空格後符合語意，故應為正選。
　　d. bear [bɛr] vt. 具有；忍受；生（小孩）；結（果實）（三態為：bear, bore [bɔr], borne [bɔrn]）& n. 熊
　　　 Each character in this comic book bears a name that alludes to a famous political figure.
　　　（這漫畫書裡的每個角色都有個影射政治名人的名字。）
　　　　＊allude [əˈlud] vi. 影射（常與介詞 to 並用）

14 - 114 年學測

(F) 24. 理由：
    a. 空格前為關係代名詞 that 為其後形容詞子句的主詞；空格後為名詞片語 the French Revolution（法國大革命），得知空格應置及物動詞。
    b. 選項中為及物動詞的有 (D) retained（保留）及 (F) survived（倖存），惟選項 (F) 置入空格後符合語意，故應為正選。
    c. survive [sə`vaɪv] vt. & vi. 活下來，倖存
       Only a few people survived the plane crash.
       （只有少數人在空難中倖免於難。）

(D) 25. 理由：
    a. 空格前為關係代名詞 which，代表的是 Emmanuel「伊曼紐爾」鐘，空格後為一名詞詞組 its renowned, excellent sound（其著名的優美音色），且其為過去發生的事，得知空格應置過去式及物動詞。
    b. 選項中為過去式及物動詞者僅有 (D) retained（保留），置入空格後符合語意，故應為正選。
    c. retain [rɪ`ten] vt. 保留，保有
       You'd better retain copies of the documents for at least one year.
       （你最好留存這幾份文件的副本，至少一年不要丟。）

(C) 26. 理由：
    a. 空格前為不定冠詞 a，空格後為名詞詞組 part of life in Paris（巴黎人生活中的一環），得知空格應置形容詞。
    b. 選項中為形容詞的仍有 (C) familiar（熟悉的）、(E) faithful（忠誠的）及 (J) silent（沉寂的），惟選項 (C) 置入空格後符合語意，故應為正選。
    c. familiar [fə`mɪljɚ] a. 熟悉的
       That song sounds very familiar.
       （那首歌很耳熟。）

(E) 27. 理由：
    a. 空格前為不定詞片語 to call 及定冠詞 the，空格後為不定詞片語 to prayer（去禱告）得知空格應置名詞。
    b. 選項中為名詞的仍有 (E) faithful（忠實信徒）、(G) celebration（慶祝）及 (H) restoration（修復），惟選項 (E) 置入空格後符合語意，故應為正選。
    c. faithful [`feθfəl] n. 信徒（與定冠詞 the 並用，表複數）& a. 忠實的；守信的
       The faithful view the arduous pilgrimage as a test of their piety.
       （信徒們將艱苦的朝聖旅程視作對他們虔誠度的考驗。）
       *arduous [`ɑrdʒʊəs] a. 艱難的
        pilgrimage [`pɪlgrəmɪdʒ] n. 朝聖
        piety [`paɪətɪ] n. 虔誠

(G) 28. 理由：
    a. 空格前為介詞片語 in times of...（在……時刻），空格後為連接詞 and 及 (in times) of mourning（哀悼的時刻），得知空格應置動名詞 V-ing 或名詞。
    b. 選項中已無動名詞，名詞的選項仍有 (G) celebration（慶祝）及 (H) restoration（修復），惟選項 (G) 置入空格後符合語意，故應為正選。

c. **celebration** [ˌsɛləˈbreʃən] *n.* 慶祝活動，慶祝會
Al didn't join any New Year's celebrations.
（艾爾沒參加任何新年慶祝活動。）

(J) 29. 理由：
a. 空格前為過去式動詞 fell（變成某狀態），得知空格應置形容詞。
b. 選項中為形容詞的僅有 (J) silent（沉寂的），置入空格後符合語意，故應為正選。
c. **fall** [fɔl] *vi.* 變成某狀態；跌倒；落下（三態為：fall, fell [fɛl], fallen [ˈfɔlən]）& *vi. & n.* 減少，降低 & *n.* 秋天
Anthony caught pneumonia and fell seriously ill.
（安東尼感染肺炎，病得很嚴重。）
＊pneumonia [n(j)uˈmonjə] *n.* 肺炎

(H) 30. 理由：
a. 空格前為名詞詞組 ... a complex and time-consuming process of...（複雜而耗時的……過程），得知空格應置名詞。
b. 選項中為名詞的僅剩 (H) restoration（修復），且置入空格後符合語意，故應為正選。
c. **restoration** [ˌrɛstəˈreʃən] *n.* 修復（建築物、畫）；恢復
The museum is closed temporarily for restoration and is scheduled to reopen to the public on May 1.
（這間博物館暫時關閉進行修復，預計五月一日重新對民眾開放。）

重要單字片語

1. **The Notre-Dame de Paris** 巴黎聖母院
2. **cathedral** [kəˈθidrəl] *n.* 大教堂
3. **medieval** [ˌmɪdɪˈivḷ] *a.* 中世紀的
4. **intricate** [ˈɪntrəkɪt] *a.* 複雜而精細的
5. **architecture** [ˈɑrkəˌtɛktʃɚ] *n.* 建築（風格）；建築學（不可數）
6. **stunning** [ˈstʌnɪŋ] *a.* 極美的；令人吃驚的
7. **stained glass** （尤用於教堂窗戶的）彩色玻璃（不可數）
stain [sten] *vt. & vi.* 沾汙 & *vt.* 敗壞 & *n.* 汙點
When Hal spilled his glass of red wine, it stained the white rug in the living room.
（海爾把紅酒灑出來時，弄髒了客廳的白色地毯。）
8. **mount** [maʊnt] *vt.* 安放；爬上；騎在……上 & *vi.* 增加 & *n.* 山
Samara mounted the family portrait above the fireplace.
（薩瑪拉把全家福畫像掛在壁爐上方。）
9. **document** [ˈdɑkjəˌmɛnt] *vt.* 記錄（本文中 documented 為過去分詞作形容詞）& [ˈdɑkjəmənt] *n.*（書面或電腦）文件
This movie documented the disaster in detail.
（這部電影詳細記錄了這場災難。）
10. **construction** [kənˈstrʌkʃən] *n.* 施工，建造
11. **revolution** [ˌrɛvəˈluʃən] *n.* 革命；（星球）運行，公轉
12. **recast** [riˈkæst] *vt.* 重鑄（三態同形）
The famous sculpture has been recast many times and displayed in different cities in the country.
（這著名雕塑被重鑄許多次，放到國內多個城市展示。）
13. **acoustic** [əˈkustɪk] *a.* 聲音的；聽覺的
14. **renowned** [rɪˈnaʊnd] *a.* 有名的
be renowned for... 因……而出名
This diplomat is renowned for his negotiation skills.
（這名外交官以談判技巧而聞名。）

15. **sharp** [ʃɑrp] *n.* 升半音；升半音號；
    a. 銳利的；敏銳的；（疼痛）劇烈的 &
    adv.（時間）整
16. **harmonically** [hɑrˈmɑnɪklɪ] *adv.* 聲音和諧地
17. **invasion** [ɪnˈveʒən] *n.* 入侵
18. **mourning** [ˈmɔrnɪŋ] *n.* 哀痛；哀悼（不可數）
    mourn [mɔrn] *vt.* & *vi.* 哀悼
    Today, we come here to mourn for our beloved neighbor Mary.（今日，我們前來悼念我們親愛的鄰居瑪麗。）
19. **coronation** [ˌkɔrəˈneʃən] *n.* 加冕典禮
20. **funeral** [ˈfjunərəl] *n.* 葬禮
21. **devastating** [ˈdɛvəsˌtetɪŋ] *a.* 毀滅性的
22. **time-consuming** [ˈtaɪmkənˌs(j)umɪŋ]
    a. 耗時的
    This job is time-consuming, but it is worth doing.
    （這件工作很費時，但值得做。）
23. **monument** [ˈmɑnjəmənt] *n.* 紀念碑
24. **generation** [ˌdʒɛnəˈreʃən] *n.* 世代

四、篇章結構（占 8 分）

第 31 至 34 題為題組

　　膠囊旅館又稱吊艙旅館，是一種獨特、不花俏而且實惠的住宿形式。這種旅館起源於[註1]日本，最初是為了讓商務人士不用花大錢即可在人潮眾多的商業區附近落腳而設計的。如今膠囊旅館已在世界各大城市的商業中心區提供廉價的過夜住宿。

　　膠囊旅館標準住房的長寬大約等於一張單人床，內部高度足以讓房客爬進去並坐直在床上。每個膠囊的牆壁材質可能是木材、金屬或任何堅硬的材料，但通常是玻璃纖維或塑膠。這些膠囊並排堆疊，高兩層，上層房間有梯子可以爬上去。每個膠囊內配有舒適的床墊和小燈，有些甚至提供電視或其他娛樂選項。這種極簡風格設計僅提供房客一夜好眠[註2]所需要的最基本元素，因此才能便宜又高效。

　　第一家此類旅館「大阪膠囊旅館」於一九七九年開幕。自此膠囊旅館迅速擴展至其他城市及國家。臺灣、新加坡甚至度假島嶼如峇里島等地也出現了連鎖膠囊旅館。在歐洲和北美，尤其是紐約、倫敦和巴黎等大城市，也有膠囊旅館的蹤跡。為了應對日益成長的需求，這些旅館正掀起一股創新風潮。新型連鎖旅館不再只是傳統的簡陋膠囊風格，而是具備了吸引世界各地數位公民的艙內設計。房客可以享受免費無線網路及行動裝置充電等設施，甚至還有無聲鬧鐘系統，床板能抬起，將熟睡的房客從睡姿變成坐姿，同時逐漸調亮燈光。

　　膠囊旅館為阮囊羞澀的旅客提供一種獨特的選擇，然而它並不一定適合所有人。有些旅館的膠囊內可能沒有空調，導致空氣流通不佳。膠囊薄薄的塑膠牆可以輕易傳來隔壁房客的鼾聲。此外，你可能必須和其他房客共用公共設施（如浴室）。還有，如果你擔心在狹小空間中會讓你產生幽閉恐懼症的感覺，那麼在訂房之前最好三思。

註1：originate 作及物動詞時，意為「創始，開創」。表「起源於……」時則通常作不及物動詞用，故此處宜將 Originated 改為 Originating。

註2：此處的 a good night sleep 宜改為 a good night's sleep，表「一夜好眠」，此為慣常用法。

(D) 31. 理由：
　　a. 空格前一句提及「這種旅館起源於日本，最初是為了讓商務人士不用花大錢即可在人潮眾多的商業區附近落腳而設計的。」
　　b. (D) 項句子提及「如今膠囊旅館已在世界各大城市的商業中心區提供廉價的過夜住宿。」，敘述膠囊旅館問世後的發展，與空格前一句形成對照與關聯。
　　c. 根據上述，(D) 項應為正選。

(C) 32. 理由：
　a. 空格前一句提及「每個膠囊的牆壁材質可能是木材、金屬或任何堅硬的材料，但通常是玻璃纖維或塑膠。」，又空格後一句提及「每個膠囊內配有舒適的床墊和小燈，有些甚至提供電視或其他娛樂選項。」
　b. (C) 項句子提及「這些膠囊並排堆疊，高兩層，上層房間有梯子可以爬上去。」，呼應了空格前後文皆提及的「膠囊」內部設計及設施樣貌，因此與前後文形成關聯。
　c. 根據上述，(C) 項應為正選。

(A) 33. 理由：
　a. 空格前一句提及「在歐洲和北美，尤其是紐約、倫敦和巴黎等大城市，也有膠囊旅館的蹤跡。」，又空格後一句提及「新型連鎖旅館不再只是傳統的簡陋膠囊風格，而是具備了吸引世界各地數位公民的艙內設計。」
　b. (A) 項句子提及「為了應對日益成長的需求，這些旅館正掀起一股創新風潮。」，呼應了空格後一句提及的「新型連鎖旅館不再只是傳統的簡陋膠囊風格」，推知旅館業者因為某種原因而改變了設計風格，故與前後文形成對照與關聯。
　c. 根據上述，(A) 項應為正選。

(B) 34. 理由：
　a. 空格前兩句提及「膠囊旅館為阮囊羞澀的旅客提供一種獨特的選擇，然而它並不一定適合所有人。有些旅館的膠囊內可能沒有空調，導致空氣流通不佳。」，又空格後一句提及「此外，你可能必須和其他房客共用公共設施（如浴室）。」
　b. (B) 項句子提及「膠囊薄薄的塑膠牆可以輕易傳來隔壁房客的鼾聲。」，呼應空格前後兩句敘述有關膠囊旅館的一連串缺點，與前後文形成關聯。
　c. 根據上述，(B) 項應為正選。

重要單字片語

1. **capsule** [ˈkæpsl] n. 膠囊；太空艙，座艙
2. **pod** [pɑd] n. 吊艙；豆莢
3. **accommodation** [əˌkɑməˈdeʃən] n. 住宿（美式英語中常用複數）
4. **originate** [əˈrɪdʒəˌnet] vi. 源自
　originate in + 地方　源自某地
　The Olympics originated in Greece over 2,000 years ago.
　（奧運起源於兩千多年前的希臘。）
5. **populated** [ˈpɑpjəˌletɪd] a. 有人居住的
6. **lodging** [ˈlɑdʒɪŋ] n. 住所；寄宿
7. **worldwide** [ˈwɝldˌwaɪd] adv. 遍及全球地 & a. 遍及全球的
8. **rigid** [ˈrɪdʒɪd] a. 堅固的，不易彎曲的；死板的，嚴格的
9. **fiberglass** [ˈfaɪbɚˌɡlæs] n. 玻璃纖維
10. **stack** [stæk] vi.（整齊地）堆／疊 & vt. 把……（整齊地）堆疊起來 & n.（整齊的）一堆／疊
　Kyle is responsible for pricing the items and stacking them on the shelves.
　（凱爾負責給商品貼上標價，並整齊地堆疊到架上。）
11. **mattress** [ˈmætrɪs] n. 床墊
12. **minimalist** [ˈmɪnəmlɪst] a. 極簡主義風格的 & n. 極簡抽象派藝術家
13. **inexpensive** [ˌɪnɪkˈspɛnsɪv] a. 便宜的（但品質不一定差）
14. **resort** [rɪˈzɔrt] n. 度假勝地 & n. & vi. 訴諸
15. **embrace** [ɪmˈbres] vt. 欣然接受；擁抱
　Kevin embraces every opportunity to learn new skills.
　（凱文樂於接受每個學習新技能的機會。）

Sarah embraced her daughter when she arrived at the train station.
（莎拉在女兒抵達火車站時擁抱了她。）

16. **innovation** [ˌɪnəˈveʃən] *n.* 創新（不可數）

17. **interior** [ɪnˈtɪrɪə] *a.* 內部的 & *n.* 內部
    interior design　室內設計

18. **brighten** [ˈbraɪtn̩] *vt.* & *vi.*（使）發亮
    You need another lamp to brighten up the study.
    （你需要加一盞燈讓書房變得明亮一些。）

19. **-conscious** [-ˈkɑnʃəs] *suffix*（置於名詞或副詞後）看重⋯⋯的
    budget-conscious [ˈbʌdʒɪtˈkɑnʃəs] *a.* 注重預算的

20. **transmit** [trænsˈmɪt] *vt.* 傳播（能量或疾病等）；傳送（電視、廣播等）（三態為：transmit, transmitted [trænsˈmɪtɪd], transmitted）
    Private David transmitted the information to his commander.
    （二等兵大衛將消息傳達給指揮官。）

21. **snore** [snɔr] *vi.* 打鼾 & *n.* 鼾聲（可數）
    Grandpa fell asleep on the sofa and began to snore very loudly.
    （阿公在沙發上睡著了，然後鼾聲大作。）

22. **neighboring** [ˈnebərɪŋ] *a.* 鄰近的

23. **claustrophobic** [ˌklɔstrəˈfobɪk] *a.* 患幽閉恐懼症的

五、閱讀測驗（占 24 分）

第 35 至 38 題為題組

你在繁忙的交叉路口等待過馬路時，曾否想過紅綠燈到底是誰發明的？大多數人將首個紅綠燈的發明歸功給英國諾丁漢的工程師約翰·皮克·奈特。他是一名鐵路管理員，在一八六〇年代英國鐵路網的成長期，專門負責設計訊號系統。他覺得這套系統改裝後絕對適用於繁忙的倫敦十字路口，因此提出以鐵路使用的移動臂為設計基礎的訊號系統：移動臂拉到水平位置時指示駕駛停車，向下擺到 45 度角時指示駕駛前進，類似指揮交通的手勢。訊號上還加裝紅色和綠色的煤氣燈以便夜間使用。旁邊固定站一個警察來操作系統。

奈特的交通燈系統於一八六八年十二月安裝在倫敦的西敏橋附近，但這套系統很快就玩完了。一個月後，一次煤氣洩漏事件導致燈具爆炸，傷及操作系統的員警。此計畫被視為製造公共危險，隨即被下架，直到一九二九年，交通燈才重回英國街頭。

二十世紀初，英國交通燈的不同版本現身於交通流量暴增的多個美國大城。芝加哥流行搖臂號誌，舊金山則採用紅綠燈系統。全國各地冒出多種基於奈特理念的創新版本的專利。一個重大突破是底特律警察威廉·帕茲發明的黃燈。底特律在一九二〇年裝設帕茲的三色燈系統，其中新增的黃燈傳達的訊息是「謹慎通過」。

如今隨著自駕車崛起，研究人員開始建議紅綠燈不再是必需品。十字路口的運作方式將變成汽車自動調整速度穿越路口，同時還能保持與其他車輛的安全距離。在不久的將來，我們可能會體驗到全新的交通管理方式！

(A) 35. 本文主旨為何？
　　(A) 交通控制系統的演變。　　　　　　(B) 歷史上紅綠燈的眾多發明者。
　　(C) 不同交通號誌的功能。　　　　　　(D) 現代交通的發展。
　　理由：
　　本文第一段先描述紅綠燈以鐵路使用的移動臂為設計基礎的訊號系統而發明，進而加裝了紅色和綠色的煤氣燈。第二段提到交通燈因意外而下架，到一九二九年才重回英國街頭。第三段提到紅綠燈在美國的發展並加上了黃燈。第四段則提及自駕車的崛起，未來可能會有全新的交通管理方式，得知 (A) 項應為正選。

(C) 36. 下列哪一張圖為奈特提出的紅綠燈設計？

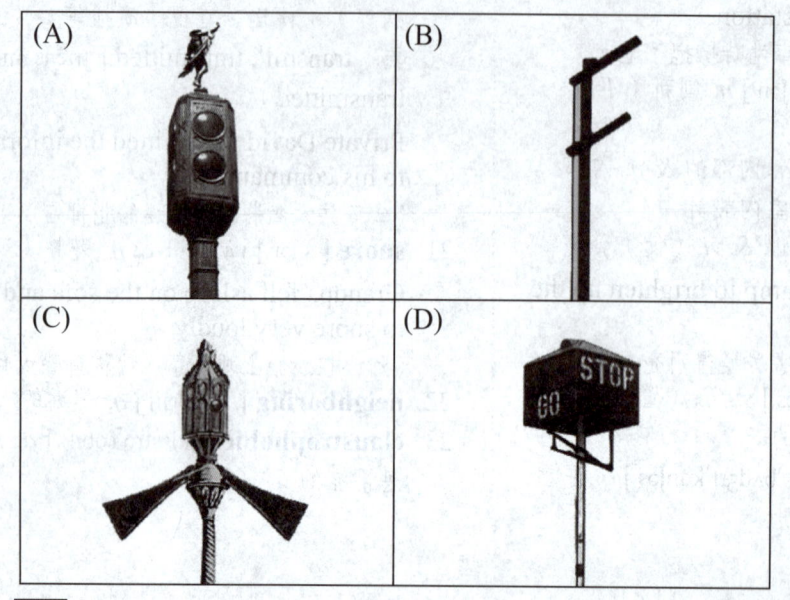

(A)　　　　　(B)

(C)　　　　　(D)

理由：
根據本文第一段第五、六句提到奈特的設計以鐵路使用的移動臂為基礎，移動臂可拉到水平位置及向下擺到 45 度角，並加裝紅色和綠色的煤氣燈，可得知 (C) 項應為正選。

(D) 37. 根據本文，下列敘述何者正確？
(A) 奈特在他的紅綠燈爆炸中受傷。
(B) 帕茲的交通燈是在美國出現的第一款。
(C) 第一個交通號誌來自某交警的點子。
(D) 未來的車輛可能不需要紅綠燈即能穿越十字路口。

理由：
根據本文最後一段第一句提到隨著自駕車崛起，紅綠燈可能不再是必需品，故得知 (D) 項應為正選。

(C) 38.「該設計後來被全球的紅綠燈設計所採用。」
哪一段最適合用該句做結尾？
(A) 第一段。　　(B) 第二段。　　(C) 第三段。　　(D) 第四段。

理由：
根據本文第三段倒數兩句提到一項重大突破就是帕茲發明的三色燈系統，並說明黃燈傳達的訊息，與該句連接語意順暢，故得知 (C) 項應為正選。

重要單字片語

1. **intersection** [ˌɪntɚˈsɛkʃən] *n.* 十字路口；交叉路口
2. **sth is credited to sb**　　某事歸功於某人
   = sb is credited with sth

   The success of the project is credited to John's hard work.
   （這個專案的成功，要歸功於約翰的辛勞工作。）
3. **specialize** [ˈspɛʃəlˌaɪz] *vi.* 專攻
   specialize in...　　專攻 / 專門從事……

The company specializes in producing eco-friendly products.
（這家公司專門從事環保產品的製造。）

4. **adapt** [əˋdæpt] *vt.* 改裝；改編 & *vt.* & *vi.* （使）適應

    Henry quickly adapted to his new school.
    （亨利很快適應了他的新學校。）

5. **movable** [ˋmuvəb!̩] *a.* 可移動的

6. **extend** [ɪkˋstɛnd] *vt.* 延伸；擴大（本文為現在分詞當形容詞）

    The road will be extended to connect the two cities.
    （這條道路將延伸以連接這兩座城市。）

7. **horizontally** [͵hɑrəˋzɑnt!̩ɪ] *adv.* 水平地

8. **whereas** [(h)wɛrˋæz] *conj.* 而；但是

9. **resemble** [rɪˋzɛmb!̩] *vt.* 和……相似

    The shape of the island resembles a dolphin.
    （這座島的形狀像一隻海豚。）

10. **station** [ˋsteʃən] *vt.* 使駐紮，部署 & *n.* 車站；局，所，隊；電（視）臺

    The guards are stationed at the entrance of the palace.
    （警衛駐紮在宮殿入口處。）

11. **install** [ɪnˋstɔl] *vt.* 裝設，安裝

    We need to install a new air conditioner before summer.
    （我們得在夏天來到前裝一臺新冷氣。）

12. **explosion** [ɪkˋsploʒən] *n.* 爆炸

13. **injure** [ˋɪndʒɚ] *vt.* 傷害（尤指車禍、天災等意外事件造成的受傷）

    Josh fell off his bike and injured his knee.
    （喬許騎自行車摔車傷到膝蓋。）

14. **deem** [dim] *vt.* 認定

    The court deemed Leo guilty of the crime.
    （法院認為李歐有罪。）

15. **hazard** [ˋhæzɚd] *n.* 危險，隱憂

16. **ban** [bæn] *vt.* 下令禁止（三態為：ban, banned [bænd], banned）& *n.* 禁令

    The school banned the use of smartphones in class.
    （學校禁止在上課時使用智慧手機。）

17. **version** [ˋvɝʒən] *n.* 版本；譯本；（文藝作品的）改編形式

18. **adopt** [əˋdɑpt] *vt.* 採用，採納 & *vt.* & *vi.* 收養

    Irene chose to adopt a healthier lifestyle.
    （艾琳選擇採用更健康的生活方式。）

19. **patent** [ˋpætn̩t] *n.* 專利（權）

20. **innovation** [͵ɪnəˋveʃən] *n.* 創新（不可數）

21. **nationwide** [ˋneʃən͵waɪd] *adv.* 在全國 & *a.* 全國性的

22. **breakthrough** [ˋbrek͵θru] *n.* 突破

23. **proceed** [prəˋsid] *vi.* 前進；繼續

    Please proceed with caution when crossing the street.
    （過馬路時請小心前進。）

24. **caution** [ˋkɔʃən] *n.* 小心，謹慎

    with caution　　小心謹慎

25. **emergence** [ɪˋmɝdʒəns] *n.* 出現；浮現（不可數）

26. **adjust** [əˋdʒʌst] *vt.* 調整，調節 & *vi.* 適應（與介詞 to 並用）

    You should adjust your schedule to allow more time for rest.
    （你應該調整時間表，給自己更多休息時間。）

27. **evolution** [͵ɛvəˋluʃən] *n.* 進化；發展

28. **originate from sth**　　源自某物

    The recipe for this dish originates from Italy.
    （這道菜的食譜源自義大利。）

第 39 至 42 題為題組

　　恐怖片的常態性主角是殭屍與連環殺手，某些人會覺得太恐怖無福消受，但許多其他人卻很享受嚇死人的視覺效果，爭相排隊去看最新的恐怖片。由於人們對恐怖片的好惡大不同，最新的研究開始解構看恐怖片的益處與風險。

恐怖片的優點之一是它圍繞著所謂「安全的恐懼」概念在運作。人們看恐怖電影的地點是在自己舒適的家中或電影院的座位上，並未受到真實危險的威脅。在受控的環境中，恐怖片其實可能降低對觀眾造成的負面影響，幫他們變得更堅強。再者，當人們投入劇情時，往往會將自己代入角色的視角，不自覺地演練劇情。研究者認為，觀眾以這種方式進行代入學習，從中習得應對現實世界的威脅的訣竅。此外，研究顯示恐怖片帶來的刺激與興奮感具有療癒效果：觀眾在看完電影後得以宣洩壓抑的情緒，有鬆了一口氣的感覺。或許這解釋了為何在新冠疫情期間，最多人在數位電影應用程式上看的電影是恐怖片與傳染病驚悚片。

　　然而研究者也發現恐怖片對某些人有負面效果。對焦慮易感的人看完驚悚片後可能會產生恐慌。對曾有過痛苦經歷的人來說，電影的主題和映像可能誘發他們的創傷，使其症狀更惡化。此外，看恐怖片可能擾亂睡眠模式，其引發的殘留恐懼及焦慮感可能會讓人徹夜難眠，因而導致隔天產生疲倦與煩躁。最後專家警告說，恐怖電影會對兒童造成負面影響。十四歲以下的兒童若觀看恐怖片，成年後更容易焦慮。更糟糕的是，看到赤裸裸的暴力與血腥畫面，可能讓兒童對現實中的暴力較為麻木，甚至更容易接受攻擊行為。

(A) 39. 本文中提到的研究最有可能屬於哪個研究領域？
　　(A) 心理學。　　(B) 教育學。　　(C) 哲學。　　(D) 傳播學。
　　理由：
　　全文旨在說明一些關於觀看恐怖片對人們帶來的好處與壞處的研究，且這些好壞處皆與心理上產生的正負面的影響有關，可知 (A) 項應為正選。

(B) 40. 作者在第二段中提到的「代入學習」是什麼意思？
　　(A) 無所顧忌地發問。　　　　　　　(B) 透過觀察來取得知識。
　　(C) 藉面對面交流得到啟發。　　　　(D) 從個人親身經驗中汲取資訊。
　　理由：
　　根據本文第二段第四句提及當人們投入劇情時，往往會將自己代入角色的視角，不自覺地演練劇情。第五句後半也提及觀眾會從中習得應對現實世界的威脅的訣竅，推知觀眾會下意識地間接透過觀察電影角色的舉動學會如何面對威脅，故 (B) 項應為正選。

(D) 41. 從文中可推論出以下哪一項關於恐怖片的陳述？
　　(A) 大多數的恐怖電影愛好者容易有攻擊性行為。
　　(B) 恐怖電影的好處遠多於壞處。
　　(C) 新冠疫情是恐怖電影的一個重要靈感來源。
　　(D) 看恐怖片可能對性格產生長遠的影響。
　　理由：
　　本文第三段倒數第二句提到十四歲以下的兒童若觀看恐怖片，成年後更容易焦慮。由此可知看恐怖片對人們產生的負面影響可能會從青少年時期延續到成人階段這麼久，故得知 (D) 項應為正選。

(B) 42. 作者如何鋪陳本文中的諸多觀點？
　　(A) 定義及舉例說明某概念。　　　　(B) 展現某議題的正反面看法。
　　(C) 陳述某個問題的因果關係。　　　(D) 提供解決歧見的幾個步驟。
　　理由：
　　本文第一段提及有新研究開始解構恐怖片帶來的益處與風險，第二、三段分別說明看恐怖片給觀眾帶來的益處以及負面影響。由上述可知作者利用正反兩面的觀點來說明恐怖片對人的影響，故得知 (B) 項應為正選。

重要單字片語

1. **zombie** [ˈzɑmbɪ] *n.* 殭屍
2. **serial** [ˈsɪrɪəl] *a.* 連續的 & *n.* 連續劇
   a serial killer　連續殺人犯
3. **spectacle** [ˈspɛktək!̩] *n.* 奇觀，（壯觀的）景象
4. **variation** [ˌvɛrɪˈeʃən] *n.* 變化；變動（常與介詞 in 並用）
5. **untangle** [ʌnˈtæŋg!̩] *vt.* 理順，整理；解開
   This article will help you untangle the complex theory.
   （這篇文章會幫助你釐清這個複雜的理論。）
   It took Calvin ten minutes to untangle the wires behind the TV unit.
   （凱文花了十分鐘才理順了電視機後的一堆接線。）
6. **revolve** [rɪˈvɑlv] *vi.* 旋轉；公轉
   revolve around...　以……為中心；繞著……轉
   The novel revolves around four characters.
   （這本小說圍繞四位主角發展。）
7. **perspective** [pɚˈspɛktɪv] *n.* 觀點
8. **rehearse** [rɪˈhɝs] *vt.* & *vi.* 排演
   The students decided to rehearse the play tomorrow after school.
   （學生們決定明天放學後排演這齣戲。）
9. **unconsciously** [ʌnˈkɑnʃəslɪ] *adv.* 不自覺地，下意識地
10. **vicariously** [vaɪˈkɛrɪəslɪ] *adv.* 代入地；非親身經歷地
11. **thrill** [θrɪl] *n.* 興奮 & *vt.* 使興奮
    thriller [ˈθrɪlɚ] *n.* 驚悚電影 / 小說
12. **therapeutic** [ˌθɛrəˈpjutɪk] *a.* 有療效的
13. **pandemic** [pænˈdɛmɪk] *n.*（全球性的）大流行病
14. **unpleasant** [ʌnˈplɛzn̩t] *a.* 令人不快的
15. **trauma** [ˈtrɔmə] *n.*（情感的）創傷
16. **trigger** [ˈtrɪgɚ] *vt.* 引發 & *n.* 扳機；引發物
    The writer's constant appearances on TV triggered an increase in sales of his new book.
    （該作家不斷在電視上曝光，促使他的新書銷量大增。）
17. **symptom** [ˈsɪmptəm] *n.* 症狀
18. **residual** [rɪˈzɪdʒuəl] *a.* 殘留的
19. **evoke** [ɪˈvok] *vt.* 喚起，引起
    The song evoked memories of my childhood in the neighborhood.
    （這首歌喚起我兒時鄰里生活的記憶。）
20. **fatigue** [fəˈtig] *n.* 疲勞（不可數）& *vt.* 使疲勞
21. **irritability** [ˌɪrətəˈbɪlətɪ] *n.* 暴怒，急躁
22. **adulthood** [əˈdʌlthʊd] *n.* 成年（時期）
23. **graphic** [ˈgræfɪk] *a.* 不加掩飾的；（電腦）繪圖的 & *n.*（書籍、電腦上的）圖像（恆用複數）
24. **bloodshed** [ˈblʌdˌʃɛd] *n.* 流血事件，殺戮
25. **aggression** [əˈgrɛʃən] *n.* 侵略，攻擊（不可數）
26. **inquiry** [ɪnˈkwaɪrɪ] *n.* 詢問（與介詞 about 並用）；調查（與介詞 into 並用）
27. **insight** [ˈɪnˌsaɪt] *n.* 深入理解，深刻見解；洞察力（不可數）
28. **prone** [pron] *a.* 有……的傾向，易於……；俯臥的
    be prone to + N/V-ing　容易……
    Workers are prone to accidents if they are not familiar with the working environment.
    （工人若對工作環境不熟悉，就很容易發生意外。）

第 43 至 46 題為題組

　　俄羅斯被廣泛形容是全世界最依賴酒精飲料的國家。批評該國者總說喝酒可算是俄羅斯人的天性。然而真相並非如此單純。

在古俄羅斯時代，飲用含酒精飲料並不多見。在俄羅斯於十世紀接受基督教之前，該國並沒有葡萄園，因此也沒有葡萄酒，人們只喝低酒精含量的飲料。俄羅斯的國民酒飲伏特加並非由俄羅斯人所發明。這種液體最初是葡萄酒的一種，於十四世紀末從法國引進。第一款俄羅斯釀造的伏特加在十五世紀出現，一直到十八世紀中葉，酒精含量都還是相對較低的。

關於俄羅斯人在十五至十六世紀對酒類的依存度，現有資訊是互相矛盾的。有些文獻記載俄羅斯人「只要有機會絕對會痛飲」，但另有文獻聲稱俄羅斯人「很少喝葡萄酒」。中世紀歐洲最嗜酒的其實是德國人。有許多諺語形容他們對酒的渴望，例如「喝得像德國人一樣爛醉」。

俄羅斯政府對該國在喝酒的普及上扮演了重要的角色。十九世紀時，眾俄皇開始建立公賣制度，主要原因是非法的低品質伏特加產量增加。此後依規定只有政府可以生產酒類。此做法很快便為國庫帶來巨額收入，但同時也刺激了伏特加的飲用。這情況在俄羅斯開始工業化生產伏特加後更形惡化，因為它造成伏特加價格大幅下滑，連低收入階層也負擔得起。

在同一期間，一個強大的反飲酒運動也在十九世紀興起。為了遏止國內延燒的酗酒問題，政府制定相關政策，並有不少公益組織成立。這運動持續多年，但問題至今依然存在。雖然俄羅斯的人均飲酒量並非世界第一，但離第一也沒有多遠。

(C) 43. 本文第二段的主要目的為何？
(A) 討論古代歐洲酒精飲料的含量。
(B) 強調法國對俄羅斯飲酒習慣的影響。
(C) 反駁俄羅斯人天生愛飲酒的假設。
(D) 將俄羅斯人飲用伏特加與接受基督教連結在一起。

理由:
本文第二段敘述古俄羅斯人其實不常飲用酒，伏特加也非俄羅斯原創，最初是從法國引進的葡萄酒飲，以及十八世紀中葉之前伏特加的酒精含量一直很低等等，皆承接第一段最後一句「真相並非如此單純」，反駁第一段所述一般人認為俄羅斯極為依賴酒精飲料及該國人民具有愛飲酒的天性，故 (C) 項應為正選。

(A) 44. 關於伏特加的生產，下列哪一項正確？
(A) 俄羅斯的伏特加生產始於十五世紀。
(B) 第一款以小麥釀造的伏特加是從法國進口。
(C) 德國是中世紀歐洲最大的伏特加生產國。
(D) 十九世紀時俄羅斯人被鼓勵自行釀造伏特加。

理由:
本文第二段最後一句敘述「第一款俄羅斯釀造的伏特加在十五世紀出現」，故 (A) 項應為正選。而第二段第五句敘述伏特加為「十四世紀末從法國引進」俄羅斯，最初是一種「葡萄酒」，故 (B) 項錯誤；第三段倒數第二句敘述「中世紀歐洲最嗜酒的其實是德國人」，並未提及德國是當時最大的伏特加生產國，故 (C) 項錯誤；第四段第二至三句敘述十九世紀時俄羅斯明定「只有政府可以生產酒類」，故 (D) 項錯誤。

(D) 45. 第四段中的 **This** 指的是什麼？
(A) 酒類飲料。　　　(B) 政府。　　　(C) 非法生產。　　　(D) 公賣制度。

理由:
本文第四段第二至三句提及「十九世紀時，眾俄皇開始建立公賣制度」，且「依規定只有政府可以生產酒類」，而空格所在的第四句敘述此事「很快便為國庫帶來巨額收入，但同時也刺激了伏特加的飲用」，得知 This 指政府生產酒精飲料的公賣制度，故 (D) 項應為正選。

(A) 46. 作者在最後一段如何總結文章？
　　　(A) 提供更多事實。　　　　　　　　　　(B) 總結主要觀點。
　　　(C) 提出新的問題。　　　　　　　　　　(D) 對未來做出預測。
　　理由：
　　本文最後一段敘述十九世紀時興起一項反飲酒運動，且「為了遏止國內延燒的酗酒問題，政府制定相關政策，並有不少公益組織成立」，然而該運動持續多年後「問題至今依然存在」，最後一句提及「雖然俄羅斯的人均飲酒量並非世界第一，但離第一也沒有多遠」，均為過去至今的事實，故 (A) 項應為正選。

重要單字片語

1. **portray** [pɔrˋtre] *vt.* 描述，描繪
   portray A as B　　把 A 描述為 B
   = describe A as B
   = depict A as B
   This movie portrays the famous painter as a very energetic woman.
   （該電影將這位著名畫家刻畫成一位活力十足的女性。）
2. **alcohol** [ˋælkə͵hɔl] *n.* 酒；酒精（指各種含酒精的酒類，如啤酒、烈酒或葡萄酒）
   alcohol-dependent [ˋælkə͵hɔldɪˋpɛndənt] *a.* 依賴酒精的
   anti-alcohol [͵æntɪˋælkə͵hɔl] *a.* 反對酒類的
   alcoholic [͵ælkəˋhɔlɪk] *a.* 含酒精的 & *n.* 酗酒者
   alcoholism [ˋælkəhɔl͵ɪzəm] *n.* 酗酒
3. **critic** [ˋkrɪtɪk] *n.* 批評者；評論家
4. **inherent** [ɪnˋhɪrənt] *a.* 與生俱來的；固有的
   be inherent in...　　……本身就有的
   Creativity is inherent in children, especially during their early years.
   （創造力是孩子們與生俱來的，尤其是在幼年時期。）
5. **trait** [tret] *n.* 特質，特點
   a personality / character trait　　人格特質
6. **consumption** [kənˋsʌmpʃən] *n.* 攝取（食物）；（能源、資源）消耗（量）；消費（皆不可數）
7. **beverage** [ˋbɛvərɪdʒ] *n.* 飲料
8. **adoption** [əˋdɑpʃən] *n.* 採用，採納；收養
9. **vineyard** [ˋvɪnjəd] *n.* 葡萄園
10. **content** [ˋkɑntɛnt] *n.* 含量（不可數）；內容物（恆用複數）；目錄（恆用複數）；（書、演講的）內容（不可數）
11. **invention** [ɪnˋvɛnʃən] *n.* 發明（不可數）；發明物（可數）
12. **contradictory** [͵kɑntrəˋdɪktərɪ] *a.* 矛盾的
13. **inclination** [͵ɪnkləˋneʃən] *n.* 傾向
    have an inclination / a tendency to + V
    有做……的傾向
14. **document** [ˋdɑkjəmənt] *n.* （書面或電腦）文件 & [ˋdɑkjə͵mɛnt] *vt.* 記錄
15. **indulge** [ɪnˋdʌldʒ] *vi.* & *vt.* （使）沉溺，縱容
    indulge (oneself) in...　　（使自己）沉溺於……
    Sophia indulges (herself) in reading novels every evening after work.
    （蘇菲亞每天晚上下班後沉迷於閱讀小說。）
16. **arise** [əˋraɪz] *vi.* 產生，形成（三態為：arise, arose [əˋroz], arisen [əˋrɪzn]）
    arise / result from...　　起因於……
    Many health problems arise from a lack of regular exercise.
    （許多健康問題源於缺乏規律運動。）
17. **medieval** [͵midrˋivl] *a.* 中世紀的
    in medieval times　　在中世紀時
    = in the Middle Ages
18. **establish** [ɪˋstæblɪʃ] *vt.* 建立，創立
    （= set up）
    David established a solid reputation as a skilled and reliable plumber.
    （大衛建立了作為熟練且可靠的水管工的良好聲譽。）

19. **monopoly** [məˋnɑplɪ] *n.* 獨占（權）；
    壟斷；專賣（權）
    have a monopoly on / of / over...
    壟斷……；有……的獨占／專賣權
20. **treasury** [ˋtrɛʒərɪ] *n.* 寶庫
    state treasury　　國庫
21. **revenue** [ˋrɛvəˏnju] *n.*（政府）稅收；
    （公司）收入
    tax revenue(s)　　稅收
22. **worsen** [ˋwɝsn̩] *vi. & vt.*（使）惡化；
    （使）更糟
    As tensions rose, relations between the two countries worsened.
    （隨著緊張局勢升級，兩國關係更形惡化。）

23. **occupy** [ˋɑkjəˏpaɪ] *vt.* 占據；擁有
    （某職務）；使忙碌（三態為：occupy, occupied [ˋɑkjəˏpaɪd], occupied）
    be occupied with + N/V-ing　　忙於……
    = be busy with + N
    = be busy + V-ing
    Nelson is occupied with preparing for the upcoming presentation.
    （尼爾森正忙於準備快要到來的簡報。）
24. **when it comes to + N/V-ing**
    說到……
    Bobby excels at photography, but when it comes to cooking, he is all thumbs.
    （巴比對攝影很在行，不過說到烹飪，他就笨手笨腳了。）
25. **per capita** [ˏpɚ ˋkæpətə] *adv. & a.* 人均（地）

第貳部分：混合題（占 10 分）

　　動物園是將圈養的動物展示出來給人類欣賞的所在。早期的動物園著重於盡可能展示稀有的動物，但現代的動物園則聚焦在保育與教育民眾。儘管如此，許多動保人士仍認為囚禁動物所付出的代價遠超過其益處。你的意見為何？歡迎在此論壇盡情分享你的想法。

A. 艾咪 我個人反對設立動物園，但能理解支持其存在的某些論點。我反對的是囚禁動物僅供人類娛樂的做法。
B. 班 人類到底有什麼權力捕捉、囚禁或繁衍其他物種？就算某種動物瀕危，難道就有理由剝奪牠的自由了嗎？
C. 凱西 動物園是行之有年的傳統，去動物園是健康的家庭活動。接觸野生動物對小孩和大人來說都是難忘的體驗。
D. 丹尼爾 我覺得動物園對難以在野外找到合適伴侶的瀕危物種來說，算是理想的環境。
E. 艾迪 我的童年回憶中有一幕，是一隻北極熊在動物園一個極狹小的空間裡不斷走來走去，這一幕至今難以抹滅。把動物囚禁在不適合牠們的地方真的是好主意嗎？
F. 法蘭克 嗯，如果非有動物園不可的話，管理員一定要盡可能提供圈養動物最舒適的生活環境──這是最基本的吧！

G. 喬治
動物園有教育意義[1]。親眼看到動物可以讓我們更了解牠們。
H. 亨利
動物園裡大部分的動物都沒有瀕危，也沒有被訓練準備野放到自然棲息地。事實上，要將圈養繁殖的動物野放是幾乎不可能的事情。
I. 艾琳
培養同理心……藉由近距離觀察動物，大眾可以對在野外面臨絕種的物種更有感、更能同情牠們。
J. 傑克
在討論動物園的存廢時，正反兩方都聲稱自己是在拯救動物。不論動物園對於動物們是否有益，它們的確是有在營利的。不管你喜不喜歡，只要有需求，動物園都將繼續存在。

註1：本句英文 Zoos have an educational aspect to it. 其中句尾的 it 應修改為 them 以與複數主詞 zoos 相符。

47-48. 請根據選文內容，從文章中選出兩個單詞，分別填入下列句子空格，並視句型結構需要作適當的字形變化，使句子語意完整、語法正確，且符合全文文意。**每格限填一個單詞**（word）。（填充，4分）

Modern zoos serve the purposes of conserving endangered species as well as _(47)_ visitors. However, some people are against zoos because the animals _(48)_ there will lose the freedom they enjoy in the wild.

答案：47. educating / entertaining
　　　　48. confined / caged

現代的動物園的作用在於保育瀕危物種並教育／娛樂遊客。然而有些人反對設立動物園，因為被圈養在那裡的動物失去了牠們在野外所享有的自由。

理由：
(1) as well as 為對等連接詞連接前後相等的字詞或片語，其前為分詞片語 conserving endangered species（保育瀕危物種），可知其後亦應為分詞片語，並且本分詞片語是由內文第一段第二句的後半 ..., most modern zoos now focus on conservation and education.（……，但現代的動物園則聚焦在保育與教育民眾。）中的 conservation 變化而來。
(2) 第 47 格之後為 visitors（遊客），可知本格應使用現在分詞，依據同 (1) 的線索，可判斷本格答案應為由 education 變化的現在分詞 educating。
(3) 由 A 項 Amy 回覆的最後一句話 I don't agree with caging animals for our entertainment.（我反對的是囚禁動物僅供人類娛樂的做法。）可判斷本格答案也可寫為由 entertainment 變化的現在分詞 entertaining。
(4) 第 48 格為由 because 引領的副詞子句，主詞為 the animals，動詞為 will lose，可判斷第 48 格為用來補充說明主詞的形容詞或形容詞子句。由內文第一段第三句 Still, many animal rights activists believe the cost of confining animals outweighs the benefits.（儘管如此，許多動保人士仍認為囚禁動物所付出的代價遠超過其益處。）可判斷本格應用 confine 變化，用以形容題目句的主詞 the animals，故應為 ...because the animals that / which are confined there will lose....，但因題目限填一字，所以應將形容詞子句化為過去分詞，也就是 confined。

(5) 同理由 A 項 Amy 回覆的最後一句話 I don't agree with caging animals for our entertainment.（我反對的是囚禁動物僅供人類娛樂的做法。）可判斷本格答案也可寫為由 cage 變化的過去分詞 caged。

49. From (A) to (J) in the above forum discussion, which **ONES** show a positive attitude toward zoos?（多選題，4 分）

答案：(C)、(D)、(G)、(I)

從以上討論串 (A) 到 (J) 的意見當中，哪一些對動物園持正向看法？

理由：
由 (C) Cathy 認為去動物園是健康的家庭活動（a wholesome family activity）、(D) Daniel 認為動物園對難以在野外找到合適伴侶的瀕危物種來說，算是理想的環境（a good place for endangered species which have difficulty finding suitable mates in the wild）、(G) George 認為動物園有教育意義（Zoos have an educational aspect to it.）、(I) Irene 認為動物園可以讓大眾對在野外面臨絕種的物種更有感、更能同情牠們（the public could be encouraged to be more sensitive and compassionate to a species that is facing extinction in the wild），得知答案為 (C)、(D)、(G)、(I)。

50. Which **phrase** on the forum discussion carries the meaning of "building the ability to understand and share the feelings of others"?（簡答題，2 分）

答案：fostering empathy 或 Fostering empathy.

討論串裡的哪個片語傳達出「培養理解並與他人分享感受的能力」的意思？

理由：
由 (I) 項 Irene 先提出 Fostering empathy（培養同理心），而後說明 ... the public could be encouraged to be more sensitive and compassionate to a species that is facing extinction in the wild.（……大眾可以對在野外面臨絕種的物種更有感、更能同情牠們。）可知其提出的觀點 fostering empathy 符合題意，故為答案。

重要單字片語

1. **in captivity**　被監禁
   captivity [kæpˋtɪvətɪ] n. 監禁（不可數）
   The young woman was finally freed after being held in captivity for a month by human traffickers.
   （這名年輕女子被人口販子囚禁一個月後終於重獲自由。）
   ＊human trafficker　人口販子

2. **put emphasis on...**　強調……
   emphasis [ˋɛmfəsɪs] n. 強調，重視
   The teacher put emphasis on the importance of time management during the lecture.
   （老師在講課當中強調時間管理的重要性。）

3. **conservation** [ˌkɑnsɚˋveʃən] n.（動植物）保護；（自然資源）保存（皆不可數）

4. **activist** [ˋæktɪvɪst] n. 活躍分子

5. **confine** [kənˋfaɪn] vt. 監禁；限制
   The manager confined the discussion to budget-related topics.
   （經理將討論限制在與預算相關的主題。）

6. **outweigh** [aʊtˋwe] vt. 比……更重要；重於
   The benefits of regular exercise outweigh the risks of minor injuries.
   （規律運動的好處超過受輕傷的風險。）

7. **feel free to + V**　儘管……（口語）
   Feel free to order any fine wine you want. My treat.
   （想喝什麼好酒儘管點，我請客。）
8. **forum** [ˈfɔrəm] *n.* 論壇
9. **argument** [ˈɑrgjəmənt] *n.* 論點；爭論
10. **cage** [kedʒ] *vt.* 把……關進籠子（通常使用被動）& *n.* 籠子
11. **capture** [ˈkæptʃɚ] *vt.* 捕獲；（用圖片）捕捉；逮捕；獲得，引起（注意）& *n.* 逮捕
    The photographer managed to capture the beauty of the sunset.
    （攝影師成功捕捉到晚霞的美麗。）
12. **breed** [brid] *vt.* 繁殖；產生（惡果）& *vi.* 繁殖（三態為：breed, bred [brɛd], bred）& *n.* 品種
    Poverty breeds violence.
    （貧窮會滋生暴力。）
13. **endangered** [ɪnˈdendʒɚd] *a.* 瀕臨絕種的
14. **justify** [ˈdʒʌstəˌfaɪ] *vt.* 證明……是合理的，使合理化（三態為：justify, justified [ˈdʒʌstəˌfaɪd], justified）
15. **restrict** [rɪˈstrɪkt] *vt.* 限制，妨礙
    restrict A to B　將 A 約束在 B 的限度內
    The school restricts access to the library to enrolled students only.
    （學校僅開放圖書館使用權給已註冊的學生。）
16. **wholesome** [ˈholsəm] *a.* 健康的，有益健康的

17. **back and forth**　前後，來回
    The negotiations went back and forth for weeks before they reached an agreement.
    （談判來來回回進行了好幾週才達成協議。）
18. **haunt** [hɔnt] *vt.* 不斷困擾；（鬼魂）常出沒於
    haunt sb　在某人的腦海中揮之不去
    The memory of the accident still haunts Gina to this day.
    （關於那場意外的記憶至今仍縈繞在吉娜的腦海。）
19. **inevitability** [ɪnˌɛvətəˈbɪlətɪ] *n.* 不可避免之事
20. **to say the least**　至少可以這麼說；委婉地說（常置於句尾並用逗號與前句分開）
    The restaurant was dirty and poorly managed, to say the least.
    （這間餐廳又髒又管理不善，我這麼說還算客氣的了。）
21. **habitat** [ˈhæbəˌtæt] *n.* （動物）棲息地
22. **foster** [ˈfɔstɚ] *vt.* 培養，促進；收養 & *a.* 收養的
    Parents should foster independence in their children from a young age.
    （父母應從小培養孩子的獨立性。）
23. **empathy** [ˈɛmpəθɪ] *n.* 同理；同情（不可數）
24. **compassionate** [kəmˈpæʃənɪt] *a.* 有同情心的
25. **extinction** [ɪkˈstɪŋkʃən] *n.* 絕種（不可數）

第參部分：非選擇題（占 28 分）

一、中譯英（占 8 分）

1. 人類的想像和創意是科技進步最大的驅動力。

   翻譯關鍵：
   a. 先列出本句主要中文單詞及與其對應的英文單詞：
   　(1) 人類的：human [ˈhjumən] *a.*
   　　　人類：man [mæn] *n.*（之前不加 the。若為 a man 則意為「某個男子」）或 mankind [mænˈkaɪnd] *n.*（之前不加 the）

(2) 想像：imagination [ɪˌmædʒəˈneʃən] n.
(3) 創意：creativity [ˌkrieˈtɪvətɪ] n.
(4) 科技（即科學和技術）：science and technology（或依不同寫法使用形容詞）
science [ˈsaɪəns] n. 科學
technology [tɛkˈnɑlədʒɪ] n. 技術
(5) 進步：progress [ˈprɑgrɛs] n. 或 advancement [ədˈvænsmənt] n.
(6) 最大的：the biggest
(7) 驅動力：driving force [ˈdraɪvɪŋ ˌfɔrs] n.

b. 再列出原句中文詞組並譯出對應的英文詞組：
(1) 人類的想像和創意：<u>human</u> imagination and creativity
　　　　　　　　　　　　　　　a.
或：man's imagination and creativity
或：the imagination and creativity of mankind
(2) 是：are（因主詞 imagination and creativity 為複數）
(3) 科技進步最大的驅動力：the biggest driving force of the <u>progress</u> / <u>advancement</u> of science and technology

示範譯句：
Human imagination and creativity are the biggest driving force behind the progress of science and technology.
或：
Man's imagination and creativity are the biggest driving force to boost the advancement of science and technology.

官方解答：
<u>Human's</u>[註1] / <u>Human</u> / <u>Mankind's</u> imagination and creativity is the <u>biggest</u> / <u>strongest</u> driving force / power for technological <u>advancement</u>[註2] / <u>advances</u> / <u>advance</u>.
註1：human 作名詞時為可數名詞，故此處應改為 A human's 或 Humans'。
註2：advancement 亦可作可數名詞，故此處也可用複數 advancements。

2. 過去在科幻電影中出現的神奇物件，現在正逐一成真。

翻譯關鍵：
a. 先列出本句主要中文單詞及與其對應的英文單詞：
(1) 過去的……：in the past + N
(2) 科幻電影：science and fiction movies / films 或 sci-fi movies / films
(3) 出現：appear [əˈpɪr] vi.
(4) 神奇的：magic [ˈmædʒɪk] a. 或 magical [ˈmædʒɪkl] a.
(5) 物件：device [dɪˈvaɪs] n. 或 object [ˈɑbdʒɪkt] n. 或 thing [θɪŋ] n.
(6) 現在：now [naʊ] adv.
(7) 逐一：one by one 或 one after another
(8) 成真：come true 或 become a reality 或 become real

b. 再列出原句中文詞組並譯出對應的英文詞組：
(1) 過去在科幻電影中：in the past sci-fi movies
(2) 出現的神奇物件：the magic devices that appeared
(3) 現在正逐一成真：are now becoming realities one by one 或 are coming true one after another now

示範譯句：

The magic devices that appeared in the past sci-fi movies are now becoming realities one by one.

或：

The magic devices that appeared in the past sci-fi movies are coming true one after another now.

官方解答：

<u>Amazing</u> / <u>Fantastic</u> <u>things</u> / <u>objects</u> that appeared in <u>science-fiction</u> / <u>sci-fi</u> <u>movies</u> / <u>films</u> in the past are now becoming <u>reality</u> / <u>real</u> one by one.

二、英文作文（占 20 分）

示範作文：

  When a typhoon is about to hit Taiwan, the local governments have to decide, based on the weather forecast, whether people need to take a day off to avoid the dangerous weather. However, the decisions can sometimes prove entirely wrong. In the areas where the typhoon is predicted to hit hardest, people get a day off but find the weather so surprisingly calm that they can go out and enjoy a movie, as shown in the first picture. On the other hand, in the areas predicted to be less affected, people need to go to work or school, only to find that they are met with strong winds and pouring rain, as indicated in the second picture.

  According to my experience, I believe the local governments always consider people's safety first and make logical decisions. I also believe people should have the right not to go to work when the weather becomes too dangerous. The worst scenario, I think, is changing the decision on short notice. When people are already out there getting all wet, they won't appreciate it when you suddenly tell them to go home. Similarly, when people are already celebrating an unexpected holiday and having fun, they will definitely hate you when you tell them to go to work or school anyway. So, the best policy, in my opinion, is to stick to your decision no matter what happens.

  當颱風要侵襲臺灣時，地方政府必須依照天氣預報來決定是否要給民眾放一天假來避開危險天候。但有時候這些決定最後證明是完全錯誤的。在預測颱風影響最嚴重的地區，民眾會放一天假，但卻發現天氣異常平靜，他們大可出去看場電影，如第一張圖片所示。相反地，在預計影響較小的地區，人們需要上班上課，但卻發現遇上強風豪雨，如第二張圖片所示。

  根據我的經驗，我相信地方政府一定是把人民安全放在第一位，並做出合理的決斷。我也相信人民有權在天氣變得過於凶險時不去上班。我覺得最糟糕的情況是臨時更改決定。當人們已經在外面全身溼透時，你突然叫他們回家，他們是不會感激你的。同理，當人們已經在慶祝意外的颱風假要去玩時，你叫他們還是得去上班上課，他們絕對恨死你。所以我認為，最好的做法就是不管發生什麼事，堅持你原來的決定就對了。

重要單字片語

1. **forecast** [ˈfɔrˌkæst] *n.* & *vt.* 預測，預報
（三態為：forecast, forecast / forecasted [ˈfɔrˌkæstɪd], forecast / forecasted）
According to the weather forecast, a typhoon will hit the island this weekend.
（根據氣象預報，這個週末將有颱風侵襲本島。）

2. **predict** [prɪˈdɪkt] *vt.* 預測
With business getting better and better, I predict that we will make a big profit next year.
（隨著生意愈來愈好，我預測明年我們會有豐厚的利潤。）

113年升大學學測英文試題詳解

113 年升大學學測英文試題 解答

1. (B)　　2. (A)　　3. (B)　　4. (B)　　5. (D)
6. (C)　　7. (D)　　8. (C)　　9. (A)　　10. (B)
11. (B)　　12. (D)　　13. (D)　　14. (A)　　15. (C)
16. (B)　　17. (C)　　18. (A)　　19. (D)　　20. (C)
21. (E)　　22. (I)　　23. (J)　　24. (C)　　25. (G)
26. (A)　　27. (H)　　28. (B)　　29. (F)　　30. (D)
31. (D)　　32. (C)　　33. (A)　　34. (B)　　35. (B)
36. (D)　　37. (B)　　38. (A)　　39. (D)　　40. (A)
41. (B)　　42. (C)　　43. (D)　　44. (B)　　45. (C)
46. (C)　　47. group / collective　　48. adapting
49. (C)、(F)　　50. A predator. / A fox. (a predator / a fox)

113 年升大學學測英文試題 詳解

第壹部分：選擇題（占 62 分）

一、詞彙題（占 10 分）

(B) 1. 想要身材<u>苗條</u>的人應要常運動並保持健康的飲食習慣。
    a. (A) spicy [ˈspaɪsɪ] *a.*（加了香料）辛辣的
          My brother is crazy about spicy Indian curry.
          （我哥非常愛吃印度辣咖哩。）
      (B) slender [ˈslɛndɚ] *a.* 苗條的，纖細的
          To have a slender figure, Lulu went on a strict diet.
          （為了擁有窈窕身材，露露進行嚴格的節食。）
      (C) slight [slaɪt] *a.* 輕微的；（人）瘦弱的，瘦小的
          Patrick had a slight headache after bumping his head on the wall.
          （派翠克頭撞到牆壁後感到有點疼痛。）
          註：本選項看似正確但不符合題意，故非正答。
      (D) slippery [ˈslɪpərɪ] *a.* 滑溜溜的
          The old man fell down because the sidewalk was slippery.
          （那老人摔了一跤，因為人行道很滑。）
    b. 根據語意，可知 (B) 項應為正選。

(A) 2. 看雲海日<u>出</u>是所有來阿里山的遊客必做的活動。
    a. (A) emerge [ɪˈmɝdʒ] *vi.* 出現，露出
          emerge from...　　從……冒出來
          Matt suddenly emerged from behind the door and startled me.
          （麥特突然從門後冒出來，嚇了我一跳。）
      (B) flash [flæʃ] *vi. & vt.*（使）閃光 & *n.* 閃光
          We looked up and saw lightning flashing through the sky.
          （我們一抬頭就看到閃電劃過天空。）
      (C) rush [rʌʃ] *vi. & vt. & n.* 衝
          The people in the building all rushed into the street when a fire broke out.
          （那棟建物失火時，裡面的所有人全都衝到街上。）
      (D) float [flot] *vi.* 漂浮 & *n.* 浮板
          Stan was teaching his son how to float on water.
          （史坦正在教他兒子如何漂浮在水面上。）
    b. 根據語意，可知 (A) 項應為正選。

(B) 3. 你知道下一班公車幾點到嗎？我已經在這裡等了三十多分鐘。
    a. (A) apt [æpt] *a.* 有……傾向的
           be apt to V　　易於做……
           Rupert is apt to talk ceaselessly when he gets nervous.
           （魯伯特一緊張就會講話講個不停。）
      (B) due [d(j)u] *a.* 預定到達的，預計的
           be due to V　　預定做……
           This film is due to hit the theaters next Thursday.
           （這部電影預定下星期四在戲院上映。）
      (C) bound [baʊnd] *a.* 前往……的；必然的
           be bound for + 地方　　前往某地
           It seems that you've taken the wrong train. This train is bound for Taichung, not Taipei.
           （你好像搭錯火車了。這班火車開往臺中，並非臺北。）
      (D) docked [dɑkt]　為 dock 的過去分詞及過去式
           dock [dɑk] *vi. & vt.* （使船）靠碼頭 & *n.* 碼頭
           The merchant ship has been docked in the port.
           （那艘商船已停靠在港口。）
    b. 根據語意，可知 (B) 項應為正選。

(B) 4. 不管我用什麼樣降溫的法子，高溫高溼仍讓我感到又熱又黏答答。
    a. (A) density [ˈdɛnsətɪ] *n.* 密（集）度
           Manila in the Philippines is a city with a high population density.
           （菲律賓的馬尼拉是人口密度很高的城市。）
      (B) humidity [hjuˈmɪdətɪ] *n.* 潮溼（不可數）
           Iris hates summer because of the humidity.
           （艾麗絲討厭夏天，因為太潮溼了。）
      (C) circulation [ˌsɝkjəˈleʃən] *n.* 流通；循環
           The boss complained that the circulation of air in the conference room was poor.
           （老闆抱怨這會議室裡的空氣不流通。）
      (D) atmosphere [ˈætməsˌfɪr] *n.* 大氣；空氣；氛圍
           The research satellite is fixed at a point just outside the Earth's atmosphere.
           （那枚研究衛星被投放在剛好位於地球大氣層外的某個點上。）
    b. 根據語意，可知 (B) 項應為正選。

必考重點

1. roasting [ˈrostɪŋ] *a.* 炙熱的，炎熱的
   We don't want to go outside since it's such a roasting hot day.
   （我們不想出去，因為天氣這麼熱。）
2. sticky [ˈstɪkɪ] *a.* 黏的；溼熱的
   Why is the table so sticky? Didn't you clean it after eating the dessert?
   （桌子怎麼這麼黏？你吃完甜點後不是擦乾淨了嗎？）

(D) 5. 極偉大的藝術家如畢卡索和莫內等人所創作的藝術無疑會禁得起時間的考驗。
  a. (A) stay [ste] *vi.* & *n.* 停留 & *vi.* 保持
     Where did you stay while you were in London?
     （你在倫敦時住哪裡？）
   (B) take [tek] *vt.* 拿；帶……去；搭乘；花費，需要（時間、精力等）
     （三態為：take, took [tʊk], taken [ˈtekən]）
     Do you know who took my textbook?
     （你知道誰拿走我的課本嗎？）
   (C) serve [sɝv] *vt.* 服務 & *vt.* & *vi.* 供應（餐點）
     I'm afraid Nathan is busy serving customers right now. Can I take a message?
     （恐怕納森現在正忙著服務客人。我可以幫您留言嗎？）
   (D) stand [stænd] *vt.* 禁得起，承受得住（困難等）；忍受 & *vi.* & *vt.*（使）站立
     （三態為：stand, stood [stʊd], stood）
     stand the test of time 禁得起時間的考驗
     I believe this pop singer's songs will stand the test of time.
     （我相信這位流行歌手的歌曲會禁得起時間的考驗。）
  b. 根據語意，可知 (D) 項應為正選。

必考重點

no doubt 無疑地，必定（副詞片語，由 "there is no doubt that..." 簡化而成）
After such a tiring day, no doubt Karen will want to go to bed earlier than usual.
（度過如此勞累的一天後，凱倫肯定會想比平常早上床。）

(C) 6. 在一些國家只有男性得強制服兵役，女性則不必服兵役。
  a. (A) forceful [ˈfɔrsfəl] *a.* 強有力的
     The activist's forceful speech moved the crowd to action.
     （這名激進分子強而有力的演說激發群眾採取行動。）
   (B) realistic [rɪəˈlɪstɪk] *a.* 實際的；現實的
     It is not realistic to expect a promotion if you're not devoted to your work.
     （你若沒有全心投入工作卻還想要升遷，那是不切實際的。）
   (C) compulsory [kəmˈpʌlsərɪ] *a.* 必須做的，強制性的
     In order to graduate, all students must complete the list of compulsory college courses.
     （如果要畢業，所有學生必須修完清單上的大學必修課程。）
   (D) distinctive [dɪˈstɪŋktɪv] *a.* 獨特的，特別的
     The policemen of this city wear a distinctive uniform, so they are easily recognized.
     （該市的警察穿著獨特的制服，因此很容易辨認。）
  b. 根據語意，可知 (C) 項應為正選。

必考重點

military service 兵役
Larry did his military service on a nice island.
（賴瑞在一座美麗的島上服兵役。）

(D) 7. 組員抱怨組長總是把他們辛苦工作的成果歸功於自己。
- a. (A) advantage [əd`væntɪdʒ] *n.* 優勢；優點；便利，益處
    take advantage of...　利用……
    All students are invited to take advantage of our student discounts.
    （歡迎所有同學多加利用我們的學生折扣優惠。）
  (B) revenge [rɪ`vɛndʒ] *n.* 報復 & *vt.* 為……報仇
    take revenge on sb　對某人報仇
    That young man took revenge on the bad guy for his father's death.
    （那名年輕人為父親的死向那壞蛋報仇。）
  (C) remedy [`rɛmədɪ] *n.* 治療法；補救 & *vt.* 補救
    The herb is an effective remedy for headaches.
    （這種藥草是有效的治頭痛藥方。）
  (D) credit [`krɛdɪt] *n.* 功勞（不可數）；學分（可數） & *vt.* 將功勞歸因於……
    take (the) credit (for)...　搶……的功勞
    During the meeting, Kelly repeatedly tried to take the credit for the innovative idea.
    （凱莉在開會時好幾次想把這個新鮮點子的功勞歸給自己。）
- b. 根據語意，可知 (D) 項應為正選。

(C) 8. 位於市中心的那家商業旅館在保證提供優質服務之外，還擁有便利的大眾運輸。
註：public transport 為英式用法；美式用法應為 public transportation。
- a. (A) propose [prə`poz] *vt.* 提議，建議 & *vi.* 求婚
    We proposed that the concert (should) be held indoors.
    （我們提議把演唱會辦在室內。）
  (B) contain [kən`ten] *vt.* 包含；裝有
    This photo album contains all of my grandmother's favorite photos.
    （奶奶最愛的所有照片都裝在這本相簿裡。）
  (C) promise [`prɑmɪs] *vt.* & *vi.* 保證，承諾 & *n.* 承諾，諾言
    Luke promised Gina that he would quit smoking.
    （路克向吉娜保證他會戒菸。）
  (D) confirm [kən`fɝm] *vt.* 確認；證實
    I would like to confirm my dinner reservation.
    （我要確認我晚餐訂的位子。）
- b. 根據語意，可知 (C) 項應為正選。雖然 (B) 項語意上似乎合理，但 contain 為實體上的包含，good service 並非實體，故不可使用。

必考重點

1. locate [lo`ket] *vt.* 位於（用於被動語態）；找到……的位置；設置
   be located in / on / at...　位於……
   Our school is located in that area.
   （我們學校位於那個區域。）
2. transport [`trænsport ] *n.* 交通工具〔英〕（= transportation [ ˌtrænspɚ`teʃən]〔美〕）；運輸 & [træns`pɔrt] *vt.* 運送，運輸

(A) 9. 由於血庫存量已降到告急等級，許多醫院正呼籲民眾捐血。
   a. (A) appeal [ə`pil] *n.* & *vi.* 呼籲；吸引；上訴
         make an appeal for... 呼籲……
         The victim's family made a public appeal for help to catch the murderer.
         （受害者家屬公開呼籲協助緝兇手。）
      (B) approach [ə`protʃ] *n.* 方法 & *vt.* & *vi.* 接近
         The best approach to learning English is to read English articles out loud and watch English TV programs.
         （學習英文的最佳途徑是大聲朗誦英文文章和看英文電視節目。）
      (C) operation [ˌɑpə`reʃən] *n.* 操作；營運；手術
         Are you familiar with the operation of this machine?
         （你熟悉這臺機器的操作方式嗎？）
      (D) observation [ˌɑbzɚ`veʃən] *n.* 觀察
         Ray is a man of keen observation but of few words.
         （雷是個觀察敏銳卻不多言的人。）
   b. 根據語意，可知 (A) 項應為正選。

必考重點

1. critically [`krɪtɪklɪ] *adv.* 嚴重地；危急地；批判地
2. donate [`donet / do`net] *vt.* & *vi.* 捐贈（器官、血液等）；捐獻（金錢、物資等）
   People lined up to donate blood for wounded soldiers in the field hospitals.
   （民眾排隊捐血以供給野戰醫院中的傷患官兵。）

(B) 10. 得知自己無法選擇學伴卻要被隨機分配讀書小組時，大衛感到很失望。
   註：對等連接詞 but 後為完整句子時才需要在前面加上逗號，此處 but 後為 would be randomly placed in a study group 非完整句子，故建議不要加逗號。
   a. (A) eligibly [`ɛlɪdʒəblɪ] *adv.* 符合資格地
         Only students who have high school diplomas can be eligibly enrolled in colleges.
         （只有拿到高中畢業證書的學生才有資格進入大學就讀。）
      (B) randomly [`rændəmlɪ] *adv.* 隨機地，任意地
         The lead singer randomly picked a fan to join him up on stage.
         （主唱隨機找了一個歌迷到臺上跟他合唱。）
      (C) apparently [ə`pærəntlɪ] *adv.* 據說；聽說；似乎
         Apparently, John is in a bad mood now.
         （約翰現在似乎心情不太好。）
      (D) consequently [`kɑnsəkwɛntlɪ] *adv.* 因此，所以
         The mayor is very popular; consequently, he is likely to be reelected.
         （這位市長人氣頗高，因此他很可能連任。）
   b. 根據語意，可知 (B) 項應為正選。

必考重點

disappointed [ˌdɪsə`pɔɪntɪd] *a.* 感到失望的
If you lower your expectations, you'll never be disappointed.
（如果你降低期待，就永遠不會失望。）

二、綜合測驗（占 10 分）

第 11 至 15 題為題組

　　神祕顧客是受僱至商店購物以及蒐集資料的領酬勞的顧客。他們會被派遣到各種服務業類型的企業，包含商店、餐廳和銀行 ── 只要是任何為顧客提供服務的地方都有可能。有時神祕顧客被稱為祕密客，假裝是一般顧客進行購物、在餐廳用餐，諮詢或退貨等行為。他們對被分派到的商店的商品品質、顧客服務和店內環境打分數及寫報告。

　　評估一家企業時，神祕顧客必須遵循特定的標準程序以避免個人偏見。他們通常會拿到一份為觀察或注意事項提供準則的清單以確保一致性。有時這些顧客會蒐集「正常」觀察而得的資料，如商店的清潔度或服務的及時性。他們也可能假裝是難纏的顧客，故意找店員爭執。神祕顧客可以運用他們所蒐集的資料來判定需要改善的地方，藉此協助提升產品和服務的品質。透過這種方式，祕密顧客可以幫企業取得競爭優勢。

(B) 11. 理由：
　　a. (A) call for...　　要求……，呼籲……
　　　　　The students are calling for a better library.
　　　　　（學生們要求蓋一間更好的圖書館。）
　　　(B) pose as...　　假扮……
　　　　　That man posed as a lawyer to trick others out of money.
　　　　　（那名男子假扮律師來詐人錢財。）
　　　(C) attend to...　　照顧……
　　　　　Brian hired a caretaker to attend to his father on a 24-hour basis.
　　　　　（布萊恩僱用看護來全天候照顧他爸爸。）
　　　(D) engage in...　　參與……，從事……
　　　　　If you want to keep fit, you should engage in a variety of sports.
　　　　　（如果你想保持健康，你應該參與各種運動。）
　　b. 根據語意，(B) 項應為正選。

(D) 12. 理由：
　　a. 本題測試 assign 與關係代名詞的用法：
　　　assign [əˋsaɪn] *vt.* 分派，指派
　　　該句原由以下兩句合併：
　　　{ They grade and report on the quality of products, customer service, and environment of the stores.
　　　　They are assigned to the stores.
　　　因兩句都有 the stores，因此 the stores 可用關係代名詞 which 或 that 取代並將兩句合併成以下句子：
　　　They grade and report on the quality of products, customer service, and environment of the stores which / that they are assigned to.
　　　句尾的介詞 to 可移至關係代名詞前面，但這時就不能使用 that。
　　b. 根據上述用法，(D) 項應為正選。

(D) 13. 理由：
　　a. (A) keen competition [ˌkin ˌkɑmpəˋtɪʃən] *n.* 激烈競爭
　　　　　The company lowered its prices in the face of keen competition from abroad.
　　　　　（此公司因面臨來自國外的激烈競爭而降價。）

(B) financial hardship [faɪˌnænʃəl ˈhardʃɪp] *n.* 財務困難
   The economic recession has caused financial hardship for people all over the world.
   (經濟蕭條給世界各地的人造成經濟上的困窘。)
(C) racial conflict [ˈreʃəl ˈkɑnflɪkt] *n.* 種族衝突
   That country has a long history of racial conflicts.
   (那個國家有長久的種族衝突歷史。)
(D) personal bias [ˌpɝsn̩l ˈbaɪəs] *n.* 個人偏見
   When writing the article, you should not reveal any personal bias.
   (撰寫文章時，不應當透露任何個人偏見。)
   b. 空格前提及評估一家企業時，神祕顧客必須遵循特定的標準程序。可推知應該是要避免個人偏見，故 (D) 項應為正選。

(A) 14. 理由:
   a. (A) difficult [ˈdɪfəkʌlt] *a.* 難對付的，不友好的，難以接近的；困難的
      Hank wasn't sure how to deal with the difficult person.
      (漢克不知道該如何應付這難搞的傢伙。)
   (B) potential [pəˈtɛnʃəl] *a.* 可能的，潛在的
      The new drug has yet to be approved due to some potential side effects.
      (這個新藥由於可能有副作用而仍未被批准。)
   (C) constant [ˈkɑnstənt] *a.* 持續不斷的
      That constant noise is driving me crazy.
      (那個持續不斷的噪音令我抓狂。)
   (D) anonymous [əˈnɑnəməs] *a.* 匿名的，不具名的
      The charity received a large sum of money from an anonymous donor.
      (這個慈善機構收到來自某位匿名捐贈者的一大筆捐款。)
   b. 根據語意，(A) 項應為正選。

(C) 15. 理由:
   a. (A) distribution [ˌdɪstrəˈbjuʃən] *n.* 分配；分布
      The distribution of wealth is uneven in that country.
      (該國財富分配不均。)
   (B) expectation [ˌɛkspɛkˈteʃən] *n.* 期望，預期（常用複數）
      Chad finds it hard to live up to his parents' expectations.
      (查德覺得很難達到他雙親的期望。)
   (C) improvement [ɪmˈpruvmənt] *n.* 改善
      There has been a great improvement in Debbie's writing skills.
      (黛比的寫作技巧已有了顯著的改善。)
   (D) management [ˈmænɪdʒmənt] *n.* 經營，管理；資方，管理階層
      Frank took over the day-to-day management of the factory.
      (法蘭克接下這間工廠的日常管理工作。)
   b. 根據語意，(C) 項應為正選。

重要單字片語

1. **mystery shopper** [ˈmɪstrɪ ˌʃɑpɚ] *n.* 神祕顧客（= secret shopper）
2. **potentially** [pəˈtɛnʃəlɪ] *adv.* 可能地，潛在地
3. **purchase** [ˈpɝtʃəs] *vt.* 購買，採買
   Sally purchased a new car three days ago.
   （莎莉三天前買了一臺新車。）
4. **inquiry** [ɪnˈkwaɪrɪ] *n.*（正式的）詢問
   make an inquiry　詢問
5. **evaluate** [ɪˈvæljuet] *vt.* 評估，評價
   The manager evaluated our performances fairly.
   （經理公正地評估我們的績效。）
6. **procedure** [prəˈsidʒɚ] *n.* 程序；步驟
7. **look out for...** 注意察看……
   You should look out for snakes in this area.
   （你在這個地區時應該要留意蛇類。）
8. **ensure** [ɪnˈʃʊr] *vt.* 確保，保證
   The bodyguards must ensure the mayor's safety.
   （保鑣必須確保市長的安全。）
9. **consistency** [kənˈsɪstənsɪ] *n.* 一致（性）
10. **observation** [ˌɑbzɚˈveʃən] *n.* 觀察資料；觀察（此義不可數）
11. **cleanliness** [ˈklɛnlɪnəs] *n.* 清潔，潔淨（不可數）
12. **timeliness** [ˈtaɪmlɪnəs] *n.* 及時，適時
13. **identify** [aɪˈdɛntəˌfaɪ] *vt.* 確定，確認
    （三態為：identify, identified [aɪˈdɛntəˌfaɪd], identified）
    Scientists haven't identified yet how the terrible disease spreads.
    （科學家尚未確認這個嚴重的疾病是如何散播的。）
14. **thereby** [ðɛrˈbaɪ] *adv.* 因此，藉此
15. **enhance** [ɪnˈhæns] *vt.* 提升，增強，提高；改進
    Some athletes use illegal drugs to enhance their performance during competitions.
    （一些運動員使用非法藥物提升比賽時的表現。）
16. **competitive** [kəmˈpɛtətɪv] *a.* 有競爭力的
17. **edge** [ɛdʒ] *n.* 優勢；邊緣

第 16 至 20 題為題組

　　現代上班族翻身下床、痛苦地呻吟、按掉鬧鐘，然後心不甘情不願地起來開始一天的工作。但在鬧鐘普及前，人們是如何準時上班的呢？

　　在第二次工業革命的時代，民眾在礦場或工廠裡勞苦工作，工時不規律，常常必須大清早就起床上工。他們本來是可以用到鬧鐘的，因為可調式鬧鐘在十九世紀中葉就已經發明了。但這個新裝置仍相當昂貴且不甚可靠。英國工人因此依賴活人鬧鐘，即所謂的「敲敲人」。這些活人鬧鐘配備棍棒或射豆槍[註1]，穿街走巷敲打窗戶，或是對著窗戶射擊乾豌豆，試圖叫醒付費客戶及時趕去上班。

　　不論他們揮舞的是棍棒還是射豆槍，敲敲人變成全英國各地常見的街景。每天早上，這些通常年紀較大的人會出現在大街小巷，敬業地叫醒他們的客戶。他們在確認客戶醒來前通常不會離開。

　　雖然在英國某些地區，這種做法一直持續到一九七○年代，但因鬧鐘變得較普遍且沒那麼貴了，敲敲人行業就逐漸沒落。現在的鬧鐘嘟嘟聲和播放早晨音樂的智慧手機肯定比較簡單方便。然而它們跟射豆槍敲擊窗戶的獨特聲響所帶來的個人關注，是無法相比的。

註1：pea shooter 應改為 pea-shooter 或 peashooter。

(B) 16. 理由:
- a. 本句中 because 引導的從屬子句使用過去完成被動式（had been + 過去分詞），指出可調整的鬧鐘在十九世紀中葉就已經發明了，可推測前半句在說當時民眾可以使用鬧鐘但沒有使用，因此需要用到以下句型：
  could have + 過去分詞　　原本可以……（表過去可能發生但未發生的動作）
  Helen could have taken a taxi home instead of walking.
  （海倫本可搭計程車回家而不必走路。）
- b. (A) 選項使用於現在式，意為「一定使用」，(C) 選項意為「（過去）當時已幾乎不用」，(D) 選項意為「（過去）大多數時候使用」。
- c. 根據語意與時態，(B) 項應為正選。

(C) 17. 理由:
- a. (A) aim [em] vt. & vi.（使）瞄準；打算
    aim at + N/V-ing　　瞄準……；以……為目標
    Aim at the target before you shoot.
    （瞄準好了再射擊。）
  (B) train [tren] vt. 訓練
    train for...　　為……而訓練
    John has been training hard for the marathon for the past six months.
    （過去半年以來，約翰為參加馬拉松賽跑努力地訓練。）
  (C) equip [ɪˋkwɪp] vt. 配備（三態為：equip, equipped [ɪˋkwɪpt], equipped）
    be equipped with...　　配備有……
    The firefighters were equipped with oxygen tanks and rescue tools.
    （消防隊員們配備有氧氣筒和救援工具。）
  (D) exhaust [ɪgˋzɔst] vt. 使筋疲力盡；耗盡
    exhausted [ɪgˋzɔstɪd] a. 筋疲力盡的
    be exhausted by...　　因……筋疲力盡
    Melinda was exhausted by working in the garden under the hot sun.
    （大太陽底下梅琳達在花園裡工作，導致精疲力竭。）
- b. 本句為簡化對等子句之分詞構句：兩個子句若主詞相同時可合併為一句，省略重複的主詞以及連接詞 and，若被合併的子句為被動語態，be 動詞亦可省略。
  原句應為：
  The human alarms were equipped with sticks or pea shooters, and the human alarms would tour the streets, tap on windows, ...
  = Equipped with sticks or pea shooters, the human alarms would tour the streets, tap on windows, ...
- c. 根據語意，(C) 項應為正選。

(A) 18. 理由:
- a. (A) familiar presence [fəˏmɪljə ˋprɛznṣ] n. 常見的景象
    Beggars are familiar presences in this poor country.
    （乞丐是這個貧窮國家常見的景象。）
  (B) distant memory [ˏdɪstənt ˋmɛmərɪ] n. 久遠的回憶
    The old lady traveled the world in her youth, but now those days are just distant memories.
    （這老婦人年輕時曾環遊世界，但現在那些日子已成追憶。）

(C) vague image [ˌveg ˈɪmɪdʒ] n. 模糊的圖像
Peter had forgotten his glasses, so he could only see vague images on the screen in the movie theater.
（彼得忘了帶眼鏡出來，所以他在電影院的螢幕上只能看到模糊的影像。）
(D) public eyesore [ˌpʌblɪk ˈaɪˌsor] n. 公共場所的難看事物
eyesore [ˈaɪˌsor] n. 不順眼的東西，難看的東西
That city is full of public eyesores like ugly statues and utility poles.
（那城市充滿著醜陋雕像與電線桿之類的視覺公害。）
b. 根據語意，(A) 項應為正選。

(D) 19. 理由：
a. (A) remain [rɪˈmen] vi. 保持，仍是
The weather remained hot throughout September.
（整個九月的天氣都還是很炎熱。）
(B) dismiss [dɪsˈmɪs] vt. 駁回；不考慮
Lucy dismisses my suggestions just because she doesn't like me.
（露西只因不喜歡我，就駁回我的提議。）
(C) revise [rɪˈvaɪz] vt. 修正
This article has been revised several times, but there are still many errors.
（這篇文章已修訂過好幾次，但仍有許多錯誤。）
(D) decline [dɪˈklaɪn] vi. 衰落，衰退，減少
The number of beepers declined when the first cellphones hit the market.
（當第一批行動電話上市時，呼叫器的數量就減少了。）
b. 根據語意，(D) 項應為正選。

(C) 20. 理由：
a. (A) forget [fɚˈɡɛt] vt. 忘記（三態為：forget, forgot [fɚˈɡɑt], forgot / forgotten [fɚˈɡɑtn̩]）
Don't forget to lock up the office when you leave.
（離開時別忘了要鎖好辦公室的門。）
(B) change [tʃendʒ] vt. & vi. 更換；改變
The mother changed her baby's diaper in the restroom.
（這位媽媽在洗手間替小寶寶換尿布。）
(C) match [mætʃ] vt. 比得上；使競賽 & vt. & vi. （與……）相配
When it comes to singing, no one matches Willy.
（講到唱歌，沒人比得過威利。）
(D) regret [rɪˈɡrɛt] vt. 後悔，遺憾，抱歉（三態為：regret, regretted [rɪˈɡrɛtɪd], regretted）
I regret to tell you that you didn't meet our requirements.
（我很遺憾要告訴你，你並不符合我們的要求。）
b. 根據語意，(C) 項應為正選。

重要單字片語

1. **groan** [gron] vi.（痛苦地）呻吟，哀號 & vt. & vi. 抱怨
   We all groaned when Daddy announced he'd do the cooking tonight.
   （當老爸宣布今晚要下廚時，我們都哀號起來。）
2. **alarm** [əˋlɑrm] n. 鬧鐘（= alarm clock）；警報器
3. **reluctantly** [rɪˋlʌktəntlɪ] adv. 不情願地
4. **Industrial Age** [ɪnˏdʌstrɪəl ˋedʒ] n. 工業（革命的）時代
5. **toil** [tɔɪl] vi. 辛苦工作，苦幹
   The workers in the factory toiled for twelve hours a day for minimal pay.
   （這些工廠工人為了微薄的薪水一天辛苦工作十二個小時。）
6. **mine** [maɪn] n. 礦
7. **adjustable** [əˋdʒʌstəbl] a. 可調整的
8. **unreliable** [ˏʌnrɪˋlaɪəbl] a. 不可信賴的
9. **rely** [rɪˋlaɪ] vi. 依賴；信賴
   （三態為：rely, relied [rɪˋlaɪd], relied）
   rely on / upon... 依賴……；信賴……
   I know that Steve is a man I can rely on.
   （我知道史提夫是一個可信賴的人。）
10. **knocker-up** [ˋnɑkɚˏʌp] n. 敲敲人
    （複數為 knockers-up [ˋnɑkɚzˏʌp] 或 knocker-ups [ˋnɑkɚˏʌps]）
11. **shooter** [ˋʃutɚ] n. 槍；射手
12. **tap** [tæp] vi. & vt. 輕敲，輕拍
    （三態為：tap, tapped [tæpt], tapped）& n. 輕敲，輕拍
    Paul tapped on the window of the room to get his brother's attention.
    （保羅輕敲房間的窗戶，要吸引他弟弟的注意。）
13. **blast** [blæst] vt. 射擊；噴射
14. **wield** [wild] vt. 揮舞
    The man was arrested for wielding a knife in public.
    （該男子因在公共場合拿刀亂揮而被逮捕。）
15. **alley** [ˋælɪ] n. 巷
16. **professionally** [prəˋfɛʃənlɪ] adv. 專業地，敬業地
17. **practice** [ˋpræktɪs] n.（通常的）做法；練習
18. **affordable** [əˋfɔrdəbl] a. 夠便宜的，買得起的
19. **beep** [bip] vi. 發出嘟嘟聲
    （本文中 beeping 為現在分詞做形容詞用）& n. 嘟嘟聲

三、文意選填（占 10 分）

第 21 至 30 題為題組

　　這座山俯瞰著二〇一一年遭海嘯襲擊的日本東北部城鎮大槌町，山頂有座白色電話亭孤零零地聳立在風中。這座孤獨的「風中電話」，其作用是連結罹難者家屬與他們在那次海嘯中（奪走一萬八千條人命）離世的摯愛家人。人們前來與逝去的親人通話，講出在那悲慘的一天中沒來得及說出的心裡話。

　　「風中電話」的構想最初是由一位日本園藝設計師佐佐木格所提出來的。在海嘯發生前一年的二〇一〇年，他因表哥的離世悲痛不已。他覺得需要一處私密空間來幫自己度過悲傷，因此佐佐木就設置了一個可以和已逝親人「說話」的電話亭。他設置的這個電話亭內只有一個未連接電話線的老式撥盤電話。走進電話亭後，他可以拿起話筒打給表哥，告訴他自己的近況和他的思念。佐佐木在一次訪談中說道：「因為我的想法無法透過一般電話線傳遞，所以我想讓風幫我傳話。」這麼一來，風中電話讓佐佐木得以說一段私人意義深厚的單向靈魂對話，讓他比較能夠承受這悲痛的過程。

　　二〇一一年在毀滅性的海嘯發生後，佐佐木將風中電話開放給大眾使用。風中電話的消息逐漸傳開，這個電話亭成了生者與逝者間的橋梁。世界各地也陸續設置類似的風中電話，有些甚至是設置給人們打給在新冠肺炎疫情中逝去的親人。

悲傷是失去摯愛時的一種天然應對機制，人們以不同的方式表達悲傷。對那些對著風中電話講話的人來說，希望始終存在：他們相信自己的訊息會以某種未知的方式傳達給已逝的親人。

(E) 21. 理由：
    a. 空格前為代名詞所有格 their，空格後為名詞片語 loved ones（所愛的人），得知空格應置形容詞以修飾 loved ones。
    b. 選項中為形容詞的有 (E) departed（辭世的）、(H) manageable（可應付的）及 (I) fateful（不幸的），惟選項 (E) 置入空格後符合語意，故應為正選。
    c. departed [dɪˋpɑrtɪd] *a.* 辭世的；過去的
       The departed loved one will always be in our hearts.
       （逝去的親人永遠活在我們的心中。）

(I) 22. 理由：
    a. 空格前為指示形容詞 that，空格後為名詞 day（日子），得知空格應置形容詞以修飾 day。
    b. 選項中為形容詞的尚有 (H) manageable（可應付的）及 (I) fateful（不幸的），惟選項 (I) 置入空格後符合語意，故應為正選。
    c. fateful [ˋfetfəl] *a.* 不幸的，災難的；命中注定的
       On that fateful night, Harry left home and was never seen again.
       （在那個不幸的夜晚，哈利離家後就失去了蹤影。）

(J) 23. 理由：
    a. 空格前為過去式 be 動詞 was 與副詞 first（首先），空格後為介詞 by，得知此為被動式句型，空格應置過去分詞或過去分詞片語。
    b. 選項中為過去分詞或過去分詞片語的有 (A) passed on（傳遞）、(G) housed（為……提供空間）及 (J) brought forth（提出），惟選項 (J) 置入空格後符合語意，故應為正選。
    c. bring forth... 提出……
       The premier brought forth a new proposal to improve the economy.
       （行政院長提出一份新的經濟改革方案。）

(C) 24. 理由：
    a. 空格前為定冠詞 the，空格後為逗號，得知空格應置名詞。
    b. 選項中為名詞的有 (B) bridge（橋梁）、(C) sorrow（悲傷）、(D) hope（希望）及 (F) mechanism（機制），惟選項 (C) 置入空格後符合語意，故應為正選。
    c. sorrow [ˋsɔro] *n.* 悲傷
       To our great sorrow, the doctor said Edward has only five months to live.
       （令我們很難過的是，醫生說愛德華只剩五個月可活。）

(G) 25. 理由：
    a. 空格前為一關係子句 he built（他設置）用來修飾名詞 the booth，空格後為一名詞片語 only an old dial phone with a disconnected phone line（只有一個未連接電話線的老式撥盤電話），且其為過去發生的事，得知空格應置過去式動詞或過去式動詞片語。
    b. 選項中為過去式動詞或過去式動詞片語的尚有 (A) passed on（傳遞）及 (G) housed（為……提供空間），惟選項 (G) 置入空格後符合語意，故應為正選。
    c. house [haʊz] *vt.* 為……提供空間；為……供給住所，收容 & [haʊs] *n.* 房子
       We need a bigger place to house those stray dogs.
       （我們需要大一點的地方來收留那些流浪狗。）

(A) 26. 理由:
　　a. 空格前為 be 動詞，空格後為介詞 through，得知此為被動用法，空格應置過去分詞或過去分詞片語。
　　b. 選項中為過去分詞或過去分詞片語的僅剩 (A) passed on（傳遞），且置入空格後符合語意，故應為正選。
　　c. pass on...　　傳遞……
　　　Amy will pass on the message to the team about the updated project timeline.
　　　（艾咪會把專案時間表更新的訊息傳達給小組。）

(H) 27. 理由:
　　a. 空格前為副詞 more，得知此為比較級用法，空格應置形容詞。
　　b. 選項中為形容詞的僅剩 (H) manageable（可應付的），且置入空格後符合語意，故應為正選。
　　c. manageable [ˈmænɪdʒəbl̩] a. 可應付的；可處理的
　　　The problems between Peggy and Tommy are manageable.
　　　（佩姬和湯米之間的問題是可以處理的。）

(B) 28. 理由:
　　a. 空格前為不定冠詞 a，空格後為介詞 between，得知空格應置單數可數名詞。
　　b. 選項中為單數可數名詞的有 (B) bridge（橋梁）、(D) hope（希望）及 (F) mechanism（機制），惟選項 (B) 置入空格後符合語意，故應為正選。
　　c. bridge [brɪdʒ] n. 橋；橋梁 & vt. 縮小差異
　　　The training program is a bridge between theory and practice.
　　　（這個訓練課程是理論與實踐之間的橋梁。）

(F) 29. 理由:
　　a. 空格前為不定冠詞 a 和形容詞 natural（自然的），空格後為介詞 for，得知空格應置單數可數名詞。
　　b. 選項中為單數可數名詞的尚有 (D) hope（希望）及 (F) mechanism（機制），惟選項 (F) 置入空格後符合語意，故應為正選。
　　c. mechanism [ˈmɛkəˌnɪzəm] n. 機制；機械裝置；制度，體制
　　　A feeling of physical pain serves as a natural defense mechanism.
　　　（肉體的痛覺是天然的防衛機制。）

(D) 30. 理由:
　　a. 空格前為 for 引導的介詞片語與逗號，空格後為 be 動詞 is，得知空格應置不可數名詞。
　　b. 僅剩的選項 (D) hope（希望）可為不可數名詞，且置入空格後符合語意，故應為正選。
　　c. hope [hop] n. & vt. & vi. 希望
　　　No matter what happens, never give up hope.
　　　（不管發生什麼事，千萬不要放棄希望。）

重要單字片語

1. **booth** [buθ] n. 亭子
2. **grieve** [griv] vt. & vi.（使）悲痛
　grieving [ˈgrivɪŋ] a. 悲痛的，悲傷的
　grieve over...　　為……感到悲傷

Paul grieved over his wife's murder, yet there was nothing he could do.
（保羅傷痛妻子被謀殺，但卻無能為力。）

3. **navigate** [ˈnævəˌɡet] vt. & vi. 導航（船、飛機、車等），確定（船、飛機、車等的）路線
   The captain navigated his ship through the rough waters during the storm.
   （船長在暴風雨中駕船穿越驚濤駭浪的海域。）
4. **disconnected** [ˌdɪskəˈnɛktɪd] a. 切斷的；無系統的
5. **soulful** [ˈsolfəl] a. 深情的
6. **render** [ˈrɛndɚ] vt. 使成為；提供；翻譯
   Thousands of people were rendered homeless by the flood.
   （這次水災使上千人無家可歸。）
7. **devastating** [ˈdɛvəstetɪŋ] a. 毀滅性的
8. **cope with sth**　　處理／應付某事
   I don't know how to cope with this complicated problem.
   （我不知如何處理這個複雜的問題。）
9. **unknown** [ʌnˈnon] a. 未知的；不知名的
10. **deceased** [dɪˈsist] n. 死者 & a. 已故的

四、篇章結構（占 8 分）
第 31 至 34 題為題組

　　達特茅斯學院的韋恩斯坦外科醫師在抬一個沉重的箱子時扭到了背，痛不欲生。他沒法坐，躺下後也幾乎爬不起來。於是他決定出去跑步。他吃了一顆阿斯匹靈，冰敷受傷部位，然後就出發了。他跑步回來時，感覺「挺好的」。
　　這似乎與正常的做法背道而馳。人們扭傷肌肉或肌腱時，通常會被建議等到疼痛消失後才能恢復運動。但韋恩斯坦醫師表示這種方法已經過時且會產生反效果。實際上，當有運動的人向他諮詢時，他通常會告訴他們繼續運動就對了。
　　韋恩斯坦醫師並非唯一如此治療運動傷害的人，但不同專科醫生的具體建議可能會有差別。許多人會建議大多數患者可以繼續做他們喜愛的運動。然而他們會告誡可能需要減少運動量，例如縮短跑步距離或放慢速度。其他人則說患者可能需要做他們平時主要運動以外的運動（即跨界訓練），至少要花部分時間進行。還有人會說最安全的做法是持續進行跨界訓練，直到疼痛消失為止。例如，跑者受傷後可能要改騎自行車和游泳而非跑步。不過他們一致認為除非傷勢涉及骨折或肌肉撕裂之類的嚴重情形，否則適度運動其實可以加速痊癒的速度。
　　多年來，研究人員已開始意識到傷後做運動的重要性。因此現在越來越多患者被建議儘管感到疼痛仍要繼續運動。不過有個大原則就是要先去看醫生並得到準確的診斷。如果排除了嚴重受傷的情形，且運動後疼痛沒有惡化，那麼做運動「就非常合理」。

(D) 31. 理由：
　　a. 本文第一段提及韋恩斯坦外科醫師扭到背部後因為疼痛難耐而決定去跑步，他吃了阿斯匹靈及冰敷受傷部位後就出發了，跑步回來時，反而感覺挺好的。又空格後一句提及「人們扭傷肌肉或肌腱時，通常會被建議等到疼痛消失後才能恢復運動。」
　　b. 空格前後兩句提及針對扭傷的治療方法相互牴觸，而 (D) 項句子提及「這似乎與正常的做法背道而馳。」，其轉折語氣與前後文形成關聯。
　　c. 根據上述，(D) 項應為正選。

(C) 32. 理由：
　　a. 空格前一句提及「韋恩斯坦醫師並非唯一如此治療運動傷害的人，但不同專科醫生的具體建議可能會有差別。」空格後則提及「然而他們會告誡可能需要減少運動量，例如縮短跑步距離或放慢速度。」

b. (C) 項句子提及「許多人會建議大多數患者可以繼續做他們喜愛的運動。」其中許多人（many）與前句的專科醫生（specialist）及後句的他們（they）形成關聯。
c. 根據上述，(C) 項應為正選。

(A) 33. 理由：
a. 空格前兩句提及「其他人則說患者可能需要做他們平時主要運動以外的運動（即跨界訓練），至少要花部分時間進行。還有人會說最安全的做法是持續進行跨界訓練，直到疼痛消失為止。」
b. (A) 項句子提及「例如，跑者受傷後可能要改騎自行車和游泳而非跑步。」呼應了空格前兩句皆提到的「跨界訓練」。
c. 根據上述，(A) 項應為正選。

(B) 34. 理由：
a. 空格前一句提及「不過他們一致認為除非傷勢涉及骨折或肌肉撕裂之類的嚴重情形，否則適度運動其實可以加速痊癒的速度。」又空格後一句提及「因此現在越來越多患者被建議儘管感到疼痛仍要繼續運動。」
b. (B) 項句子提及「多年來，研究人員已開始意識到傷後做運動的重要性。」與前後文形成關聯。
c. 根據上述，(B) 項應為正選。

重要單字片語

1. **surgeon** [ˈsɝdʒən] *n.* 外科醫生
2. **agonizing** [ˈægənaɪzɪŋ] *a.* 非常痛的
   Jason has had an agonizing pain in his head for several days.
   （傑森的頭痛得要命，已經好幾天了。）
3. **aspirin** [ˈæsprɪn] *n.* 阿斯匹靈
4. **injured** [ˈɪndʒɚd] *a.* 受傷的
   Those injured drivers in the car accident were rushed to the hospital.
   （這起車禍中受傷的駕駛立刻被送往醫院。）
5. **run counter to...** 與……背道而馳
   Jill's decision to quit her job ran counter to her parents' wishes.
   （吉兒辭掉工作的決定與她父母親的期望正相反。）
6. **sprain** [spren] *vt. & n.* 扭傷
   David fell on the slippery floor and sprained his ankle.
   （大衛在溼滑的地面跌倒，扭傷了腳踝。）
7. **tendon** [ˈtɛndən] *n.* 肌腱
8. **outdated** [aʊtˈdetɪd] *a.* 過時的，落伍的
   The information on this website is outdated. It needs to be updated.
   （這網站上的資訊已經過時，需要更新了。）
9. **counterproductive** [ˌkaʊntɚprəˈdʌktɪv] *a.* 產生反效果的，適得其反的
   Tara's decision to skip lunch so she could lose weight proved counterproductive, as she ate twice as much at dinner.
   （塔拉為了減重而決定不吃午餐，結果卻適得其反，因為她晚餐吃的分量是原來的兩倍。）
10. **consult** [kənˈsʌlt] *vt.* 諮詢；查閱 & *vi.* 與……商討
    If the fever continues, consult your doctor.
    （如果高燒持續不退，就要去看醫生。）
11. **differ from...** 與……不同
    Elaine's views on politics differ from those of her husband.
    （伊蓮的政治觀點與她先生不一樣。）
12. **specialist** [ˈspɛʃəlɪst] *n.* 專科醫生；專家
13. **nevertheless** [ˌnɛvɚðəˈlɛs] *adv.* 然而；儘管如此
    Paul is an average magician. Nevertheless, he's the only one we can get for the party.
    （保羅的魔術很一般，然而他是我們唯一能找來派對表演的人了。）

14. **caution** [ˈkɔʃən] *vt.* 告誡 & *n.* 謹慎
    Kevin cautioned his daughter against walking alone in that dark alley.
    （凱文告誡女兒不要獨自走那條暗巷。）
15. **cutback** [ˈkʌtbæk] *n.* 削減，裁減（員工或政府開支等）
16. **consensus** [kənˈsɛnsəs] *n.* 共識，一致看法
    The two political parties tried to reach a consensus on the issue but failed.
    （這兩個政黨想要針對該議題達成共識，但卻失敗了。）
17. **involve** [ɪnˈvɑlv] *vt.* 涉及，牽涉；包含
    The novel Rebecca wrote involved some of her childhood memories.
    （蕾貝嘉寫的小說有牽涉到她的童年記憶。）
18. **ripped** [rɪpt] *a.* 裂開的
    rip [rɪp] *vi.* & *vt.* 裂開；撕，扯（三態為：rip, ripped [rɪpt], ripped）
    Carl's jeans ripped when he bent over to pick up the pen off the floor.
    （卡爾彎腰從地上撿筆時，他的牛仔褲開綻了。）
19. **moderate** [ˈmɑdərɪt] *a.* 適度的；中庸的；溫和的
    You'd better drive at a moderate speed when you're passing through the tunnel.
    （你在通過隧道時，最好以中等速度行駛。）
20. **researcher** [rɪˈsɝtʃɚ] *n.* 研究人員
21. **despite** [dɪˈspaɪt] *prep.* 儘管
    Despite their best efforts, the firefighters couldn't save the residents from the burning apartment building.
    （儘管消防員盡了最大努力，仍無法把居民從失火的公寓樓中救出來。）
22. **a rule of thumb**　　大原則
    A good rule of thumb for losing weight is to exercise regularly.
    （減重有個不錯的大原則就是規律運動。）
23. **diagnosis** [ˌdaɪəgˈnosɪs] *n.* 診斷
    （複數為 diagnoses [ˌdaɪəgˈnosiz]）
    The doctor made an initial diagnosis of heart disease after some tests.
    （在做過幾種檢查後，醫師的初步診斷為心臟疾病。）

五、閱讀測驗（占 24 分）

第 35 至 38 題為題組

在一九四一年一個晴朗的早晨，瑞士工程師喬治・德・梅斯特拉爾帶著狗在樹林裡散步。一回到家，他就發現有很多（來自植物的）小刺果黏在狗毛和他的褲子上。他立刻衝到顯微鏡前，檢查沾黏在他褲子上的小刺果[註1]——當時他靈機一動。

經過更仔細的檢視後，德・梅斯特拉爾觀察到這些肉眼看上去是直的小刺，其實上面有很多小倒鉤，牢牢鉤著他褲子布料表面的小圈圈。他判斷如果能重製這種結構，造出牢固結合的鉤環組，他就可以生產具有多種用途的強力扣件。

德・梅斯特拉爾面臨的第一項挑戰是尋找可製造這種強力沾黏組合的材料。他首先嘗試棉料，但結果太軟，禁不起反覆開合。經過多年的研究和測試，他心得是合成材料的效果最好，最終選擇經過熱處理的尼龍，一種堅固耐用的材料。一九五五年時，他完成了該產品的改良版，每平方英寸上面有三百個小鉤子，這讓它能夠保持緊黏狀態，但需要時又可輕易撕開。這種新產品名為 Velcro（編按：即威扣魔鬼氈），源自法文的 *velours*（絲絨）和 *crochet*（鉤）的組合，於一九五五年取得瑞士政府頒發的專利權。德・梅斯特拉爾從而開始大規模生產 Velcro，在歐洲開設工廠，最終進入加拿大和美國。

Velcro 起初不大成功。由於大多數時尚評論家認為它看起來又醜又廉價，因此 Velcro 的用途僅限於運動器材上。一九六〇年代初期，美國太空總署開始在許多跟著太空人進入太空的設備上用到它，為它的人氣打了一劑強心針。現在德・梅斯特拉爾的設計幾乎隨處可見：服裝和鞋類、玩具、航空飛機坐墊、血壓計的壓脈帶和外科醫生的手術袍。最驚人的是這個神奇扣件在首次人工心臟移植手術中曾被用來綁牢該裝置的某些部件。

註1：此處的動詞 attach 表「使附著」，其固定用法之一為 attach A to B（將 A 附著於 B 上），故其搭配的介詞 on 宜改為 to。

(B) 35. 以下哪張圖片顯示了德·梅斯特拉爾的發明？

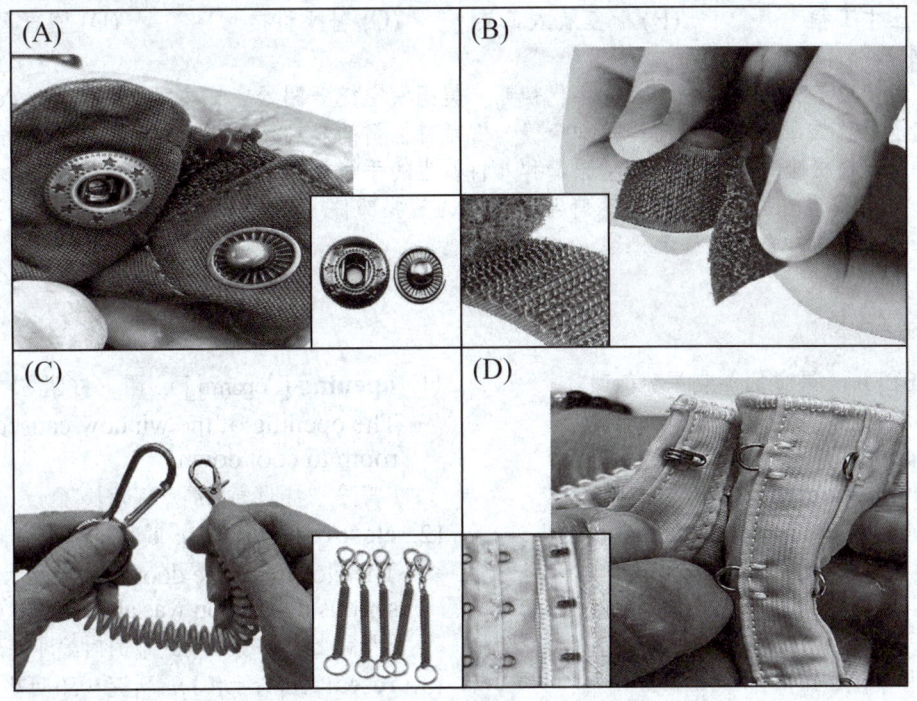

理由：
本文第三段第四句提及一九五五年時，德·梅斯特拉爾完成了該產品的改良版，每平方英寸上面有三百個小鉤子，這讓它能夠保持緊黏狀態，但需要時又可輕易撕開，而四張圖中唯有圖 (B) 符合描述，故得知 (B) 項應為正選。

(D) 36. 作者在第一段中所說的 a lightbulb moment 是什麼意思？
(A) 因禍得福。
(B) 美滿的結局。
(C) 難以預測的未來。
(D) 突如其來的靈感。

理由：
本文第一段前兩句提到喬治·德·梅斯特拉爾有一天帶狗去樹林散步回來後，發現有小刺果黏在狗毛和他的褲子上，接著最後一句提及他立刻用顯微鏡檢查該物質；又第二段提及經過更仔細的檢視後，他觀察到這些肉眼看上去是直的小刺，其實上面有許多小倒鉤，牢牢鉤著他褲子布料表面的小圈圈，他判斷如果能重製這種結構，造出牢固結合的鉤環組，他就可以生產具有多種用途的強力扣件。由上述可推知他是因為當下覺得該特殊現象或許有研究的價值而立刻去檢視該物質，故得知 (D) 項應為正選。

(B) 37. 下列關於 Velcro 的陳述何者正確？
(A) 自首次亮相以來，它一直受到市場的青睞。
(B) 棉花不夠耐用，無法用作其材料。[註2]
(C) 它被賦予法文名稱是因為它首先在法國生產。
(D) 其設計是想看起來像絲絨一樣閃亮光滑。

理由：
本文第三段第二句提及德·梅斯特拉爾首先嘗試用棉料當材料，但結果太軟，禁不起反覆開合，故得知 (B) 項應為正選。

註2：本句中的主詞 cotton 為不可數名詞，又本文中提及 Velcro 的材料只有一種，故句中的 materials 宜改為單數 material。

(A) 38. 本文中未提及 Velcro 可運用於下列哪一個領域？
(A) 土木工程。　　(B) 航空航太工業。　　(C) 醫療科技。　　(D) 體育與娛樂。

理由：
本文第四段第三句提及一九六〇年代初期，美國太空總署開始在許多跟著太空人進入太空的設備上用到該產品，下一句提及如今德·梅斯特拉爾的設計幾乎隨處可見：服裝和鞋類、玩具、航空飛機坐墊、血壓計的壓脈帶和外科醫生的手術袍，最後一句提及這個神奇扣件在首次人工心臟移植手術中曾被用來綁牢該裝置的某些部件。而文中未提及 Velcro 可運用於土木工程，故得知 (A) 項應為正選。

重要單字片語

1. **burr** [bɝ] *n.* （果實的）刺果／刺殼 (= bur)
2. **microscope** [ˈmaɪkrəskop] *n.* 顯微鏡
3. **a lightbulb moment**　靈機一動
   Ron had a lightbulb moment and realized why his invention wasn't working properly.
   （榮恩靈機一動，懂了為何他的發明無法正常運作。）
4. **cling** [klɪŋ] *vi.* 附著，黏著；緊抓
   （三態為：cling, clung [klʌŋ], clung）
   Jason was soaking wet in the rain, with his shirt clinging to his body.
   （傑森被雨淋溼了，襯衫緊貼在身上。）
5. **loop** [lup] *n.* 圈，環
6. **fabric** [ˈfæbrɪk] *n.* 布料，織物
7. **fastener** [ˈfæsn̩ɚ] *n.* 扣件；鈕扣
8. **fasten** [ˈfæsn̩] *vt.* 繫牢，縛緊
   Make sure to fasten your seatbelt when the plane is taking off and landing.
   （飛機在起飛及降落時務必繫好安全帶。）
9. **bond** [bɑnd] *vt. & vi.* （使）黏合（本文 bonding 為現在分詞作形容詞用）
10. **withstand** [wɪðˈstænd] *vt.* 禁得起；承受
    （三態為：withstand, withstood [wɪðˈstʊd], withstood）
    The tall structure is strong enough to withstand a direct hit from a tornado.
    （這座高大的建築物很堅固，足以抵擋龍捲風的直接侵襲。）

11. **opening** [ˈopənɪŋ] *n.* 開，打開
    The opening of the window caused the room to cool down.
    （窗戶一打開，房間就變涼快了。）
12. **closure** [ˈkloʒɚ] *n.* 關上；關閉
    The closure of the door indicated that a serious discussion was about to take place.
    （門關上表示有一場嚴肅的討論即將展開。）
13. **research** [ˈrisɝtʃ] *n.* 研究（不可數）
    Dr. Johnson is known for his many achievements in cancer research.
    （強森醫生因其在癌症研究的多項成就而聞名。）
14. **synthetics** [sɪnˈθɛtɪks] *n.* 合成材料，合成纖維（恆用複數）
15. **eventually** [ɪˈvɛntʃʊəlɪ] *adv.* 最終，終於
    If you work hard, you will eventually get promoted.
    （只要你努力工作，最終就能獲得升遷。）
16. **settle on...**　決定／同意……
    The company has yet to settle on a name for the new product.
    （該公司尚未決定新產品的名稱。）
17. **nylon** [ˈnaɪlɑn] *n.* 尼龍
18. **durable** [ˈd(j)ʊrəbl̩] *a.* 耐用的，持久的
    German cars are popular because they are safe and durable.
    （德國車因安全耐用而廣受歡迎。）
19. **version** [ˈvɝʒən] *n.* 版本，樣式
    Have you bought the Chinese version of the novel?
    （你買了這本小說的中文版嗎？）

20. **velvet** [ˈvɛlvɪt] *n.* 絲絨，天鵝絨
21. **patent** [ˈpætn̩t] *n.* 專利權
22. **initially** [ɪˈnɪʃəlɪ] *adv.* 起初
    Initially, the machine worked well, but it broke down after a while.
    （起初機器運轉良好，但過一陣子後就故障了。）
23. **fare** [fɛr] *vi.* 成功；遭遇 & *n.* 交通費
    fare well / badly / better　成功 / 不成功 / 更好
    Matthew got 60% on the last test; he hopes to fare better on the next one.
    （馬修在上次的測驗考了六十分。他希望下一次能考得更好。）
24. **critic** [ˈkrɪtɪk] *n.* （書、電影、藝術等）評論家 / 批評家
25. **athletic** [æθˈlɛtɪk] *a.* 運動的
    The university John went to has great athletic facilities.
    （約翰念的那所大學有很棒的運動設施。）
26. **boost** [bust] *n.* 促進，推動 & *vt.* 增加，提升
    The new president gave these businessmen a boost by saying that she would consider cutting taxes.
    （新總統給這些企業家打氣，說她會考慮減稅。）
27. **popularity** [ˌpɑpjəˈlærətɪ] *n.* 高人氣，普及，流行
    Smartwatches are gaining in popularity because they have many functions.
    （智慧手錶越來越受歡迎，因為它們具有多種功能。）
28. **astronaut** [ˈæstrəˌnɔt] *n.* 太空人
29. **footwear** [ˈfʊtˌwɛr] *n.* 鞋類（集合名詞，不可數）
    You'd better wear some fairly tough footwear to go mountain climbing.
    （爬山時最好穿上耐操的鞋子。）
30. **cushion** [ˈkʊʃən] *n.* 坐墊，軟墊，靠枕
31. **cuff** [kʌf] *n.* （血壓計的）壓脈帶；手銬
32. **gown** [gaʊn] *n.* 手術袍；禮服；長袍
33. **artificial** [ˌɑrtəˈfɪʃəl] *a.* 人工的，人造的
    Some artificial flowers look just like real ones.
    （有些人造花看起來就像真花一樣。）
34. **transplantation** [ˌtrænsplænˈteʃən] *n.* 器官移植
35. **device** [dɪˈvaɪs] *n.* 裝置，器具
    Larry bought a device that controls both the TV and the air conditioner.
    （賴瑞買了一個可以同時遙控電視和空調的裝置。）
36. **disguise** [dɪsˈgaɪz] *n.* 用於假扮的東西 & *vt.* 偽裝
    in disguise　偽裝
    a blessing in disguise　因禍得福
37. **inspiration** [ˌɪnspəˈreʃən] *n.* 靈感
38. **aerospace** [ˈɛroˌspes] *n.* 航太產業

第 39 至 42 題為題組

　　托馬斯・莫蘭是十九世紀的著名畫家，在美國國家公園的建立過程中扮演過重要的角色。他生動的畫作把那些壯麗的獨特風景帶到美國人民的眼前，因此為這些地區獲得廣泛認可並正式設為國家公園打下基礎。

　　莫蘭七歲時隨家人來到美國，定居費城。他們來自英格蘭西北部，是工業革命黑黝黝的心臟地帶：主街道是個「黑又醜的洞」，流經此街的河流有如一條汙水溝。莫蘭所認識的大自然就只有這樣。他受英國大師 J・M・W・透納的風景畫啟發，從十五歲起開始作畫。美國與他的家鄉大不相同，有許多風景供他入畫。莫蘭在繪畫方面展現極高的天分，很快就被《斯克里布納月刊》聘為插畫家，後來在他三十四歲時又被指派為首席插畫家。一八七一年，他被指派為曾參與黃石探險隊的內森尼爾・P・蘭福德所寫的故事《黃石奇觀》[註1]畫插圖。莫蘭對蘭福德所描述的奇觀深深著迷，於是躍躍欲試想親眼看看這片異樣之地。

一八七一年，莫蘭與攝影師威廉・亨利・傑克遜一起參加美國政府對黃石地區進行的首次勘查。在兩週時間裡，他在他的素描本上畫滿了黃石區最迷人的景色。莫蘭的水彩畫（首批以彩色呈現黃石樣貌的作品）以及傑克遜的照片加上勘查結果，全部提交美國國會。他說服力強大的黃石映像激發了國會議員的想像空間。一八七二年三月，立法部門正式將黃石列為國家公園，也是世界首座國家公園。

　　在莫蘭造訪黃石之前，大眾想像中的黃石是險峻的荒野地帶，燙水和蒸氣從地獄般的地洞中噴湧而出。他的作品出現之後，黃石國家公園就被譽為是風景如畫的仙境。莫蘭去世時，他已經畫過其他十幾個區域，後來也成為國家公園或名勝古蹟。

註1：經查證，蘭福德所著的 *The Wonders of Yellowstone*（《黃石奇觀》）是《斯克里布納月刊》裡的其中一篇文章，且 *Yellowstone* 前有加 the，因此 *The Wonders of Yellowstone* 建議改為 "The Wonders of the Yellowstone"（〈黃石奇觀〉）。（依據 MLA 格式，即美國現代語言學會所訂定的學術論文格式，書名的英文字要用斜體；若是篇名，則英文字不用斜體，改用英文的雙引號。）

(D) 39. 我們可從本文知道什麼？
　　(A) 世界各地的國家公園是如何建立的。　　(B) 黃石地區的自然特徵是如何形成的。
　　(C) 莫蘭一家為何會搬到美國。　　(D) 莫蘭為何會開始畫黃石地區。
　　理由：
　　本文第二段最後兩句以及第三段第一、二句提到莫蘭於一八七一年被指派為曾參與黃石探險隊的內森尼爾・P・蘭福德所寫的故事《黃石奇觀》畫插圖，莫蘭對蘭福德所描述的奇觀深深著迷，於是躍躍欲試想親眼看看這片異樣之地；同年，莫蘭與一名攝影師一起參加美國政府對黃石地區進行的首次勘查，在兩週時間裡，他在他的素描本上畫滿了黃石區最迷人的景色，故得知 (D) 項應為正選。

(A) 40. 作者為何在第二段中用「黑黝黝的心臟地帶」來形容莫蘭的家鄉？
　　(A) 該區汙染很嚴重。　　(B) 該城鎮上布滿了黑洞。
　　(C) 有很多黑心產業主。　　(D) 工人通常穿著又黑又髒的制服。
　　理由：
　　本文第二段第二句提到莫蘭和其家人來自英格蘭西北部，其主街道是個「黑又醜的洞」，流經此街的河流有如一條汙水溝，因此可推知作者在第二段中用「黑黝黝的心臟地帶」來形容莫蘭的家鄉是因該區汙染很嚴重，故得知 (A) 項應為正選。

(B) 41. 以下關於黃石國家公園的敘述何者正確？
　　(A) 其成立是由蘭福德所提議的。
　　(B) 一八七〇年代之前，美國人對它的美麗知之甚少。
　　(C) 因其豐富的自然資源而啟動了某政府專案。
　　(D) 這是唯一一個因莫蘭的作品而成立的國家公園。
　　理由：
　　本文第三段前三句提到莫蘭於一八七一年參加美國政府對黃石地區進行的首次勘查，在兩週時間裡，他在他的素描本上畫滿了黃石區最迷人的景色，莫蘭的水彩畫和勘查結果等全部提交美國國會，莫蘭說服力強大的黃石映像激發了國會議員的想像空間，又最後一段第一、二句提到在莫蘭造訪黃石之前，大眾想像中的黃石是險峻的荒野地帶，燙水和蒸氣從地獄般的地洞中噴湧而出，莫蘭的作品出現之後，黃石國家公園就被譽為是風景如畫的仙境，故得知 (B) 項應為正選。

(C) 42. 從本文可推論什麼？
(A) 《斯克里布納月刊》是一本宣傳國家公園的雜誌。
(B) 莫蘭在開始畫黃石地區的風景畫之前就曾去過該區了。
(C) 當莫蘭開始畫黃石地區時，彩色照並不常見。
(D) 水彩畫是十九世紀最受歡迎的風景畫形式。

理由：
本文第三段第三句提到莫蘭的水彩畫（首批以彩色呈現黃石樣貌的作品）以及傑克遜的照片加上勘查結果，全部提交美國國會，故得知 (C) 項應為正選。

重要單字片語

1. **splendor** [ˋsplɛndɚ] *n.* 壯麗，光彩奪目
2. **extraordinary** [ɪkˋstrɔrdnˌɛrɪ] *a.* 獨特的，非凡的
3. **set the stage for...** 為……打下基礎，為……做好準備
   These government projects set the stage for the success of the country's entertainment industry.
   （這些政府計畫為該國娛樂業的成功打下基礎。）
4. **northwest** [nɔrθˋwɛst] *a.* 在西北（部）的 & *adv.* 在西北；向西北 & *n.* 西北方
5. **blacken** [ˋblækən] *vi.* & *vt.* （使……）變成黑色（本文中 blackened 為過去分詞作形容詞用）
   The air pollution in this area was so serious that many houses were blackened by smoke.
   （這地區的空氣汙染非常嚴重，很多房子都被煙霧燻黑了。）
6. **unattractive** [ˌʌnəˋtræktɪv] *a.* 醜的，難看的，不吸引人的
   attractive [əˋtræktɪv] *a.* 吸引人的；（人）漂亮的
7. **illustrator** [ˋɪləstretɚ] *n.* 插（圖）畫家
   illustrate [ˋɪləstret] *vt.* 給（書等）加插圖 / 圖表；表明，說明
8. **expedition** [ˌɛkspəˋdɪʃən] *n.* 探險，考察；探險隊，考察隊
9. **captivate** [ˋkæptəvet] *vt.* 迷住，使……著迷
   be captivated by... 對……深深著迷，被……所迷住
   My children were captivated by the fascinating stories told by their grandmother.
   （我的孩子都深深著迷於他們祖母講述的精彩故事。）
10. **utterly** [ˋʌtɚlɪ] *adv.* 完全地
    utter [ˋʌtɚ] *a.* 完全的 & *vt.* 發出（聲音），說
11. **sketchbook** [ˋskɛtʃˌbuk] *n.* 素描本，寫生本
12. **stunning** [ˋstʌnɪŋ] *a.* 極迷人的，極有魅力的；令人驚奇萬分的，令人震驚的
    stun [stʌn] *vt.* 使吃驚（三態為：stun, stunned [stʌnd], stunned）
13. **watercolor** [ˋwɑtɚˌkʌlɚ] *n.* 水彩畫；水彩
14. **rendering** [ˋrɛndərɪŋ] *n.* 呈現，表達，表現手法（= rendition [rɛnˋdɪʃən]）；翻譯
    render [ˋrɛndɚ] *vt.* 呈現，表達；表演；翻譯
15. **fire the imagination of sb** 激發某人的想像空間，激發某人的想像力
    = fire sb's imagination
    The sailor's exciting adventures fired the young boy's imagination.
    （那水手刺激的冒險故事激發了小男孩的想像力。）
16. **lawmaker** [ˋlɔˌmekɚ] *n.* 立法者
17. **hellish** [ˋhɛlɪʃ] *a.* 地獄般的；很糟的，很令人討厭的
18. **picturesque** [ˌpɪktʃəˋrɛsk] *a.* 風景如畫的，有自然美景的
19. **wonderland** [ˋwʌndɚˌlænd] *n.* 仙境，極美麗的地方

20. **monument** [ˈmɑnjəmənt] *n.* 名勝古蹟，歷史遺跡；紀念碑
21. **evil-hearted** [ˈivlˈhɑrtɪd] *a.* 黑心的，惡毒的，邪惡的
22. **infer** [ɪnˈfɝ] *vt.* 推論（三態為：infer, inferred [ɪnˈfɝd], inferred）

= A be inferred from B　從 B 推論 A
　infer A from B

The professor asked his students what they could infer from these research papers.
（教授問他的學生他們可以從這些研究論文中推論出什麼。）

第 43 至 46 題為題組

在二○二○年的時候，冰島某座發電廠的工人彼得・奧德森遭到六萬伏特的電流電擊。電擊灼傷他將近一半的身體，並且融掉了多層皮膚。這樣深層且大範圍的燒傷是會致命的。但奧德森的性命被一種創新的發明救了回來，那就是把鱈魚皮移植到人體上。

奧德森的魚皮移植是醫療科技的一大勝利，它其實屬於鼓吹環境效益的雄心計畫「全魚」的驚人成效的一部分。該創新手術的源頭就是這個來自冰島，致力於全盤改變海洋產業的計畫。計畫的目標是促進每條捕到的魚都加以完全利用，並增益海產商品的創新用途。

在許多國家都面臨食物危機的今日，降低漁獲廢棄物成為嚴肅的議題。根據二○○三年的某項研究，冰島捕獲的鱈魚在變成人們盤中飧的生產製程中，大約有 60% 會損失或遭到丟棄。然而在全魚計畫的引領下，冰島人現在得以將一尾鱈魚利用到將近 95%。舉例來說，鱈魚皮被製成鈣質保健品[註1]和能量飲料，在奧德森的案例中甚至還成為皮膚移植的材料。風乾的魚頭、魚龍骨則出口到西非，被用來當作一種富含蛋白質的湯的湯底。其他突破性的產品，包括 Omega-3 膠囊、預防感冒病毒的噴霧、狗零食等，都是由曾經的鱈魚漁獲廢棄物製成。

冰島的這項成就大體上是透過多種產業間的協作而得以完成。全魚主動對海產公司展示合作的重要性，並促成漁產公司與計畫中其他夥伴間建立得來不易的連結，包含學界、新創公司、研發團隊等。透過分享知識與資訊，這些不同的領域得以研發出改善加工與處理的程序，許多創新產品才得以透過此優化程序製造出來。此計畫不僅讓冰島人在每條鱈魚身上取得的價值，比起大部分已開發國家多出 30%，同時也提供了一個有效的模式來促進善用全球資源。

註1：本字為可數名詞，原文建議改為 supplements。

(D) 43. 全魚計畫的主要目標是什麼？
(A) 精進海洋科技。　　　　　　　　(B) 減少全球食物危機。
(C) 加強跨產業合作。　　　　　　　(D) 充分利用海洋資源。
理由：
根據本文第二段最後一句提及計畫的目標是促進每條捕到的魚都加以完全利用，並增益海產商品的創新用途，得知 (D) 項應為正選。

(B) 44. 第二段的 this pioneering procedure 指的是什麼？
(A) 全魚計畫的使命。　　　　　　　(B) 奧德森的皮膚移植。
(C) 海產商業的根本改革。　　　　　(D) 環境保護的新方法。
理由：
根據本文第二段第一句提及奧德森的魚皮移植是醫療科技的一大勝利，第二句則提及該創新手術（this pioneering procedure）的源頭就是這個來自冰島，致力於全盤改變海洋產業的計畫，得知粗體字指的是奧德森的魚皮移植，故 (B) 項應為正選。

(C) 45. 根據本文，下列哪一項是正確的？
　　(A) 冰島過去二十年來的漁獲量成長 30%。
　　(B) 彼得・奧德森是該冰島計畫的一位重要成員。
　　(C) 全魚計畫的跨界合作已證實成果豐碩。
　　(D) 全魚計畫是一家行銷海產的國際企業。
　理由：
　　根據本文最後一段倒數第一、二句提及透過分享知識與資訊，這些不同的領域得以研發出改善加工與處理的程序，許多創新產品才得以透過此優化程序製造出來。此計畫不僅讓冰島人在每條鱈魚身上取得的價值，比起大部分已開發國家多出 30%，同時也提供了一個有效的模式來促進善用全球資源，得知 (C) 項應為正選。

(C) 46. 這裡有個句子：「一條魚丟進垃圾桶的部分幾乎歸零。」下列哪一段落最適合將該句作為結束句？
　　(A) 第一段。　　(B) 第二段。　　(C) 第三段。　　(D) 第四段。
　理由：
　　根據本文第三段第三句提及在全魚計畫的引領下，冰島人現在得以將一尾鱈魚利用到將近 95%，並且舉出許多實例，最後則表示其他突破性的產品，都是由曾經的鱈魚漁獲廢棄物製成，得知 (C) 項應為正選。

重要單字片語

1. **volt** [volt] *n.* 伏特（電壓單位）
2. **current** [ˋkɝənt] *n.* 電流；水流；氣流 & *a.* 當前的
3. **extensive** [ɪkˋstɛnsɪv] *a.* 廣泛的，大量的
4. **fatal** [ˋfetl] *a.* 致命的
5. **transplant** [trænsˋplænt] *vt.* 移植（皮膚、器官等）& [ˋtrænsˏplænt] *n.* 移植
   transplantation [ˏtrænsplænˋteʃən] *n.* 移植
   transplant A into / onto B　把 A 移至 B
   The doctor transplanted the skin onto May's arm.
   （醫生在梅伊的手臂上植皮。）
6. **astonishing** [əˋstɑnɪʃɪŋ] *a.* 令人驚訝的
7. **efficiency** [ɪˋfɪʃənsɪ] *n.* 效率
8. **procedure** [prəˋsidʒɚ] *n.* 手術；程序
9. **emerge** [ɪˋmɝdʒ] *vi.* 浮現，出現
   emerge from...　從……浮現
   A shark fin emerged from the ocean, causing all the swimmers to panic.
   （海面冒出一條鯊魚的背鰭，引起所有泳客的恐慌。）
10. **strive** [straɪv] *vi.* 努力（三態為：strive, strove [strov], striven [ˋstrɪvən]）
    strive for...　努力爭取……
    The coach encouraged his team to strive for the championship.
    （教練鼓勵他的球隊要努力爭取冠軍。）
11. **utilization** [ˏjutələˋzeʃən] *n.* 使用，利用（不可數）
12. **strengthen** [ˋstrɛŋθən] *vt.* 加強，增強
    Jeff lifts weights to strengthen his muscles.
    （傑夫練舉重來增強他的肌肉。）
13. **innovation** [ˏɪnəˋveʃən] *n.* 創新（不可數）
    innovative [ˋɪnəvetɪv] *a.* 創新的
14. **consumption** [kənˋsʌmpʃən] *n.* 攝取（食物）；（能源）消耗（不可數）
15. **calcium** [ˋkælsɪəm] *n.* 鈣（不可數）
16. **supplement** [ˋsʌpləmənt] *n.* 補充品
17. **rich** [rɪtʃ] *a.* 豐富的
    be rich in...　富含……
    Peanuts are rich in protein and healthy fats.
    （花生富含蛋白質與優質脂肪。）
18. **groundbreaking** [ˋgraʊndˏbrekɪŋ] *a.* 開創性的
19. **capsule** [ˋkæpsl] *n.* 膠囊
20. **detritus** [dɪˋtraɪtəs] *n.* 廢棄物；殘渣（不可數）

21. **accomplish** [əˋkɑmplɪʃ] *vt.* 完成，實現
    accomplish one's goal　　完成某人的目標
    If you work hard, you will accomplish your goals.
    （你若努力，就會實現目標。）
22. **cooperative** [koˋɑpə͵retɪv] *a.* 合作的
23. **initiative** [ɪˋnɪʃətɪv] *n.* 率先行動；倡議
    take the initiative　　率先；倡導
    If I didn't take the initiative to clean the house, no one would.
    （我若不率先打掃房子，就沒有人會去做。）
24. **collaboration** [kə͵læbəˋreʃən] *n.* 合作
25. **facilitate** [fəˋsɪlətet] *vt.* 促進，幫助
    The new policies are expected to facilitate economic growth.
    （這些新的政策預期會帶動經濟成長。）
26. **academia** [͵ækəˋdimɪə] *n.* 學界（不可數）
27. **start-up** [ˋstɑrt͵ʌp] *n.* 新創公司
28. **sector** [ˋsɛktɚ] *n.*（經濟的某一）部門，領域，產業
    the industrial / agricultural sector
    工／農業領域
29. **advance** [ədˋvæns] *vt.* 促進
    It is hoped that the research will advance our understanding of this type of cancer.
    （該研究被期待可以促進我們對這種癌症的了解。）
30. **enhance** [ɪnˋhæns] *vt.* 增加，提高
    Jennifer reads English articles out loud to enhance her pronunciation skills.
    （珍妮佛會大聲朗讀英文文章，以加強她的發音技巧。）
31. **make the most of...**　　充分利用……
32. **approach** [əˋprotʃ] *n.* 方法
33. **fruitful** [ˋfrutfəl] *a.* 成果豐碩的
34. **enterprise** [ˋɛntɚ͵praɪz] *n.* 企業

第貳部分：混合題（占 10 分）

　　眾所周知，許多動物以群體居住與行動的型態來搞定食物供應並躲避掠食者。多年來，人們對於牠們應對來自環境中驚擾的方式，以及牠們群體反應的底層運作機制感到好奇。對寒鴉和龜蟻的研究可能會對這個問題提供一些見解。

　　寒鴉隸屬烏鴉科，常見於英國鄉間。牠們是高度社會化的鳥類，經常一大群一起行動。通常此鳥在兩個地點之間「通勤」時，比如從巢穴到覓食地點，牠們會輕鬆地以群體方式平穩飛行。然而如果有掠食者（如狐狸）出現，牠們的飛行模式會立即改變。牠們不會去注意所有的成員，也不遵守群飛模式，現在牠們只會依據其他成員提供的資訊，注意自己固定距離內的某些鳥。這麼一來，鳥群成員可以彼此保持安全距離，因而避免在逃離掠食者時撞在一起。

　　龜蟻常見於美國森林裡枯死大樹枝的空洞當中。牠們演化出將食物來源與巢穴連結起來的搜尋策略。牠們只在樹枝及藤蔓上移動，沿途留下費洛蒙（一種化學物質）好讓其他螞蟻跟著走。這種路徑將螞蟻窩與食物源頭連結，形成類似溝通網路的系統。然而這些路徑可能會遭風雨輕易破壞，因此螞蟻必須繞過被破壞的地點找到新路徑，重建網路。牠們通常需要齊心合力探索替代路徑非常多次，才能終於找到最高效的一條。藉由通力合作，這些螞蟻得以提升其網路的效率，並適應不斷改變的環境。

47-48. 下列簡短敘述摘記上方文章重點。請從文章中找出最適當的**單詞**（word）填入下列句子空格中，並視句型結構需要做適當的字形變化，使句子語意完整、語法正確，並符合全文文意。**每格限填一個單詞**（word）。（填充，4分）

Studies show that animals like jackdaws and turtle ants are able to use _(47)_ intelligence in both solving problems and _(48)_ to new challenging environment.註

答案：47. group / collective
　　　48. adapting

研究顯示動物如寒鴉及龜蟻能夠使用集體智慧來解決問題以及適應有挑戰性的新環境。

註：建議寫為 a new challenging environment。

理由：
(1) 第 47 題前面為動詞 use（使用），後面為名詞 intelligence（智慧），可推知第 47 題需填入形容詞或名詞形成詞組；而第 48 題前方的 both... and... 連接前後兩個對等的字詞，both 之後為動名詞片語 solving problems，可推知第 48 題亦應為名詞或動名詞片語。

(2) 第一篇短文的第五句話說明寒鴉：Instead of paying attention to all the other members and following the group pattern, they now focus only on the birds within a fixed distance from them, based on information coming from other members.（牠們不會去注意所有的成員，也不遵守群飛模式，現在牠們只會依據其他成員提供的資訊，注意自己固定距離內的某些鳥。），第二篇短文最後一句提到 By working collectively, the ants are able to improve the efficiency of their network...（藉由通力合作，這些螞蟻得以提升其網路的效率……）可知第 47 題可使用 group（群體）或 collective（集體的）形成答案 group / collective intelligence（集體智慧）。

(3) 由第二篇最後一句話 By working collectively, the ants are able to improve the efficiency of their network and adapt to their ever-changing environment.（藉由通力合作，這些螞蟻得以提升其網路的效率，並適應不斷改變的環境。）可推知第 48 題應填入 adapt 以與其後的介詞 to 形成片語 adapt to（適應……），且應將 adapt 改為動名詞 adapting。

49. From (A) to (F) below, choose the **ONES** that are true for both jackdaws and turtle ants. （多選題，4分）

答案：(C)、(F)

從下列 (A) 到 (F) 的選項中，選出同時符合寒鴉與龜蟻敘述的選項。
(A) 牠們都有特殊策略來找到食物來源。
(B) 牠們都有領袖帶頭做出的複雜互動。
(C) 牠們皆會與團體成員分享資訊。
(D) 牠們建立規則遠離敵人。
(E) 牠們會不時改變巢穴地點。
(F) 牠們皆展現由獨特溝通系統所管制的行為。

理由：
第 49 題測驗寒鴉與龜蟻相同之處。(A) 選項由於有龜蟻演化出覓食尋路的策略，寒鴉無此能力，故 (A) 項是錯的。兩篇短文中並未提及領袖（leader）一詞，(B) 項亦是錯的。兩篇短文亦未提及過兩種動物均建立了與敵人（enemies，指掠食動物）保持距離的規則，(D) 項亦是錯誤。且也未提及這兩種動物都會不時地改變築巢地，故 (E) 項亦是錯誤。按此消去法，僅剩 (C) 及 (F) 未選，且選項敘述合理，得知答案為 (C) 及 (F)。

50. What is the "**disturbance**" for jackdaws mentioned in the passage?（簡答，2 分）

答案：A predator. / A fox. (a predator / a fox)

文章中提到寒鴉遇到的「驚擾」是什麼？

理由：
由第一篇短文第四句 However, if a predator (such as a fox) is present, the pattern of their flight will change immediately.（然而如果有掠食者〈如狐狸〉出現，牠們的飛行模式會立即改變。）可推知答案為 A predator. / A fox.（掠食者 / 狐狸）。

重要單字片語

1. **predator** [ˈprɛdətɚ] n. 捕食者，掠食者
2. **disturbance** [dɪsˈtɝbəns] n. 干擾；（群眾的）騷動，衝突
3. **arise from...** 起因於……（arise 三態為：arise, arose [əˈroz], arisen [əˈrɪzn]）
   Al's health problems arose from his poor diet.
   （艾爾的健康問題起因於他的不良飲食習慣。）
4. **insight** [ˈɪnsaɪt] n. 見解；洞察力；深入理解
5. **commute** [kəˈmjut] vi. 通勤
6. **crash into...** 撞上……
   The hit-and-run driver's car crashed into the traffic light. Talk about karma.
   （該名肇事逃逸駕駛的車撞上紅綠燈。報應來得真快。）
   * karma [ˈkɑrmə] n. 業障；因果報應
7. **flee** [fli] vt. & vi. 逃避，逃離（三態為：flee, fled [flɛd], fled）
8. **cavity** [ˈkævətɪ] n. 洞；空隙；（牙齒的）蛀洞
9. **evolve** [ɪˈvɑlv] vt. & vi.（使）進化
10. **vine** [vaɪn] n. 藤蔓（植物）；葡萄藤（= grapevine [ˈgrepvaɪn]）
11. **pheromone** [ˈfɛrəmon] n. 費洛蒙
12. **colony** [ˈkɑlənɪ] n. 聚落；殖民地；一群同類且有組織的動物
13. **alternative** [ɔlˈtɝnətɪv] a. 替代的 & n. 替代選項
14. **collectively** [kəˈlɛktɪvlɪ] adv. 集體地；共同地
15. **adapt to + sth** 適應某事物
    The good thing about children is that they adapt to new environments very easily.
    （小孩的好處之一就是他們很輕鬆就能適應新環境。）

第參部分：非選擇題（占 28 分）

一、中譯英（占 8 分）

1. 每逢選舉季節，總會看到政治人物造訪各地著名廟宇。

翻譯關鍵：

a. 先列出本句主要中文單詞及與其對應的英文單詞：
  (1) 每逢……：Whenever / Each time / Every time + 主詞 + 動詞..., 主詞 + 動詞...
  (2) 選舉季節：the election season
      election [ɪˈlɛkʃən] n. 選舉
  (3) 總會……：always [ˈɔlwez] adv.
  (4) 政治人物：politician [ˌpɑləˈtɪʃən] n.
  (5) 造訪：visit [ˈvɪzɪt] vt. & n. 或 make a visit / visits to...
  (6) 各地：everywhere 或 here and there 或 all around
  (7) 著名的：famous [ˈfeməs] a. 或 noted [ˈnotɪd] a. 或 renowned [rɪˈnaʊnd] a.
  (8) 廟宇：temple [ˈtɛmpl] n.

b. 再列出原句中文詞組並譯出對應的英文詞組：
  (1) 每逢選舉季節：<u>Whenever</u> / <u>Each time</u> / <u>Every time</u> the election season comes
  (2) 總會看到政治人物造訪：本句中文之前無主詞，故有兩種英譯方式：
    ① 自行設定主詞「我們 we」，形成下列主動語態：
       we always see politicians visiting
    ② 將上列英文句改為被動語態，即：
       politicians are always seen visiting
  (3) 各地著名廟宇：famous temples everywhere 或 renowned temples all around

示範譯句：
Whenever the election season comes, we always see politicians visiting famous temples everywhere.
或：
Every time the election season comes, politicians are always seen visiting renowned temples all around.

官方解答：
<u>Every</u> / <u>During</u> election season, politicians <u>can</u> / <u>will</u> be seen <u>making visits to</u> / <u>making a visit to</u> / <u>visiting</u> famous temples in different <u>places</u> / <u>areas</u>.

2. 除了祈求好的選舉結果，他們也希望展現對在地文化與習俗的尊重。

翻譯關鍵：
a. 先列出本句主要中文單詞及與其對應的英文單詞：
  (1) 除了……：besides [bɪˋsaɪdz] *adv.* 或 aside from 或 apart from 或 in addition to（後皆接動名詞）
  (2) 祈求：pray [pre] *vi.*（與介詞 to 並用）
  (3) 好的：good [ɡʊd] *a.*
  (4) 選舉結果：election result [ɪˋlɛkʃən rɪˋzʌlt]
  (5) 希望：hope [hop] *vi.* & *vt.* & *n.* 希望
  (6) 展現：show [ʃo] *vt.* 或 express [ɪkˋsprɛs] *vt.*
  (7) 在地的：local [ˋlokḷ] *a.*
  (8) 文化：culture [ˋkʌltʃɚ] *n.*
  (9) 習俗：custom [ˋkʌstəm] *n.*
b. 再列出原句中文詞組並譯出對應的英文詞組：
  (1) 除了祈求好的選舉結果：<u>Besides</u> / <u>Aside from</u> / <u>Apart from</u> / <u>In addition to</u> praying for good election results
  (2) 他們也希望展現對……的尊重：they also hope to <u>show</u> / <u>express</u> their respect for...
  (3) 在地文化與習俗：local cultures and customs

示範譯句：
<u>Besides</u> / <u>In addition to</u> praying for good election results, they also hope to <u>show</u> / <u>express</u> their respect for local cultures and customs.

官方解答：
<u>Besides</u> / <u>Aside from</u> / <u>Apart from</u> / <u>In addition to</u> praying for good <u>election</u> / <u>voting</u> results, they also hope to show respect to local culture and customs.

二、英文作文（占 20 分）

示範作文：

  Nowadays, people are facing more and more challenges during adolescence. We are expected to perform well not only in school but also in relationships. One of the things that bothers me is that I care too much about what people think. I admit that I'm easily influenced by others' opinions, and I often fail to think if they are suitable for me. For example, when I noticed the other day that my favorite pop idol had gotten a new hairstyle, I desired to get the same one. However, my friend told me that the hair I wanted was ugly and that I should have my hair styled like his favorite pop idol. I ended up choosing the style he liked to please him, but it didn't suit me and I actually thought it was hideous. I think I need serious help in this department.

  If I can get a robot to help me change, I want it to be brave, wise, and good at communicating. So, whenever I am at risk of getting lost in others' opinions, the robot can use wise words to encourage me to care about my own opinions and have faith in myself. Moreover, it should be able to communicate with my friends properly without hurting their feelings. It can tell them that their opinions aren't always the best for me. This way, I will have the chance to stop being a pushover and find my own voice in interpersonal relationships.

  現在的人們在青少年時期所面臨的挑戰越來越多。我們不僅被期待在學業上有好表現，在人際關係上也是如此。讓我困擾的事情之一就是我太在意別人的想法。我承認我很容易被別人的意見影響，而且常沒有去思考它們適不適合我。舉例來說，前幾天我注意到我最愛的流行偶像剪了新髮型，我就想要剪相同的髮型。但我朋友說我要的髮型很醜，應該去剪他最愛的流行偶像的髮型。我最後為了討好他選擇了他喜歡的髮型，但結果並不適合我，而且我其實覺得醜爆了。我想在這個部分我真的很需要幫助。

  如果我能找到一個機器人幫忙我改變，我會希望它是勇敢、有智慧且善於溝通的。這樣的話，每當我快要被別人的意見擺布時，機器人就會用睿智的話鼓勵我在乎自己的主見，並對自己要有信心。此外，它還要能在不傷感情的前提下，適切地跟我的朋友們溝通。它可以跟他們說他們的想法不見得對我是最好的。這樣我就有擺脫當唯唯諾諾的人的機會，在人際關係中找到我自己的聲音。

重要單字片語

1. **adolescence** [ˌædəˈlɛsn̩s] *n.* 青春期（不可數）
2. **desire** [dɪˈzaɪr] *vt.* 想要，渴望
   Everyone desires happiness.
   （每個人都渴望幸福。）
3. **please** [pliz] *vt. & vi.* （使）開心，取悅
   You can't please everyone.
   （你無法討好每個人。）
4. **hideous** [ˈhɪdɪəs] *a.* 極醜的
5. **in this department** 在這個部分
6. **communicate** [kəˈmjunəˌket] *vi.* 溝通
   communicate with sb　和某人溝通
   Mrs. Lin finds it difficult to communicate with her teenage son.
   （林太太發現與她正值青春期的兒子難以溝通。）
7. **faith** [feθ] *n.* 信心，信任（不可數）
   have faith in...　對……有信心
   I have faith in your honesty.
   （我信任你的誠實。）
8. **pushover** [ˈpʊʃˌovɚ] *n.* 容易受影響的人
9. **an interpersonal** [ˌɪntɚˈpɝsn̩l] **relationship**　人際關係

112 年升大學學測英文試題詳解

112 年升大學學測英文試題　解答

1. (A)	2. (C)	3. (C)	4. (B)	5. (D)
6. (D)	7. (B)	8. (A)	9. (A)	10. (D)
11. (C)	12. (D)	13. (B)	14. (B)	15. (C)
16. (B)	17. (A)	18. (A)	19. (C)	20. (D)
21. (J)	22. (B)	23. (G)	24. (F)	25. (A)
26. (H)	27. (E)	28. (C)	29. (I)	30. (D)
31. (C)	32. (A)	33. (B)	34. (D)	35. (A)
36. (C)	37. (D)	38. (B)	39. (A)	40. (D)
41. (C)	42. (D)	43. (C)	44. (B)	45. (B)
46. (C)	47. taste	48. health	49. (D)、(F)	

50. does the trick

112 年升大學學測英文試題 詳解

第壹部分：選擇題（占 62 分）

一、詞彙題（占 10 分）

(A) 1. 這位公車司機時常抱怨在乘客座位下發現口香糖，因為它又<u>黏</u>又很難清除。

 a. (A) sticky [ˋstɪkɪ] *a.* 黏的；（天氣）溼熱的
   I was sweating like a pig because it was hot and sticky.
   （因為天氣又熱又溼，我流了滿身大汗。）
   ＊sweat like a pig 流了很多汗，汗如雨下
  (B) greasy [ˋgrisɪ] *a.* 油膩的
   The floor in the kitchen is greasy, so you'd better be careful while walking in there.
   （廚房地上很油膩，所以你在裡頭走動時最好小心一點。）
  (C) clumsy [ˋklʌmzɪ] *a.* 笨拙的
   Randy is so clumsy that he cannot hold a cup of coffee without spilling it.
   （藍迪笨手笨腳到連手裡端杯咖啡都會潑出來。）
  (D) mighty [ˋmaɪtɪ] *a.* 強大的，強力的
   The mighty lion roared from the hilltop.
   （勇猛的獅子從山頂發出怒吼。）
 b. 根據語意，可知 (A) 項應為正選。

(C) 2. 傑西是位有天分的模特兒。他對著相機拍照時很容易就可以擺出優雅的<u>姿勢</u>。

 a. (A) clap [klæp] *n.* 突然很大聲的聲音 & *vt.* & *vi.* 拍手，鼓掌（三態為：clap, clapped [klæpt], clapped）
   a clap of... 一聲很大聲的……
   The little girl cried loudly because a clap of thunder scared her.
   （小女孩因為一聲雷鳴而嚇得大哭了起來。）
  (B) toss [tɔs] *n.* 扔，擲；擲幣賭勝負 & *vt.* 扔，擲
   Paul threw an empty bottle in the trash can with a quick toss.
   （保羅迅速地將一個空瓶子扔進垃圾桶裡。）
  (C) pose [poz] *n.* 姿勢 & *vt.* 造成 & *vi.* 擺姿勢（好讓人拍照或繪畫）
   The photographer asked the model to hold that pose.
   （攝影師要這位模特兒保持那個姿勢不動。）
  (D) snap [snæp] *n.*（啪擦一聲）折斷；快照 & *vt.*（快速）拍攝；（啪擦一聲）折斷
    （三態為：snap, snapped [snæpt], snapped）
   take a snap of... 替……拍張照
   We took a few snaps of the happy couple.
   （我們替那對開心的夫婦拍了幾張照片。）
 b. 根據語意，可知 (C) 項應為正選。

112 年學測－*3*

> **必考重點**
>
> 1. adopt a pose　　擺姿勢
> = strike a pose（strike 的三態為：strike, struck [strʌk], struck）
> During the photo shoot, the model was asked to adopt / strike a difficult pose, but she couldn't pull it off.
> （在拍照的時候，這個模特兒被要求擺一個很困難的姿勢，但她擺不出來。）
> *pull sth off　　成功做成（困難或出乎意料的事）
> 2. shoot [ʃut] n. 拍攝 & vt. & vi. 拍攝（電影）；射擊（三態為：shoot, shot [ʃɑt], shot）
> Parts of the downtown area were closed off because a production company was shooting a film there.
> （部分市中心地區被封街，因為有製片公司在那裡拍電影。）

(C) 3. 為了畫出她的家譜，瑪麗試著追溯她的祖先一直到剛來北美的那個年代。
  a. (A) sibling [ˈsɪblɪŋ] n.（其中一個）兄弟姊妹
      How many siblings do you have?
      （你有幾個兄弟姊妹？）
    (B) commuter [kəˈmjutɚ] n. 通勤者
      The crowded bus is full of commuters.
      （擁擠的公車上擠滿了通勤族。）
    (C) ancestor [ˈænsɛstɚ] n. 祖先，祖宗
      This holiday commemorates the achievements of our ancestors.
      （這個假日是用來記念我們的先人的事蹟。）
      *commemorate [kəˈmɛməˌret] vt. 記念
    (D) instructor [ɪnˈstrʌktɚ] n. 指導者，教練
      Sam works as a fitness instructor at that gym.
      （山姆在那家健身房擔任健身教練。）
  b. 根據語意，可知 (C) 項應為正選。

> **必考重點**
>
> trace sth back to...　　追溯某事物至……
> Historians traced the city's history back to the Qin dynasty.
> （歷史學家上溯這個城市的歷史一直到秦朝。）

(B) 4. 由於有強颱警告，南西衝去超市──但只發現貨架差不多都空了，且幾乎沒有存貨。
  a. (A) blank [blæŋk] a. 空白的 & n. 空白處，空格；（頭腦）一片空白
      Please write here and leave the bottom of the page blank.
      （請你寫在這裡，讓這一頁的底部留白。）
    (B) bare [bɛr] a. 空的；赤裸的 & vt. 露出
      Our fridge is bare, so we must do some grocery shopping this afternoon.
      （我們的冰箱空了，因此下午我們得去買菜。）
    (C) hollow [ˈhɑlo] a. 中空的 & n. 坑洞 & vt. 把……挖空
      Bamboo is light because it is hollow.
      （竹子因為是中空的所以很輕。）

(D) queer [kwɪr] *a.* 古怪的
　　Last night, I heard a queer noise coming from the basement.
　　（昨晚我聽見地下室傳來詭異的聲響。）
b. 根據語意，可知 (B) 項應為正選。

必考重點

1. Upon / On + N/V-ing, ...　　一……就……
   = As soon as + S + V, ...
   Upon / On your arrival at the airport, make sure to call me.
   = As soon as you arrive at the airport, make sure to call me.
   （你一到機場就務必打電話給我。）
2. only to + V　　卻只……
   The young boy opened the Christmas present in excitement, only to find clothing inside, not the toy he was hoping to get.
   （小男生興奮地拆開聖誕禮物，卻只發現裡面是衣服，不是他想要的玩具。）

(D) 5. 雖然傑克親自對我說「對不起！」，但我並未在他的道歉中感受到任何誠意。
　　a. (A) liability [ˌlaɪəˋbɪlətɪ] *n.*（法律上的）責任，義務；債務，負債；麻煩
　　　　have no liability for...　　對……沒有責任
　　　　The judge ruled that the restaurant had no liability for the accident and was not required to pay any money.
　　　　（法官判定該餐廳不用為這起意外負責，因此不需要付任何錢。）
　　(B) generosity [ˌdʒɛnəˋrɑsətɪ] *n.* 慷慨，大方
　　　　Grandfather is known for his kindness and generosity.
　　　　（爺爺以善良和慷慨聞名。）
　　(C) integrity [ɪnˋtɛgrətɪ] *n.* 正直；完整（正式）
　　　　Jerome has always been regarded as a man of integrity.
　　　　（傑若姆向來被大家視為正人君子。）
　　(D) sincerity [sɪnˋsɛrətɪ] *n.* 誠懇
　　　　Peter is a person of sincerity and is well respected in the community.
　　　　（彼得是個很誠懇的人，在社區內很受尊重。）
　　b. 根據語意，可知 (D) 項應為正選。

(D) 6. 我爺爺有驚人的記憶力。他仍能生動地描述他小時候第一天上學的情景。
　　a. (A) resolve [rɪˋzɑlv] *n.* 決心（不可數）& *vt.* 解決；下決心
　　　　Being denied a pay raise strengthened Jason's resolve to quit the job.
　　　　（被拒絕加薪強化了傑森辭職的決心。）
　　(B) fraction [ˋfrækʃən] *n.* 小部分；微量
　　　　a (small) fraction of...　　一小部分 / 些微的……
　　　　Vicky spends only a small fraction of her earnings on clothes.
　　　　（薇琪只花一小部分的收入在衣服上。）
　　(C) privilege [ˋprɪvlɪdʒ] *n.* 特權；榮幸 & *vt.* 給予……特權
　　　　As a deputy director, you will be given certain privileges.
　　　　（身為副主任，你會享有某些特權。）

(D) recall [ˈrikɔl / rɪˈkɔl] n. 回想（不可數）；收回 & [rɪˈkɔl] vt. & vi. 回想，記得；召回
James has total recall of the events of that night.
（詹姆士對那晚發生的事記得清清楚楚。）
＊total recall （所學或過去事件）統統記得

b. 根據語意，可知 (D) 項應為正選。

必考重點

astonishing [əˈstɑnɪʃɪŋ] a. 令人驚訝的

(B) 7. 最近研究已發現許多證據，可以駁倒此藥廠對其治癌「神」藥的宣稱。
   a. (A) provoke [prəˈvok] vt. 引發；激怒
      Sean's suggestion provoked a vigorous debate among the directors.
      （尚恩的提議引發董事之間的激辯。）
      ＊vigorous [ˈvɪɡərəs] a. 劇烈的；激烈的
      (B) counter [ˈkaʊntɚ] vt. & vi. 反對，反擊 & n. 櫃檯
      When Mark called her a liar, Jane countered that she had proof she was telling the truth.
      （馬克稱珍為騙子時，珍反駁說她有證據證明自己說的是事實。）
      (C) expose [ɪkˈspoz] vt. 暴露；接觸
      The politician's corruption was exposed by the press.
      （此政客的貪汙行為遭到媒體爆料。）
      (D) convert [kənˈvɝt] vt. & vi. 轉變；改變宗教信仰
      After many years of using a Microsoft-based system, the company converted to Apple hardware and software.
      （這間公司使用微軟系統多年後，決定換用蘋果的硬體和軟體。）
   b. 根據語意，可知 (B) 項應為正選。

(A) 8. 貪汙的官員及走錯路的政策已嚴重損害此國的經濟，讓人民背負龐大的外債。
   a. (A) cripple [ˈkrɪpl] vt. 嚴重損壞；使成跛子 & n. 跛子
      During the fierce sea battle, the mighty ship was crippled badly, but it did not sink.
      （在這場激烈的海戰期間，這艘強大的船艦被嚴重損毀但未沉沒。）
      (B) accelerate [əkˈsɛləˌret] vt. & vi. （使）加速
      The candidate proposed measures to accelerate the rate of economic growth.
      （這位候選人提出加速經濟發展的辦法。）
      (C) render [ˈrɛndɚ] vt. 使成為；提供；翻譯
      Thousands of people were rendered homeless by the flood.
      （這次水災使數以千計的人無家可歸。）
      (D) venture [ˈvɛntʃɚ] vi. & vt. 冒險 & n. 投機事業
      Harry packed his food and gear, ready to venture into the unknown.
      （哈利打包好他的食物和裝備，準備好要往未知的地方探險。）
   b. 根據語意，可知 (A) 項應為正選。

必考重點

corrupt [kəˋrʌpt] *a.* 貪汙的,腐敗的 & *vt.* 使腐敗
The corrupt officer was put in jail for taking bribes.
(那位貪腐的官員因收賄被捕入獄。)
＊bribe [braɪb] *n.* 賄賂

(A) 9. 由於這場棒球決賽的入場球迷數創下歷史新高,體育場附近的高速公路整天都大塞車。
    a. (A) choke [tʃok] *vt.* 堵塞,阻塞 & *vt.* & *vi.* (使)窒息;嗆住
          The pipe was so choked with hair and dirt that water could barely pass through it.
          (這條水管被毛髮和淤泥堵塞得如此嚴重,水流幾乎無法通過。)
      (B) disturb [dɪsˋtɝb] *vt.* 干擾
          Bob always has his headphones on when listening to music so that he won't disturb others.
          (鮑伯聽音樂時總是戴上耳機,這樣就不會吵到別人。)
      (C) enclose [ɪnˋkloz] *vt.* 圍住;封入,附寄
          A high wall with barbed wire encloses the celebrity's house.
          (這個名流的房子周圍是裝有帶刺鐵絲網的高牆。)
        ＊barbed [bɑrbd] *a.* 有倒刺的
      (D) inject [ɪnˋdʒɛkt] *vt.* 注射(藥物);投注(心力、資金)
          Susan told Mr. Owens to remain calm while she injected the medicine into his arm.
          (蘇珊告訴歐文斯先生,當她將藥注射進他的手臂時要保持冷靜。)
    b. 根據語意,可知 (A) 項應為正選。

(D) 10. 研究指出,理應公正的媒體實際上往往深受政治意識的影響。
    a. (A) undoubtedly [ʌnˋdautɪdlɪ] *adv.* 無庸置疑地
          Among all of the outdoor activities, hiking in the mountains is undoubtedly my favorite.
          (在所有的戶外活動中,登山健行無疑是我的最愛。)
      (B) roughly [ˋrʌflɪ] *adv.* 約略地,大致上
          Nicole described roughly to me the planned course of action.
          (妮可向我概略描述預計的行動程序。)
      (C) understandably [ˌʌndɚˋstændəblɪ] *adv.* 可理解地
          Grace's sickness was understandably difficult for her family to deal with.
          (葛瑞絲的家人很難面對她的病是可以理解的。)
      (D) supposedly [səˋpozɪdlɪ] *adv.* 理論上;據說
          Everyone was surprised that the supposedly indestructible building collapsed easily when an earthquake struck.
          (每個人都感到驚訝這棟理應堅不可摧的建築在地震時輕易就倒塌了。)
    b. 根據語意,可知 (D) 項應為正選。

必考重點

1. unbiased [ʌnˋbaɪəst] *a.* 公正的，不偏袒的
   During her journalism classes, Peggy was taught that her coverage of events and profiles of public figures should be unbiased and balanced.
   （在新聞學課堂上，佩姬被教導她對事件與公眾人物描繪的報導應該公正且平衡。）
2. political ideology [pəˋlɪtɪkḷ ˌaɪdɪˋɑlədʒɪ] *n.* 政治意識形態
   Mark and Joyce often got into fights due to their different political ideologies.
   （馬克和喬伊絲由於政治意識形態迥異而經常吵架。）

二、綜合測驗（占 10 分）

第 11 至 15 題為題組

在某些森林裡面，當你抬頭看時，會看到所有的樹枝最外緣之間都會留出縱橫交錯的空隙。這種縫隙網路看來像是精準設計過的拼圖，每根樹枝都長得剛剛好，幾乎要觸碰到相鄰的樹卻又保持些微的距離。這種美麗的景象稱為樹冠羞避。

科學家自一九二〇年代以來就一直在探討樹冠羞避，並且為這種現象提出過多種解釋。有些研究者指出，由於樹木大多緊密地生長在一起，樹梢可能會因為風吹搖動而容易相撞造成斷裂。樹木為了保護枝幹免於斷裂，才會保持「羞避空間」，也就是足夠寬的間隙以預防碰觸鄰近的樹木。

另外有某些科學家表示，植物就像動物一樣，會為了養分、水、空間、陽光等資源相互競爭。在有著濃密樹冠的森林區裡，資源的爭奪相當激烈。樹冠羞避現象造成的樹梢間隙，可讓樹木更能接收陽光的曝晒，增強其光合作用。此外，由於樹枝不會碰觸隔壁樹的樹枝，樹木或許可以限制食葉性害蟲的散播，此外也可能限制住樹傳樹的疾病傳染。儘管經過數十年的研究探討，對於確切造成樹冠羞避這美麗又神秘現象的原因，人們始終沒有共識。

(C) 11. 理由：
  a. 本題測試下列語意：(A) in no time（快速地，馬上）、(B) by all means（當然好，可以）、(C) but not quite（但不完全）、(D) and pretty much（並且相當）。
  b. 由第一段內容得知樹枝間並未接觸而是留有些許空間。空格前提及每根樹枝都長得剛剛好，「幾乎（almost）」後接空格，空格後則提及碰觸到旁邊的樹木，得知可推測 (C) 項應為正選。

(D) 12. 理由：
  a. (A) universal [ˌjunəˋvɝsḷ] *a.* 普遍的；全球通用的
      There is no doubt that English is a universal language.
      （英文無疑是全球通用的語言。）
    (B) productive [prəˋdʌktɪv] *a.* 豐收的；多產的
      All in all, this has been a productive day for me.
      （大體說來，我今天的工作成果頗豐。）
    (C) conventional [kənˋvɛnʃənḷ] *a.* 傳統的
      It is conventional for Japanese people to take off their shoes before entering rooms.
      （日本人進房間前要脫鞋是一項傳統。）
    (D) multiple [ˋmʌltəpḷ] *a.* 多重的，眾多的
      Darren's latest album consists of multiple versions of the same songs.
      （戴倫的最新專輯收錄了相同歌曲的許多版本。）
  b. 根據語意，(D) 項應為正選。

(B) 13. 理由：
  a. (A) get over... 克服……的痛苦，忘懷……
    Mr. Simpson hasn't yet gotten over the death of his wife.
    （直到現在，辛普森先生仍無法忘懷妻子的逝去。）
  (B) compete for... 爭奪……
    More than 50 young girls compete for the title of top model.
    （有五十多位年輕女孩角逐超級模特兒的頭銜。）
  (C) give way to... 對……讓步
    Do not give way to Joe's demands.
    （不要對喬的要求讓步。）
  (D) make up for... 彌補……
    How can I make up for the loss?
    （我該如何補償這個損失呢？）
  b. 根據語意，(B) 項應為正選。

(B) 14. 理由：
  a. (A) reliance on... 依賴……
    reliance [rɪˋlaɪəns] *n.* 依賴，依靠（常與介詞 on 並用）
    Excessive reliance on computers will reduce a person's ability to spell English words correctly.
    （過度依賴電腦的結果會導致英文拼字能力下降。）
  (B) exposure to... 曝晒於……
    exposure [ɪkˋspoʒɚ] *n.* 曝光；曝晒（常與介詞 to 並用）
    Stella got burned from too much exposure to the sun.
    （史黛拉因過度曝晒在陽光下而晒傷。）
  (C) sensitivity to... 對……敏感
    sensitivity [ˌsɛnsəˋtɪvətɪ] *n.* 敏感（常與介詞 to 並用）
    Due to his sensitivity to criticism, Roger often gets angry and has lost some friends as a result.
    （由於羅傑對批評很敏感，所以他經常生氣，也為此失去了一些朋友。）
  (D) reflection on... ……的反映
    reflection [rɪˋflɛkʃən] *n.* 映照出的影像；反射；沉思（常與介詞 on 並用）
    John's bad behavior is a reflection on us.
    （約翰不良的行為是我們的寫照。）
  b. 根據語意，(B) 項應為正選。

(C) 15. 理由：
  a. (A) for [fɔr] *prep.* 為了
    Sandra baked a cake for me.
    （珊卓為我烤了個蛋糕。）
  (B) besides [bɪˋsaɪdz] *prep.* 除……之外
    Besides math, Lucy is good at art.
    （露西除了數學以外也精通美術。）

(C) despite [dɪˋspaɪt] prep. 儘管
= in spite of...
Despite our best efforts, we couldn't save the dying man.
（儘管我們盡了最大的努力，還是無法拯救那名垂死之人。）

(D) concerning [kənˋsɝnɪŋ] prep. 有關
Peter made a speech concerning classical music last night.
（彼得昨晚發表了一場關於古典樂的演講。）

b. 根據語意，(C) 項應為正選。

重要單字片語

1. **outermost** [ˋautɚ͵most] a. 最外層的
2. **edge** [ɛdʒ] n. 邊緣
3. **precisely** [prɪˋsaɪslɪ] adv. 精準地，準確地
4. **jigsaw puzzle** [ˋdʒɪg͵sɔ ͵pʌzl] n. 拼圖遊戲
5. **phenomenon** [fəˋnamə͵nan] n. 現象
   （複數為 phenomena [fəˋnamənə]）
6. **crown** [kraun] n. 頂部；王冠
7. **propose** [prəˋpoz] vt. 提議，建議
   Clark proposed having a family reunion this summer.
   （克拉克提議今年夏天來辦一場家庭聚會。）
8. **collide** [kəˋlaɪd] vi. 相撞
   collide with...　與……相撞
   The bus ran a red light and collided with a truck.
   （這輛公車闖紅燈，與一輛卡車相撞。）
9. **prevent** [prɪˋvɛnt] vt. 阻止
   prevent... from...　阻止……從事……
   The government took action to prevent the disease from spreading.
   （政府採取行動以避免該疾病擴散。）
10. **nutrient** [ˋnjutrɪənt] n. 養分（可數）

11. **intense** [ɪnˋtɛns] a. 激烈的，強烈的
12. **result** [rɪˋzʌlt] vi. 起因於……；導致……
    result from...　起因於……
    result in...　導致……
    Tom's failure resulted from laziness.
    （湯姆的失敗起因於懶惰。）
    Laziness resulted in Tom's failure.
    （懶惰導致湯姆的失敗。）
13. **enhance** [ɪnˋhæns] vt. 增加，提高
    I believe this chip will enhance the performance of the computer.
    （我相信這個晶片將能提高這臺電腦的性能。）
14. **photosynthesis** [͵fotəˋsɪnθəsɪs] n. 光合作用
15. **transmission** [trænsˋmɪʃən] n.（疾病的）傳染，傳播
16. **investigation** [ɪn͵vɛstəˋgeʃən] n. 研究，調查
17. **consensus** [kənˋsɛnsəs] n. 共識
    reach a consensus　達成共識
    The council finally reached a consensus after six hours of debate.
    （理事會歷經六個小時的辯論後，終於達成共識。）

第 16 至 20 題為題組

　　自火星任務開始以來，科學家們的首要議題一直都是重力。在早期的太空探險中，科學家們盡力想克服重力，讓火箭能掙脫地球的引力，將人類送上月球。如今他們則對於重力降低後，太空人身體狀況會受到何種影響更感興趣。

　　我們的身體已進化成在地球的引力值（1 g）當中生存，而非太空中的失重狀態（0 g）或火星的微重力（0.3 g）狀態。在地球上，我們下半身的液體較多，因為它們被地心引力往下拉。不過由於太空中沒有重力註1，我們的體液會重新分布，往上半身和頭部移動。因此太空人會臉部腫脹，很像著名漫畫中查理‧布朗那顆圓圓的頭。當太空人執行火星任務時，要花將近三年時間才能完

成，比月球任務更長，這種「查理·布朗效應」將會更嚴重。而且這種效應還常伴隨太空暈船症、頭痛和噁心。這種症候群被視為太空人最大的健康風險，科學家仍在試圖找出能預防它的方法。

註1：outer space 作「太空」解釋，為不可數名詞，前面不須加定冠詞 the。

(B) 16. **理由**：
  a. 本題測試下列語意：(A) back to（回到）、(B) free of（擺脫）、(C) long before（在……之前）、(D) straight on（直接）。
  b. 空格前提及科學家嘗試克服重力，空格後則提及以便將人類送上月球。可推知應該是要能擺脫地球的引力，方能將人類送上月球，故 (B) 項應為正選。

(A) 17. **理由**：
  a. (A) physical [ˈfɪzɪkl̩] a. 身體的
    Laura has been suffering from constant physical pain.
    （蘿拉飽受持續不斷的身體病痛。）
   (B) perceptual [pɚˈsɛptʃʊəl] a. 感知的，感覺的
    Some children have keener perceptual skills than other kids.
    （有些孩子比其他孩子更有敏銳的感知力。）
   (C) mental [ˈmɛntl̩] a. 心理的
    Lucy is said to have some mental problems. She is a little bit weird.
    （據說露西有些精神方面的問題。她有點兒怪怪的。）
   (D) external [ɪkˈstɝnl̩] a. 外部的
    This ointment is for external use only.
    （這種軟膏只可外用。）
  b. 根據語意，(A) 項應為正選。

(A) 18. **理由**：
  a. 本題測試用介詞 with 加上名詞或名詞片語，表「由於……」，後面帶出的主要子句表示其影響的結果，句構如下：
   With + 名詞/名詞片語, S + V 由於……，所以……
  = Because of + 名詞/名詞片語, S + V
  b. 主要子句的動詞依情境的時間或情況而定，本句為陳述一項事實或現象，故用現在式動詞。空格前主詞為複數名詞 our body fluids，所以使用原形動詞。
  c. 空格後為分詞構句簡化句子，該句主詞仍為 our body fluids，原句應為下列句子：
   However, with the absence of gravity in the outer space, our body fluids redistribute and shift toward the upper body and the head.
  d. 根據上述用法，(A) 項應為正選。（由於 redistribute 為及物動詞，故答案建議宜改為被動 are redistributed）
  redistribute [ˌridɪsˈtrɪbjut] vt. 重新分配
  The new government is promising to redistribute wealth from the rich to the poor.
  （新政府承諾將財富從有錢人手中重新分配給窮人。）

(C) 19. **理由**：
  a. (A) contagious [kənˈtedʒəs] a. 有傳染性的
    The contagious disease can spread quickly from person to person.
    （此傳染性疾病會迅速地在人群之間傳播。）

(B) unusual [ʌnˋjuʒʊəl] *a.* 不尋常的
The unusual, dry weather contributed to the severity of the forest fire.
（不尋常的乾燥天候對那場森林火災是火上加油。）

(C) severe [səˋvɪr] *a.* 十分嚴重的
The typhoon caused severe damage to our apartment building.
（這個颱風對我們的公寓大樓造成嚴重破壞。）

(D) aggressive [əˋgrɛsɪv] *a.* 有侵略性的
Kim started to get aggressive and shouted at the policeman.
（金開始兇起來並對警察大吼。）

b. 根據語意，(C) 項應為正選。

(D) 20. 理由：

a. (A) vary with sth　因某物而有不同（三態為：vary, varied [ˋvɛrɪd], varied）
Allergies are very common, but they vary with the individual.
（過敏現象十分普遍，不過也因人而異。）

(B) bring about sth　造成／導致某種情況
There is no doubt that stress can bring about physical illness.
（壓力無疑會造成身體的疾病。）

(C) transfer from...　從……轉出（三態為：transfer, transferred [trænsˋfɝd], transferred）
Only NT$30,000 can be transferred from your account by ATM each day to a non-designated account.
（單日透過提款機轉帳到非約定帳戶的限額為新臺幣三萬元。）

(D) be accompanied by...　伴隨……發生（永遠為被動語態）
accompany [əˋkʌmpənɪ] *vt.* 陪伴（三態為：accompany, accompanied [əˋkʌmpənɪd], accompanied）
Depression is almost always accompanied by insomnia.
（憂鬱症幾乎總是伴隨著失眠症。）

b. 根據語意，(D) 項應為正選。

重要單字片語

1. **gravity** [ˋgrævətɪ] *n.* 重力，引力；地心引力（不可數）
2. **agenda** [əˋdʒɛndə] *n.* 議題
3. **Mars** [mɑrz] *n.* 火星
4. **astronaut** [ˋæstrəˏnɔt] *n.* 太空人
5. **evolve** [ɪˋvɑlv] *vi.* 進化；發展為
   The artist's idea for the masterpiece evolved from a casual conversation with a neighbor.
   （這名藝術家對此幅傑作的構想來自他和鄰居的一次閒聊。）
6. **weightlessness** [ˋwetləsnəs] *n.* 失重狀態（不可數）
7. **microgravity** [ˏmaɪkrəˋgrævətɪ] *n.* 微重力（不可數）
8. **fluid** [ˋfluɪd] *n.* 液體；流質
9. **absence** [ˋæbsəns] *n.* 缺乏（不可數）
10. **swollen** [ˋswolən] *a.* 腫大的
11. **puffy** [ˋpʌfɪ] *a.* 脹大的
12. **resemble** [rɪˋzɛmb!] *vt.* 和……相似
    Kelly closely resembles her mother.
    （凱莉長得很像她媽媽。）
13. **comic strip** [ˋkɑmɪk ˏstrɪp] *n.* 連環漫畫
14. **nausea** [ˋnɔzɪə] *n.* 噁心（不可數）
15. **syndrome** [ˋsɪnˏdrom] *n.* 併發症，症候群

三、文意選填（占 10 分）

第 21 至 30 題為題組

水分占了我們身體重量的一半以上。為了維持我們體內這麼多的液體含量，白開水被認為是我們的最佳選擇，因為它不含糖分和熱量。但水一定是我們所喝到的最健康的飲料嗎？嗯，這取決於是誰喝、在哪裡喝以及正在做什麼事。

顯而易見地，在戶外的太陽底下工作、勞動量大的人，比起在空調房內生活和工作的人[註1]，會需要喝下更多液體。但重點不僅是如此而已。人流汗時會失去水分和鹽分，所以兩者都得補充。僅用白開水補充流失的液體意味著身體會水分過多而鹽分不足。為了維持平衡，身體會產生尿液來排出水分。因為這個緣故，牛奶其實會比喝水更有效。牛奶天然就含有鹽分和乳糖。乳糖是一種糖類，人體需要少量的這種糖來幫助刺激水分的吸收。椰子水含有鹽和碳水化合物，在運動後恢復和維持身體的正常液體狀態方面，椰子水也比水更有效。

然而對一般人來說，水仍是身體保持水分的一個很好的選擇——如果你知道如何喝水的話。祕訣是：絕不要等到身體告訴你口渴時才喝水，因為身體一定是已經有了明顯的變化，才會最終向你的意識提出警示。到了那個時候，可能早已經過了補充液體的最佳時機。此外，一口氣喝大量液體會導致更多的水分快速通過體內，以尿液的形式排出體外。為了解決此問題，你需要一整天多次喝水以保持身體的含水量。

註1：此處「lives and（生活和）」略顯多餘，因第二段第一句主要是在比較「在空調房內工作的人」和「在戶外的太陽底下工作、勞動量大的人」，而非「在空調房內生活和工作的人」。

(J) 21. 理由：
a. 本句的主要子句主詞為 water（水），動詞為 is（是），主詞補語為 the healthiest drink（最健康的飲料），經倒裝後主、動詞位置顛倒，但 drink 後面還緊跟另一個句子的主詞與助動詞 we can...（我們能……），可知後面為省略關係代名詞 which / that 的形容詞子句，且先行詞 drink 為子句中的受詞，空格中則為子句裡短少的及物動詞（片語）。
b. 選項中有五項 (C) alert（使警覺）、(D) combat（制止，打擊）、(G) even（使相等）、(I) pass through（穿過／越）、(J) reach for（伸手觸及／拿）為及物動詞或及物動詞片語，均可接受詞，惟選項 (J) 置入空格後符合語意，故應為正選。
c. reach for... 伸手觸及／拿……
Thomas reached for his cell phone and sent a message to his friend.
（湯瑪斯伸手拿他的手機，傳了個簡訊給他朋友。）

(B) 22. 理由：
a. 空格後有名詞 person（人），空格前有副詞 physically（身／肉體的），得知空格應置形容詞，可同時被前面的副詞修飾並修飾後面的名詞。
b. 選項中為形容詞的有 (B) active（忙碌的，活躍的）、(C) alert（警覺的）、(F) effective（有效的）、(G) even（平坦的，平均的），惟選項 (B) 置入空格後符合語意，故應為正選。
c. active [ˈæktɪv] *a.* 忙碌的，活躍的
physically active　經常活動的
My grandmother remains physically active despite the fact that she is over 80.
（儘管我的祖母已經八十幾歲了，但她活動量還是蠻大的。）

(G) 23. 理由：
a. 空格前有不定詞 to，空格後有名詞 things（東西，事物）及副詞 out（向外），得知空格應置動詞原形，以和副詞 out 來形成片語動詞。

b. 選項中為動詞的尚有 (C) alert（使警覺）、(D) combat（制止，打擊）、(G) even（使相等），惟選項 (G) 置入空格後符合語意，故應為正選。

　　　c. even (sth) out　　使（某事物）平衡／相等
　　　　It seems that there are more cookies in this bag than in that one. Let's even them out.
　　　　（這袋子裡的餅乾似乎比那袋子裡的多。我們來把它們平均分一下吧。）

(F) 24. 理由：

　　　a. 空格前有動詞片語 can actually be（其實可以是）及比較級量詞 more，得知空格應置形容詞作主詞 milk 的補語。

　　　b. 選項中為形容詞的尚有 (C) alert（警覺的）以及 (F) effective（有效的），惟選項 (F) 置入空格後符合語意，故應為正選。

　　　c. effective [ɪˋfɛktɪv] *a.* 有效的
　　　　This medicine must be effective because I'm feeling better now.
　　　　（這藥一定很有效，因為我現在感覺好多了。）

(A) 25. 理由：

　　　a. 空格前有動詞 stimulate（刺激，促進）及名詞 water（水），得知空格應置名詞，以和 water 形成名詞詞組。

　　　b. 選項中為名詞的有 (A) absorption（吸收）、(C) alert（警報）、(D) combat（戰鬥）、(E) option（選擇）、(H) status（狀態），惟選項 (A) 置入空格後符合語意，故應為正選。

　　　c. absorption [əbˋsɔrpʃən] *n.* 吸收
　　　　Vitamin D can help the absorption of calcium in your body.
　　　　（維生素 D 可以幫助身體吸收鈣。）

(H) 26. 理由：

　　　a. 空格前有動名詞 restoring and maintaining（恢復和維持），空格後為介詞片語 after exercise（運動之後），得知空格應置名詞，以與 a normal fluid（一個正常的液體）形成名詞詞組。

　　　b. 選項中為名詞的尚有 (C) alert（警報）、(D) combat（戰鬥）、(E) option（選擇）、(H) status（狀態），惟選項 (H) 置入空格後符合語意，故應為正選。

　　　c. status [ˋstetəs / ˋstætəs] *n.* 狀態，情況
　　　　The boss wants to know what the present status of the negotiations is.
　　　　（老闆想知道談判目前的狀況是什麼。）

(E) 27. 理由：

　　　a. 空格前有不定冠詞 a 與形容詞 good（好的），空格後為介詞 for 加上動名詞片語 keeping hydrated（保持水分），得知空格應置名詞。

　　　b. 選項中為名詞的尚有 (C) alert（警報）、(D) combat（戰鬥）、(E) option（選擇），惟選項 (E) 置入空格後符合語意，故應為正選。

　　　c. option [ˋɑpʃən] *n.* 選擇
　　　　The mother told her child: "Now you have only two options: Eat this or eat nothing."
　　　　（那母親告訴她小孩：「現在你只有兩個選擇：吃這個，或什麼都沒得吃。」）

(C) 28. 理由：

　　　a. 空格前有不定詞 to，空格後有名詞 your consciousness（你的意識），得知空格應置原形動詞或原形的動詞片語。

b. 選項中為動詞或動詞片語的尚有 (C) alert（使警覺）、(D) combat（制止，打擊）、(I) pass through（穿過／越），惟選項 (C) 置入空格後符合語意，故應為正選。

c. alert [əˋlɝt] vt. 使警覺，提醒
We should alert students to the dangers of online dating.
（我們應該提醒學生網路約會的風險。）

(I) 29. **理由**：

a. 空格前有不定詞 to，空格後有名詞 the body（身體），得知空格應置原形動詞或原形的動詞片語。

b. 選項中為動詞或動詞片語的尚有 (D) combat（制止，打擊）以及 (I) pass through（穿過／越），惟選項 (I) 置入空格後符合語意，故應為正選。

c. pass through...　　穿過／越……
We passed through the tunnel and were amazed at the beautiful scenery in front of us.
（我們穿過隧道，然後對眼前美景驚歎不已。）

(D) 30. **理由**：

a. 空格前有不定詞 to，空格後有代名詞 this（這個），得知空格應置原形動詞或原形的片語動詞。

b. 選項中為動詞或動詞片語的僅剩 (D) combat（制止，打擊），且置入空格後符合語意，故應為正選。

c. combat [ˋkɑmbæt] vt. 制止，打擊
The mayor took harsh measures to combat crime in the city.
（市長採取嚴厲措施打擊該市的犯罪。）

重要單字片語

1. **sustain** [səˋsten] vt. 保持，使持續
Ken's mother was surprised that the novel could sustain his interest since he usually didn't like reading.
（肯的母親很驚訝肯對這本小說有持續的興趣，因為他通常不愛閱讀。）

2. **desk-bound** [ˋdɛsk͵baʊnd] a. 在辦公室工作的

3. **air-conditioned** [ˋɛrkənˏdɪʃənd] a. 有空調的

4. **urine** [ˋjʊrɪn] n. 尿（不可數）

5. **lactose** [ˋlæk͵tos] n. 乳糖（不可數）

6. **stimulate** [ˋstɪmjəˏlet] vt. 刺激，促進
There are several ways to stimulate investment, such as tax cuts.
（刺激投資有幾種方式，例如減稅。）

7. **carbohydrate** [͵kɑrboˋhaɪdret] n. 碳水化合物

8. **functional** [ˋfʌŋkʃən!] a. 起作用的

9. **restore** [rɪˋstor] vt. 使恢復
restore A to B　　將 A 恢復到 B 的狀態
The organization wanted to restore the historic building to its former glory.
（該組織希望將這座歷史建築恢復到昔日的華麗外觀。）

10. **hydrated** [ˋhaɪdretɪd] a. 有足夠水分的
hydration [haɪˋdreʃən] n.（身體）補充水分的過程（不可數）

11. **eventually** [ɪˋvɛntʃʊəlɪ] adv. 最終／後

12. **consciousness** [ˋkɑnʃəsnəs] n. 意識，思想（不可數）

13. **take in...**　　吸收……（至體內）
The horse bent down to take in some water from the pond.
（那匹馬低下頭去喝池塘的水。）

四、篇章結構（占 8 分）

第 31 至 34 題為題組

你有想過給星期幾的名字「上色」嗎？你在聽別人說話時，是否看到了彩虹般的繽紛色彩？或者也許對你來說莫扎特音樂的味道很像蘋果派？如果真是如此，你很可能擁有「聯覺」。

聯覺是人的感官互相混合的狀態。在某些案例中，聯覺者在聽到、讀到甚至想到字母和數字時可能會感受到色彩。在其他案例中，話語有可能會觸發他們的舌頭產生真實的味覺。

<u>聯覺者曾被指責這些體驗是他們捏造的。</u>然而在一九九〇年代初期，科學家注意到聯覺時的顏色不會隨時間而改變。被問到某個字母或數字會喚起什麼顏色時，聯覺者會持續提供相同的答案，即使相隔幾個月或幾年再測試也是如此。<u>這種一致性證明[註1]聯覺是真實的。</u>然而最強而有力的證據來自腦部掃描，它顯示這些人聽到某些單詞時，大腦中處理顏色的區域會發亮。

聯覺是先天性的還是後天性的？科學家們的共識是聯覺有遺傳基礎，因為它經常出現家族遺傳。但是確切的聯覺基因（或多個基因）尚未被發現。<u>同時，環境的影響似乎會形塑一個人的聯覺種類。</u>例如有「味覺—詞彙」聯覺體驗的人，聯想到的通常是兒時的味道，比如巧克力或草莓。此外，「顏色—音樂」的聯覺者常常在早年曾受過音樂訓練。

曾被認為極為罕見的聯覺現象，現在被發現大約會影響 1% 到 4% 的人口。<u>有些研究甚至顯示所有的人都有某種程度的聯覺。</u>正如我們經常觀察到的，大多數人往往會將較低的音調與較暗的顏色聯想在一起，將較高的音調與較亮的顏色聯想在一起。研究人員進一步指出，大多數人的聯覺只發生在嬰兒期的頭幾個月，然而這種能力在某些人身上會永遠保持下去。

註1：此處 proof 表「證據」，通常為不可數名詞，故 a proof 宜改為 proof。

(C) 31. 理由：
a. 本文第二段第二句提及「在某些案例中，聯覺者在聽到、讀到甚至想到字母和數字時可能會感受到色彩。」空格後兩句提及「然而在一九九〇年代初期，科學家注意到聯覺時的顏色不會隨時間而改變。被問到某個字母或數字會喚起什麼顏色時，聯覺者會持續提供相同的答案，即使相隔幾個月或幾年再測試也是如此。」由空格後的第一句中帶有轉折語氣的副詞 however 以及空格後兩句肯定聯覺的文意，可推知空格內容應在描述對聯覺現象的負面描寫。
b. (C) 項句子提及「聯覺者曾被指責這些體驗是他們捏造的。」與前後文形成關聯。
c. 根據上述，(C) 項應為正選。

(A) 32. 理由：
a. 空格前一句提及「被問到某個字母或數字會喚起什麼顏色時，聯覺者會持續提供相同的答案，即使相隔幾個月或幾年再測試也是如此。」
b. (A) 項句子提及「這種一致性證明聯覺是真實的。」其中的「一致性」與空格前句提到的「即使相隔幾個月或幾年再測試也是如此」形成關聯。
c. 根據上述，(A) 項應為正選。

(B) 33. 理由：
a. 空格後兩句分別舉例有「味覺—詞彙」聯覺體驗的人聯想到的通常是兒時的味道，而有「顏色—音樂」聯覺的人常常在早年曾受過音樂訓練。
b. (B) 項句子提及「同時，環境的影響似乎會形塑一個人的聯覺種類。」其中「環境的影響」呼應了空格後兩句中的「兒時的味道」及「音樂訓練」對形成不同聯覺現象的影響。
c. 根據上述，(B) 項應為正選。

(D) 34. **理由**:
　　a. 空格後一句提及「大多數人往往會將較低的音調與較暗的顏色聯想在一起，將較高的音調與較亮的顏色聯想在一起。」可知一般人普遍也會有某種聯覺的現象。
　　b. (D) 項句子提及「有些研究甚至顯示所有的人都有某種程度的聯覺。」與空格後一句形成關聯。
　　c. 根據上述，(D) 項應為正選。

重要單字片語

1. **synesthesia** [ˌsɪnəsˈθiʒə] *n.* 聯覺，伴生感覺（不可數）
   synesthetic [ˌsɪnəsˈθɛtɪk] *a.* 聯覺的

2. **intermix** [ˌɪntɚˈmɪks] *vi. & vt.* （使）混合
   The city features elements of the old and the new: ancient temples intermixed with modern department stores.
   （這座城市同時擁有新與舊的元素：古老寺廟與現代百貨公司相互交融。）

3. **trigger** [ˈtrɪgɚ] *vt.* 引發／起
   The sense of smell triggers more memories than any other physical sense.
   （嗅覺比其他感官更能喚起回憶。）

4. **sensation** [sɛnˈseʃən] *n.* 知覺；造成轟動的人或物
   The woman lost all sensation in her legs soon after she was hit by the bus.
   （該名女子被公車撞到後不久雙腿就失去了知覺。）

5. **evoke** [ɪˈvok] *vt.* 引起，喚起（感情、記憶或形象）
   That smell always evokes memories of the restaurant around the corner.
   （那個味道總會勾起我對街角那家餐廳的記憶。）

6. **persistently** [pɚˈsɪstəntlɪ] *adv.* 持續地

7. **compelling** [kəmˈpɛlɪŋ] *a.* 很有說服力的
   Mr. Johnson's compelling speech kept many students from trying drugs.
   （強森老師很有說服力的演講讓許多學生遠離毒品。）

8. **scan** [skæn] *n.* 掃描檢查 & *vt.* 掃描
   （三態為：scan, scanned [skænd], scanned）
   The security guard scans the luggage to see if there is anything dangerous inside.
   （保全人員掃描行李檢查裡頭有無任何危險物品。）

9. **genetically** [dʒəˈnɛtɪklɪ] *adv.* 基因地，遺傳地
   genetic [dʒəˈnɛtɪk] *a.* 基因的
   gene [dʒin] *n.* 基因，遺傳因子

10. **inherit** [ɪnˈhɛrɪt] *vt.* 繼承
    Bruce inherited a large fortune from his father when he was 20.
    （布魯斯二十歲時繼承了父親留下來的一大筆遺產。）

11. **acquire** [əˈkwaɪr] *vt.* 獲得，取得；學到
    David acquired the skills needed to become a surgeon when he was in the medical school.
    （大衛就讀醫學院時習得當外科醫生必備的技能。）

12. **run in the family** 家族遺傳
    Unfortunately, diabetes and eye problems seem to run in the family.
    （令人遺憾的是，糖尿病與眼疾似乎是家族遺傳。）

13. **identify** [aɪˈdɛntəˌfaɪ] *vt.* 確定；發現
    （三態為：identify, identified [aɪˈdɛntəˌfaɪd], identified）
    Before a doctor can cure an illness, he or she must first identify it.
    （醫生在治病前，必須先確認是何種疾病。）

14. **more often than not** 通常，多半
    John sometimes cycles to the office, but more often than not, he takes the MRT.
    （約翰有時候會騎自行車去辦公室，但他通常會搭捷運。）

15. **associate** [əˈsoʃɪˌet] *vt.* 聯想；使產生關聯
    associate A with B　把 A 和 B 聯想在一起
    Most people associate Paris with fashion and luxuries.
    （大多數人把巴黎和時尚與奢侈品聯想在一塊兒。）

16. **researcher** [rɪˈsɝtʃɚ] *n.* 研究人員

17. **accuse** [əˈkjuz] *vt.* 指責；控告
    accuse sb of + N/V-ing
    指責／控告某人……
    Dad accused my little brother of borrowing the car without permission.
    （爸爸指責小弟沒經過允許就借走車子。）

五、閱讀測驗（占 24 分）

第 35 至 38 題為題組

　　人們是在何時首次感受到呼拉圈樂趣的呢？儘管這個名詞直到十八世紀才出現，不過這個繞著腰部、四肢或頸部旋轉的玩具圈圈，可以上溯至遠古時期。早在西元前一千年，埃及的兒童就在玩乾葡萄藤製的環形童玩。他們的玩法包括投擲、跳圈圈以及繞在身上打轉，跟我們現在的玩法一樣。他們還會用棍子趕著這些圈圈，在路上滾著玩。滾圈圈在古希臘也很流行。他們的圈圈通常由金屬製成，不僅是給希臘兒童玩的玩具，還可當作運動健身器材。

　　十四世紀時，環圈在英國是一種很受歡迎的消遣娛樂。根據某些醫學檔案的記載，環圈熱潮甚至導致過人們脊椎脫節和心臟病發作。然而直到一七〇〇年代英國水手第一次在夏威夷群島目睹呼拉舞時，「呼拉」一詞才進入英語字彙。雖然沒有使用環圈，但這種儀式性舞蹈的動作與搖呼拉圈時的動作看來很類似。因此「呼拉」和「環圈」結合，形成「搖呼拉圈」一詞。

　　環圈也出現在殖民時代前的美洲文化當中。它通常被視為生命循環的象徵，在美洲原住民的儀式舞蹈中占有相當比重。舞者使用小的蘆葦圈來象徵動物如老鷹或蛇等等。他們用快速的動作，將環圈在身體周圍比劃出具象徵性的形狀。

　　呼拉圈在一九五〇年代晚期開始在國際間流行起來，當時美國加州的威猛奧玩具公司成功行銷了一款塑膠製呼拉圈，不到四個月就賣出兩千五百萬個。呼拉圈「熱潮」至今依然沒有退流行。

(A) 35. 本文回答了什麼問題？
　　(A)「搖呼拉圈」這個詞是怎麼來的？
　　(B) 為什麼威猛奧公司要著手製造呼拉圈？
　　(C) 夏威夷呼拉舞是從哪裡來的？
　　(D) 古埃及的孩子最喜歡的玩具是什麼？
　　理由：
　　本文第二段第三至五句提及：直到一七〇〇年代英國水手第一次在夏威夷群島目睹呼拉舞時，「呼拉」一詞才進入英語字彙。雖然沒有使用環圈，但這種儀式性舞蹈的動作與搖呼拉圈時的動作看來很類似。因此「呼拉」和「環圈」結合，形成「搖呼拉圈」一詞，故得知 (A) 項應為正選。

(C) 36. 以下關於歷史上使用環圈的敘述何者正確？
　　(A) 英國人將它當作治療用途。　　　　　　(B) 美洲原住民用它來訓練動物。
　　(C) 古希臘人把它當作運動健身器材使用。　(D) 夏威夷舞者用它來象徵生命的循環。
　　理由：
　　本文第一段最後一句提及古希臘人的圈圈通常由金屬製成，不僅是給希臘兒童玩的玩具，還可當作運動健身器材，故得知 (C) 項應為正選。

(D) 37. 下列哪一項不是本文所提享受呼拉圈樂趣的方式之一？
(A) 敲擊。　　　　(B)（使）旋轉。　　(C)（使）快速旋轉。　(D) 踢。
理由：
本文第一段第二句後半及第五句分別提及「這個繞著腰部、四肢或頸部旋轉（twirled）的玩具圈圈，可以上溯至遠古時期」、「他們還會用棍子趕著（即 struck 敲擊之義）這些圈圈，在路上滾著玩。」另外本文第三段第一句提及「環圈也出現在（spun their way，比喻用法，其中 spun 原意為「快速旋轉」）殖民時代前的美洲文化當中。」所以僅 (D) 項未被提及，故得知 (D) 項應為正選。

(B) 38. 根據本文，曾被用來製作環圈的材料有哪些？
(A) 蘆葦、葡萄藤、竹子、塑膠　　　　(B) 蘆葦、葡萄藤、塑膠、金屬
(C) 蘆葦、竹子、塑膠、獸皮　　　　　(D) 葡萄藤、塑膠、金屬、獸皮
理由：
本文第一段第三句及最後一句分別提及埃及兒童會玩乾葡萄藤（grapevine）製的環形童玩、希臘兒童玩金屬（metal）製的圓環；第三段第三句提及美洲原住民的舞者使用小蘆葦（reed）環圈來象徵動物如老鷹或蛇等等；第四段第一句提及一家公司推出塑膠（plastic）製的呼拉圈，故得知 (B) 項應為正選。

重要單字片語

1. **hoop** [hup] *n.* 環，圈；籃框
2. **emerge** [ɪˋmɝdʒ] *vi.* 出現；興起
   This site has emerged as a popular place for tourists and campers.
   （這地區已成為遊客和露營客的熱門景點。）
3. **twirl** [twɝl] *vi. & vt.*（使）旋轉
   Jessica twirled with delight when she found out she got the job.
   （當潔西卡得知工作錄取時樂得在原地打轉。）
4. **limb** [lɪm] *n.* 四肢之一
5. **grapevine** [ˋgrep͵vaɪn] *n.* 葡萄藤
6. **sling** [slɪŋ] *vt.* 扔；擲（三態為：sling, slung [slʌŋ], slung）
   Judy slung her backpack over her shoulder to indicate that she was ready to go.
   （茱蒂把背包搭上肩，意味著她已經準備好出發了。）
7. **merely** [ˋmɪrlɪ] *adv.* 僅僅
8. **device** [dɪˋvaɪs] *n.* 器具，裝置
9. **recreation** [͵rɛkrɪˋeʃən] *n.* 消遣，娛樂
10. **craze** [krez] *n.* 熱潮
11. **dislocate** [ˋdɪslo͵ket] *vt.* 使（關節）脫節 / 位，使脫臼
    Jason dislocated his ankle while training at the basketball summer camp.
    （傑森在籃球夏令營訓練期間腳踝脫臼。）
12. **witness** [ˋwɪtnɪs] *vt.* 目擊，親眼看見
    Kelly witnessed the train accident and told the police what she saw.
    （凱莉目擊了這起火車事故，並告訴警方自己所見。）
13. **ritual** [ˋrɪtʃʊəl] *a.* 儀式的
14. **pre-** [pri] *prefix* 在……之前
15. **colonial** [kəˋlonɪəl] *a.* 殖民的
16. **prominently** [ˋprɑmənəntlɪ] *adv.* 顯著地，突出地
    Global warming is featured prominently in this documentary.
    （全球暖化是這部紀錄片的主軸。）
17. **reed** [rid] *n.* 蘆葦
18. **symbolic** [sɪmˋbɑlɪk] *a.* 象徵的
    The agreement that was signed last night carries symbolic importance for both countries.
    （昨晚簽署的協議對兩國都具有重要的象徵意義。）
19. **representation** [͵rɛprɪzɛnˋteʃən] *n.* 象徵，代表

20. **construct** [kənˋstrʌkt] *vt.* 畫（形狀）；創造（故事）；興建，建造
    This story is constructed out of several legends.
    （這個故事的建構來自於數個傳說。）
21. **popularity** [ˏpɑpjəˋlærətɪ] *n.* 受歡迎；普及
    gain (in) popularity　　受到歡迎
    Organic food has gained in popularity over the past few years.
    （有機食品近年來漸受歡迎。）
22. **version** [ˋvɝʒən] *n.* 款式；版本
23. **fad** [fæd] *n.* 熱潮，一時的流行／風尚
24. **derive** [dəˋraɪv] *vt.* 源自
    be derived from...　　起源於……
    The little girl's name is derived from the Egyptian word for "beauty."
    （這個小女孩的名字源自於埃及文，意思是「美麗」。）
25. **workout** [ˋwɝkˏaʊt] *n.* 健身，運動

第 39 至 42 題為題組

　　當你享用早晨的茶飲時，你可能不知道那些茶葉對漫遊於印度茶園裡的亞洲象來說，可能意味著傷害甚至是死亡。

　　在印度阿薩姆邦，越來越多茶園正在破壞亞洲象的棲息地並危及牠們的種群數量。阿薩姆邦種植茶葉的林地大多平坦[註1]，因此農民必須挖掘排水溝以防止水分累積因而傷害茶樹。但那些溝渠對大象來說可能會是死亡陷阱。因為大象在森林裡尋找路徑時需要利用茶園作為地標，所以牠們幾乎無可避免地必須穿過茶園。此外，由於周圍較少人煙，懷孕的母象常將種茶區當作安全的庇護所來進行生產。不過幼象還未習慣跋涉穿越高低起伏的地面，很容易掉進溝渠而受傷；一旦受傷，牠們就很難爬出來。當母象試著要把牠們的孩子挖出來時，牠們可能會一起陷進厚厚的泥漿裡且因而被悶死。此外，大象以不離棄生病或瀕死的同伴聞名，象群可能在受困幼象的溝渠邊逗留許久，直到完全無望才會繼續前進。

　　大象與繁榮的種茶產業有可能共存嗎？「大象友好茶」是率先行動想促成此事發生的組織。此組織鼓勵消費者選擇有採取預防措施來保護大象的品牌，並建立一項認證程序以獎勵做對的事的茶農。到目前為止，只有較小的茶葉品牌獲得認證，但產業意識正在增長當中。這個組織相信，當人們更了解茶葉會對這些瀕危動物造成風險時，會促使他們購買對大象友好的品牌。

註1：and 連接兩個長的獨立子句時，宜加上逗號較容易閱讀。故本句宜為 Much of the forest land where tea is grown in Assam is flat, and thus farmers must dig drainage trenches to prevent water from accumulating and hurting the shrubs.。

(A) 39. 阿薩姆邦的農民為何要在茶園裡挖溝渠？
　　(A) 保護茶樹。　　　　　　　　　(B) 設陷阱捕捉大象。
　　(C) 擴展茶園。　　　　　　　　　(D) 標示茶園的邊界。
　　理由：
　　根據第二段第二句提及農民必須挖掘排水溝以防止水分累積因而傷害茶樹，可得知此為保護茶樹的方式，故 (A) 項應為正選。

(D) 40. 根據本文，為何幼象容易在阿薩姆邦的茶園受傷？
　　(A) 當牠們爬出溝渠時，找不到安全的庇護所。
　　(B) 當牠們在森林裡尋找路徑時找不到地標。
　　(C) 牠們被茶樹尖銳的樹枝困住。
　　(D) 牠們不太會在不平坦的地面上行動。

理由:
根據第二段第六句提及幼象還未習慣跋涉穿越高低起伏的地面,很容易掉進溝渠而受傷,可得知 (D) 項應為正選。

(C) 41. 根據本文,下列關於大象和茶園的敘述何者正確?
(A) 大象利用溝渠在茶園之間遊走。
(B) 快速擴展的茶園破壞了大象的食物來源。
(C) 大象不願丟下牠們在茶園裡的受傷同伴。
(D) 懷孕的大象因怕被干擾而避免在茶園裡生產。
理由:
根據本文第二段最後一句提及大象以不離棄生病或瀕死的同伴聞名,得知 (C) 項應為正選。

(D) 42. 最後一段的 it 指的是什麼?
(A) 認證大象友善的溝渠和組織。
(B) 獎勵保護環境的茶農。
(C) 鼓勵消費者選擇高品質的品牌。
(D) 為大象和茶園創造雙贏的局面。
理由:
根據最後一段 it 的前句指出大象與繁榮的種茶產業是否有可能共存的問題,可得知後句的代名詞 it 代表了前句所提及的事。故 (D) 項應為正選。

重要單字片語

1. **roam** [rom] *vt. & vi.* 漫遊,漫步
   Betty and her friends roamed the streets of the new city, wondering where they should go next.
   (貝蒂和她的朋友在新城市的街道上遊蕩,不知道他們接下來該去哪裡。)
2. **habitat** [ˈhæbəˌtæt] *n.* 棲息地
3. **drainage** [ˈdrenɪdʒ] *n.* 排水(不可數)
4. **trench** [trɛntʃ] *n.* 溝渠
5. **accumulate** [əˈkjumjəˌlet] *vi. & vt.* 累積
   Samuel quickly accumulated a large fortune by investing in the stock market.
   (山謬藉著投資股市累積了一大筆財富。)
6. **shrub** [ʃrʌb] *n.* 灌木,矮樹
7. **plantation** [plænˈteʃən] *n.* 農園
8. **navigate** [ˈnævəˌget] *vt. & vi.* 確定……的路線,導航(船、飛機、車等)
   The equipment is used to help sailors navigate, especially during foggy conditions when it is difficult to see.
   (這個設備是用來協助船員導航用的,特別是在有霧視線不佳的時候。)
9. **inevitably** [ɪnˈɛvətəblɪ] *adv.* 不可避免地
10. **give birth** 生產,分娩
    My older sister gave birth to a baby boy yesterday.
    (我姊姊昨天產下一名男嬰。)
11. **negotiate** [nɪˈgoʃɪˌet] *vt.* 順利通過,成功越過;談判
    It was difficult to negotiate the aisles of the department store during the big sale.
    (百貨公司大特賣時,要穿越走道是相當地困難。)
12. **smother** [ˈsmʌðɚ] *vt.* 悶死,使……窒息;把……悶熄
    The forensic examination showed that the man had been poisoned before he was smothered to death.
    (法醫檢驗結果發現該名男子在被悶死之前曾遭下毒。)
13. **leave... behind** 丟下……,把……留下
    The partygoers left, leaving an enormous amount of trash behind.
    (參加派對的人走了,留下一大堆垃圾。)

14. **linger** [ˈlɪŋɚ] *vi.* 逗留，徘徊；繼續存留
    After the concert was over, Jessie and her friends lingered outside the theater, hoping to catch sight of the singers.
    （音樂會結束後，潔西和她朋友在劇院外徘徊，希望可以看到那些歌手。）
15. **reluctant** [rɪˈlʌktənt] *a.* 勉強的，不情願的
16. **prosperous** [ˈprɑspərəs] *a.* 繁榮的
17. **initiative** [ɪˈnɪʃɪətɪv] *n.* 主動（權），自發性
    take the initiative 率先採取行動
    If I didn't take the initiative to clean the house, no one would.
    （我若不先主動打掃房子，就沒有人會去做。）
18. **precaution** [prɪˈkɔʃən] *n.* 預防措施（常用複數）
    take precautions (to V) 採取預防措施（以……）
    When going outdoors, you should take precautions to protect your skin from the sun.
    （到戶外時，你應該採取預防措施，保護皮膚免受太陽晒。）
19. **certify** [ˈsɝtəˌfaɪ] *vt.* 證明
    （三態為：certify, certified [ˈsɝtəˌfaɪd], certified）
    This diploma certifies that you have finished high school.
    （這份文憑證明你已完成高中學業。）
20. **boundary** [ˈbaʊnd(ə)rɪ] *n.* 邊界
    （複數為 boundaries [ˈbaʊnd(ə)rɪz]）

第 43 至 46 題為題組

位於坦尚尼亞外海，被印度洋溫暖乾淨的海水輕拂的桑吉巴，是由幾個分散的島嶼組成的熱帶群島。這個人氣很旺的海灘旅遊勝地，現在是以白色的沙灘、修長的棕櫚樹以及碧綠的海水聞名。但鮮少有人知道，在以往的年代，控制桑吉巴就代表可以取得難以想像的財富。

自古以來，位於阿拉伯和非洲間貿易路線上的桑吉巴就一直是個貿易熱點。早在來自非洲大陸的第一批永久移民到達（約在西元一千年）之前的九百年，亞洲商人就已造訪過桑吉巴群島。八世紀時，波斯商人在此建立聚落，在接下來四百年中發展成他們的貿易據點。在十二世紀到十五世紀之間，阿拉伯、波斯和桑吉巴之間的貿易活動增加，給該群島帶來了財富和權力。

大航海時代期間，桑吉巴的商業活動大爆發，主要是由於香料貿易的興起。十五世紀末，歐洲人對香料的狂熱促成香料之路的興起，這是一條連接歐洲與大部分香料產地的遠東地區的海上航線網絡。一四九八年，葡萄牙探險家瓦斯科‧達伽馬首次出航前往印度，途中要經過非洲最南端。一四九九年，他抵達位於香料之路要衝的桑吉巴。該群島很快就吸引了各國貿易商。數以百計航行於海上香料之路的船隻在此停靠，帶來香料和貨物進行交易，桑吉巴因此成為世界最大的貿易中心之一。

從十六世紀開始，桑吉巴先後受過葡萄牙人、阿拉伯人和英國人的統治，而他們都在此留下了印記。各種宗教在此交會：回教徒、基督徒及佛教徒已經在此和平相處了數個世紀之久。而此獨特的文化交融，蘊藏了瀰漫在空氣中的丁香、香草和肉桂的氤氳，讓這些印度洋上的珍寶島嶼散發著無法抵擋的魅力，遠不只是熱帶海灘的樂趣而已。

(C) 43. 關於桑吉巴最早的商人，下列哪一項敘述是正確的？
　　(A) 最早的商人於西元九百年左右抵達。
　　(B) 大多數最早的商人來自非洲。
　　(C) 亞洲商人比非洲移民早好幾百年來到桑吉巴。
　　(D) 來自波斯的商人在西元一千年左右永久定居下來。
　　理由： 本文第二段第二句提到早在來自非洲大陸的第一批永久移民到達（約在西元一千年）之前的九百年，亞洲商人就已造訪過桑吉巴群島，故得知 (C) 項應為正選。

(B) 44. 根據本文，桑吉巴最可能在下圖的哪裡？
　　(A) A　　　　　　(B) B　　　　　　(C) C　　　　　　(D) D

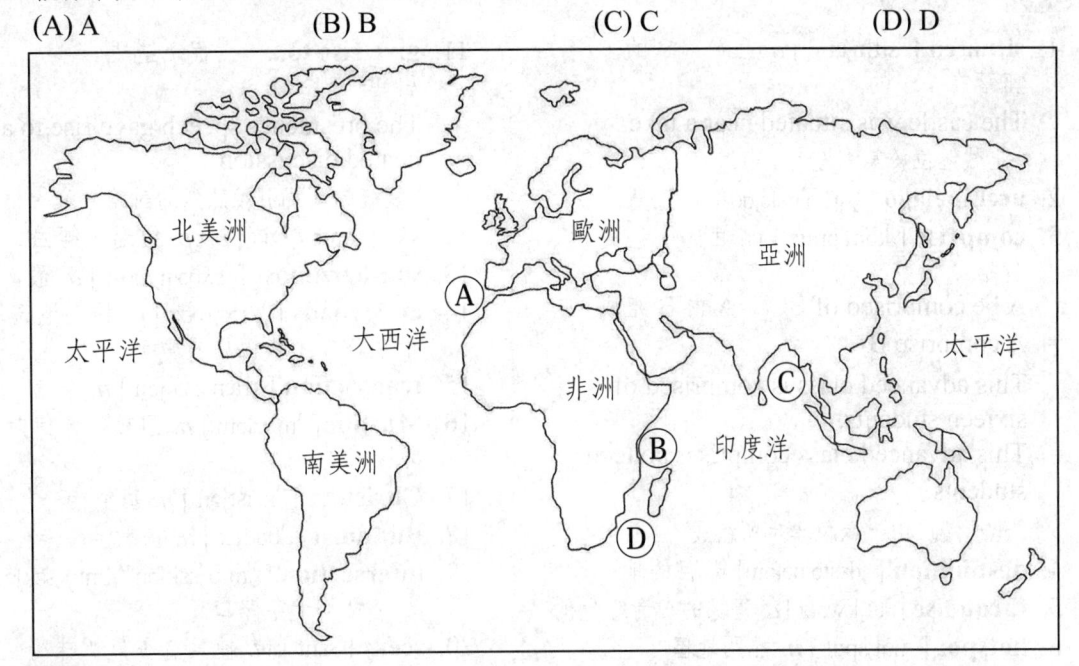

理由:
本文第一段第一句提到印度洋的海水輕拂著桑吉巴；第二段第一句提到桑吉巴位於阿拉伯和非洲間的貿易路線上；第三段第三、四句則講述一四九八年一位葡萄牙探險家首次出航前往印度，途中經過非洲最南端，隔年抵達位於香料之路要衝的桑吉巴；最後一段最後一句再次提到獨特的文化等讓這些印度洋上的珍寶島嶼散發著無法抵擋的魅力，故得知 (B) 項應為正選。

(B) 45. 從此篇關於桑吉巴的文章中，可推斷出以下哪一個選項？
　　(A) 幾百年以來，桑吉巴一直是海灘愛好者的天堂。
　　(B) 丁香、香草和肉桂是在桑吉巴常見的香料。
　　(C) 除了香料之外，桑吉巴還以種類繁多的珠寶聞名。
　　(D) 瓦斯科‧達伽馬是大航海時代桑吉巴的第一位外國統治者。

理由:
本文最後一段最後一句提到此獨特的文化交融，蘊藏了瀰漫在空氣中的丁香、香草和肉桂的氤氳，讓這些印度洋上的珍寶島嶼散發著無法抵擋的魅力，故得知 (B) 項應為正選。

(C) 46. 本文中提到桑吉巴時，用了哪一組字？
　　(A) 島嶼、聚落、據點、要衝　　　　　　(B) 島嶼、據點、珍寶、旅遊勝地
　　(C) 群島、島嶼、珍寶、旅遊勝地　　　　(D) 群島、聚落、路線、島嶼

理由:
本文第一段第一句提到桑吉巴是由幾個分散的島嶼組成的熱帶「群島」；又文中有數個地方以「島嶼」來代稱「桑吉巴」，如第二段第二句（早在來自非洲大陸的第一批永久移民到達（約在西元一千年）之前的九百年，亞洲商人就已造訪過這些「島嶼」）、第三段倒數第二句（這些「島嶼」很快就吸引了各國貿易商）以及最後一段第二句（各種宗教在此交會：回教徒、基督徒及佛教徒已經在這些「島嶼」上和平相處了數個世紀之久）；另外最後一段最後一句提到桑吉巴是印度洋上的「珍寶」島嶼，散發著無法抵擋的魅力；還有第一段第二句提到桑吉巴為人氣很旺的海灘「旅遊勝地」，故得知 (C) 項應為正選。

重要單字片語

1. **situated** [ˋsɪtʃʊˏetɪd] *a.* 位於⋯⋯的，座落在⋯⋯的
   The castle was situated near a lake.
   （此城堡位於某湖邊。）
2. **archipelago** [ˏɑrkəˋpɛləˏgo] *n.* 群島
3. **comprise** [kəmˋpraɪz] *vt.* 由⋯⋯組成，包括
   A be comprised of B　　A 由 B 組成
   = A comprise B
   This advanced class is comprised of sixteen students.
   = This advanced class comprises sixteen students.
   （此進階班由十六位學生所組成。）
4. **destination** [ˏdɛstəˋneʃən] *n.* 目的地
5. **turquoise** [ˋtɝˏkwɔɪz] *a.* 碧綠的，青綠色的
6. **hotspot** [ˋhɑtˏspɑt] *n.* 熱門地區
7. **Arabia** [əˋrebɪə] *n.* 阿拉伯
8. **Persian** [ˋpɝʒən] *a.* 波斯的
   Persia [ˋpɝʒə] *n.* 波斯（即現之伊朗）
9. **exploration** [ˏɛkspləˋreʃən] *n.* 探索
   the Age of Exploration　　大航海時代，地理大發現（約十五世紀到十七世紀）
   The Age of Exploration was the time when many Europeans started to travel to unfamiliar places across the world.
   （大航海時代是許多歐洲人開始前往世界各地陌生地區的時期。）
10. **boom** [bum] *vi.* 迅速增長，突趨繁榮
    The company's business is booming this year because of the popularity of its new products in the market.
    （此公司今年生意興隆，因為其新產品在市場上很受歡迎。）
11. **give rise to...**　促 / 造成⋯⋯，引起⋯⋯
    The president's speech gave rise to a heated discussion.
    （總統的演說引發熱烈的討論。）
12. **via** [ˋvaɪə / ˋviə] *prep.* 經過，經由
13. **southernmost** [ˋsʌðənˏmost] *a.* 最南的
14. **crossroads** [ˋkrɔsˏrodz] *n.* 核心地區；十字路口（皆恆用複數）
15. **transaction** [trænˋzækʃən] *n.* 交易
16. **Muslim** [ˋmʌzləm] *n.* 回教徒，伊斯蘭教教徒
17. **Christian** [ˋkrɪstʃən] *n.* 基督徒
18. **Buddhist** [ˋbudɪst] *n.* 佛教徒
19. **intersection** [ˏɪntɚˋsɛkʃən / ˋɪntɚˏsɛkʃən] *n.* 交點；十字路口
20. **scent** [sɛnt] *vt.* 使具有香氣 / 味 & *n.* 香氣 / 味
    A be scented with / by B
    A 有 B 的香氣 / 味，A 充滿 B 的芳香
    The church was scented with flowers before the wedding ceremony began.
    （婚禮開始前，教堂裡便充滿著花朵的芳香。）
21. **aroma** [əˋromə] *n.* 香味，芳香
22. **clove** [klov] *n.* 丁香
23. **vanilla** [vəˋnɪlə] *n.* 香草（不可數）
24. **cinnamon** [ˋsɪnəmən] *n.* 肉桂（不可數）
25. **infer** [ɪnˋfɝ] *vt.* 推斷（三態為：infer, inferred [ɪnˋfɝd], inferred）
    infer A from B　　從 B 推斷出 A
    You may infer a person's family background from the way he or she talks.
    （你可以從一個人的說話方式來推斷其家庭背景。）

第貳部分：混合題（占 10 分）

就算你不是素食者，也很有可能聽過植物肉。這些肉類替代品經常宣傳自己是對環境友善的。但食客們真的喜歡植物肉嗎？閱讀以下聊天室關於「環堡」——一種以肉類替代品為漢堡肉的產品——的討論串。

(A) 奧莉維雅

我絕對不吃！我在「進階漢堡」當廚房助手時試吃過一個……味道糟透了，就像臭酸的豌豆泥。

(B) 史密斯

我還沒吃過環堡。我實在不懂它的意義在哪裡。這些漢堡肉被重度加工，熱量跟鈉含量都比真肉還高而且更貴！除非你是嚴格的素食者，為了道德理由不吃肉，否則真肉絕對是較好的選擇。

(C) 蜜卡

不太喜歡。它味道太像真肉了。如果我想吃牛肉，我會去吃真正的漢堡。身為全素食者，我會堅持只吃植物類食品。但這種東西永遠都引不起我的興趣。

(D) 湯瑪斯

對我來說環堡吃起來「豆味很重」，所以我想不管它以什麼樣的形式呈現，應該是用在含豆類的食譜料理會比較合理，例如（當作絞肉的替代品）放在蓋飯裡面[註1]。話雖如此，我是堅定的肉食主義者，酷愛吃肉，但我覺得偶爾選擇點吃起來假假的肉是沒什麼問題的──換換口味嘛。

(E) 瑞可

上禮拜我終於吃到環堡。味道還可以，但我很驚訝它的熱量居然比真肉版還多四十卡！它不是應該是健康的選擇嗎？

(F) 琳達

我還蠻喜歡的。但是這價格我不敢苟同。希望未來價格會下調。我正試著少吃一點牛肉。

(G) 阿波羅

喜歡！我全家都喜歡。過去六年來我們絕大部分是吃全素，而我們非常感激環堡！尤其是吃漢堡的癮頭一來……吃個環堡就能滿足。我試過所有種類的全素食「漢堡」，還是環堡比較接近我的需求。事實上，不管它是不是全素漢堡，我都可以每天吃！

(H) 亞歷山大

嗯，如果你加很多調味料跟醬料的話，味道還不錯。但這對你身體有益嗎？一點也不。這些漢堡肉經過重度加工而且不含任何蔬菜。它們還含有大量加工過的椰子油，它可是比豬油還不健康咧。如果常吃的話，它會是健康殺手。所以幹麼拿自己的生命做賭注呢？

註1：因 substitute 為可數名詞，所以 ground meat substitute 前面應加不定冠詞 a。

47-48. 請從文章中找出最適當的單詞（word）填入下列句子空格中，並視語法需要做適當的字形變化。**每格限填一個單詞（word）**。（填充，4分）

On the whole, the chatroom discussions about GreenBurger mainly focus on the issues of _(47)_, price, and _(48)_ concerns.

答案：taste; health

整體來說，聊天室內關於環堡的討論串主要聚焦於口味、價格及健康疑慮。

理由：
(1) 空格前有介詞 of，又 of 之後的 and（和）之前為名詞 price（價格）、其之後為名詞 concerns（疑慮／擔憂），可知空格 47 應填名詞，而空格 48 為形容詞或名詞。

(2) 由 (A) 的第二句味道糟透了，就像臭酸的豌豆泥、(C) 的第二句它味道太像真肉了、(D) 的第一句對我來說環堡吃起來「豆味很重」、(H) 的第一句如果你加很多調味料跟醬料的話，味道還不錯，可知討論串主要聚焦於「taste（味道）」。

(3) 由 (B) 的第三句這些漢堡肉被重度加工⋯⋯而且還更貴、(E) 的第二句我很驚訝它的熱量居然比真肉版還多四十卡、(H) 的第四句這些漢堡肉經過重度加工⋯⋯它可是比豬油還不健康咧，可知討論串主要聚焦於「health（健康）」。（形容詞 healthy 表「健康 / 壯的」，在此不可說 healthy concerns，因 concerns 表「疑慮 / 擔憂」，我們並不會說「健康 / 壯的疑慮 / 擔憂」。）

49. From (A) to (H) in the above chatroom discussions, which ones show that GreenBurger can be a choice for the chatroom participants themselves **only under certain circumstances**?
（多選題，4 分）

答案：(D)、(F)

由以上的聊天室討論串 (A) ~ (H) 之中，哪幾項顯示「唯有在特定情況下，環堡才可以成為聊天室某成員的選擇」？

理由：
由 (D) 的最後一句後半提到我覺得偶爾選擇點吃起來假假的肉是沒什麼問題的——換換口味嘛。(F) 的第二句提到但是這價格我不敢苟同，可知 (D) 可以接受偶爾換口味而吃環堡，而若價格下調，(F) 也可以接受吃環堡。

50. Which **phrase** in the chatroom discussions means "serves the purpose" or "works well" ?
（簡答，2 分）

答案：does the trick

聊天室討論串中的哪個片語意思為「達到目的」或「效果很好」？

理由：
由 (G) 的第四句尤其是吃漢堡的癮頭一來⋯⋯吃個環堡就能滿足，可知答案應為 does the trick。

重要單字片語

1. **there's a good chance** | **(that) 子句** | **of N/V-ing**
   有很大的機率⋯⋯
   Judging by the dark clouds, there is a good chance that it will rain soon.
   （由這些烏雲判斷，馬上就要下雨的機率很高。）

2. **substitute** [ˈsʌbstəˌt(j)ut] *n.* 代替品 / 者 & *vt.* & *vi.* 代替
   There is no substitute for hard work.
   （努力是無可代替的。）

3. **patty** [ˈpætɪ] *n.*（小）肉餅
   （複數為 patties [ˈpætɪz]）

4. **alternative** [ɔlˈtɝnətɪv] *a.* 可替代的 & *n.* 選擇，替代方案

5. **a prep** [prɛp] **cook** 廚房助手
   （prep 為 preparation 的簡寫）

6. **mashed** [mæʃt] *a.* 搗成糊 / 泥狀的

7. **sodium** [ˈsodɪəm] *n.* 鈉

8. **eschew** [ɪsˈtʃu] *vt.* 故意避開
   Amir eschews alcohol because of his religion.
   （阿米爾因為宗教關係刻意避開酒類。）

9. **ethical** [ˈɛθɪkl̩] *a.* 倫理的
   an ethical problem　倫理問題

10. **ground meat** 絞肉
    ground [graʊnd] *a.* 磨碎的
    grind [graɪnd] *vt.* 研磨，磨碎
    （三態為：grind, ground [graʊnd], ground）

The Mexican woman ground the corn into flour for tortillas.
（那個墨西哥婦女將玉米磨成粉，以便做玉米薄餅。）
11. **carnivore** [ˈkɑrnəˌvɔr] *n.* 食肉動物
12. **craving** [ˈkrevɪŋ] *n.* 渴望

13. **do the trick**　　奏效，達到預期效果
To get babies to fall asleep, playing soft music usually does the trick.
（若要讓小嬰兒睡著，通常播放輕柔的音樂就會奏效。）
14. **lard** [lɑrd] *n.* 豬油（不可數）

第參部分：非選擇題（占 28 分）

一、中譯英（占 8 分）

1. 歷史一再證明，戰爭會造成極為可怕的災難。

翻譯關鍵：
a. 先列出本句主要中文單詞及與其對應的英文單詞：
　(1) 歷史：history [ˈhɪst(ə)rɪ] *n.*
　(2) 一再：repeatedly [rɪˈpitɪdlɪ] *adv.* 或 time and again 或 over and over again 或 again and again
　(3) 證明：prove [pruv] *vt.*（三態為：prove, proved [pruvd], proved / proven [ˈpruvn̩]）
　(4) 戰爭：war [wɔr] *n.*
　(5) 造成：cause [kɔs] *vt.* 或 lead to
　(6) 極為……：extremely [ɪkˈstrimlɪ] *adv.*
　(7) 可怕的：terrible [ˈtɛrəbl̩] *a.* 或 horrible [ˈhɔrəbl̩] *a.* 或 awful [ˈɔfl̩] *a.*
　(8) 災難：disaster [dɪˈzæstɚ] *n.*
b. 再列出原句中文詞組並譯出對應的英文詞組：
　(1) 歷史一再證明：History proves / has proven / has proved repeatedly / time and again / over and over again / again and again
　(2) 戰爭會造成……：wars will cause / lead to...
　(3) 極為可怕的災難：extremely terrible / horrible / awful disasters

示範譯句：
History proves / has proven / has proved repeatedly / time and again / over and over again / again and again that wars will cause / lead to extremely terrible / horrible / awful disasters.

官方解答：
History proves / has proven / has proved time and again / repeatedly that wars will cause / lead to extremely terrible / horrible disasters.

2. 避免衝突、確保世界和平應該是所有人類追求的目標。

翻譯關鍵：
a. 先列出本句主要中文單詞及與其對應的英文單詞：
　(1) 避免：avoid [əˈvɔɪd] *vt.*
　(2) 衝突：conflict [ˈkɑnflɪkt] *n.*
　(3) 確保：ensure [ɪnˈʃʊr] *vt.*
　(4) 世界和平：world peace [wɜld pis]
　(5) 應該：should [ʃʊd] *modal verb*
　(6) 所有人類：all human beings

(7) 追求：pursue [pɚˋsu] vt.
(8) 目標：goal [gol] n.
b. 再列出原句中文詞組並譯出對應的英文詞組：
(1) 避免衝突：avoid conflicts
(2) 確保世界和平：ensure world peace
　　注意：(1)、(2) 皆為動詞片語不能當作句子的主詞，應改為動名詞或不定詞片語，而原譯句內有 the goal（目標），因此句首最好用 to 引導的不定詞片語作主詞，以示這個目標尚未達成。
(3) 應該是……：should be...
(4) 所有人類追求的目標：the goal (which / that) all human beings are pursuing

示範譯句：

To avoid conflict and to ensure world peace should be the goals all human beings are pursuing.
（主詞有兩個不定詞片語，故 goal 應採複數 goals。）
或：
To avoid conflict and ensure world peace should be the goal all human beings are pursuing.
（一個不定詞片語作主詞，故 goal 應採單數。）

官方解答：

To avoid conflicts and ensure world peace should be the goal pursued by all human beings.
或：
Avoiding conflicts and ensuring world peace should be the goal pursued by all human beings.

二、英文作文（占 20 分）

示範作文：

　　Nowadays, people often use social media to communicate. When people send messages, though, it can be difficult to convey their emotions. That's why emojis come in handy. People tend to send emojis along with messages to compensate for what words can't fully express. Furthermore, emojis liven up the messages by mimicking facial expressions. For example, if you send a message with the first emoji in the chart, the smiling face clearly indicates how happy you are right now. People sometimes don't have time to type a long sentence, and sending a single emoji instead of words can work like a charm. For instance, if you just send the second emoji in the chart, the receiver instantly knows that you are upset or annoyed.

　　However, it's one thing to express your feelings with emojis; it's another to interpret the emojis correctly. People sometimes misunderstand the meaning of an emoji because of a lack of further information. For example, a few days ago, a friend invited me to his party. I was reluctant to go and felt somewhat awkward not knowing how to tell him that, so I sent him the third emoji in the chart. He then sent the fourth emoji in the chart back to me. I realized that he thought the smiling face with tears meant I was so happy to go! I later called him and clarified my intention. In order to prevent people from misinterpreting emojis, I believe the best way is either to send an explanation or speak directly to the person on the phone.

　　現代人時常使用社群媒體相互聯絡。不過當大家在傳訊息時，有可能會難以傳達心情。所以此時表情符號就派上用場了。大家會把表情符號連同訊息一起傳出去，以彌補文字無法完全表達的部分。此外，表情符號模仿臉部的表情，使得訊息變得生動有趣。例如，如果你傳訊息時打上表單裡的第一個表情符號，這個笑臉就表達出你當下有多麼地開心。人們有時候沒時間打很長的句子，單傳一個表情符號，不用打文字，就已經很傳神。例如你只傳了表單裡的第二個表情符號，收到訊息的人馬上就會知道你感到難過或是惱怒。

　　不過，用表情符號表達心情是一回事，正確詮釋表情符號可是另一回事。有時候人們會因為缺乏進一步資訊而誤解表情符號的意思。例如幾天前有個朋友邀我去他的派對。我並不想去，因為不知道該怎麼跟他說，覺得有點尷尬，所以我傳了表單裡的第三個表情符號給他。然後他就回傳了表單裡的第四個表情符號給我。我發現他以為那個帶淚的笑臉代表我非常樂意去！我隨後打了電話給他並釐清我的意思。為了預防大家誤解表情符號，我相信最好的方法就是送出文字解釋或是直接打電話告訴對方。

重要單字片語

1. **communicate** [kəˋmjunəˌket] *vi.* 溝通；交流
   communicate with sb　和某人溝通
   Mrs. Lin finds it difficult to communicate with her teenage son.
   （林太太發現與她正值青春期的兒子難以溝通。）

2. **convey** [kənˋve] *vt.* 傳達（消息、情感等）
   The artist's latest creation conveys his idea of time and space.
   （這位藝術家最新的創作傳達了他對時間及空間的想法。）

3. **come in handy**　派上用場
   This flashlight should come in handy if the power goes out.
   （這把手電筒在停電時就會派上用場。）

4. **compensate** [ˋkɑmpənˌset] *vi.* 彌補
   compensate for...　彌補……
   I believe my enthusiasm can compensate for my lack of experience.
   （我相信我的熱忱可以彌補經驗的不足。）

5. **liven** [ˋlaɪvən] *vt. & vi.* （使）有生氣／活躍起來
   liven up...　使……有生氣，使……活潑起來
   The colorful paintings really liven up the room.
   （這些色彩鮮豔的畫作真的讓房間有了生氣。）

6. **indicate** [ˋɪndəˌket] *vt.* 顯示
   This scientific research indicates that green tea can prevent cancer.
   （這項科學研究顯示，綠茶可以預防癌症。）

7. **work like a charm**
   立竿見影，非常奏效

8. **interpret** [ɪnˋtɝprɪt] *vt.* 解讀，闡釋
   You shouldn't interpret what I said the wrong way.
   （你不該用錯誤的方式來解讀我說的話。）

9. **awkward** [ˋɔkwəd] *a.* 尷尬的

10. **realize** [ˋrɪəˌlaɪz] *vt.* 理解，發現

11. **clarify** [ˋklærəˌfaɪ] *vt.* 澄清；闡明
    （三態為：clarify, clarified [ˋklærəˌfaɪd], clarified）
    I think you need to clarify your position.
    （我想你需要澄清你的立場。）

111年升大學學測英文試題詳解

111 年升大學學測英文試題 解答

1. (B)   2. (A)   3. (C)   4. (A)   5. (A)
6. (C)   7. (B)   8. (D)   9. (D)   10. (B)
11. (A) 12. (D) 13. (C) 14. (B) 15. (D)
16. (D) 17. (A) 18. (D) 19. (C) 20. (A)
21. (C) 22. (I) 23. (F) 24. (H) 25. (D)
26. (G) 27. (J) 28. (E) 29. (A) 30. (B)
31. (D) 32. (A) 33. (C) 34. (B) 35. (B)
36. (A) 37. (C) 38. (C) 39. (D) 40. (A)
41. (B) 42. (B) 43. (D) 44. (C) 45. (A)
46. (D)

47. (A) swimming
    或：participating
    或：participation
    (B) abuse / abuses / abusing
    或：cruelty / cruelties

48. asylum
    或：Asylum

49. (C)、(D)

111 年升大學學測英文試題 詳解

第壹部分：選擇題（占 62 分）

一、詞彙題（占 10 分）

(B) 1. 傑佛瑞不想煮飯時，時常上網點披薩外送到家。
   a. (A) advance [əd'væns] *vt.* & *vi.*（使）進步；促進 & *vi.* 前進
      Mobile technology has advanced rapidly in the past decade.
      （過去十年來行動科技進步極為快速。）
   (B) deliver [dɪ'lɪvɚ] *vt.* & *vi.* 遞送，投遞 & *vt.* 發表（演講）；分娩
      deliver a speech　　　發表演講
      The CEO delivers a speech to all employees every week.
      （每個禮拜公司執行長都會對全體員工發表演講。）
   (C) offer ['ɔfɚ] *vt.* 提供 & *n.* 提議，主動表示
      offer to help　　（主動）提出要幫忙
      Tom's cousin offered to help him with his term project.
      （湯姆的堂哥主動提議要幫他做期末作業。）
   (D) stretch [strɛtʃ] *vt.* & *vi.* 伸展
      stretch one's legs　　（站起來走動以）活動一下筋骨
      I need to stand up and stretch my legs after sitting for so long.
      （久坐之後，我需要起身走走活動筋骨。）
   b. 根據語意，可知 (B) 項應為正選。

(A) 2. 珍是我用過最好的助理。我無法想像若沒有她的協助要如何管理我的辦公室。
   a. (A) assistant [ə'sɪstənt] *n.* 助理
      The administrative assistant was tired of the same routine day in and day out.
      （那位行政助理厭倦了每天重複的例行工作。）
   (B) influence ['ɪnfluəns] *n.* & *vt.* 影響
      have an influence on...　　對……有影響
      Needless to say, our health has a great influence on our state of mind.
      （毫無疑問，身體健康對我們的心理狀態有極大的影響。）
   (C) contribution [ˌkɑntrə'bjuʃən] *n.* 捐獻；貢獻
      make a contribution to...　　捐助……；對……貢獻
      The young scholar hopes to make a contribution to science.
      （那位年輕學者希望對科學有所貢獻。）
   (D) politician [ˌpɑlə'tɪʃən] *n.* 政客
      The politician's goal was to win the hearts and minds of the voters.
      （這名政治人物的目標是要贏得選民的心。）
   b. 根據語意，可知 (A) 項應為正選。

111 年學測－3

(C) 3. 這座廟以連辦十天舞獅、歌仔戲和傳統布袋戲的方式來慶祝媽祖文化節。
   a. (A) chat [tʃæt] *n. & vi.* 聊天，閒談（三態為：chat, chatted [ˈtʃætɪd], chatted）
        have a chat with sb　　與某人聊天
      = chat with sb
        I tried to have a chat with Terry but he wouldn't talk to me.
      = I tried to chat with Terry but he wouldn't talk to me.
        （我試著和泰瑞聊天，但他不理我。）
      (B) quiz [kwɪz] *n.* 小考
        We are going to have a pop quiz now. Please put away your books.
        （我們現在要進行隨堂測驗。請各位把書收起來。）
      (C) puppet [ˈpʌpɪt] *n.* 玩偶，木偶；傀儡
        a hand puppet show　　布袋戲
        The puppet master animated his puppet with extraordinary skill.
        （人偶師以高超技巧使人偶動了起來。）
      (D) variety [vəˈraɪətɪ] *n.* 變化；種類
        a variety of...　　各式各樣的……
        The local library offers a wide variety of books to choose from.
        （本地圖書館有各式各樣的書可供選擇。）
   b. 根據語意，可知 (C) 項應為正選。

(A) 4. 新的疫苗被食藥署禁用，因為它有可能致命的副作用。
   a. (A) potentially [pəˈtɛnʃəlɪ] *adv.* 可能地，潛在地
        The police came in to handle the potentially dangerous situation.
        （警方介入處理這個有潛在危險的情況。）
      (B) delicately [ˈdɛləkətlɪ] *adv.* 小心謹慎地
        The detective was told by his captain to handle the murder of the politician's wife delicately.
        （警探的隊長告誡他處理這個政客妻子的謀殺案要非常謹慎。）
      (C) ambiguously [æmˈbɪgjuəslɪ] *adv.* 模稜兩可地
        The sly suspect knows how to answer questions ambiguously.
        （那名狡猾的嫌犯懂得如何模稜兩可地回答問題。）
      (D) optionally [ˈɑpʃənlɪ] *adv.* 可選擇地
        This is the basic tour package, but many other features can be added optionally.
        （基本的套裝行程是這樣，但可以選擇性添加許多其他的行程。）
   b. 根據語意，可知 (A) 項應為正選。

必考重點

1. ban [bæn] *vt.* 禁止（三態為：ban, banned [bænd], banned）& *n.* 禁令
   impose / lift a ban on...　　對……施以 / 解除禁令
   Most of the students were unhappy when the school decided to impose a ban on long hair.
   （當校方決定禁止留長髮時，大部分的學生都很不高興。）

2. a side effect　　副作用
   This drug has the side effect of increased heart rate.
   （這種藥有心跳加快的副作用。）

(A) 5. 在照片上標註日期跟關鍵字可幫助你在檔案中輕鬆分類。
   註：本句主詞為動名詞片語 "Tagging the photos with dates and keywords"，視為第三人稱單數，因此動詞 help 應改為 helps。
   a. (A) tag [tæg] vt. 給……加上標籤（三態為：tag, tagged [tægd], tagged）& n. 標籤
      The secretary tagged each document with a name and a date.
      （祕書將每份文件都標上姓名與日期。）
   (B) flock [flɑk] vi.（成群）聚集 & n.（羊）群；群眾
      People flocked in to see their favorite writer.
      （群眾湧入爭睹他們最喜愛的作家。）
   (C) roll [rol] vt. & vi.（使）滾動；捲（起）& n. 一卷；名冊
      roll up sth　　把某物捲起
      Hank rolled up his sleeves and started to chop the wood.
      （漢克捲起袖子，開始砍柴。）
   (D) snap [snæp] vt. 發出啪擦的聲音；啪擦一聲（折斷）；快速拍攝
      （三態為：snap, snapped [snæpt], snapped）& n. 啪擦的聲音
      Snapping your fingers at the waiter is very rude.
      （彈手指叫服務生是很沒禮貌的。）
   b. 根據語意，可知 (A) 項應為正選。

必考重點

keyword [ˈkiˌwɝd] n. 關鍵字
Can you scan the article and try to find some keywords in it?
（你能快速瀏覽過這篇文章，並且試試找出幾個關鍵字嗎？）

(C) 6. 隨和的人通常開朗好相處，不過可別期待他／她對每件事情都同意。
   a. (A) enormous [ɪˈnɔrməs] a. 巨大的
      Working on the farm gives Benny enormous enjoyment.
      （田間工作帶給班尼極大的樂趣。）
   (B) intimate [ˈɪntəmət] a. 親密的；私人的
      The movie star avoided talking about his intimate relationship with the internet influencer.
      （這位影星避免談論他跟那位網紅的親密關係。）
   (C) agreeable [əˈgriəbl̩] a. 隨和的, 討人喜歡的；可接受的
      Susan has an agreeable personality, which is why she is well-liked by everyone in the office.
      （蘇珊的個性隨和，所以她在辦公室很受歡迎。）
   (D) ultimate [ˈʌltəmɪt] a. 最終的
      Adam's ultimate goal is to become the richest man in the world.
      （亞當的最終目標是成為世界上最富有的人。）
   b. 根據語意，可知 (C) 項應為正選。

(B) 7. 這間米其林星級餐廳隱身在小巷深處內眾多迷你商店之中，對路人來說它的入口非常不顯眼。
    a. (A) identical [aɪˋdɛntɪkl̩] *a.* 同樣的
        Those two cars are identical except that the one on the right has a slightly larger rearview mirror.
        （除了右邊這輛車的後視鏡稍大外，這兩輛車一模一樣。）
      (B) visible [ˋvɪzəbl̩] *a.* 可見的
        The writing on the paper is barely visible.
        （這張紙上的字跡幾乎快看不到。）
      (C) available [əˋveləbl̩] *a.* 可用的；可獲得的；有空的
        Please make sure that there is sufficient memory available before you download any software.
        （下載任何軟體前請確認你有足夠的記憶體空間。）
      (D) remarkable [rɪˋmɑrkəbl̩] *a.* 卓越的
        Dr. Lin was given an award for his remarkable dedication to environmental protection.
        （林博士因對環境保護有卓越貢獻而獲獎。）
    b. 根據語意，可知 (B) 項應為正選。

必考重點

1. 本句為分詞構句，前句原為 The entrance of the Michelin star restaurant is hidden deep...，為避免前後主詞重複故改為分詞構句：將主詞 The entrance of the Michelin star restaurant 刪去，be 動詞改為 being 後省略，動詞改為現在或過去分詞，因前句為被動語態，故將動詞改為過去分詞。
2. passerby [ˋpæsɚˏbaɪ] *n.* 路人（複數為 passersby [ˋpæsɚzˏbaɪ]）
   Jonathan's job is to hand out flyers to passersby.
   （強納森的工作是發傳單給路人。）

(D) 8. 我的環島之旅起初的預算是新臺幣五千元，但最終花費可能會超出 50%。
    a. (A) moderate [ˋmɑdərət] *a.* 適度的
        Adding moderate amounts of olive oil to your diet can prevent heart disease.
        （在飲食中添加適量的橄欖油能幫你預防心臟病。）
      (B) absolute [ˋæbsəˏlut] *a.* 絕對的；完全的
        This YouTube channel recommended several restaurants that are my absolute favorites.
        （這個 YouTube 頻道推薦了幾間我極為喜歡的餐廳。）
      (C) promising [ˋprɑmɪsɪŋ] *a.* 有為的，有前途的
        Jeff has a promising future. He is going to be a top executive at a well-known company.
        （傑夫的前程似錦。他即將成為某家知名公司的高階主管。）
      (D) eventual [ɪˋvɛntʃuəl] *a.* 最後的，終究的
        We have confidence in Tai Tzu-Ying's eventual victory.
        （我們有信心戴資穎會贏得最後的勝利。）
    b. 根據語意，可知 (D) 項應為正選。

(D) 9. 亞當看完一個講自然歷史的電視節目之後，決定要到南達科他州踏上探索恐龍化石之旅。

a. (A) trial [ˋtraɪəl] *n.* 審判；試驗
by / through trial and error　　反覆試驗，嘗試錯誤
Only through trial and error can you succeed.
（唯有透過嘗試錯誤才會成功。）

(B) route [rut / raʊt] *n.* 路線
To solve the problem of traffic jams, the city government created more bus routes.
（為了改善交通壅塞的問題，市政府開闢了更多條公車路線。）

(C) strike [straɪk] *n.* 打，擊；罷工 & *vt.* 打，擊；突然想起 & *vi.* 罷工
（三態為：strike, struck [strʌk], struck）
It strikes sb that...　　某人突然想起……
It strikes me that it was my wife's birthday yesterday.
（我突然想起昨天是我太太的生日。）

(D) quest [kwɛst] *n.* 追尋
go / be on a quest for...　　追尋……
Throughout his life, John was on a quest for fame and wealth.
（約翰一輩子都在追求名利。）

b. 根據語意，可知 (D) 項應為正選。

(B) 10. 這座山谷布滿綻放中的粉紅櫻花，在春日豔陽下就像年輕新嫁娘般羞紅著臉。

a. (A) bounce [baʊns] *vi.* 彈跳；（支票）跳票
Gary tried to cash a check at the bank, but it bounced.
（蓋瑞想在銀行兌現一張支票，但卻跳票了。）

(B) blush [blʌʃ] *vi.* （因害羞）臉紅
Debra is very shy and blushes easily.
（黛博拉相當害羞，很會臉紅。）

(C) polish [ˋpɑlɪʃ] *vt.* 擦亮；改進
I sprayed Windex on the glass window before polishing it.
（我在擦玻璃窗之前先噴穩潔。）

(D) transfer [trænsˋfɝ / ˋtrænsfɝ] *vi. & vt.* 調離；移轉（三態為：transfer, transferred [trænsˋfɝd / ˋtrænsfɝd], transferred）
We decided to transfer the employees to our shop downtown.
（我們決定把員工調到市中心的店。）

b. 根據語意，可知 (B) 項應為正選。

二、綜合測驗（占 10 分）

第 11 至 15 題為題組

舊書店城是有著二手書店和古書店聚落的鄉村小鎮。舊書店城的概念起自理查‧布斯，他於一九六一年在英國瓦伊河畔海伊開了第一家二手書店。繼他之後，許多當地人紛紛開了自己的書店，這個小鎮很快就成為永續鄉村發展及觀光業的典範。自一九七〇年代以來，像瓦伊河畔海伊這樣的舊書店城已在世界各地如雨後春筍般湧現。

儘管所有的舊書店城都有為數眾多的書店，但相似之處僅此而已。每個舊書店城都會展露各自的特色。有些地方有許多小型的私有商店，而有些則有由志工管理的組織。有些甚至會定期舉辦活動以吸引遊客。例如瓦伊河畔海伊會舉辦一年一度的圖書節。澳洲克盧恩斯則會舉辦每月新書座談，邀請作家討論他們最新發表的作品。

由於數位閱讀正在改變我們的傳統閱讀方式，像瓦伊河畔海伊這種舊書店城，在保存實體書方面尤顯重要。實體書的觸感、氣味、重量，以及了解到某本書可能已有一百多歲 —— 以上種種都凸顯保存實體書來彌補科技之不足的重要性。

(A) 11. 理由：
　　a. (A) initiate [ɪˋnɪʃɪˏet] *vt*. 開始，展開
　　　　　The local government initiated an eco-friendly program, hoping to increase public awareness of environmental protection.
　　　　　（當地政府展開一項環保專案，希望提升大眾對環保的關注。）
　　　(B) represent [ˏrɛprɪˋzɛnt] *vt*. 代表
　　　　　Michael represented his school in the national speech contest last year.
　　　　　（麥可去年代表他的學校參加全國演講比賽。）
　　　(C) acknowledge [əkˋnɑlɪdʒ] *vt*. 承認
　　　　　The politician acknowledged that he lied about his educational background.
　　　　　（那位政治人物承認自己謊報學歷。）
　　　(D) manipulate [məˋnɪpjəˏlet] *vt*. 操縱
　　　　　Throughout her political career, Linda has successfully used her charm to manipulate the media.
　　　　　（琳達在政治生涯中很成功地利用個人魅力來操控媒體。）
　　b. 根據語意，得知 (A) 項應為正選。

(D) 12. 理由：
　　a. 本題測驗 since 表「自從」時的用法。since 表「自從」時，可作介詞，之後加明確的時間名詞或動名詞作受詞，其修飾的主要子句應採現在完成式或現在完成進行式，句型如下：

　　主詞 + | have / has + 過去分詞　　　　　　| + since...　　自從⋯⋯以來就一直⋯⋯
　　　　　 | have / has been + 現在分詞　　　|

　　b. 空格前有介詞 since 加上時間名詞 the 1970s（一九七〇年代），得知空格後的主要子句時態應為現在完成式或現在完成進行式。
　　c. 根據上述用法，得知 (D) 項應為正選。

(C) 13. 理由：
　　a. 本題測試名詞 similarity 的用法：
　　similarity [ˏsɪməˋlærətɪ] *n*. 相似之處（可數，複數為 similarities）；相似（不可數）
　　be + where the similarity ends　　相似之處僅止於⋯⋯
　　Julia and Jenny are twins, but their appearance is where the similarity ends.
　　（茱莉亞和珍妮是雙胞胎，但她們的相似之處也僅止於樣貌而已。）
　　b. 根據上述用法，得知 (C) 項應為正選。

(B) 14. 理由：
　　a. (A) trend [trɛnd] *n*. 趨勢；時尚
　　　　　The conference focuses on the latest trends in English language teaching.
　　　　　（這場研討會專注於討論英語教學的最新趨勢。）

(B) release [rɪˋlis] n. 發行物 & vt.（唱片、新書等）發行
The director's latest release is a film about saving the earth.
（該導演最新推出的電影與拯救地球有關。）
The rookie singer was excited when he learned that his first album was to be released next month.
（這名新人歌手獲知他的首張專輯就要在下個月發行時興奮極了。）

(C) agenda [əˋdʒɛndə] n. 議程
on the agenda　　在議程上
The next item on the agenda is the annual performance review.
（議程中的下一個討論事項是年度考績。）

(D) announcement [əˋnaʊnsmənt] n. 宣布，公告
make an announcement　　宣布事項，發表聲明
The chairperson made an announcement at the beginning of the meeting.
（主席在會議的開頭宣布了一件事。）

b. 根據語意，得知 (B) 項應為正選。

(D) 15. 理由:
a. 本題測試以下語意：(A) get their worldwide fame（使其聞名全球）、(B) conform to the new mode（遵守新做法）、(C) make their visitors satisfied（滿足遊客需求）、(D) keep the printed word alive（保存實體書）。
b. 空格前提及數位閱讀正在改變我們的傳統閱讀方式，空格後一句又提到保存實體書的重要性，依據語意可推知 (D) 項應為正選。

重要單字片語

1. **rural** [ˋrʊrəl] a. 農村的，鄉下的
2. **antiquarian** [ˏæntɪˋkwɛrɪən] a. 販售古物的 & n. 古物專家／商人
3. **concentrate** [ˋkɑnsɛnˏtret] vt. 聚集，集中
   be concentrated in / at...　　聚集／集中在……
   Most of the factories are concentrated in the southern part of the city.
   （大多數的工廠集中在這座都市的南部。）
4. **concept** [ˋkɑnsɛpt] n. 概念
5. **sustainable** [səˋstenəbḷ] a. 能持續的；能（長期）維持的
6. **tourism** [ˋtʊrɪzəm] n. 觀光業，旅遊業（不可數）
7. **unique** [juˋnik] a. 獨特的，特別的
8. **steer** [stɪr] vt. 引導，指導；駕駛
   We all like our math teacher because she helps steer us through difficult questions.
   （我們都很喜歡我們的數學老師，因為她幫助引導我們了解艱深的題目。）
9. **volunteer** [ˏvɑlənˋtɪr] n. 志工，義工 & vt. & vi. 自願（做……）
   I respect John very much because he volunteers to help the elderly at a nursing home on weekends.
   （我很尊敬約翰，因為週末的時候他都會在老人之家幫助照顧老年人。）
10. **annual** [ˋænjʊəl] a. 每年的，一年一度的
11. **digital** [ˋdɪdʒɪtḷ] a. 數位的，數碼的
12. **highlight** [ˋhaɪˏlaɪt] vt. 強調，凸顯
    The scholar's speech highlighted the dangers posed by global warming.
    （這位學者的演講特別強調全球暖化造成的危機。）
13. **preserve** [prɪˋzɝv] vt. 保存；保護
    The group does all it can to preserve the wildlife in this area.
    （該團體竭盡全力來保護這個地區的野生動物。）
14. **physical** [ˋfɪzɪkḷ] a. 有形的，實物的
15. **complement** [ˋkɑmpləmənt] n. 補足物（與介詞 to 並用）& [ˋkɑmpləˏmɛnt] vt. 補充；替……增色

The new lamps are beautiful complements to the living room.
（這些新買的燈很漂亮，與客廳很搭配。）
The delicate sauce and the grilled fish complement each other perfectly.
（這種清爽可口的醬汁和烤魚搭配得好極了。）

16. **worldwide** [ˈwɜld,waɪd] *a.* 全世界的 & *adv.* 在全世界
17. **fame** [fem] *n.* 名聲，名氣（不可數）

18. **conform** [kənˈfɔrm] *vi.* 遵守（規則、習俗）
    conform to / with... 遵守／遵循……
    There will be serious consequences if you don't conform to the regulations in this lab.
    （若你不遵守這間實驗室的規定，將有嚴重後果。）
19. **mode** [mod] *n.* 做法，方法；模式
20. **the printed word** 印刷品；書面文字

第 16 至 20 題為題組

　　搭乘航空班機的乘客也許有注意到，所有飛機窗戶的邊緣都是圓角的，而不是我們家中常見的直角。圓窗確實是賞心悅目，但實際上它們是基於美學之外的理由而設計的。

　　在航空業發展的初期，飛機窗戶曾經是方形的。然後隨著商業航空在一九五〇年代變得普及，飛機開始飛得更高更快，有三架飛機神秘地在空中解體了。原因呢？就是方窗。科學家發現尖角是壓力聚集的天然弱點。當飛機飛行在更高的高度時問題會加劇，因為飛機內外的氣壓差距會增加，造成更大的壓力。方形窗戶上的四個角在高空承受的壓力一再增加時，可能會引發災難。

　　相對地，曲線的窗戶可以更均勻地分散壓力，減少產生裂縫或破損的可能性。圓形也更堅固並能抵抗扭曲變形，因此可以承受飛機內外壓力的極端差異。

　　因此，圓窗是一項重大的飛航安全創新，可防止飛機在飛行中解體。它們也用於船隻和太空船上，因為它們的結構完整性較高。

(D) 16. 理由：
　　a. (A) contrary [ˈkɑntrɛrɪ] to... 與……相反
　　　　The test results are contrary to what the physician was expecting.
　　　　（化驗的結果和醫師所預期的相反。）
　　　(B) except for... 除了……外（本身不包含在內）
　　　　All of us signed up for the French class except for Emily.
　　　　（除了艾蜜莉，我們都報名上法文課。）
　　　(C) be more of A (than B) 更像是 A（而非 B）
　　　　To me, Mr. Smith is more of a father than a teacher.
　　　　（對我來說，史密斯先生更像是父親，而不是老師。）
　　　(D) other than... 除了……之外還……（= in addition to...）（本身包含在內）；
　　　　　　　　　　　除了……外（= except (for)...）
　　　　Are you taking any language courses other than Japanese?
　　　　（除了日文外，你還有選修其他語言課程嗎？）
　　　　Mr. Johnson eats all kinds of meat other than beef.
　　　　（除了牛肉以外強森先生各種肉都吃。）
　　b. 空格前提及圓窗的確是賞心悅目，推知飛機使用圓窗的原因之一是為了美觀。選項中唯 (D) 項表「除了……之外還……」時符合語意，故應為正選。

(A) 17. 理由：
　　a. (A) used to be... 過去曾經是……
　　　　Alex used to be an actor and was featured in many plays.
　　　　（艾力克斯曾經是演員，主演過很多舞臺劇。）

(B) If + 主詞 + were to V, 主詞 + would / could / might / should + V
若……就……（表示未來絕不可能或極不可能發生的假設語氣）
If I were to be born again, I would still like to be a man.
（我若能投胎轉世，仍想當男人。）

(C) would have been...　　本來會是……（但事實並不然）（此為與過去事實相反的假設語氣，與 if 引導的過去完成式子句並用。）
I would have been late for work if the taxi driver hadn't driven as fast as he could.
（要不是計程車司機拼命開快車的話，我本會遲到。）

(D) must have been...　　一定曾經是……（表對過去事物肯定推論）
Robert looks exhausted. He must have been working hard.
（羅伯特看起來累壞了。他一定是很勤奮工作。）

b. 根據語意，可知 (A) 項應為正選。

(D) 18. 理由：

a. (A) disguise [dɪsˋɡaɪz] vt. & n. 偽裝
disguise oneself as...　　將自己偽裝成……
The officer disguised himself as a homeless man so no one would notice him.
（那名警官喬裝成遊民，這樣就沒有人會注意他。）

(B) understand [ˌʌndɚˋstænd] vt. 知道；理解（三態為：understand, understood [ˌʌndɚˋstʊd], understood）
Do you understand that this task must be finished by tomorrow?
（你知道這件工作必須在明天以前完成嗎？）

(C) confront [kənˋfrʌnt] vt. 面對
The young firefighter confronted his fears and entered the burning building.
（那名年輕消防員面對自己的恐懼，進入了那棟失火的建築物。）

(D) intensify [ɪnˋtɛnsəˌfaɪ] vt. 強化 & vi. 加劇
（三態為：intensify, intensified [ɪnˋtɛnsəˌfaɪd], intensified）
We'll have to intensify our search if we want to find the child before nightfall.
（如果我們想在天黑前找到小孩，就得加強搜尋。）

b. 根據語意，可知 (D) 項應為正選。

(C) 19. 理由：

a. 本題測試以下語意：(A) cause conflict（導致衝突）、(B) rebuild strength（恢復體力）、(C) spell disaster（帶來災難）、(D) endure shock（忍受打擊）。

b. 空格前提及一九五○年代飛機的窗戶為方形且曾有三架飛機在空中解體，科學家發現壓力會集中在方窗的四個尖角而成為飛機在更高空飛行時的弱點，依據語意可推知 (C) 項應為正選。

(A) 20. 理由：

a. (A) tolerate [ˋtɑləˌret] vt. 忍耐，忍受（= endure [ɪnˋd(j)ʊr]）；容忍
A surprising number of animals can tolerate the extreme heat in the desert.
（有為數驚人的動物可以忍受沙漠中的極度高溫。）

(B) improve [ɪmˋpruv] vt. & vi. 改善
Kelly made considerable efforts to improve her English writing ability.
（凱莉盡了極大的努力來改進英文寫作能力。）

(C) **justify** [ˈdʒʌstəˌfaɪ] vt. 使合理化，證明……為正當（常與動名詞並用）
（三態為：justify, justified [ˈdʒʌstəˌfaɪd], justified）
It's hard for Ryan to justify making everyone wait for so long.
（萊恩很難提出讓大家等這麼久的合理解釋。）

(D) **obtain** [əbˈten] vt. 得到，（尤指透過努力）把……弄到手
The latest bus timetable can be obtained at the tourist center.
（最新的公車時刻表可在遊客中心索取。）

b. 根據語意，可知 (A) 項應為正選。

重要單字片語

1. **aesthetics** [ɛsˈθɛtɪks] n. 美學（不可數，英式拼法）
 = esthetics [ɛsˈθɛtɪks]（美式拼法）
2. **aviation** [ˌevɪˈeʃən] n. 航空（業）(不可數)
3. **mysteriously** [mɪsˈtɪrɪəslɪ] adv. 神祕地
4. **mid-** [mɪd] prefix 在……中間
 midair [mɪdˈɛr] n. 半空中（不可數）
5. **altitude** [ˈæltəˌt(j)ud] n. 海拔（高度）
6. **subject** [səbˈdʒɛkt] vt. 使順從
 sb/sth is subjected to sth　某人／某物承受／遭受某事物
 This container was subjected to different levels of pressure in its strength test.
 （這容器在強度測試中承受不同程度的壓力。）
7. **pressurization** [ˌprɛʃərəˈzeʃən] n. 加壓，增壓（不可數）
8. **curved** [kɝvd] a. 彎曲的
9. **distribute** [dɪˈstrɪbjut] vt. 分布，散布
 Weight is distributed evenly across the structure, meaning it is very stable.
 （重量均勻分布在整個結構上，這意味著它非常穩固。）
10. **likelihood** [ˈlaɪklɪˌhʊd] n. 可能（性）（不可數）
11. **crack** [kræk] n. 裂縫
12. **circular** [ˈsɝkjələ] a. 圓形的，環狀的
13. **deformation** [ˌdifɔrˈmeʃən] n. 變形
14. **innovation** [ˌɪnəˈveʃən] n. 新發明，創新（可數）；創新（不可數）
15. **disintegrate** [dɪsˈɪntəgret] vi. & vt.（使）解體；（使）粉碎
 The fire was so intense that everything in the building disintegrated.
 （大樓裡的火勢非常猛烈，因此裡面所有的東西都燒到解體。）
16. **spacecraft** [ˈspesˌkræft] n. 太空船（單複數同形）
17. **structural** [ˈstrʌktʃərəl] a. 結構（上）的
18. **integrity** [ɪnˈtɛgrətɪ] n. 完整性（不可數）

三、文意選填（占 10 分）

第 21 至 30 題為題組

　　特技人員是進行危險動作的男性或女性，通常見於電視或電影行業中。在這行中，特技演員受僱做那些被認為對普通演員來說過於危險的大膽動作，包括從高處躍下、撞車或用武器打鬥等。

　　特技工作是隨著時代慢慢萌芽的。在早期的電影業，演員都是自己表演特技動作和危險場景，直到他們開始受傷。不過在那時沒有專業的工作人員來表演驚人的特技。如果某場景需要呈現危險動作，製作人得僱用夠瘋狂或夠拼命的人來完成。這些人並未受過特技表演訓練，所以他們通常在實際拍攝時才第一次嘗試。他們必須從自己的錯誤中學教訓，某些人因此付出生命的代價，而幾乎所有人都會受到或輕或重的傷勢。

　　大約在一九一○年時，觀眾逐漸愛上動作場面不間斷的電影，而這就需要用到專門的特技人員表演危險場景。這種需求隨著西部片的興起而增加，許多馬術純熟的牛仔發現了當特技人員的

新職業。湯姆・米克斯和亞基馬・坎納特是其中的佼佼者。一九六〇年代和七〇年代見證了大部分現代特技科技的進展，例如彈射器（空氣撞錘）和血包（子彈爆管）。特技科技一直持續進展到今日。

現在 CGI（電腦合成影像[註1]）廣泛運用在電影拍攝，可以不用真人特技演員就能製造出非常逼真的場景。然而 CGI 有其自身的難度，而對於真人特技的真實感和刺激感的需求永遠都在。因此特技行業可能不會有立即消失的危險。

註1：computer generated 為複合形容詞修飾後面的名詞 imagery，因此此兩個單字中間宜加上連字號，改為 computer-generated。

(C) 21. 理由：
- a. 空格前有副詞 too（太），又 deem（認為）的用法之一為 be deemed + Adj（被認為……），得知空格應置形容詞。
- b. 選項中為形容詞的有 (A) possible（可能的）、(C) risky（有風險的）、(F) professional（專業的；職業的），惟選項 (C) 置入空格後符合語意，故應為正選。
- c. risky [ˈrɪskɪ] a. 有風險的
  You should be cautious about making risky investments.
  （對於做有風險的投資，你應該要格外謹慎。）

(I) 22. 理由：
- a. 空格前有介詞片語 out of（出於，因為），得知空格應置名詞形成名詞詞組。
- b. 選項中為名詞的有 (B) sensation（感覺，知覺）、(D) cost（成本）、(F) professional（專業人士）、(I) necessity（需求；必需品）、(J) career（職業），惟選項 (I) 置入空格後形成名詞詞組且符合語意，故應為正選。
- c. necessity [nəˈsɛsətɪ] n. 需求（不可數）；必需品（可數）
  out of necessity　　出於需要
  Gary only shops out of necessity.
  （蓋瑞有必要時才會購物。）
  There is no doubt that smartphones are a necessity nowadays.
  （毫無疑問，智慧型手機是現代生活的一項必需品。）

(F) 23. 理由：
- a. 空格前有 There were（過去有），空格後有名詞詞組 crew members（工作人員），得知空格應置形容詞來修飾後面的名詞詞組。
- b. 選項中為形容詞的尚有 (A) possible（可能的）以及 (F) professional（專業的；職業的），惟選項 (F) 置入空格後符合語意，故應為正選。
- c. professional [prəˈfɛʃənl] a. 專業的；職業的 & n. 專業人士
  Mr. Franklin went to a cooking school to become a professional chef.
  （富蘭克林先生上烹飪學校要成為一名專業的主廚。）

(H) 24. 理由：
- a. 空格前有主詞 they，空格後有名詞 things，得知空格應置動詞或片語動詞。
- b. 選項中為動詞或片語動詞的有 (D) cost（花費）、(E) witnessed（見證）、(G) called for（需要）、(H) tried out（試驗／試用），惟選項 (H) 置入空格後符合語意，故應為正選。
- c. try out...　　試驗／試用……
  Sam demanded to try out the ceramic knife before he decided whether to buy it.
  （山姆要求在他決定要不要買那把陶瓷刀前先試用一下。）

(D) 25. 理由：
a. 空格前有關係代名詞 which 引導的形容詞子句修飾空格本句的前半句，空格後有兩個名詞：some（某些）和 their lives（他們的生命），推測前者為間接受詞，後者為直接受詞，得知空格應置動詞（尤其是授與動詞）。
b. 選項中為動詞的尚有 (D) cost（使付出代價）及 (E) witnessed（見證），惟選項 (D) 置入空格後符合語意，故應為正選。
c. cost [kɔst] vt. 使付出代價（三態同形）& n. 成本
Working seven days a week for so many years cost Brendon his health.
（布蘭登這麼多年來每週工作七天讓他的健康付出了代價。）

(G) 26. 理由：
a. 空格前有關係代名詞 which 引導的形容詞子句修飾空格本句的前半句，空格後有名詞 the use（使用），得知空格應置動詞或片語動詞。
b. 選項中為動詞或片語動詞的尚有 (E) witnessed（見證）及 (G) called for（需要），惟選項 (G) 置入空格後符合語意，故應為正選。
c. call for...　　需要……；要求……
Success calls for hard work.
（成功需要努力。）

(J) 27. 理由：
a. 空格前有不定冠詞 a 與形容詞 new（新的），空格後為介詞 as 加上不定冠詞 a 與名詞所形成的介詞片語來表明身分，得知空格應置與身分相關意思的名詞來說明。
b. 選項中為名詞的尚有 (B) sensation（感覺，知覺）及 (J) career（職業），惟選項 (J) 置入空格後符合語意，故應為正選。
c. career [kəˋrɪr] n. （終生的）職業
Simon started his career as a teacher in his early 30s.
（賽門三十出頭時便開始從事教職。）

(E) 28. 理由：
a. 空格前有主詞 The 1960s and '70s（一九六〇和七〇年代），後有名詞詞組 the development of most modern stunt technology, like air rams and bullet squibs（大部分現代科技的進展，例如彈射器（空氣撞錘）和血包（子彈爆管）），得知空格應置動詞。
b. 選項中為動詞的僅剩 (E) witnessed（見證），置入空格後符合語意，故應為正選。
c. witness [ˋwɪtnəs] vt. 見證；親身經歷
The 1930s witnessed high levels of unemployment in most parts of the world, especially the United States.
（一九三〇年代見證了全球大部分地區的高失業率，尤其是美國。）

(A) 29. 理由：
a. 空格前有 it is，後有不定詞 to create，依語意得知空格應置選項 (A) 以形成下列用法：
It is possible to V　　……是有可能的
It is possible to change Ed's mind because he is not stubborn.
（改變艾德的心意是有可能的，因為他不固執。）
b. 根據上述，(A) 項應為正選。

(B) 30. 理由：
a. 空格前有形容詞 thrilling（驚險刺激的），空格後有介詞片語 of an actual stunt（真人特技），得知空格應置名詞形成名詞詞組。

14－111 年學測

b. 選項中為名詞的僅剩 (B) sensation（感覺，知覺），且置入空格後符合語意，故應為正選。
c. sensation [sɛnˋseʃən] n. 感覺，知覺
   Many people try bungee jumping to feel that sensation of both fear and excitement.
   （許多人嘗試高空彈跳是為了同時感受恐懼與刺激。）

> **重要單字片語**

1. **stunt** [stʌnt] n.（通常指電影中的）特技動作
   Daniel Craig performed many of his own stunts in the James Bond movies.
   （丹尼爾・克雷格在007電影中親自演出許多特技動作。）

2. **perform** [pɚˋfɔrm] vt. 演出，表演
   At the talent show, Peggy performed several songs with her rock band.
   （佩琪和她的搖滾樂團在才藝表演中表演了幾首歌曲。）

3. **act** [ækt] n. 行為；一段表演

4. **daring** [ˋdɛrɪŋ] a. 大膽的；勇敢的
   The magician is famed for his daring acts.
   （那位魔術師以其大膽的表演著稱。）

5. **deem** [dim] vt. 認為
   be deemed (to be) Adj / to V　被認為……
   Climbing the mountain in the heavy rain was deemed too dangerous.
   （在大雨中爬山被認為太危險了。）

6. **emerge** [ɪˋmɝdʒ] vi. 顯露；出現
   The sun emerged from behind the clouds.
   （太陽自雲層間探出頭來。）

7. **acrobatic** [ˏækrəˋbætɪk] a. 雜技的
   Emma is a girl who is famed for her acrobatic dancing abilities.
   （艾瑪是個以雜技舞蹈能力聞名的女生。）

8. **desperate** [ˋdɛspərɪt] a. 拼命的；迫切需要 / 渴望而不惜冒險的
   John is so desperate to win this race that he will do anything.
   （約翰太想贏得這場比賽，因此他會不擇手段。）

9. **severe** [səˋvɪr] a. 嚴重的，劇烈的
   Jason's severe toothache has bothered him all day.
   （傑森嚴重的牙痛困擾了他一整天。）

10. **serial** [ˋsɪrɪəl] a. 連續的 & n. 連續劇
    The actress filmed a serial drama for the TV station.
    （這位女演員為該電視臺拍攝了一部連續劇。）

11. **dedicated** [ˋdɛdəˏketɪd] a. 有奉獻精神的，敬業的
    A group of dedicated scientists worked around the clock to find a cure for the disease.
    （一群敬業的科學家為了找出該疾病的療法而日以繼夜地工作。）

12. **masterful** [ˋmæstɚfəl] a. 熟練的，精湛的
    Chris is widely renowned as a masterful baker.
    （克里斯是舉世聞名的麵包大師。）

13. **air ram** [ˋɛr ˋræm] n. 彈射器（空氣撞錘）

14. **bullet squib**　血包（子彈爆管）
    squib [skwɪb] n. 小爆竹，小鞭炮

15. **evolve** [ɪˋvɑlv] vi. 逐步形成；進化
    This simple project evolved into something far more complex.
    （這份簡單的企畫演變成複雜得多的東西。）

16. **CGI**　電腦影像合成
    （computer-generated imagery 的縮寫）
    computer-generated [ˏkəmˋpjutɚˋdʒɛnəˏretɪd] a. 電腦繪製而成的
    imagery [ˋɪmɪdʒərɪ] n. 影像（不可數）

17. **filmmaking** [ˋfɪlmˏmekɪŋ] n. 影片製作（不可數）

18. **lifelike** [ˋlaɪfˏlaɪk] a. 逼真的
    That statue is so lifelike that I almost thought it was a real person.
    （那座雕像逼真到我差點以為它是真人。）

19. **realism** [ˋrɪəlˏɪzəm] n. 寫實性，真實性（不可數）

20. **die off**　逐漸消失，相繼死亡
    The report concludes that the animals are in danger of dying off.
    （這篇報導的結論是該動物有絕種的危險。）

四、篇章結構（占 8 分）

第 31 至 34 題為題組

　　「お盆」，也就是盂蘭盆節，是日本向亡者靈魂致敬的節慶。源起於中國鬼節的這個年度節慶，已轉化為家人團圓的時光。這個節慶在八月，通常持續四到五天。在這段期間，許多人返鄉和他們故去及在生的親愛之人相聚。

　　雖然並非國定節日，「お盆」絕對是一年中最具傳統的盛事之一。慶祝活動通常從「迎え火」（迎火）開始，此時人們會在家門前燃起小火堆來導引亡魂返家。有些人也會去墓園清理家族墳墓並為他們的祖先祈禱。祭拜的食物會放在家中的供桌和廟裡。有些區域會準備黃瓜做的馬和茄子做的牛，希望亡靈騎著馬快快回到世間，之後再騎著牛慢慢地離去。

　　「お盆」用另一個火堆「送り火」照亮天空來為祖靈送行作為結束。紙燈籠和祭品則被送至河面上順水漂流，陪伴祖先回到他們安息的地方。許多地區也會舉辦「盆踊り」舞蹈。這種舞蹈的風格各地區皆不同，但通常是依據「太鼓」的節奏。表演者通常在高臺上表演，其四周綁上燈籠及橫布條。參與者常會穿著輕便的棉質和服，會被鼓勵跟著音樂繞著舞臺起舞。此種歡樂活動通常在日本各地的公園、寺廟和其他公共場合舉辦。原先這些舞蹈是獻給已故者，現在它們已變成夏季節慶的象徵。

(D) 31. 理由:
　　a. 空格前一句提及盂蘭盆節是日本向亡者靈魂致敬的節慶，又空格後兩句提到此節慶的時間，且此時許多人會返鄉和他們故去及在生的親愛之人相聚。
　　b. (D) 項句子提及「源起於中國鬼節的這個年度節慶，已轉化為家人團圓的時光」，其中「起源於中國鬼節」與空格前句「向亡者靈魂致敬」形成關聯，且「轉化為家人團圓的時光」呼應了第一段最後一句「許多人返鄉和他們故去及在生的親愛之人相聚」。
　　c. 根據上述，(D) 項應為正選。

(A) 32. 理由:
　　a. 空格前一句提到盂蘭盆節通常是以「迎火」開始，此時人們會在家門前燃起小火堆來導引亡魂返家，又空格後一句提到「祭拜的食物也會放在家中的供桌和廟裡」。
　　b. (A) 項句子提及「有些人也會去墓園清理家族墳墓並為他們的祖先祈禱」，與空格前句「人們會在家門前燃起小火堆來導引亡魂返家」形成關聯，皆在敘述盂蘭盆節慶初期人們會替已逝的祖先做哪些事情，又 (A) 項句子也與空格後句「祭拜的食物」形成關聯。
　　c. 根據上述，(A) 項應為正選。

(C) 33. 理由:
　　a. 空格後一句提及紙燈籠和祭品被送至河面上順水漂流，陪伴祖先回到他們安息的地方。
　　b. (C) 項句子提及「『お盆』用另一個火堆「送り火」照亮天空來為祖靈送行作為結束」，其中「為祖靈送行」呼應了空格後句提到的「……祖先回到他們安息的地方」。
　　c. 根據上述，(C) 項應為正選。

(B) 34. 理由:
　　a. 空格前一句提及參與者時常穿著輕便的棉質和服，被鼓勵跟著音樂繞著舞臺起舞。
　　b. (B) 項句子提及「此種歡樂活動通常在日本各地的公園、寺廟和其他公共場合舉辦」，又前句提到參與者跟著音樂繞著舞臺起舞，得知此活動場所有可能是在戶外舉行，因此兩句形成關聯。
　　c. 根據上述，(B) 項應為正選。

重要單字片語

1. **honor** [ˋɑnɚ] vt. 向……致敬，尊崇；表彰
   The memorial was built to honor those that died for their country.
   （這座紀念碑是建來表彰為國捐軀的人們。）
2. **bonfire** [ˋbɑn͵faɪr] n. 火堆，營火
3. **offering** [ˋɔfərɪŋ] n. 供品，祭品
4. **present** [prɪˋzɛnt] vt. 呈遞；授予
   Tom's boss presented him with a bonus for being the top salesperson of the month.
   （湯姆是當月最佳銷售員，因此他的老闆發了一筆獎金給他。）
5. **altar** [ˋɔltɚ] n. 祭壇，聖臺
6. **cucumber** [ˋkjukəmbɚ] n. 黃瓜
7. **eggplant** [ˋɛg͵plænt] n. 茄子
8. **float** [flot] vi. 漂浮
   There are a lot of leaves floating on the surface of the lake.
   （湖面上漂浮著許多樹葉。）
9. **accompany** [əˋkʌmpənɪ] vt. 陪同，伴隨
   Parents must accompany their children on this roller coaster.
   （父母親必須陪伴小孩乘坐這臺雲霄飛車。）
10. **vary** [ˋvɛrɪ] vi. 相異，有不同之處
    （三態為：vary, varied [ˋvɛrɪd], varied）
    Opinions on global warming vary among people of different ages and cultures.
    （不同年齡層和不同文化的人，對全球暖化的看法都不盡相同。）
11. **string** [strɪŋ] vt. 懸，掛；（用線／繩等）穿起來
    （三態為：string, strung [strʌŋ], strung）
    Tracy strung some beads into a necklace.
    （崔西把一些珠珠串成了一條項鍊。）
12. **participant** [pɑrˋtɪsəpənt] n. 參與者
    The participants got ready for the race.
    （參賽者都已經準備好要比賽了。）
13. **dedicate** [ˋdɛdə͵ket] vt. 獻給……
    dedicate... to... 獻出／提供……給……
    The newspaper dedicated two whole pages to the pictures of the sporting event.
    （這份報紙用了整整兩頁的篇幅來刊登這項運動賽事的圖片。）
14. **the deceased** 已故者，亡者
    deceased [dɪˋsist] a. 已故的
15. **cemetery** [ˋsɛmə͵tɛrɪ] n. 墓地，公墓（複數為 cemeteries）
16. **grave** [grev] n. 墳墓
17. **festive** [ˋfɛstɪv] a. 歡樂的，歡慶的；節慶的
    Everyone was in a festive mood as the New Year's Eve countdown began.
    （跨年夜一開始倒數，每個人都充滿著歡樂的興奮情緒。）
18. **conclude** [kənˋklud] vt. 使結束，完結
    You'd better conclude the speech with a summary.
    （你結束演講時最好做一個總結。）
19. **light up...** 點亮／照亮……；點燃……
    （三態為：light, lighted／lit [lɪt], lighted／lit）
    The fireworks lit up the night sky.
    （煙火點亮了夜空。）
20. **see sb off** 為某人送行
21. **originate** [əˋrɪdʒə͵net] vi. 發源，起源
    originate from... 起源自……
    Many works of Western literature originated from Greek mythology.
    （許多西洋文學作品都源自希臘神話。）
22. **annual** [ˋænjʊəl] a. 一年一度的，每年的
23. **reunion** [riˋjunjən] n. 團圓；聚會，重聚聯歡會

五、閱讀測驗（占 24 分）

第 35 至 38 題為題組

　　馬賽人身穿紅袍、手拿著上色過的盾牌，自豪地站在大草原上，他們是東非廣為人知的象徵之一。正如《遠離非洲》一書的作者凱倫・布里克森所說的，馬賽人獨特的風格「是由內而發展出來的，是對其種族及其歷史的一種展現方式。」

馬賽人是位於肯亞和坦尚尼亞北部的半游牧民族，他們成群結隊地四處遊走，幾乎完全靠牲畜的肉、血和奶維生。多年來，無畏的部落成員堅決反對奴隸制度，並拒絕肯亞和坦尚尼亞政府力勸他們採納更現代化的生活方式。事實上，他們是少數幾個保留了大部分傳統的部落之一。直到最近，一個馬賽男人能變成戰士的唯一方法，就是靠一己之力用長矛殺死一頭獅子。

　　馬賽人的服裝因年齡、性別和地區而異。最具辨識度的衣著是 shúkà，是包裹在身上的一大塊布。紅色是很受歡迎的顏色，女性通常選擇有方格、條紋或圖案的布料。年輕人在行割禮（一種象徵成年的儀式）後數個月內都會穿黑色。馬賽戰士的長矛和盾牌幾乎從不離手。以布里克森的說法是，「他們的武器和華麗服飾，有如雄鹿的角一般是身體的一部分」。

　　珠飾工藝是馬賽文化很重要的部分。串珠首飾由女性製作，以繁複著稱。在十九世紀開始與歐洲人進行貿易之前，材料都是天然的，如陶土、貝殼和象牙等[註1]，之後就被彩色玻璃珠取而代之，可以有更細緻的做工和更多彩的圖案。不論男女都喜歡色彩繽紛的珠飾。每種顏色都有特殊的涵義：白色代表和平、綠色代表土地和生產，而紅色 —— 馬賽人最喜歡的顏色 —— 是團結和勇敢的象徵。

註1：before trading with the Europeans in the 19th century 為簡化後的分詞構句，而分詞構句的前提是主要子句和副詞子句的主詞皆一致，但 before trading with the Europeans in the 19th century 的主詞有多種可能，造成語意不清，故建議可將 trading 改為名詞 trade，即改成 before trade with the Europeans began in the 19th century，如此即可避開主詞前後不一致的問題。

(B) 35. 下列哪一張圖片最能代表典型馬賽戰士的圖象？
　　(A)　　　　　　　　　　　　　　(B)
　　(C)　　　　　　　　　　　　　　(D)

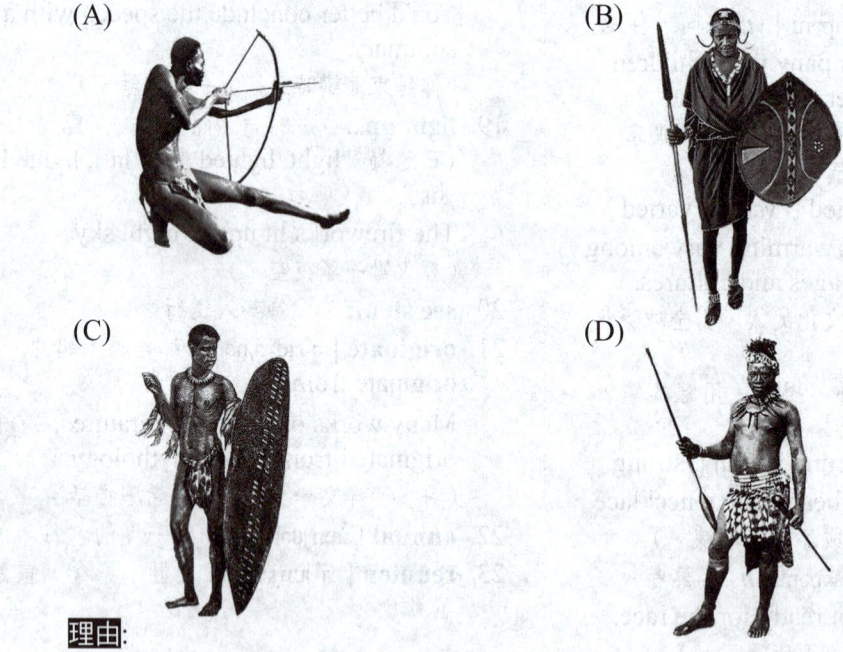

理由：本文第三段倒數第二句提到馬賽戰士的長矛和盾牌幾乎從不離手，而四張圖中唯有圖 (B) 的人有拿長矛和盾牌，故得知 (B) 項應為正選。

(A) 36. 我們可以從這一篇有關馬賽人的文章中得知什麼？
　　(A) 政府力勸他們放棄他們的傳統。
　　(B) 因為他們以前曾被奴役過，所以抵禦外國勢力。
　　(C) 一個男孩在成年之前必須靠自己一人殺死一頭獅子。
　　(D) 馬賽女性通常很擅長珠飾工藝和務農。

理由：
本文第二段第二句後半提到馬賽人拒絕肯亞和坦尚尼亞政府力勸他們採納更現代化的生活方式，故得知 (A) 項應為正選。

(C) 37. 關於馬賽服裝和珠飾工藝，下列哪一項敘述是正確的？
(A) 年輕人比較喜歡條紋和有圖案的布。
(B) 年輕人在成為戰士之前不能穿黑衣。
(C) 彩色玻璃首飾在十九世紀後開始很受歡迎。
(D) shúkà 的顏色代表一個人在部落中的重要性。

理由：
本文最後一段第二至四句提到在十九世紀開始與歐洲人進行貿易之前，材料都是天然的，如陶土、貝殼和象牙等，之後就被彩色玻璃珠取而代之，可以有更細緻的做工和更多彩的圖案，而不論男女都喜歡色彩繽紛的珠飾，故得知 (C) 項應為正選。

(C) 38. 作者為何在第三段末尾引用布里克森的評論？
(A) 以解釋馬賽戰士如何在野外獵捕鹿。
(B) 以舉例說明馬賽戰士使用的武器類型。
(C) 以強調武器是馬賽戰士裝備中不可或缺的一部分。
(D) 以凸顯馬賽戰士和雄鹿在行為上的相似之處。

理由：
本文第三段倒數第二句提到馬賽戰士的長矛和盾牌幾乎從不離手。接著最後一句引用了布里克森的話，她提到：「他們的武器和華麗服飾，有如雄鹿的角一般是身體的一部分」，可推知作者在此引用了布里克森的評論是為了強調武器是馬賽戰士裝備中不可或缺的一部分，故得知 (C) 項應為正選。

重要單字片語

1. **savannah** [səˋvænə] n.（通常指非洲的）大草原，稀樹草原（= savanna）
2. **shield** [ʃild] n. 盾（牌）
3. **semi-nomadic** [ˏsɛmɪnoˋmædɪk] a. 半游牧的（= seminomadic）
4. **tribesman** [ˋtraɪbzmən] n.（通常為男性）部落成員（複數為 tribesmen [ˋtraɪbzmən]）
5. **stand against...** 反對……
   Brad called for everyone to stand against the corrupt regime.
   （布萊德呼籲所有人反抗那腐敗的政權。）
6. **slavery** [ˋslevərɪ] n. 奴隸制（度）（不可數）
7. **lifestyle** [ˋlaɪfˏstaɪl] n. 生活方式
8. **warrior** [ˋwɔrɪɚ] n. 戰士，勇士
9. **single-handedly** [ˏsɪŋglˋhændɪdlɪ] adv. 獨自
10. **recognizable** [ˋrɛkəgˏnaɪzəbl̩] a. 可辨認的，可認出的
11. **fabric** [ˋfæbrɪk] n. 布料，織物
12. **opt** [ɑpt] vi. 選擇
    opt for... 選擇……
    Being short on cash, Danny opted for the less expensive hotel rather than the luxurious one.
    （由於缺錢，丹尼放棄豪華飯店而選擇比較便宜的旅館。）
13. **checked** [tʃɛkt] a. 方格／格子圖案的（= checkered [ˋtʃɛkəd]）
14. **striped** [straɪpt] a. 有條紋的
15. **circumcision** [ˏsɝkəmˋsɪʒən] n. 割禮
16. **ritual** [ˋrɪtʃʊəl] n.（宗教）儀式
17. **signify** [ˋsɪgnəˏfaɪ] vt. 表示（三態為：signify, signified [ˋsɪgnəˏfaɪd], signified）
    Cassie waved her hand at the waiter to signify that she wanted the check.
    （凱西向服務生招手示意要結帳。）
18. **coming of age** 成年
    My grandparents are going to attend my coming of age ceremony next month.
    （我的爺爺奶奶下個月會來參加我的成年儀式。）

19. **finery** [ˈfaɪnərɪ] *n.* 華麗的服飾（不可數）
20. **stag** [stæg] *n.* （成年的）雄鹿
21. **antler** [ˈæntlɚ] *n.* 鹿角
22. **beadwork** [ˈbidˌwɝk] *n.* 珠飾工藝（不可數）
23. **complexity** [kəmˈplɛksətɪ] *n.* 錯綜複雜，複雜性（不可數）
24. **multicolored** [ˈmʌltɪˌkʌlɚd] *a.* 色彩繽紛的，彩色的
25. **enslave** [ɪnˈslev] *vt.* 奴役
One of the aims of the northern states in the American Civil War was to liberate the enslaved black people in the South.
（美國南北戰爭時北方各州的目標之一是解放南方被奴役的黑人。）

26. **exemplify** [ɪgˈzɛmpləˌfaɪ] *vt.* 舉例說明，作為……的例證
（三態為：exemplify, exemplified [ɪgˈzɛmpləˌfaɪd], exemplified）
These works by Pablo Picasso exemplify Cubism.
（巴勃羅・畢卡索的這些作品是立體主義的典範。）
27. **inseparable** [ɪnˈsɛpərəbl̩] *a.* 不可分割的，分不開的
28. **outfit** [ˈaʊtˌfɪt] *n.* 全套服裝

第 39 至 42 題為題組

　　工地帽是大多在工地裡使用的頭盔，保護頭部免於遭受墜落物品的傷害。自二十世紀初期問世以來，工地帽保住了無數人命，並被視為建築工人最重要的安全用具。

　　愛德華・W・博萊德於一九一九年發明工地帽，當時他剛自一戰的戰場上歸來。在戰前，工人會在帽子上塗煤焦油以保護頭部。博萊德曾目睹戰場上金屬頭盔的保命能力，因而決定生產一種所有工人都買得起，並且夠輕量可戴上一整天的頭部保護用具。「硬殼帽」就此誕生，它是用蒸氣處理過的帆布與皮革，覆蓋以黑色塗料製成、內部有緩衝撞擊用的懸浮頭套。工地帽很快就普及開來。之後的大型建設工程，例如一九三一年的胡佛水壩與一九三三年的金門大橋，都強制規定工地須配戴工地帽。

　　過去一世紀中，工地帽有長足的進步，從帆布與皮革進化到鋁質、玻璃纖維，最後到熱塑性塑膠。晚近更推出可滿足不同工作場所勞工需求的新款式及附加配件。舉例來說，研發透氣的工地帽讓配戴者保持涼爽，以及在帽子上附加透明面罩，可以更清楚看到上方的潛在危險。現在的配件還包括收音機、感應器、照相機等許多物件。此外還發展出通用色彩分類，用來識別現場人員及其職責。黃色帽是一般工人和承包商，白色（有時是黑色）是主管和經理，綠色則是檢察人員和新進員工。

　　新產品讓市場持續擴大。二〇一六年的工地帽全球銷售總額達二十一億美元，預計在二〇二五年會達到三十一億九千萬美元。

(D) 39. 下列關於工地帽的哪一個層面在本文中未被討論？
　　　(A) 它們的功能。　　(B) 它們的外觀。　　(C) 它們的原料。　　(D) 它們的局限性。
　　理由：
　　本文第一段提及，工地帽可以保護頭部免於遭受墜落物品的傷害。第三段第一句提及了工地帽從帆布與皮革進化成鋁質、玻璃纖維，最後到熱塑性塑膠。第三段倒數兩句提及，工地帽的色彩分類可以用來識別現場人員及其職責。全文並未提及其局限性，故 (D) 項應為正選。

(A) 40. 下列工地帽的出現順序為何？
　　　a. 玻璃纖維帽　　b. 透明面罩帽　　c. 帆布皮革帽　　d. 塗上焦油的帽
　　　(A) d→c→a→b　(B) c→d→b→a　(C) c→b→a→d　(D) d→c→b→a

理由：
本文第二段第二句提及，在戰前，工人用煤焦油塗抹在帽子上。第二段第三句提及，博萊德從戰場歸來後所生產的硬殼帽是用蒸氣處理的帆布與皮革製成。第三段第一句提及，過去一世紀中，工地帽從帆布與皮革進化成鋁質、玻璃纖維，最後到熱塑性塑膠。第三段第二、三句提及，晚近更推出可滿足不同工作場所勞工需求的新款式及附加配件，例如在帽子上附加透明面罩，故得知 (A) 項應為正選。

(B) 41. 根據本文，關於工地帽的敘述，下列哪一項是正確的？
　　(A) 全球銷售每十年就會倍增。
　　(B) 其靈感源於發明者的戰時經驗。
　　(C) 在一九二〇年代，它是建築工人的標準裝備。
　　(D) 不同產業對工地帽職責區分會使用不同的顏色體系。

理由：
根據本文第二段第三句，博萊德曾目睹戰場上金屬頭盔的保命能力，於是決定生產工地帽，故 (B) 項應為正選。

(B) 42. 下列哪些字在本文中被用來表示工地帽？
　　a. 用具　　　b. 規範　　　c. 用具　　　d. 頭盔　　　e. 配件　　　f. 帽子
　　(A) a, b, d, e　　(B) a, c, d, f　　(C) c, d, e, f　　(D) a, d, e, f

理由：
本文第一段第一句提及 A hard hat is a helmet（工地帽是一種頭盔），helmet 指的是「工地帽」的意思。第一段第二句提及 "... the headgear has saved countless lives and is considered the number one safety tool for construction workers."（……工地帽保住了無數人命，並被視為建築工人最重要的安全用具。），其中的 headgear 與 tool 皆表示「工地帽」。第二段第三句提及，"... decided to produce a head protection device..."（……決定生產一種頭部保護用具），此 device（用具）即為「工地帽」的意思，故 (B) 項應為正選。

重要單字片語

1. **a hard hat**　（建築工人等戴的）工地帽
2. **introduction** [ˌɪntrə`dʌkʃən] *n.* 推出；引進（產品等）
   introduce [ˌɪntrə`d(j)us] *vt.* 推出；引進（產品等）
   The company introduced a new product recently.
   （這家公司最近推出了一項新產品。）
3. **headgear** [`hɛd͵gɪr] *n.* 帽子；盔（不可數）
4. **smear** [smɪr] *vt.* 塗抹
   My daughter took my lipstick and smeared it on her face.
   （我女兒拿了我的口紅在她臉上亂塗一通。）
5. **coal tar** [`kol `tɑr] *n.* 煤焦油（不可數）
6. **witness** [`wɪtnəs] *vt.* 看到，目擊
   Did you witness the car accident?
   （你目擊了這場車禍嗎？）
7. **device** [dɪ`vaɪs] *n.* 裝置
8. **affordable** [ə`fɔrdəbḷ] *a.* 負擔得起的
9. **canvas** [`kænvəs] *n.* 帆布（不可數）
10. **suspension** [sə`spɛnʃən] *n.* 減震裝置；（車輛的）懸架（不可數）
    a suspension system　懸吊系統
11. **impact** [`ɪmpækt] *n.* 撞擊（力）；衝擊（力）
12. **mandatory** [`mændə͵tɔrɪ] *a.* 強制的
13. **considerably** [kən`sɪdərəblɪ] *adv.* 相當大地
14. **evolve** [ɪ`vɑlv] *vi.* 進化；發展為
    evolve from...　由……進化／演變而來
    The artist's idea for the masterpiece evolved from a casual conversation with a neighbor.
    （這名藝術家對這件傑作的構想來自他和鄰居的閒聊。）

15. **aluminum** [əˋlumɪnəm] *n.* 鋁（不可數）
16. **fiberglass** [ˋfaɪbɚ͵ɡlæs] *n.* 玻璃纖維（不可數）
17. **thermoplastic** [͵θɝmoˋplæstɪk] *n.* 熱塑性塑膠
18. **accessory** [ækˋsɛsərɪ] *n.* 配件（常用複數 accessories）
19. **ventilate** [ˋvɛntḷ͵et] *vt.* 使通風，使空氣流通（本文為過去分詞做形容詞用）
    Ventilate the room to ensure that no one passes out from the paint fumes.
    （保持室內通風良好，確保沒有人因油漆味昏倒。）
20. **shield** [ʃild] *n.* 盾牌
    a face shield　　面罩
21. **hazard** [ˋhæzɚd] *n.* 危險（物）
22. **lurk** [lɝk] *vi.* 潛伏，潛藏
    There's a suspicious character lurking around the neighborhood.
    （有個可疑的傢伙在這附近躲躲藏藏的。）
23. **on site**　　現場；工地
24. **contractor** [ˋkɑntræktɚ] *n.* 承包商
25. **total** [ˋtotḷ] *vt.* 合計為，加總為
    The company's losses totaled $105 million last year.
    （這公司去年總計虧損一億零五百萬美元。）

第 43 至 46 題為題組

　　斑馬魚以牠們特有的條紋得名，一直是研究員喜歡用的實驗動物。僅有數公分長的牠們，在人工圈養環境中很容易繁殖，成長快速，而其透明的身軀方便研究員研究牠們的器官。最重要的是，牠們有一些神奇的「自癒」能力[註1]。當牠們的心臟被部分移除，幾週內可以再長回來。眼睛被弄瞎，也可以迅速恢復視力。

　　近期研究顯示人類與斑馬魚的主要器官是相同的，且有 70% 基因相同。此外，人類 84% 與疾病有關的基因在斑馬魚身上也可找到對應。因此科學家希望解開斑馬魚自癒能力之謎，或許哪天讓人類也能再生諸如眼睛、心臟以及脊椎等器官。

　　范德比大學的研究員對於斑馬魚的視網膜再生特別感興趣。他們已知道視網膜損壞[註2]會造成斑馬魚失明，但牠們只需要大約三至四週就能恢復視力。斑馬魚的視網膜構造及細胞類型與人類幾乎一模一樣。如果其再生過程可以在人類身上複製，或許可為視網膜受損所引發的失明開啟新的治療方式。

　　為了要確實理解斑馬魚如何再生視網膜[註3]，團隊聚焦在 γ-胺基丁酸（GABA）這種神經傳導物質上，它是腦中一種降低神經元活動的化學傳導物。他們發現降低斑馬魚體內的 GABA 含量可以引發視網膜再生，而高含量的 GABA 則會抑制再生過程。這意味 GABA 在斑馬魚恢復視力的能力上扮演重要的角色。

　　研究團隊開始在老鼠身上試驗這項 GABA 理論。如果能成功，下一個階段就會是人體試驗。如果此研究在人類身上也奏效，全球將近四千萬名盲人當中，有部分人有一天將會要感謝一條小小的條紋魚。

註1：此處 power 表「能力」為可數名詞，又 power 前有表示複數的限定詞 some，故宜改為複數 powers。

註2：由於 damage 後應接介詞 to 又 retina 為可數名詞，故此處 damage of retina 宜改為 damage to retinas 或 damage to the retina 或 retinal damage。

註3：由於 retina 為可數名詞，此處 how zebrafish retina is regenerated 宜改為 how zebrafish retinas are regenerated。

(D) 43. 關於斑馬魚，我們可以從本文中得知什麼？
　　　　(A) 在實驗室中該如何研究牠們。　　(B) 牠們是從哪裡取得再生能力。
　　　　(C) 牠們為什麼與人類有共同的遺傳密碼。(D) 牠們對醫學進展可能的貢獻。

理由:
本文第二段第三句提及科學家希望解開斑馬魚能自癒的謎團,讓人類有朝一日能再生器官,又第三段第四句提及如果再生過程可以複製在人類身上,或許可為盲人帶來新的治療方式,故得知 (D) 項應為正選。

(C) 44. 下列關於斑馬魚體內 GABA 的敘述何者正確?
(A) 增加 GABA 含量[註1]會促進神經元活動。
(B) 斑馬魚腦中有高含量的 GABA。
(C) 降低腦中的 GABA 含量可以刺激視網膜再生。
(D) GABA 含有激發神經元生長的化學物質。

理由:
根據本文第四段,GABA 是腦中一種使神經元活動降低的化學傳導物,且降低斑馬魚體內的 GABA 含量可以引發視網膜再生,文中並未提及斑馬魚腦中的 GABA 含量有多少,或 GABA 是否含有與神經元生長相關的化學物質,得知 (C) 項應為正選。
註1: 此處 GABA level 宜改為 GABA levels。

(A) 45. 第三段中的 replicated 與下列哪一項的意思最接近?
(A) 複製。　　(B) 重組。　　(C) 重複利用。　　(D) 恢復。

理由:
replicated 為動詞 replicate 的過去分詞,為「複製」的意思。若由句中語意來判斷,該句講述如果再生的過程可以「複製」於人類身上,可能可以帶來新的治療方式,由此推斷可得知 (A) 項應為正選。

(D) 46. 根據本文,下列哪一項是意見而非事實?
(A) 人類與斑馬魚有 70% 的基因是相同的。
(B) 斑馬魚在視網膜受損之後可以迅速恢復視力。
(C) 科學家正在測試:對斑馬魚有效的 GABA 理論是否對老鼠也會有效。
(D) 了解斑馬魚的再生能力,或許可使人類也能再生器官。

理由:
選項 (A)、(B) 以及 (C) 皆在闡述事實,而選項 (D) 中則有表示臆測的助動詞 may(或許,可能),得知 (D) 項應為正選。

重要單字片語

1. **characteristic** [ˌkærəktəˈrɪstɪk] *a.* 特有的;典型的 & *n.* 特徵
2. **breed** [brid] *vi.* & *vt.* 繁殖
（三態為:breed, bred [brɛd], bred）
Most animals breed in spring.
（大部分動物會在春天交配繁殖。）
3. **captivity** [kæpˈtɪvətɪ] *n.* 豢養,圈養;監禁（不可數）
4. **transparent** [trænsˈpɛrənt] *a.* 透明的
5. **possess** [pəˈzɛs] *vt.* 擁有;持有
6. **regain** [rɪˈgen] *vt.* 恢復;重新獲得

The prisoners of war regained their freedom when the war ended.
（這些戰俘在戰爭結束時重獲自由。）

7. **gene** [dʒin] *n.* 基因
genetic [dʒəˈnɛtɪk] *a.* 遺傳（學）的;基因的
8. **be associated with...** 與……有關
Lung cancer is mostly associated with smoking.
（肺癌大多與吸菸有關。）
9. **counterpart** [ˈkaʊntəˌpɑrt] *n.* 相對應的人/事/物

10. **regenerate** [rɪˈdʒɛnəˌret] *vt. & vi.* 再生
    regeneration [rɪˌdʒɛnəˈreʃən] *n.* 再生（不可數）
    regenerative [rɪˈdʒɛnəˌretɪv] *a.* 再生的
11. **spine** [spaɪn] *n.* 脊椎
12. **retina** [ˈrɛtɪnə] *n.* 視網膜
    （複數為 retinas 或 retinae [ˈrɛtni]）
    retinal [ˈrɛtnḷ] *a.* 視網膜的
13. **restore** [rɪˈstɔr] *vt.* 復原
    With the help of the doctors, John's health was restored.
    （在醫生的幫助之下，約翰恢復健康了。）
14. **identical** [aɪˈdɛntɪkḷ] *a.* 相同的
    be identical to... 與……相同
    Jack's answers appear to be identical to Lily's.
    （傑克的答案看起來跟莉莉的完全一樣。）
15. **give rise to...** 引起……；導致……
    The mayor's speech gave rise to a heated discussion.
    （市長的演說引發激烈的討論。）
16. **neurotransmitter** [n(j)uroˌtrænsˈmɪtɚ] *n.* 神經傳導物質
17. **acid** [ˈæsɪd] *n.* 酸 & *a.* 酸（性）的
18. **neuron** [ˈn(j)uran] *n.* 神經元
19. **trigger** [ˈtrɪgɚ] *vt.* 引發
    The dust in the air triggered David's allergy.
    （空氣中的灰塵引發大衛過敏。）
20. **concentration** [ˌkansənˈtreʃən] *n.* 濃度；集中；專心
21. **suppress** [səˈprɛs] *vt.* 抑制；鎮壓
22. **agenda** [əˈdʒɛndə] *n.* 工作事項；議程
    be on the agenda 在工作事項／議程內
23. **have sb/sth to thank (for sth)**
    （某事要）感謝某人／某事物
    I have my wife to thank for my successful career.
    （我要謝謝我的太太使我事業有成。）
24. **lab** [læb] *n.* 實驗室（= laboratory）
25. **derive** [dɪˈraɪv] *vt.* 取得 & *vi.* 源自
    Sally derives great pleasure from watching movies.
    （莎莉從看電影中得到許多樂趣。）
26. **genetic code** 遺傳密碼，基因密碼
27. **facilitate** [fəˈsɪləˌtet] *vt.* 促進，幫助
    This new policy will likely facilitate economic growth.
    （這項新政策很有可能會帶動經濟成長。）
28. **stimulate** [ˈstɪmjəˌlet] *vt.* 刺激；激勵
    Sunshine stimulates growth in plants.
    （陽光促使植物生長。）

第貳部分：混合題（占 10 分）

第 47 至 49 題為題組

　　為了援助世界各地的難民和面臨危機的人，國際奧林匹克委員會創立了奧運難民代表團。難民運動員自二○一六年起獲邀出賽奧運。以下是兩名難民運動員及他們的故事。

REFUGEE OLYMPIC TEAM

（奧運難民代表團）

　　尤絲拉・馬蒂妮是游泳選手，生長在飽受戰火摧殘的敘利亞。由於該國不安穩的政治情勢，尤絲拉有時必須在屋頂被炸彈轟破的游泳池訓練。
　　二○一五年，尤絲拉的家在內戰中被摧毀，年僅十七歲的她決定逃離母國。她順利經過黎巴嫩抵達土耳其，並在土耳其登上一艘載著二十人的小船，啟航前往愛琴海。但三十分鐘後，引擎停止運轉，小船也開始下沉。尤絲拉跳入冰冷的海水中，在她姊姊和兩名男子的協助下，他們游泳推著船三個多小時才抵達希臘的勒斯博島。他們拯救了船上的所有人。
　　尤絲拉最後在德國落腳，自此之後便致力於激勵他人追尋夢想。她的不可思議的故事和超群的游泳技巧為她贏得奧運的參賽機會。她是二○一六年里約奧運和二○二一年東京奧運難民代表團的成員。

> 　　波波勒‧米森加出生於剛果民主共和國。他九歲時，剛果內戰奪走了他母親的性命，使得他無家可歸。逃出戰區後，他獨自在雨林裡流浪了一週才被救出來，並被帶到首都金夏沙安置流離失所孩童的中心。
>
> 　　波波勒在那裡發現了柔道，並藉此強健了他的身心。他說：「柔道帶給我的寧靜、紀律、忠誠 —— 所有一切 —— 幫助了我」。他努力訓練成為一名專業的柔道選手。然而每當他輸掉比賽時，他的教練便把他關在籠內好幾天，只給他咖啡和麵包。他因為沒能在二○一三年的巴西世錦賽獲獎而被凌虐，導致他最終決定尋求庇護。
>
> 　　波波勒在二○一四年得到巴西政府[註1]的政治庇護，後來繼續在一間青年中心接受柔道訓練。他在二○一六年里約奧運首次出賽，並且也是二○二一年東京奧運[註2]難民代表團的成員。

註1：原文 Brazilian government 前宜置 the。　　註2：原文 2021 Tokyo Games 前宜置 the。

47. 請根據選文內容，從兩則故事中各選出一個單詞（word），分別填入下列兩句的空格，並視語法需要作適當的字形變化，使句子語意完整、語法正確，且符合全文文意。（填空，4分）

    (A) 答案：swimming 或：participating / participation

    尤絲拉‧馬蒂妮驚人的勇氣和游泳技巧，不只讓她拯救了人命，也讓她實現了在奧運游泳（或參加奧運）的夢想。

    理由：

    根據尤絲拉‧馬蒂妮的故事第三段第二句中的 "Her... superior swimming skills won her the opportunity to participate in the Olympic Games."（她……超群的游泳技巧為她贏得奧運的參賽機會。），得知空格可置 swimming 或 participate，然因空格前有介詞 of，故應將 participate 改為動名詞 participating 或 改為名詞 participation，方符合題目的文法。

    (B) 答案：abuse / abuses / abusing 或：cruelty / cruelties

    柔道幫助波波勒‧米森加的身心靈茁壯，並給予他勇氣逃離教練的虐待。

    理由：

    空格前有定冠詞 the，得知空格應置名詞，並根據波波勒‧米森加的故事第二段最後一句中的 "was cruelly abused for not winning medals"（因為沒能獲獎而被凌虐），得知空格可置過去式及物動詞 abused（虐待）的名詞形 abuse / abuses 或動名詞 abusing（虐待），亦可置副詞 cruelly（殘酷地）的名詞形 cruelty / cruelties（虐待；殘酷）。

48. 波波勒‧米森加的故事中，哪一個字的意思為「某個國家或大使館對其他國家難民所提供的保護」？（簡答，2分）

    答案：asylum 或：Asylum

    理由：

    根據波波勒‧米森加的故事第二段最後一句提到他決定尋求庇護。以及第三段第一句 "Popole was granted asylum in 2014 by Brazilian government..."（波波勒在二○一四年得到巴西政府的政治庇護……），可知 asylum 具「某個國家或大使館對其他國家難民所提供的保護」之意。

49. 請從下列 (A) 到 (F) 中，選出對 Yusra Mardini 和 Popole Misenga 都正確的選項。（多選題，4分）

    (A) 身為奧運獎牌得主。　　　　　　(B) 成長於孤兒院。
    (C) 不只一次參加奧運。　　　　　　(D) 因戰爭而離開家鄉。
    (E) 到國外後才展現運動天賦。　　　(F) 遊走多國後才獲得庇護。

    答案：(C)、(D)

理由：
尤絲拉的故事於第二段第一句，及波波勒的故事第一段第二、三句，皆提及他們是因國家內戰而被迫離開家鄉，並均於故事最後一段提及兩人都是二○一六年里約奧運和二○二一年東京奧運難民代表團的成員，故得知 (C)、(D) 項應為正選。

重要單字片語

1. **refugee** [ˌrɛfjʊˈdʒi] *n.* 難民
   refuge [ˈrɛfjudʒ] *n.* 避難（不可數）；避難所（可數）
2. **war-torn** [ˈwɔrˌtɔrn] *a.* 飽受戰爭蹂躪的
3. **unstable** [ʌnˈstebl̩] *a.* 不穩固的
4. **bombing** [ˈbɑmɪŋ] *n.* （炸彈）襲擊，轟擊
5. **flee** [fli] *vt. & vi.* 逃離，逃避
   （三態為：flee, fled [flɛd], fled）
   When the war broke out, some people were forced to flee the country.
   (這場戰爭爆發後，有些人被迫逃離該國。)
6. **set sail** 啟航，出航
   At the end of summer, the boat set sail for the islands.
   (夏天接近尾聲時，那艘船航向群島。)
7. **dive** [daɪv] *vi. & n.* 跳水
   （三態為：dive, dived / dove [dov], dived）
   dive into... 跳入（水中）
   The boys took off their clothes and dived into the river.
   (男孩們脫下衣服跳進河裡去。)
8. **aboard** [əˈbɔrd] *adv. & prep.* 在（火車、公車、船或飛機）上
9. **inspire** [ɪnˈspaɪr] *vt.* 鼓舞，激勵，啟發
   inspire sb to V 激發某人做……
   Yusra Mardini's story has inspired Nelly to become a volunteer and help refugees.
   (尤絲拉・馬蒂妮的故事啟發納莉成為一名志工並幫助難民。)
10. **pursue** [pɚˈsu] *vt.* 追求
    pursue one's dreams / goals 追求某人的夢想 / 目標
    Amelia encouraged her children to pursue their dreams.
    (艾蜜莉亞鼓勵她的小孩追尋自己的夢想。)
11. **incredible** [ɪnˈkrɛdəbl̩] *a.* 不可思議的；難以置信的

12. **superior** [səˈpɪrɪɚ] *a.* 較好的，優越的
13. **democratic** [ˌdɛməˈkrætɪk] *a.* 民主的
14. **republic** [rɪˈpʌblɪk] *n.* 共和國
15. **zone** [zon] *n.* 地區
16. **wander** [ˈwɑndɚ] *vi.* 遊蕩；閒逛
    Those hikers got lost in the mountains and spent two days wandering in the wilderness before being found.
    (那些登山客在山中迷路，在荒野中流浪了兩天後才被找到。)
17. **rainforest** [ˈrenˌfɔrɪst] *n.* （熱帶）雨林
18. **rescue** [ˈrɛskju] *vt. & n.* 拯救
    The fireman managed to rescue the little girl from the blaze.
    (這名消防員從大火中成功救出小女孩。)
19. **displaced** [dɪsˈplest] *a.* （因戰爭、天災等而）流離失所的，被迫離開的
    a displaced person 流離失所者，被迫離開者
20. **judo** [ˈdʒudo] *n.* 柔道
    judoka [ˈdʒudokə] *n.* 柔道選手（複數為 judoka 或 judokas）
21. **strength** [strɛŋθ] *n.* 力量（不可數）；優點（可數）
    gain strength 增長力量
22. **serenity** [səˈrɛnətɪ] *n.* 寧靜（不可數）
23. **discipline** [ˈdɪsəplɪn] *n.* 紀律（不可數）
24. **commitment** [kəˈmɪtmənt] *n.* 忠誠，奉獻；承諾
25. **cruelly** [ˈkruəlɪ] *adv.* 殘酷地
    cruelty [ˈkruəltɪ] *n.* 虐待；殘酷
26. **abuse** [əˈbjuz] *vt.* 虐待 & [əˈbjus] *n.* 虐待
    The man was accused of abusing animals and was sentenced to one year in prison.
    (這名男子被控虐待動物，並被判一年的有期徒刑。)
27. **championship** [ˈtʃæmpɪənˌʃɪp] *n.* 錦標賽；冠軍頭銜

28. **grant** [grænt] *vt.* 授予，給予；承認，同意
My father was granted a pension after he retired.
（我父親退休後領有退休俸。）
29. **asylum** [əˋsaɪləm] *n.* 庇護（不可數）
be granted asylum　　得到庇護
30. **facility** [fəˋsɪlətɪ] *n.* 場所
31. **debut** [ˋdebju / deˋbju] *n. & vi.* 初次登臺，首次亮相
make one's debut　　某人的初次登臺／首次亮相
32. **represent** [ˌrɛprɪˋzɛnt] *vt.* 代表；象徵
George represented his company at the press conference.
（喬治代表公司出席記者會。）

第參部分：非選擇題（占 28 分）

一、中譯英（占 8 分）

1. 飼養寵物並非一項短暫的人生體驗，而是一個對動物的終生承諾。

   翻譯關鍵：
   a. 先列出本句主要中文單詞及與其對應的英文單詞：
      (1) 飼養寵物：keep a pet / pets
          pet [pɛt] *n.* 寵物
      (2) 短暫的：short-term [ˋʃɔrtˌtɝm] *a.* 或 temporary [ˋtɛmpəˌrɛrɪ] *a.*
      (3) 人生體驗：life experience [laɪf ɪkˋspɪrɪəns] 或 experience in life
      (4) 對動物的……：... to an animal / animals
      (5) 終生的：lifelong [ˋlaɪfˌlɔŋ] *a.*
      (6) 承諾：commitment [kəˋmɪtmənt] *n.* 或 promise [ˋprɑmɪs] *n.*
   b. 再列出原句中文詞組並譯出對應的英文詞組：
      (1) 飼養寵物：keep a pet / pets
      (2) 並非……而是……：not A but B 或 rather than...
      (3) 一項短暫的人生體驗：a short-term life experience
      (4) 對動物的終生承諾：a lifelong commitment to an animal / animals

   示範譯句：
   Keeping a pet is not a short-term experience in life, but a lifelong commitment to an animal.
   或：
   Rather than a short-term experience in life, keeping a pet is a lifelong commitment to an animal.

   官方解答：
   Keeping / Raising a pet / pets is not a short-term / temporary life experience / experience in life, but a lifelong commitment / promise to an animal / animals.

2. 在享受寵物所帶來的歡樂時，我們不該忽略要善盡照顧他們的責任。

   翻譯關鍵：
   a. 先列出本句主要中文單詞及與其對應的英文單詞：
      (1) 享受：enjoy [ɪnˋdʒɔɪ] *vt.*
      (2) 寵物：pet [pɛt] *n.*
      (3) 歡樂：joy [dʒɔɪ] *n.* 或 pleasure [ˋplɛʒɚ] *n.*
      (4) 不該：shouldn't 或 should not

(5) 忽略：ignore [ɪɡˋnɔr] vt. 或 neglect [nɪˋɡlɛkt] vt. 或 overlook [͵ovɚˋluk] vt.
(6) 照顧：take care of [tek kɛr əv]
(7) 責任：responsibility [rɪ͵spɑnsəˋbɪlətɪ] n. 或 duty [ˋd(j)utɪ] n.

b. 再列出原句中文詞組並譯出對應的英文詞組：
(1) 在……時：While / When S + V, S + V...
注意：當主要子句與副詞子句主詞相同時，while 或 when 引領的副詞子句可化簡為分詞構句，也就是 While / When V-ing, S + V...：
While I was working on my project, I heard someone knock on my door.
= While working on my project, I heard someone knock on my door.
（我正在忙專案時，突然聽到有人敲門。）
(2) 享受寵物所帶來的歡樂：enjoy the fun which our pets bring us
enjoy（享受）是及物動詞，之後應接名詞 the fun（歡樂）做受詞；「寵物所帶來的」是關係代名詞 which 引導的形容詞子句，置 the fun 之後。
(3) 我們不該忽略……：we shouldn't ignore / neglect / overlook...
(4) 善盡照顧他們的責任：the responsibility / duty to take care of them well 或 the responsibility / duty to do our best to take care of them 或 the responsibility / duty to take the best care of them

示範譯句：
While we are enjoying the fun (which) our pets bring us, we shouldn't ignore the responsibility to do our best to take care of them.
或：
While enjoying the fun our pets bring us, we should not neglect the duty to take the best care of them.

官方解答：
{When we enjoy / When / While enjoying} the {joy / fun / pleasure} {they / pets bring (to) us, / brought by / from pets,} we should not ignore / neglect / overlook the responsibility of taking / to take care of them well.

二、英文作文（占 20 分）

示範作文：

　　It is pleasant to visit a park in one's neighborhood and unwind for a while. In picture A, the park features several facilities for kids to play on and is an ideal place to soak up some sunlight. People can also enjoy outdoor exercise on the safety mats or hang out with friends there. In picture B, the park nurtures a wide variety of plants and flowers and is an ideal place to be close to nature. People can stroll along the paths or sit in the shade and watch the world go by.

　　The perfect park in my mind is a combination of pictures A and B. It contains an artificial playground where children can take the opportunity to exercise and make friends. It also has a small wood with a creek passing through so that people can take advantage of the peace and tranquility. Moreover, there are hundreds of cherry trees in the park. People can appreciate the magnificent view when they are in blossom. Last but not least, the park is located near where I live, so I can go to the park whenever I want to.

能去社區的公園走走、放鬆一下，是很愉快的事情。圖 A 的公園裡有許多設施讓小朋友可以在上面玩，也是適合曬曬太陽的好地方。民眾可以在安全地墊上享受戶外運動，或是在那兒與朋友消磨時間。圖 B 的公園則孕育著多樣的植物與花朵，是親近大自然的好去處。民眾可以沿著走道散散步，或是坐在遮蔭處看著人來人往。

　　我心目中理想的公園是圖 A 與圖 B 的混合體。這個公園應該有人工的遊戲區，小朋友可以有機會在那裡運動跟交朋友。它也該有小溪流過的小樹林，民眾則可以享受這份安寧。此外，公園會種植數百棵櫻花樹，當櫻花綻放時，民眾可以欣賞這壯麗的美景。最後，公園應該鄰近我的住家，這樣我才能隨時去公園晃晃。

重要單字片語

1. **unwind** [ʌnˋwaɪnd] *vi.* 放鬆（三態為：unwind, unwound [ʌnˋwaʊnd], unwound）
   The soldiers often go out to the club to unwind after a long week of being on duty.
   （士兵們經過一星期漫長的執勤後通常會到俱樂部放鬆一下。）
2. **facilities** [fəˋsɪlətɪz] *n.* 設施（恆為複數）
3. **soak up sth**　　盡情享受；吸收某事
4. **nurture** [ˋnɝtʃɚ] *vt.* 培育，養育
   Children nurtured in an overprotective environment are often immature.
   （在過分保護的環境下養育出來的孩子通常都不成熟。）
5. **watch the world go by**　　看著人來人往
6. **tranquility** [træŋˋkwɪlətɪ] *n.* 平靜（不可數）
7. **blossom** [ˋblɑsəm] *n.* （果樹的）花 & *vi.* 開花
   be in full blossom　　（花）在盛開之中；綻放著
   Look! The cherry trees are in full blossom.
   （瞧！這些櫻花樹正在盛開。）
8. **last but not least**　　最後但相同重要的

110年升大學學測英文試題詳解

110 年升大學學測英文試題 解答

1. (C)   2. (C)   3. (A)   4. (A)   5. (D)
6. (D)   7. (B)   8. (D)   9. (A)   10. (C)
11. (B) 12. (A) 13. (A) 14. (C) 15. (B)
16. (D) 17. (C) 18. (B) 19. (D) 20. (B)
21. (C) 22. (C) 23. (A) 24. (A) 25. (D)
26. (A) 27. (C) 28. (C) 29. (A) 30. (D)
31. (J) 32. (G) 33. (F) 34. (H) 35. (D)
36. (E) 37. (C) 38. (B) 39. (A) 40. (I)
41. (B) 42. (D) 43. (D) 44. (B) 45. (A)
46. (B) 47. (C) 48. (D) 49. (D) 50. (D)
51. (C) 52. (B) 53. (B) 54. (A) 55. (C)
56. (D)

110 年升大學學測英文試題 詳解

第壹部分：單選題（占 72 分）

一、詞彙（占 15 分）

(C) 1. 湯姆真是個頑皮的男孩。父母不在時，他喜歡惹他妹妹還有戲弄她。
   a. (A) alert [əˋlɝt] *vt.* 使警覺
      alert sb to sth　讓某人警覺某事
      Abnormal weather patterns alert the public to the crisis of global warming.
      （異常天氣型態警示大眾全球暖化的危機。）
   (B) spare [spɛr] *vt.* 撥／抽／騰出（時間或金錢）
      Can you spare a little time to help us with this?
      （你能抽出一點時間來幫我們這件事嗎？）
   (C) tease [tiz] *vt.* 招惹，作弄
      If a boy teases a girl a lot, it often means he likes her.
      （如果一個男孩常戲弄某個女孩，這通常表示他喜歡她。）
   (D) oppose [əˋpoz] *vt.* 反對
      I oppose this proposal because I believe it wasn't thought through.
      （我反對這個提案，因為我認為它沒有全盤考量過。）
   b. 根據語意，可知 (C) 項應為正選。

(C) 2. 本店建議年長購物者搭乘電梯而非手扶梯，因為手扶梯移動速度快，可能讓他們難以保持平衡。
   a. (A) airway [ˋɛr͵we] *n.* 氣管，呼吸道
      Make sure to check a drowning victim's airway for blockages before performing CPR.
      （在實施心肺復甦術前一定要先檢查溺水者的呼吸道，看是否有被東西堵住。）
   (B) operator [ˋɑpə͵retɚ] *n.* 操作人員；接線生，總機人員
      All the machine operators in our factory are well trained.
      （我們工廠所有的機器操作人員都經過良好的訓練。）
   (C) escalator [ˋɛskə͵letɚ] *n.* 手／電扶梯
      The escalator is out of order. You'll have to use the stairs.
      （手扶梯壞了。你得爬樓梯。）
   (D) instrument [ˋɪnstrəmənt] *n.* 樂器（＝ musical instrument）；儀器
      The guitar is one of the most popular instruments for people who want to learn to play music.
      （吉他是想學習彈奏樂器的人最常選的樂器之一。）
   b. 根據語意，可知 (C) 項應為正選。

(A) 3. 聽到主人的呼喚後，狗兒搖著尾巴，乖乖跟著她走出房間。
   a. (A) obediently [əˋbidɪəntlɪ] *adv.* 聽話地，順從地
      The flock of sheep obediently moved where the sheepdogs wanted them to.
      （羊群乖乖照著牧羊犬想要的方向移動。）

110 年學測－3

(B) apparently [əˋpærəntlɪ] *adv.* 據說，聽說
　　Apparently, Sarah resigned because of the big fight she had with her boss.
　　（據說莎拉辭職是因為她與老闆大吵一架。）
(C) logically [ˋlɑdʒɪklɪ] *adv.* 邏輯上，合乎邏輯地
　　Logically, this plan is impossible to carry out, so let's just forget about it.
　　（按照邏輯，這計畫是不可能執行的，所以我們就別再想它了吧。）
(D) thoroughly [ˋθɝolɪ] *adv.* 徹底地
　　Terry always insists on doing everything thoroughly and leaving no loose ends.
　　（泰瑞總堅持做什麼事都要徹底，不餘留任何小地方。）
　b. 根據語意，可知 (A) 項應為正選。

必考重點

upon + N/V-ing 　　一……就……
= on + N/V-ing
Upon seeing the police, the robbers got in the car and drove away.
= On seeing the police, the robbers got in the car and drove away.
（這群強盜一看到警察就上車逃逸了。）

(A) 4. 因為我們許多的室內盆栽植物來自潮溼的叢林環境，所以它們需要溼潤的空氣來保持綠意和健康。
　a. (A) moist [mɔɪst] *a.* 溼潤的，潮溼的
　　　Frogs live near wet places to keep their skin moist.
　　　（青蛙都棲息在溼地附近以保持皮膚溼潤。）
　　(B) stale [stel] *a.* 不新鮮的；變味的
　　　Baked goods go stale very quickly in tropical climates.
　　　（烘焙食品在熱帶氣候很快就會變不新鮮。）
　　(C) crisp [krɪsp] *a.* 脆的
　　　The apple was crisp and juicy, but it tasted a little sour.
　　　（這顆蘋果脆又多汁，就是味道有點酸。）
　　(D) fertile [ˋfɝtḷ] *a.* 肥沃的；能生育的
　　　The farmer lives a good life thanks to his fertile land and his hard work.
　　　（這名農夫生活過得蠻好，要歸功於他肥沃的土地以及他的勤奮。）
　b. 根據語意，可知 (A) 項應為正選。

(D) 5. 這高空跳傘員跳出飛機後，儘管在空中打不開降落傘，她還是想辦法讓自己安全著陸。
　a. (A) glimpse [glɪmps] *n.* 一瞥
　　　catch a glimpse of... 　　一眼瞥見……
　　　Catherine caught a glimpse of her ex-boyfriend before he disappeared in the crowd.
　　　（凱薩琳瞥見她前男友，然後他就消失在人群中了。）
　　(B) latitude [ˋlætə͵t(j)ud] *n.* 緯度
　　　This plant grows best in higher latitudes, so it is very common in this area.
　　　（這種植物在較高緯度的地區長得最好，所以在這個地區很常見。）

(C) segment [ˈsɛgmənt] *n.* 部分，（一）段
One segment of the movie awards ceremony was devoted to the memory of the stars that passed away over the last year.
（這影展的頒獎典禮有一段被用來紀念過去一年逝世的明星們。）

(D) parachute [ˈpærəˌʃut] *n.* 降落傘
Joe's only job when he was in the military was folding parachutes.
（喬在當兵時唯一的工作就是摺降落傘。）

b. 根據語意，可知 (D) 項應為正選。

(D) 6. 用來推動重型機械的蒸汽機的發明為社會帶來巨大的變革。

a. (A) persuasive [pɚˈswesɪv] *a.* 有說服力的
Simon's argument was so persuasive that I began to doubt my decision.
（賽門的論點是如此具有說服力，以致於我開始懷疑自己的決定。）

(B) harmonious [harˈmonɪəs] *a.* 和諧的
After Kim and Tom married, they moved to the country and led a harmonious life there.
（金和湯姆結婚之後搬到鄉下，在那裡過著和諧的生活。）

(C) conventional [kənˈvɛnʃənḷ] *a.* 傳統的，慣例的
It is conventional in Japan to take off one's shoes before one enters a room.
（進房間前脫鞋是日本的傳統。）

(D) revolutionary [ˌrɛvəˈluʃənˌɛrɪ] *a.* 革命性的；創新的
Steve Jobs' revolutionary ideas brought great changes to the world.
（史提夫・賈伯斯的革命性觀念為世界帶來極大的改變。）

b. 根據語意，可知 (D) 項應為正選。

必考重點

bring about... 導致……；引起……
= give rise to...
= lead to...
The old man's wise words brought about a change in the young man's attitude.
（那位老人充滿智慧的話語使這位年輕人的態度轉變。）

(B) 7. 為了鼓勵課堂互動，老師將班上學生分成幾個小組，並要他們與同組夥伴合力解決問題。

a. (A) operation [ˌɑpəˈreʃən] *n.* 操作；運行；手術
The operation of this new machine is a little complicated.
（這部新機器的操作有點複雜。）

(B) interaction [ˌɪntɚˈækʃən] *n.* 互動
The problem is that there is not enough interaction between the couple.
（問題在於這對夫妻間的互動不足。）

(C) adjustment [əˈdʒʌstmənt] *n.* 調整，調節；適應
make an adjustment 調整
The engine ran smoothly after we made a few minor adjustments.
（那臺引擎在我們做了一些微調後，便順暢運轉了。）

(D) explanation [ˌɛksplə'neʃən] *n.* 解釋，說明
The teacher gave a short and clear explanation of the math problem.
（老師對這個數學問題給了一個簡短而清楚的解釋。）
b. 根據語意，可知 (B) 項應為正選。

(D) 8. 麗莎昨天在打籃球時<u>跌倒</u>在地且傷到腳踝。
a. (A) bury ['bɛrɪ] *vt.* 使投入，使埋首於；埋葬（三態為：bury, buried ['bɛrɪd], buried）
John is a devoted employee. Whenever you see him, he is buried in his work.
（約翰是個認真的員工。每當你看到他，他都是埋首於工作。）
(B) punch [pʌntʃ] *vt.* 用拳重擊
Why did you punch that reporter in the face? He was only doing his job.
（你為什麼要給那個記者臉上一拳？他不過是盡本分而已。）
(C) scatter ['skætɚ] *vt.* 撒，使分散 & *vi.* 分散
The mob began to scatter in all directions after riot police fired tear gas.
（鎮暴警察發射催淚瓦斯後，暴民開始四散逃竄。）
(D) tumble ['tʌmbl̩] *vi.* 跌倒
tumble down (...)　　（從……）滾落 / 跌落
Tom tumbled down the stairs and got a few bruises.
（湯姆從樓梯滾下，身上好幾處瘀傷。）
b. 根據語意，可知 (D) 項應為正選。

(A) 9. 數百名居民從市府那裡收到了免費檢測<u>套組</u>，以查明他們家中的水是否含有任何有害化學物質。
a. (A) kit [kɪt] *n.* 成套工具
How about a camera connection kit for your iPad?
（要不要幫您的 iPad 添購一組相機的連接套件？）
(B) trial ['traɪəl] *n.* 試用；試驗；考驗；審判
The trial period of the software is five days.
（本軟體的試用期限為五天。）
(C) zone [zon] *n.* 地帶，地區
Rebecca was fined for exceeding the speed limit in a school zone.
（蕾貝卡因為在學校區域內開車超速而被罰款。）
(D) proof [pruf] *n.* 證明；證物
Nina suspected Johnny of stealing her money, but she had no proof.
（妮娜懷疑強尼偷了她的錢，但她沒有證據。）
b. 根據語意，可知 (A) 項應為正選。

(C) 10. 2001 年的諾貝爾和平獎共同頒給三位女性，獎勵她們為爭取女權而做的奮鬥。
a. (A) actively ['æktɪvlɪ] *adv.* 積極地，主動地
Ned just graduated from college. He is now actively seeking employment.
（奈德剛從大學畢業。他現在正積極找工作。）
(B) earnestly ['ɝnɪstlɪ] *adv.* 認真地
Kevin earnestly begged his girlfriend not to leave him.
（凱文認真懇求女友不要離開他。）

(C) jointly [ˈdʒɔɪntlɪ] adv. 共同地
The research was jointly funded by this company and the government.
（此研究由這家公司與政府共同出資。）

(D) naturally [ˈnætʃərəlɪ] adv. 自然地
We would naturally feel suspicious if a stranger insisted that he knew us.
（當某個陌生人堅持他認識我們時，我們自然會感到懷疑。）

b. 根據語意，可知 (C) 項應為正選。

必考重點

award [əˈwɔrd] vt. 授予，給予
award sb sth　頒發某人某物
= award sth to sb
The teacher awarded Sam a prize for being the most improved in the class.
= The teacher awarded a prize to Sam for being the most improved in the class.
（老師頒給山姆班上的最佳進步獎。）

(B) 11. 此公司在執行長的英明領導下，業務正蒸蒸日上且獲利豐碩。

a. (A) applaud [əˈplɔd] vi. & vt. 鼓掌
After the play, everyone stood up and applauded.
（話劇表演結束後，所有人都起立鼓掌。）

(B) flourish [ˈflɝɪʃ] vi. 興旺；茂盛
With the right amount of water and sunlight, plants will flourish.
（如果有足夠的水和陽光，植物就會欣欣向榮。）

(C) circulate [ˈsɝkjəˌlet] vi. & vt. 循環；流傳；散發，分發
Blood circulates through the arteries and veins of the human body.
（血液在人體的動脈及靜脈中循環流動。）

(D) exceed [ɪkˈsid] vt. 超過
Make sure our expenditure on research doesn't exceed our budget.
（要確認我們的研究開銷不超出預算。）
*expenditure [ɪkˈspɛndɪtʃɚ] n.（一般）開支

b. 根據語意，可知 (B) 項應為正選。

(A) 12. 你甚至都還沒拿到駕照就把錢浪費在昂貴的車上，真是荒謬極了。

a. (A) absurd [əbˈsɝd] a. 荒謬的，不合理的
That is the most absurd play that I have ever seen.
（那是我看過最荒謬的舞臺劇。）

(B) cautious [ˈkɔʃəs] a. 謹慎的
be cautious about...　謹慎處理……
Linda is cautious about investing in high-risk companies.
（琳達在投資高風險公司時非常謹慎。）

(C) vigorous [ˈvɪgərəs] a.（體育活動）強度大的，強力的；有活力的
Even at 98, Mr. Johnson takes part in vigorous exercise.
（即使年紀九十八歲了，強森先生還能做高強度的運動。）

(D) obstinate [`ɑbstənɪt] *a.* 頑固的
James wanted to try traveling abroad all by himself, but his obstinate father wouldn't let him.
（詹姆士想要試試獨自一人出國旅行，但他固執的父親不答應。）
b. 根據語意，可知 (A) 項應為正選。

(A) 13. 非法使用毒品的問題非常複雜，且追究時不僅只有<u>單一</u>原因。
a. (A) singular [`sɪŋgjələ] *a.* 單數的；奇特的；非凡的
It was reported that a singular cigarette butt caused the great forest fire.
（報導指出就是那麼一根菸蒂引起了這場森林大火。）
(B) countable [`kaʊntəb!] *a.* 可數的
Whereas *cat* is a countable noun, *money* is an uncountable noun.
（*cat* 這個字是可數名詞，而 *money* 這個字是不可數名詞。）
(C) favorable [`fevərəb!] *a.* 有利的；贊同的
The bank offered the couple a house loan on very favorable terms.
（銀行以非常優惠的條件提供房貸給那對夫妻。）
* terms [tɝmz] *n.* 條件，條款（恆用複數）
(D) defensive [dɪ`fɛnsɪv] *a.* 防禦性的
We need both defensive and offensive weapons to counter the threat from neighboring countries.
（我們同時需要防禦性及攻擊性武器以對抗鄰國的威脅。）
b. 根據語意，可知 (A) 項應為正選。

(C) 14. 此非營利組織已<u>承諾</u>五年內<u>投入</u>一百萬美元資金，來資助醫學中心的建造。
a. (A) equip [ɪ`kwɪp ] *vt.* 使配備（三態為：equip, equipped [ ɪ`kwɪpt], equipped）
be equipped with...　裝備 / 配備……
A police officer is equipped with a gun, a bulletproof vest, and a radio.
（員警身上佩有手槍、防彈衣和無線電。）
(B) resolve [rɪ`zɑlv] *vt.* 解決；下決心
The crisis was finally resolved after hours of negotiation.
（經過幾個小時的協商後，危機終於解除。）
(C) commit [kə`mɪt] *vt.* 承諾投入（金錢或時間）；奉獻；犯（罪）
（三態為：commit, committed [kə`mɪtɪd], committed）
commit A to B　將 A 投入 / 奉獻於 B
The rich businessman committed both time and money to cancer research in memory of his late wife.
（那位富商投入時間與金錢在癌症研究上，以紀念他死去的妻子。）
(D) associate [ə`soʃɪˌet] *vt.* 使有關聯 & *vi.* 交往，往來
be associated with...　與……有關
Many crimes committed by teenagers are associated with TV violence.
（許多青少年犯罪與電視暴力有關聯。）
b. 根據語意，可知 (C) 項應為正選。

必考重點

finance [ˈfaɪnæns] *vt.* 向……提供資金 & *n.* 金融，財政（不可數）；財力（恆用複數）
We need more businesses to finance our project.
（我們需要更多企業為我們的計畫提供資金。）

(B) 15. 颱風過後一週，在此國受損最嚴重的地區中，一些橋樑終於開放，公車營運也重新恢復。
註：依照本句的情境，建議可把 opened（開放）改為 reopened（重新開放）更為合適。

 a. (A) depart [dɪˈpɑrt] *vi.* 出發
    The flight to Japan departs in ten minutes.
    （前往日本的班機十分鐘後起飛。）
  (B) resume [rɪˈzum] *vi.* & *vt.* 重新開始 & *vt.* 重返
    resume + N/V-ing 重新開始……
    The professor paused for a moment, coughed politely, and then resumed speaking.
    （教授暫停下來禮貌性地咳嗽了一下，然後繼續演講。）
  (C) transport [trænsˈpɔrt] *vt.* 運送，運輸
    The ship transported the new trucks to Europe without any problems.
    （那艘船順利地將新卡車運送到歐洲。）
  (D) correspond [ˌkɔrəˈspɑnd] *vi.* 符合；通信
    correspond with / to... 與……相符 / 一致
    Shelly's story about what happened didn't correspond to what I saw.
    （雪莉對事情經過的說法和我看到的並不吻合。）
 b. 根據語意，可知 (B) 項應為正選。

二、綜合測驗（占 15 分）

第 16 至 20 題為題組

  野鴿在許多歐洲城市都是常見的景象。事實上，造訪歐洲大城時若沒遇到牠們，不論是在噴泉中洗澡、棲息在史蹟建築物上，還是群聚在公共廣場中，感覺就不大對勁。然而在巴塞隆納，這些鳥類現在已成全面攻占該城歷史中心的威脅，用便便空襲紀念碑、建築物，甚至是遊客。

  巴塞隆納市議會原先提議要集中野鴿並將其射殺來減少數量。但這個想法引來眾多動物權利組織的強烈抗議。經過激烈爭辯及討論後，政府最終被說服考慮另一種同等有效的方法：對鴿子進行節育措施。

  二〇一六年，市議會決定對該市的八萬五千隻鴿子餵食避孕藥，阻止牠們體內鴿蛋的形成。從二〇一七年四月開始，整個市區所設置的四十個餵鳥器中都擺放了避孕藥丸。根據預測，鴿子數量在第一年會減少兩成，在四、五年內則會減少七到八成。

(D) 16. 理由：
 a. 本題測試下列固定用法：
   否定句 + without + V-ing 每……必然……
   注意：
   上述用法為雙重否定用法，用來表示肯定的涵義，指「每……必然……，一定要……才……，沒有……就不……」。
   Andy never goes out without taking his umbrella.
   （安迪出門必帶雨傘。）
 b. 根據上述，(D) 項應為正選。

(C) 17. 理由:
- a. (A) set up... / set... up　　架設 / 設立……；安排……
  The government is trying to set up more medical facilities in rural communities.
  （政府試圖在鄉村地區設立更多醫療院所。）
  - (B) hang on　　堅持下去
  If you hang on and keep studying, you'll eventually finish your degree.
  （如果你堅持下去繼續（苦）讀，終究會拿到學位的。）
  - (C) take over... / take... over　　占據 / 接管……
  The terrorists threatened to kill all of the hostages after they took over the school.
  （恐怖分子占領學校後威脅要殺光所有人質。）
  - (D) break down... / break... down　　分解……（三態為：break, broke [brok], broken ['brokən]）
  The acid in our stomach helps break down the food we eat.
  （我們的胃酸有助於分解我們吃進去的食物。）
- b. 根據語意，(C) 項應為正選。

(B) 18. 理由:
- a. (A) count [kaʊnt] vt. 計算
  The club secretary counted the number of people who had come to the meeting.
  （俱樂部的祕書算了一下來參加會議的人數。）
  - (B) reduce [rɪˋdjus] vt. 減少
  The poor economy has forced people to reduce their recreational spending.
  （景氣差讓民眾減少娛樂方面的開支。）
  - (C) display [dɪˋsple] vt. 展現；展示
  The artist displayed her talent for portraying human struggles in her paintings.
  （那位藝術家在她的繪畫中展現她描繪人性掙扎的才華。）
  - (D) maintain [menˋten] vt. 維持
  We're trying our best to maintain peace in this region.
  （我們正在盡全力維持這個地區的和平。）
- b. 根據語意，(B) 項應為正選。

(D) 19. 理由:
- a. (A) nearly [ˋnɪrlɪ] adv. 幾乎（通常用來修飾 all、every、no、any）
  Nearly all of the people on board survived the plane crash.
  （這次墜機事件中，幾乎所有機上的人都生還了。）
  - (B) shortly [ˋʃɔrtlɪ] adv. 不久，馬上
  shortly after / before...　　在……之後 / 之前不久
  Shortly after eating lunch, Lily went home because she didn't feel well.
  （吃完午餐不久，莉莉就因身體不適回家了。）
  - (C) precisely [prɪˋsaɪslɪ] adv. 精確地
  No one knows precisely when the boss will come to the meeting.
  （沒人確知老闆何時會進來開會。）

(D) similarly [ˈsɪmələlɪ] *adv.* 同樣地，相似地
This medicine is similarly effective to that one, but it is more expensive.
（這藥品跟那種同樣有效，但比較貴。）
  b. 根據語意，(D) 項應為正選。
(B) 20. 理由：
  a. 本空格測試形容詞子句化簡為分詞片語的用法：
限定修飾的形容詞子句（即關係代名詞前無逗點）中，若關係代名詞作主詞時，此形容詞子句可化簡為分詞片語，化簡原則如下：
刪除關係代名詞，之後的動詞改為現在分詞；若動詞為 be 動詞，改為現在分詞 being 後可省略。
The man living next door to me is a successful CEO.
（住在我家隔壁的男子是一位成功的執行長。）
Many novels written by Stephen King have been adapted into movies.
（史蒂芬‧金寫的許多小說都被改編成電影。）
  b. 原句實為：Starting from April 2017, the pills were placed in 40 bird feeders which / that were installed throughout the city.
根據上述化簡原則，將關係代名詞 which / that 刪除，並將 be 動詞 were 改為現在分詞 being 後再予以省略，省略後即成本句，故 (B) 項應為正選。

重要單字片語

1. **pigeon** [ˈpɪdʒən] *n.* 鴿子
2. **major** [ˈmedʒɚ] *a.* 主要的，重要的
3. **encounter** [ɪnˈkaʊntɚ] *vt.* 遇到，遭遇
   Dylan encountered some problems while backpacking through India.
   （狄倫在印度自助旅行時遇到一些麻煩。）
4. **fountain** [ˈfaʊntn̩] *n.* 噴泉，噴水池
5. **perch** [pɝtʃ] *vi.* （鳥）棲息；位於
   perch on... 停留於……
   There are some birds perching on the branches.
   （有一些鳥兒棲息在樹枝上。）
6. **historic** [hɪsˈtɔrɪk] *a.* 有重大歷史意義的
7. **flock** [flɑk] *vi.* 聚集 & *n.* （羊、鳥）群；群眾
   Teenagers flocked to the theater to watch the new Wonder Woman movie.
   （青少年大批湧入電影院看新的神力女超人電影。）
8. **threaten** [ˈθrɛtn̩] *vt.* 威脅，恐嚇
   threaten to V 威脅要做……
   Hank threatened to pour water on my head.
   （漢克威脅要把水倒在我頭上。）
9. **monument** [ˈmɑnjəmənt] *n.* 紀念碑；紀念館
10. **council** [ˈkaʊnsl̩] *n.* 議會
11. **originally** [əˈrɪdʒənlɪ] *adv.* 最初地，原先地
    Susan originally thought the mean-looking guy in the movie was the killer, but she was wrong.
    （蘇珊最初以為電影裡那個凶神惡煞般的男子是凶手，但她猜錯了。）
12. **lead to...** 導致 / 促使……
    = result in...
    = give rise to...
    = contribute to...
    = bring about...
    Excessive drinking could lead to liver problems.
    （飲酒過量可能會導致肝臟方面的疾病。）
13. **protest** [ˈprotɛst] *n.* 抗議 &
    [prəˈtɛst] *vt.* & *vi.* 抗議
    The workers staged a protest for better wages.
    （勞工們為爭取更好的薪資進行一場抗議活動。）
14. **numerous** [ˈn(j)umərəs] *a.* 許多的，大量的

15. **persuade** [pɚˋswed] *vt.* 說服
    persuade sb to V　　說服某人做……
    The salesman easily persuaded the girl to buy the product.
    （這個推銷員輕易地說服女孩買下這個產品。）
16. **formation** [fɔrˋmeʃən] *n.* 形成；構成
17. **feeder** [ˋfidɚ] *n.* 給食器；飼料槽
    a bird feeder　　鳥類餵食器
18. **predict** [prɪˋdɪkt] *vt.* 預測
    Dad predicted that I would win the contest, and he was right.
    （老爸預測我會贏得這次比賽，結果他是對的。）
19. **a decrease of...**　　……減少
    Last year, there was a decrease of ten percent in the number of new students at that school.
    （去年那所學校的新生人數少了百分之十。）

第 21 至 25 題為題組

　　被閃電擊中是很罕見的。如果某人壽命為八十歲，在這期間被閃電擊中的機率僅為三千分之一，遑論在七次不同時間被擊中的機率。美國有一位護林員羅伊・蘇利文，他被閃電擊中的次數紀錄無人能及。在他三十六年的職涯中，蘇利文被閃電擊中七次，而且每次都活了下來！

　　蘇利文覺得前三次被擊中純粹是運氣不好，但到第四次以後，他變得很怕死，而且會在有閃電時採取預防措施。一九七三年蘇利文在巡邏時第五次被擊中。有朵風暴雲「追」著他跑一直到打中他為止。一九七六年歷史又重演一次。蘇利文在勘查一處營地時，感覺有朵雲正追著他來，他死命地跑 —— 但那朵雲還是逮到了他。最後在一九七七年六月二十五日，當時蘇利文正在池塘邊釣魚，第七道也是最後一道閃電打中了他。「我不相信那是上帝在追殺我，」蘇利文推論。「就算是的話[註1]，第一道閃電就夠了。我能想到最合理的解釋，就是我體內有某種化學物質或礦物質會吸引閃電。但願我知道。」

註1：此處 he 宜改為 He，意指上帝。

(C) 21. 理由：
　　a. (A) **if it isn't...**　　如果不是……（使用於一般條件句，用以表真實、有可能發生的情況）
　　　　If + 主詞 + 現在式動詞, 主詞 + 現在式動詞...
　　　　If you have any questions about the product, please contact us.
　　　　（若您對產品有任何疑問，請與我們聯絡。）
　　(B) **as sb can see**　　如某人所知／見
　　　　As you can see, there are always two sides to an argument.
　　　　（如你所知，一場爭論總是有一體兩面的。）
　　(C) **not to mention...**　　更別提……
　　　= let alone...
　　　= not to speak of...
　　　= to say nothing of...
　　　　I can't afford to buy a motorcycle, not to mention a house.
　　　　（我連摩托車都買不起，更別提房子了。）
　　(D) **with regard to...**　　關於……
　　　= in regard to...
　　　= regarding...
　　　= as regards...
　　　= in relation to...
　　　= as to...

With regard to our new colleague, nobody knows much about him.
（關於我們的新同事，沒有人知道太多關於他的事。）
 b. 根據語意，(C) 項應為正選。

(C) 22. 理由:
 a. (A) pilot [ˋpaɪlət] *vt.* 駕駛（飛機）；導引 & *n.* 飛行員
   The copilot piloted the plane through the storm.
   （副駕駛操縱飛機飛過暴風雨區。）
  (B) reject [rɪˋdʒɛkt] *vt.* 回絕；拒絕
   After being rejected many times, Dolly finally landed a part in a Broadway play.
   （在吃了多次閉門羹後，桃莉終於在一齣百老匯舞臺劇中爭取到角色。）
  (C) survive [səˋvaɪv] *vt.* 由（某困境）生還 & *vi.* 留存，生存
   The company managed to survive the global economic crisis.
   （該公司設法挺過了全球經濟危機。）
  (D) track [træk] *vt.* 追蹤 & *n.* 軌道；小徑
   keep / lose track of... 持續追蹤……／失去……的蹤跡、消息
   It's not easy to keep track of all my old friends; in fact, I have lost track of most of them.
   （和所有的老友保持聯繫並不容易，其實我已經和他們大部分的人失聯了。）
 b. 根據語意，可知 (C) 項應為正選。

(A) 23. 理由:
 a. (A) be fearful of... 害怕……
   Having made so many mistakes recently, Tim is fearful of losing his job.
   （提姆因為最近犯了許多錯而害怕丟了工作。）
  (B) be critical of... 批評……
   My mother is always critical of the men I date.
   （媽媽對我約會的對象總是嫌東嫌西。）
   比較：be critical to... 對……來說很重要
   Your dedication is critical to the success of our company.
   （你的奉獻對本公司的成功來說極為重要。）
  (C) be doubtful about... 懷疑……
   The police officer is doubtful about the suspect's story.
   （警察對嫌犯的說法心存懷疑。）
  (D) be positive about... 確定……；對……有信心
   You should be positive about the future. Good things are going to happen!
   （要對未來有信心，會有好事發生的！）
 b. 根據語意，(A) 項應為正選。

(A) 24. 理由:
 a. (A) come after sb 追捕／追獵某人
   If I don't hand in the homework on time, Mrs. Lin will come after me.
   （如果我沒有準時交作業，林老師不會放過我的。）
  (B) get over... 從……恢復；克服……
   Dr. Simpson prescribed several medicines to help me get over my cold.
   （辛普森醫師開了幾種藥來治我的感冒。）

(C) hold on to...　　緊抓……；守住……
　　　Although times were hard, Kate held on to the belief that everything would be all right.
　　　（雖然日子過得很苦，凱特仍堅信事情會好轉。）
(D) watch out for...　　注意 / 小心……
　　　Visitors are advised to watch out for bears around this area.
　　　（遊客造訪本區時，要留意有熊出沒。）
　b. 根據語意，(A) 項應為正選。

(D) 25. 理由：
　a. 本題測驗前後時態不一致的假設語氣。前文的 I don't believe God is after me.（我不相信那是上帝在追殺我）為文章主角所描述的真實現況，故可判斷空格前的 if 子句應為與現在事實相反的假設語氣，句型為 "If + 主詞 + 過去式動詞, ..." 且 be 動詞應一律用 were，不過在口語中，這類假設語氣在主詞為 I / he / she / it 時，be 動詞常會用 was 而非 were。
　b. 主要子句說明「（當時的）第一道閃電就夠了」，為與過去事實相反的假設語氣，故應寫為 "..., 主詞 + 過去式助動詞 + have + p.p."。前後時態不一致的假設語氣另舉例如下：
　　 I would have organized the event myself if I weren't so busy.
　　（要不是我很忙，我就會自己籌辦那個活動了。）
　　→ if 子句為與現在事實相反的假設語氣，而主要子句為與過去事實相反的假設語氣。
　　 If you had started saving money five years ago, you would be able to buy a car now.
　　（如果你五年前就開始存錢，你現在就能買輛車了。）
　　→ if 子句為與過去事實相反的假設語氣，而主要子句為與現在事實相反的假設語氣。
　c. 根據上述用法，(D) 項應為正選。

重要單字片語

1. **lightning** [ˈlaɪtnɪŋ] n. 閃電
   thunder [ˈθʌndɚ] n. 雷聲
2. **course** [kɔrs] n. 過程；課程；路徑；球場；一道菜
   over / in the course of...　在……的過程中
   The students will find time to read in the course of their travels.
   （學生們在旅途中會找到時間閱讀。）
3. **life span** [ˈlaɪf ˌspæn] n. 壽命長度
4. **odds** [ɑdz] n. 機率；不合
   be at odds with sb over sth　與某人在某事上意見不合
   Joe is often at odds with his friends over politics.
   （喬跟他朋友在政治議題上常意見不合。）
5. **probability** [ˌprɑbəˈbɪlətɪ] n. 可能性；機率
6. **strike** [straɪk] vt. 打，擊；突然想起 & vi. 罷工（三態為：strike, struck [strʌk], struck）& n. 打，擊；罷工

　It strikes sb that...　某人突然想起……
　It struck Tom that yesterday was his best friend's birthday.
　（湯姆突然想到昨天是他摯友的生日。）
7. **ranger** [ˈrendʒɚ] n. 護林員
8. **career** [kəˈrɪr] n.（終身）職業
9. **precaution** [prɪˈkɔʃən] n. 預防措施
   take precautions　採取預防措施
   You should take precautions to protect yourself from danger when traveling.
   （旅遊時應採取預防措施以避開危險。）
10. **occur** [əˈkɝ] vi. 發生；突然想到（三態為：occur, occurred [əˈkɝd], occurred）
    We must find a solution to this problem because ignoring it will not keep it from occurring again.
    （我們必須找到問題的解決辦法，因為漠視它並不能防止它再度發生。）

11. **on patrol**　　巡邏
    Five squads are on patrol day and night to keep the enemy at bay.
    （日夜都有五個小隊巡邏，令敵軍無法接近。）
    * keep sb at bay　　使某人無法接近
12. **survey** [sɚˋve] *vt.* 勘察 & [ˋsɝve] *n.* 調查
    conduct a survey　　進行問卷調查
    Ron conducted a survey on Taiwanese snacks, hoping to find out the most popular one.
    （朗恩針對臺灣小吃進行了一項問卷調查，希望能找出最受歡迎的品項。）
13. **bolt** [bolt] *n.* 一道（閃電）；門拴；螺絲
    a bolt of lightning　　一道閃電
14. **theorize** [ˋθɪəˏraɪz] *vi. & vt.* 推理；理論化
    The book theorizes that man evolved from apes.
    （此書推論人類是由人猿演化而來。）
15. **mineral** [ˋmɪnərəl] *n.* 礦物質；礦物 & *a.* 礦物（質）的

第 26 至 30 題為題組

　　冰河通常與較冷的氣候聯結在一起。但南美洲、非洲和印尼的一些山脈也有冰河與冰層。這些熱帶冰河是世界六分之一人口的主要用水來源。

　　然而最近發表的一項研究顯示，氣溫上升對印尼巴布亞地區殘存的熱帶冰河造成立即的威脅。這些冰層曾覆蓋二十平方公里，然而其薄化的速度是數年前的五倍多。研究人員預測，已經縮小 85% 僅剩 0.5 平方公里的巴布亞冰河，在十年內會完全消失。

　　冰河消失也將帶來重大的文化衝擊。對許多巴布亞土著來說，冰層是神聖的象徵。首席研究員解釋說：「山脈和山谷是他們的神的手臂和腿，冰河則是神的頭。」

　　這項研究警告，如果再不管制溫室氣體，讓氣溫持續升高，巴布亞冰河將只是「首先消失」的一批。這無疑對世界其他冰河的多舛命運是個嚴重的警告。

(A) 26. **理由**:
a. (A) 地方 + be home to...　　某地是……的產地 / 家鄉 / 棲息地
     This forest is home to several rare species of butterflies.
     （這座森林是數種罕見蝴蝶的棲息地。）
  (B) a cover of...　　……的覆蓋物 / 蓋子
     Remove the covers of the dishes on the table since the guests are coming soon.
     （客人快到了，去把蓋住桌上的菜的蓋子拿走。）
  (C) a roof over...　　……上面的屋頂
     a roof over one's head　　某人住的地方，某人的家
   ＝ a roof over the head of sb
     We are working hard to put roofs over the heads of all those affected by the typhoon.
     （我們正努力為所有受颱風影響的人提供棲身之處。）
     The roof over the building is scheduled to be repaired during the summer.
     （這棟建築物的屋頂預計將在夏季進行維修。）
  (D) room for...　　有容納……的空間
     Is there still room for my luggage in the van?
     （廂型車上還有空間放我的行李嗎？）
b. 根據語意，(A) 項應為正選。

(C) 27. 理由:
   a. (A) occasional [əˈkeʒənḷ] *a.* 偶爾的
         Ben has an occasional glass of beer with his meals.
         （班吃飯時偶爾會喝杯啤酒。）
      (B) elaborate [ɪˈlæbərɪt] *a.* 詳盡的；複雜的；製作精美的
         The professor explained the theory in elaborate detail.
         （教授詳細解釋了這個理論。）
      (C) immediate [ɪˈmidɪət] *a.* 立即的
         The refugees from that country need our immediate help.
         （來自該國的難民需要我們的即刻救助。）
      (D) offensive [əˈfɛnsɪv] *a.* 冒犯的，得罪人的
         The mayor's offensive remarks often left his officials and the citizens speechless.
         （市長的無禮言談常讓他的官員與市民無言以對。）
   b. 根據語意，(C) 項應為正選。

(C) 28. 理由:
   a. 在某些語意情境中，當兩個子句主詞相同時，可使用「分詞構句」簡化句型。此處為簡化對等子句的分詞構句，原句為：
      Papua's glaciers have already shrunk by 85% to a mere 0.5 square kilometers, and Papua's glaciers will completely disappear within a decade, ...
      故可將前面子句的相同主詞 Papua's glaciers（巴布亞冰河）刪除，並將其後的 have 改為 having，再將連接詞 and 刪除，形成下列句子：
   = Having already shrunk by 85% to a mere 0.5 square kilometers, Papua's glaciers will completely disappear within a decade, ...
   b. 根據上述，可知 (C) 項應為正選。

(A) 29. 理由:
   a. (A) cultural [ˈkʌltʃərəl] *a.* 文化的
         When Kevin studied in the US, he met a lot of people from diverse cultural backgrounds.
         （凱文在美國念書時，遇見很多來自不同文化背景的人。）
      (B) moral [ˈmɔrəl] *a.* 道德的；品行端正的
         Human cloning has always been controversial due to the moral issues involved.
         （複製人類由於道德問題總是很有爭議。）
      (C) political [pəˈlɪtɪkḷ] *a.* 政治的
         The corruption scandal destroyed William's political career.
         （貪腐醜聞毀了威廉的政治生涯。）
      (D) environmental [ɪnˌvaɪrənˈmɛntḷ] *a.* 有關環境的
         Cleaning beaches can raise people's awareness about the importance of environmental protection.
         （淨灘可以促進人們了解環境保護的重要性。）
   b. 根據語意，(A) 項應為正選。

(D) 30. 理由:
   a. 本題測試連接上下文的語意正確性。選項 (D) left unchecked 表「放任不管」，置入空格後符合語意，故為正選。

b. 選項 (A) kept balanced 表「維持平衡」、選項 (B) made released 表「使被釋放、排放」，惟此用法較不自然，一般會說 be released、選項 (C) seen dismissed 表「駁回、不予受理」，惟此用法較不自然，一般會說 be dismissed，置入空格後不符合語意及用法，故皆不可選。

c. unchecked [ʌnˋtʃɛkt] *a.* 不受抑制的
be left unchecked　　放任不管，不受控制
If the garbage problem in this neighborhood is left unchecked, all of us will be buried in trash in a few months.
（如果這個社區的垃圾問題再不管一管，我們所有人在幾個月內就要被垃圾淹沒了。）

重要單字片語

1. **glacier** [ˋgleʃɚ] *n.* 冰河，冰川
2. **associate** [əˋsoʃɪˏet] *vt.* 有關聯
be associated with...　　和……有關聯
Tony's illness is associated with his poor posture.
（湯尼的病與他姿勢不良有關。）
3. **serve as...**　　用作……，可當……使用
My dad helped me modify this big box so that it could serve as a temporary dog house.
（爸爸幫我改裝這個大箱子，以便當作臨時狗屋。）
4. **water supply**　　水供應
The water supply in this area has been polluted with various chemicals.
（此地區的水供應已受到多種化學物質的汙染。）
5. **newly** [ˋn(j)ulɪ] *adv.* 最近
6. **publish** [ˋpʌblɪʃ] *vt.* 發表，出版
This travel magazine is published monthly.
（這旅遊雜誌每月出版。）
7. **temperature** [ˋtɛmprətʃɚ] *n.* 溫度
take sb's temperature　　量某人的體溫
To stop the spread of COVID-19, employees must take their temperature upon arrival at the office.
（為了阻止新冠肺炎傳播，職員們一到辦公室就需要測量體溫。）
8. **pose a threat to...**　　對……造成威脅
This introduced species poses a threat to the local ecosystem.
（這外來物種對當地生態造成威脅。）
9. **span** [spæn] *vt.* 覆蓋；橫跨（三態為：span, spanned [spænd], spanned）
Willy took a picture of the railway bridge that spanned the wide river.
（威利拍了一張橫跨這寬闊河道的鐵路橋照片。）
10. **shrink** [ʃrɪŋk] *vi. & vt.* （使）縮小（三態為：shrink, shrank [ʃræŋk] / shrunk [ʃrʌŋk], shrunk）
Because of the global recession, the company had to shrink its staff from 100 to 50.
（由於全球經濟衰退，此公司不得不將員工人數從一百人縮減至五十人。）
11. **researcher** [rɪˋsɝtʃɚ] *n.* 研究員
12. **predict** [prɪˋdɪkt] *vt.* 預料
It's hard to predict when earthquakes will occur.
（很難預測地震何時會發生。）
13. **disappearance** [ˏdɪsəˋpɪrəns] *n.* 消失
14. **impact** [ˋɪmpækt] *n.* 影響
have a(n) + 形容詞 + impact on...
對……有……的影響
The study shows that violent TV programs might have a negative impact on children.
（研究顯示，暴力電視節目可能會對孩童產生負面影響。）
15. **indigenous** [ɪnˋdɪdʒənəs] *a.* 當地的，本土的
16. **sacred** [ˋsekrɪd] *a.* 神聖的
17. **depressing** [dɪˋprɛsɪŋ] *a.* 讓人消沉的，使人沮喪的

三、文意選填（占 10 分）

第 31 至 40 題為題組

　　如果你無法在每天的忙碌行程中排出時間來運動，別擔心！運動不一定總是要很拼命。研究顯示，少量運動（甚至每天僅十五分鐘）都有助於[註1]紓緩沮喪、強化自我認知、緩解壓力以及不少其他功能。沒錯，做運動會讓你快樂，而你也不一定要是健身狂才能運動。你需要的是把「緩起步、找樂趣」當作你遵循的座右銘。然後你就可以好好利用身體鍛鍊，把它當作一種讓自己每天感覺更好的工具。

　　「拼命才有效」的運動觀現在已被認為過時了。事實上，當前健康研究證明，運動不一定要到痛苦的程度才算有效。你也許會主張說如果運動不痛苦就沒有用。根據健身教練的說法，重度肢體運動可能會讓你很喘，且你的肌肉可能會暫時酸痛，但運動不該是痛苦的。事實上，如果真的會痛，可能代表受傷或肌肉扭傷。許多很好的運動形式（如步行、游泳或輕度伸展運動）都是有效的，卻不會造成某些人常與運動聯想在一起的酸痛或不適感。

　　為了你的健康著想，現在就該讓規律運動成為你生活的一部分。別忘了，就算是短時間的低強度運動，也可以作為增進健康的有效方法。因此不管你有多忙，都要試著每天騰出時間運動，像是帶狗散步十五分鐘也可以。你的身體將會以多種方式來感謝你。

註1：原句 Research shows that modest amounts of exercise—even just 15 minutes a day—helps ease depression, ... 因為 that 子句內的主詞為複數的 amounts，所以動詞應為對應複數主詞的 help，而非對應單數的 helps。

(J) 31. 理由：
　　a. 空格前有引導名詞子句的 that，空格後有當量詞使用的名詞 amounts（量），得知空格應置形容詞以修飾 amounts，作為此名詞子句的主詞。
　　b. 選項中為形容詞的有 (E) demanding（耗費精力的）、(H) current（目前的）及 (J) modest（少量的），惟選項 (J) 置入空格後符合語意，故應為正選。
　　c. modest [ˈmɑdɪst] *a.* 少量的，不多的
　　　 Commodity prices rose over the last few years at modest rates.
　　　（物價在過去幾年緩幅上漲。）

(G) 32. 理由：
　　a. 空格前有不定冠詞 a 及名詞 fitness（健身；健康），空格後有引導不定詞的 to，得知空格應置一單數可數名詞以和 fitness 形成名詞詞組。
　　b. 選項中為單數可數名詞的有 (A) means（方法）及 (G) fanatic（狂熱者），惟選項 (G) 置入空格後符合語意，故應為正選。
　　c. fanatic [fəˈnætɪk] *n.* 狂熱者
　　　 Alice is a football fanatic, which is unusual for a teenage girl.
　　　（艾莉絲是美式足球狂粉，以青少女來說這蠻不尋常的。）

(F) 33. 理由：
　　a. 空格前有名詞 a motto（座右銘）後接 to，得知空格應置原形動詞，形成不定詞片語當形容詞修飾 motto。
　　b. 選項中含原形動詞的有 (C) point to（表明）、(D) argue（主張）、(F) abide by（遵循）及 (I) make time（騰出時間），惟選項 (F) 置入空格後符合語意，故應為正選。
　　c. abide by...　　遵循……
　　　＝ comply with...
　　　＝ conform to...

It is important to abide by all the safety rules in the construction zone.
（在工地遵循所有安全規則是很重要的。）

(H) 34. 理由：
a. 空格後有名詞詞組 health studies（健康研究），得知空格應置形容詞以修飾 health studies。
b. 選項中為形容詞的尚有 (E) demanding（耗費精力的）及 (H) current（目前的），惟選項 (H) 置入空格後符合語意，故應為正選。
c. current [ˈkɝənt] *a*. 目前的

(D) 35. 理由：
a. 空格前有助動詞 might，得知空格應置原形動詞使其後 that 引導的名詞子句做其受詞。
b. 選項中含原形動詞的尚有 (C) point to（表明）、(D) argue（主張）及 (I) make time（騰出時間），惟選項 (D) 置入空格後符合語意，故應為正選。
c. argue [ˈɑrgju] *vt*. 主張，認為（後接 that 子句）& *vi*. 爭論，爭辯
Some people argue that meat is vital to our diets, but I disagree.
（有些人主張肉類在我們的飲食中是必要的，但我不同意。）

(E) 36. 理由：
a. 空格前有副詞 physically（身體地），空格後有名詞 exercises（運動），得知空格應置形容詞修飾 exercises，並且可被副詞 physically 修飾，然後整個名詞詞組作該子句的主詞。
b. 選項中為形容詞的僅剩 (E) demanding（耗費精力的），置入空格後符合語意，故應為正選。
c. demanding [dɪˈmændɪŋ] *a*. 費力的
Football is a physically demanding sport.
（美式足球是極消耗體力的運動。）

(C) 37. 理由：
a. 空格前有助動詞 may，空格後有名詞詞組 an injury（受傷），得知空格應置原形動詞。
b. 選項中含原形動詞的尚有 (C) point to（表明）及 (I) make time（騰出時間），惟選項 (C) 置入空格後符合語意，故應為正選。
c. point to / towards...　表明……
All the evidence points to the robbery being an inside job.
（所有證據都表明這起搶案是監守自盜。）

(B) 38. 理由：
a. 空格前有定冠詞 the，空格後有對等連接詞 or（或）及名詞 discomfort（不適），得知空格應置另一名詞以和 discomfort 形成對等。
b. 選項中為名詞的尚有 (A) means（方法）及 (B) soreness（酸痛），惟選項 (B) 置入空格後符合語意，故應為正選。
c. soreness [ˈsɔrnəs] *n*. 酸痛

(A) 39. 理由：
a. 空格前有不定冠詞 a 及形容詞 powerful（強大的），得知空格應置單數可數名詞。
b. 選項中為單數可數名詞的僅剩 (A) means（方法），置入空格後符合語意，故應為正選。

c. **means** [minz] *n.* 方法；手段（單複數同形）
John would rather live in poverty than make money through illegal means.
（約翰寧可窮苦度日也不願透過違法方式賺錢。）

(I) 40. 理由：
a. 空格後有介詞 for，得知空格應置選項 (I) 以形成下列固定用法：
make time for... 為……騰出時間
As far as I am concerned, it is very important to make time for my family.
（對我而言，騰出時間給我家人是很重要的。）
b. 根據上述，選項 (I) 應為正選。

重要單字片語

1. **laborious** [ləˋbɔrɪəs] *a.* 吃力的，費勁的
The laborious task of organizing the files took me three weeks to complete.
（整理檔案這件費勁的工作花了我三個星期才完成。）
2. **depression** [dɪˋprɛʃən] *n.* 憂鬱（症），沮喪
3. **enhance** [ɪnˋhæns] *vt.* 提升，提高
In order to enhance his strength, Jamie works out four times a week.
（為了增強體力，傑米一週運動四次。）
4. **relieve** [rɪˋliv] *vt.* 減輕，緩和（痛苦、情緒等）
Massages help relieve tension in the shoulders and the back.
（按摩有助於紓緩肩膀和背部的肌肉緊繃。）
5. **motto** [ˋmɑto] *n.* 座右銘；格言
6. **physical** [ˋfɪzɪkḷ] *a.* 身體上的，生理的
physically [ˋfɪzɪkəlɪ] *adv.* 身體上地，生理上地
Jogging is the simplest and most effective method of physical training.
（慢跑是最簡單卻最有效的一種體能訓練。）
Morphine may alleviate your pain, but it is physically addictive.
（嗎啡也許可以減輕你的痛苦，但在生理上卻會上癮。）
＊**alleviate** [əˋlivɪ͵et] *vt.* 緩解
7. **work out** 運動，健身

Jay works out a lot, which is why he isn't fat even though he sits at a desk all day.
（傑伊常常運動，所以他即使整天坐辦公桌前也不會發胖。）
8. **strain** [stren] *n.* 扭傷，傷痛
9. **discomfort** [dɪsˋkʌmfət] *n.* 不適，不舒服
It is common for people taking the medication to experience some stomach discomfort.
（吃這種藥的人會覺得胃有些不舒服是很常見的。）
10. **associate A with B** 將 A 與 B 聯想在一起
Children tend to associate Christmas Eve with gifts.
（小朋友往往會將聖誕夜與禮物聯想在一起。）
11. **for the sake of...** 為了……的緣故
For the sake of your health, you should stop smoking immediately.
（為你的健康著想，你應立刻戒菸。）
12. **keep / bear in mind + that** 子句
將……記在心裡，牢記……
keep / bear... in mind 將……記在心裡，牢記……
Please keep in mind that money is not everything.
（請牢記金錢並非萬能。）
I'll always keep the beautiful scenery of Wales in mind.
（我會永遠把威爾斯美麗的風景記在心中。）

四、閱讀測驗（占 32 分）

第 41 至 44 題為題組

　　胭脂仙人掌在墨西哥的象徵性是如此強大，它甚至在該國國旗上占有一席之地。古阿茲特克人認為它是神聖的植物，現代墨西哥人食用它、飲用它，甚至還把它拿來製成藥品和洗髮精。現在科學家們已經想出這鮮綠植物的新用途：製造再生能源。

　　胭脂仙人掌在墨西哥當地被稱為 nopal，在該國內被大規模種植。多年來，被利用到的都只有其可食用的柔軟內部果肉。這種仙人掌厚厚的外層（又稱外殼）因為多刺而一直被視為廢料，直到研究人員研發出一種生質氣體發電機來將這些外殼變成電力。

　　專門研發仙人掌生質氣體發電機的前導計畫始於南墨西哥城。該地區每年生產二十萬噸胭脂仙人掌──每天都有多達十噸淪為仙人掌市場地上的垃圾。然後，當地一家綠能新創公司想出了將那些垃圾變成能源的點子。這種發電機現在已在仙人掌市場就定位，商販們都對這個將以往直接棄置的數噸仙人掌外殼加以利用的新方法躍躍欲試。

　　胭脂仙人掌比起其他生質燃料作物（如小麥、甘蔗和大豆）具備多項優勢。首先，生產生質燃料僅用到仙人掌外殼，而內層果肉仍保留作為食物。因此，使用這種植物作為燃料來源不會對食物價格造成壓力。此外，仙人掌的需水量極低，因此它們不會種在傳統的農地上。這意味目前用於糧食生產的水或土地不會面臨額外的競爭。

　　墨西哥城的這個計畫為減少化石燃料的使用帶來新希望。如果計畫可以擴大，胭脂仙人掌將成為墨西哥能源前景的關鍵。

(B) 41. 本文的目的為何？
(A) 主張胭脂仙人掌有很多益處。　(B) 介紹一種新能源。
(C) 預測墨西哥未來的農業政策。　(D) 改變人們對於能源消耗的想法。

理由：
全文旨在介紹墨西哥「胭脂仙人掌」的用途以及將此作物作為新的生質燃料來源的做法與前景，可知 (B) 項應為正選。

(D) 42. 本文未提及胭脂仙人掌具有下列何種功能？
(A) 用來治病。　　　　　　　　　(B) 用於個人衛生。
(C) 作為食物及飲料。　　　　　　(D) 用於園藝及造景。

理由：
根據本文第一段，現代的墨西哥人食用它、飲用它，甚至還把它拿來製成藥品和洗髮精，得知胭脂仙人掌可作為食物及飲料、用來治病並用於個人衛生（製成洗髮精），文中未提及此植物在園藝或造景上的用途，得知 (D) 項應為正選。

(D) 43. 下列關於胭脂仙人掌的敘述何者正確？
(A) 它柔軟的內部經常被丟棄。
(B) 它直到現代才被發現。
(C) 它每年在墨西哥變成二十萬噸的垃圾。
(D) 它出現在墨西哥國旗上的明顯位置。

理由：
根據本文第一段，胭脂仙人掌在墨西哥具有的強大象徵性使它在該國國旗上占有一席之地，得知 (D) 項應為正選。

(B) 44. 胭脂仙人掌相較於其他生質燃料作物有何優勢？
(A) 它能產生更多能量。　　　　　(B) 它不會影響食物價格。
(C) 它可以取代家畜的飼料。　　　(D) 它能增加全球食物產量。

理由：

根據本文第四段，用胭脂仙人掌生產生質燃料僅會用到它的外殼，而內層的果肉仍保留作為食物，因此使用這種植物作為燃料來源，不會對食物價格造成壓力，得知 (B) 項應為正選。

重要單字片語

1. **cactus** [ˈkæktəs] *n.* 仙人掌（複數為 cactuses 或 cacti [ˈkæktaɪ]）
2. **prime** [praɪm] *a.* 主要的，首要的
3. **sacred** [ˈsekrɪd] *a.* 神聖的
4. **Aztec** [ˈæztɛk] *n.* 阿茲特克人 & *a.* 阿茲特克（人）的
5. **renewable** [rɪˈnjuəbl̩] *a.*（能源）可再生／更新／恢復的
6. **farm** [fɑrm] *vt.* 種植；養殖 & *vi.* 耕種，務農
   My family has farmed here for three generations.
   （我家三代在此務農。）
7. **scale** [skel] *n.* 規模，範圍，程度
   on a massive / large scale　大規模地
   Global warming has caused changes to weather patterns on a large scale.
   （全球暖化已經大規模地造成天氣型態的變化。）
8. **edible** [ˈɛdəbl̩] *a.* 可食用的
9. **husk** [hʌsk] *n.*（穀物、種子、堅果等的）外殼／皮／莢
10. **spine** [spaɪn] *n.*（動植物的）刺／刺毛
11. **biogas** [ˈbaɪoˌgæs] *n.* 生質氣體
    biofuel [ˈbaɪoˌfjul] *n.* 生質燃料
12. **generator** [ˈdʒɛnəˌretɚ] *n.* 發電機
13. **pilot** [ˈpaɪlət] *a.* 前導的
14. **be dedicated to + N/V-ing**
    = be devoted to + N/V-ing　致力於……
    Stanley has been dedicated to teaching children for 30 years.
    （史丹利獻身兒童教育長達三十年之久。）
15. **startup** [ˈstɑrtʌp] *n.*（尤指小型的）新興公司，新創事業
16. **be in place**　就緒，準備妥當
    The arrangements are all in place for the concert next Sunday.
    （下星期天的演唱會安排工作全部準備就緒。）

17. **vendor** [ˈvɛndɚ] *n.* 商販
18. **be enthusiastic about + N/V-ing**
    熱衷於……，對……充滿熱忱
    Maggie is enthusiastic about helping people.
    （瑪姬熱心助人。）
19. **utilize** [ˈjutəˌlaɪz] *vt.* 利用，使用
    You're free to utilize any resources we have for your project.
    （你們可以自由運用我們擁有的任何資源進行研究計畫。）
20. **sugarcane** [ˈʃugɚˌken] *n.* 甘蔗
21. **preserve** [prɪˈzɝv] *vt.* 保留，保存；維護
    The leaders in many Arabic countries are trying to preserve the region's traditions.
    （許多阿拉伯國家的領袖都致力於維護該地區的傳統。）
22. **minimum** [ˈmɪnɪməm] *a.* 最少的，最低的 & *n.* 最少量
    Sarah prefers jobs that require minimum effort.
    （莎拉喜歡最不費力的工作。）
23. **agricultural** [ˌægrɪˈkʌltʃərəl] *a.* 農業的
24. **pasture** [ˈpæstʃɚ] *n.* 牧場，牧草地
25. **competition** [ˌkɑmpəˈtɪʃən] *n.* 競爭
26. **arise** [əˈraɪz] *vi.* 出現，發生（三態為：arise, arose [əˈroz], arisen [əˈrɪzn̩]）
    arise from...　起因於……
    = result from...
    The anger in Hank's writing arises from his unhappy childhood.
    （漢克文中的怒氣起因於他不快樂的童年。）
27. **fossil fuel** [ˈfɑsl̩ ˌfjuəl] *n.* 化石燃料
28. **hygiene** [ˈhaɪdʒin] *n.* 衛生
29. **gardening** [ˈgɑrdn̩ɪŋ] *n.* 園藝
30. **landscaping** [ˈlændˌskepɪŋ] *n.* 造景，景觀美化
31. **discard** [dɪˈskɑrd] *vt.* 丟棄

You should clean up your room and discard the things you don't need.
（你應該把房間整理好，並將不需要的東西丟掉。）

32. **feed** [fid] *n.* 飼料（不可數）& *vt.* 餵食
33. **livestock** [ˋlaɪv͵stɑk] *n.* 家畜，牲畜（集合名詞，不可數）

第 45 至 48 題為題組

旅行證件是一個人到了外國時，用來表明他有受到自己統治者的保護，這個概念很可能從統治者和國家開始存在的時候就有了。不過最早提到跟我們認知的護照類似的物品的紀錄，大約是在西元前 450 年左右。《希伯來聖經》記載，服侍古波斯國王阿爾塔薛西斯的官員尼希米，曾請求國王准許他前往猶大王國。國王准了，並給尼希米一封「致河流那彼岸省分的省長」的信函，請求他們讓尼希米安全通過他們的轄地。

後來，在中世紀的伊斯蘭哈里發國，有一種護照形式叫 bara'a，即繳稅的收據。只有繳了稅的人才能獲准前往哈里發國各區。另一方面，在中世紀的歐洲，旅行證件是由地方政府簽發，上頭通常會列出證件持有人獲准進入或通過的城鎮名單。整體來說，前往在當時被視為開放貿易點的海港是不需要證件的，但從海港進入內陸就需要證件。

英格蘭國王亨利五世被公認是最早發明真正護照的人，用它來幫助他的臣民在國外證明自己的身分。最早提到這些證件的記載，出現在十五世紀的國會法案，而「護照」一詞大約在一個世紀之後才開始使用。然而直到第一次世界大戰之前，國際旅行通常都沒有要求護照。我們現今所認識的護照就是在此時才開始使用。

(A) 45. 本文資訊是依照何種方式構成？
  (A) 依時間順序。 (B) 依因果關係。
  (C) 依重要性順序。 (D) 依定義與說明。
  理由：
  本文先後提出西元前 450 年、中世紀、十五世紀與現今的各種護照形式，可見文章是依照時間順序所組織的，故 (A) 項應為正選。

(B) 46. 關於最早的旅行證件，下列敘述何者正確？
  (A) 該證件是由猶大國王簽發。
  (B) 該證件是發給一名波斯官員。
  (C) 該證件出現在三千多年前。
  (D) 該證件是用來邀請人前往河彼岸地區。
  理由：
  根據本文第一段第三、四句得知，波斯官員尼希米向國王請求前往猶大王國，國王准許後給他一封信保他安全，故 (B) 項應為正選。

(C) 47.「護照」一詞是從何時開始使用？
  (A) 西元前 450 年左右。 (B) 在第一次世界大戰期間。
  (C) 在十六世紀。 (D) 在亨利五世統治期間。
  理由：
  根據最後一段第二句，最早提到真正護照的記載出現在十五世紀的國會法案，但「護照」一詞大約是在一個世紀之後才開始使用，故 (C) 項應為正選。

(D) 48. 下列何者並非本文提到的護照形式？
  (A) 信件。 (B) 收據。
  (C) 身分證明。 (D) 海港名單。

理由：
根據第二段第三、四句，中世紀歐洲的旅行證件會列出證件持有人獲准進入或通過的城鎮名單，而前往海港通常不需要旅行證件，因此「海港名單」並非本文提到的護照形式，故 (D) 項應為正選。

重要單字片語

1. **concept** [ˈkɑnsɛpt] n. 概念，觀念
   Children should learn about the concept of sharing.
   （孩子們應學習分享的概念。）

2. **document** [ˈdɑkjəmənt] n. 文件；（電腦）檔案
   Linda was hopping mad about the mistake that Jeff had made in the document.
   （傑夫在文件裡犯的錯誤讓琳達氣到跳腳。）

3. **recognize** [ˈrɛkəɡˌnaɪz] vt. 認出；正式承認
   recognize A as B　　認出 A 為 B；正式承認 A 為 B
   Cindy recognized the old man as the one who saved her from drowning when she was a child.
   （辛蒂認出了這位老人，他是辛蒂小時候救了她免於溺水而死的人。）
   The book is now recognized as a classic.
   （這本書如今被公認為經典之作。）

4. **permission** [pəˈmɪʃən] n. 允許，許可
   Fiona's father gave her permission to go camping with her friends.
   （菲歐娜的父親准許她和朋友去露營。）

5. **governor** [ˈɡʌvənɚ] n. 省長；州長
   The governor of the state is said to have been involved in the scandal.
   （據說這個州的州長涉及這件醜聞。）

6. **province** [ˈprɑvɪns] n. 省
   Nunavut is the largest province in Canada.
   （紐納武特是加拿大最大的省。）

7. **request** [rɪˈkwɛst] vt. 要求，請求
   Iris requested an unpaid leave from her job.
   （艾瑞絲要求請無薪假。）

8. **medieval** [ˌmɪdɪˈivəl] a. 中世紀的，中古時期的
   This church was built during medieval times.
   （這座教堂建於中世紀時期。）

9. **issue** [ˈɪʃu] vt. 簽發（文件等），（正式）發給
   The authorities issued a teacher's certificate to Joyce.
   （當局簽發了教師證照給喬伊絲。）

10. **authorities** [əˈθɔrətɪz] n. 當局（恆用複數）
    The authorities concerned agreed to launch an inquiry into the plane crash.
    （有關當局同意對這起墜機事件展開調查。）

11. **seaport** [ˈsiˌport] n. 海港
    The seaport is a commercial center in the country.
    （這個海港是該國的一個商業中心。）

12. **inland** [ˌɪnˈlænd / ˈɪnˌlænd] adv. 向內陸；在內地
    The travelers got off the boat and headed inland.
    （那些遊客下船並前往內陸。）

13. **subject** [ˈsʌbdʒɪkt / ˈsʌbdʒɛkt] n.（君主國裡的）臣民
    The emperor taxed his subjects heavily to build the palace.
    （那個皇帝對臣民課徵重稅以建造宮殿。）

14. **reference** [ˈrɛfərəns] n. 提及
    make reference to...　　提及……
    In his speech, the mayor constantly made reference to how much he had achieved during his term.
    （在演講中，市長不斷提及自己任期中的施政成果。）

15. **parliament** [ˈpɑrləmənt] n. 國會
    The opposition party won a solid majority of seats in the parliament.
    （反對黨拿下國會絕對優勢的多數席次。）

第 49 至 52 題為題組

　　班傑明·富蘭克林是美國開國元勳之一，他不僅是偉大的政治家，也是很出色的科學家和發明家。在他許多成就中，最不為人知的也許是他在音樂方面的成就。他發明了一種名叫玻璃琴的樂器，莫札特和貝多芬都曾為它譜曲。

　　富蘭克林一七六一年住在英國時，聽到某個表演者演奏玻璃杯音樂。富蘭克林被這種音樂吸引，但認為有更好的方式來創造相同的聲音。他請一位玻璃工人製作三十七個尺寸、厚度各異的玻璃半球，以產生不同的音調。玻璃半球塗上不同的顏色用以標記、辨識音符。富蘭克林用一根鐵棒貫穿每個玻璃半球頂端的孔，讓它們從最大到最小緊密地串在一起。他把它們連接在一臺貌似紡車的裝置上，附有可以轉動鐵棒的腳踏板，好讓玻璃半球旋轉。富蘭克林把手指沾溼，並在玻璃半球旋轉時把手指貼在玻璃邊緣，製造出獨特的聲音。他精通了這個樂器後，就把它帶到派對和聚會上演奏給朋友和認識的人聽。該樂器大為流行，製作販售了數千臺。

　　但音樂的流行趨勢改變了。音樂從莫札特時期的較小音樂廳轉移到十九世紀的大型音樂廳，不擴大聲音根本聽不到玻璃琴的聲音。該時期的音樂會評論哀歎道，玻璃琴確實擁有美妙的聲音——如果聽得見的話。所以……唉，富蘭克林的美妙發明最終被遺棄了。該樂器的熱度在十九世紀初就已消退，但今日仍偶爾會有人演奏。

(D) 49. 下列哪一項圖示與班傑明·富蘭克林的發明最為相近？
(A)　　　　　　　　　　　　(B)

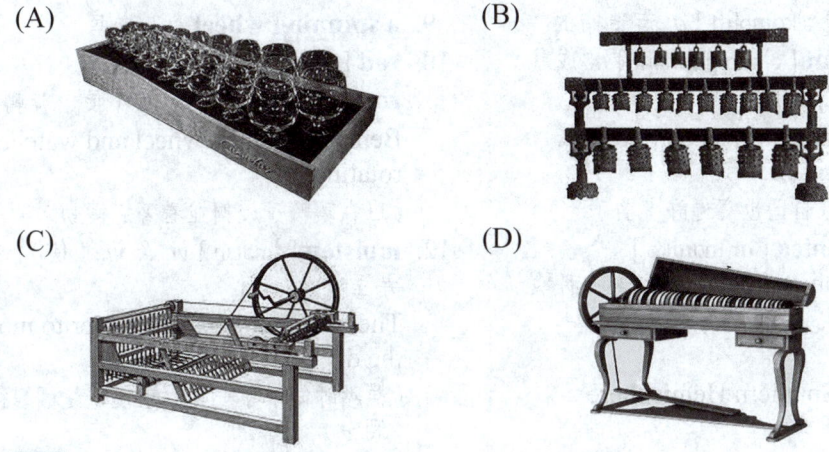

(C)　　　　　　　　　　　　(D)

理由：
本文第二段第三句至倒數第四句提及富蘭克林的設計為用鐵棒穿過玻璃半球頂端的孔，並將之與一臺貌似紡車的裝置裝在一起，且有一個腳踏板，(D) 項圖示最接近此描述，故為正選。

(D) 50. 關於玻璃琴的操作方式，下列哪一項敘述是正確的？
(A) 必須倒水進玻璃半球內。
(B) 顏料讓它的聲音更好聽、更持久。
(C) 一根鐵棒被用來敲打較厚的玻璃半球。
(D) 演奏時表演者的手指必須要微溼。

理由：
本文第二段倒數第三句提及富蘭克林把手指沾溼放在玻璃半球的邊緣上，使其發出獨特的聲音，故得知 (D) 項為正選。

(C) 51. 根據本文，為什麼玻璃琴不再受歡迎？
(A) 很難掌握玻璃琴的演奏技巧。
(B) 如貝多芬等著名的音樂家很難為它譜曲。
(C) 音樂廳變得太大以致它的音樂很難被觀眾聽到。
(D) 當時的評論家指出它既笨重又不時髦。

理由：
本文第三段提及音樂表演型態已從小型音樂廳轉變為大型音樂廳，而玻璃琴的聲音在大音樂廳中很難讓觀眾聽到，故得知 (C) 項為正選。

(B) 52. 第二段中被標註的 they 所指的是什麼？
(A) 鐵棒。　　　　　　　　　(B) 半球體。
(C) 有顏色的音符。　　　　　(D) 音高。

理由：
由本句連接詞 so that 之前的子句得知富蘭克林用一根鐵棒貫穿「每個玻璃半球」頂端的孔，可判斷本句的 they 指的是 each hemisphere（每個玻璃半球），故得知 (B) 項為正選。

重要單字片語

1. **accomplished** [əˋkamplɪʃt] *a.* 有造詣的
2. **accomplishment** [əˋkamplɪʃmənt] *n.* 成就
3. **compose** [kəmˋpoz] *vt.* 譜（曲）
   The famous conductor has composed many pieces himself.
   （這位知名指揮家自己也寫過許多曲子。）
4. **the glass armonica** [arˋmanɪkə]
   = the glass harmonica [harˋmanɪkə] 玻璃琴
5. **hemisphere** [ˋhɛməs͵fɪr] *n.* 球體的一半；（地球）半球
   the Northern / Southern Hemisphere
   北／南半球
6. **pitch** [pɪtʃ] *n.* 音調
   perfect pitch　　絕對音感
7. **code** [kod] *vt.* 編碼 & *n.* 密碼
   color coded　　用色彩來區別的
   Each word on the list is coded to show the level of difficulty.
   （表上的所有字都加以編碼，以顯示其難度。）
8. **identify** [aɪˋdɛntə͵faɪ] *vt.* 認出，辨別
   （三態為：identify, identified [aɪˋdɛntə͵faɪd], identified）
   The two-year-old girl can identify her father by his voice.
   （這名兩歲的小女孩可以透過聲音來認出她的爸爸。）
9. **a spinning wheel**　　紡車
10. **rod** [rad] *n.* 棍，棒
11. **rotate** [ˋrotet] *vi. & vt.*（使）旋轉
    Benson spun the wheel and watched it rotating.
    （班森讓輪子旋轉並看著它轉動。）
12. **moisten** [ˋmɔɪsn̩] *vt. & vi.*（使）沾溼，弄溼
    The baker added some water to moisten the dry dough.
    （糕點師傅加了一些水來使乾麵糰變得溼潤。）
13. **rim** [rɪm] *n.*（圓形物體的）邊緣
14. **gathering** [ˋgæðərɪŋ] *n.* 聚會
    a social / family gathering　　社交／家庭聚會
15. **acquaintance** [əˋkwentəns] *n.* 相識的人
    a nodding acquaintance　　點頭之交
16. **amplification** [͵æmpləfəˋkeʃən] *n.* 擴大（聲音）
17. **mourn** [mɔrn] *vt. & vi.* 為……悲傷；哀悼
    Liz mourns the fact that some traditional cultures are disappearing.
    （莉茲為一些傳統文化正在消逝的事實感到悲傷。）
18. **alas** [əˋlæs] *int.* 哎呀，唉（表悲傷或遺憾）

19. **marvelous** [ˈmɑrvələs] *a.* 非凡的，了不起的
20. **invention** [ɪnˈvɛnʃən] *n.* 發明物（可數）；發明（不可數）
21. **ultimately** [ˈʌltəmɪtlɪ] *adv.* 最終
22. **abandon** [əˈbændən] *vt.* 拋棄；放棄
    Those who abandon their pets on the street are really heartless.
    （把寵物丟棄到街頭的人真的很冷血。）
23. **popularity** [ˌpɑpjəˈlærətɪ] *n.* 流行
24. **fade** [fed] *vi.* 逐漸消失
    When the music faded, the show host walked onto the stage.
    （音樂漸弱時，節目主持人走上舞臺。）
25. **occasionally** [əˈkeʒənlɪ] *adv.* 偶爾
    = on occasion
    = sometimes
26. **illustration** [ɪˌlʌsˈtreʃən] *n.* 圖示；插圖
27. **clumsy** [ˈklʌmzɪ] *a.* 笨拙的

第 53 至 56 題為題組

　　摩根仙境位於德州聖安東尼奧市，是一座主要為身心障礙兒童所設計的主題樂園。這座樂園是由曾是房地產建商的戈登‧哈特曼所建造。建設這座樂園的發想來自於他的女兒摩根，她患有嚴重認知遲緩與肢體障礙。

　　作為世界第一座超級無障礙家庭遊樂園，摩根仙境開幕於二〇一〇年春天。有特殊需求的遊客免費入場，一般大眾的入園費用則相對低廉，讓各種年齡層以及身心狀況的人得以歡聚一堂，在趣味及安全的環境中遊玩。

　　完全做到輪椅無障礙的這座樂園，遊樂設施總占地二十五英畝，包括各種機動遊戲、遊樂場、捕撈後放生釣魚池以及遍布園內各處的野餐區。所有的機動遊戲都為了方便輪椅人士搭乘而經過特殊設計，讓所有家庭成員都能同樂。這些改良的機動遊戲包含越野大冒險，遊客可以開運動風車輛[註1]考驗自己的駕駛技術。此外提供每位遊客穿戴導航冒險手環的選擇，讓他們在遊樂園裡可以掌握彼此的動態，同時也讓他們可以參加電子類的活動。例如當乘坐越野大冒險的遊客掃描手環時，就會自動拍一張照片並寄到他們的電子信箱。

　　二〇一七年六月，摩根仙境歡慶摩根靈感之島開幕。這個新增建的區域由五個主題戲水區及一個河船冒險水道組成。乘坐輪椅的遊客可以離開輪椅換搭獨特的防水椅，在水上樂園盡情享受，不必擔心他們自己的輪椅損壞的風險。

　　「摩根教給我的事，是在非常非常多的地方，生命的可能性都遠超過我以前所能理解的，」哈特曼說。「摩根帶來的福氣，超過我能想像、解釋的任何事物。」

註1：經查證摩根仙境的官網，本文介紹的 sporty vehicle 為在軌道上行走的吉普車。
　　　參考網址：https://www.morganswonderland.com/attractions/off-road-adventure-ride/

(B) 53. 本文的主題是什麼？
　　(A) 摩根仙境新增建的區域。　　(B) 一座特殊的主題樂園的建立與特色。
　　(C) 摩根仙境裡的先進技術設備。　　(D) 身心障礙人士的需求。
　　理由：
　　本文主要描述二〇一〇年創立的摩根仙境主題樂園及其內部特別為身心障礙人士打造的設施，得知 (B) 項應為正選。

(A) 54. 第二段中的 ultra-accessible 隱含什麼意義？
　　(A) 所有遊客要使用設施都很容易。　　(B) 無論老少都可免費入園。
　　(C) 每一處遊樂設施都提供輪椅使用。　　(D) 摩根仙境位於交通便利的地點。
　　理由：
　　本文第三段第二句敘述摩根仙境裡所有的遊樂設施都是為了讓輪椅人士使用方便而設計，因而家庭所有成員都能一起玩樂，得知 (A) 項應為正選。

(C) 55. 下列哪一項並未被提到是園中的遊樂活動？
  (A) 釣魚。   (B) 駕駛。
  (C) 健行。   (D) 野餐。
  理由：
  本文第三段第一句提及釣魚池及野餐區，第三句提及可駕駛運動風車輛的越野大冒險，並未提及健行，得知 (C) 項應為正選。

(D) 56. 關於摩根仙境，下列敘述哪一項正確？
  (A) 遊客可乘坐防水椅在整座遊樂園中漫遊。
  (B) 摩根靈感之島包含占地二十五英畝的多處設施。
  (C) 遊樂園的成功正是摩根想要達到的目標。
  (D) 導航手環讓遊客得以享受電子設備的便利性。
  理由：
  本文第三段倒數第二句敘述導航冒險手環讓遊客能參與電子類活動，得知 (D) 項應為正選。

重要單字片語

1. **wonderland** [ˈwʌndɚˌlænd] *n.* 仙境；美麗的地方
2. **theme** [θim] *n.* 主題
 a theme park　主題樂園
 themed [θimd] *a.* 根據特定主題設計的
3. **gear** [ɡɪr] *vt.* 使適合 & *n.* 裝備（不可數）；齒輪（可數）
 be geared toward sb/sth　為某人或某物而設計
 The training course was geared toward those needing practical experience.
 （這個訓練課程是為需要實務經驗的人所設計。）
4. **disabled** [dɪsˈeblḍ] *a.* 殘障的
 disability [ˌdɪsəˈbɪlətɪ] *n.* 障礙；殘疾
5. **real estate**　房地產（不可數）
6. **creation** [krɪˈeʃən] *n.* 創造（不可數）；創作品（可數）
7. **inspire** [ɪnˈspaɪr] *vt.* 鼓舞，激勵；啟發
 inspire sb to V　激發某人做……
 inspiration [ˌɪnspəˈreʃən] *n.* 靈感，啟示
 The story of the successful athlete inspired me to stick with my dreams.
 （那位成功運動員的故事激勵我堅持夢想。）
8. **suffer from + N/V-ing**　罹患（疾病）；飽受（疾病、災難）之苦

 People in that country suffered from a shortage of food during the civil war.
 （該國內戰期間，人民飽受食物短缺之苦。）
9. **severe** [səˈvɪr] *a.* 嚴重的；嚴厲的；猛烈的
10. **cognitive** [ˈkɑɡnətɪv] *a.* 認知的；感知的
11. **ultra-accessible** [ˈʌltrəækˈsɛsəbḷ] *a.* 超便利的
 ultra- [ˈʌltrə] *prefix* 極；超
 accessible [əkˈsɛsəbḷ] *a.* 可到達的；易取得的；易理解的
12. **admission** [ədˈmɪʃən] *n.* 入場費；入會；入學；承認
13. **wheelchair-accessible** [ˈ(h)wilˌtʃɛrəkˈsɛsəbḷ] *a.* 輪椅無障礙的
 wheelchair [ˈ(h)wilˌtʃɛr] *n.* 輪椅
14. **acre** [ˈekɚ] *n.* 英畝（1 英畝 = 4,046 平方公尺）
15. **attraction** [əˈtrækʃən] *n.* 遊樂設施；景點；吸引力
16. **accommodate** [əˈkɑməˌdet] *vt.* 為……提供方便；照顧……的利益；容納；提供住宿
 The English course is designed to accommodate students at different levels.
 （這個英文課程是為不同程度的學生所設計的。）

17. **adapt** [əˋdæpt] *vt.* 改良，改造；改編（本文中 adapted 為過去分詞作形容詞用）
The writer never thought of her novel being adapted into a movie.
（這位作家從未想過自己的小說會被改編成電影。）
18. **off-road** [ˋɔf͵rod] *a.* （車輛或腳踏車）越野的
19. **sporty** [ˋspɔrtɪ] *a.* 運動風的
20. **moreover** [mɔrˋovɚ] *adv.* 並且；此外
21. **option** [ˋɑpʃən] *n.* 選擇
have no option / choice / alternative but to V 除了做……之外別無選擇
Because the car's engine was overheating, we had no other option but to pull over.
（因為車子引擎過熱，我們只好把車子靠邊停。）
22. **keep track of...**   隨時掌握……；持續追蹤……
Once we computerize our files, it will be easier to keep track of everything.
（等我們將資料電腦化之後，追蹤所有資料都會變得比較容易。）
23. **enable sb/sth to V**   使某人或某物能做……
Charlie's timely help enabled us to finish the project as scheduled.
（查理的及時幫助使我們能如期完成這項計畫。）
24. **take part in...**   參加……；參與……
Dora's teacher suggested that she (should) take part in extracurricular activities.
（朵拉的老師建議她應該參加課外活動。）
25. **electronic** [ɪ͵lɛkˋtrɑnɪk] *a.* 電子的
26. **scan** [skæn] *vt.* 掃描；粗略地看 & *n.* 掃描（三態為：scan, scanned [skænd], scanned）
The security guard scanned the luggage to see if there was anything dangerous inside.
（安檢人員掃描行李，看裡面是否有任何危險物品。）
27. **expansion** [ɪkˋspænʃən] *n.* 拓展；擴大
28. **be composed of...**   由……組成
 = be made up of...
 = consist of...
This organization is composed of people from all walks of life.
（這個組織是由來自各行各業的人士所組成。）
29. **a splash pad**
 = a splash park
（供兒童玩的）戲水樂園，戲水區
30. **transfer** [trænsˋfɝ] *vi. & vt.* 移轉；調離
transfer A to B 將 A 轉到 B（三態為：transfer, transferred [trænsˋfɝd], transferred）
The doctor transferred the patient to a hospital with better facilities.
（醫生把那位病患轉到設備較完善的醫院。）
31. **unique** [juˋnik] *a.* 與眾不同的；獨有的
be unique to + 地方 為某地所獨有
 = be native to + 地方
Almond-shaped eyes are not unique to Asians.
（杏眼並非亞洲人獨有的特徵。）
32. **waterproof** [ˋwɔtɚ͵pruf] *a.* 防水的
33. **establishment** [ɪˋstæblɪʃmənt] *n.* 建立，創建
34. **technological** [͵tɛknəˋlɑdʒɪk!] *a.* 科技的
35. **device** [dɪˋvaɪs] *n.* 裝置；設計
36. **imply** [ɪmˋplaɪ] *vt.* 暗示
The look on Bobby's face implied that he was telling a lie.
（巴比的表情暗示他在說謊。）
37. **facility** [fəˋsɪlətɪ] *n.* 設施，設備（常用複數）
38. **be situated in** + 地方 位於某地
 = be located in + 地方
Hawaii is situated in the middle of the Pacific Ocean.
（夏威夷位於太平洋的中央。）
39. **location** [loˋkeʃən] *n.* 地點；（找到）位置
40. **roam** [rom] *vi.* 漫步
Lisa roamed around the shopping center looking for a birthday gift for her sister.
（莉莎在購物中心裡到處逛逛，尋找送她妹妹的生日禮物。）

41. **intend** [ɪnˈtɛnd] *vt.* 想要；意指，意謂；針對
    intend to V　　想要做……
    = desire to V

    Tim intends to make Paris his permanent home because he likes the French lifestyle.
    （提姆打算永久定居巴黎，因為他喜歡法式的生活風格。）

第貳部分：非選擇題（占 28 分）

一、中譯英（占 8 分）

1. 根據新聞報導，每年全球有超過百萬人在道路事故中喪失性命。

翻譯關鍵：
a. 先列出本句主要中文單詞及與其對應的英文單詞：
   (1) 根據：according to [əˈkɔrdɪŋ tu] 或 based on [best ɑn]
   (2) 新聞報導：news reports [n(j)uz rɪˈpɔrts]
   (3) 每年：each / every year 或 annually [ˈænjʊəlɪ] *adv.*
   (4) 全球：worldwide [ˈwɜld͵waɪd] *adv.* 或 around the world / globe
       globe [glob] *n.* 地球；地球儀
   (5) 超過：over 或 more than
   (6) 百萬：a million [ˈmɪljən]
   (7) 道路事故：a road accident [ˈæksədənt]
   (8) 喪失性命：die [daɪ] *vi.* 或 lose their lives 或 be killed
b. 再列出原句中文詞組並譯出對應的英文詞組：
   (1) 根據新聞報導：According to / Based on news reports, S + V...
   (2) 每年全球有超過百萬人：over a million people worldwide 或 more than a million people around the world / globe
       注意：①「每年」為時間副詞，應擺放句尾。
       　　　②「有」可以用 there be 的句型翻出，也可以不用。
   (3) 在道路事故中：in road accidents

示範譯句：（註：本年度大考中心未提供參考解答）
According to news reports, over a million people worldwide die / lose their lives in road accidents every year.
或：
According to the news, more than a million people around the world / globe are killed in road accidents each year / annually.

2. 因此，交通法規必須嚴格執行，以確保所有用路人的安全。

翻譯關鍵：
a. 先列出本句主要中文單詞及與其對應的英文單詞：
   (1) 因此：therefore [ˈðɛr͵fɔr] *adv.* 或 thus [ðʌs] *adv.*
   (2) 交通法規：traffic laws / rules / regulations
       regulation [͵rɛgjəˈleʃən] *n.* 法規；規則；調整
   (3) 必須：must 或 have to
   (4) 嚴格：strictly [ˈstrɪktlɪ] *adv.*

(5) 執行：enforce [ɪnˋfɔrs] vt.
(6) 確保：ensure [ɪnˋʃʊr] vt. 或 guarantee [ˏgærənˋti] vt.
(7) 所有用路人：all road users
(8) 安全：safety [ˋseftɪ] n.

b. 再列出原句中文詞組並譯出對應的英文詞組：
(1) 因此：Therefore / Thus, S + V...
(2) 交通法規必須嚴格執行：traffic laws / rules / regulations must / have to be strictly enforced
　　注意：因「交通法規」為物，在本句動詞應用被動式。
(3) 以確保所有用路人的安全：to ensure / guarantee the safety of all road users

示範譯句：（註：本年度大考中心未提供參考解答）
Therefore, traffic laws / rules / regulations must be strictly enforced to ensure the safety of all road users.
或：
Thus, traffic laws / rules / regulations should be strictly enforced to guarantee the safety of all road users.

二、英文作文（占 20 分）

示範作文：

　　When the weather becomes warm, flowers bloom in the fields and people enjoy going to see them. However, people really should think twice before entering a restricted area. The photo shows a lot of tourists taking pictures in the restricted area without permission. Although the sign clearly says "Keep out," they are completely ignoring the warning and wandering around the field. They are not only carelessly damaging the flowers, but also showing no respect for the owner of the field.

　　If I were the owner, I would feel very worried about my flowers. It takes a lot of effort to grow them, so it's a pity to see them being destroyed by some selfish tourists. Furthermore, other tourists might not be able to enjoy the view in the future because the flowers might die. I want visitors to enjoy my flowers, but only if they follow my rules. I may send some people to stand guard around the field to prevent tourists from entering the restricted area. By doing so, more people will be able to enjoy looking at the flowers.

　　當天氣變暖，田野裡花朵綻放，民眾也喜歡去賞花。然而大家應該好好想想要不要進入管制區。這張照片顯示有許多遊客未經許可在管制區內拍照。雖然告示牌清楚顯示「請勿進入」，他們卻全然無視警告，並且在田裡走來走去。他們不僅不經意地毀壞花朵，而且也不尊重花田主人。

　　如果我是花田主人，我會非常擔心我的花。種花養花非常耗費心力，所以看到它們被一些自私的遊客破壞很是可惜。況且在未來，其他的遊客可能就無法享受這樣的美景，因為花可能死掉了。我想讓遊客欣賞我的花朵，但他們得遵守我的規定。我可能會派人去看守花田周遭，以防止遊客進入管制區。這樣一來，才會有更多人賞得到花。

重要單字片語

1. **bloom** [blum] vi.（花朵）盛開
   Surprisingly, the plant only blooms once every several years.
   （令人吃驚的是，這種植物每隔幾年才開一次花。）
2. **restricted** [rɪˋstrɪktɪd] a. 管制的，限制的
3. **permission** [pɚˋmɪʃən] n. 允許，許可（不可數）
   without (sb's) permission　未經（某人的）允許
   Matt used my computer without my permission, which made me angry.
   （麥特未經我允許就使用我的電腦，這讓我很生氣。）
4. **ignore** [ɪgˋnɔr] vt. 忽略，忽視
   Vicky felt disappointed because her boyfriend ignored her feelings.
   （薇琪因為男友忽略她的感受而覺得失望。）
5. **wander** [ˋwɑndɚ] vi. 閒晃，徘徊
   wander around (...)　（在……附近）閒晃
   It's dangerous to wander around the city at night.
   （夜間在城市中閒晃很危險。）
6. **selfish** [ˋsɛlfɪʃ] a. 自私的
7. **stand guard**　看守
   Several policemen stood guard over the crime scene.
   （數名警員守衛著那個犯罪現場。）
8. **prevent** [prɪˋvɛnt] vt. 阻止
   prevent sb from + V-ing/N　阻止某人做……
   The man's prompt action prevented the fire from spreading.
   （這名男子的立即行動防止了火勢蔓延。）

指考篇

110年升大學指考英文試題詳解

110 年升大學指考英文試題 解答

1. (C)	2. (A)	3. (D)	4. (B)	5. (D)
6. (B)	7. (A)	8. (C)	9. (B)	10. (C)
11. (B)	12. (C)	13. (C)	14. (B)	15. (A)
16. (C)	17. (A)	18. (D)	19. (B)	20. (C)
21. (G)	22. (K)	23. (J)	24. (B)	25. (I)
26. (E)	27. (F)	28. (D)	29. (H)	30. (A)
31. (E)	32. (A)	33. (D)	34. (B)	35. (F)
36. (A)	37. (C)	38. (B)	39. (A)	40. (B)
41. (A)	42. (C)	43. (D)	44. (D)	45. (B)
46. (D)	47. (D)	48. (C)	49. (D)	50. (A)
51. (A)				

110 年升大學指考英文試題 詳解

第壹部分：選擇題（占 72 分）

一、詞彙題（占 10 分）

(C) 1. 由於預算縮減的關係，我們公司一般來說相當盛大的年度尾牙，不得不以<u>最低</u>成本來舉辦。

    a. (A) hostile [ˈhɑstaɪl / ˈhɑstḷ] *a.* 有敵意的，不友善的
        be hostile to / toward(s) sb   對某人有敵意
        After James and Lisa broke up, he was hostile towards her and often said bad things about her.
        （詹姆士和麗莎分手後對她懷有敵意，還經常說她的壞話。）
      (B) barren [ˈbærən] *a.* 貧瘠的，荒蕪的；（女性）不孕的
        We just drove through a barren desert.
        （我們剛開車經過一片貧瘠的沙漠。）
        Judy had learned early in her marriage that she was barren.
        （茱蒂結婚後不久便得知她不能生育。）
      (C) minimal [ˈmɪnəmḷ] *a.* 最小的，極小的
        The house survived the fire with only minimal damage.
        （這棟房子捱過這場火災，只受到極小的損害。）
      (D) systematic [ˌsɪstəˈmætɪk] *a.* 有系統的
        I think the marketing department has organized this event in a systematic way.
        （我認為行銷部把這次的活動辦得很有條理。）
    b. 根據語意，可知 (C) 項應為正選。

> **必考重點**
>
> a. due to + N/V-ing   由於……
> = owing to + N/V-ing
> = because of + N/V-ing
> = as a result of + N/V-ing
> We'll have to postpone the barbecue due to the rain.
> 因為下雨，我們得把烤肉派對延期。
> b. budget [ˈbʌdʒɪt] *n.* 預算
> c. annual [ˈænjuəl] *a.* 年度的；每年的
> d. treat [trit] *n.* 樂事；款待，請客 & *vt.* 招待；對待；治療

(A) 2. 一場搶劫銀行的陰謀被<u>透露</u>給警方，所有涉入該計畫的人都被逮捕。

    a. (A) reveal [rɪˈvil] *vt.* 揭露，透露
        The agent was jailed for revealing secrets to the enemy.
        （此名探員因洩密給敵方而入獄。）
      (B) cancel [ˈkænsḷ] *vt.* & *vi.* 取消（三態為：cancel, canceled / cancelled, canceled / cancelled，美式英語較常使用 canceled）

We canceled the meeting because of the typhoon.
（我們因颱風而取消了會議。）
- (C) declare [dɪˋklɛr] *vt.* 宣布；宣稱
  The American colonies declared independence in 1776.
  （美洲殖民地於一七七六年宣布獨立。）
- (D) explore [ɪkˋsplɔr] *vt. & vi.* 探索尋找
  It is said that Columbus arrived here but did not explore the area.
  （據說哥倫布到過這裡，但沒有探索這個地區。）

b. 根據語意，可知 (A) 項應為正選。

必考重點

a. plot [plɑt] *n.* 陰謀；(故事的) 情節 & *vt. & vi.* 圖謀
b. rob [rɑb] *vt.* 搶劫，搶奪
  These pirates rob and kill whomever and whenever they want.
  這批海盜肆無忌憚，隨時搶劫殺人。
c. involve [ɪnˋvɑlv] *vt.* 使涉入；包含
  be involved in...　　涉入……
  The evidence shows that Paul was involved in that murder.
  證據顯示保羅涉入那起謀殺案。

(D) 3. 在對話中迴避你不想回答的問題的一個好方法就是轉移話題。
  a. (A) whip [(h)wɪp] *vt.* 攪打（食材）；用鞭子抽打（三態為：whip, whipped
    [(h)wɪpt], whipped）
    Cindy likes to help whip the cream when her mother bakes a cake.
    （辛蒂喜歡在媽媽烤蛋糕時幫忙打發奶油。）
  (B) split [splɪt] *vt.* 劈開；分裂 & *vi.* 分開（三態同形）
    The cake was split into two pieces.
    （這塊蛋糕被切成兩片。）
  (C) litter [ˋlɪtɚ] *vt.* 到處亂丟 & *vi.* 亂丟垃圾
    John is sloppy, and his room is always littered with old newspapers.
    （約翰很邋遢，他的房間常常到處都是舊報紙。）
  (D) dodge [dɑdʒ] *vt.* 閃躲／迴避（問題）
    dodge a question　　閃躲／迴避問題
    The actor dodged questions about his drug scandal.
    （這位演員對於關於他毒品醜聞的問題避而不答。）
  b. 根據語意，可知 (D) 項應為正選。

(B) 4. 要應徵工作，你必須具備工作所需之技能、學歷以及經驗等資格。
  a. (A) regulation [ˌrɛgjəˋleʃən] *n.* 規定，法規
    All staff must obey the new regulations.
    （所有同仁都要遵守新規定。）

(B) qualification [ˌkwɑləfə'keʃən] n. 資格，條件
　　Two years of teaching experience is a necessary qualification for this job.
　　（兩年的教學經驗是應徵這工作的必要條件。）
(C) prevention [prɪ'vɛnʃən] n. 阻礙；預防，避免，阻止
　　Prevention is better than cure.
　　（預防勝於治療。── 諺語）
(D) convention [kən'vɛnʃən] n. 慣例，習俗；大會
　　by convention　按慣例
　　By convention, it's usually the man who proposes to the woman.
　　（依照傳統，通常都是男人向女人求婚。）
b. 根據語意，可知 (B) 項應為正選。

必考重點

a. apply for...　　應徵 / 申請……
　　Elmer is applying for admission to that university.
　　艾爾馬正在申請那間大學的入學許可。
b. require [rɪ'kwaɪr] vt. 需要；要求
　　The machine required fixing.
　　這臺機器需要修理。

(D) 5. 多年以來，莉莉一直在過濾所有她手機和家中電話的來電，因為她討厭被陌生來電打擾。
　　a. (A) glitter ['glɪtɚ] vi. 發光，閃爍；顯現 & n. 閃耀
　　　　　All that glitters is not gold.
　　　　　（好看的東西未必中用 ── 喻虛有其表。）
　　　(B) purify ['pjʊrəˌfaɪ] vt. 淨化（三態為：purify, purified ['pjʊrəˌfaɪd], purified）
　　　　　The kidneys are the organs that purify the blood and are responsible for producing urine.
　　　　　（腎臟是淨化血液的器官，另外也負責製造尿液。）
　　　(C) mimic ['mɪmɪk] vt. 模仿（三態為：mimic, mimicked ['mɪmɪkt], mimicked）&
　　　　　　　　n. 善於模仿（他人或動物）的人
　　　　　We all roared with laughter when Tom mimicked Prof. Usher giving a lecture.
　　　　　（當湯姆模仿厄許教授講課時，我們全都大笑了起來。）
　　　(D) filter ['fɪltɚ] vt. 過濾 & n. 過濾器
　　　　　The ozone layer filters harmful UV rays from the sun.
　　　　　（臭氧層過濾掉陽光中有害的紫外線。）
　　b. 根據語意，可知 (D) 項應為正選。

必考重點

a. an incoming call　　來電
b. unknown [ʌn'non] a. 未知的；不知名的

(B) 6. 許多人對於公園裡發現流浪狗遭虐殺的悲慘消息感到極為難過且憤怒。
   a. (A) flexible [ˈflɛksəbḷ] *a*. 願意變通的；有彈性的
         Sometimes we need to be more flexible instead of going by the rules all the time.
         （有時候我們需要更有彈性，而不是永遠都按規矩來。）
      (B) sorrowful [ˈsɔrəfəl] *a*. 悲痛的
         The sorrowful news of the actor's death shocked all of his fans.
         （這位演員過世的悲痛新聞讓他所有的粉絲都感到震驚。）
      (C) eventual [ɪˈvɛntʃʊəl] *a*. 最終的
         Lisa has confidence in her team's eventual victory.
         （麗莎對她球隊最終會獲勝很有信心。）
      (D) optional [ˈɑpʃənḷ] *a*. 可選擇的，非強制的
         All students are required to take English, while other language courses are optional.
         （所有學生都必修英文，而其他語言課程均為選修。）
   b. 根據語意，可知 (B) 項應為正選。

必考重點

a. extremely [ɪkˈstrimlɪ] *adv*. 非常，極其
b. stray [stre] *a*. 流浪的，走失的
   a stray dog / cat　　流浪狗 / 貓
c. abuse [əˈbjuz] *vt*. 虐待
   Amy had a miserable childhood because she was abused by her father.
   愛咪有著悲慘的童年，因為她遭受父親家暴。
d. find ＋ 受詞 ＋ 過去分詞　　發現……被……
   Vivian found her car towed away after she went out of the supermarket.
   薇薇安從超市走出來後發現她的車被拖吊了。

(A) 7. 克里斯從未準時來開會。他對於<u>總</u>是遲到的理由是想避開會議剛開始時的寒暄。
   a. (A) consistently [kənˈsɪstəntlɪ] *adv*. 一向；一致地
         Peter's grades are consistently at the top of the class because he always studies hard.
         （彼得的成績一向位列班上的最前段，因為他一直都很用功。）
      (B) respectfully [rɪˈspɛktfəlɪ] *adv*. 恭敬地，尊敬地
         Remember to greet the customers respectfully when they enter.
         （顧客進來時記得要有禮貌地歡迎他們。）
      (C) indifferently [ɪnˈdɪfərəntlɪ] *adv*. 不感興趣地，冷漠地
         John looked indifferently at the in-flight meal in front of him.
         （約翰面無表情地看著他面前的飛機餐。）
      (D) enormously [ɪˈnɔrməslɪ] *adv*. 極其；非常
         We are enormously grateful for your help on the project.
         （我們非常感謝你協助這專案。）
   b. 根據語意，可知 (A) 項應為正選。

> **必考重點**
>
> a. show up　出現
> b. on time　準時
> c. excuse [ɪkˋskjus] n. 理由，藉口
> d. avoid [əˋvɔɪd] vt. 避免，防止
>   avoid + N/V-ing　避免 / 防止……
>   Anna wore a mask to avoid getting the flu.
>   安娜戴了口罩以避免得到流感。

(C) 8. 史蒂夫下週將會辭去工作。他的辭職完全出乎意料，尤其是他兩個月前才升官又加薪。

　　a.　(A) approval [əˋpruvl] n. 同意；批准
　　　　　　Ned can stay out late only if he gets his parents' approval first.
　　　　　　（奈德唯有先經過父母同意才可以在外頭待到很晚回家。）
　　　　(B) enforcement [ɪnˋfɔrsmənt] n. 執行；實施
　　　　　　The enforcement of the law is the job of the police.
　　　　　　（執法是警察的工作。）
　　　　(C) resignation [ˏrɛzɪgˋneʃən] n. 辭職
　　　　　　Protestors are calling for the mayor's resignation.
　　　　　　（抗議群眾要求市長辭職下臺。）
　　　　　　＊protestor [prəˋtɛstɚ] n. 抗議者，反對者
　　　　(D) signature [ˋsɪgnətʃɚ] n. 簽字，簽名
　　　　　　Jason faked his father's signature on his homework book.
　　　　　　（傑森在作業簿上假冒他父親的簽名。）
　　b.　根據語意，可知 (C) 項應為正選。

> **必考重點**
>
> a. quit [kwɪt] vt. & vi. 辭（職）；停止；戒除（三態同形）
>   Anna quit her job so as to take care of her sick father.
>   安娜離職以便照顧生病的爸爸。
> b. completely [kəmˋplitlɪ] adv. 完全地
> c. unexpected [ˏʌnɪkˋspɛktɪd] a. 意料不到的
> d. promotion [prəˋmoʃən] n. 升遷；促進，提倡；（產品的）促銷
> e. a pay raise　加薪

(B) 9. 得到傳染性疾病的民眾應該避免到公共場所以防止疾病散播。

　　a.　(A) outrageous [autˋredʒəs] a. 令人無法接受的，駭人的
　　　　　　The way the politician lied about taking bribes was outrageous.
　　　　　　（這名政客對收賄一事說謊的方式實在太誇張。）
　　　　(B) infectious [ɪnˋfɛkʃəs] a. 傳染性的
　　　　　　The virus is infectious even before the patient develops symptoms.
　　　　　　（這病毒甚至在病人開始出現症狀前就已具有傳染性。）

(C) ultimate [ˈʌltəmɪt] *a.* 最終的
   Adam's ultimate goal is to become a professional basketball player.
   （亞當的最終目標就是成為一位職業籃球員。）
(D) explicit [ɪkˈsplɪsɪt] *a.* 明確的
   Let me be explicit: that boy is a bad influence and you cannot date him.
   （我說得直白點好了：那個男生不是好東西，妳不能跟他約會。）
b. 根據語意，可知 (B) 項應為正選。

必考重點

a. illness [ˈɪlnəs] *n.* 疾病
b. keep... from + N/V-ing　　防止……做……
   Brad's loud snoring kept his wife from sleeping last night.
   布萊德昨晚鼾聲大響，讓他老婆無法入眠。
c. disease [dɪˈziz] *n.* 疾病
d. spread [sprɛd] *vt.* 散播，蔓延（三態同形）
   No one knows who started to spread those rumors.
   沒有人知道是誰開始散播那些謠言的。

(C) 10. 雖然現在電子裝置非常流行，但紙本選票仍是世界上重大選舉中的主力。
   a. (A) token [ˈtokən] *n.* （情感的）表示；代幣
      as a token of sb's gratitude　　表示某人的感謝
      I gave Mandy a box of cookies as a token of my gratitude.
      （我送曼蒂一盒餅乾表達我的謝意。）
   (B) fragment [ˈfrægmənt] *n.* 碎片；片段
      Peggy found a small fragment of glass in her soup.
      （佩琪發現她的湯裡有一小塊玻璃碎片。）
   (C) ballot [ˈbælət] *n.* 選票；（不記名）投票
      After the ballots were cast, the teacher counted the votes and announced the new class leader.
      （投完票後，老師計算票數並宣布新任班長的當選人。）
   (D) warranty [ˈwɔrəntɪ] *n.* 保固卡，保證書（複數為 warranties）
      Are you interested in purchasing a two-year extended warranty?
      （您有沒有興趣加購兩年的延長保固？）
   b. 根據語意，可知 (C) 項應為正選。

必考重點

a. electronic [ɪˌlɛkˈtrɑnɪk] *a.* 電子的
b. device [dɪˈvaɪs] *n.* 裝置；手段
c. election [ɪˈlɛkʃən] *n.* 選舉

二、綜合測驗（占 10 分）

第 11 至 15 題為題組

我們都知道壓力太大對健康不好，但壓力太少也不好。儘管長期壓力對身體有害，但短期壓力實際上是有益健康的。

短期壓力會觸發我們體內產生保護性的化學物質，並增強身體的防禦能力。當身體處於脆弱的狀態時，短暫的壓力會迅速啟動身體的修復系統來防衛受損的部位。這使我們不會感到身體不舒服和生病。少量的壓力激素甚至可能會增強我們的記憶力。最近一項研究發現，當老鼠被迫游泳時 ── 游泳是會讓老鼠感到短暫壓力的活動 ── 這些老鼠與處於放鬆狀態的老鼠相比，牠們更能記住通過迷宮的路線。

擁有健康生活方式的關鍵在於保持我們的壓力值處於平衡狀態。太多壓力會讓我們脾氣暴躁又生病。另一方面，壓力太少會讓人覺得乏味及缺乏動力。

(B) 11. 理由:
- a. (A) contagious [kənˈtedʒəs] *a.*（病）接觸傳染的
  This viral disease is highly contagious.
  （這種病毒性疾病具有高度傳染性。）
  (B) chronic [ˈkrɑnɪk] *a.*（疾病等）長期的，慢性的
  David has been suffering from chronic asthma for many years.
  （大衛為多年的氣喘病所苦。）
  (C) diagnostic [ˌdaɪəgˈnɑstɪk] *a.*（用於）診斷的
  The doctor said Jeff should take more diagnostic tests to see what was causing his failing eyesight.
  （醫師說傑夫應該接受更多診斷性測試，看看是什麼導致他的視力衰退。）
  (D) tedious [ˈtidɪəs] *a.* 枯燥的，乏味的
  Charlie didn't like his last job because it was so tedious.
  （查理不喜歡他前一份工作，因為太枯燥乏味了。）
- b. 根據語意，(B) 項應為正選。

(C) 12. 理由:
- a. (A) till [tɪl] *conj.* 直到……
  Dale didn't go to bed till his daughter came back home.
  （直到女兒回家後，戴爾才上床睡覺。）
  (B) unless [ʌnˈlɛs] *conj.* 除非……
  You won't be able to travel to that tourist destination this summer unless you book a flight very early.
  （除非你非常早預訂航班，否則今年夏天你會無法去那個旅遊勝地玩。）
  (C) when [(h)wɛn] *conj.* 當……時
  When Becky was a little girl, she wanted to be an actress.
  （當貝琪還是個小女孩時，她想當演員。）
  (D) whereas [(h)wɛrˈæz] *conj.* 但是，然而
  Most of the students passed the English exam, whereas few of them passed the math exam.
  （大多數學生英文考及格，但極少人數學考及格。）
- b. 根據語意，(C) 項應為正選。

(C) 13. 理由:
　　a. (A) conceal [kənˋsil] *vt.* 隱藏
　　　　　I guessed from Craig's tone of voice that he was concealing something from me.
　　　　　（從克雷格的語氣中，我猜他有事瞞著我。）
　　　(B) derive [dɪˋraɪv] *vt.* 獲 / 取得
　　　　　derive A from B　　從 B 獲 / 取得 A
　　　　　Fred derives a lot of pleasure from dancing.
　　　　　（弗瑞德從跳舞中得到許多樂趣。）
　　　(C) shield [ʃild] *vt.* 保護 & *n.* 盾牌；保護物
　　　　　shield A from B　　保護 A 免受 B 的傷害
　　　　= protect A from B
　　　　　The mother tried to shield her son from everything harmful, but she knew deep down that it was impossible.
　　　　　（那母親試圖保護她的兒子免受一切傷害，但她內心深處知道這是不可能的。）
　　　(D) transform [trænsˋfɔrm] *vt.* 改變 / 造
　　　　　transform A from B into C　　把 A 從 B 改變 / 造成 C
　　　　　The architect transformed the old building from a grocery store into a coffee shop.
　　　　　（那建築師將這棟老房子從雜貨店改造成咖啡廳。）
　　b. 根據語意，(C) 項應為正選。

(B) 14. 理由:
　　a. (A) harder [ˋhɑrdɚ] *adv.* 更努力地，更使勁地（為 hard 的比較級）
　　　　　Harold studies harder than any of his elder brothers.
　　　　　（哈洛德比他任何一個哥哥都更努力念書。）
　　　(B) better [ˋbɛtɚ] *adv.* 更好地（為 well 的比較級）
　　　　　Connie was unhappy because her brother did better than her on the English exam.
　　　　　（康妮很不高興，因為她弟弟英文考得比她好。）
　　　(C) less [lɛs] *adv.* 較 / 更少（為 little 的比較級）
　　　　　Since Ella started to eat less and exercise three times a week, she has lost a lot of weight.
　　　　　（自從艾拉開始少吃且每週運動三次後，她就瘦了很多。）
　　　(D) further [ˋfɝðɚ] *adv.* 進一步地（為 far 的比較級之一）
　　　　　The manager said he didn't want to talk about it any further.
　　　　　（經理說他不想再談這件事了。）
　　b. 根據語意，(B) 項應為正選。

(A) 15. 理由:
　　a. 本題測試 keep 的用法：
　　　keep + 受詞 + 受詞補語　　（使）……保持……
　　　在此「受詞補語」包括名詞、形容詞、現在分詞（表主動）以及過去分詞（表被動），而文中的壓力值應是「被平衡的」，因此為「被動」，故用過去分詞 balanced。
　　b. 根據上述，(A) 項應為正選。

重要單字片語

1. **strengthen** [ˈstrɛŋθən] *vt. & vi.* 增強
   You can try watching French news programs to strengthen your listening ability.
   （你可以試著看法文新聞節目來強化聽力。）

2. **defense** [dɪˈfɛns] *n.* 防禦，保衛
   defend [dɪˈfɛnd] *vt.* 防禦，保衛
   The soldiers vowed to defend their country.
   （這些士兵發誓要保衛他們的國家。）

3. **vulnerable** [ˈvʌlnərəbl] *a.* 脆弱的，易受傷害的

4. **situation** [ˌsɪtʃʊˈeʃən] *n.* 情況，形勢
   in a(n)... situation 在……的情況下
   It's very hard to stay calm in a stressful situation.
   （在壓力大的情況下很難保持冷靜。）

5. **burst** [bɜst] *n.* （短時間內）爆發，一陣
   a burst of... 短暫的……，一陣……
   My elder sister gave a loud burst of laughter when she heard my joke.
   （我姊姊聽到我講的笑話就放聲大笑。）

6. **mobilize** [ˈmoblˌaɪz] *vt.* 動用／員，調動
   To save the hostages, the government mobilized as many resources as it could.
   （為了解救人質，政府動用了所有可能的資源。）

7. **physical** [ˈfɪzɪkl] *a.* 身體的

8. **discomfort** [dɪsˈkʌmfət] *n.* 不舒服，不適

9. **sickness** [ˈsɪknəs] *n.* 生病（不可數）；疾病（可數）

10. **hormone** [ˈhɔrmon] *n.* 激素，荷爾蒙

11. **sharpen** [ˈʃɑrpən] *vt.* 增強，改善；使鋒利
    The teacher said it might take years to sharpen one's English writing skills.
    （老師說要淬鍊英文寫作技巧可能需要多年時間。）

12. **maze** [mez] *n.* 迷宮

13. **relaxed** [rɪˈlækst] *a.* 放鬆的

14. **lifestyle** [ˈlaɪfˌstaɪl] *n.* 生活方式

15. **cranky** [ˈkræŋkɪ] *a.* 脾氣壞的

16. **boredom** [ˈbɔrdəm] *n.* 無聊，乏味

17. **motivation** [ˌmotəˈveʃən] *n.* 動力；動機

第 16 至 20 題為題組

　　你知道在天文學裡「流星體」、「流星」和「隕石」這些專有名詞的差別嗎？很多人覺得這幾個名詞很容易混淆在一起。不過它們的差別在於各自所在的位置。

　　流星體位於遙遠的高空。它們是快速穿越太空的岩石塊或金屬塊。有些流星體很巨大，可能有數百英尺寬。其他的可能只有小石頭那麼大。大多數的流星體在太空中圍繞著太陽運行，離地球很遠。不過有時候流星體會進入地球的大氣層。與大氣摩擦會導致它在高速飛行時變熱而燃燒。流星體開始在大氣層中燃燒時，它會留下一道光。當這道尾巴狀的光朝向地球墜落，這就稱為流星。大多數流星在墜地前即完全汽化。若有流星在穿越大氣層時並未燃燒殆盡，且墜落在地球上的話，它就稱為隕石。大型隕石會在地球表面造成大爆炸及諸多破壞。例如位於美國亞利桑那州的巴林傑隕石坑便是由隕石撞擊產生的，其直徑為一千兩百公尺、深約一百七十公尺。

(C) 16. 理由：

　　a. (A) size [saɪz] *n.* 大小，尺寸；尺碼
   be the size of sth　與某物一般大
   Bill's living room is about the size of my house.
   （比爾家的客廳大約和我整個家一樣大。）

   (B) weight [wet] *n.* 重量；體重
   The students were asked to calculate the weight of the desk.
   （學生們被要求計算課桌的重量。）

(C) location [loˈkeʃən] *n.* 位置，地點
Let me draw you a map so that you will know the exact location of the bank.
（讓我畫張地圖給你，這樣一來你就知道銀行的確切位置了。）

(D) temperature [ˈtɛmprətʃɚ] *n.* 溫度，氣溫；體溫
The temperature has dropped 10 degrees in the last couple of hours.
（氣溫在過去幾小時內已降了十度。）

b. 根據語意，(C) 項應為正選。

(A) 17. 理由：
a. (A) may + 原形動詞　　可能……（對現在或未來的推測）
They have the same surname. They may be brother and sister.
（他們同姓，很有可能是兄妹。）

(B) would + 原形動詞　　將會是 / 很可能……（從過去的角度推測未來會發生的事，或用於對可能性或準確性極高事物的推測）
Kevin said he would be a little late for work tomorrow.
（凱文說他明天上班將會晚一點到。）

(C) must have + 過去分詞　　（當時）一定……（對過去某情形的肯定推斷）
Chris must have been out of his mind when he decided to divorce his wife.
（克里斯決定要跟他老婆離婚時一定是失心瘋了。）

(D) could have + 過去分詞　　當時可能……（對過去某情形的推測）
The explosion could have been caused by a gas leak.
（爆炸可能是瓦斯外洩所引起的。）

b. 空格前三句的時態皆為現在式，表一般性事實，另由空格前句中的 may be 得知本句同為對現在事實的推測，故 (A) 項應為正選。

(D) 18. 理由：
a. (A) wear out　　穿壞，磨損
Tom's shoes wear out quickly because he walks to school every day.
（湯姆的鞋子磨損非常快，因為他每天走路上學。）

(B) turn off... / turn... off　　關掉（電視、電燈、收音機等電源）
turn on... / turn... on　　打開（電視、電燈、收音機等電源）
There's no good show on any channel now. Turn the TV off, please.
（現在沒有什麼好看的頻道。請把電視關了吧。）

(C) break through (sth)　　衝破 / 突破（某物）
The thief broke through the door and stole the money last night.
（昨晚小偷破門而入把錢偷走了。）

(D) heat up　　變熱
The weather report said it will heat up this afternoon.
（氣象報告說今天下午天氣會變熱。）

b. 根據語意，(D) 項應為正選。

(B) 19. 理由：
a. (A) approach [əˈprotʃ] *vt. & vi.* 接近，靠近
I was talking to Jenny when the bus was approaching the bus stop.
（公車快進站時我正在跟珍妮說話。）

(B) survive [sə'vaɪv] *vt.* 在……之後倖存 & *vi.* 生存下來
The little girl survived the car accident because she was wearing a seatbelt.
（那個小女孩在車禍中生還，因為她當時繫了安全帶。）

(C) confirm [kən'fɝm] *vt.* 確認；證實
Bill confirmed his hotel reservation two days before he went on his trip.
（比爾在出門旅行前兩天先確認訂房。）

(D) target ['tɑrgɪt] *vt.* 以……為目標（常採被動語態）& *n.* 目標
be targeted at / on... 以……為目標對象
This program is targeted at elderly people who want to learn English.
（這個課程的對象是想學英文的長者。）

b. 根據語意，(B) 項應為正選。

(C) 20. 理由：
a. (A) indeed [ɪn'did] *adv.* 的確，確實
Indeed, the movie was so good that I watched it twice.
（真的，這部電影好看到我看了兩遍。）

(B) nevertheless [ˌnɛvɚðə'lɛs] *adv.* 不過，然而
= however [haʊ'ɛvɚ] *adv.*
John hasn't been well for the past week. Nevertheless, he went on the camping trip.
（約翰過去一週一直不舒服，然而他還是去露營了。）

(C) for example 舉例來說
= for instance
Kevin loves outdoor activities. For example, he enjoys hiking and fishing.
（凱文喜歡戶外活動。比方說，他喜歡健行及釣魚。）

(D) in short 簡而言之
There is hardly any word David doesn't know. In short, he is a walking dictionary.
（很少有大衛不認識的字。簡單講，他就是個活字典。）

b. 根據語意，(C) 項應為正選。

重要單字片語

1. **meteoroid** ['mitɪəˌrɔɪd] *n.* 流星體
2. **meteor** ['mitɪɚ] *n.* 流星（= shooting star）
   a meteor shower 流星雨
3. **meteorite** ['mitɪəˌraɪt] *n.* 隕石
4. **astronomy** [ə'strɑnəmɪ] *n.* 天文學（不可數）
5. **chunk** [tʃʌŋk] *n.*（肉、木材等的）一大塊或厚片
   a chunk of... 一塊……
   Everyone going to the picnic got a chunk of homemade bread prepared by Jenny.
   （參加野餐的每個人都拿到一大塊珍妮準備的手作麵包。）
6. **stay away from...** 遠離……
   Stay away from the bees. They might be dangerous.
   （離那些蜜蜂遠點兒。牠們可能是危險的。）
7. **atmosphere** ['ætməsˌfɪr] *n.* 大氣（層）；空氣；氣氛
8. **friction** ['frɪkʃən] *n.* 摩擦（力）（常與介詞 with 並用）
9. **streak** [strik] *n.* 條紋；條痕
   a streak of... 一道……
   There was a streak of gray in Frank's hair.
   （法蘭克的頭上有一撮白髮。）
10. **vaporize** ['vepəˌraɪz] *vi.* & *vt.*（使）蒸發 / 汽化

The chemistry teacher explained to us how water vaporizes.
（化學老師跟我們解釋水是如何蒸發的。）

11. **fiery** [ˈfaɪrɪ] *a.* 如火般的，火似的
12. **journey** [ˈdʒɜnɪ] *n. & vi.* 旅行（尤指長途旅行）
    go on a journey to + 地方　　去某地旅行
    Do you want to go on a journey to Tainan with me this weekend?
    （你這個週末想和我一起去臺南旅行嗎？）
13. **explosion** [ɪkˈsploʒən] *n.* 爆炸
14. **destruction** [dɪˈstrʌkʃən] *n.* 破壞，毀滅（不可數）
15. **crater** [ˈkretɚ] *n.* 坑洞；火山口
16. **measure** [ˈmɛʒɚ] *linking verb* 尺寸為……

The wall measures three meters in height.
（這面牆高三公尺。）

17. **diameter** [daɪˈæmətɚ] *n.* 直徑
    be... in diameter　　直徑是……
    The diameter of this circle is 5 cm.
    = This circle is 5 cm in diameter.
    （這個圓的直徑是五公分。）
18. **impact** [ˈɪmpækt] *n.* 衝擊（力）；影響
    have an impact on...　　對……有影響／衝擊
    David's heavy drinking had a negative impact on his children.
    （大衛的酗酒問題對他的子女造成了負面的影響。）

三、文意選填（占 10 分）　*目前學測考法為 10 個選項中選出 10 個答案。

第 21 至 30 題為題組

　　有些人認為廣東話是中文的一個方言。其他人則堅稱廣東話本身就是一種語言。誰是對的？方言和語言有什麼差別？

　　區別語言和方言的標準有兩種。第一種是社會和政治的：在此觀點中，「語言」通常是書寫用的、官方的和尊榮的，而「方言」主要是口語的、非官方的和被鄙視的。俗話說：「語言是擁有陸海軍的方言。」這句話暗示一群有影響力的人，如陸軍或政府，可以決定要以哪種方言作為國家的官方語言。

　　語言學家則有不同的標準：如果兩種說話方式的文法、詞彙和發音相像到兩邊的說話者可以彼此理解，那這兩種說話方式就被認為是單一語言的方言。相反地，若很難或甚至不可能彼此理解，它們就是不同的語言。基於這些理由[註1]，墨西哥西班牙語和阿根廷西班牙語是同一種語言（西班牙語）的方言。這兩種方言的使用者在溝通上幾乎沒有問題。然而廣東話就不被視為中文的方言，因為這兩種語言的使用者幾乎無法交談。這種以相互理解作為判斷的標準是很客觀沒錯，但卻可能惹惱民族主義者。舉例來說，丹麥人和挪威人可以互相理解，代表丹麥語和挪威語是同一種語言的方言。但很少有丹麥人和挪威人會真的滿意這種分類法。

註1：第 27 題的答案 (F) ground 在文中為「根據，理由」之意，ground 作此意時常用複數，故此處宜改為 On these grounds。

(G) 21. 理由：

　　a. 本題測試下列固定用法：
　　　in sb's own right　　憑本身的能力／資格
　　　Though her father is a famous violinist, Kayla is a talented musician in her own right.
　　　（雖然凱拉的爸爸是知名小提琴家，但她自己也是位天才音樂家。）
　　b. 根據上述，(G) 項應為正選。

(K) 22. 理由：

　　a. 空格前有 are used to，得知空格應置原形動詞，以形成 be used to V（被用來做……）的固定用法。空格後有 languages from dialects，得知空格應置 (K) distinguish（區別），以形成下列固定用法：
　　　distinguish [dɪˈstɪŋgwɪʃ] *vt.* 分辨，區別

distinguish A from B　　區別 A 與 B 的不同
It took me months to distinguish my girlfriend's voice from her sister's on the phone.
（我花了好幾個月才能在電話中分辨出我女友和她姊姊的聲音。）
　　b. 根據上述及語意，(K) 項應為正選。

(J) 23. 理由：
　　a. 空格前為 "languages" are typically written, official, and...，空格後有 whereas "dialects" are mostly spoken, unofficial, and looked down upon，得知空格應置形容詞，且此形容詞須為 looked down upon 的反義字。
　　b. 選項中為形容詞，並與 looked down upon 意思相反的為 (J) prestigious（有聲望的），故為正選。
　　c. prestigious [prɛsˈtɪdʒəs] *a.* 有聲望的
Allen attended a highly prestigious university.
（艾倫在一間大學名校就讀。）

(B) 24. 理由：
　　a. 空格前有助動詞 can，空格後有疑問詞 which 引導的名詞子句，得知空格應置原形及物動詞，使該名詞子句可作原形動詞的受詞。
　　b. 剩餘選項中可作原形及物動詞的有：(B) determine（決定）、(C) sound（使有聲響）、(D) trouble（使煩惱）及 (F) ground（使禁足），惟根據語意，(B) 項為正選。
　　c. determine [dɪˈtɜmɪn] *vt.* 決定
Whether we should work from home will be determined by the CEO.
（執行長將會決定我們是否該居家上班。）

(I) 25. 理由：
　　a. 空格前有 are，空格後有 in，得知空格應置 (I) similar（相似的），以形成下列固定用法：
similar [ˈsɪmələ] *a.* 相似的
be similar in...　　在……方面很相似
The two sisters are similar in appearance.
（這兩姊妹長得很像。）
　　b. 根據上述及語意，(I) 項為正選。

(E) 26. 理由：
　　a. 空格前有從屬連接詞 if，空格後有缺少主詞的子句 is difficult or even impossible，得知空格應置名詞，使其可作該子句的主詞。
　　b. 剩餘選項中可作名詞的有：(C) sound（聲音）、(D) trouble（麻煩）、(E) comprehension（理解）、(F) ground（地面）及 (H) converse（相反），惟根據語意，(E) 項為正選。
　　c. comprehension [ˌkɑmprɪˈhɛnʃən] *n.* 理解（力）
Professor Bannon's physics lecture was beyond Simon's comprehension.
（賽門聽不懂班農教授的物理課。）

(F) 27. 理由：
　　a. 本題測試下列固定用法：
ground [graʊnd] *n.* 理由，根據（常用複數）
on... grounds　　基於……的理由
The new policy was made on environmental grounds.
（這項新政策乃依環保理念而制訂。）
　　b. 根據上述，(F) 項應為正選。

(D) 28. 理由：
　　a. 本題測試下列固定用法：
　　　　have trouble + V-ing　　做……有困難
　　　= have difficulty / problems + V-ing
　　　　I'm having trouble starting my car.
　　　（我的車子很難發動。）
　　b. 根據上述，(D) 項應為正選。

(H) 29. 理由：
　　a. 空格前有助動詞 can，得知空格應置原形動詞。空格後有 with each other，得知空格應置 (H) converse（交談），以形成下列固定用法：
　　　converse [kən`vɝs] vi. 交談
　　　converse with sb　　與某人交談
　　　I saw Carly converse with a handsome guy yesterday.
　　　（我昨天看到卡莉在和一位帥哥交談。）
　　b. 根據上述及語意，(H) 項應為正選。

(A) 30. 理由：
　　a. 空格前有表「使……成為」的使役動詞 making，以及受詞 Danish and Norwegian，故得知空格應置名詞或形容詞作受詞補語。
　　b. 剩餘選項中，置入空格後符合語意的為 (A) recognized（被認定的），故為正選。
　　c. (A) 項為及物動詞 recognize（認定）的過去分詞作形容詞用。
　　　recognize [`rɛkəg͵naɪz] vt. 認定，認可
　　　be recognized as...　　被認定為……
　　　Professor Rollins is recognized as one of the best educators in the country.
　　　（羅林斯教授是該國公認為最優秀的教育家之一。）

重要單字片語

1. **Cantonese** [͵kæntə`niz] n. 廣東話 / 人
2. **dialect** [`daɪəlɛkt] n. 方言
3. **differ** [`dɪfɚ] vi. 不同，差異
　　differ from...　　與……不同
　　Haley's personality differs greatly from her bestie's.
　　（海莉的個性和她閨蜜截然不同。）
4. **criterion** [kraɪ`tɪrɪən ] n. （評斷、批評的）標準（複數為 criteria [ kraɪ`tɪrɪə]）
5. **whereas** [(h)wɛr`æz] conj. 而
　　The wise take advantage of mistakes, whereas the stupid only regret the mistakes they have made.
　　（聰明的人從錯誤中學習，而愚者只知後悔犯了錯。）
6. **look down upon / on...**　　瞧不起……
You should never look down upon other people and should always be humble.
（你絕對不要輕視他人，要始終保持謙虛。）
7. **navy** [`nevɪ] n. 海軍
8. **imply** [ɪm`plaɪ] vt. 暗示
　　imply + (that) 子句　　暗示……
　　Are you implying this painting is a fake?
　　（你在暗示這幅畫是贗品嗎？）
9. **linguist** [`lɪŋgwɪst] n. 語言學家
10. **grammar** [`græmɚ] n. 文法
11. **pronunciation** [prə͵nʌnsɪ`eʃən] n. 發音
12. **Mexican** [`mɛksɪkən] a. 墨西哥的
13. **Argentine** [`ɑrdʒən͵taɪn] a. 阿根廷的
14. **mutual** [`mjutʃʊəl] a. 相互的
15. **understandability** [͵ʌndɚ͵stændə`bɪlətɪ] n. 可理解

16. **objective** [əbˈdʒɛktɪv] *a.* 客觀的
17. **annoy** [əˈnɔɪ] *vt.* 惹惱
    The noise from my neighbor last night really annoyed me.
    （昨晚我鄰居家的吵雜聲真的惹惱了我。）
18. **nationalist** [ˈnæʃənlɪst] *n.* 民族主義者
19. **Dane** [den] *n.* 丹麥人
20. **Norwegian** [nɔrˈwidʒən] *n.* 挪威人／語
21. **Danish** [ˈdenɪʃ] *n.* 丹麥語
22. **classification** [ˌklæsəfəˈkeʃən] *n.* 分類

四、篇章結構（占 10 分）＊目前學測考法為 4 個選項中選出 4 個答案，115 學年度起改為 5 個選項中選出 4 個答案。

第 31 至 35 題為題組

　　法裔美籍藝術家妮基・桑法勒是二十世紀最著名的藝術家之一，生於一九三〇年。她在一個極為保守的家庭長大，然而她抗拒家中古板守舊的價值觀，追尋當畫家的生涯。她的叛逆造成她與家人產生一連串的衝突，導致她在二十三歲時精神崩潰。幸運的是，繪畫為她提供了有效的治療以及以藝術家身分成長的道路。她著名的「娜娜」系列博得世界性的讚譽。它是女性榮耀的見證。該系列大部分是由真人大小的女性人偶所組成，它們扮演著新娘和新手媽媽等各式角色。其中一些雕塑作品體積很龐大，「如此一來男性在她們身旁便顯得渺小」。桑法勒在這些作品中使用鮮明的色調，而她的女性人物興高采烈地跳著舞。這位藝術家透過娜娜歡樂又強壯的形象，把積極正面的訊息傳遞給所有女性。

　　受塔羅牌[註1]啟發的桑法勒雕塑公園「塔羅花園」位於義大利托斯卡尼省。這座花園於一九七九年動工，一九九八年五月正式對外開放。園內有塔羅牌中的象徵符號雕塑。色彩鮮豔的建築與雕塑組合反映出二十二張塔羅主牌所代表的形而上特質。然而這些雕塑作品與算命無關，而是聚焦於卡片所指涉的生活經驗、性格與自我認知等元素。

　　桑法勒於二〇〇二年五月二十一日在加州聖地牙哥去世，享年七十一歲。她的去世意味著一位具多元創意天賦女性的殞落。

註1：Tarot cards（塔羅牌）一般使用小寫 t，故此處及後面的 Tarot cards 均應寫作 tarot cards 即可。

(E) 31. **理由**:
   a. 空格前一句提及 "She was brought up in a very conservative family, and yet, she rejected the staid, conservative values of her family to pursue a career in painting."（她在一個極為保守的家庭長大，然而她抗拒家中古板守舊的價值觀，追尋當畫家的生涯。）
   b. (E) 項句子提及 "Her rebelliousness created a series of conflicts with her family, which led to a nervous breakdown at age 23."（她的叛逆造成她與家人產生一連串的衝突，導致她在二十三歲時精神崩潰。），句中的 rebelliousness（叛逆）呼應前一句後半部，而後半句與後一句所述繪畫成為一種治療方式形成關聯。
   c. 根據上述，(E) 項應為正選。

(A) 32. **理由**:
   a. 空格前兩句提及 "Her famous 'Nana' series gained universal praise. It is a testimony to the glory of women."（她著名的「娜娜」系列博得世界性的讚譽。它是女性榮耀的見證。）
   b. (A) 項句子提及 "The series is mostly composed of life-size dolls of women in various roles such as brides and new mothers."（該系列大部分是由真人大小的女性人偶所組成，它們扮演著新娘和新手媽媽等各式角色。），其中與女性角色相關的系列與前兩句所述代表女性榮耀的「娜娜」雕塑系列形成關聯。
   c. 根據上述，(A) 項應為正選。

(D) 33. 理由:
- a. 空格前一句提及 "Saint Phalle used vivid colors in these works and her female subjects dance cheerfully and merrily."（桑法勒在這些作品中使用鮮明的色調，而她的女性人物興高采烈地跳著舞。）
- b. (D) 項句子提及 "Through these joyful and powerful images of Nana, the artist sends a positive message to all women."（這位藝術家透過娜娜歡樂又強壯的形象，把積極正面的訊息傳遞給所有女性。），其中 joyful and powerful images of Nana（娜娜歡樂又強壯的形象）呼應前句中的 dance cheerfully and merrily（興高采烈地跳著舞）。
- c. 根據上述，(D) 項應為正選。

(B) 34. 理由:
- a. 空格前一句提及 "Saint Phalle's sculptural park, 'The Tarot Garden,' inspired by Tarot cards, is situated in the Italian province of Tuscany."（受塔羅牌啟發的桑法勒雕塑公園「塔羅花園」位於義大利托斯卡尼省。）
- b. (B) 項句子提及 "Work on the garden began in 1979, and it was officially opened to the public in May 1998."（這座花園於一九七九年動工，一九九八年五月正式對外開放。），與前句中指出的地點──雕塑公園「塔羅花園」──形成關聯。
- c. 根據上述，(B) 項應為正選。

(F) 35. 理由:
- a. 空格前一句提及 "The sculptures, however, have nothing to do with fortune telling."（然而這些雕塑作品與算命無關。）
- b. (F) 項句子提及 "Instead, the works focus on the elements of life experience, personality, and self-knowledge that the cards refer to."（而是聚焦於卡片所指涉的生活經驗、性格與自我認知等元素。），轉折詞 Instead 引導語意與前一句對照，進一步說明雕塑品真正強調的部分，符合上下文意。
- c. 根據上述，(F) 項應為正選。

重要單字片語

1. **conservative** [kənˈsɝvətɪv] *a.* 保守的 & *n.* 保守派人士
2. **staid** [sted] *a.* 古板的
3. **pursue** [pɚˈsu] *vt.* 追求
   My parents encouraged me to pursue my dreams even though they didn't fully agree with them.
   （我的父母鼓勵我追求自己的夢想，儘管他們並非完全認同那些夢想。）
4. **fortunately** [ˈfɔrtʃənɪtlɪ] *adv.* 幸運地
5. **therapy** [ˈθɛrəpɪ] *n.* 療法
6. **series** [ˈsiriz] *n.* 系列（單複數同形）
   a series of + 複數名詞　　一系列的……；一連串的……
   A series of bad investments forced the firm into bankruptcy.
   （一連串投資失利迫使這家公司破產。）
7. **universal** [ˌjunəˈvɝsl̩] *a.* 全世界的；普遍的
8. **testimony** [ˈtɛstəˌmonɪ] *n.* 見證；證詞
   be (a) testimony to...　為……做見證
   The success of our plan was a testimony to the importance of teamwork.
   （我們的計畫成功見證了團隊合作的重要性。）
9. **sculpture** [ˈskʌlptʃɚ] *n.* 雕塑作品（可數）；雕塑（不可數）
   sculptural [ˈskʌlptʃərəl] *a.* 雕塑的
10. **tarot** [ˈtæro] *n.* 塔羅牌
11. **inspire** [ɪnˈspaɪr] *vt.* 啟發；鼓舞，激勵
    inspire sb to V　激發某人做……
    The writer's lecture inspired me to open my own coffee shop.
    （那位作家的演講啟發了我開一家自己的咖啡店。）
12. **be situated in / at / on...**　地點位於……

Kevin's house is situated on a hilltop overlooking the valley.
（凱文家座落在可以俯瞰山谷的山頂上。）

13. **province** [`ˈprɑvɪns`] *n.* 省
14. **combination** [`ˌkɑmbəˈneʃən`] *n.* 結合，聯合
15. **reflect** [`rɪˈflɛkt`] *vt.* 反映，顯示；反射 & *vi.* 思考（與 on 並用）
    The exclamation mark reflects the author's strong feelings toward the event.
    （這個驚歎號反映出作者對該事件強烈的情緒。）
16. **metaphysical** [`ˌmɛtəˈfɪzɪkl`] *a.* 形而上的；超自然的
17. **have nothing to do with...**　與……無關
    The suspect proved that he had nothing to do with the robbery.
    （那名嫌犯證明自己與該搶案無關。）
18. **fortune telling**　算命
19. **pass away**　去世（die 的委婉說法）
    David shouldered the burden of raising his younger siblings after his parents passed away.
    （大衛在雙親過世後便肩負起扶養弟妹的重擔。）
20. **diverse** [`daɪˈvɝs / dɪˈvɝs`] *a.* 多元的；多樣的
21. **be composed of...**　由……組成
    = be comprised of...
    = be made up of...
    = consist of...
    This organization is composed of people from all walks of life.
    （這個組織是由來自各行各業的人士所組成。）
22. **life-size** [`ˈlaɪfˌsaɪz`] *a.* 真人大小的；實物大小的
23. **iconic** [`aɪˈkɑnɪk`] *a.* 代表性的
24. **feminist** [`ˈfɛmənɪst`] *a.* 與女權主義相關的 & *n.* 女權主義者
25. **rebelliousness** [`rɪˈbɛljəsnɪs`] *n.* 叛逆；反叛
26. **breakdown** [`ˈbrekˌdaʊn`] *n.*（人）崩潰；（機器）故障
    a nervous breakdown　精神／心理崩潰
27. **refer to...**　涉及……，意指……；提及……；參考……
    The number of stars in front of a word in the vocabulary refers to its level of difficulty.
    （字彙表中每個單字前方的星星數代表它的難度等級。）

五、閱讀測驗（占 32 分）

第 36 至 39 題為題組

　　胡佛水壩位於橫跨美國西南部內華達州與亞利桑那州邊界的黑峽谷，被稱為二十世紀十大工程奇蹟之一。水壩建造於一九三一至一九三六年間，為當時世界最大的水壩。這項建設是個龐大的計畫，有數千名工人參與，並有超過一百人為之犧牲了生命。

　　大約自西元一九〇〇年起，就有針對黑峽谷及鄰近巨石峽谷撐起一座控制水患、提供灌溉用水及水力發電水壩的可行性研究計畫。西元一九二八年，美國國會批准此項計畫。工程由「六企業聯合公司」提出的方案得標。然而之前從未有人建造過如此龐大的混凝土建築，且某些技術也未曾被驗證過。極端的暑熱及工地附近缺乏後勤設施也形成相當大的困難度。儘管如此，六企業聯合公司仍在一九三六年三月一日將水壩完工移交給聯邦政府，比原訂進度提早了兩年多。

　　水壩最初的設計偏重於功能性而非外觀，因而遭受許多人批評，認為以規模如此龐大的工程來說，這樣的設計太過單調乏味。因此，被請來重新設計外觀的建築師戈登・B・考夫曼將設計大幅流線化，並將整個計畫都用上優雅的裝飾藝術風格。美國插畫家艾倫・塔伯・特魯也被請來負責新水壩牆面及地面的設計與裝飾，他將美國原住民對雨水、閃電、雲及動物所建構的意象與色彩融入設計，因而創造出看起來既古老又現代的象徵性圖案。

　　現在胡佛水壩已成為國家級的歷史地標。它座落在科羅拉多河，高七百二十五英尺，是西半球最高的混凝土水壩，在建成八十五年之後仍然耀眼，每年吸引超過百萬名遊客參觀。

(A) 36. 下列哪一項不是最初建造水壩的原因？
(A) 促進觀光業。　　　　　　　　(B) 支持農業。
(C) 生產電力。　　　　　　　　　(D) 預防天災。
理由：
根據本文第二段第一句 "Since about 1900, the Black Canyon and nearby Boulder Canyon had been investigated for their potential to support a dam that would control floods, provide irrigation water, and produce hydroelectric power."（大約自西元一九〇〇年起，就有針對黑峽谷及鄰近巨石峽谷撐起一座控制水患、提供灌溉用水及水力發電水壩的可行性研究計畫。），得知 (A) 項應為正選。

(C) 37. 下列哪一項關於胡佛水壩的敘述為真？
(A) 建設過程超過十年。　　　　　(B) 它功能性很強，但是設計乏味。
(C) 它的位置橫跨美國兩州。　　　(D) 它因為造成黑峽谷被發現而聞名。
理由：
根據本文第一段第一句 "Located in Black Canyon straddling the border between Nevada and Arizona in the southwestern region of the United States, Hoover Dam is named one of the Top 10 Construction Achievements of the 20th century."（胡佛水壩位於橫跨美國西南部內華達州與亞利桑那州邊界的黑峽谷，被稱為二十世紀十大工程奇蹟之一。），得知 (C) 項應為正選。

(B) 38. 根據本篇文章，六企業聯合公司於建造水壩的過程中，遭遇了什麼事？
(A) 它被嚴苛的工作環境打倒。
(B) 它於建造過程中失去了一些工人。
(C) 它受惠於先前建造類似規模水壩所得的經驗。
(D) 它在最後期限之前放棄了這項政府授權的計畫。
理由：
根據本文第一段第三句 "Its construction was the result of a massive effort involving thousands of workers and cost over one hundred lives."（這項建設是個龐大的計畫，有數千名工人參與，並有超過一百人為之犧牲了生命。），得知 (B) 項應為正選。

(A) 39. 戈登·B·考夫曼為胡佛水壩做出什麼貢獻？
(A) 他改善水壩的外觀。
(B) 他強化水壩的實用性。
(C) 他為水壩的地面設計添加原住民風格。
(D) 他用大自然的意象裝飾水壩的牆面。
理由：
根據本文第三段第二句 "So Gordon B. Kaufmann, the architect who was brought in to redesign the exterior, greatly streamlined the design and applied an elegant Art Deco style to the entire project."（因此，被請來重新設計外觀的建築師戈登·B·考夫曼將設計大幅流線化，並將整個計畫都用上優雅的裝飾藝術風格。），得知 (A) 項應為正選。

重要單字片語

1. **straddle** [ˈstrædl̩] vt. 橫跨（邊界、領域等）；跨坐

　The author's new novel straddles fantasy and detective fiction.
　（此作者的新小說橫跨奇幻及偵探小說兩個領域。）

2. **construction** [kənˈstrʌkʃən] *n.* 施工，建造
 construct [kənˈstrʌkt] *vt.* 興建，建造
 A new highway is being constructed.
 （一條新的高速公路正在興建中。）

3. **massive** [ˈmæsɪv] *a.* 巨大的；大量的

4. **involve** [ɪnˈvɑlv] *vt.* 使涉入；包含，需要
 Investing in this company involves a greater risk but should lead to a higher yield.
 （投資這間公司涉及很大的風險，但應該會帶來更高的收益。）

5. **potential** [pəˈtɛnʃəl] *n.* 潛力 & *a.* 潛在的
 Many potential customers are waiting for a drop in prices before buying.
 （許多潛在客戶都在等價格下跌後再進場購買。）

6. **irrigation** [ˌɪrəˈgeʃən] *n.* 灌溉
 irrigation water　　灌溉用水

7. **hydroelectric** [ˌhaɪdroɪˈlɛktrɪk] *a.* 用水力發電的
 hydroelectric power　　水力發電

8. **congress** [ˈkɑŋgrəs] *n.*（美國）國會（字首大寫）；代表大會

9. **authorize** [ˈɔθəˌraɪz] *vt.* 授權；認可
 authorize sb to V　　授權某人做……
 I have authorized Matthew to act on my behalf while I'm abroad.
 （我已授權馬修在我出國期間當我的代理人。）

10. **bid** [bɪd] *n.* & *vt.* & *vi.*（在拍賣中）競標，出價

11. **submit** [səbˈmɪt] *vt.* 繳交 & *vi.* 屈服，服從
 The article must be submitted no later than May 31.
 （這篇文章得在五月三十一日前交出來。）

12. **concrete** [ˈkɑnkrit] *n.* 混凝土

13. **unproven** [ʌnˈpruvən] *a.* 未經驗證的

14. **facility** [fəˈsɪlətɪ] *n.* 設施，設備（常用複數）

15. **site** [saɪt] *n.* 地點，位置；網站

16. **tremendous** [trɪˈmɛndəs] *a.* 龐大的

17. **nevertheless** [ˌnɛvɚðəˈlɛs] *adv.* 然而

18. **federal** [ˈfɛdərəl] *a.* 聯邦的

19. **initial** [ɪˈnɪʃəl] *a.* 開始的，最初的 & *n.* 名字的開頭字母

20. **exterior** [ɪkˈstɪrɪɚ] *n.* 外表；外部 & *a.* 外部的
 interior [ɪnˈtɪrɪɚ] *n.* 內部 & *a.* 內部的

21. **criticize** [ˈkrɪtəˌsaɪz] *vt.* 批評

22. **unremarkable** [ˌʌnrɪˈmɑrkəbḷ] *a.* 不起眼的；無聊的
 remarkable [rɪˈmɑrkəbḷ] *a.* 了不起的，非凡的

23. **immense** [ɪˈmɛns] *a.* 巨大的

24. **architect** [ˈɑrkəˌtɛkt] *n.* 建築師
 architecture [ˈɑrkəˌtɛktʃɚ] *n.* 建築（風格）；建築學（不可數）

25. **streamline** [ˈstrimˌlaɪn] *vt.* 使成流線型

26. **illustrator** [ˈɪləsˌtretɚ] *n.* 插畫家
 illustrate [ˈɪləstret] *vt.* 為……畫插圖；說明

27. **integrate** [ˈɪntəˌgret] *vt.* 整合
 Only if beauty is integrated with modesty can it deserve the name.
 （唯有和謙虛結合的美才配稱之為美。）

28. **thereby** [ðɛrˈbaɪ] *adv.* 因此

29. **symbolic** [sɪmˈbɑlɪk] *a.* 象徵性的

30. **landmark** [ˈlændˌmɑrk] *n.* 地標

31. **hemisphere** [ˈhɛməsˌfɪr] *n.*（地球）半球

32. **generate** [ˈdʒɛnəˌret] *vt.* 產生（光、電、熱）；造成，引起
 The sales promotions generated huge profits.
 （這些減價促銷活動獲利頗豐。）

33. **harsh** [hɑrʃ] *a.* 嚴厲的

34. **prior** [ˈpraɪɚ] *a.* 在前的；優先的 & *adv.* 在前
 prior to...　　在……之前
 A lot of people return to their hometown prior to the Chinese New Year.
 （在農曆新年前，很多人都會返鄉。）

35. **enhance** [ɪnˈhæns] *vt.* 增強
 Our government has adopted a series of measures to enhance the welfare of workers.
 （我們的政府已採取一連串措施來提高勞工福利。）

36. **aboriginal** [ˌæbəˈrɪdʒənḷ] *a.* 原住民的

第 40 至 43 題為題組

　　餐廳這種地方誕生於法國，但過程一點也不平和。事實上，今日的餐廳產業是法國大革命期間所發生的階級衝突之意外結果。

　　還在中世紀的時候，精緻餐飲是貴族家庭獨享的特權，他們擁有專屬的大廚房和私人廚師。對平民而言，唯一的外食場所是充滿灰塵又破爛的路邊小酒館，陌生人擠在菜色普通的自助餐檯旁，夾著半冷不熱的烤肉和放太多醬料的[註1]豆子。但到了一七六○年代，巴黎的商人階級開始愛上健康的清肉湯，這種湯被認為能讓人恢復體力（restorative），因此有了"restaurant"一詞。到了一七八○年代，這種新式的巴黎「健康料理」熱潮催生了幾家知名餐廳，顧客可以坐在各自的餐桌，並有多道菜餚可供選擇。

　　諷刺的是，這些餐廳漸受歡迎的時期，正是多數法國人民連麵包都買不起的時期。數十年的嚴冬和橫徵暴斂的代價就是人民沒有食物上桌。到了一七八九年，飢餓的法國老百姓再也無法被控制。搶劫和暴亂在巴黎各處爆發，引發了法國大革命。富有的貴族逃到鄉間，丟下手藝精湛的廚師和酒窖裡的美酒。忽然之間，失業廚師紛紛轉向城裡的餐館找工作，一年內就有近五十家高級餐廳在巴黎冒了出來。

　　十九世紀初期，在拿破崙將軍奪下法國的控制權之後，餐廳業才真正站穩了腳步。他賦予所有公民「享樂的自由」，因為他推測專注於香檳和美食的人不會密謀推翻他。餐廳數量迅速增加。到了一八一四年，一本熱門旅遊指南中列有大約三千家餐廳。巴黎成了新興的餐飲業的中心，而在某種程度上，它現在仍然是。

註1：over-sauced 宜改為 oversauced。

(B) 40. 根據本文，"restaurant" 一詞源自何處？
　　　(A) 名廚。　　　　　　　　(B) 人氣湯品。
　　　(C) 餐館。　　　　　　　　(D) 每日菜單。
　　　理由：
　　　根據本文第二段第三句 "But sometime in the 1760s, the merchant class of Paris developed a taste for healthy clear broths which were considered restorative; hence the term 'restaurant.'"（但到了一七六○年代，巴黎的商人階級開始愛上健康的清肉湯，這種湯被認為能讓人恢復體力（restorative），因此有了"restaurant"一詞。），得知 (B) 項為正選。

(A) 41. 第三段中的 "taken their toll on kitchen tables" 是什麼意思？
　　　(A) 讓人們沒有足夠維生的食物。　　(B) 控制人們飲食中的養分。
　　　(C) 向使用廚房餐桌的人收費。　　　(D) 讚揚在廚房工作的廚師。
　　　理由：
　　　根據本文第三段第一句 "Ironically, the popularity of these restaurants grew at a time when the majority of the French population could not afford bread."（諷刺的是，這些餐廳漸受歡迎的時期，正是多數法國人民連麵包都買不起的時期。）以及第三段第三句 "By 1789, the starving French masses could no longer be controlled."（到了一七八九年，飢餓的法國老百姓再也無法控制。）可見 "taken their toll on kitchen tables" 應與法國平民無飯可吃的困境有關，故 (A) 項應為正選。

(C) 42. 關於法國大革命之前的外食場所，下列何者為真？
　　　(A) 許多高級餐廳都是由手藝精湛的廚師所擁有。
　　　(B) 在一七六○年代，知名餐館在巴黎很受歡迎。
　　　(C) 中世紀的大眾餐館既破舊又骯髒。
　　　(D) 在一七八○年代，巴黎餐廳供應的食物種類有限。

理由：
根據本文第二段第二句 "The only commercial diners for the masses were dusty, shabby roadside inns, where strangers crowded around mediocre buffets of lukewarm roasts and over-sauced beans."（對平民而言，唯一的外食場所是充滿灰塵又破爛的路邊小酒館，陌生人擠在菜色普通的自助餐檯旁，夾著半冷不熱的烤肉和放太多醬料的豆子。），得知 (C) 項應為正選。

(D) 43. 拿破崙推廣餐廳業發展的主要原因是什麼？
(A) 他希望改善法國人民的生活。　　　　　(B) 他想幫失業的廚師找到新工作。
(C) 他擔心餐廳減少可能會傷害旅遊業。　　(D) 他認為餐廳業的發展會帶來政治穩定。

理由：
根據最後一段第二句 "He granted 'freedom of pleasure' to all citizens, as he reasoned that people who were focused on champagne and fine food probably would not conspire against him."（他賦予所有公民「享樂的自由」，因為他推測專注於香檳和美食的人不會密謀推翻他。），得知 (D) 項應為正選。

重要單字片語

1. **civilized** [ˈsɪvḷˌaɪzd] a. 文明的，開化的
2. **byproduct** [ˈbaɪˌprɑdəkt] n. 意外結果，附帶產生的結果；副產品（= by-product）
3. **warfare** [ˈwɔrˌfɛr] n. 戰爭
4. **fine dining** 精緻餐飲
5. **exclusively** [ɪkˈsklusɪvlɪ] adv. 僅僅，唯獨
6. **shabby** [ˈʃæbɪ] a. 破舊的
7. **roadside** [ˈrodˌsaɪd] a. 路邊的
8. **mediocre** [ˌmidɪˈokɚ] a. 平庸的，一般的
9. **lukewarm** [ˈlukˈwɔrm] a.（食物、液體）微溫的
10. **broth** [brɔθ] n.（加蔬菜或米一起熬煮的）肉湯
11. **restorative** [rɪˈstɔrətɪv] a. 恢復體力 / 健康的
12. **reputable** [ˈrɛpjətəbḷ] a. 有信譽的，聲譽好的
13. **a wide range of...** 形形色色 / 許多各種不同的……
  = a wide variety of...
  There's a wide range of periodicals in the library.
  （圖書館裡有各種不同的期刊。）
14. **ironically** [aɪˈrɑnɪklɪ] adv. 諷刺地
15. **oppressive** [əˈprɛsɪv] a. 暴虐殘酷的；不公平的
16. **taxation** [tækˈseʃən] n. 徵稅，課稅
17. **take one's / a toll on...** 對……造成損害
  A demanding job has taken a toll on Susan's health.
  （繁重的工作已經危害到蘇珊的健康。）
18. **looting** [ˈlutɪŋ] n.（尤指在戰爭或暴亂中）搶劫，洗劫，掠奪
19. **usher** [ˈʌʃɚ] vt. 引領
  usher in sth / usher sth in 帶來 / 開創某事物
  The great artist ushered in a new phase in the art world.
  （這名偉大的藝術家為藝術界開創了新時代。）
20. **cellar** [ˈsɛlɚ] n. 酒窖；地窖
21. **eatery** [ˈitərɪ] n. 餐館，小吃店
22. **come into one's own** 站穩腳步，變得很重要；進入成熟期
  This material came into its own during the 1960s, when people used it for packaging fragile items.
  （這種材料到一九六〇年代才站穩腳步，被用來包裝易碎物品。）
23. **champagne** [ʃæmˈpen] n. 香檳酒
24. **conspire** [kənˈspaɪr] vi. 密謀
  conspire against... 密謀推翻 / 對付……

Those rebels were conspiring against the government.
（那群叛軍正密謀推翻政府。）

25. **deprive** [dɪˋpraɪv] *vt.* 剝奪
deprive sb of sth　　剝奪某人的某事物
The factory owner deprived the workers of lunch breaks.
（那位工廠老闆剝奪了員工午休的時間。）

26. **tribute** [ˋtrɪbjut] *n.* 敬意；頌詞
pay tribute to...　　讚揚……；向……表示敬意
The performers paid tribute to those who died in that tragic event.
（表演者向那場悲劇事件中的罹難者致敬。）

27. **stability** [stəˋbɪlətɪ] *n.* 穩定

第 44 至 47 題為題組

獵鷹是強大的鳥類，可以被訓練來與人類合作狩獵。將獵鷹訓練成「空中獵犬」的技術被稱為馴鷹。馴鷹發祥於西元前四千年左右古老的阿拉伯沙漠，以前主要是帶獵鷹去狩獵以補充食物。但現在馴鷹已成為阿拉伯半島備受喜愛的運動和消遣。

馴鷹包含三個主要程序：取得獵鷹、訓練獵鷹和用獵鷹狩獵。每年六、七月是鳥類的遷徙季節，馴鷹者始捕捉野生獵鷹。最值得捕捉的是依本能培養出狩獵技能的一到兩歲獵鷹。一抓到獵鷹就要立刻用皮帽罩住牠們的頭。這個動作非常重要，因為帽子拿掉後，獵鷹會對最先看到的人產生銘印作用，視其為主人。捉到鳥後訓練過程就開始了。首先是不給鳥吃東西，使其更容易馴服。鳥兒被教導認識自己的名字，並在主人呼喚時做出回應。阿拉伯馴鷹者與他們的鳥兒生活在一起，日夜不分離，目的是跟牠們建立緊密的關係。

到十月底或十一月中旬，訓練好的獵鷹已準備就緒可在沙漠中狩獵。牠們的視力超凡，比人類好上 2.6 倍。牠們的俯衝速度也是世界最快。牠們有別於其他動物的一項狩獵技能，就是牠們可以被訓練在不殺死獵物的情況下將其帶回給主人。這在伊斯蘭文化中非常重要，因為作為食物的動物必須是活體宰殺，以確保肉類符合清真標準，也就是合乎伊斯蘭律法而正確烹調的食品。

獵鷹在傳統伊斯蘭文化中扮演相當重要的角色，甚至中東有些國家將牠們定為國鳥。獵鷹的受歡迎程度大到有人建造專科醫院來照顧這些雄偉的鳥兒。甚至會發給獵鷹屬於牠們自己的護照。牠們是阿拉伯聯合大公國唯一可以合法乘坐飛機旅行的動物，享受著某些人類都夢想不到的奢侈待遇。

(D) 44. 什麼原因讓獵鷹成為伊斯蘭文化中獨特的狩獵動物？
(A) 獵鷹比較容易被訓練來狩獵。
(B) 獵鷹能夠很快地與其主人建立緊密的關係。
(C) 獵鷹的視力特別適合在沙漠中狩獵。
(D) 獵鷹在將獵物交給馴鷹者之前會讓獵物活著。

理由：
根據第三段最後兩句 "One hunting technique that sets them apart from other animals is that they can be trained to deliver their prey, without killing it first. This is vital in Islamic culture because animals used for food must still be alive to ensure that the meat is *halal*..."
（牠們有別於其他動物的一項狩獵技能，就是牠們可以被訓練在不殺死獵物的情況下將其帶回給主人。這在伊斯蘭文化中非常重要，因為作為食物的動物必須是活體宰殺，以確保肉類符合清真標準，……），得知 (D) 項應為正選。

(B) 45. 現在阿拉伯人用獵鷹狩獵的主要原因是什麼？
(A) 補充食物。
(B) 作為娛樂和運動。
(C) 表達對他們國鳥的崇敬。
(D) 用以代替犬隻進行狩獵。

理由：
根據第一段最後一句 "But now, it has become the favorite sport and pastime in the Arabian Peninsula."（但現在馴鷹已成為阿拉伯半島備受喜愛的運動和消遣。），得知 (B) 項應為正選。

(D) 46. 根據原文，獵鷹在阿拉伯世界享有什麼特權？
(A) 免費機票[註2]。　　　　　　　(B) 國王頒發的護照。
(C) 清真餐點。　　　　　　　　　(D) 可獲得專屬的醫療照護。

理由：
根據最後一段第二句 "Falconry has grown so popular that specialist hospitals have been established to take care of these magnificent birds."（獵鷹的受歡迎程度大到有人建造專科醫院來照顧這些雄偉的鳥兒。），得知 (D) 項應為正選。

註2：ticket 宜採複數形 tickets。

(D) 47. 下列敘述何者正確？
(A) 馴鷹者不給獵鷹食物以捕捉牠們。
(B) 獵鷹在訓練過程中不能看到主人。
(C) 馴鷹者的名字會印在罩住鳥兒頭部的帽子上。
(D) 依本能培養出狩獵技能的野生獵鷹是馴鷹者捕捉的最佳選擇。

理由：
根據第二段第三句 "The best birds to catch are the ones with naturally nurtured hunting skills, aged one or two years."（最值得捕捉的是依本能培養出狩獵技能的一到兩歲獵鷹。），得知 (D) 項應為正選。

重要單字片語

1. **falcon** [ˈfɑlkən] *n.* 獵鷹
   falconry [ˈfɑlkənrɪ] *n.* 馴鷹術
   falconer [ˈfɑlkənɚ] *n.* 馴鷹者
2. **in cooperation with...**　與……合作
   cooperation [koˌɑpəˈreʃən] *n.* 合作，配合
   Our department needs to work in cooperation with marketing during the next campaign.
   （本部門必須在下一波宣傳活動中與行銷部合作。）
3. **supplement** [ˈsʌpləmənt] *vt.* 補充，補強
   Miranda likes to supplement her diet with vitamin pills.
   （米蘭達喜歡吃維他命丸來補充飲食。）
4. **pastime** [ˈpæsˌtaɪm] *n.* 消遣，娛樂
5. **acquire** [əˈkwaɪr] *vt.* 取得，獲得；習得
   Brenda gradually acquired the necessary skills for effective writing.
   （布蘭達漸漸習得有效寫作的必要技巧。）
6. **migration** [maɪˈgreʃən] *n.* 遷徙
7. **nurture** [ˈnɝtʃɚ] *vt.* 培育，教養
   Kate and her husband feel that it is their duty to nurture their children.
   （凱特和她丈夫以養育小孩為己任。）
8. **leather** [ˈlɛðɚ] *n.* 皮革
9. **hood** [hʊd] *n.* 頭／面罩；（外衣的）兜帽
10. **imprint** [ɪmˈprɪnt] *vt.* 銘刻在心；（壓）印
    The memories imprinted on the abused child's mind are almost impossible to erase.
    （銘印在這個受虐兒心中的記憶幾乎無法抹滅。）
11. **technique** [tɛkˈnik] *n.* 技術，技巧
12. **set A apart from B**　　使 A 有別於 B
    The amazing service at that restaurant really sets it apart from the others.
    （那家餐廳極佳的服務真的讓它有別於其他餐廳。）
13. **prey** [pre] *n.* 獵物
14. **vital** [ˈvaɪtl̩] *a.* 極重要的

15. **specialist** [ˈspɛʃəlɪst] *a.* 專門／業的 & *n.* 專科醫生
16. **magnificent** [mæɡˈnɪfəsnt] *a.* 雄偉的，壯麗的
17. **luxury** [ˈlʌkʃərɪ] *n.* 奢侈，奢華（不可數）
18. **be suitable for...**　　適合……

I don't think that skirt is suitable for Anna. It doesn't suit her figure.
（我覺得那件裙子不適合安娜。它不符合她的身形。）

19. **worship** [ˈwɝʃɪp] *vt.* 崇敬／拜
My brother worships that Oscar-winning director.
（我弟很崇拜那位奧斯卡金獎導演。）

第 48 至 51 題為題組

　　高爾夫運動從十五世紀出現以後，已歷經許多次進步，包含高爾夫用球的明顯變化。早期所使用的是一顆圓木球，在其之後成為常態的是把鵝毛或雞毛塞在皮囊中製成的「羽毛皮球」。接著在一八四八年推出了杜仲球，它由杜仲木（原生於馬來西亞的熱帶樹種）樹葉的汁液製成，比其前身更耐久且實惠。下一步的進展出現於研製出哈斯可球的二十世紀初期。哈斯可球是第一顆有橡膠內核並覆有外殼的球。它能比杜仲球多飛上二十碼，且更為耐用。一九〇五年，威廉・泰勒推出第一顆表面布滿小坑的凹洞球。到一九三〇年代，具有多排凹洞的高爾夫球被認定為標準設計。現在的大多數高爾夫球都是由橡膠內核外纏橡膠線，最外層再包覆以布滿凹洞的琺瑯外殼。

　　高爾夫球表面的凹洞在球的表現上扮演著重要角色，因為這些點狀物及其分布方式可以增強球身的空氣動力性能。當球被擊中並在空中移動時，它會受到兩種主要的空氣動力：浮力和阻力。阻力會減緩向前的運動，而浮力的作用方向則是垂直向上。在球面上添加凹洞，將球向後拖的作用力減至最低，讓它飛得更快、更遠。這些凹洞也有助於逼使氣流往下方流動，進而將球往上推升。這與飛機飛行時運用的空氣動力學相同。一般來說，凹洞小而淺的高爾夫球飛行路徑往往較長且高度較低，而凹洞較深的球則飛得較高。高爾夫球手可以根據擊球或天氣的特殊需求來選擇使用的球。

(C) 48. 下列哪一項對於第一段主旨的描述最正確？
　　(A) 科學和科技影響了高爾夫球運動。
　　(B) 價格、耐久性及功能決定了高爾夫球的品質。
　　(C) 歷代累積的心血改變了高爾夫球的製作方式。
　　(D) 對空氣力學有透徹理解的高爾夫球手更能將球打好。
　　理由：
　　本文第一段旨在介紹高爾夫球從最初十五世紀至今在材料及設計上的演變，經過一次次改良進化後成為現在的樣子，得知 (C) 項應為正選。

(D) 49. 關於高爾夫球，下列哪一項正確？
　　(A) 威廉・泰勒在高爾夫球裡加了橡膠內核。
　　(B) 杜仲球裡有填塞鳥類羽毛。
　　(C) 羽毛皮球是史上第一顆高爾夫球。
　　(D) 哈斯可球比其前身更耐久並飛得更遠。
　　理由：
　　根據本文第一段，本文並未提及何人在高爾夫球裡加入橡膠內核；有填塞鳥類羽毛的應為羽毛皮球；最早的高爾夫球應是圓木球；而哈斯可球能打出的距離比其前身杜仲球要遠，且更為耐用，得知 (D) 項應為正選。

(A) 50. 高爾夫球上的凹洞會如何影響其表現？
　　　　(A) 它們有助於讓球飛得更遠。　　　　(B) 它們讓球保持較佳的形狀。
　　　　(C) 它們會增強球的阻力。　　　　　(D) 它們使球能夠承受更強力的衝擊。
　　　理由：
　　　根據本文第二段，高爾夫球表面的凹洞會增強球身的空氣動力性能，將球面的阻力減至最低，使它飛得更快、更遠，得知 (A) 項應為正選。

(A) 51. 哪一顆球較有利於高爾夫球員從深沙坑中擊出？
　　　　(A) 凹洞較深的球。　　　　　　　　(B) 以杜仲木製成的球。
　　　　(C) 有皮囊的球。　　　　　　　　　(D) 外表光滑的球。
　　　理由：
　　　根據第二段，凹洞較深的球飛得比較高，可知此種球較有利於球員擊出深沙坑，故 (A) 項應為正選。

重要單字片語

1. **stuff A with B**　　用 B 填裝／裝滿 A
   My office desk drawers are stuffed with all kinds of documents.
   （我的辦公桌抽屜塞滿各種文件。）
2. **norm** [nɔrm] *n.* 常態
3. **durable** [ˋdjʊrəb!] *a.* 耐用的
   durability [ˌdʊrəˋbɪlətɪ] *n.* 耐久性
4. **predecessor** [ˋprɛdɪˌsɛsɚ] *n.* 前身
5. **core** [kɔr] *n.*（物體的）中心部分，核心
6. **dimpled** [ˋdɪmp!d] *a.* 有小坑／淺凹的
   dimple [ˋdɪmp!] *n.* 小坑，淺凹
7. **consist of...**　　由……構成／組成
   = be composed of...
   = be made up of...
   A typical symphony orchestra consists mainly of four groups of musical instruments.
   （一個標準的交響樂團主要由四大類樂器組成。）
8. **wind** [waɪnd] *vt.* 纏繞，捲繞
   （三態為：wind, wound [waʊnd], wound）
   It is unwise to wind the leash around your fingers when you're walking a dog.
   （遛狗時將牽繩纏繞在手指上是不明智的作法。）
9. **coat A with B**　　把 B 裹／覆／塗在 A 上
   The painter coated the door with red paint.
   （油漆匠將門塗上紅漆。）
10. **enamel** [ɪˋnæm!] *n.* 琺瑯，搪瓷
11. **marking** [ˋmɑrkɪŋ] *n.* 圖形，標記
12. **enhance** [ɪnˋhæns] *vt.* 增進，提高
    Athletes are forbidden to use drugs to enhance their performance.
    （運動員被禁止使用藥物來提升自己的表現。）
13. **aerodynamics** [ˌɛrodaɪˋnæmɪks] *n.* 空氣動力性能；空氣動力學
    aerodynamic [ˌɛrodaɪˋnæmɪk] *a.* 空氣動力學的
14. **lift** [lɪft] *n.*（空氣的）浮力，升力
15. **drag** [dræg] *n.*（作用於行進中物體的）空氣阻力
16. **vertical** [ˋvɝtɪk!] *a.* 垂直的
17. **minimize** [ˋmɪnəˌmaɪz] *vt.* 使降至最低程度
    You should diversify your investment portfolio to minimize the risk of loss.
    （你應該將投資組合多元化，才能把虧損的風險降至最低。）
18. **airflow** [ˋɛrˌflo] *n.* 氣流
19. **downward** [ˋdaʊnwɚd] *adv. & a.* 往下地／的
    upward [ˋʌpwɚd] *adv. & a.* 往上地／的
20. **whereas** [(h)wɛrˋæz] *conj.* 而
    Polar bears can only be found around the North Pole whereas most penguins live around the South Pole.
    （北極熊只有在北極可以看到，而大多數企鵝住在南極附近。）

21. **golfer** [ˈɡɑlfɚ] *n.* 高爾夫球手／員
22. **be based on...**　　根據……
　　Your horoscope is based on astrology and is a description of your character and the events likely to happen in your life.
　　（你的星座運勢是根據占星學而來，它是對你的性格和生活中可能發生事件的描述。）
23. **accumulated** [əˈkjumjəˌletɪd] *a.* 累積的
　　accumulate [əˈkjumjəˌlet] *vt.* 累積，積聚
　　This cleaning solution can effectively remove accumulated grease from the barbecue grill.
　　（這種清潔劑能有效去除烤肉架上積聚的油垢。）
24. **sound** [saʊnd] *a.* 完全的，徹底的
25. **shot** [ʃɑt] *n.*（為得分的）擊／射／投球
26. **a sand trap**　　（高爾夫球場的）沙坑

第貳部分：非選擇題（占 28 分）

一、中譯英（占 8 分）

1. 很多人好奇今年年初在美國破紀錄的低溫是否與全球暖化有關。

示範譯句：

Many people <u>wonder / are curious about</u> whether the record-low temperatures in <u>the United States / America</u> at the beginning of this year <u>were related to / had something to do with</u> global warming.

翻譯要點：

a. wonder [ˈwʌndɚ] *vt. & vi.* 想知道，好奇，納悶
　　wonder + 疑問詞 (when, what, how, where 等) 引導的名詞子句　　想知道……
　　I wonder what my friends have got me for my birthday.
　　（我好奇朋友們到底買了什麼生日禮物給我。）
b. whether [ˈ(h)wɛðɚ] *conj.* 是否（引導名詞子句）
　　Tell me whether Kyle will come.
　　（告訴我凱爾是否會來。）
c. record [ˈrɛkɚd] *a.* 創紀錄的；空前的 & *n.* 紀錄；唱片
d. at the beginning of this year　　今年年初
e. be related to + N/V-ing　　與……有關
　　Spanish and French are related to Latin.
　　（西班牙文及法文與拉丁文有淵源。）
f. global warming　　全球暖化

2. 不論答案為何，氣候專家預告這種不正常的天氣將會變成新的常態。

示範譯句：

<u>Regardless of the answer,</u> / <u>No matter what the answer may be,</u> climate experts predict that this kind of <u>abnormal / unusual</u> weather will become the new normal.

翻譯要點：

a. regardless of...　　不論……；儘管……
　　The car race will be held as scheduled, regardless of the weather.
　　（賽車將如期舉行，不論天氣如何。）

b. **predict** [prɪˋdɪkt] *vt.* 預測
   Dad predicted that I would win the contest, and he was right.
   （老爸預測我會贏得這次的比賽，結果他是對的。）
c. **abnormal** [æbˋnɔrml̩] *a.* 不正常的

二、英文作文（占 20 分）

示範作文：

初級篇

　　The government hopes to make Taiwan a bilingual nation by 2030. To meet that goal, many universities are encouraging their teachers to give lectures in English. This is an excellent idea. Requiring students to listen to English lectures exposes them more to the language and forces them to improve their abilities. After they graduate, it will be easy for them to form a bilingual workforce and make Taiwan more competitive in the global environment.

　　To prepare for university classes taught in English, I would take a couple of necessary steps. One would be to study more before class. English is not my native language, so it is likely that I would be unfamiliar with a number of words in the textbooks. Thus, it would be very helpful to carefully read the chapters assigned by the professors and get the main ideas before class. I could also record the lectures on my phone so that I could review them later. University courses taught in English would be a great challenge, but I think it would be definitely worthwhile to take them!

　　政府希望在二〇三〇年前讓臺灣成為雙語國家。為了要達成此目標，許多大學鼓勵教師們用英文上課。這是個很好的主意。要求學生聽英文講課讓他們對這個語言有更多的接觸，並逼使他們增進自己的能力。在他們畢業以後，比較容易形成雙語勞動力，讓臺灣在全球環境下更具競爭力。

　　為了因應以英文授課的大學課程，我會採取一些必要步驟。其中之一是加強課前預習。英文不是我的母語，所以很有可能我會不熟悉課本裡的一些單字。因此仔細閱讀教授指定的章節並在課前就了解其主旨是很有幫助的。我也可以將課程錄音到我的手機裡，這樣我以後就可以複習。以英語教授大學課程會是個很大的挑戰，但我覺得絕對是值得去選的課程！

重要單字片語

1. **bilingual** [baɪˋlɪŋgwəl] *a.* 雙語的 & *n.* 通雙語的人
2. **nation** [ˋneʃən] *n.* 國家
3. **lecture** [ˋlɛktʃɚ] *n.*（尤指大學中的）講課，講座，演講
4. **expose** [ɪkˋspoz] *vt.* 使曝露，使接觸（與介詞 to 並用）
   expose A to B　將 A 曝露於／接觸 B
   To learn a language well, you should expose yourself to the language as much as possible.
   （要把語言學好，必須盡量接觸那種語言。）
5. **workforce** [ˋwɝkˏfɔrs] *n.* 勞動力，勞動人口
6. **competitive** [kəmˋpɛtətɪv] *a.* 具有競爭力的；競爭的
7. **native** [ˋnetɪv] *a.* 出生國的，土生土長的
8. **assign** [əˋsaɪn] *vt.* 指派；分配
   Mark completes whatever task is assigned to him with efficiency.
   （馬克可以很有效率地完成任何被指派給他的任務。）

9. **review** [rɪˋvju] *vt.* 回顧;複習
Jerry never reviews his lessons after school, so he always gets bad grades.
(傑瑞放學後從不溫習功課,所以他每次都考得很差。)

10. **course** [kɔrs] *n.* 課程
take a course in + 學科　　修讀……學科的課程

11. **worthwhile** [ˋwɝθˋ(h)waɪl] *a.* 值得的
It is worthwhile to + V　(做)……是值得的
It is worthwhile to do volunteer work.
(志工服務是一件值得去做的事。)

示範作文:

進階篇

　　To comply with the government's ambitious plans to transform Taiwan into a bilingual country by 2030, many universities have requested that their professors give lectures in English. Although a challenging task, this is an achievable goal worth striving for. While it places an extra burden on students, it will motivate them to improve themselves in a big way. Pushing the students in Taiwan to become truly bilingual will give the country a more competitive edge in a global context.

　　As the move towards more English being used in university classrooms imposes greater responsibilities on students, we young adults ready to enter college should react accordingly. As for myself, I would take proactive approaches such as making sure I sufficiently understood the reading assignments before the lectures. This would require a strong commitment to memorizing a plethora of new English words in the textbooks. Also, I would broaden my horizons on the subject through reading articles online and watching YouTube videos. By the time I entered the classroom, I would be more than ready to embrace the challenge of an all-English lecture.

　　為了符合政府在二〇三〇年前將臺灣轉型成雙語國家的宏圖,許多大學已經要求教授們以英語授課。雖然這是極具挑戰的任務,但它是可達成並且值得奮鬥的目標。雖然這讓學生增加額外的負擔,但它將促使他們極大程度地自我長進。推動臺灣學生達到真正擁有雙語能力,將給予國家在國際舞臺上更多的競爭優勢。

　　由於推動在大學課堂上使用更多英語給了學生更多的責任,我們準備進大學的青少年應該順勢作好準備。以我自己來說,我將採取主動出擊的方式,例如確認我在講課之前就已經充分了解課前閱讀的內容。這樣做將需要對背誦課本裡大量的英文單字方面做百分百的付出。此外,我還要上網看文章並觀看 YT 影片以擴展我在該科目的視野。等到我走進教室的那一刻,我就會完全準備好迎接全英語授課的挑戰。

重要單字片語

1. **comply** [kəmˋplaɪ] *vi.* 遵守,順從
(三態為: comply, complied [kəmˋplaɪd], complied)
comply with...　　遵守……
The soldier refused to comply with his commander's order to wait for backup.
(那位士兵拒絕服從長官要他等待後援的命令。)

2. **ambitious** [æmˈbɪʃəs] *a.* 宏偉的；野心勃勃的
3. **transform** [trænsˈfɔrm] *vt.* 改變
   transform A into B　　將 A 轉變為 B
   The princess transformed the frog into a prince with a kiss.
   （公主用一個吻將青蛙變成了王子。）
4. **achievable** [əˈtʃivəbl] *a.* 可達成的
5. **strive** [straɪv] *vi.* 努力
   strive for...　　努力爭取……
   The coach encouraged his team to strive for the championship.
   （教練鼓勵他的球隊要努力爭取冠軍。）
6. **burden** [ˈbɝdn̩] *n.* 重擔
7. **motivate** [ˈmotəˌvet] *vt.* 激勵；激發
   The writer's speech motivated me to pursue a better life.
   （那位作家的演說激發我追尋更美好的生活。）
8. **edge** [ɛdʒ] *n.* 優勢
9. **context** [ˈkɑntɛkst] *n.* 背景
10. **impose** [ɪmˈpoz] *vt.* 強加於
    During the pandemic, the government imposed fines on those who didn't wear face masks.
    （在疫情期間，政府對沒戴口罩的人處以罰款。）
11. **accordingly** [əˈkɔrdɪŋlɪ] *adv.* 因此，相應地
    My roommate asked me to turn down my music, and I acted accordingly.
    （我的室友要求我調低音樂的音量，我就照做了。）
12. **proactive** [proˈæktɪv] *a.* 主動的；先發制於人的
13. **sufficiently** [səˈfɪʃəntlɪ] *adv.* 充分地
14. **commitment** [kəˈmɪtmənt] *n.* 承諾，保證
    make a commitment to N/V-ing　　承諾要……
    The man made a commitment to helping the poor in his neighborhood.
    （該男子承諾要幫助他社區的窮苦人家。）
15. **plethora** [ˈplɛθərə] *n.* 過多
16. **embrace** [ɪmˈbres] *vt.* 欣然接受，採納（想法、意見等）
    Ella embraced Peter's offer of help with her studies.
    （艾拉欣然接受彼得要教她功課的提議。）

109 年升大學指考英文試題詳解

109 年升大學指考英文試題 解答

1. (C)   2. (A)   3. (B)   4. (C)   5. (D)
6. (A)   7. (C)   8. (D)   9. (B)   10. (B)
11. (A) 12. (C) 13. (D) 14. (A) 15. (B)
16. (D) 17. (B) 18. (C) 19. (A) 20. (A)
21. (I) 22. (K) 23. (F) 24. (H) 25. (A)
26. (B) 27. (L) 28. (G) 29. (J) 30. (D)
31. (E) 32. (A) 33. (D) 34. (C) 35. (F)
36. (B) 37. (D) 38. (C) 39. (A) 40. (C)
41. (B) 42. (D) 43. (A) 44. (D) 45. (C)
46. (B) 47. (D) 48. (D) 49. (C) 50. (D)
51. (C)

109 年升大學指考英文試題　詳解

第壹部分：單選題（占 72 分）

一、詞彙（占 10 分）

(C) 1. 約翰提出一個點子時，他辦公室裡的人總是給予支持。他覺得很幸運能有像他們這樣的<u>同事</u>。
   a. (A) villain [ˋvɪlən] n. 惡棍，壞蛋，反派人物
        In this movie, the villain is none other than the hero's father.
        （這部電影裡頭的大壞蛋不是別人，正是主角的父親。）
      (B) executive [ɪgˋzɛkjʊtɪv] n. 高階主管
        The CEO abused his power and replaced all the executives with his family and friends.
        （這位執行長濫用權力，將所有高階主管都換成自己的親友。）
      (C) colleague [ˋkɑlig] n. 同事
       = co-worker [ˋko͵wɝkɚ]
        In his free time, Justin plays darts at a local bar with his colleagues.
        （賈斯汀在閒暇之餘會到一間當地酒吧與同事們玩射飛鏢。）
      (D) intruder [ɪnˋtrudɚ] n. 侵入者
        衍：
        intrude [ɪnˋtrud] vi. 闖入；打擾（與介詞 on 並用）
        The intruder was soon caught and taken to the police station.
        （入侵者迅速被逮捕並送交警局。）
   b. 根據語意，可知 (C) 項應為正選。

必考重點

   a. propose [prəˋpoz] vt. 提出，提議；vi. 向……求婚
     Terry is convinced that Bob will propose to her.
     泰芮確信鮑伯會向她求婚。
   b. lend sb's support (to sth)　某人（為某事）提供支持／協助
     The famous actor lent his support to the president's re-election campaign.
     這位名演員為總統的連任選戰助一臂之力。

(A) 2. 身為去年的最有價值球員，瓊安對這支籃球隊來說是<u>不可或缺的</u>。沒有其他球員可以取代她。
   a. (A) indispensable [͵ɪndɪˋspɛnsəbļ] a. 不可或缺的
        be indispensable to sb/sth　對某人／某物是不可或缺的
        The Bible is indispensable to Christians.
        （聖經對基督徒來說是不可或缺的。）

(B) comprehensible [ˌkɑmprɪˈhɛnsəbḷ] *a.* 可理解的，易於理解的
The novel was adapted into a simplified version in clearer and more comprehensible English.
（這小說被改編成使用了較清楚好懂英語的簡易版本。）

(C) affordable [əˈfɔrdəbḷ] *a.* 負擔得起的；買得起的
College students love instant noodles because they are more affordable than real meals.
（大學生很愛吃泡麵，因為比起正餐較容易負擔。）

(D) permissible [pɚˈmɪsəbḷ] *a.* （法律）允許的，許可的
Permissible evidence is evidence which can legally be used in court.
（合法證據是在法庭上可以合法使用的證據。）

b. 根據語意，且 "be indispensable to sb/sth" 為固定用法，可知 (A) 項應為正選。

必考重點

Most Valuable Player（MVP） 最有價值球員
valuable [ˈvæljəbḷ] *a.* 有價值的；貴重的

(B) 3. 研究人員警告說，由於樣本數不足以得出肯定結論，因此研究結果必須謹慎解讀。

a. (A) metaphor [ˈmɛtəfɚ / ˈmɛtəfɔr] *n.* 隱喻
Please analyze the use of metaphors in the second paragraph of this article.
（請分析本文第二段裡的隱喻用法。）

(B) caution [ˈkɔʃən] *n.* 謹慎，慎重
with caution 謹慎地
You should make every turn with caution when you're driving.
（你開車時每個轉彎都必須很小心。）

(C) enthusiasm [ɪnˈθjuzɪˌæzəm] *n.* 熱忱，熱情
衍:
enthusiastic [ɪnˌθjuzɪˈæstɪk] *a.* 熱心的
be enthusiastic about... 對……很熱衷
No one can match Liv's enthusiasm when it comes to ballet.
（講到芭蕾舞，沒有人比麗芙更熱衷的了。）
Mary is enthusiastic about helping people. She often volunteers at the hospital.
（瑪麗熱心助人。她常在醫院當義工。）

(D) impulse [ˈɪmpʌls] *n.* 衝動
on impulse 一時衝動／興起，不加思索地
Because Becky often buys things on impulse, her credit card bills are usually very high.
（貝琪經常衝動購物，因此她的信用卡費通常非常高。）

b. 根據語意，且 "with caution" 為固定用法，可知 (B) 項應為正選。

必考重點

a. researcher [ˈrisɚtʃɚ] *n.* 研究人員
b. warn [wɔrn] *vt.* 警告

= caution [ˈkɔʃən]
c. interpret [ɪnˈtɝprɪt] vt. 解讀；解釋，詮釋
You should interpret the poem from the poet's point of view.
（你應該要從那位詩人的角度來詮釋他的詩。）
d. sample [ˈsæmpl̩] n.（調查用的）樣本
e. conclusion [kənˈkluʒən] n. 結論
draw a conclusion　　得到結論
Don't draw any conclusion before you have more evidence.
（在還沒有更多證據之前勿妄下結論。）

(C) 4. 雖然敵人的數量遠<u>超過</u>這一小隊士兵，他們仍奮勇作戰，最終贏得這場戰役。
    a. (A) initiate [ɪˈnɪʃɪˌet] vt. 開始；發起
            The government initiated a program of economic reform last year.
            （政府去年開始實施經濟改革方案。）
       (B) contradict [ˌkɑntrəˈdɪkt] vt. 反駁；與……抵觸／矛盾
            Why do you contradict everything I say?
            （你為何要反駁我所說的每一句話？）
            Your deeds contradict your words.
            （你言行不一。）
       (C) outnumber [aʊtˈnʌmbɚ] vt.（數量上）勝過
            In New Zealand, the population of sheep outnumbers that of humans.
            （在紐西蘭，羊的數量超過其人口。）
       (D) trigger [ˈtrɪgɚ] vt. 引發（一連串事件、反應）
            Racial conflicts have triggered a wave of riots throughout the country.
            （種族衝突已在全國各地引發一波暴動。）
            ＊riot [ˈraɪət] n. 暴動
    b. 根據語意，可知 (C) 項應為正選。

必考重點

    courage [ˈkɝɪdʒ] n. 勇氣，膽量

(D) 5. 懷斯先生因其對社區的貧困孩童及老人的<u>奉獻</u>而獲獎。
    a. (A) competence [ˈkɑmpətəns] n. 能力；勝任
            Christina won my respect not because of her competence but because of her honesty.
            （克莉絲汀娜贏得我的尊敬不是因為她的能力，而是因為她的誠實。）
       (B) prospect [ˈprɑspɛkt] n. 展望，前途（常用複數）；
                         （發生好事情的）可能，可能性，機會
            What do you think of the prospects of our company in the next few years?
            （你覺得本公司未來幾年的前景如何？）
            The fans are thrilled by the prospect of seeing the superstar in person.
            （能親眼見到這位超級巨星，讓粉絲們非常興奮。）
            The prospect of us moving to Canada is pretty high.
            （我們搬去加拿大的可能性很高。）

(C) momentum [mo'mɛntəm] *n.* 動力；推動力
The green movement gathered momentum in the 1980s.
（八○年代綠色環保運動開始活躍起來。）

(D) devotion [dɪ'voʃən] *n.* 奉獻
We took our mother out to dinner to thank her for her devotion to our family.
（我們帶媽媽出去吃晚餐，來感謝她對家裡的奉獻。）

b. 根據語意，可知 (D) 項應為正選。

必考重點

a. needy ['nidɪ] *a.* 貧窮的（= poor）
b. the elderly　　老年人
　　elderly ['ɛldəlɪ] *a.* 年老的
c. neighborhood ['nebə,hud] *n.* 鄰近地區；社區

(A) 6. 表達你對家人愛意的一種簡單但有效的方法就是直接說出來。

a. (A) manifest ['mænə,fɛst] *vt.* 表明；展現
Jake manifested unwillingness to team up with us.
（傑克表現出不願與我們合作的態度。）
Claire manifested her desire to win at all costs.
（克蕾兒展現她不惜一切代價都要贏的渴望。）

(B) resemble [rɪ'zɛmbl̩] *vt.* 長相相似；看起來像
Steve doesn't resemble any of his family members.
（史提夫和他的家庭成員一點都不像。）

(C) execute ['ɛksɪ,kjut] *vt.* 執行
Now that we have the manager's permission, we can go ahead and execute the plan.
（既然我們有了經理的批准，就可以開始執行該計畫了。）

(D) instruct [ɪn'strʌkt] *vt.* 指示，吩咐
instruct sb to V　　指示 / 吩咐某人做……
My mother instructed me to clean the kitchen after she cooked dinner.
（老媽吩咐我在她煮好晚餐後把廚房清理乾淨。）

b. 根據語意，可知 (A) 項應為正選。

(C) 7. 動物複製一直很有爭議。有些人認為這是醫學上的突破，但另有一些人則認為這是<u>不道德的</u>，應該被禁止。

a. (A) legitimate [lɪ'dʒɪtəmɪt] *a.* 合理的；合法的 & [lɪ'dʒɪtə,met] *vt.* 使……合法
Do you have a legitimate reason for being in this building at this time of night?
（你有正當理由在如此深夜時分逗留在這棟大樓裡嗎？）
We want to legitimate this process by passing a law.
（我們希望透過立法來使此程序合法化。）

(B) inclusive [ɪn'klusɪv] *a.* 包含的
The rent is US$100 per week, inclusive of heating and gas.
（房租連暖氣與瓦斯費在內是每星期一百美元。）

6−109 年指考

(C) unethical [ʌnˈɛθɪk!] *a.* 不道德的
反:
ethical [ˈɛθɪk!] *a.* 合乎道德的
It's unethical to lie to the consumers about the effectiveness of the hair-growing shampoo.
（欺騙消費者關於這生髮洗髮精的功效是不道德的。）
That surgical procedure is deemed ethical by a majority of doctors.
（此外科手術做法被多數醫師認定是合乎醫學倫理的。）
　＊procedure [prəˈsidʒɚ] *n.* 程序，做法
(D) nonmilitant [ˈnɑnˈmɪlətənt] *a.* 不激進的，不好鬥的
My brother is a nonmilitant type and never fights with others.
（我弟弟性格溫和，從不與人吵架。）
b. 根據語意，可知 (C) 項應為正選。

必考重點

a. clone [klon] *vt.* 複製；（動植物的）無性繁殖
Many people think that cloning animals is against nature.
許多人認為複製動物違背自然。
b. controversial [ˌkɑntrəˈvɝʃəl] *a.* 有爭議的
c. breakthrough [ˈbrekˌθru] *n.* 突破，重大進展
d. prohibit [prəˈhɪbɪt] *vt.* 禁止
be | prohibited | + from + N/V-ing　　被禁止……
　 | banned　　 |
Passengers are prohibited from smoking on airplanes.
機上禁止乘客抽菸。

(D) 8. 群居動物比起獨居動物更可能找到食物和察覺危險 —— 許多雙眼睛勝過一雙眼睛。
　a. (A) contagious [kənˈtedʒəs] *a.* 具傳染性的，接觸傳染的
The contagious disease can be quickly spread from person to person.
（此傳染病會迅速地人傳人。）
(B) rigid [ˈrɪdʒɪd] *a.* 僵化的，刻板的
That club's policy of recruitment is quite rigid.
（那家俱樂部的會員招募規定相當僵化。）
(C) distinctive [dɪˈstɪŋktɪv] *a.* 特殊的，獨特的
The policemen of this city wear distinctive uniforms.
（這個城市的警察穿的制服很特別。）
(D) solitary [ˈsɑləˌtɛrɪ] *a.* 單獨的
John has been living a solitary life in the mountains since his wife passed away.
（自從妻子去世後，約翰就一直獨自一人在山裡生活。）
　b. 根據語意，(D) 項應為正選。

必考重點

a. detect [dɪˈtɛkt] *vt.* 偵測；發現
   The device can detect dangerous gas.
   這個裝置可以偵測到危險氣體。
b. multiple [ˈmʌltəpl] *a.* 眾多的

(B) 9. 在她新書的第一頁，這位作家<u>感謝</u>在出書過程中出力幫忙過的人。

a. (A) contemplate [ˈkɑntɛmˌplet] *vt.* 考慮；仔細思考（以動名詞做受詞）
   Amy is contemplating quitting her job and spending a year traveling in Europe.
   （愛咪考慮辭掉工作到歐洲旅行一年。）
   (B) acknowledge [əkˈnɑlɪdʒ] *vt.* 感謝；承認；公認
   I acknowledge that I couldn't have done it without the teacher's help.
   （我承認如果沒有老師的協助，我本不可能完成此事。）
   (C) inquire [ɪnˈkwaɪr] *vi.* 詢問
   The manager inquired about Susan's absence from work today.
   （經理詢問關於蘇珊今天沒來上班的原因。）
   (D) regulate [ˈrɛgjəˌlet] *vt.* 整頓，管理；調整，節制
   The city government is trying to find more effective ways to regulate the rush-hour traffic.
   （市政府正設法找出更有效的方法來整頓尖峰時間的交通。）
b. 根據語意，(B) 項應為正選。

必考重點

publication [ˌpʌblɪˈkeʃən] *n.* 出版

(B) 10. 由於經濟不景氣，就算擁有高學歷且在該領域受過專業訓練的人，還是很難找到薪資<u>像樣</u>的工作。

a. (A) compatibly [kəmˈpætəblɪ] *adv.* 相互兼容地
   The software runs compatibly with many portable devices.
   （這軟體與許多可攜式設備相容運作。）
   (B) decently [ˈdisn̩tlɪ] *adv.* 像樣地；合適地；體面地
   The young girl was not dressed decently, so her father made her put on a longer skirt.
   （那女孩的穿著不是很得體，所以她父親叫她換件長一點的裙子。）
   (C) relevantly [ˈrɛləvəntlɪ] *adv.* 有關地
   The two paintings are relevantly similar when it comes to style and layout.
   （這兩幅畫在風格與布局上有共通的地方。）
   (D) virtually [ˈvɝtʃʊəlɪ] *adv.* 幾乎
   Virtually all the students have passed the test.
   （幾乎所有學生都通過考試。）
b. 根據語意，(B) 項應為正選。

必考重點

recession [rɪˈsɛʃən] *n.* 經濟不景氣

二、綜合測驗（占 10 分）

第 11 至 15 題為題組

　　臺灣的《消費者保護法》於 1994 年一月十一日立法通過。該法令展現政府對保護消費者權益所做的努力。行政院消費者保護委員會（即現在的行政院消費者保護處，簡稱消保處）是將該法令付諸實施的各種消費者保護組織的主管監督和協調者。為了促進臺灣消費者福祉，消保處提倡公平交易和商品、服務的合理價格。消保處也會辦理教育計畫來提高消費者意識，並積極協助與企業或製造商發生糾紛的消費者。

　　消保處自成立以來已採取諸多強調商品安全及衛生的措施。這些措施也確保所有標示和廣告都遵循規範。此外，消保處與各種國際消費者保護組織合作，以處理涉及跨境貿易和買賣的問題。消保處擁有監督權和行政資源，在保護臺灣消費者上扮演關鍵性的角色。

(A) 11. 理由：
- a. (A) serve as...　　作為……之用；擔任……
  John's trading company serves as a bridge between the manufacturers and the consumers.
  （約翰的貿易公司扮演著製造廠商與消費者中間的橋樑角色。）
  (B) fight for...　　為……而戰；為……奮鬥
  These workers decided to go on strike to fight for their rights.
  （這些工人決定罷工來爭取他們的權利。）
  (C) persist in + N/V-ing　　堅持做……
  Despite the lack of funds, the researcher persisted in conducting his research.
  （儘管缺乏資金，但這位研究員堅持繼續進行這項研究。）
  (D) correspond to...　　相當於……；與……相符
  The amount of money Gina has spent roughly corresponds to what her husband has saved.
  （吉娜花掉的錢大約等於她先生所存下來的錢。）
- b. 根據語意，(A) 項應為正選。

(C) 12. 理由：
- a. (A) prominent [ˈprɑmənənt] *a.* 重要的；顯著的
  Dr. Watson is one of the most prominent scientists in that country.
  （華森博士是那個國家最重要的科學家之一。）
  (B) essential [ɪˈsɛnʃəl] *a.* 必要的，不可或缺的
  be essential to...　　對……是不可或缺的
  Hard work and persistence are two elements that are essential to one's success.
  （勤奮與堅持不懈是一個人成功不可或缺的兩項要素。）
  (C) reasonable [ˈriznəbl̩] *a.* 合理的
  I bought this piece of furniture at a reasonable price.
  （我以合理的價格買了這件傢俱。）

(D) intensive [ɪnˋtɛnsɪv] *a.* 強化的；密集的
The police began an intensive search for the missing child.
（警方開始密集搜尋這個失蹤的小孩。）
b. 根據語意，(C) 項應為正選。

(D) 13. 理由：
a. (A) reference [ˋrɛfərəns] *n.* 言及，提到
make reference to...　　提到……
= mention...
The speaker made reference to some events happening last year.
（演講者提到去年發生的一些事件。）
(B) shortage [ˋʃɔrtɪdʒ] *n.* 短缺，缺乏
a shortage of...　　……的短缺
The long drought caused a serious shortage of water in this region.
（長期乾旱造成這個地區嚴重缺水。）
(C) purchase [ˋpɝtʃəs] *n. & vt.* 購買
make a purchase of...　　購買……
= purchase...
= buy...
Sam made a purchase of potato chips at a convenience store.
（山姆在便利商店買了洋芋片。）
You need proof of purchase to claim a refund.
（你需要購買證明才能要求退款。）
(D) dispute [dɪˋspjut] *n.* 糾紛；爭論
be in dispute with sb　　與某人起爭執
get into a dispute (over...)　　捲入（有關……的）紛爭
Tom was in dispute with the driver over the taxi fare.
（湯姆因計程車費而與司機起爭執。）
b. 根據語意，(D) 項應為正選。

(A) 14. 理由：
a. 空格前有本句主詞 These measures（這些措施）、及物動詞 ensure（確保）及 that 引導的名詞子句作 ensure 的受詞；that 子句內則有主詞 all labels and advertisements（所有標示和廣告），得知空格應置 that 子句的動詞，此動詞為不及物動詞，空格後介詞 to 引導的介詞片語修飾該動詞。
b. (C) 與 (D) 項分別為現在分詞及不定詞，不可做句子的主要動詞，故不可選；又根據前後文語意可判斷時態應使用現在式，故 (B) 項過去式動詞亦不可選。
c. 根據上述，(A) 項應為正選。
conform [kənˋfɔrm] *vi.* 遵守（法律、規定等）
conform to / with...　　遵守……
The principal asked all the students to conform to the school regulations.
（校長要全體學生遵守校規。）

(B) 15. 理由:
- a. (A) from [frəm / frʌm] *prep.* 從……
    Pete has loved Katniss from the moment he met her.
    （從彼特見到凱妮絲的那刻起，他便一直愛著她。）
  (B) with [wɪð] *prep.* 有……；隨著……
    With your help, we can definitely finish this project on time.
    （有了你的協助，我們一定能準時完成這個專案。）
  (C) despite [dɪˈspaɪt] *prep.* 儘管
    = in spite of
    Despite our best effort, we failed to beat the rival team.
    （儘管我們盡了最大的努力，仍無法擊敗敵隊。）
  (D) beyond [bɪˈjɑnd] *prep.* 越過；在……的那一邊
    There is a beautiful village beyond the river.
    （在河的那一邊有一座美麗的村莊。）
- b. 根據語意，(B) 項應為正選。

重要單字片語

1. **enact** [ɪnˈækt] *vt.* 制定（法律）
   enact a law 立法
   The government recently enacted a law to cut down on pollution.
   （政府最近立一項降低汙染的法律。）
2. **commission** [kəˈmɪʃən] *n.* 委員會
3. **supervisor** [ˈsupɚˌvaɪzɚ] *n.* 監督者；主管
4. **coordinator** [koˈɔrdn̩etɚ] *n.* 協調者
5. **put sth into practice** 把某事付諸實行
   The teacher encouraged the student to put his ideas into practice.
   （這位老師鼓勵那位學生把他的想法化為實際行動。）
6. **well-being** [wɛlˈbiɪŋ] *n.* 幸福（不可數）
7. **advocate** [ˈædvəket] *vt. & vi.* 提倡
   That environmentalist advocates the sustainable use of rainforest resources.
   （那位環保人士提倡熱帶雨林資源的永續利用。）
8. **goods** [gʊdz] *n.* 商品（恆用複數）
9. **consumer awareness** 消費者意識
   awareness [əˈwɛrnɪs] *n.* 意識（不可數）
10. **establishment** [ɪˈstæblɪʃmənt] *n.* 設立；建立
11. **take measures** 採取措施（measures 恆用複數）
    The principal took measures to improve security at the school.
    （這位校長採取措施改善校園安全。）
12. **sanitation** [ˌsænəˈteʃən] *n.* 公共衛生，環境衛生（不可數）
13. **ensure** [ɪnˈʃʊr] *vt.* 確保
    The airline took precautions to ensure passenger safety.
    （這間航空公司採取預防措施以確保乘客安全。）
14. **regulation** [ˌrɛgjəˈleʃən] *n.* 規定；法規
15. **collaborate** [kəˈlæbəˌret] *vi.* 合作
    collaborate with... 與……合作
    The government tried to collaborate with a number of businesses to lower the unemployment rate.
    （政府嘗試與多間企業合作以降低失業率。）
16. **regulatory** [ˈrɛgjələˌtɔrɪ] *a.* 監管的
17. **administrative** [ədˈmɪnəˌstretɪv] *a.* 行政的

第 16 至 20 題為題組

科學發現可以有多種形式。其中一種就是「機緣巧合」，即無意中發現寶貴事物的運氣。當亞歷山大・弗萊明發現青黴素這個抗生素奇蹟時，就是出現了機緣巧合。

弗萊明的實驗室不乾不淨是出了名的。在 1928 年的某個早晨，這凌亂竟證明了是種好運。當時弗萊明剛放完長假回來第一天上班。他去度假前，在水槽裡堆放了一些培養細菌的培養皿。那天早上，他正在整理那些許久無人照料的細菌培養皿時，觀察到有些培養皿被一種真菌汙染，破壞了他的實驗。他正打算要扔掉這些培養皿，但注意到在其中一個培養皿裡，細菌無法在真菌的周遭生長。這一偶然的結果引發了隨後的研究，結果發現了青黴素 —— 一種後來拯救了數百萬人性命的藥物。

然而，單憑機運可能不足以做出像這樣的關鍵發現。科學家在心理上必須要做足功課並態度開放，才能察覺某未曾預見的事件之重要性，並加以建設性的運用。

(D) 16. 理由:
- a. (A) merit [ˈmɛrɪt] n. 良好品質，價值；優點
  Although Henry's criticism is harsh, it indeed has merit.
  （雖然亨利的批評是嚴厲的，但它的確有其價值在。）
  (B) opinion [əˈpɪnjən] n. 意見
  in one's opinion　　依某人之見
  In my opinion, this is the best movie I've ever seen.
  （依我之見，這是我看過最好看的電影。）
  (C) scandal [ˈskændl̩] n. 醜聞
  According to the news report, the mayor is involved in a corruption scandal.
  （根據新聞報導，市長捲入了貪汙醜聞。）
  (D) disorder [dɪsˈɔrdɚ] n. 混亂
  be in disorder　　很混亂
  Jackson's apartment was in disorder after the party.
  （派對結束後，傑克森的公寓變得亂七八糟。）
- b. 根據語意，(D) 項應為正選。

(B) 17. 理由:
- a. (A) would + 原形動詞　　即將……（過去未來式）
  此用法表對於過去某一時間而言，即將或預計要發生的動作或存在的狀態。
  After watching a documentary about how livestock got killed for their meat, Mila swore that she would never eat meat again.
  （看了這關於牲口是如何被屠宰取肉的紀錄片之後，米拉就發誓她再也不吃肉了。）
  (B) had + 過去分詞　　當時早已……（過去完成式）
  此時態表示在過去某一時間或某一動作之前，就已經先完成的動作或經驗。
  When Samuel arrived at the park, Luna had left.
  （當山繆到公園時，露娜已經離開了。）
  (C) was / were + V-ing　　當時正在……（過去進行式）
  When Ella called Henry yesterday, he was cooking dinner.
  （當艾拉昨天打電話給亨利時，他正在煮晚餐。）

(D) might have + 過去分詞　　當時原本可能……
Without your help last year, the little boy might have been trafficked to another country.
（去年若沒有你幫助，這小男孩可能已經被賣到另一個國家去了。）
b. 根據時態及語意，(B) 項應為正選。

(C) 18. 理由：

a. (A) disabled [dɪsˋeblḍ] *a.* 身心障礙的，喪失能力的
Don't park your car here; this space is reserved for the disabled.
（不要把你的車停在這裡；這停車位是保留給身心障礙者的。）

(B) excluded [ɪkˋskludɪd] *a.* 排除在外的
Many Southeast Asian migrant workers feel excluded in this country.
（許多東南亞移工在這個國家覺得被排擠。）

(C) unattended [ˌʌnəˋtɛndɪd] *a.* 無人照料的
Never leave your children unattended in public places – not even when you go to the restroom.
（在公共場所絕不可讓你的孩子落單沒人管，即使你要去洗手間也一樣。）

(D) misunderstood [ˌmɪsʌndɚˋstʊd] *a.* 被誤解的
William felt misunderstood when his mother thought he hit his younger brother on purpose.
（當威廉的母親認為他故意打弟弟時，他覺得被誤解了。）

b. 根據語意，(C) 項應為正選。

(A) 19. 理由：

a. (A) toss out...　　丟棄……
　＝ throw out...
Why do you keep these old newspapers? You should toss them out.
（你為什麼要留下這些舊報紙？你應該把它們扔掉。）

(B) get off (...)　　下（車等）
If you want to go to Shilin Night Market by MRT, you should get off at Jiantan station rather than Shilin station.
（如果您想搭捷運去士林夜市，您應該在劍潭站下車，而不是士林站。）

(C) catch up (with...)　　趕上／達到（和……一樣的水準等）
Practice this dance more frequently so that you can catch up with your classmates.
（多練習這支舞，這樣你就可以跟上其他同學了。）

(D) carry on...　　繼續……
Although Cindy wanted to carry on the chat with her friends, her little boy kept crying and said he wanted to go home.
（雖然辛蒂想要和她的朋友繼續聊天，但她的小兒子不停地哭說他要回家。）

b. 根據語意，(A) 項應為正選。

(A) 20. 理由：

a. (A) alone [əˋlon] *adv.* 僅僅，只有；獨自 & *a.* 獨自的
Can you believe it? A glass of champagne alone costs 120 Euros in this restaurant.
（你相信嗎？這家餐廳僅一杯香檳就要一百二十歐元。）

(B) **alike** [əˋlaɪk] *adv.* 相同／似地；兩者都 & *a.* 相同／似的
　　Tourists and locals alike enjoy this traditional French dessert.
　　（觀光客和當地人都很喜歡這種傳統的法國甜點。）
(C) **above** [əˋbʌv] *adv. & prep.* 在……上面
　　There is a landscape painting above the sofa.
　　（沙發上面有一幅風景畫。）
(D) **ahead** [əˋhɛd] *adv.* 在前面
　　Turn right at the coffee shop, and you'll see the museum straight ahead.
　　（在咖啡店右轉，你會看到博物館就在正前方。）
b. 根據語意，(A) 項應為正選。

重要單字片語

1. **take a... form**　採取一種……形式
   Domestic violence can take several forms.
   （家暴有數種形式。）
2. **serendipity** [ˌsɛrənˋdɪpətɪ] *n.*（意外發現或發明新事物的）機緣湊巧，走運
3. **unintentionally** [ˌʌnɪnˋtɛnʃənlɪ] *adv.* 無心地
4. **be at work**　（東西）有效，起作用；（人）在工作
   It is said that some foreign forces were at work in the local election.
   （據說有一些外國勢力介入當地選舉。）
5. **penicillin** [ˌpɛnɪˋsɪlɪn] *n.* 青黴素，盤尼西林
6. **antibiotic** [ˌæntɪbaɪˋɑtɪk] *n.* 抗生素
7. **untidy** [ʌnˋtaɪdɪ] *a.* 凌亂的
8. **laboratory** [ˋlæbrətɔrɪ] *n.* 實驗室（= lab）
9. **a petri dish**　培養皿（p 也可大寫）
10. **sort (through)...**　整理……
    The boss asked Oliver to sort through the documents.
    （老闆要奧利佛整理這些文件。）
11. **germ** [dʒɝm] *n.* 細菌（常用複數）
12. **contaminate** [kənˋtæməˌnet] *vt.* 汙染
    The river has been contaminated by the wastewater from the factory.
    （這條河流已遭此工廠的廢水汙染。）
13. **fungus** [ˋfʌŋɡəs] *n.* 真菌（單數，複數為 fungi [ˋfʌndʒaɪ / ˋfʌŋɡaɪ]）
14. **ruin** [ˋruɪn] *vt.* 毀掉

   Remember to wash this expensive suit carefully, or you'll ruin it.
   （記得小心地洗這件昂貴的西裝，不然你會毀了它。）
15. **be about to V**　即將……
    = be going to V
    Ladies and gentlemen, the 11:15 express train is about to depart.
    （各位先生女士，十一點十五分的特快列車就要開了。）
16. **accidental** [ˌæksəˋdɛnt!] *a.* 偶然（發生）的，意外的
17. **give rise to...**　導致……
    = cause...
    = result in...
    = bring forth / about...
    Many experts think once the pandemic lockdowns are lifted, it will give rise to more problems.
    （許多專家認為，一旦這疫病的封鎖令解除，會引起更多的問題。）
18. **subsequent** [ˋsʌbsəkwənt] *a.* 接著的
19. **unforeseen** [ˌʌnforˋsin] *a.* 意料之外的
    foresee [forˋsi] *vt.* 預知（三態為：foresee, foresaw [forˋsɔ], foreseen）
    The old man claimed that he could foresee what would happen in 2045.
    （這位老人聲稱他可以預知 2045 年會發生什麼事。）
20. **constructively** [kənˋstrʌktɪvlɪ] *adv.* 有建設性地

三、文意選填（占 10 分）＊目前學測考法為 10 個選項中選出 10 個答案。

第 21 至 30 題為題組

羅伯特‧史特勞德（1890－1963）是一名美國囚犯，在獄中飼養並販售鳥類，而成為了一名鳥類學家。他被稱作「阿爾卡特拉斯的養鳥人」。儘管有這個綽號，但他實際上只有在轉到阿爾卡特拉斯監獄前，待在利文沃斯監獄的時期才有養鳥。

史特勞德是美國史上最惡名昭彰的囚犯之一。他被判一級謀殺罪並於 1916 年被判以絞刑處死。他的母親拼命陳情想留他一條命。終於在 1920 年時，伍德羅‧威爾遜總統把史特勞德的死刑改為終身監禁不得假釋。然而因為史特勞德會無預警地暴怒，典獄長下令將他安置在分開的牢房裡，剩餘的服刑期間完全與他人隔絕。

史特勞德待在利文沃斯監獄時（1912－1942），在監獄的操場發現一隻受傷的麻雀，之後他培養出對鳥類濃厚的興趣。他獲得養鳥的特權，並在他的兩間牢房中擁有一間實驗室。這樣的活動被認為能讓他善用他的時間。這項特權使他得以寫出兩本關於金絲雀及其相關疾病的書。他在他的牢房中飼養了註¹近三百隻鳥，並研究牠們的習性以及生理學。他甚至研發並銷售可治療各種鳥類病症的藥物。雖然他所研發的療法是否有效廣受爭議，但他能夠做出日後有助於金絲雀相關物種研究的科學觀察。

1942 年時，史特勞德被移監到阿爾卡特拉斯監獄。之後的十七年他都待在那裡，但他並未獲准飼養寵物。在那期間，他寫了另外兩份手稿，但這些手稿因為監獄當局禁止而未曾出版。1963 年，史特勞德在密蘇里州的一間醫療中心去世。

註1：本段敘述過去的事實，且此句無時間先後之分，故使用過去簡單式動詞 raised 即可。

(I) 21. 理由：
    a. 空格前有介詞 despite（儘管）及指示形容詞 this，得知空格內應置單數可數名詞。
    b. 選項中 (B) breed（品種）、(C) release（釋放；發行的唱片）、(G) illness（疾病）、(I) nickname（綽號）及 (L) privilege（特權）可作單數可數名詞，惟因前句提及史特勞德被稱作「阿爾卡特拉斯的養鳥人」，故 (I) 項應為正選。
    c. nickname [ˋnɪk͵nem] n. 綽號 & vt. 取綽號
       Roger's nickname is "Superman" because he is always full of energy.
       （羅傑的綽號叫「超人」，因為他總是精力旺盛。）

(K) 22. 理由：
    a. 空格前有本句主詞 His mother 及副詞 desperately（拼命地），空格後有介詞詞組 for his life，另因本句敘述過去的事實，得知空格內應置不及物動詞的過去式。
    b. 選項中可作不及物動詞且為過去式的有：(H) separated（分開）及 (K) pleaded（陳情），惟根據語意，(K) 項應為正選。
    c. plead [plid] vi. 陳情；懇求（三態為：plead, pled [plɛd] / pleaded, pled / pleaded）
       plead for sth   陳情／懇求某事
       plead with sb for sth   懇求某人以獲得某物
       plead with sb to V   懇求某人做……
       In court, the accused pleaded with the family of the victim for forgiveness.
       （被告在法庭上懇求被害者的家屬原諒。）

(F) 23. 理由：
    a. 空格前有動詞 change（改變）的用法之一：change A to B（從 A 變成 B），又 life（終身的）為形容詞，得知空格內應置名詞以被 life 修飾。

- b. 剩餘選項中可作名詞的有：(B) breed（品種）、(C) release（釋放；發行的唱片）、(F) imprisonment（監禁）、(G) illness（疾病）及 (L) privilege（特權），惟根據語意，(F) 項應為正選。
- c. imprisonment [ɪmˋprɪznmənt] *n.* 監禁，關押
  life imprisonment　　終身監禁，無期徒刑
  The man who committed a serious crime was sentenced to life imprisonment.
  （那名犯下重罪的男子被判處無期徒刑。）

(H) 24. 理由：
- a. 空格前有不定冠詞 a，空格後有名詞 unit（（公寓樓等的）單位），得知空格內應置形容詞以修飾 unit。
- b. 剩餘選項中可作形容詞的有：(A) keen（強烈的；熱衷的）、(D) banned（被禁止的）、(E) supportive（支援的）、(H) separated（被隔開的）及 (J) effective（有效的），惟根據語意，(H) 項應為正選。
- c. separated [ˋsɛpəˏretɪd] *a.* 被隔開的；被分開的（為過去分詞作形容詞用）
  separate [ˋsɛprɪt] *a.* 分開的；個別的 & [ˋsɛpəˏret] *vi.* & *vt.* 分隔；隔開
  The patients with the rare illness were kept in a separated area.
  （那些患有罕見疾病的病人被安置在隔離區。）
  Heidi keeps her summer clothes separate from her winter clothes.
  （海蒂把她的夏裝和冬裝分開放置。）
  The two main parts of the city are separated by a huge river.
  （這城市的兩個主要部分被一條大河分隔開來。）

(A) 25. 理由：
- a. 空格前有不定冠詞 a，空格後有名詞 interest（興趣），得知空格內應置形容詞以修飾 interest。
- b. 剩餘選項中可作形容詞的有：(A) keen（強烈的；熱衷的）、(D) banned（被禁止的）、(E) supportive（支援的）及 (J) effective（有效的），惟根據語意，(A) 項應為正選。
- c. keen [kin] *a.* 強烈的；熱衷的；敏銳的
  Bruce has a keen interest in martial arts; he practices them in his free time.
  （布魯斯對武術有濃厚的興趣，他空閒時會練習。）

(B) 26. 理由：
- a. 空格前有引導不定詞的 to，空格後有名詞 birds，得知空格內應置原形及物動詞，以形成不定詞並接 birds 作受詞。
- b. 剩餘選項中可作及物動詞且為原形的有：(B) breed（飼養）、(C) release（釋放；發行）及 (L) privilege（給予特權），惟根據語意，(B) 項應為正選。
- c. breed [brid] *vt.* 飼養 & *vi.* 繁殖（breed, bred [brɛd], bred）& *n.* 品種
  Daisy chose to have guppies in her aquarium because they are easy to breed.
  （黛西選擇在魚缸裡養孔雀魚，因為牠們很好養。）

(L) 27. 理由：
- a. 空格前有指示形容詞 this，得知空格內應置單數可數名詞。
- b. 剩餘選項中可作單數可數名詞的有：(C) release（釋放；發行的唱片）、(G) illness（疾病）及 (L) privilege（特權），惟根據語意，(L) 項應為正選。

c. privilege [ˋprɪvlɪdʒ] *n.* 特權；榮幸
The disabled have the privilege of boarding the plane first.
（身障人士有優先登機的特權。）

(G) 28. 理由：
a. 空格前有介詞 of 及名詞 bird，得知空格內應置另一名詞，以與 bird 形成名詞詞組。
b. 剩餘選項中可作名詞的有：(C) release（釋放；發行的唱片）及 (G) illness（疾病），惟根據語意，(G) 項應為正選。
註：此處因「various kinds of + 複數名詞」，表「很多種的……」，故 illness（疾病）應使用複數形，即 illnesses。
c. illness [ˋɪlnɪs] *n.* 疾病
The deterioration of Jackson's illness was due to the lack of proper medical care.
（傑克森的病情惡化是由於缺乏適當的治療。）

(J) 29. 理由：
a. 空格位於 whether 引導的名詞子句中，空格前有子句的主詞 the remedies（療法）及 be 動詞過去式 were，得知空格內可置複數名詞或形容詞作主詞補語，或置動詞的過去分詞與 were 形成被動語態。
b. 剩餘選項中 (E) supportive（支援的）及 (J) effective（有效的）為形容詞，(D) banned（被禁止的）可作動詞的過去分詞，惟根據語意，(J) 項應為正選。
c. effective [ɪˋfɛktɪv] *a.* 有效的
"The human race has one really effective weapon, and that is laughter," said the famous writer Mark Twain.
（名作家馬克・吐溫曾說：「人類有一種很有效的武器，那就是笑聲。」）

(D) 30. 理由：
a. 空格位於 because 引導的副詞子句中，空格前有子句的主詞 it 及 be 動詞過去式 was，又空格後有用於被動語態的介詞 by（被），得知空格內須置動詞的過去分詞以與 was 形成被動語態。
b. 剩餘選項中 (D) banned（被禁止的）可作動詞的過去分詞，故 (D) 項應為正選。
c. ban [bæn] *vt.* 禁止；取締 & *n.* 禁令
be banned from + N/V-ing　　被禁止做……
The reporters were banned from taking pictures during the interview.
（記者在訪問時禁止拍照。）

重要單字片語

1. **ornithologist** [͵ɔrnəˋθɑlədʒɪst] *n.* 鳥類學家
2. **be known / famous / renowned as...**
以……的身分而聞名
比較：
be known / famous / renowned for...
以……的特色而聞名
MayDay is known as one of the most popular bands in Taiwan.
（五月天是臺灣最受歡迎的樂團之一。）

Hawaii is known for its crystal clear water and tropical beauty.
（夏威夷以其清澈的海水與熱帶美景聞名。）

3. **despite** [dɪˋspaɪt] *prep.* 儘管
= in spite of
despite the fact that S + V　　雖然……
Despite the fact that my neighbor is over 80, he's young at heart.
（雖然我的鄰居已年逾八十，他的心境依舊年輕。）

The explorers pressed on despite / in spite of the bad weather.
（儘管天氣欠佳，探險家們仍勉強前進。）

4. **transfer** [trænsˋfɝ] vt. & vi. 調離；移轉
Frank was transferred to another school due to his father's new job.
（法蘭克因為父親新工作的關係而轉到另一所學校。）

5. **notorious** [noˋtorɪəs] a. 惡名昭彰的
be notorious for... 因……而臭名遠播
be notorious as... 以……的身分而臭名遠播
This part of the city is notorious for its traffic jams.
（城裡的這個地區是出了名的交通擁擠。）
The area is notorious as a hangout for drug dealers.
（該區因毒販經常出沒而惡名昭彰。）

6. **be convicted of...** 被判有……的罪
The man was convicted of murder and sentenced to life imprisonment.
（那名男子被判謀殺罪，並被判處終身監禁。）

7. **first-degree** [ˋfɝstdɪˋgri] a.（犯罪）一級的，最嚴重的
first-degree murder 一級謀殺

8. **sentence** [ˋsɛntns] vt. 判刑 & n. 判刑；句子
be sentenced to + 刑期 被判……刑期
be sentenced to death 被判死刑
be sentenced to life imprisonment 被判處無期徒刑
be sentenced to five years in prison / jail 被判五年有期徒刑
a death sentence 死刑
a life sentence 無期徒刑

9. **desperately** [ˋdɛsp(ə)rɪtlɪ] adv. 拼命地；迫切地

10. **parole** [pəˋrol] n. 假釋
be (released) on parole 在假釋中
It's outrageous that such a cold-blooded murderer should be released on parole after only five months in prison.
（這名冷血殺人犯竟然坐五個月的牢就獲得假釋，真令人無法接受。）

11. **unpredictable** [ˌʌnprɪˋdɪktəbl] a. 不可預料的

12. **outburst** [ˋaʊtˌbɝst] n.（情緒、力量等的）爆發

13. **warden** [ˋwɔrdn̩] n. 典獄長

14. **live out...** 度過（剩下的）……
The artist lived out his last ten years peacefully in a small village.
（那畫家在一個小村莊裡平靜地度過他最後十年的時光。）

15. **isolation** [ˌaɪslˋeʃən] n. 孤立，隔絕

16. **sparrow** [ˋspæro] n. 麻雀

17. **lab** [læb] n. 實驗室（= laboratory [ˋlæbrəˌtɔrɪ]）

18. **cell** [sɛl] n. 牢房；細胞

19. **productive** [prəˋdʌktɪv] a. 多產的

20. **as a result of...** 由於……
= because of...
As a result of his laziness, Simon was fired from his job.
（因為賽門很懶惰，所以被公司炒魷魚。）

21. **author** [ˋɔθɚ] vt. 撰寫 & n.（書或文章的）作者

22. **canary** [kəˋnɛrɪ] n. 金絲雀

23. **physiology** [ˌfɪzɪˋɑlədʒɪ] n. 生理學；生理機能

24. **remedy** [ˋrɛmədɪ] n. 治療法；補救

25. **observation** [ˌɑbzɚˋveʃən] n. 觀察

26. **research** [ˋrisɝtʃ / rɪˋsɝtʃ] n. 研究（不可數）
do a lot of research about / on... 做許多有關……的研究
I've done a lot of research on this subject, so I know more about it than you.
（有關這項主題我已經做了許多研究，所以我知道的比你多。）

27. **species** [ˋspiʃiz] n. 物種（單複數同形）
a species of... 一種……
two species of... 兩種……

28. **manuscript** [ˋmænjəˌskrɪpt] n. 手稿

29. **publish** [ˋpʌblɪʃ] vt. 出版；發表，公開
Fortunately, we found the mistake before the book was published.
（幸好我們在書出版之前就發現了這個錯誤。）

30. **authority** [əˋθɔrɪtɪ] n. 當局（恆用複數）；權威（不可數）；權威人士（可數）

四、篇章結構（占 10 分）＊目前學測考法為 4 個選項中選出 4 個答案，115 學年度起改為 5 個選項中選出 4 個答案。

第 31 至 35 題為題組

　　格鬥士是指在羅馬帝國時期，跟罪犯、野獸以及彼此相互對戰的鬥士。他們手持致命的武器，並且多半戰鬥到其中一方認輸或被殺死為止。<u>格鬥士為了娛樂羅馬的權貴以及平民百姓而戰</u>。羅馬人喜愛看到血以及殘暴的死法。他們湧進競技場裡觀看格鬥士比賽，就像我們現今觀看足球賽、棒球賽以及網球賽一樣。

　　<u>格鬥士從不同的管道徵召而來</u>。有一些是從羅馬控制的領土裡買來的奴隸，有一些則是戰俘。其餘大多數都是自願者，還曾一度占到格鬥士總人數的一半。格鬥士以色雷斯人、高盧人及非洲人為主。這些鬥士通常都是熟習戰鬥的人，且他們的服務也會得到酬勞。<u>有證據顯示，參與競技場比賽的也有女性鬥士</u>。所有的鬥士，不論男性或女性，都會受到他們主人妥善的照顧，並且在戰鬥獲勝後得到獎勵。

　　羅馬歷史學者有時會稱格鬥士為 hordearii，這是一個拉丁語的詞，英文的意思則是「吃大麥的人」。近期的研究發現顯示，這個稱謂很可能就像字面上所表達的意思一樣。在某個格鬥士墓園裡發現到的骨頭，其化學分析指出，鬥士們所吃的一般食物有小麥、大麥以及豆類。此外，絕大部分這些專業鬥士的飲食中，幾乎沒有肉類或奶製品的蹤影。除了以植物為主的飲食外，格鬥士會喝下植物的灰燼來加強鍛鍊後的身體，以及增進骨骼的修復。以現代運動員的標準來說，格鬥士遵循的飲食習慣或許很不尋常，但在羅馬時期，那可是英雄的日常飲食。

(E) 31. 理由：
　　a. 空格後一句提及 "Roman people enjoyed the sight of blood and violent death."（羅馬人喜愛看到血以及殘暴的死法。）
　　b. (E) 項句子提及 "Gladiators fought for the entertainment of Rome's rich and mighty, as well as for the public."（格鬥士為了娛樂羅馬的權貴以及平民百姓而戰。），而空格後一句指出羅馬人喜愛的事物，而 (E) 項指出什麼事，故形成關聯。
　　c. 根據上述，(E) 項應為正選。

(A) 32. 理由：
　　a. 空格後兩句提及 "Some were slaves bought from different lands under Roman control, and some were prisoners of war. Most of the others were volunteers, a group which once accounted for half of all gladiators."（有一些是從羅馬控制的領土裡買來的奴隸，有一些則是戰俘。其餘大多數都是自願者，還曾一度占到格鬥士總人數的一半。）
　　b. (A) 項句子提及 "Gladiators were recruited from different sources."（格鬥士從不同的管道徵召而來。），而空格後兩句進一步說明鬥士的來源，而 (A) 項則點出空格後兩句之主旨，故形成關聯。
　　c. 根據上述，(A) 項應為正選。

(D) 33. 理由：
　　a. 空格後一句提及 "All of the fighters, both male and female, were well looked after by their owners and rewarded after winning fights."（所有的鬥士，不論男性或女性，都會受到他們主人妥善的照顧，並且在戰鬥獲勝後得到獎勵。）
　　b. (D) 項句子提及 "There is evidence to suggest that females also participated in gladiator contests."（有證據顯示，參與競技場比賽的也有女性鬥士。），而空格後一句指出男性與女性鬥士都會受到主人妥善照顧，而 (D) 項則提出也有女性參與，故形成關聯。
　　c. 根據上述，(D) 項應為正選。

(C) 34. **理由**:
    a. 空格前一句提及 "Roman historians sometimes called gladiators *hordearii*, a Latin term which means "barley eaters" in English."（羅馬歷史學者有時會稱格鬥士為 hordearii，這是一個拉丁語的詞，英文的意思則是「吃大麥的人」。）
    b. (C) 項句子提及 "Recent research findings suggest that this name was likely literal."（近期的研究發現顯示，這個稱謂很可能就像字面上所表達的意思一樣。），而空格前一句指出「吃大麥的人」的稱號，而 (C) 項則進一步說明這個稱號，空格後一句也提出證明，證實格鬥士的主食之一是大麥，故 (C) 與上下文形成關聯。
    c. 根據上述，(C) 項應為正選。

(F) 35. **理由**:
    a. 空格前一句提及 "Chemical analyses of the bones found in a gladiator graveyard indicated that the typical food eaten by gladiators was wheat, barley, and beans."（在某個格鬥士墓園裡發現到的骨頭，其化學分析指出，鬥士們所吃的一般食物有小麥、大麥以及豆類。）
    b. (F) 項句子提及 "Also, there was little sign of meat or dairy products in the diet of almost all of these professional fighters."（此外，絕大部分這些專業鬥士的飲食中，幾乎沒有肉類或奶製品的蹤影。），而空格前一句指出鬥士主要是吃小麥、大麥與豆類，而 (F) 項則舉出了另一項證明，故形成關聯。
    c. 根據上述，(F) 項應為正選。

重要單字片語

1. **gladiator** [ˈglædɪˌetɚ] *n.* 格鬥士
2. **combatant** [ˈkɑmbətənt] *n.* 鬥士，戰士
3. **empire** [ˈɛmpaɪr] *n.* 帝國
4. **violent** [ˈvaɪələnt] *a.* 暴力的；激烈的
5. **arena** [əˈrinə] *n.* 競技場，運動場
6. **slave** [slev] *n.* 奴隸
7. **prisoner** [ˈprɪznɚ] *n.* 犯人
8. **account for...** （數量上）占⋯⋯
    Women account for only 30 percent of our staff.
    （女性僅占我們員工人數的 30%。）
9. **look after...** 照顧⋯⋯
    = take care of...
    Can you look after my daughter tonight?
    （今晚你能照顧我的女兒嗎？）
10. **reward** [rɪˈwɔrd] *vt.* 報酬，獎勵
    reward sb for sth 因某事而獎賞某人
    The mother rewards her children for behaving well at school.
    （這位媽媽因為小孩在校很守規矩而獎賞他們。）
11. **barley** [ˈbɑrlɪ] *n.* 大麥（不可數）
    比較:
    wheat [wit] *n.* 小麥（不可數）
12. **analysis** [əˈnæləsɪs] *n.* 分析，解析（複數為 analyses [əˈnæləsiz]）
13. **fortify** [ˈfɔrtəˌfaɪ] *vt.* 加強，增強
    fortify oneself against... 增強自己對抗⋯⋯
    Johnson fortified himself against the cold with a hot drink.
    （強森用熱飲來抵禦寒冷。）
14. **exertion** [ɪgˈzɜʃən] *n.* 盡力，努力
    physical exertion 體力勞動
15. **unconventional** [ˌʌnkənˈvɛnʃənḷ] *a.* 不尋常的，不依慣例的
    conventional [kənˈvɛnʃənḷ] *a.* 慣例的，傳統的
16. **athletic** [æθˈlɛtɪk] *a.* 運動（員）的
17. **recruit** [rɪˈkrut] *vt.* 招聘，徵募
    The coach recruited several star players for his college basketball team.
    （這位教練招募數名明星球員加入他的大學籃球隊。）

18. **obscure** [əbˋskjʊr] *a.* 鮮為人知的；模糊的
19. **literal** [ˋlɪtərəl] *a.* 文字上的，照字面的
20. **participate** [pɑrˋtɪsə͵pet] *vi.* 參加
    participate in... 參加 / 參與……
  = take part in...

Wilson trained for one year in order to participate in that competition.
（為了要參加那項比賽，威爾森訓練了一年。）
21. **mighty** [ˋmaɪtɪ] *a.* 強大的
22. **dairy** [ˋdɛrɪ] *a.* 乳製品的 & *n.* 乳製品（不可數）
    a dairy product　　乳製產品

五、閱讀測驗（占 32 分）

第 36 至 39 題為題組

　　早期文明常會在都會地區建造排水系統，用以處理下大雨時漫到街上的雨水。羅馬人打造了還能排放公共澡堂廢水的精密系統。然而，隨著城市人口增加，舊式排水系統的負荷過重。工業革命時期，工業廢棄物增添到汙水中，增加了對更高效汙水處理的需求。在十九世紀中葉，廢水處理邁出了第一步。

　　現代汙水或廢水的處理，就是去除廢水和家庭汙水中有害之物體、化學和生物成分的過程。這整個過程始於篩濾像是紙張或木頭等大型物體，以及除去如泥土這類沈重物質。過濾後的廢水接著便準備通過一連串混凝土水池來做進一步處理。在第二步驟當中，汙水流入第一級水池。在這裡，人類排泄物，稱為 sludge（汙泥）會沈到池底，而油汙和油脂則浮到表面以便撈除。在此同時，汙水中像是蛋殼或咖啡渣這類有機物則被分解為較小物質。剩下來的汙水接著流進第二級水池中，進行第三階段的處理。在第一級水池中未經處理的固態物質，在此處透過分解來去除，過程中物質被消化分解掉^{註1}。接著，液狀汙水會透過沙子來進行過濾。這樣的過濾過程幾乎可以去除所有細菌以及其他遺留在水中的固態粒子。最後，汙水會流進終端的水池中，在此處加入化學物質氯來殺死殘留的細菌。細菌消滅後，水中的氯就被去除，乾淨的處理水（依英文的形容詞順序，宜改為 clean, treated water）便可排入河中或海裡。

註1：第二段第八句 "The solids that were not treated in the primary tanks are removed here through decomposition, which digests the material." 畫線部分宜改為 ...decomposition, during which the material is broken down，因 decomposition 非該關係子句動作的主詞；digest 表消化食物，因此宜改為 break down 表「分解」。

(B) 36. 這篇文章主旨為何？
　　(A) 汙水的組成成分。　　(B) 廢水處理。
　　(C) 排水系統的歷史。　　(D) 控制工業廢棄物的方法。
　　理由：
　　本文整篇在描述汙水處理的詳細過程，故 (B) 項應為正選。

(D) 37. 下列哪一項不是發展更有效系統來處理廢水的原因？
　　(A) 人口成長。　　(B) 越來越多的工業廢棄物。
　　(C) 排水系統不堪負荷。　　(D) 氣候變遷導致的大量降雨。
　　理由：
　　根據本文第一段第三句 "However, as the population of the cities grew, the old drainage systems became overloaded."（然而，隨著城市人口增加，舊式排水系統負荷過重。）得知因人口增加及舊有的排水系統已無法負荷，和第四句因工業革命期間所增加的工業廢棄物，得知需要發展更有效的排水系統。氣候變遷造成的大量降雨在文中並未提及，故 (D) 項應為正選。

(C) 38. 下列哪一項會在第一級水池中被去除？
(A) 木頭。　　　　　　　　　(B) 沈重物質。
(C) 油脂。　　　　　　　　　(D) 有機物。

理由：
根據本文第二段第四句及第五句 "In the second step, the sewage passes into the primary tanks. Here, human waste, called sludge, settles to the bottom while oils and grease float to the top, where they are collected."（在第二步驟當中，汙水流入第一級水池。在這裡，人類排泄物，稱為 sludge（汙泥），會沈到池底，而油汙和油脂則浮到表面以便撈除。）得知，故 (C) 項應為正選。

(A) 39. 液態汙水需要通過沙子的主要原因為何？
(A) 消滅細菌。　　　　　　　(B) 排水。
(C) 溶解固態粒子。　　　　　(D) 除去油脂。

理由：
根據本文第二段倒數第四句及第三句 "Then, the liquid sewage is filtered through sand. This filtering process gets rid of almost all bacteria, as well as other solid particles that remain in the water."（接著，液狀汙水會透過沙子來進行過濾。這樣的過濾過程幾乎可以去除所有細菌以及其他遺留在水中的固態粒子。）得知，故 (A) 項應為正選。

重要單字片語

1. **civilization** [ˌsɪvələˈzeʃən] *n.* 文明
2. **drainage** [ˈdrenɪdʒ] *n.* 排水；排水系統
3. **urban** [ˈɝbən] *a.* 城市的
4. **construct** [kənˈstrʌkt] *vt.* 建造
   The skyscraper was constructed entirely of concrete, steel, and glass.
   （這棟摩天大樓全是由混凝土、鋼鐵和玻璃建造而成。）
5. **elaborate** [ɪˈlæbərɪt] *a.* 精心設計的；複雜的
   Mike worked out an elaborate system for categorizing his collection of books.
   （麥可弄出個複雜的系統來分類他的藏書。）
6. **drain** [dren] *vt. & n.* 排掉（液體）
   The water in the bathtub should be drained first.
   （浴缸的水應該先放掉。）
7. **overloaded** [ˌovɚˈlodɪd] *a.* 負荷過多的，超載的
   overload [ˌovɚˈlod] *vt.* 使超過負荷
   Jenny is overloaded with work and could really use an assistant.
   （珍妮的工作負荷過重，非常需要請助手。）
8. **the Industrial Revolution** 工業革命
9. **manufacturing** [ˌmænjəˈfæktʃərɪŋ] *n.* 工業，製造業
   manufacture [ˌmænjəˈfæktʃɚ] *vt.* 生產
   The firm manufactures and sells its own line of camping gear.
   （這家公司生產並販售自家的露營系列器材。）
10. **sewage** [ˈsuɪdʒ] *n.* 汙水（不可數）
11. **efficient** [ɪˈfɪʃənt] *a.* 有效率的
    A boss likes nothing more than a faithful and efficient worker.
    （老闆最喜歡忠心且有效率的員工。）
12. **physical** [ˈfɪzɪkl̩] *a.* 物質／有形的；物理的；身體的，生理的
    The law of gravity is one of the most basic physical laws you should know.
    （萬有引力定律是你應該知道的基本物理定律之一。）
13. **biological** [ˌbaɪəˈlɑdʒɪkl̩] *a.* 生物的；生物學的
    A group of students are conducting a biological experiment in the lab.
    （一群學生正在實驗室做生物實驗。）

14. **screen (out)...** 篩去，過濾……
    The manager looked through the résumés to screen out the unsuitable applicants.
    （經理快速看過了這些履歷為了過濾不合適的應徵人選。）
15. **concrete** [ˈkɑŋkrit] *n.* 混凝土
16. **tank** [tæŋk] *n.* （儲水、油等的）箱，槽
17. **sludge** [slʌdʒ] *n.* 軟泥，汙泥
18. **grease** [gris] *n.* （機器、食物的）油
19. **eggshell** [ˈɛgˌʃɛl] *n.* 蛋殼
20. **coffee grounds** [graundz] *n.* 咖啡渣
21. **substance** [ˈsʌbstəns] *n.* 物質
    Lime is a white substance that can be used for making cement.
    （石灰是一種白色物質，可用來製造水泥。）
22. **solid** [ˈsɑlɪd] *n.* 固體 & *a.* 固體的
23. **decomposition** [ˌdikɑmpəˈzɪʃən] *n.* 分解；腐敗
    decompose [ˌdikəmˈpoz] *vt. & vi.* （使）分解；（使）腐爛
    All living things decompose after they die.
    （所有生物死後都會腐爛。）
24. **digest** [daɪˈdʒɛst] *vt.* 消化
    They say it takes eight hours to digest the food you've eaten.
    （據說食物要八個小時才能消化完畢。）
25. **filter** [ˈfɪltɚ] *vt.* 過濾
    The ozone layer filters harmful UV rays from the sun.
    （臭氧層過濾掉陽光中有害的紫外線。）
26. **bacteria** [bækˈtɪrɪə] *n.* 細菌（複數，單數為 bacterium [bækˈtɪrɪəm]）
27. **particle** [ˈpɑrtɪkl̩] *n.* 微粒；粒子
    The surface of the desk was covered with dust particles.
    （書桌的表面佈滿了灰塵微粒。）
28. **chlorine** [ˈklɔrin] *n.* 氯
29. **eliminate** [ɪˈlɪməˌnet] *vt.* 殲滅；剔除，淘汰
    Our troops made a surprise attack and eliminated the enemy.
    （我軍發動奇襲，把敵人消滅了。）
30. **discharge** [dɪsˈtʃɑrdʒ] *vt.* 排放（液體；氣體）
    The factory was fined for discharging industrial waste water directly into the ocean.
    （這家工廠因為直接將工業廢水排放至海裡而被罰款。）

第 40 至 43 題為題組

地球最深處是太平洋的馬里亞納海溝，其深度達海平面下數英里。根據一份發表在《自然生態學與演化》期刊中的新研究表示，即便是在如此偏僻遙遠的地點，生物依然難逃汙染的命運。

最近有一組研究人員將一臺遙控潛水載具送入馬里亞納海溝的深處。他們發現在海溝中超過七英里的地方，有異常高含量的遭禁用工業化學物質正在汙染海洋生物。由遙控潛艇帶出水面的小型硬殼海洋生物遭到有毒化學物質汙染，其毒素含量比起世上汙染最嚴重的河流還高出五十倍。

這種汙染程度並非此次發現中唯一的警訊。被驗出的這些有毒化合物種類都被視為「持久性有機汙染物」（POPs），意味它們會在自然環境中持續存在很長的時間。其中兩種最普遍的是多氯聯苯（PCBs）以及多溴二苯醚（PBDEs）。多氯聯苯曾被用於許多工業用途，但自從被與癌症連結後，便在 1970 年代遭美國禁用。同樣地，多溴二苯醚也廣泛應用在各種產品中 —— 從電子產品到沙發墊。這兩種化學物質皆無法於自然環境中分解。

這些化合物會黏附在塑膠這類材料的表面。許多生物會誤食這類顏色鮮艷的有毒材料，因而導致持久性有機汙染物在牠們體內不斷累積，並潛藏在其脂肪組織內。這些海洋生物死後，它們充滿持久性有機汙染物的屍體則沉到海底，被深海海洋生物吃掉。持久性有機汙染物也因此沿著食物鏈轉移到其他生物上。

馬里亞納海溝與任何工業汙染源都相距數英里。這意味著儘管這些汙染物已在數十年前遭全球禁用，但它們仍移動擴散到了很遠的距離。

(C) 40. 本文主旨為何？
(A) 食物鏈中遭受汙染生物的減少。
(B) 應用遙控於海洋汙染研究。
(C) 持久性有毒化學物質所造成的深海汙染。
(D) 工業應用所造成化學汙染的類型。

理由：
本文第一段指出地球最深處也難逃汙染的命運，第二、三、四段提及了有毒化學物質所造成的深海汙染，而其中第三、四段除了介紹造成汙染的化學物質之類型外，還更進一步描述了這些有毒化學物質如何對海洋生物及食物鏈造成持續性的汙染及傷害。根據本文第五段最後一句"...these pollutants travel over long distances despite having been prohibited worldwide decades ago."（……儘管這些汙染物已在數十年前遭全球禁用，但它們仍移動擴散到了很遠的距離。）得知，有毒化學物質對深海造成的汙染為持久且深遠的。根據上述推論，得知 (C) 項應為正選。

(B) 41. 下列選項何者意思最接近第四段中的 "POP-riddled"？
(A) 由持久性有機汙染物操作。
(B) 充滿著持久性有機汙染物。
(C) 由持久性有機汙染物補足的。
(D) 遭持久性有機汙染物丟棄。

理由：
根據本文第四段第一句及第二句 "These compounds stick to the surface of materials like plastic. Many creatures mistakenly eat this colorful but toxic material, causing the POPs to build up in their bodies, lurking in their fat tissues."（這些化合物會黏附在塑膠這類材料的表面。許多生物會誤食這類顏色鮮豔的有毒材料，因而導致持久性有機汙染物在牠們體內不斷累積，並潛藏在其脂肪組織內。）得知，許多海洋生物體內應「充滿著持久性有機汙染物」，故 (B) 項應為正選。

(D) 42. 根據本篇文章，以下敘述何者為真？
(A) 多氯聯苯經常使用於製造電子產品。
(B) 沖刷至海洋裡的化學物質會停留在海水表面。
(C) 馬里亞納海溝的最深處並沒有遭受汙染。
(D) 一臺機器人載具被運用於幫助研究馬里亞納海溝中的汙染。

理由：
根據本文第三段第五句得知 "Similarly, PBDEs were used in a wide range of products—from electronics to couch cushions."（同樣地，多溴二苯醚也廣泛應用在各種產品中—從電子產品到沙發墊。）得知，多溴二苯醚經常使用於製造電子產品中，而非多氯聯苯；根據第二段第二句得知，化學物質造成的汙染已深達馬里亞納海溝中，而非停留在海水表面；根據第二段第一句 "A team of researchers recently sent a remotely operated vehicle into the depths of the Mariana Trench."（最近有一組研究人員將一臺遙控潛水載具送入馬里亞納海溝的深處。）得知，該載具被運用於潛入馬里亞納海溝中進行研究調查，故 (D) 項應為正選。

(A) 43. 從本文中可推論出下列何種敘述？
(A) 海洋汙染對人類健康造成威脅。
(B) 遏止海洋汙染的嚴厲法規正在制定中。
(C) 多氯聯苯以及多溴二苯醚長時間下來會變得較無害。
(D) 化學汙染在河川裡比在工業區還嚴重。

理由：

根據本文第四段最後一句 "POPs are therefore transferred to other creatures along the food chain."（持久性有機汙染物也因此沿著食物鏈轉移到其他生物上。）得知，人類被認為是食物鏈最頂端之生物，因此海洋汙染會對人類健康造成威脅；本文並無提及是否有嚴厲法規正在制定當中；根據第三段第二至三句得知，多氯聯苯以及多溴二苯醚經過長時間依然無法在自然環境中分解而會造成汙染及危害；本文並無提及在河川裡的化學汙染是否比在工業區還嚴重。根據上述推論，(A) 項應為正選。

重要單字片語

1. **trench** [trɛntʃ] *n.* 海溝；壕溝
2. **ecology** [ɪˋkɑlədʒɪ] *n.* 生態環境
3. **evolution** [ˏɛvəˋluʃən] *n.* 進化
4. **locale** [loˋkæl] *n.*（事件發生的）現場，地點
5. **pollution** [pəˋluʃən] *n.* 汙染（不可數）
   pollute [pəˋlut] *vt.* 汙染
   pollutant [pəˋlutənt] *n.* 汙染物
   Practically every major city in the world is facing a pollution problem.
   （全球幾乎每個大城市都面臨汙染問題。）
6. **extraordinarily** [ɪkˏstrɔrdnˋɛrɪlɪ] *adv.* 格外地；極端地
   The average temperature is extraordinarily high this summer.
   （今夏的平均氣溫格外地高。）
7. **forbidden** [fəˋbɪdn] *a.* 被禁止的
   Smoking is forbidden in the auditorium.
   （禮堂內禁止吸菸。）
8. **industrial** [ɪnˋdʌstrɪəl] *a.* 工業（用）的
9. **chemical** [ˋkɛmɪkl] *n.* 化學物質
10. **contaminate** [kənˋtæməˏnet] *vt.* 汙染
    Vincent sued the food company for damages after he found that the goods they sold had been contaminated.
    （文森發現該食品公司銷售的產品受到汙染後，就控告他們要求賠償。）
11. **marine** [məˋrin] *a.* 海洋的
12. **hard-shelled** [ˋhɑrdˏʃɛld] *a.* 硬殼的
13. **robotic** [roˋbɑtɪk] *a.* 自動控制的；機器人的
14. **submarine** [ˋsʌbməˏrin] *n.* 潛艇
15. **toxic** [ˋtɑksɪk] *a.* 有毒的
    toxin [ˋtɑksɪn] *n.* 毒素
16. **alarming** [əˋlɑrmɪŋ] *a.* 令人憂心的；驚人的
    Viruses can mutate at an alarming rate.
    （病毒能以驚人的速度進行突變。）
    *mutate [ˋmjutet] *vi.* 突變
17. **aspect** [ˋæspɛkt] *n.* 方面；面向
    Paul tends to dwell on the negative aspects of his life instead of focusing on the positive.
    （保羅往往只想著生活的消極面，而不去想積極的一面。）
18. **compound** [ˋkɑmpaʊnd] *n.* 化合物
19. **persistent** [pəˋsɪstənt] *a.* 持續的；堅持的
    Lisa has been a persistent advocate for women's rights.
    （麗莎一直是位堅持倡導女性權益的人。）
20. **prevalent** [ˋprɛvələnt] *a.* 普遍的
    Poverty is a prevalent problem in that country.
    （貧窮在該國是個普遍的問題。）
21. **application** [ˏæpləˋkeʃən] *n.* 應用
22. **outlaw** [ˋaʊtˏlɔ] *vt.* 禁止 & *n.* 逃犯，歹徒
23. **electronics** [ɪˏlɛkˋtrɑnɪks] *n.* 電子產品（恆用複數）
24. **cushion** [ˋkʊʃən] *n.* 軟墊，靠枕
25. **break down**　分解
    Plastics are hard to break down even after decades.
    （塑膠即便經過數十年也難以分解。）
26. **mistakenly** [məˋstekənlɪ] *adv.* 錯誤地
    The hunter mistakenly took the dog for a fox and shot it.
    （那個獵人誤把這隻狗當成狐狸而射殺了牠。）

27. **lurk** [lɝk] *vi.* 潛伏，埋伏
    At night, the little girl would imagine there were scary monsters lurking in her closet.
    （在夜晚，那位小女孩會想像有可怕的怪獸潛藏在她的衣櫥裡。）
28. **tissue** [ˈtɪʃu] *n.* （動植物的）組織
29. **riddled** [ˈrɪdl̩d] *a.* 充滿著（有害、不討喜的事物）
    be riddled with sth　充滿著某物
    N-riddled　*a.* 充滿⋯⋯的

The doctor told the old man that his body was riddled with tumors.
（醫生告訴老人說他的身體中滿是腫瘤。）
30. **remains** [rɪˈmenz] *n.* 殘骸；遺體；剩餘物
31. **transfer** [trænsˈfɝ] *vt. & vi.* 轉移；調動（三態為：transfer, transferred, transferred）
32. **prohibit** [prəˈhɪbɪt] *vt.* 禁止
    Eating and taking pictures are prohibited in this museum.
    （這間博物館內禁止飲食及拍照。）

第 44 至 47 題為題組

　　紐西蘭國家橄欖球隊「全黑隊」（黑衫軍）被各方認定是將「哈卡」戰舞帶上國際舞臺的功臣。在球賽即將開打時，整個球隊會一起喊出戰鬥口號、踩腳、拍打大腿、翻白眼、吐舌並做出挑釁的手勢。每場比賽前的表演是用來提振士氣並恫嚇敵隊，也是一種視覺享受。沒有任何其他國際運動團隊能擁有像黑衫軍著名的哈卡般強大氣場的賽前儀式。

　　「哈卡」是什麼意思？它常被視為一種統稱，泛指毛利人傳統上用來恫嚇敵人並使戰士就備戰狀態的戰舞。大多數人認為這種舞蹈是在戰場上與敵軍交戰前，或是戰士離開村莊前往戰場的路上表演的。但是在毛利語中，haka 這個字指的僅是一種舞蹈。這種舞蹈伴隨表達情感或敘述古老故事的哼唱。雖然許多哈卡應由男性表演，但有一些是不分男女，任何人皆可表演的。還有一些哈卡甚至只由女性表演。

　　由於黑衫軍的緣故，有兩種哈卡已名聞遐邇：卡瑪提（Ka Mate）和卡帕歐龐勾（Kapa o Pango）。前者為一名毛利酋長於十九世紀初所作，內容是關於他如何智取敵人。它在 1906 年由黑衫軍首度演出。後者是在 2005 年專為這支球隊寫的。這兩種舞蹈現在由黑衫軍輪流表演。

　　現在不同儀式場合上會有不同哈卡表演——從接待貴賓到生日、婚禮或酋長及高身分地位者的葬禮都有。雖然這種作法傳統上僅限於毛利社群內部，不過它現已遠播至該族群以外。毛利人及歐裔紐西蘭人都以哈卡表演為傲，不論是在橄欖球場上或場外。哈卡已成為紐西蘭人辨識度最高的民族象徵。

(D) 44. 下列何者最能形容本篇文章的語氣？
　　(A) 憤世嫉俗的。　　(B) 幽默的。　　(C) 悲觀的。　　(D) 尊重的。
　　理由：全文皆在介紹哈卡戰舞以及黑衫軍對於推廣哈卡戰舞上的貢獻，且作者在最後一段提到，毛利人及歐裔紐西蘭人都以哈卡表演為傲，哈卡已成為紐西蘭人辨識度最高的民族象徵，可看出作者對於哈卡戰舞的正面評價與尊重，故 (D) 項應為正選。

(C) 45. 根據本文，黑衫軍表演哈卡的目的為何？
　　(A) 為了激怒對手。　　　　　　(B) 為了獲取大眾關注與名氣。
　　(C) 為了提振士氣。　　　　　　(D) 為了向他們的祖先致敬。
　　理由：根據本文第一段倒數第二句 "This performance before each match, which is intended to heighten their morale and intimidate opponents, is a sight to behold."（每場比賽前的表演是用來提振士氣並恫嚇敵隊，也是一種視覺享受。），可知 (C) 項應為正選。

(B) 46. 下列何者的意思最接近最後一段的 "**practice**"？
(A) 運動。　　　　　　(B) 表演。　　　　　　(C) 競賽。　　　　　　(D) 職業。

理由：
practice 一字有「慣例、作為」之意，在本文中指的是前一句的哈卡舞，故 (B) 項應為正選。

(D) 47. 根據本文，下列何項敘述正確？
(A) 傳統的毛利哈卡僅限戰場上的男性毛利戰士使用。
(B) 在毛利語中，haka 原來的意思為伴有歌曲的戰舞。
(C) 黑衫軍自 1906 年以來即輪流表演卡瑪提及卡帕歐龐勾。
(D) 哈卡現今被毛利人及非毛利族的紐西蘭人用於重要活動。

理由：
根據最後一段第一句 "Today, different varieties of haka are performed on various ceremonial occasions—from receiving distinguished guests to birthdays, weddings, or the funerals of chiefs and people of high status."（現在不同儀式場合上會有不同的哈卡表演——從接待貴賓到生日、婚禮或酋長及高身分地位者的葬禮都有。）及倒數第二句 "Māori and New Zealanders of European heritage alike view doing the haka with a sense of pride, both on the rugby field and outside it."（毛利人及歐裔紐西蘭人都以哈卡表演為傲，不論是在橄欖球場上或場外。），可知 (D) 項應為正選。

重要單字片語

1. **credit** [ˈkrɛdɪt] *vt.* 認為……有（功勞），將……歸功於
   be credited to sb　將……歸功於某人
   The success of the plan is credited to Tom.
   （該案的成功是湯姆的功勞。）
2. **kick-off** [ˈkɪkˌɔf] *n.* （足球比賽的）開賽
3. **chant** [tʃænt] *n.* （反覆地）喊叫，哼唱
4. **stamp** [stæmp] *vt.* 踩腳
   Henry stamped his foot in anger when he heard the news.
   （亨利聽到這消息後氣得踩腳。）
5. **slap** [slæp] *vt.* 拍打
   On the way to the gym, Joe caught up with Ted and slapped him on the back.
   （在去體育館的路上，喬趕上泰德然後拍他的背。）
6. **thigh** [θaɪ] *n.* 大腿
7. **roll one's eyes**　翻白眼
   Janice rolled her eyes when Wayne commented on her appearance.
   （韋恩評論她的外表時，珍妮絲直翻白眼。）
8. **flick** [flɪk] *vt.* 輕彈
9. **aggressive** [əˈɡrɛsɪv] *a.* 有攻擊性的
10. **in unison**　一致地
    unison [ˈjunəsn̩] *n.* 一致
    We are completely in unison on this matter.
    （我們對這件事的看法完全一致。）
11. **be intended to V**　目的是要……
    This book series are intended to acquaint children with the beauty of nature.
    （這套叢書旨在讓孩子認識大自然的美麗。）
12. **heighten** [ˈhaɪtn̩] *vt.* 提高
13. **morale** [məˈræl] *n.* 士氣；鬥志
14. **intimidate** [ɪnˈtɪməˌdet] *vt.* 威嚇
    The huge center on this basketball team really intimidated the players on the other team.
    （這個籃球隊的超大隻中鋒真的嚇到了另一隊的球員。）
15. **opponent** [əˈponənt] *n.* 對手
16. **a sight to behold**　（值得一看的）奇景
    The strange-shaped clouds in the sky are a sight to behold.
    （天空中奇形怪狀的雲朵堪稱奇景。）
17. **ritual** [ˈrɪtʃʊəl] *n.* 儀式

18. **prior to...** 在……之前
You must not eat anything for 12 hours prior to your surgery.
(你在手術前十二個小時都不可以進食。)

19. **engage** [ɪnˈgedʒ] vt.（和敵人）交戰
engage the enemy　和敵人交戰
The troops engaged the enemy at dawn.
(部隊在拂曉時分與敵方交戰。)

20. **en route to** + 地方　在往某地的途中
= on the way to + 地方
We stayed in Hong Kong for two days en route to Bangkok.
(我們往曼谷途中在香港待了兩天。)

21. **be accompanied by...** 伴隨著……
Depression is almost always accompanied by insomnia.
(憂鬱幾乎總是伴隨著失眠。)

22. **the former... the latter...** 前者……後者……
Bill and Jim are brothers. The former is shy, whereas the latter is outgoing.
(比爾和吉姆是兄弟。前者害羞，後者則外向。)

23. **compose** [kəmˈpoz] vt. 作（曲，詩）
Hank composed a song to mark the special occasion.
(漢克作了一首歌來記念此盛會。)

24. **chief** [tʃif] n. 領袖，酋長

25. **outsmart** [autˈsmart] vt. 以機智取勝
= **outwit** [autˈwɪt]
The art thief outsmarted the museum's security system.
(那名雅賊瞞過了美術館的安全系統。)

26. **interchangeably** [ˌɪntɚˈtʃendʒəblɪ] adv. 可以互換地

27. **ceremonial** [ˌsɛrəˈmonɪəl] a. 儀式的

28. **distinguished** [dɪˈstɪŋgwɪʃt] a. 著名 / 卓越的

29. **funeral** [ˈfjunərəl] n. 喪禮

30. **heritage** [ˈhɛrətɪdʒ] n. 傳統；遺產

31. **recognizable** [ˈrɛkəgˌnaɪzəbl] a. 為人熟知的；可辨認的

32. **take turns + V-ing** 輪流做……
My brothers and I take turns washing the dishes every evening.
(我和兄弟每晚輪流洗碗。)

第 48 至 51 題為題組

2015 年，美國總統歐巴馬簽署了《讓每個學生成功法案》，取代小布希時代自 2001 年起生效的《有教無類法案》。這項新法案讓各州在課程、教學和評測方面擁有更多決策權。以下是幾個影響許多州進行評測工作的大方向觀念。

其中一個重要概念是彈性。多年來，各州採用類似申請大學用的 SAT 和 ACT 的標準化 K-12 評測，來衡量學生的成績。這些評測雖好用，但無法完整呈現學生的學習進展。因此，各州正在重新思考一體適用的標準化評測，並轉而考慮在學校實施以學生為主體的個人化評測。顯然這項任務既困難又費時。好在現代科技可以幫忙解決這個兩難的困境。例如電腦適性測驗可以根據學生先前的答題表現自動調整問題。這種機制可以防止電腦提供對學生而言顯然過於簡單或困難的問題。因此這可以讓教師快速評估學生的理解程度，並在學習過程中提供即時反饋幫助學生。

另一個觀念是多學科測驗。有好幾州已經開始在 K-12 評測裡納入傳統的數學與閱讀以外的科目。全美五十州在高中之前至少會納入兩次自然科學測驗，有些州現在開始納入社會研究、政府或經濟學科目。有些州也開始朝向在單一測驗中評估多種科目，例如閱讀和社會研究。

第三個觀念是強調學生的學習過程。為了達成以學生為主體的方針，有許多州現在更強調要以整個學習過程來評測，而非傳統的年終總結考試。老師被鼓勵在學生學習過程的不同階段累積數據。這些數據加起來可以呈現更完整的學生學習樣貌。

最後一個觀念是關於評測的目的。評測應該是用來為老師教學和學生學習提供資訊。教師可以根據學生的考試表現調整教學；學生能夠發現自己的問題並訂定改善計畫。

(D) 48. 下列何者是最適合本文的標題？
　　(A) 電腦與評測
　　(B)《讓每個學生成功法案》的四大要素
　　(C) 以學生為主體的課程和教學
　　(D) 從《有教無類法案》到《讓每個學生成功法案》，聚焦探討評測制度
　　理由:
　　根據本文第一段第一句和第二句，在 2015 年的《讓每個學生成功法案》取代了 2001 年起生效的《有教無類法案》，提供各州在課程、教學和評測三方面擁有更多決策權。在第一段最後一句 "Below are some big-picture ideas influencing many states as they approach the assessment task."（以下是幾個影響許多州進行評測工作的大方向觀念。）得知，在接下來的段落分列就評測工作提出幾個重點想法，故 (D) 項應為正選。

(C) 49. 第二段的 "dilemma" 一字指的是什麼？
　　(A) 要在 SAT 和 ACT 之間做抉擇。
　　(B) 要在《有教無類法案》和《讓每個學生成功法案》之間做抉擇。
　　(C) 是否要採用以學生為主體的評測。
　　(D) 是否取代電腦評測。
　　理由:
　　dilemma 一字的意思為「兩難的困境」，而第二段提到，各州正在重新考慮是否要改變一體適用的標準化評測，並轉而考慮在學校實行以學生為主體的個人化評測，由此可知，現代科技可以幫忙解決的這個「兩難困境」是「是否要採用以學生為主體的評測」，故 (C) 項應為正選。

(D) 50. 下列何者是在《讓每個學生成功法案》的評測裡新出現的科目？
　　(A) 數學。　　(B) 閱讀。　　(C) 科學。　　(D) 經濟學。
　　理由:
　　根據第三段第三句 "All 50 states include tests on science at least twice prior to senior high school, and some are now starting to include social studies, government, or economics." （全美五十州在高中之前至少會納入兩次自然科學測驗，有些州現在開始納入社會研究、政府或經濟學科目。）可知 (D) 項應為正選。

(C) 51. 若要把下列幾個句子納入本文中，應該放在哪一段？
　　「一個很好的例子就是，現在有許多老師會要求學生保存學習歷程檔案資料，專門蒐集學生在學期中各階段的學習成果。這個檔案可以顯示學生在課程中單一或多個領域的努力、進步和成就。」
　　(A) 第二段。　　(B) 第三段。　　(C) 第四段。　　(D) 第五段。
　　理由:
　　從每一段的主題句中，可知各段針對《讓每個學生成功法案》所討論的重點觀念如下：第二段：彈性；第三段：多學科測驗；第四段：強調學生的學習過程；第五段：關於評測目的。
　　本題句子中提到老師會要求學生保存學習歷程檔案資料，符合第四段強調學生學習過程的主題，故 (C) 項應為正選。

重要單字片語

1. **act** [ækt] *n.* 法案，法令
2. **curriculum** [kəˈrɪkjələm] *n.* 課程（單數，複數形為 curriculums / curricula [kəˈrɪkjələ]）
3. **instruction** [ɪnˈstrʌkʃən] *n.* 教導（不可數）
4. **assessment** [əˈsɛsmənt] *n.* 評估
   assess [əˈsɛs] *vt.* 評估；評測
   We have to make an assessment of your financial situation before we can grant you a loan.
   （在核准您貸款前，我們得先評估您的財務狀況。）
   Jack decided to cancel the project after he assessed the situation.
   （評估完情況後，傑克決定取消這個專案。）
5. **flexibility** [ˌflɛksəˈbɪlətɪ] *n.* 彈性
6. **standardize** [ˈstændɚˌdaɪz] *vt.* 使標準化
   （本文為過去分詞作形容詞用）
   English spelling was not standardized until the 17th and 18th centuries.
   （英文字的拼法直到十七至十八世紀才標準化。）
7. **application** [ˌæpləˈkeʃən] *n.* 申請
8. **progress** [prəˈgrɛs] *vi.* 進步 & [ˈprɑgrɛs] *n.* 進步（不可數）
   make progress in... 在……（方面）有進步
9. **personalized** [ˈpɝsənəˌlaɪzd] *a.* 個人化的
   personalize [ˈpɝsənəˌlaɪz] *vt.* 使個人化
   Wendy personalized her backpack by writing her name all over it.
   （溫蒂在背包上寫滿名字來標明是她的。）
10. **time-consuming** [ˈtaɪmkənsumɪŋ] *a.* 費時的
    consume [kənˈsum] *vt.* 消耗；吃；喝
    Writing a book is a time-consuming job.
    （寫書是件耗時的工作。）
    That car consumes a lot more fuel than this one.
    （那輛車比這輛來得耗油許多。）

11. **dilemma** [dəˈlɛmə] *n.* 兩難的困境
    be (caught) in a dilemma 處在進退兩難 / 左右為難的情況中
12. **adaptive** [əˈdæptɪv] *a.* 適應的
    adapt [əˈdæpt] *vi. & vt.*（使）適應
    adapt to + N/V-ing 適應……
    Many people who grew up in the country can't adapt to city life.
    （許多在鄉下長大的人無法適應都市生活。）
13. **automatically** [ˌɔtəˈmætɪkəlɪ] *adv.* 自動地
14. **mechanism** [ˈmɛkəˌnɪzəm] *n.* 機制
15. **feedback** [ˈfidˌbæk] *n.* 回饋
16. **incorporate A in / into B** 將 A 納入 B
    incorporate [ɪnˈkɔrpəˌret] *vt.* 使納入
    The CEO told Edward that she would incorporate his ideas into the proposal.
    （執行長告訴艾德華，她會把他的想法納入該提案中。）
17. **prior to...** 在……之前（to 為介詞）
    Make sure you have the report copied prior to the meeting.
    （務必確定你在會議之前要把報告影印好。）
18. **economics** [ˌikəˈnɑmɪks] *n.* 經濟學
19. **emphasis** [ˈɛmfəsɪs] *n.* 強調
    put emphasis / stress on... 強調 / 重視……
    The professor puts great emphasis on the efficient use of one's time.
    （那名教授非常強調個人時間的有效利用。）
20. **in pursuit of...** 追求……
    Time and health are precious, but many people sacrifice them in pursuit of wealth and power.
    （時間與健康很珍貴，但是很多人為了追求財富與權力而犧牲這兩樣東西。）
21. **summative** [ˈsʌmətɪv] *a.* 總結性的
22. **be encouraged to V** 被鼓勵（做）……
    The seniors are encouraged to approach their teachers for advice about their choice of universities.
    （高三生被鼓勵向老師徵求關於選擇大學的建議。）

23. **accumulate** [əˋkjumjə͵let] *vt.* 累積
    Over the years, Mr. Jackson has accumulated considerable wealth.
    （傑克森先生多年來已累積了相當的財富。）
24. **modify** [ˋmɑdə͵faɪ] *vt.* （略微地）修改／更改
    The engineer modified the software so that the computer would run faster.
    （那位工程師把軟體稍加修改，使電腦運轉更快速。）
25. **component** [kəmˋponənt] *n.* 構成要素
26. **portfolio** [pɔrtˋfolɪ͵o] *n.* 資料夾
27. **purposeful** [ˋpɝpəsfəl] *a.* 有目的的
28. **exhibit** [ɪgˋzɪbɪt] *vt.* 展示
    The artist's paintings are being exhibited at the museum.
    （這位藝術家的畫作正在博物館展出中。）

第貳部分：非選擇題（占 28 分）

一、中譯英（占 8 分）

1. 早期的博物館只開放給中上階層，而且參觀者必須事先申請進入許可。

示範譯句：
In early times, museums were open only to the people in the upper and upper-middle classes, and visitors needed to apply for admission in advance.

翻譯要點：
a. upper and upper-middle classes　　中上階層
   註：中文的「中上階層」應包含英語世界裡所指稱的上流社會（the upper class）及中上階級（the upper-middle class），故將兩種階層都翻出來才為最完整的寫法。
b. apply for...　　申請……
   David has to do well on the final exam in order to apply for a scholarship.
   （大衛期末考要考好才能申請獎學金。）
c. admission [ədˋmɪʃən] *n.* 入場許可
d. in advance　　事先

2. 現今多數人可以親自或透過線上導覽，享受探索文化珍寶的樂趣。

示範譯句：
Nowadays, a / the majority of people can enjoy the fun of exploring cultural treasures in person or via online tours.

翻譯要點：
a. nowadays [ˋnaʊə͵dez] *adv.* 現今
b. the / a majority of...　　大多數的……
= most of...
   The majority of / Most of the foreign students in my class are Japanese.
   （我班上大多數的外國學生是日本人。）
c. explore [ɪkˋsplɔr] *vt.* 探索
   Let's go out and explore the city this afternoon.
   （咱們今天下午出門探索這座城市吧。）
d. in person　　親自
= personally
e. online tour　　線上導覽

二、英文作文（占 20 分）

示範作文：

初級篇

A school should be a sanctuary or safe haven for students and faculty alike, be it an elementary school or a college campus. Accordingly, the importance of campus safety cannot be overemphasized. Ideally, a school should provide a safe environment for its students. But safety problems may arise unexpectedly. For example, bullying is a common occurrence on campus. In addition, intruders may break in to harm students or teachers. Such incidents make headlines and cause widespread concern.

To promote campus safety, all members of a school should play a part. First of all, school authorities should take preventive measures to stop bullying or trespassing from happening. For instance, all staff members should be properly trained and educated on standard safety procedures in case of any campus emergency. Furthermore, students should beware of strangers showing up on campus, especially unfamiliar persons without a visitor badge. Security guards should also patrol the premises on a regular basis. With the above measures taken, campus safety can be ensured.

學校應該同樣是學生和教職員的庇護所或避風港，無論是小學校園還是大學校園。因此，校園安全的重要性再怎麼強調也不為過。理想情況下，學校應為學生提供安全的環境。但是安全問題可能會以未曾預料的型態出現。舉例來說，霸凌在校園裡很常見。此外，侵入者可能闖入學校對學生或老師造成傷害。這樣的事件會登上新聞版面並引起廣泛關注。

為了促進校園安全，學校的所有成員都應該扮演好自己的角色。首先，學校當局應採取預防措施來防止霸凌或入侵行為的發生。例如，所有教職員應當受過標準安全程序的適當訓練和教育以預防任何校園緊急狀況。此外，學生應注意陌生人出現在校園中，特別是沒戴訪客證的陌生人。校警也應定時巡邏校區。透過採取以上措施，校園安全才能得以確保。

重要單字片語

1. **sanctuary** [ˈsæŋktʃu͵ɛrɪ] *n.* 庇護所
2. **haven** [ˈhevən] *n.* 避風港
3. **faculty** [ˈfæk！tɪ] *n.* 全體教職員（集合名詞）
4. **be it A or B** 無論是 A 還是 B
   Helen enjoys watching dance performances, be it ballet or modern dance.
   （海倫很喜歡欣賞舞蹈表演，無論是芭蕾舞還是現代舞。）
5. **accordingly** [əˈkɔrdɪŋlɪ] *adv.* 因此，所以
   = therefore [ˈðɛr͵fɔr] *adv.*
   The workers have to work longer hours than before. Accordingly, their salaries should be increased.
   （這些工人必須比以往花更長時間工作。因此，他們的薪水應該要增加。）
6. **cannot be overemphasized** 再怎麼強調也不為過
   = cannot be emphasized too much
   The importance of keeping the bathroom clean and tidy cannot be overemphasized.
   （保持浴室清潔與整齊的重要性再怎麼強調也不為過。）
7. **bullying** [ˈbʊlɪŋ] *n.* 霸凌（的現象／行為）
   bully [ˈbʊlɪ] *vt.* 霸凌
8. **occurrence** [əˈkɝəns] *n.* 事件（可數）；發生（不可數）
9. **intruder** [ɪnˈtrudɚ] *n.* 侵入者
10. **make (the) headlines** 登上新聞版面
    The medical breakthrough made headlines around the world.
    （那項醫學上的突破登上全世界的新聞版面。）

11. **widespread** [ˈwaɪdˌsprɛd] *a.* 廣泛的
12. **authorities** [əˈθɔrətɪz] *n.* 當局（恆用複數）
13. **take measures to V**　採取措施（做）……
    We must take measures to control the spread of COVID-19.
    （我們必須採取措施來防止新冠肺炎蔓延。）
14. **preventive** [prɪˈvɛntɪv] *a.* 預防的
15. **trespass** [ˈtrɛspəs] *vi.*（非法）侵入
    The hunter will be prosecuted for trespassing on the farmer's land.
    （那名獵人因私闖這農人的土地而將遭起訴。）
16. **procedure** [prəˈsidʒɚ] *n.* 程序
17. **beware of...**　提防／當心……
    Beware of what you say to Betty because she is very sensitive to criticism.
    （對貝蒂說話要小心，因為她對批評很敏感。）
18. **badge** [bædʒ] *n.* 證件，證章
19. **patrol** [pəˈtrol] *vt.* 巡邏，偵察
20. **premises** [ˈprɛmɪsɪz] *n.* 區域（恆用複數）
21. **on a regular basis**　定時；定期
22. **ensure** [ɪnˈʃʊr] *vt.* 確保，保證
    The bodyguards must ensure the mayor's safety.
    （隨扈們必須確保市長的安全。）

示範作文：

進階篇

　　All school campuses should be safe places where students feel free and comfortable. Of course, campus safety goes beyond protecting students from outside dangers; some threats may exist within the walls of a campus. When ensuring campus safety, school administrators need to take serious measures to prevent and deal with bullying. For many young students, bullying can have a profound effect on their self-esteem and their ability to focus on their studies. If left unchecked, bullying can result in mental illnesses, such as anxiety and depression.

　　In order to make a school safe for all those who enter the campus, there are a number of things that should be done. For starters, the administration should speak out against bullying and make policies that elaborate on how instances of bullying will be treated and how bullies will be punished. In addition, there should be full-time counselors with professional training in dealing with bullying. Students can talk to them about their struggles. By proactively making such counselors available, vulnerable students will know where they can seek help. Schools should ensure the anonymity of students who would like to expose instances of bullying but feel uncomfortable coming forward publicly. Schools need to take on these tasks and actively work to eliminate bullying if they want places of learning to be safer places.

　　所有學校校園都應該是讓學生感到自由和舒適的安全場所。當然，校園安全不僅在於保護學生免受外來的危險；學校圍牆內也可能存在一些威脅。在確保校園安全時，學校行政人員需要採取嚴厲的措施來預防以及處理霸凌行為。對於許多年輕學子而言，霸凌會對他們的自尊心以及專注於學習的能力造成深遠的影響。當霸凌行為被放任不管時，可能導致精神疾病方面的困擾，例如焦慮和憂鬱症。

　　為了讓所有進入校園的人都安全，有許多事情應該要做。首先，行政單位應公開聲明反霸凌，並制定校規，詳細說明如何處理霸凌事件以及霸凌者會被如何處分。此外，學校裡應該要有受過處理霸凌行為之專門訓練的全職諮商師。學生可以跟他們談自己的掙扎。透過主動提供這樣的諮商師，脆弱的學生將知道他們可以在哪裡尋求協助。學校應確保想揭發霸凌事件但對公開挺身而出感到不自在的學生的匿名性。如果學校希望學習場所成為更安全的所在，他們需要負擔起這些任務並積極努力消弭霸凌行為。

重要單字片語

1. **go beyond...** 不止於……；超出／超過……
   We have to go beyond the customers' expectations.
   （我們必須超越顧客的期待。）
2. **administrator** [əd'mɪnə͵stretɚ] *n.* 行政人員
3. **have an effect on...** 對……有影響
   Any change in your lifestyle will have an effect on your health.
   （任何生活方式的改變將對你的健康有影響。）
4. **profound** [prə'faʊnd] *a.* 深遠的，深刻的
5. **self-esteem** [͵sɛlfəs'tim] *n.* 自尊（心）
6. **speak out against...** 大聲反對／公開抗議……
   Let's all speak out against domestic violence.
   （讓我們一起大聲反對家庭暴力。）
7. **elaborate** [ɪ'læbə͵ret] *vi.* 詳細說明（與介詞 on 並用）
   Just tell us the result. You don't have to elaborate on the process.
   （只要把結果告訴我們就好了，過程你就不必詳述了。）
8. **counselor** ['kaʊnsələ] *n.* 輔導員
9. **proactively** [prə'æktɪvlɪ] *adv.* 主動地
10. **vulnerable** ['vʌlnərəbl̩] *a.* 易受傷害的；脆弱的
    be vulnerable to... 易受……（傷害／攻擊／影響等）的
    Children are more vulnerable to diseases at this time of the year.
    （兒童在這個時節特別容易生病。）
11. **anonymity** [͵ænə'nɪmətɪ] *n.* 匿名
12. **take on...** 承擔／接受……（工作、責任等）
    Mark is experienced enough to take on the position as the store manager.
    （馬克經驗豐富，足以承擔店經理這個職位。）
13. **eliminate** [ɪ'lɪmə͵net] *vt.* 消弭，根除
    The charity aims to eliminate world hunger.
    （這個慈善機構的目標是要消除世上的饑荒。）

108 年升大學指考英文試題詳解

108 年升大學指考英文試題 解答

1. (D)   2. (B)   3. (B)   4. (A)   5. (D)
6. (D)   7. (D)   8. (C)   9. (A)   10. (C)
11. (B) 12. (A) 13. (D) 14. (A) 15. (C)
16. (B) 17. (D) 18. (A) 19. (C) 20. (B)
21. (K) 22. (L) 23. (D) 24. (G) 25. (J)
26. (C) 27. (E) 28. (H) 29. (A) 30. (B)
31. (F) 32. (B) 33. (D) 34. (E) 35. (C)
36. (B) 37. (C) 38. (A) 39. (D) 40. (B)
41. (C) 42. (B) 43. (C) 44. (D) 45. (A)
46. (D) 47. (B) 48. (B) 49. (A) 50. (C)
51. (C)

108 年升大學指考英文試題　詳解

第壹部分：單選題（占 72 分）

一、詞彙（占 10 分）

(D) 1. 強森家房子前面的告示牌寫著，未經許可，任何人均不得踏上他們家的<u>地產</u>。
   a. (A) margin [ˈmɑrdʒɪn] *n.*（頁邊）空白處；邊緣
      by a narrow margin　以些微之差；有驚無險地
      Our school team won the match by a narrow margin.
      （我們的校隊以些微之差贏得那場比賽。）
      (B) shelter [ˈʃɛltɚ] *n.* 庇護所（可數）；遮蔽，庇護（不可數）
      take shelter　尋求庇護；（找地方）躲雨
      <u>比較</u>：
      asylum [əˈsaɪləm] *n.* 庇護（不可數）
      ask for political asylum　尋求政治庇護
      Sarah helps give out food to homeless people at the shelter.
      （莎拉幫忙分發食物給收容所的遊民。）
      The hiker took shelter from the rainstorm inside a small cave.
      （那名登山客在一個小山洞裡躲避暴風雨。）
      (C) reservation [ˌrɛzɚˈveʃən] *n.* 預訂；預約
      make a reservation for...　預訂……
      I'd like to make a reservation for a table for a party of four for seven o'clock this evening, please.
      （我想預訂今晚七點可坐四人的餐桌，麻煩您。）
      (D) property [ˈprɑpɚtɪ] *n.* 財產（尤指地產）；特性（常用複數）
      It is illegal to trespass on private property.
      （擅自闖入私人住宅是違法的。）
      We compared the physical properties of the two substances.
      （我們比較了這兩種物質的物理特性。）
   b. 根據語意，(D) 項應為正選。

> **必考重點**
> a. be allowed to V　被允許（做）……
> b. set foot on...　踏上 / 涉足 / 進入……
> c. without permission　未經許可
>   permission [pɚˈmɪʃən] *n.* 允許，許可

(B) 2. 我們老師沒有給予負面的批評，他們反而常給我們<u>有建設性的</u>回饋，以便我們改進自己的研究報告。
   a. (A) absolute [ˈæbsəlut] *a.* 絕對的，十足的
      absolutely [ˈæbsəˌlutlɪ] *adv.* 絕對地

The news program featured several performers that are my absolute favorites.
（這個新聞節目介紹了幾位我非常喜歡的藝人。）
Alice looks absolutely stunning in that blouse.
（愛麗絲穿那件襯衫看起來美極了。）
(B) constructive [kənˋstrʌktɪv] *a.* 有建設性的
We are open to criticism and welcome anything constructive.
（我們樂於接受批評，也歡迎任何有建設性的指教。）
(C) influential [ˏɪnfluˋɛnʃəl] *a.* 有影響力的
Steven Spielberg is one of the most influential directors in the movie industry.
（史蒂芬‧史匹柏是電影界中最具影響力的導演之一。）
(D) peculiar [prˋkjuljɚ] *a.* 奇怪的；獨特的
Our principal's eyebrows look peculiar.
（我們校長的眉毛看起來很奇特。）
b. 根據語意，(B) 項應為正選。

必考重點

a. instead of + N/V-ing　　而非／（非但）不……
= rather than + N/V/V-ing
b. negative [ˋnɛgətɪv] *a.* 負面的；否定的；消極的
positive [ˋpɑzətɪv] *a.* 正面的；肯定的；積極的
c. criticism [ˋkrɪtəˏsɪzm] *n.* 批評；評論
d. feedback [ˋfidˏbæk] *n.* 回饋意見；回應（不可數）
e. improve on / upon...　　改進／改善……

(B) 3. 一項研究顯示，開車時忙著講電話的駕駛發生事故的機率會高出許多。
a. (A) contain [kənˋten] *vt.* 含有，包含
Comfort foods, like fried chicken, contain a lot of calories.
（炸雞之類的療癒美食含有很高的熱量。）
(B) engage [ɪnˋgedʒ] *vt. & vi.* （使）忙於／從事
engage in...　　從事……
engaged [ɪnˋgedʒd] *a.* 忙於／從事……的
be engaged in...　　忙於／從事……
Easy money entices many people to engage in illegal activities.
（能輕鬆賺到錢會引誘很多人從事不法勾當。）
My brother is engaged in a life-and-death struggle with cancer.
（我哥哥正處於與癌症病魔搏鬥的生死關頭。）
(C) include [ɪnˋklud] *vt.* 包含，包括
A place's culture includes all aspects of people's lives, such as religion, food, and music.
（一個地方的文化範疇包含了人們生活中的各個層面，諸如宗教、食物和音樂等等。）
(D) locate [ˋloket] *vt.* 找出……的位置；使坐落於（常用被動語態）
My grandparents' farm is located in a beautiful valley.
（我祖父母的農場位於一個絕美的山谷。）
b. 根據語意，且 "be engaged in..." 為固定用法，(B) 項應為正選。

(A) 4. 麥克看見那些瀑布壯麗的景色時，敬畏並讚歎到渾身顫抖。
   a. (A) awe [ɔ] *n.* 敬畏
          stand in awe　　　敬畏地站立
          We stood in awe before the majestic Westminster Abbey.
          （我們敬畏地站在雄偉的西敏寺前面。）
      (B) plea [pli] *n.* 懇求，懇請
          make a plea for...　　懇求……
          Joe made a desperate plea for my help.
          （阿喬迫切地懇求我的幫助。）
      (C) oath [oθ] *n.* 誓言
          take / swear an oath　　宣誓
          The witness was asked to take an oath before getting on the stand.
          （證人在出席作證前被要求宣誓。）
      (D) merit [ˋmɛrɪt] *n.* 可取之處；優點，長處
          Your suggestion has some merit, so I'll take it into consideration.
          （你的建議有可取之處，所以我會好好考慮。）
          What are the merits and demerits of living in the countryside?
          （鄉間生活的優缺點是什麼？）
   b. 根據語意，(A) 項應為正選。

必考重點

   a. tremble with...　　　因……而發抖
   b. admiration [͵ædməˋreʃən] *n.* 讚賞；欽佩
   c. magnificent [mægˋnɪfəsənt] *a.* 壯麗的，宏偉的
   d. waterfall [ˋwɔtɚ͵fɔl] *n.* 瀑布

(D) 5. 陳女士收藏大量的書籍，而且它們大部分都很重；她需要一個夠堅固的書架來收納全部的書。
   a. (A) coarse [kɔrs] *a.* 粗糙的；粗魯的
          Jay bought that sweater of coarse wool just because it was cheap.
          （阿傑只因為便宜就買下了那件毛質粗劣的毛衣。）
      (B) vigorous [ˋvɪgərəs] *a.* 充滿活力的
          Even at 65, Mr. Jones keeps up a vigorous pace on his walks.
          （即使瓊斯先生已經六十五歲了，他走起路來仍然健步如飛。）
      (C) portable [ˋpɔrtəbl̩] *a.* 可攜帶的；手提式的
          The tablet computer is lightweight, portable, and easy to store.
          （這臺平板電腦輕巧、可攜，而且容易收納。）
      (D) sturdy [ˋstɝdɪ] *a.* 堅固的，耐用的
          I bought this sturdy pair of shoes many years ago.
          （我在許多年前買了這雙耐穿的鞋子。）
   b. 根據語意，(D) 項應為正選。

必考重點

   a. have a collection of...　　收藏……
   b. bookshelf [ˋbʊk͵ʃɛlf] *n.* 書架

(D) 6. 該運動員捲起袖子展現出他結實的前臂，多年來的舉重訓練已使它們厚實又強壯。
　　a. (A) barren [ˈbærən] a. 貧瘠的
　　　　　＝ infertile [ɪnˈfɝtl̩]
　　　　　fertile [ˈfɝtl̩] a. 能生育／結果的；富饒的
　　　　　A good part of the land in this area is barren.
　　　　　（這個地區大部分的土地是貧瘠的。）
　　　　(B) chubby [ˈtʃʌbɪ] a. 圓胖的；豐滿的
　　　　　I couldn't help but gently pinch the baby's chubby cheek.
　　　　　（我忍不住輕輕地捏了那個寶寶圓嘟嘟的臉頰。）
　　　　(C) ragged [ˈrægɪd] a. 破爛的；衣衫襤褸的
　　　　　rag [ræg] n. 一小塊舊布；抹布
　　　　　in rags　　衣衫襤褸
　　　　　Jamie couldn't bear to part with his childhood blanket even though it was torn and ragged.
　　　　　（雖然傑米兒時的毯子已經又破又爛，但他仍捨不得丟掉它。）
　　　　　I feel sorry for those children in rags.
　　　　　（那些穿著破爛的孩子令我為之心酸。）
　　　　(D) muscular [ˈmʌskjələ] a. 結實／強壯的，肌肉發達的
　　　　　lean [lin] a. 苗條的，健美的
　　　　　Martin is muscular because he works out on a daily basis.
　　　　　（馬汀肌肉發達，因為他每天健身。）
　　b. 根據語意，(D) 項應為正選。

必考重點

　　a. athlete [ˈæθlit] n. 運動員；擅長運動的人
　　b. roll up one's sleeves　　某人捲起袖子

(D) 7. 因為蒙受嚴重的財務危機，這家汽車公司正瀕臨破產，尤其最近又適逢新車銷售數量驟減。
　　a. (A) graduation [ˌgrædʒʊˈeʃən] n. 畢業
　　　　　The distinguished professor made a speech at the graduation ceremony.
　　　　　（那位受人尊敬的教授在畢業典禮上演講。）
　　　　(B) capacity [kəˈpæsətɪ] n. 容量；能力；職位
　　　　　capable [ˈkepəbl̩] a. 能力強的
　　　　　be capable of + N/V-ing　　有能力做某事
　　　　　The maximum capacity of this room is 30 people.
　　　　　（這房間最多能容納三十人。）
　　　　　I don't think Sam is physically capable of climbing the hill.
　　　　　（我認為以山姆的體能無法爬上這座山丘。）
　　　　(C) depression [dɪˈprɛʃən] n. (經濟) 蕭條／不景氣；沮喪；憂鬱症
　　　　　Many businesses failed to survive the Great Depression of the 1930s.
　　　　　（許多企業未能挺過 1930 年代的經濟大蕭條時期。）
　　　　　Roger has been suffering from depression since his wife passed away.
　　　　　（羅傑自從太太過世後便飽受憂鬱症的折磨。）

(D) bankruptcy [`bæŋkrʌptsɪ] *n.* 破產，倒閉
  bankrupt [`bæŋkrʌpt] *a.* 破產的，倒閉的
  The man's company was plagued by financial problems, so he declared bankruptcy.
  （該男子的公司遭遇財務困難，因此他宣告破產。）
 b. 根據語意，(D) 項應為正選。

必考重點

 a. suffer from sth　　受某事之苦；罹患某種疾病
 b. a financial crisis　　財務危機
  financial [faɪ`nænʃəl] *a.* 財務的；金融的
 c. be on the edge of...　　瀕臨……，在……的邊緣

(C) 8. 下過雨後，青草上的水珠使草地在陽光下閃閃發亮。
 a. (A) ripple [`rɪpḷ] *vi. & vt.* （使）起漣漪
   The water rippled when the wind blew.
   （風吹時，水面起了陣陣漣漪。）
  (B) shatter [`ʃætɚ] *vi. & vt.* （使）破碎／粉碎
   Bits of glass sprayed everywhere when the vase hit the floor and shattered.
   （那只花瓶撞擊地板碎掉後，玻璃碎片噴得到處都是。）
  (C) glisten [`glɪsṇ] *vi.* （潮濕或油亮物）閃耀
   Andy's face glistened with sweat after the game of tennis.
   （打完網球賽後，汗水在安迪的臉上閃耀。）
  (D) mingle [`mɪŋgḷ] *vi.* （使）混合
   The woman's perfume mingled with the smell of roses in the garden.
   （那名女士的香水味與園中玫瑰花的香氣混合在一起。）
 b. 根據語意，(C) 項應為正選。

必考重點

 a. meadow [`mɛdo] *n.* 草地
 b. droplet [`drɑplɪt] *n.* 小（水）滴

(A) 9. 中國的萬里長城最初修建是為了設防北疆以抵禦外敵入侵。
 a. (A) fortify [`fɔrtə͵faɪ] *vt.* 築防禦工事於，築堡於
   fort [fɔrt] *n.* 堡壘，城堡
   They fortified their city by building higher walls around it.
   （他們以建築更高的城牆環繞城池來強化防禦。）
  (B) rehearse [rɪ`hɝs] *vt. & vi.* （使）排練／排演
   rehearsal [rɪ`hɝsḷ] *n.* 排練，排演
   Austin mentally rehearsed his moves before the competition.
   （比賽之前，奧斯汀在腦中預演一遍他的動作。）
  (C) diminish [də`mɪnɪʃ] *vt. & vi.* （使）減少／貶低
   The new policy is expected to diminish the cost of health care.
   （這項新政策可望降低健康照護的成本。）

(D) strangle [ˈstræŋgl] vt. 勒死；絞死
The forensic examination showed that the man was strangled to death.
（法醫檢驗結果發現該名男子是被勒死的。）
b. 根據語意，(A) 項應為正選。

必考重點
a. border [ˈbɔrdɚ] n. 邊／國界；邊境地區
b. invasion [ɪnˈveʒən] n. 入侵

(C) 10. 小說中的瘋狂科學家經常被描寫成頂著一頭亂髮、在充滿千奇百怪設備與冒著泡泡的試管的實驗室裡發瘋似工作的狂熱男子。

a. (A) contagiously [kənˈtedʒəslɪ] adv. 具傳染／感染性地
   contagious [kənˈtedʒəs] a. 具傳染／感染性的
   The disease is highly contagious and spreading rapidly across the country.
   （這個疾病具有高度傳染力，很快就蔓延了全國。）

(B) distinctively [dɪˈstɪŋktɪvlɪ] adv. 獨特地，與眾不同地
   distinctive [dɪˈstɪŋktɪv] a. 獨特的，與眾不同的
   Each of the tribes has its own distinctive tribal traditions and cultures.
   （每個部落都有其獨特的部落習俗與文化。）

(C) frantically [ˈfræntɪklɪ] adv. 發瘋似地；手忙腳亂地
   frantic [ˈfræntɪk] a. （因極端焦急恐懼而）發瘋似的；手忙腳亂的
   The parents frantically searched high and low for their daughter when she disappeared in the night market.
   （這對父母發瘋似地到處找他們在夜市走失的女兒。）
   The mall is always bustling with frantic shoppers during Christmas.
   （這家購物中心在聖誕節期間充滿著忙亂的購物人潮。）

(D) tremendously [trɪˈmɛndəslɪ] adv. 極其；極大地
   tremendous [trɪˈmɛndəs] a. 巨大的；極好的
   The scientist's research paper contributed tremendously to an important medical discovery.
   （那位科學家的研究報告對一項重要的醫藥發現有很大的貢獻。）

b. 根據語意，(C) 項應為正選。

必考重點
a. portray A as B　把 A 描寫成 B 的樣子
   portray [pɔrˈtre] vt. 描繪，描寫
b. equipment [ɪˈkwɪpmənt] n. 裝備（集合名詞，不可數）

二、綜合測驗（占 10 分）
第 11 至 15 題為題組

非洲的時裝產業近幾年來歷經大幅成長。非洲的時裝設計已引起國際名人的關注，其中包括前美國第一夫人蜜雪兒・歐巴馬、蕾哈娜和碧昂絲以及其他人。全球對非洲風格的時尚需求已為一些非洲設計師及品牌帶來可觀的銷售量。

芙蕾克‧芙萊林科克爾是時裝品牌蒂芬妮安柏的創辦人，她亦是非洲及全球時裝產業最知名的設計師之一。芙蕾克出生於奈及利亞拉哥斯市，並在歐洲求學，也因此年輕時就有機會在那裡與各式文化交流。（原文建議改為 ...she had opportunities to interact with people of various cultures... 語意較為通順。）有趣的是，她在瑞士獲得法律碩士學位，但或許命運早已注定，她對時裝的熱情會帶領她進入時裝設計的領域。

芙蕾克具品味和繽紛的創作為她博得全球的讚賞，並使她成為首位連續兩年在紐約時裝週嶄露才華的非洲時裝設計師。她也被 CNN 等國際媒體以專題廣為報導。2013 年，她被富比士列為非洲具影響力的女性之一。

(B) 11. **理由**：
    a. (A) if any   即便有的話（置句中或句尾）
              Ever since Chad went bankrupt, he had very few, if any, friends left.
       = Ever since Chad went bankrupt, he had very few friends left, if any.
            （自從查德破產後，就算他身邊有朋友，也剩沒幾個。）
       (B) among others   在其他眾多人或物之中（置所舉例的名詞後方）
            Singapore Airlines, among others, is one of the top airlines in the world.
            （全球頂尖的航空公司中，新加坡航空是其一。）
            The world's top airlines include Singapore Airlines, Qatar Airways and Emirates, among others.
            （世界頂級的航空公司包括新加坡航空、卡達航空與阿聯酋航空以及其他航空公司。）
       (C) in short   簡言之，總之
       = in brief [brif]
       = in a word
            In short, we don't have much time left to carry out the experiment.
            （總之，我們能進行實驗的時間所剩不多了。）
       (D) at best   最多，充其量
            Kevin's work performance is barely adequate at best.
            （凱文的工作表現充其量只能說差強人意。）
    b. 根據語意及用法，(B) 項應為正選。

(A) 12. **理由**：
    a. 空格前有表地方的名詞 Europe（歐洲），故空格應置關係副詞 where，使其引導的形容詞子句可用來修飾 Europe。
    b. 本句的 where 亦等於 in which，故可改寫如下：
       ..., she received her education in Europe, where she got an opportunity to...
    = ..., she received her education in Europe, in which she got an opportunity to...
    c. 根據上述，(A) 項應為正選。

(D) 13. **理由**：
    a. (A) generally [ˈdʒɛnərəlɪ] adv. 總體上，大體上；一般地
         Generally speaking,...   一般而言，……
      = In general,...
         There were some accidents, but generally, the whole trip was pleasant.
         （我們遇上一些意外，但大體上整個旅程很愉快。）
         Generally speaking, the climate on this island is very nice in autumn.
         （一般而言，這個島上秋天的氣候非常舒適宜人。）

(B) ideally [aɪˋdɪəlɪ] *adv.* 理想地
      Ideally, the hotel should be located in downtown Los Angeles.
      （這間飯店的理想地點應該是在洛杉磯市中心。）
  (C) relatively [ˋrɛlətɪvlɪ] *adv.* 相對地
      Compared to other washing machines, this one is relatively easy to operate.
      （相較於其他洗衣機，這臺洗衣機相對容易操作。）
  (D) interestingly [ˋɪnt(ə)rɪstɪŋlɪ] *adv.* 有趣地
      Interestingly (enough),...　　（很）有趣的是，……
      Interestingly enough, Paul talked to Tom as if they hadn't had a fight.
      （很有趣的是，保羅跟湯姆像是沒吵過架般交談。）
  b. 根據語意，(D) 項應為正選。

(A) 14. 理由:
  a. (A) recognition [ˏrɛkəgˋnɪʃən] *n.* 認可，承認；讚賞
      The scholar has won international recognition for his important findings.
      （這位學者的重大發現獲得了國際認可。）
  (B) motivation [ˏmotəˋveʃən] *n.* 動機；動力
      the motivation behind sth　　某事背後的動機
      the motivation for (doing) sth　　做某事的動機
      What's your motivation for losing weight?
      （你減重的動機是什麼？）
  (C) supervision [ˏsupəˋvɪʒən] *n.* 監督，管理
      under sb's supervision　　在某人的監督管理之下
      The workers were doing their work under the supervision of the foreman.
      （工人們在領班的監督管理之下做工。）
  (D) preparation [ˏprɛpəˋreʃən] *n.* 準備
      Education should be a preparation for life after graduation.
      （教育應是為畢業後的人生做準備。）
  b. 根據語意，(A) 項應為正選。

(C) 15. 理由:
  a. (A) believe [bəˋliv] *vt.* & *vi.* 相信
      believe in...　　相信……的存在；相信……有用
      Some people believe there is life in outer space.
      （有些人相信外太空中有生命體。）
      Many people believe in the importance of primary education.
      （許多人相信基礎教育的重要。）
  (B) announce [əˋnaʊns] *vt.* 宣布，宣告
      The award winner will be announced later today.
      （獎項得主會於今天稍晚宣布。）
  (C) feature [ˋfitʃɚ] *vt.* 以……為主題／特色；（電影）由……主演
      be featured in sth　　作為某物的特色；主演（某電影等）
      Global warming has been prominently featured in this program.
      （全球暖化是該節目的重要特色。）

(D) populate [ˈpɑpjəˌlet] vt. 居住（常用被動語態）
This area is mostly populated by Italians.
（這個地區住的大部分是義大利人。）

b. 根據語意及用法，(C) 項應為正選。

重要單字片語

1. **witness** [ˈwɪtnəs] vt. 目擊，親眼看見（尤指事故、犯罪，亦可指某事物見證某事件的發生）
   I witnessed a car accident on my way to the office.
   （我前往辦公室的路上目睹一起車禍。）
2. **tremendous** [trɪˈmɛndəs] a. 巨大的，龐大的
3. **catch the eye of sb** 吸引某人的關注 / 目光
   = catch sb's eye
   = catch / get sb's attention
   Lisa wore an elegant ball gown that caught the eye of everyone in the party.
   （麗莎穿著一套典雅的晚禮服，吸引了派對上每個人的目光。）
4. **first lady** 第一夫人（美國總統或州長的妻子）
5. **global** [ˈɡlobl̩] a. 全球的，全世界的
   globe [ɡlob] n. 地球（與 the 並用）
6. **demand** [dɪˈmænd] n. 需求，需要
   the demand for sth 對某物的需求
   be in demand 有需求
7. **incredible** [ɪnˈkrɛdəbl̩] a. 極大的；極好的；難以置信的
   an incredible amount of work 極大的工作量
   an incredible view 極美的風景
   an incredible story 令人難以置信的故事
8. **interact** [ˌɪntɚˈækt] vi. 交流，互動
   interact with... 與……交流 / 互動
   Harper likes to interact with people from different countries.
   （哈柏喜歡與來自不同國家的人交流。）
9. **as fate / luck would have it** 命中注定；幸好，碰巧
   fate [fet] n. 命運
10. **tasteful** [ˈtestfəl] a. 有品味的
11. **creation** [krɪˈeʃən] n. 作品，創造物（可數）；創造（不可數）
    a literary creation 文學作品
12. **earn** [ɝn] vt. 博得；贏得；賺得
    Bill's honesty earned him a lot of respect.
    （比爾的誠實使他深受敬重。）
13. **showcase** [ˈʃoˌkes] vt. 充分展現 & n. 展現優點的場合或機會
    This exhibition will showcase the artist's unique artworks.
    （這個展覽將會一展該藝術家獨樹一幟的藝術作品。）
14. **talent** [ˈtælənt] n. 天賦，才能
    have a talent for... 在……方面有才能
15. **consecutive** [kənˈsɛkjətɪv] a. 連續的，不間斷的
    for two consecutive days / months / years 連續兩天 / 兩個月 / 兩年
    = for two days / months / years in a row
16. **widely** [ˈwaɪdlɪ] adv. 廣泛地

第 16 至 20 題為題組

我們在線上收看最新電視影集或下載高解析度的照片時，或許沒有意識到這些動作背後的數據正在世界各地埋在海底的電纜裡飛馳。

這些電纜系統速度比衛星快且更便宜，並輸送大部分的洲際網路流量。現今正在使用中的海底電纜超過四百二十條，蔓延全球長達七十多萬英里。然而，這並非新的現象。第一條橫貫大陸的電纜於 1854 年鋪設，並從愛爾蘭連接到紐芬蘭，使英國與加拿大的電報通訊成為可能。（原

文使用形容詞 transcontinental（橫貫大陸的），但由於此電纜鋪設在大西洋海底，因此此處使用 transatlantic [͵trænsətˋlæntɪk]（跨大西洋的）較為恰當。）目前，世上最大容量的海底網路電纜是長達五千六百英里、連接美國與日本的電纜。這條電纜名為「更快」，實至名歸，將美國奧勒岡州與日本及臺灣連接。

海底電纜安裝時需要格外謹慎。一般而言，它們必須鋪設在海床平坦的表面上，並且避開珊瑚礁、沈船、魚類化石層以及其他一般障礙。這些光纖電纜也很脆弱，因此它們被一層層的管子與鋼鐵包覆以防損壞。

(B) 16. 理由：
  a. (A) be at large 逍遙法外
     The cold-blooded killer is still at large.
     （那個冷血殺手仍逍遙法外。）
   (B) in service 使用中；服役中
     The train has been in service for 50 years.
     （這火車已經服役五十年了。）
   (C) by contrast 相較之下
   = in contrast
     Their new product is trendy, while, by contrast, ours is old-fashioned.
     （他們的新產品很時髦，而我們的相較之下很過時。）
   (D) be under control 在掌控中
     Everything is well under control.
     （一切都在掌控中。）
  b. 根據語意，(B) 項應為正選。

(D) 17. 理由：
  a. (A) then [ðɛn] *adv.* 然後；當時；那麼
     Wait for the water to boil, and then add the noodles.
     （等到水滾開，然後再加進麵條。）
     He was a famous actor then.
     （他當時是位知名的演員。）
   (B) still [stɪl] *adv.* 仍然，還
     Don't shout at him. He's still a child.
     （別對他大吼。他還是個孩子。）
   (C) instead [ɪnˋstɛd] *adv.* 而不是；取代；相反地
     instead of... 而非……；取代……
     Instead of going home, John went to the movies.
     （約翰跑去看電影而不是回家。）
     Sharon isn't diligent. Instead, she is quite lazy.
     （雪倫並不勤奮。相反地，她十分懶惰。）
   (D) though [ðo] *adv.* 然而，不過（多置句尾，之前置逗點）
     & *conj.* 雖然（= although [ɔlˋðo]）
     Our team lost. It was indeed a good game, though.
     （我們隊輸了。不過那的確是一場精采的比賽。）

Though Mr. Brown is already 70, he can still jog 5 km per day.
（雖然布朗先生已經高齡七十歲，他仍可以每天慢跑五公里。）
   b. 根據語意及用法，(D) 項應為正選。

(A) 18. 理由：
   a. (A) suitably [ˈsutəblɪ] *adv.* 適當地
      (B) constantly [ˈkɑnstəntlɪ] *adv.* 經常地
          The old woman is constantly complaining.
          （那位老婦人經常抱怨。）
      (C) vitally [ˈvaɪtlɪ] *adv.* 極重要地
          It is vitally important that we get funding for our project.
          （我們的企劃案亟需得到資金。）
      (D) mockingly [ˈmɑkɪŋlɪ] *adv.* 嘲諷地
          The children mockingly imitated the man's accent.
          （那些小孩以嘲諷的口吻模仿該男子的口音。）
   b. 根據語意，(A) 項應為正選。

(C) 19. 理由：
   a. (A) speed [spid] *n.* 速度
          The car was traveling at a high speed.
          （那輛車剛剛高速行駛。）
      (B) light [laɪt] *n.* 光（不可數）；燈光（可數）
          We saw a flash of light in the sky.
          （我們看到天空閃了一道光。）
          The last person to leave the office should turn the lights off.
          （最後一位離開辦公室的同仁應該要關燈。）
      (C) care [kɛr] *n.* 謹慎，小心；照料 & *vi.* 照顧
          with care   小心
          care for...   照顧……
          Please clean the vase with care.
          （請小心清理那個花瓶。）
          I'm looking for a babysitter to care for my son.
          （我正在找一位保母來照顧我兒子。）
      (D) link [lɪŋk] *n. & vt.* 連結，連繫
          There's a strong link between sleep and anxiety.
          （睡眠與焦慮間有強烈的關聯。）
   b. 根據語意，(C) 項應為正選。

(B) 20. 理由：
   a. (A) direction [dəˈrɛkʃən] *n.* 方向；指引（恆為複數）
          We were walking in the direction of the beach.
          （我們朝著海灘的方向走去。）
          We're lost. Let's ask for directions.
          （我們迷路了。我們去問路吧。）

(B) obstacle [ˈɑbstəkl̩] *n.* 障礙
 = barrier [ˈbærɪr]
 = hindrance [ˈhɪndrəns]
 be an obstacle to... 是……的絆腳石
 John's laziness is an obstacle to his success.
 （約翰的惰性是阻礙他成功的絆腳石。）

(C) aquarium [əˈkwɛrɪəm] *n.* 水族館
 We went on a field trip to the local aquarium.
 （我們到當地的水族館校外教學。）

(D) circulation [ˌsɝkjəˈleʃən] *n.* 循環；流通
 The circulation of air is poor in the room.
 （房間裡的空氣不太流通。）

b. 根據語意，(B) 項應為正選。

重要單字片語

1. **stream** [strim] *vt.* 線上收看 / 收聽 & *vi.* 流動 & *n.* 溪流
 You can stream the TV show on this website.
 （你可以到這個網站線上收看這齣電視劇。）

2. **high-resolution** [ˌhaɪrɛzəˈluʃən] *a.* 高解析度的
 low-resolution [ˌloɪɛzəˈluʃən] *a.* 低解析度的
 resolution [ˌrɛzəˈluʃən] *n.* 解析度

3. **unaware** [ˌʌnəˈwɛr] *a.* 未察覺到的
 be unaware + that 子句 / of...
 未察覺到……
 Sam was unaware that his girlfriend was unhappy.
 （山姆沒有注意到他女朋友不開心。）

4. **data** [ˈdetə / ˈdætə] *n.* 資料（不可數）

5. **cable** [ˈkebl̩] *n.* 電纜

6. **satellite** [ˈsætl̩ˌaɪt] *n.* 衛星

7. **intercontinental** [ˌɪntɚˌkɑntəˈnɛntl̩] *a.* 洲際的
 an intercontinental flight　洲際航班

8. **traffic** [ˈtræfɪk] *n.* 流量；交通（不可數）
 These servers manage global internet traffic.
 （這些伺服器控管全球網路流量。）

9. **submarine** [ˈsʌbməˌrin] *a.* 海底的 & *n.* 潛水艇

10. **stretch** [strɛtʃ] *vi.* 綿延，延伸 & *vt.* & *vi.* 伸展
 The vast plain stretches as far as we can see.
 （廣闊的平原綿延至我們視線可及之處。）

11. **phenomenon** [fəˈnɑməˌnɑn] *n.* 現象（單數）
 phenomena [fəˈnɑmənə] *n.* 現象（複數）

12. **transcontinental** [ˌtrænskɑntəˈnɛntl̩] *a.* 橫貫大陸的
 a transcontinental railroad
 橫貫大陸的鐵路

13. **make sth possible** 使某事成為可能
 make it possible to V 使……得以……
 Your generosity made our trip possible.
 （你的慷慨成就了我們的這趟旅程。）
 Tom's last-minute help made it possible for us to finish the project on time.
 （湯姆最後一刻的協助讓我們得以準時完成計畫。）

14. **telegraph** [ˈtɛləˌgræf] *n.* 電報（不可數）

15. **capacity** [kəˈpæsətɪ] *n.* 容量

16. **install** [ɪnˈstɔl] *vt.* 安裝，裝設
 Can you help me install the new software?
 （你可以幫我安裝新的軟體嗎？）

17. **surface** [ˈsɝfɪs] *n.* 表面

18. **stay clear of...**　避開……
 Please stay clear of controversial issues in your speech.
 （請在你的演講中避開爭議性話題。）
19. **coral** [ˈkɔrəl] *n.* 珊瑚（不可數）
20. **reef** [rif] *n.* 礁
 a coral reef　珊瑚礁
21. **sunken** [ˈsʌŋkən] *a.* 沉沒的
 a sunken ship　一艘沉船
22. **fiber-optic** [ˌfaɪbəˈɑptɪk] *a.* 光纖的
 fiber optic　光纖
23. **fragile** [ˈfrædʒəl] *a.* 脆弱的
 These ceramics are fragile, so please handle with care.
 （這些陶瓷製品很脆弱，所以請小心搬動。）
24. **tubing** [ˈtubɪŋ] *n.* 管子，管道（不可數）
25. **steel** [stil] *n.* 鋼鐵
26. **prevent** [prɪˈvɛnt] *vt.* 避免，預防；阻止
 prevent sb from N/V-ing　阻止某人……
 Celine's leg injury prevented her from joining the race.
 （瑟琳的腳傷使她無法參加比賽。）
27. **damage** [ˈdæmɪdʒ] *n. & vt.* 破壞，損壞
 do / cause damage to sb/sth
 對某人 / 某物造成傷害
 Insufficient sleep can do damage to your health.
 （睡眠不足有害健康。）

三、文意選填（占 10 分）＊目前學測考法為 10 個選項中選出 10 個答案。

第 21 至 30 題為題組

　　蓋蒂中心坐落在海拔超過八百英尺處，聳立於洛杉磯高處。長達 0.75 英里的電車軌道載送遊客前往山丘頂端。山頂上有四間展示館以及一間遊客中心，位於十一棟複合式建築區的中心位置。這座博物館原本興建的目的是用來存放石油大亨保羅·蓋蒂所收藏的大量藝術品。時至今日，館內已收存太多藝術作品，以致於展覽館每次僅能展示一部分的作品，不斷變換的特殊展覽品成了遊覽蓋蒂中心時的亮點。

　　曾獲獎的蓋蒂中心建築師理查·邁爾創造了一個讓許多遊客驚艷的公共空間，成就非凡。造訪蓋蒂中心的遊客以為他們即將參觀一座收藏藝術作品的博物館。後來卻發現了一件內藏一座博物館的藝術作品。設計理念很有趣：外在空間可以成為令人十分滿意的藝術經驗。

　　邁爾採用了幾種基本建材：金屬、石塊和玻璃。他用十億美元的預算把這些建材結合在一起，設計出一件和內部的藝術收藏同樣能讓遊客驚歎的建築作品。在每一個角落以及轉彎處，總有個能讓訪客陶醉著迷的新景象。而正當他們以為自己已經全部觀賞完畢，眼前卻突然出現一座新的噴泉或另一個景緻。

　　建築物採用的石材是從義大利進口的石灰華，與羅馬許多歷史建築所用石材來源相同。特殊的切割過程讓長期埋在石塊中的化石外露，顯現出隱藏在粗糙表面下精美的珍寶。其中有些石塊被設計成「特色」石塊點綴在各處，隨時準備為發現它們的人們帶來驚喜。最奇特的一塊石頭出現在電車站對面入口廣場的牆面上。

　　除了參觀博物館，蓋蒂中心也提供了各種免費的現場導覽行程，包括漫遊各座花園。探索這些地方對於任何有興趣深入了解邁爾的設計技巧與概念的人來說，可以說是一場不可或缺的體驗。

(K) 21. 理由:
 a. 空格前有 to，且空格後有名詞詞組 the vast art collection（大量藝術品），得知空格內應置原形及物動詞以與 to 組成不定詞，修飾本句主要動詞 constructed（興建）。
 b. 選項中 (A) delight（使高興）、(C) turn（轉動；改變）、(K) house（收藏）可作及物動詞且為原形，惟根據語意，(K) 項應為正選。

c. house [haʊz] vt. 收藏；供給住所，收容 & [haʊs] n. 房子
     We need a bigger place to house those stray dogs.
     （我們需要大一點的地方來收留那些流浪狗。）

(L) 22. 理由：
  a. 空格前有定冠詞 the，空格後有形容詞 special（特別的）及其修飾之名詞 exhibitions（展示品），得知空格內僅能置另一形容詞以修飾 exhibitions。
  b. 選項中可作形容詞的有：(D) surprised（感到驚訝的）、(E) imported（進口的）、(F) over-emphasized（過分強調的）、(G) artistic（藝術的）、(H) hidden（隱藏的）及 (L) ever-changing（不斷改變的），惟根據語意，(L) 項應為正選。
  c. ever-changing [ˈɛvɚˌtʃendʒɪŋ] a. 不斷改變的；千變萬化的
     Our company has been successful at keeping pace with the ever-changing market.
     （我們公司在因應不斷改變的市場方面一直都做得很成功。）
  d. over-emphasized 較常見的拼法為 overemphasized。

(D) 23. 理由：
  a. 空格前有完成式助動詞 has，空格後有名詞 many visitors（許多遊客），得知空格內應置及物動詞之過去分詞以與 has 形成完成式。
  b. 剩餘選項中可作過去分詞的及物動詞有：(D) surprised（使感到驚訝）、(E) imported（進口）、(F) over-emphasized（過分強調）及 (H) hidden（隱藏），惟根據語意，(D) 項應為正選。
  c. 本句中 that has surprised many visitors 為關係代名詞 that 引導的形容詞子句，修飾先行詞 a public space（一個公共空間）。

(G) 24. 理由：
  a. 空格前有副詞 completely（完全地）修飾形容詞 satisfying（令人滿意的），空格後有名詞 experience（經驗），得知空格內僅能置另一形容詞修飾 experience。
  b. 剩餘選項中的形容詞尚有：(E) imported（進口的）、(F) over-emphasized（過分強調的）、(G) artistic（藝術的）及 (H) hidden（隱藏的），惟根據語意，(G) 項應為正選。
  c. artistic [ɑrˈtɪstɪk] a. 藝術的；美妙的
     Dale inherited his artistic ability from his father.
     （戴爾從他父親那兒遺傳到他的藝術天分。）

(J) 25. 理由：
  a. 空格前為數量詞 a few（幾種）及形容詞 basic（基本的），得知空格內應置名詞，且因空格後列舉三個名詞，得知此名詞應為複數名詞。
  b. 剩餘選項中的複數名詞有：(B) explorations（探索；探究）、(I) foundations（基礎；機構）及 (J) materials（材料；原料），惟根據語意，(J) 項應為正選。

(C) 26. 理由：
  a. 空格前有形容詞 every（每一個），得知空格內應置單數可數名詞。
  b. 剩餘選項中的單數可數名詞有：(A) delight（欣喜）及 (C) turn（轉彎處；變化），惟根據語意，(C) 項應為正選。

(E) 27. 理由：
  a. 空格前有名詞 travertine（石灰華）及一逗點，空格後為 from Italy（從義大利）及一逗點，得知逗點間的部分用以修飾 travertine，最有可能為分詞片語，因此空格內應置動詞之現在分詞或過去分詞。

b. 剩餘選項中可作分詞的動詞有 (E) imported（進口）、(F) over-emphasized（過分強調）及 (H) hidden（隱藏），惟 (E) 項較合乎語意，應為正選。
c. 本句原為 The building stone is travertine, which was imported from Italy,...（建築物採用的石材是從義大利進口的石灰華，……），劃線部分為關係代名詞作主詞所引導的形容詞子句，可簡化為分詞片語 imported from Italy 修飾先行詞 travertine。
d. import [ɪmˋpɔrt] vt. 進口 & [ˋɪmpɔrt] n. 進口品
Nina has a set of modern kitchen equipment which was imported from Germany.
（妮娜有一組從德國進口的現代廚房設備。）

(H) 28. 理由:
a. 空格前有名詞 treasures（寶藏），空格後為介詞片語 under the rough surface（在粗糙的表面下），得知空格內應置動詞之過去分詞以形成分詞片語修飾 treasures。
b. 剩餘選項中可作過去分詞的動詞尚有 (F) over-emphasized（過分強調）及 (H) hidden（隱藏），惟 (H) 項較合乎語意，應為正選。
c. 本句原為 ...the delicate treasures which are hidden under the rough surface.（……隱藏在粗糙表面下精美的珍寶。），劃線部分為關係代名詞 which 作主詞所引導的形容詞子句，可簡化為分詞片語 hidden under the rough surface 修飾先行詞 treasures。

(A) 29. 理由:
a. 空格前有 to，空格後有受詞 those 及形容詞子句 who find them（發現它們的）作其修飾語，得知空格內應置原形及物動詞以與 to 組成不定詞，修飾前面的動詞 wait（等待）。
b. 剩餘選項中之原形及物動詞僅剩 (A) delight（使高興），故 (A) 項應為正選。
c. delight [dɪˋlaɪt] vt. 使高興，使喜悅 & n. 欣喜
The magician delighted the crowd with his many tricks.
（那位魔術師表演了很多把戲逗得觀眾大樂。）

(B) 30. 理由:
a. 空格前有指示形容詞 these，空格後有 be 動詞 are，得知空格內應置複數名詞。
b. 剩餘選項中的複數名詞有 (B) explorations（探索；探究）及 (I) foundations（基礎；機構），惟根據語意，(B) 項應為正選。
c. exploration [ˌɛkspləˋreʃən] n. 探險，探索；研究，調查
The scientist wrote a lengthy article about space exploration.
（這位科學家寫了一篇有關太空探險的長篇文章。）

重要單字片語

1. **sea level**　　海平面
2. **tower** [ˋtaʊɚ] vi. 聳立，屹立 & n. 塔
   The giant tree towers above the other trees around it.
   （那棵巨大的樹木聳立在周圍其他樹之間。）
3. **tramway** [ˋtræmˌwe] n. 電車軌道
   tram [træm] n. 有軌電車
4. **exhibit** [ɪgˋzɪbɪt] n. 展覽會
   (= exhibition) & vt. 顯示，現出；展示，陳列
5. **pavilion** [pəˋvɪljən] n.（博覽會的）展示館；（公園或花園中的）亭子，涼亭
6. **complex** [ˋkɑmplɛks / kəmˋplɛks] n. 建築群；綜合設施；情結 & a. 複雜的
7. **construct** [kənˋstrʌkt] vt. 興建，建造；創造（故事）
   The bridge was constructed over a span of two years.
   （這座橋花了兩年的時間建造。）
8. **tycoon** [taɪˋkun] n. 企業大亨，鉅子

9. **be stocked with sth**　收藏某物；貯存某物
   The refrigerator is stocked with food and drinks for the party.
   （冰箱裡塞滿了派對上用的食物和飲料。）
10. **arena** [əˋrinə] *n.* 活動場所；（古羅馬）競技場
11. **at a time**　一次；每次；曾經
    Some people find it difficult to swallow two pills at a time.
    （有些人很難一次吞下兩顆藥丸。）
12. **highlight** [ˋhaɪ͵laɪt] *n.* 最精采的部分 & *vt.* 突顯，強調
13. **architect** [ˋɑrkə͵tɛkt] *n.* 建築師
14. **outstanding** [aʊtˋstændɪŋ] *a.* 傑出的
15. **architecture** [ˋɑrkə͵tɛktʃɚ] *n.* 建築物
16. **enchant** [ɪnˋtʃænt] *vt.* 使著迷
    be enchanted by / with...　對……著迷
    = be fascinated by / with...
    = be attracted by / to...
    Barry was enchanted with the girl, but was afraid to go up and speak to her.
    （貝瑞為那女孩著迷，卻害怕上前去跟她說話。）
17. **landscape** [ˋlændskep] *n.* 景色（可數）
18. **pop up**　突然出現
    The missing book popped up as soon as I stopped looking for it.
    （我放棄找那本書時，它卻突然出現了。）
19. **travertine** [ˋtrævɚ͵tin] *n.* 石灰華
20. **expose** [ɪkˋspoz] *vt.* 暴露；接觸
    （與介詞 to 並用）
    expose A to B
    使 A 暴露於 B；使 A 接觸 B
    Do not expose your arm to the sun after you have applied this ointment.
    （塗抹這藥膏後不要讓你的手臂曬到陽光。）
21. **fossil** [ˋfɑsl] *n.* 化石
22. **delicate** [ˋdɛləkət] *a.* 精緻的；脆弱的
23. **scatter** [ˋskætɚ] *vt.* 使分散；撒 & *vi.* 分散
    After the storm, a lot of rubbish was scattered all over the road.
    （暴風雨過後馬路上到處散落著許多垃圾。）
24. **site** [saɪt] *n.* 地點，位置
    at the site (of...)　在（……的）現場
25. **fantastic** [fænˋtæstɪk] *a.* 極好的；幻想的
26. **plaza** [ˋplæzə] *n.* 廣場
27. **on-site** [ˋɑn͵saɪt] *a.* 現場的；就地的
28. **including** [ɪnˋkludɪŋ] *prep.* 包括
    （= inclusive of）

四、篇章結構（占 10 分）＊目前學測考法為 4 個選項中選出 4 個答案，115 學年度起改為 5 個選項中選出 4 個答案。

第 31 至 35 題為題組

　　1473 年，哥白尼出生於波蘭托倫市的富商家庭，他是現代天文學的創始人。他被送進義大利的大學研習數學、光學與教會法。從國外學成歸來後，哥白尼被指派到弗龍堡鎮的大教堂擔任行政職務。在那兒，他度過了備受保護且從事學術工作的餘生。

　　在他空閒的時間裡，哥白尼研究了恆星與行星，並應用他的數學知識解開夜空的謎團。他在大教堂四周防護牆上的一座塔裡進行他的觀測。他用「肉眼」來進行他的觀測，會這麼說是因為一百餘年後才發明了望遠鏡。哥白尼於 1530 年完成了他著名的創作《天體運行論》，這本書日後在改變人類於宇宙定位的哲學觀中扮演了重要的角色。不過，這本書在他過世的前兩個月才出版。

　　哥白尼於 1543 年過世，他永遠不知道他的創作能引起多大的騷動。在書中，他斷言地球每天繞其地軸自轉一次，並且每年環繞太陽運行一次。這個說法違背了中世紀時期持有的哲學與宗教信念。那時人們將地球視為固定不動的，而且位在宇宙的中心，太陽與所有的行星繞著地球公轉。哥白尼的理論挑戰了長久以來眾人所持有的信仰，即上帝創造了蒼穹與地球，並還可能推翻天主教界的核心價值。宗教領袖馬丁・路德表示他反對太陽中心體系的模式。其他的教士也很快地跟進，他們這樣說著哥白尼：「這個笨蛋想要顛覆整個天文學術。」

諷刺的是，哥白尼將他的著作獻給了教宗保祿三世。這樣的做法如果是為了尋求天主教會的認可，那根本沒用。教會最終禁止了《天體運行論》，而在此之後，這本書在禁閱書單上留了將近三個世紀。

(F) 31. **理由**:
   a. 空格後一句提及 "He made his observations from a tower situated on the protective wall around the cathedral."（他在大教堂四周防護牆上的一座塔裡進行他的觀測。）。
   b. (F) 項句子提及 "In his spare time, Copernicus studied the stars and the planets, applying his math knowledge to the mysteries of the night sky."（在他空閒的時間裡，哥白尼研究了恆星與行星，並應用他的數學知識解開夜空的謎團。），後一句指出觀測的地點，而 (F) 項則說明研究的項目，故形成關聯。
   c. 根據上述，(F) 項應為正選。

(B) 32. **理由**:
   a. 空格前一句提及 "In 1530, Copernicus completed his famous work *De Revolutionibus*, which later played a major role in changing the philosophical view of humankind's place in the universe."（哥白尼於 1530 年完成了他著名的創作《天體運行論》，這本書日後在改變人類於宇宙定位的哲學觀中扮演了重要的角色。）。
   b. (B) 項句子提及 "The book, however, wasn't published until two months before his death."（不過，這本書在他過世的前兩個月才出版。），前一句指出《天體運行論》創作的時間，而 (B) 項則進一步說明該書的相關訊息，故形成關聯。
   c. 根據上述，(B) 項應為正選。

(D) 33. **理由**:
   a. 空格前一句提及 "In his book, he asserted that the Earth rotated on its axis once daily and traveled around the Sun once yearly."（在書中，他斷言地球每天繞其地軸自轉一次，並且每年環繞太陽運行一次。）。
   b. (D) 項句子提及 "This went against the philosophical and religious beliefs held during medieval times."（這個說法違背了中世紀時期持有的哲學與宗教信念。），前一句指出主張的內容，而 (D) 項則說明該內容造成的影響，故形成關聯。
   c. 根據上述，(D) 項應為正選。

(E) 34. **理由**:
   a. 空格後一句提及 "Other ministers quickly followed suit, saying of Copernicus, 'This fool wants to turn the whole art of astronomy upside down.'"（其他的教士也很快地跟進，他們這樣說著哥白尼：「這個笨蛋想要顛覆整個天文學術。」）。
   b. (E) 項句子提及 "Religious leader Martin Luther voiced his opposition to the sun-centered system model."（宗教領袖馬丁·路德表示他反對太陽中心體系的模式。），後一句指出教士追隨著某個舉動，而 (E) 項則說明教士追隨的對象，故形成關聯。
   c. 根據上述，(E) 項應為正選。

(C) 35. **理由**:
   a. 空格前一句提及 "Ironically, Copernicus had dedicated his work to Pope Paul III."（諷刺的是，哥白尼將他的著作獻給了教宗保祿三世。）。
   b. (C) 項句子提及 "If this act was an attempt to seek the Catholic Church's approval, it was of no use."（這樣的做法如果是為了尋求天主教會的認可，那根本沒用。），前一句指出將書獻給天主教的教宗，而 (C) 項則說明獻書後的結果，故形成關聯。
   c. 根據上述，(C) 項應為正選。

重要單字片語

1. **astronomy** [əs'trɑnəmɪ] *n.* 天文學
2. **well-to-do** [ˌwɛltə'du] *a.* 富有的
3. **merchant** ['mɝtʃənt] *n.* 商人
4. **attend** [ə'tɛnd] *vt.* 參加
   attend school　　上學
   = go to school
   Where do you attend school?
   (你在哪兒念書?)
5. **mathematics** [ˌmæθə'mætɪks] *n.* 數學
6. **optics** ['ɑptɪks] *n.* 光學
7. **return** [rɪ'tɝn] *vi.* 回來,返回
   When did you return home?
   (你什麼時候回家的?)
8. **abroad** [ə'brɔd] *adv.* 在國外
   study abroad　　出國留學
   travel abroad　　出國旅行
9. **appoint** [ə'pɔɪnt] *vt.* 任命,指派
   appoint sb (as) + 職務
   任命某人擔任某職務
   Mr. Miller was appointed (as) sales director.
   (米勒先生被任命為業務主任。)
10. **administrative** [əd'mɪnəˌstretɪv] *a.* 行政的
11. **cathedral** [kə'θidrəl] *n.* 大教堂
12. **academic** [ˌækə'dɛmɪk] *a.* 學術的
13. **observation** [ˌɑbzɚ'veʃən] *n.* 觀測,觀察
14. **situated** ['sɪtʃuˌetɪd] *a.* 位於;坐落在
    be situated in / on / at...　　位於……
    Many of the city's factories are situated / located in industrial parks.
    (這個城市的工廠很多都位於工業園區內。)
15. **bare** [bɛr] *a.* 赤裸的,裸體的
16. **so to speak**　　可以這麼說
17. **play a / an... role / part in...**
    在……中扮演……的角色
    Hard work plays an important role in achieving success.
    (在獲致成功方面,努力扮演著重要的角色。)
18. **philosophical** [ˌfɪlə'sɑfɪkl] *a.* 哲學的
19. **stir** [stɝ] *n.* 轟動 & *vt.* 攪拌
    cause / create a stir
    引發迴響;造成轟動

    Our company's basketball shoe ads have caused a stir.
    (我們公司的籃球鞋廣告造成轟動。)
20. **assert** [ə'sɝt] *vt.* 聲稱,斷言
    assert + that 子句　　聲稱……
    The parents asserted that their son was honest, so he couldn't have cheated on the exam.
    (那對父母聲稱他們的兒子非常誠實,所以絕對不可能考試作弊。)
21. **rotate** ['rotet] *vi.* 旋轉,轉動;自轉
    revolve [rɪ'vɑlv] *vi.* 旋轉;公轉;以……為中心
    The restaurant rotates so slowly that the customers can't even feel it moving.
    (那家餐廳旋轉的速度非常慢,以致於顧客甚至感覺不到它在動。)
22. **axis** ['æksɪs] *n.* 軸
23. **stationary** ['steʃənˌɛrɪ] *a.* 固定的;不動的
24. **Catholic** ['kæθəlɪk] *a.* 天主教的
25. **follow suit**　　仿效,照做 (原意為「跟相同花色的牌」,引申為「效法、跟進」之意)
    Amy got married, and all of her friends soon followed suit.
    (艾咪結婚後,她所有的朋友很快都跟著嫁人了。)
26. **ironically** [aɪ'rɑnɪkəlɪ] *adv.* 諷刺地
27. **dedicate** ['dɛdəˌket] *vt.* 奉獻
    dedicate sb/sth to + N/V-ing
    將某人 / 某物奉獻給……
    The Hollywood actress dedicated her life to helping the poor.
    (那位好萊塢女星畢生致力於幫助窮人。)
28. **ban** [bæn] *vt.* 禁止 & *n.* 禁令
    ban sb from + V-ing　　禁止某人……
    = forbid sb from + V-ing
    My parents banned me from smoking.
    (我爸媽禁止我抽菸。)
29. **medieval** [ˌmɪdɪ'ivəl] *a.* 中世紀的

五、閱讀測驗（占 32 分）

第 36 至 39 題為題組

　　天貝是一種來自印尼的傳統大豆產品，被譽為該國「給世界之獻禮」，如同韓國的泡菜或日本的味噌一樣。

　　天貝幾個世紀以來都是印尼穩定且價廉的蛋白質來源，它是一種源自於爪哇島的發酵食品。它是在生產豆腐的過程中被發現，廢棄的豆渣會從空氣中吸取微生物孢子，並在其周圍生長出某些白色真菌。當發現這種發酵殘渣可以食用且美味可口時，全國各地的人便開始在家中生產製造以供每日食用。這使得印尼不同地區的天貝在口味與口感上有許多差異。

　　天貝的蛋白質含量高、脂肪含量低，且含有大量維生素。事實上，它是唯一被報導過的植物性維生素 B12 來源。天貝除了能幫助降低膽固醇、增加骨質密度及促進肌肉修復外，它還含有大量多酚，可以保護皮膚細胞和延緩老化。最棒的是，天貝擁有與肉類相同等級的蛋白質以及具有多種口味和口感，是一種很好的肉類替代品——蛋奶素者和嚴守素食主義者已快速採用。

　　天貝除了其營養豐富的組成成分外，還有各式各樣製作的方法。它可以作為主菜（通常是加到咖哩中）或配菜，與米飯一起吃，可作為油炸點心，或甚至可以混合打成冰沙和健康的果汁。雖然在國際餐館中尚未成為受歡迎的食物，但你可能會在舊金山找到以天貝替代的培根生菜番茄三明治（編按：簡稱 BLT 三明治，是一種特別普及於英美的培根三明治），就像在峇里島找到摻有天貝餅的素食漢堡一樣容易。

　　對印尼人來說，天貝不僅僅是食物，它還具有文化價值。隨著印尼傳統蠟染布被聯合國教科文組織認可為「人類無形文化遺產」，天貝也極有可能能獲得這項殊榮。

(B) 36. 本文的主旨為何？
(A) 健康食品的備製。　　　　　　(B) 來自爪哇的傳統美食。
(C) 素食主義者的美食指南。　　　(D) 印尼的文化遺產。
理由：
本文旨在介紹源自於印尼爪哇島的傳統大豆產品——天貝，故 (B) 項應為正選。

(C) 37. 根據本文，下列哪一項關於天貝的敘述是正確的？
(A) 它主要作為配菜。　　　　　　(B) 它在真菌於其周圍生長時被丟棄。
(C) 它是大豆發酵時所形成的。　　(D) 它具有與泡菜相同的營養價值。
理由：
根據第一段及第二段，印尼的傳統大豆產品天貝是在生產豆腐的過程中被發現，廢棄的豆渣會從空氣中吸取微生物孢子並在其周圍生長出某些白色真菌。當發現這種發酵殘渣可以食用且美味可口時，全國各地的人便開始在家中生產製造以供每日食用，故 (C) 項應為正選。

(A) 38. 從第二段至第四段討論了天貝的哪些方面？
(A) 起源 → 營養 → 烹調。　　　　(B) 起源 → 烹調 → 行銷。
(C) 烹調 → 營養 → 行銷。　　　　(D) 分布 → 烹調 → 營養。
理由：
第二段提到天貝是源自於爪哇島的發酵食品及它被發現的過程，第三段提及天貝的蛋白質含量高、脂肪含量低，且含有大量維生素等重要營養成分，第四段則提到天貝各式各樣製作的方法，故 (A) 項應為正選。

(D) 39. 從本文可以推斷出下列哪一項？
(A) 老年人將會食用天貝來作為維生素補充品。
(B) 天貝很快地將會比泡菜或味噌更受歡迎。
(C) 天貝的營養將隨著大量生產而減少。
(D) 天貝很可能會被認可為一種國際文化象徵。

理由：根據最後一段，隨著印尼傳統蠟染布被聯合國教科文組織認可為「人類無形文化遺產」，天貝也極有可能能獲得這項殊榮，故 (D) 項應為正選。

重要單字片語

1. **be hailed as...** 被譽為／稱頌為……
   After the end of the war, the politician was hailed as a great peacemaker.
   （戰爭結束後，那位政治家被譽為了不起的調停者。）

2. **fermented** [fə'mɛntɪd] *a.* 發酵過的

3. **originate from / in...** 源自於……
   originate [ə'rɪdʒə,net] *vi.* 發源；來自
   That holiday tradition is said to have originated from an old pagan ritual.
   （據說那個節日傳統起源於一個古老的異教徒儀式。）

4. **discarded** [dɪs'kardɪd] *a.* 被丟棄的
   discard [dɪs'kard] *vt.* 丟棄

5. **residue** ['rɛzə,dju] *n.* 殘留物

6. **microbial** [maɪ'krobɪəl] *a.* 微生物的；細菌的

7. **spore** [spor] *n.* 孢子

8. **whitish** ['waɪtɪʃ] *a.* 發白的，白色的

9. **fungi** ['fʌŋgaɪ] *n.* 真菌（複數形）
   fungus ['fʌŋgəs] *n.* 真菌（單數形）

10. **edible** ['ɛdəbl] *a.* 可食用的

11. **consumption** [kən'sʌmpʃən] *n.* 吃；喝；消耗

12. **give rise to...** 導致……
    = lead to...
    = contribute to...
    = result in...
    = bring about...
    The truck driver's carelessness gave rise to a fatal accident.
    （卡車司機的粗心導致了一場致命的車禍。）

13. **variation** [,vɛrɪ'eʃən] *n.* 變化

14. **texture** ['tɛkstʃə] *n.* 口感；質地

15. **apart from...** 除了……之外
    = aside from...
    注意：
    "apart from..." 及 "aside from..." 用於肯定句中時，即等於 "in addition to..." 或 "besides..."，表「除了……之外還有……」之意。用於否定句時，則等於 "other than..." 或 "except for..."，表「除了……之外其他什麼也沒有」。
    Apart from basketball, Hank is also good at tennis.
    （除了籃球之外，漢克也很擅長網球。）
    Apart from the special effects, nothing about that movie was good.
    （除了特效之外，那部電影簡直一無可取。）

16. **cholesterol** [kə'lɛstə,rol] *n.* 膽固醇

17. **bone density** 骨質密度
    density ['dɛnsətɪ] *n.* 密度

18. **polyphenol** [,palɪ'finəl] *n.* 多酚類

19. **slow down... / slow... down** 放慢……（速度）

20. **substitute** ['sʌbstə,tut] *n.* 替代品；代替者

21. **nutritional** [nju'trɪʃənl] *a.* 具營養價值的
    nutrition [nju'trɪʃən] *n.* 營養

22. **makeup** ['mek,ʌp] *n.* 化妝品；化妝（不可數）

23. **diverse** [daɪ'vɝs / də'vɝs] *a.* 各式各樣的；不同的

24. **curry** ['kɝɪ] *n.* 咖哩

25. **smoothie** ['smuðɪ] *n.* 冰沙

26. **patty** ['pætɪ] *n.* 小肉餅

27. **not just... but (also)...** 不僅……而且……
    = not only... but (also)...

Sam enjoys not just dancing but (also) singing.
（山姆不僅喜歡跳舞，也喜歡唱歌。）

28. **fabric** [ˈfæbrɪk] *n.* 布料
29. **be recognized as...**
被認可／公認為……
After years of hard work, Vickie was finally recognized as a leader in her industry.
（經過多年的努力後，薇琪終於被公認為業界的領導人。）
30. **intangible** [ɪnˈtændʒəbl̩] *a.*（具價值但）無形的
31. **heritage** [ˈhɛrətɪdʒ] *n.*（歷史性的）遺產；傳統
32. **humanity** [hjuˈmænətɪ] *n.* 人類（總稱）；人性
33. **potential** [pəˈtɛnʃəl] *n.* 潛力；可能性
34. **cuisine** [kwɪˈzin] *n.* 烹飪法；菜餚
35. **marketing** [ˈmɑrkɪtɪŋ] *n.* 行銷
36. **distribution** [ˌdɪstrəˈbjuʃən] *n.* 分布，分發
37. **mass production**　　大量生產／製造
38. **be likely to V**　　很可能……
Carrie is very likely to marry Mike and move to Portugal with him.
（凱莉很可能會嫁給麥克並和他一起搬到葡萄牙。）

第 40 至 43 題為題組

　　1972 年，當大衛・斯皮格爾醫生結束了三小時的肩膀手術時，他沒有使用任何止痛的藥物來復原，而是催眠了自己。結果奏效了──這讓大家都非常吃驚，除了他本人以外。斯皮格爾研究催眠已經長達四十五年。

　　催眠常被誤解為像是睡眠的狀態，在這狀態中，人會睡著，被要求做什麼他就做什麼。不過根據斯皮格爾醫生的說法，它其實是一種高度專注和極度集中的狀態。若被催眠，你會忽視周遭大部分的刺激。你只專心於正在處理的事物，幾乎不做他想。這樣近似恍惚的狀態可以成為有效的工具來控制疼痛、減緩焦慮和處理壓力。

　　然而，不是所有人都可以被催眠。在近期的研究中，斯皮格爾醫生和他的同事發現，容易被催眠的人較容易相信別人、較憑直覺行動且較有可能在觀賞一部好電影時全心投入。研究團隊比較了十分容易和不易被催眠的人。兩組人都在不同情形下接受了功能性磁共振成像檢測：休息中、回憶中、以及在兩場催眠之間。在催眠期間，研究人員在腦部發現了一些有趣的變化──但只在十分容易被催眠的那組人身上。具體來說，在擔心某件事的時候，腦中原本應該活絡的部位活動力卻明顯地下降。

　　這有助於解釋催眠如何產生強大的效果，包括減少壓力、焦慮、痛苦、以及不自在感。斯皮格爾希望這項做法可以用來取代止痛藥。他自己先前的研究顯示，當教導身體疼痛的人自我催眠時，他們只需要一半的止痛藥，所承受的痛苦也只有那些使用止痛藥者的一半。然而，若要善用其潛在的效果，催眠尚待更深入研究。

(B) 40. 本文作者如何起始？
　　　 (A) 給予定義。　　　　　　　　(B) 提及某個事件。
　　　 (C) 提供數據。　　　　　　　　(D) 比較人們的回應。
　　　 理由：
　　　 本文第一段第一句指出「1972 年，當大衛・斯皮格爾醫生結束了三小時的肩膀手術時，他沒有使用任何止痛的藥物來復原，而是催眠了自己」，得知 (B) 項應為正選。

(C) 41. 根據本文，斯皮格爾醫生研究的目標為何？
　　　 (A) 解釋疼痛的真正原因。　　　(B) 幫助人們專注於工作。
　　　 (C) 探索催眠如何用來作為醫療。(D) 加強腦部功能來減少心理問題。

理由：
本文最後一段指出「這有助於解釋催眠如何產生強大的效果，包括減少壓力、焦慮、痛苦、以及不自在感。斯皮格爾希望這項做法可以用來取代止痛藥……」，得知 (C) 項應為正選。

(B) 42. 根據斯皮格爾醫生的說法，當人們被催眠時，以下何者為真？
(A) 他們只回憶起開心的事情。　(B) 他們的內心只專注於正在做的事情。
(C) 他們做任何被要求做的事。　(D) 他們會更注意周遭的事物。

理由：
本文第二段指出「催眠……其實是一種高度專注和極度集中的狀態。若被催眠，你會忽視周遭大部分的刺激。你只專心於正在處理的事物……」，得知 (B) 項應為正選。

(C) 43. 關於十分容易被催眠的人，我們可以推論出什麼？
(A) 他們常會被社會孤立。
(B) 他們在白天更有可能睡著。
(C) 他們可能會很容易在小說當中感同身受。
(D) 他們比起不易被催眠的人還要來得值得信任。

理由：
本文第三段指出「容易被催眠的人較容易相信別人、較憑直覺行動、且較有可能在觀賞一部好電影時全心投入」，同理可證他們閱讀小說時應容易感同身受，故得知 (C) 項應為正選。

重要單字片語

1. **emerge from...**
   脫離……之困境；從……冒出
   That country is slowly emerging from a recession.
   （那個國家正緩步走出不景氣的陰霾。）
   The sun finally emerged from behind the clouds.
   （太陽終於從雲層背後冒了出來。）

2. **hypnotize** [ˈhɪpnəˌtaɪz] vt. 催眠
   hypnosis [hɪpˈnosɪs] n. 催眠（狀態）
   hypnotizable [ˈhɪpnəˌtaɪzəbl̩] a. 易被催眠的
   hypnotizability [hɪpˌnətaɪzəˈbɪlətɪ] n. 催眠狀態
   hypnotism [ˈhɪpnəˌtɪzm] n. 催眠術

3. **tune... out**
   不理睬……，對……置之不理
   Most of what Aaron says is such garbage that I just tune him out.
   （亞倫講的全是廢話，所以我乾脆不去理睬。）

4. **stimulus** [ˈstɪmjələs] n. 刺激物，刺激因子（單數，複數為 stimuli [ˈstɪmjəlaɪ]）

5. **intently** [ɪnˈtɛntlɪ] adv. 專心地，專注地
   Abe was watching the girl intently.
   （亞伯很專注地望著這女孩。）

6. **exclusion** [ɪksˈkluʒən] n. 排除，排斥

7. **trance** [træns] n. 恍惚；昏睡狀態；催眠狀態

8. **intuitive** [ɪnˈtjuɪtɪv] a. 直覺的

9. **session** [ˈsɛʃən] n.（從事某項活動的）一段時間（或集會）；一場；一節

10. **fire up** 激活

11. **harness** [ˈhɑrnɪs] vt. 加以控制並利用
    More and more people are harnessing solar energy for everyday use at home.
    （越來越多的人都在運用太陽能作為家中日常使用。）

12. **potential** [pəˈtɛnʃəl] a. 潛在的，有潛力的
    You should take potential risks into consideration.
    （你應將潛在的風險列入考慮。）

第 44 至 47 題為題組

在許多語言裡，如英語，都沒有簡單明瞭的方式來談論氣味。因為缺乏形容氣味的專用術語，說英語的人經常被迫利用如「花香的」和「香草味的」等氣味的來源，以及像是「甜甜的」及「亞洲式的」等隱喻來描述氣味。

然而，並不是所有的人在談論氣味上都有困難。一群在泰國南部從事狩獵採集的馬尼族，他們可以用至少十五種不同的專門詞彙來描述氣味，而這些詞彙只能表達氣味，不適用於其他感官的範疇。除了馬尼語之外，研究人員還發現，一群鄰近的狩獵採集族所說的嘉海語裡，也有十幾個詞彙可以用來形容各種不同的氣味。

有趣的是，說英語的人在將氣味直接轉化成詞彙所遇到的困難，似乎與鼻子實際上的功能沒有太大的關係。根據最近的一項研究結果，說英語的人能夠分辨超過一兆種不同的氣味。那麼，在他們辨別氣味的能力與詞彙之間，為什麼存在著差距呢？研究人員認為，生活環境在這之中可能扮演了重要的角色。

說馬尼語及嘉海語的人，都以狩獵採集的生活方式居住在熱帶雨林區裡，這兩個族群的人得利用鼻子來判斷自身的周遭環境，才能在大自然中生存。生活在一個幾乎未被人類開發的環境中，他們無時無刻都被各種氣味所包圍。他們需要利用嗅覺來辨識能獵捕的動物，也需要利用嗅覺來分辨可能會造成危險的事物，譬如像是腐敗的食物等等。不像馬尼族和嘉海族那樣，許多說英語的人居住於後工業化的西方社會，而在他們的生活環境中，不用依靠氣味來生存。這種差異或許可以解釋以上討論的有趣語言現象。

(D) 44. 本文的主旨是什麼？
(A) 評估不同族群使用的語言。
(B) 證明文明如何使語言的發展變得緩慢。
(C) 描述氣味的專門詞彙在不同的語言裡如何被找到。
(D) 指出語言的使用和環境之間的關連性。

理由：
根據本文第三段倒數第一、二句 "Then, why is there a gap between their ability to discriminate scent and their vocabulary? The researchers suggest that surroundings may play a significant role."（那麼，在他們辨別氣味的能力與詞彙之間，為什麼存在著差距呢？研究人員認為，生活環境在這之中可能扮演了重要的角色。），而第四段則進一步說明造成差距的細節，故 (D) 項應為正選。

(A) 45. 第一段中的 want 一字最有可能是什麼意思？
(A) 缺乏。　　　　(B) 增長。　　　　(C) 失去。　　　　(D) 搜尋。

理由：
want 表「缺乏，缺少」，故 (A) 項應為正選。

(D) 46. 有關馬尼族，下列哪一項是正確的？
(A) 他們居住在與嘉海族不同的氣候區。
(B) 他們的嗅覺能力比嘉海族更為突出。
(C) 他們利用專門的氣味詞彙來形容食物的外觀及味道。
(D) 他們的居住環境與早期人類的歷史環境相似。

理由：
根據本文第四段第二句 "In an environment that is still largely untouched by humans, they are surrounded by smells at all times."（生活在一個幾乎未被人類開發的環境中，他們無時無刻都被各種氣味所包圍。）得知，(D) 項應為正選。

(B) 47. 對說英語的人來說，要直接描述氣味為什麼很難？
(A) 他們無法分辨周遭的氣味。
(B) 嗅覺對他們的生存來說並不是至關重要。
(C) 他們認為直接談論氣味很不文明。
(D) 他們的生活環境裡沒有很多氣味的來源。

理由：根據本文第四段倒數第二句 "Unlike the Maniq and the Jahai, many English speakers inhabit the post-industrial west and do not rely on smells to survive in their environment."（不像馬尼族和嘉海族那樣，許多說英語的人居住於後工業化的西方社會，而且在他們的生活環境中，不用依靠氣味來生存。）得知，(B) 項應為正選。

重要單字片語

1. **straightforward** [ˌstretˈfɔrwɚd] *a.* 簡單的，易懂的
2. **for want of...**　　由於缺乏……的關係
 = for lack of...
 The crops failed for want of rain.
 （這些農作物因缺乏雨水而收成不好。）
3. **dedicated** [ˈdɛdəˌketɪd] *a.* 專用的，專門的
4. **odor** [ˈodɚ] *n.* 氣味
5. **terminology** [ˌtɝməˈnɑlədʒɪ] *n.* 術語，專門用語
6. **vanilla** [vəˈnɪlə] *a.* 香草味的 & *n.* 香草
7. **metaphor** [ˈmɛtəfɔr] *n.* 隱喻
 If you call someone a fox, you are using a metaphor to describe a person that is cunning and untrustworthy.
 （你若稱某人為狐狸，就在使用隱喻來形容一個狡猾又不值得信任的人。）
8. **oriental** [ˌɔrɪˈɛntl̩] *a.* 東方的，亞洲的
9. **description** [dɪˈskrɪpʃən] *n.* 描述，形容
10. **universal** [ˌjunəˈvɝsl̩] *a.* 普遍的，全世界的；通用的
11. **term** [tɝm] *n.* 術語，專門用詞
12. **applicable** [ˈæplɪkəbl̩] *a.* 適用的
13. **sensory** [ˈsɛnsərɪ] *a.* 感覺的
14. **domain** [doˈmen] *n.* 領域，範疇
15. **various** [ˈvɛrɪəs] *a.* 各種的，各式各樣的
16. **capability** [ˌkepəˈbɪlətɪ] *n.* 能力
 capable [ˈkepəbl̩] *a.* 有能力的
 be capable of + V-ing　　能夠……
 = be able to V
 I'm perfectly capable of dealing with this problem by myself.
 = I'm perfectly able to deal with this problem by myself.
 （我完全有能力獨自處理這個問題。）
17. **discriminate** [dɪˈskrɪməˌnet] *vt. & vi.* 區別 & *vi.* 歧視；差別對待（與 against 並用）
 discriminate A from B　　區別 A 與 B
 John is color-blind, so he can't discriminate red from green.
 （約翰是色盲，所以無法區別紅色和綠色。）
 You shouldn't discriminate against people based on their appearance.
 （你不該因他人的外表而歧視他們。）
18. **scent** [sɛnt] *n.*（人的）氣味；（動物留下的）味道
19. **surroundings** [səˈraundɪŋz] *n.* 周遭環境（恆用複數）
20. **tropical** [ˈtrɑpɪkl̩] *a.* 熱帶的
 subtropical [sʌbˈtrɑpɪkl̩] *a.* 亞熱帶的
21. **ethnic** [ˈɛθnɪk] *a.* 種族的
22. **evaluate** [ɪˈvæljuˌet] *vt.* 評估，對……作評價
 My teacher evaluated my progress in class and then gave me a grade.
 （老師評估我在課堂上的表現後給我打了分數。）
23. **nature** [ˈnetʃɚ] *n.* 大自然（不可數，之前不可置冠詞 the 或 a）
 the beauty of nature　　自然之美
 in nature　　在大自然裡

24. **identify** [aɪˈdɛntəˌfaɪ] *vt.* 認出，識別
 Before doctors can find a cure for an illness, they must first identify it.
 （醫生在找到治病的療法前，須先確認患的是哪種疾病。）
25. **pose** [poz] *vt.* 造成，引起，產生
 （問題、危險、困難等）
 Global warming poses a threat to human survival.
 （全球暖化對人類生存構成威脅。）
26. **linguistic** [lɪŋˈgwɪstɪk] *a.* 語言的；語言學的
27. **phenomenon** [fəˈnɑməˌnɑn] *n.* 現象（單數）
 phenomena [fəˈnɑmənə] *n.* 現象（複數）
28. **civilization** [ˌsɪvələˈzeʃən] *n.* 文明（社會）
29. **distinguish** [dɪˈstɪŋgwɪʃ] *vt.* 區別，分辨
 distinguish A from B　區別 A 與 B
 = distinguish between A and B
 We cannot distinguish Kathy from Karen because they are twins.
 （我們分不清凱西和凱倫，因為她們是雙胞胎。）

第 48 至 51 題為題組

　　貛㹮狓是一種哺乳動物，生活在中非赤道上方生物最具多樣性的其中一個地區。這種動物直到二十世紀初才被西方世界所熟知，並且經常被描述為半斑馬、半長頸鹿，彷彿牠是來自希臘傳說的混種生物。（原文的 the western world 建議改成 the Western world。）然而，牠的相貌在剛果民主共和國裡卻是非常習以為常，而該國是世上唯一能在野外發現㹮狓蹤跡的國家。㹮狓對剛果來說，就如同大貓熊對中國或是袋鼠對澳洲來說一樣。

　　雖然㹮狓有像斑馬的條狀紋路，但牠與長頸鹿的血緣關係最為密切。牠有長長的脖子，以及又大又靈活的耳朵。臉部和喉嚨呈現灰白色。皮毛則是介於棕色及紅棕色之間，與大腿上的白色橫條紋及環狀紋，還有白色的腳踝，形成鮮明的對比。整體來說，我們可以很容易區分㹮狓與牠的近親。㹮狓的體型要小得多（大約相當於馬的大小），且與鹿的外表，而非長頸鹿的外表，有著更多的相似處。長頸鹿無論公母都有角，而㹮狓則只有公獸有角。

　　當威爾斯籍的記者亨利・莫頓・史丹利在他的書中對一隻奇怪的「非洲驢」感到莫名其妙時，西方世界才在 1890 年首次嗅到㹮狓的蹤跡。其他在非洲的歐洲人也都曾聽過這隻後來被他們稱之為「非洲獨角獸」的動物。探險家在這種動物逃進灌木叢時，可能就已經瞥見其臀部的條紋，這導致他們猜測㹮狓是某種雨林斑馬。有些人甚至認為㹮狓是一種新品種的斑馬。直到後來，博物學家在分析㹮狓的骨骸時，才意識到在他們手中的其實是一隻長頸鹿。

　　1987 年，剛果東部成立了㹮狓野生動物保護區，用來保護這種珍稀的哺乳動物。但在幾十年的政治動盪下，早使得剛果政府難以控管大部分的自然資源，㹮狓的數量因此自 1995 年以來，已減少了百分之五十。時至今日，㹮狓只剩下一萬頭。

(B) 48. 下列哪一個圖片是㹮狓？

(A)　　　　　　(B)　　　　　　(C)　　　　　　(D)

理由：
　　根據本文第二段，得知 (B) 項應為正選。

(A) 49. 有關㹮狓，下列哪一項敘述是正確的？
　　(A) 牠是剛果的重要象徵。　　　　　　(B) 牠是源自希臘傳說的神祕生物。
　　(C) 牠自 1987 年以來即被妥善保護。　(D) 牠與斑馬的血緣比與長頸鹿的血緣更相近。

理由：
根據本文第一段最後一句"The okapi is to Congo what the giant panda is to China or the kangaroo to Australia."（㺢㹢狓對剛果來說，就如同大貓熊對中國或是袋鼠對澳洲來說一樣。）得知，(A) 項應為正選。

(C) 50. 第三段的 whiff 一字最有可能是什麼意思？
(A) 堅定的信念。　　　　　　(B) 友善的意圖。
(C) 些許的蹤跡。　　　　　　(D) 強烈的反感。

理由：
whiff 表「一陣氣味，一股味道」，而 get / catch a whiff of... 則表「嗅到一股……」，故 (C) 項應為正選。

(C) 51. 有關亨利・莫頓・史丹利，我們可以推論出下列哪一項？
(A) 他是首位分析㺢㹢狓骨骸的歐洲人。
(B) 他早在非洲發現了許多新物種。
(C) 他不知道他書中的「非洲驢」即為㺢㹢狓。
(D) 他早看過奔入灌木叢的㺢㹢狓之臀部。

理由：
根據本文第三段第一句"The West got its first whiff of the okapi in 1890 when Welsh journalist Henry Morton Stanley had puzzled over a strange 'African donkey' in his book."（當威爾斯籍的記者亨利・莫頓・史丹利在他的書中對一隻奇怪的「非洲驢」感到莫名其妙時，西方世界才在 1890 年首次嗅到㺢㹢狓的蹤跡。）得知，亨利・莫頓・史丹利並不能肯定他所發現的是什麼。而第三段最後一句"It was only later, when okapi skeleton was analyzed, that naturalists realized they had a giraffe on their hands."（直到後來，博物學家在分析㺢㹢狓的骨骸時，才意識到在他們手中的其實是一隻長頸鹿。）指出後來的博物學家才真正分析這種動物，故 (C) 項應為正選。

重要單字片語

1. **mammal** [ˋmæml̩] n. 哺乳動物
2. **equator** [ɪˋkwetɚ] n. 赤道
3. **biodiverse** [ˏbaɪodaɪˋvɝs] a. 具生物多樣性的
4. **mixed-breed** [ˏmɪkstˋbrid] a. 混種的
5. **prevalent** [ˋprɛvələnt] a. 普遍的
6. **striped** [straɪpt] a. 有條紋的
   stripe [straɪp] n. 條紋
7. **marking** [ˋmɑrkɪŋ] n.（動、植物的）斑紋；紋路（常用複數）
8. **resemble** [rɪˋzɛmbl̩] vt. 像，與……相似
   It's weird that Steve doesn't resemble any of his family members.
   （奇怪的是史提夫長得一點也不像他的家人。）
9. **be related to...**　與……有血緣關係；與……有關聯
   John claims that he is related to the king of Morocco.
   （約翰聲稱他與摩洛哥國王有血緣關係。）
10. **coat** [kot] n.（動物的）皮毛；大衣
11. **in contrast with...**　和……對照
    In contrast with Tim, Tom is rather shy.
    （和提姆對照起來，湯姆生性比較害羞。）
12. **horizontal** [ˏhɔrəˋzɑnt l̩] a. 橫的，水平的
13. **relative** [ˋrɛlətɪv] n. 親戚，親屬
14. **external** [ɪksˋtɝn l̩] a. 外在的，外部的
15. **possess** [pəˋzɛs] vt. 擁有；持有
    Different workers possess different skills.
    （不同的工人有不同的技能。）
16. **bear** [bɛr] vt. 帶有（某種標記或外觀特徵）；承擔；忍受（三態為：bear, bore [bɔr], borne [bɔrn]）

The letter bore no signature.
（那封信上沒有署名。）
17. **journalist** [ˈdʒɜnl̩ɪst] *n*. 新聞記者
18. **puzzle over...** 為……絞盡腦汁，苦思……
    Melissa has been puzzling over the math problem for hours.
    （梅莉莎已經苦思這道數學題好幾小時了。）
19. **fleeting** [ˈflitɪŋ] *a*. 一閃即逝的；短暫的
20. **bush** [bʊʃ] *n*. 灌木
21. **speculation** [ˌspɛkjəˈleʃən] *n*. 猜測，臆測
22. **analyze** [ˈænəˌlaɪz] *vt*. 分析
    If you do not know anything about grammar, you cannot analyze the structure of a sentence.
    （你要是不懂文法，便無法分析一個句子的結構。）

23. **naturalist** [ˈnætʃərəlɪst] *n*. 博物學家；自然主義者
24. **establish** [ɪˈstæblɪʃ] *vt*. 成立，建造
    That company established a branch office on Fifth Avenue.
    （那間公司在第五大道成立了一間分部。）
25. **turbulence** [ˈtɜbjələns] *n*. 騷動，混亂；亂流（不可數）
26. **spin** [spɪn] *vi*. 快速旋轉
    （三態為：spin, spun [spʌn], spun）
    spin out of (sb's) control
    很快不在某人的控制中
    Joyce was anxious because the situation spun out of her control.
    （喬伊絲感到焦慮，因為情況很快不在她的掌控中。）

第貳部分：非選擇題（占 28 分）

一、中譯英（占 8 分）

1. 創意布條最近在夜市成了有效的廣告工具，也刺激了買氣的成長。

示範譯句：

Creative banners at night markets have recently become an effective advertising tool for boosting sales.

或：

Imaginative signs at night markets have lately become a good way to increase business.

翻譯要點：
a. banner [ˈbænɚ] *n*. 長布條，旗幟
b. effective [ɪˈfɛktɪv] *a*. 有效的
c. advertising [ˈædvɚˌtaɪzɪŋ] *n*. 廣告（不可數）
   advertise [ˈædvɚˌtaɪz] *vt*. （為某物）做廣告
   advertise sth on TV / in a newspaper   在電視上 / 報紙上登廣告宣傳某物
d. boost / increase / stimulate sales   刺激買氣，增加銷售量
   boost [bust] *vt*. 促進，推動
   Some tabloids will spice up real stories in order to boost sales.
   （有些小報為了增加銷售量，會把真實故事加油添醋一番。）
   ＊tabloid [ˈtæblɔɪd] *n*. 小報紙
       spice up... / spice... up   為……加油添醋；增添……的趣味
e. imaginative [ɪˈmædʒənətɪv] *a*. 有想像力的
   The inventor is said to have been very imaginative as a child.
   （據說該發明家小時候就非常有想像力。）

2. 其中有些看似無意義，但卻相當引人注目，且常能帶給人們會心的一笑。

示範譯句：
Some of them seem meaningless, but they're quite eye-catching and can bring about a knowing smile.

或：

Some of the banners might appear not to make sense, but they catch people's attention and can make people smile knowingly.

翻譯要點：
a. meaningless [ˈminɪŋlɪs] a. 無意義的
   meaningful [ˈminɪŋfəl] a. 有意義的
b. eye-catching [ˈaɪˌkætʃɪŋ] a. 引人注目的
c. a knowing smile   會心一笑
   knowing [ˈnoɪŋ] a. 心照不宣的，知情的
   knowingly [ˈnoɪŋlɪ] adv. 心領神會地
   David said nothing but gave me a knowing smile.
   （大衛什麼都沒說，只是對我會心一笑。）
   On hearing the news, Molly smiled knowingly.
   （一聽到這消息茉莉便會心地微微一笑。）
d. make sense   有意義；有道理
   When Toby gets drunk, nothing he says makes sense.
   （托比一喝醉就胡說八道。）
e. catch sb's attention   吸引某人的注意
   Stacy tried to catch Doug's attention by wearing a short red skirt.
   （史黛西穿上紅短裙試圖吸引道格的注意。）

二、英文作文（占 20 分）

示範作文：

　　As a member of my high school's newspaper, I am always interested in learning about what types of news people like to read. When I saw the chart that laid out what young American readers prefer, I was a bit surprised by the findings. The survey showed that 69% of the Americans polled—in this case older teenagers and young adults—were interested in news stories related to the environment and natural disasters. What I found odd was that only 30% voiced an interest in arts and culture.

　　I agree with the respondents about environmental news being the most appealing. This is an issue that affects everyone across the world. Furthermore, as a young person, I know my future will be greatly affected by climate change. Where I differ from the Americans polled is in what I'm least interested in: celebrity news. I know tabloids and gossip magazines are popular in the US, but I find these kinds of articles a waste of time and of little value.

　　身為我們高中新聞社的一員，我總是很有興趣知道人們喜歡閱讀哪一種類的新聞。當我看到這張顯示了美國年輕讀者偏好閱讀的新聞類型圖表時，我對於這個結果感到有些驚訝。該調查顯示出 69% 受調查的美國人——在此調查中為年紀較長的青少年和年輕的成人——

最感興趣的是和環境與天然災害相關的新聞主題。而我發現奇怪的是，只有 30% 表達出對藝術與文化的興趣。

　　我認同那些認為與環境有關的新聞最吸引人的回答者。這是會影響世界各地每一個人的議題。此外，身為年輕人，我深知我的未來會大大地受氣候變遷影響。而我和受調查的美國人不一樣的地方是我最不感興趣的：名人新聞。我知道小報與八卦雜誌在美國很受歡迎，但我認為這種文章很浪費時間且沒有什麼價值。

重要單字片語

1. **lay out...** 展開……；安排……
   The new rules were laid out at the meeting.
   （新的規定於會議中宣達。）
2. **prefer** [prɪˋfɝ] *vt.* 較喜歡；寧可
   prefer A to B　喜歡 A 甚於 B
   Tim prefers chocolate to vanilla ice cream.
   （提姆喜歡巧克力冰淇淋甚於香草冰淇淋。）
3. **poll** [pol] *vt.* 調查……的意見 / 民意
   The magazine polled its readers to find out their interests.
   （該雜誌對其讀者做意見調查，以了解他們的喜好。）
4. **odd** [ɑd] *a.* 奇怪的
5. **voice** [vɔɪs] *vt.* （用言語）表達，說出
   David voiced his complaints about the new policy during the meeting.
   （大衛在會議中表達對新政策的不滿。）
6. **agree with...** 同意……
7. **respondent** [rɪˋspɑndənt] *n.* 回答者
8. **appealing** [əˋpilɪŋ] *a.* 吸引人的
9. **affect** [əˋfɛkt] *vt.* 影響；假裝
   Long-term excessive drinking has affected John's health.
   （長期的酗酒已經影響了約翰的健康。）
10. **climate change** 氣候變遷
11. **differ from...** 與……不同
    Peter's views on educating children differ from those of his wife.
    （彼得教育孩子的觀點和他太太不一樣。）
12. **celebrity** [səˋlɛbrətɪ] *n.* 名人
13. **tabloid** [ˋtæblɔɪd] *n.* 小報紙
14. **gossip** [ˋgɑsəp] *n.* 八卦，小道消息
15. **a waste of time** 浪費時間

107 年升大學指考英文試題詳解

107 年升大學指考英文試題 解答

1. (D) 2. (B) 3. (B) 4. (A) 5. (A)
6. (C) 7. (B) 8. (D) 9. (C) 10. (D)
11. (D) 12. (B) 13. (A) 14. (A) 15. (C)
16. (A) 17. (B) 18. (D) 19. (C) 20. (C)
21. (I) 22. (K) 23. (B) 24. (C) 25. (D)
26. (E) 27. (J) 28. (A) 29. (F) 30. (H)
31. (F) 32. (D) 33. (C) 34. (E) 35. (B)
36. (D) 37. (D) 38. (D) 39. (C) 40. (B)
41. (B) 42. (A) 43. (D) 44. (A) 45. (C)
46. (C) 47. (B) 48. (C) 49. (A) 50. (B)
51. (A)

107 年升大學指考英文試題　詳解

第壹部分：單選題（占 72 分）

一、詞彙（占 10 分）

(D) 1. 大猩猩常被描繪成一種駭人的動物，但事實上這些膽怯的人猿鮮少為交配、食物或地盤打架。

　　a. (A) constantly [ˈkɑnstəntlɪ] adv. 持續不斷地（＝ all the time）；經常地
　　　　　Nora constantly fights with her sister.
　　　　　（諾拉老是和她妹妹吵架。）
　　　(B) shortly [ˈʃɔrtlɪ] adv. 立刻地，不久（＝ soon）
　　　　　Shortly after Bill left, it began to rain.
　　　　　（比爾一離開沒多久便開始下雨了。）
　　　(C) nearly [ˈnɪrlɪ] adv. 幾乎，差不多（＝ almost / practically / virtually）
　　　　　Mike was nearly hit by a car when he ran across the street.
　　　　　（麥克跑著穿過街道的時候差一點被車撞到。）
　　　(D) rarely [ˈrɛrlɪ] adv. 很少，難得（＝ seldom）
　　　　　I rarely see Peter, but we keep in touch with each other by e-mail.
　　　　　（我很少見到彼得，不過我們藉著電子郵件保持連絡。）
　　b. 根據語意，(D) 項應為正選。
　　　注意：
　　　原句的名詞片語 a fearful animal（一種駭人的動物）使用的 fearful 為多義字，可表「感到害怕的，膽怯的」或「可怕的，嚇人的」，故讀完第一個子句後無法立即判斷語意。為避免誤解，此處改用 fearsome 或 frightening（可怕的，嚇人的）為宜。此外，原句作者使用單數名詞 animal（動物）表「一種動物」，惟書面英語中宜用複數形 animals 表「若干動物個體」以呼應複數主詞 gorillas（大猩猩），或改用單數形集合名詞 species（物種）表整體。

必考重點

　　a. portray [porˈtre] vt. 描繪；描述（＝ depict [dɪˈpɪkt]）
　　　portray sb/sth as...　　把某人 / 某物描繪成……（＝ depict sb/sth as...）
　　　That movie portrays the famous writer as a romantic man.
　　　（那部電影把該知名作家描繪成浪漫的男人。）
　　b. in truth(,)...　　事實上，……（＝ in fact(,)... ＝ in reality(,)...）
　　　Alan is seemingly cold, but in truth, he isn't.
　　　（阿倫表面上很冷漠，但事實上不是。）

(B) 2. 莎麗從事一份朝九晚五的工作，有時候得在午休時間去辦私事，像是去銀行或寄信。

　　a. (A) affairs [əˈfɛrz] n. 事務（恆用複數）
　　　　　domestic affairs　　　　　　　　　　內政，國內事務
　　　　　international affairs　　　　　　　　國際事務
　　　　　attend to one's personal / private affairs　處理私事

(B) errand [ˈɛrənd] *n.* 差事,出差
　　run / do errands　　跑差事,跑腿
= go on errands
(C) belongings [bɪˈlɔŋɪŋz] *n.* 所有物,財物(恆用複數)
= possessions [pəˈzɛʃənz] / effects
Keep your belongings with you wherever you are.
(不管身在何處,都要把你的隨身物品帶在身邊。)
(D) connections [kəˈnɛkʃənz] *n.* 人脈;遠親(恆用複數)
John has good connections in politics.
(約翰在政界的人脈很廣。)

b. 空格前有動詞 run,得知本題測驗 an errand 或 errands 的搭配用法。根據上述,(B) 項應為正選。

(B) 3. 這位老師跟學生家長爭吵後,終於承認自己的過錯並放低身段請求他們的原諒。
　　a. (A) resist [rɪˈzɪst] *vt. & vi.* 抵抗
Jenny resisted the temptation to have some sweet treats.
(珍妮抵擋住了吃甜食的誘惑。)
*temptation [tɛmpˈteʃən] *n.* 誘惑
(B) humble [ˈhʌmbḷ] *vt.* 使……感到卑微;挫敗(強敵) & *a.* 謙恭的;(出身)卑微的
humble oneself　　放低身段,低聲下氣
Jeff had to humble himself to serve one of his former employees.
(傑夫得放低身段服務他的一位前員工。)
The successful entrepreneur was born into a humble family.
(那位成功的企業家出自寒門。)
(C) detect [dɪˈtɛkt] *vt.* 偵測
The dog detected drugs in the man's luggage.
(這隻狗在該男子的行李中偵測出毒品。)
(D) handle [ˈhændḷ] *vt.* 處理(= tackle = cope with... = deal with...)
The general manager handled the crisis with great calm.
(總經理冷靜地處理這個危機。)

b. 根據語意,(B) 項應為正選。

(A) 4. 與其批評他人,我們反而應該關注他們的優點並給予他們讚美。
　　a. (A) compliment [ˈkɑmpləmənt] *n.* & [ˈkɑmpləˌmɛnt] *vt.* 讚美,恭維
比較:
complement [ˈkɑmpləmənt] *n.* 補足物 & [ˈkɑmpləˌmɛnt] *vt.* 補足
pay / give sb a compliment　　讚美某人
a compliment on...　　針對……的讚美
compliment sb on...　　針對……讚美某人
My teacher paid me a compliment on my neat handwriting.
(我的老師讚美我的字寫得工整。)
Mitch complimented Beth on her new shoes.
(米契稱讚貝絲的新鞋。)

(B) compromise [ˈkɑmprəˌmaɪz] n. & vi. 妥協
reach a compromise on / over sth　針對某事達成妥協
= compromise on / over sth
The employees reached a compromise with their boss <u>over</u> pay increases.
（員工就加薪方面跟老闆達成妥協。）
(C) conviction [kənˈvɪkʃən] n. 定罪；信念
a strong conviction　堅定的信念
All job applicants will be checked for any prior criminal convictions.
（所有的求職者都會接受有無犯罪前科的調查。）
(D) confession [kənˈfɛʃən] n. 坦白；招供
The thief finally made a confession to the police that he had stolen the money.
（小偷終於向警方招供是他偷了這筆錢。）
b. 根據語意，(A) 項應為正選。

必考重點

focus [ˈfokəs] vi. & vt. 集中 & n. 焦點
focus on...　把注意力集中在……
= concentrate on...
= focus one's attention on...
= concentrate one's attention on...
I am so tired that I cannot focus on anything today.
（我今天累死了，做什麼事都沒有辦法集中注意力。）

(A) 5. 使用者利用該搜尋引擎的特殊功能就可以<u>瀏覽</u>網路，而不會在參觀網頁後留下任何紀錄。
a. (A) browse [braʊz] vt. & vi. 瀏覽；（在商店裡）隨便看看
I like to browse <u>through</u> novels in the bookstore.
（我喜歡在書店翻翻小說。）
(B) stride [straɪd] vi. 跨大步走（三態為：stride, strode [strod], stridden [ˈstrɪdn̩]）
& n. 步伐
The superstar strode across the hallway, got into a limousine, and rode off.
（這位巨星大步往大廳的另一端走去，進了一臺加長型禮車，然後就離開了。）
＊limousine [ˈlɪməˌzin] n. 加長型禮車
(C) rumble [ˈrʌmbl̩] vi. 隆隆響 & n. 隆隆聲
I'm so hungry that my stomach is rumbling.
（我好餓，餓到肚子咕嚕咕嚕地叫。）
(D) conceal [kənˈsil] vt. 隱藏；隱瞞
I realized from the tone of her voice that she was concealing something from me.
（從她的語調中，我發現她有事瞞著我。）
b. 根據語意，(A) 項應為正選。

必考重點

advantage [ədˈvæntɪdʒ] n. 優點；優勢；益處
take advantage of...　利用……（= exploit [ɪkˈsplɔɪt] = harness [ˈhɑrnəs]）

All students are invited to take advantage of our student discounts.
（竭誠歡迎所有學生多加利用我們的學生折扣優待。）

(C) 6. 由於很少的降雨量和水庫水位的急遽下降，該地區正經歷三十年來最嚴重的乾旱。
   a. (A) fluid [ˋfluɪd] *n.* 液體
         Water is a fluid while rock is a solid.
         （水是液體，而石頭是固體。）
      (B) scandal [ˋskændḷ] *n.* 醜聞
         The latest episode of the political scandal shocked the whole society.
         （這樁政治醜聞最新的發展震驚整個社會。）
      (C) drought [draʊt] *n.* 乾旱
         The long drought caused an acute shortage of water in West Africa.
         （長期乾旱造成西非地區嚴重缺水。）
      (D) nuisance [ˋnusəns] *n.* 討厭的人／事／物
         Puppies are cute, but they can be a nuisance if they aren't trained.
         （小狗狗很可愛，但牠們若沒有訓練好就會令人討厭。）
   b. 根據語意，(C) 項應為正選。

必考重點

   a. extremely [ɪkˋstrimlɪ] *adv.* 非常，極其
   b. rainfall [ˋren͵fɔl] *n.* 降雨
   c. reservoir [ˋrɛzɚ͵vwɑr] *n.* 蓄水庫

(B) 7. 教師節時，我們為孔子對教育思想的貢獻向他致敬。
   a. (A) consent [kənˋsɛnt] *n.* 同意
         without (one's) consent   未經（某人）同意
         You shouldn't open your brother's closet without his consent.
         （沒有你哥哥的同意，你不該打開他的衣櫃。）
      (B) tribute [ˋtrɪbjut] *n.* 敬意，尊崇
         pay tribute to...   向……致敬
         The concert was held to pay tribute to the late pop star.
         （這場演唱會是為了向那位已故流行歌手致敬而舉辦的。）
      (C) devotion [dɪˋvoʃən] *n.* 奉獻；專心（其後與介詞 to 並用）
         The manager appreciated the new employee's devotion to the job.
         （經理很賞識那名新員工對工作的投入。）
      (D) preference [ˋprɛfərəns] *n.* 偏好，偏愛
         have a preference for...   偏好／偏愛……
         My dad has a preference for classical music.
         （我爸爸偏好聽古典樂。）
   b. 根據語意及用法，(B) 項應為正選。

> **必考重點**
> a. contribution [ˌkɑntrəˈbjuʃən] *n.* 貢獻
> b. philosophy [fəˈlɑsəfɪ] *n.* 哲學；哲理

(D) 8. 當那名消防員抱著一個正在哭泣的寶寶從失火的房子走出來時，他被群眾<u>稱讚</u>為英雄。
　　a.　(A) preview [ˈpriˌvju] *vt.* 預習 & *n.* 預告
　　　　　Our English teacher asked us to preview the first lesson before next class.
　　　　　（我們的英文老師要我們在下一堂課前先預習第一課。）
　　　(B) caution [ˈkɔʃən] *vt.* & *n.* 警告
　　　　　caution sb not to V　　警告某人不要做……
　　　　　The doctor cautioned Jane against eating too much fast food.
　　　　　（醫生警告簡別吃太多速食。）
　　　(C) doom [dum] *vt.* 使註定（受失敗、災禍等）
　　　　　be doomed to + N/V　　註定要……
　　　　　Daniel is doomed to flunk the class because he never studies.
　　　　　（丹尼爾從不念書，所以這堂課一定會被當。）
　　　(D) hail [hel] *vt.* 歡呼；稱頌
　　　　　hail A as B　　將 A 譽為 / 稱頌為 B
　　　　　After the end of the war, the politician was hailed as a great peacemaker.
　　　　　（戰爭結束後，那位政治家被歌頌為了不起的調停者。）
　　b.　根據語意及用法，(D) 項應為正選。

(C) 9. 因為全球大蕭條，世界銀行對明年全球經濟成長的預測<u>不樂觀</u>。
　　a.　(A) keen [kin] *a.* 熱衷的
　　　　　be keen on...　　熱衷於……
　　　　　George is keen on outdoor activities like camping and fishing.
　　　　　（喬治熱衷於露營和釣魚等戶外活動。）
　　　(B) mild [maɪld] *a.* 溫和的（天氣、個性）
　　　　　The weather was rather mild when we visited Alaska during the summer.
　　　　　（我們夏天造訪阿拉斯加時，天氣相當溫暖。）
　　　(C) grim [grɪm] *a.* 令人沮喪的；嚴峻的
　　　　　The prospect of a happy life looks grim for these abandoned and abused dogs.
　　　　　（對這些被遺棄和受虐的狗狗來說，快樂生活的可能性很渺茫。）
　　　(D) foul [faʊl] *a.* 卑鄙的，邪惡的
　　　　　by fair means or foul　　不擇手段
　　　　　John determined to gain control of the company by fair means or foul.
　　　　　（約翰決定要不擇手段掌控公司。）
　　b.　根據語意，(C) 項應為正選。

> **必考重點**
> a. recession [rɪˈsɛʃən] *n.* (經濟) 衰退
> b. forecast [ˈfɔrˌkæst] *n.* & *vt.* 預測
> c. economic [ˌikəˈnɑmɪk] *a.* 經濟上的

(D) 10. 傑佛瑞一直是個很愛吵架的人，所以他和同事爭吵一點也不令人意外。
- a. (A) respective [rɪˋspɛktɪv] *a.* 各自的
  After the meeting, we went back to our respective desks.
  （會議結束後，我們回到各自的座位上。）
  (B) preventive [prɪˋvɛntɪv] *a.* 預防的
  Banks must take preventive measures to avoid robberies.
  （銀行必須採取預防措施來防止搶案發生。）
  (C) contagious [kənˋtedʒəs] *a.* 有感染性的
  The disease is highly contagious and may spread rapidly across the country.
  （這個疾病具有高度傳染力，可能很快就蔓延全國。）
  (D) quarrelsome [ˋkwɔrəlsəm] *a.* 好爭吵的
  Ben tends to get quarrelsome when he is drunk.
  （阿班喝醉後就很容易與人爭吵。）
- b. 根據語意，可知 (D) 項應為正選。

必考重點

- a. get into an argument with sb (over / about sth)　和某人（因某事）爭吵
- b. colleague [ˋkɑlig] *n.* 同事

二、綜合測驗（占 10 分）

第 11 至 15 題為題組

在許多講英語的國家「趕上瓊斯家／闊鄰居」是一個口頭禪。這個常用詞跟「裝門面」這個詞一樣，指的是以鄰居的社會地位或財富多寡做為比較的基準。一般而言，大家擁有的奢侈品愈多，他們的身價或社會地位就愈高 —— 或者說，大家都是這麼認為。無法「趕上瓊斯家／闊鄰居」就會因此被人覺得社經地位低人一等，也就是中國人所說的臉丟大了。

在漫畫家亞瑟·莫曼德創作同名連環漫畫時，「趕上瓊斯家／闊鄰居」這個詞即被廣為使用。這個連環漫畫最初是在 1916 年被刊登在《紐約世界報》中，然後在美國的一些報紙上連載了二十八年之後，最後被改編成書、電影和音樂喜劇。漫畫書名指的那戶有錢人鄰居「瓊斯家」是該連環漫畫的主要人物，有趣的是，他們在漫畫中只有被提及，卻從來不曾在漫畫中實際現身。

(D) 11. 理由：
- a. (A) reaction [rɪˋækʃən] *n.* 反應（與介詞 to 並用）
  What is Johnny's reaction to my proposal?
  （強尼對我的提議有什麼表示？）
  (B) attachment [əˋtætʃmənt] *n.* 依戀；愛慕；喜愛
  Maternal love nurtures a child's attachment to his or her mother.
  （母愛可培養孩子對母親的依戀。）
  * maternal [məˋtɝnḷ] *a.* 母親的
  (C) similarity [ˌsɪməˋlærətɪ] *n.* 相似（不可數）；相似之處（可數）
  bear similarity to...　　與……相似
  = bear a resemblance to...
  There is little similarity between the two sisters.
  （這兩姊妹長得不太像。）

(D) comparison [kəmˈpærəsn̩ / kəmˈpærɪsən] *n.* 比較；相較；相比
       in comparison with...　　與……相較
       A comparison of the two football teams indicates that the game should be close.
       （對這兩支足球隊做比較之後，顯示出那場比賽的結果會很接近。）
  b. 根據語意，(D) 項應為正選。

(B) 12. 理由：
  a. (A) still [stɪl] *adv.* 還；仍然
     (B) so [so] *adv.* 如此；如是
     (C) yet [jɛt] *adv.* 尚未；仍未
     (D) even [ˈivən] *adv.* 甚至；即使
  b. so 的用法可指剛提到過的想法、行動、品質、情況等，表示前面一句話中的述語所說明的情況也適用於另一句中的主詞。即 or so they believe = or they believe so = or they believe that the more luxuries they have, the higher their value or social status (is).
  c. 根據語意及用法，(B) 項應為正選。

(A) 13. 理由：
  a. (A) phrase [frez] *n.* 成語；片語；詞組
         Sometimes it's difficult to understand phrases out of context.
         （有時候沒有上下文會很難了解片語的意思。）
         ＊context [ˈkɑntɛkst] *n.* 上下文
     (B) signal [ˈsɪgn̩l] *n.* 信號；號誌 & *vt.* 發出信號
         Native Americans used smoke signals as a means of communication.
         （美國原住民過去用狼煙作為聯絡的方式。）
     (C) material [məˈtɪrɪəl] *n.* 材料，原料（可數）；資料，題材（不可數）
         a raw material　　原料
         The director is collecting material for his new documentary.
         （那位導演正為他的新紀錄片蒐集題材。）
     (D) analysis [əˈnæləsɪs] *n.* 分析（複數為 analyses [əˈnæləsiz]）
         Our department is doing a detailed analysis of the data.
         （我們部門正對這些數據進行詳細的分析。）
  b. 根據語意，(A) 項應為正選。

(A) 14. 理由：
  a. (A) adapt [əˈdæpt] *vt.* 改編；使適應 & *vi.* 適應（與介詞 to 並用）（= adjust）
         adapt A into B　　將 A 改編為 B
         The novel is adapted into a shorter version, using clear and comprehensible English.
         （這本小說被改編為較短的版本，並以清楚易懂的英文寫作。）
         However hard I tried, I just couldn't | adapt | (myself) to city life.
                                               | adjust |
         （任憑我怎麼努力，還是無法適應都市生活。）
     (B) admit [ədˈmɪt] *vt.* 承認；准許入學 & *vi.* 承認（與介詞 to 並用）
         （三態為：admit, admitted, admitted）
         The thief finally admitted (to) having stolen my money.
         （這賊終於承認偷了我的錢。）

It's my dream to get admitted to West Point Military Academy.
（我的夢想是獲得西點軍校的入學許可。）

(C) advance [əd'væns] *vt.* 增進 & *vi.* 前進；行進 & *n.* 進步
Dr. Peterson's research advanced our understanding of the disease.
（彼德森教授的研究增進了我們對這種疾病的認識。）
Learning anything is like sailing a boat against the current; it either advances or retreats.
（學如逆水行舟，不進則退。）

(D) advise [əd'vaɪz] *vt.* 建議；勸告；通知
advise sb to V　　勸某人從事……
advise that + S + (should) + V　　建議……（advise 表「建議」時屬意志動詞，其後 that 子句中要使用助動詞 should，而 should 往往予以省略。）
The doctor advised Peter not to climb too many stairs.
= The doctor advised that Peter not climb too many stairs.
（醫生建議彼得別爬太多樓梯。）

b. 根據語意，(A) 項應為正選。

(C) 15. 理由：
a. (A) check out...　　看看……；查看……
 = take a look at...
When visiting Paris, be sure to check out the Eiffel Tower.
（到巴黎旅遊時，務必要去看看艾菲爾鐵塔。）

(B) watch over...　　照顧；看守……
The mother bird is watching over her young.
（母鳥正看守著雛鳥。）

(C) speak of...　　講到，提到，談及
 = mention...
Our boss spoke of Jack's name a couple of times during the meeting.
（我們的老闆在開會時有好幾次提到了傑克的名字。）

(D) trade with...　　與……貿易
The United States trades with both China and Japan.
（美國同時跟中國及日本進行貿易。）

b. 根據語意，(C) 項應為正選。

重要單字片語

1. **keep up with sb**　　跟上某人；努力不落在某人之後；與某人並駕齊驅
Many students nowadays choose to go to cram school to keep up with their classmates.
（現今許多學生為了與同學並駕齊驅都選擇去補習。）

2. **keep up with the Joneses**　　與他人攀比；趕上闊鄰居；跟上潮流（此慣用語語帶貶抑，指「無論做任何事都想要跟鄰居相比較」，別人有的，我也想要有，也就是想要有樣學樣，想效法、想比美，想跟鄰居家比排場、比闊氣，也就是臺語說的「輸人不輸陣」。Jones 在美國是很常

見的姓氏，the Joneses 是指「瓊斯家」，在此慣用語中就被用來指生活在你周圍的「張三、李四」這些平凡人等。）
Brian had a heart-to-heart talk with his wife and tried to stop her keeping up with the Joneses.
（布萊恩跟他太太坦誠溝通，試圖讓她不要跟鄰居比排場。）

3. **catchphrase** [ˋkætʃˏfrez] *n.* 流行語；時髦話；引人注意的字句；口頭禪
Arnold Schwarzenegger's famous line, "I'll be back," would become his catchphrase.
（阿諾·史瓦辛格最為人知的台詞：「我會回來」成了他的口頭禪。）

4. **the English-speaking world** 說英語的國家

5. **keep up appearances** 裝門面；裝面子
David's girlfriend has left him, but he still keeps up appearances as if nothing had happened.
（大衛的女朋友已離他而去，但他仍裝面子彷彿什麼事都沒發生過。）

6. **refer** [rɪˋfɝ] *vi.* 提及，言及；指涉（與介詞 to 並用）
refer to... 提及……
= mention...
John didn't like anyone referring to his family background.
（約翰不喜歡任何人提及他的家庭背景。）

7. **accumulation** [əˏkjumjəˋleʃən] *n.* 累積
There is more to learning than the accumulation of knowledge.
（學習並非只是知識的累積。）

8. **material** [məˋtɪrɪəl] *a.* 物質上的；物質的
material comforts 物質享受
Kevin enjoys material comforts, but he is very lonesome.
（凱文貪圖物質享受，但內心卻很寂寞。）

9. **goods** [gʊdz] *n.* 個人財物；貨品（恆用複數，不可數）
Mr. Jack Johnson helped the police find the stolen goods.
（傑克·強森先生協助警方找回贓物。）

10. **material goods** 物質財富

Some people seek happiness through the acquisition of material goods.
（有些人透過獲得物質財富來尋求快樂。）
* acquisition [ˏækwəˋzɪʃən / ˏækwɪˋzɪʃən] *n.* 獲得

11. **Generally speaking,...** 一般而言，……
= In general,...
= By and large,...
= On the whole,...
= For the most part,...

12. **The + 比較級, the + 比較級** 愈……，就愈……
The more you think about it, the more depressed you will become.
（你愈想這事，就會愈沮喪。）

13. **luxury** [ˋlʌkʃərɪ] *n.* 奢侈（不可數）；奢侈品（可數）
A television set was a luxury for my grandma when she was young.
（我阿嬤年輕的時候，電視機對她來說是奢侈品。）

14. **status** [ˋstetəs / ˋstætəs] *n.* 地位，身分；狀態，情況
social status 社會地位
Some people pay far too much attention to their social status.
（有些人太過於注重他們的社會地位。）

15. **fail to V** 未能……
William failed to show up.
（威廉沒有出現。）

16. **perceive** [pɚˋsiv] *vt.* 察覺；認為
perceive A as B 把 A 認為是 B
This kind of gossip magazine is often perceived as superficial.
（這種八卦雜誌通常被認為很膚淺。）
* superficial [ˏsupɚˋfɪʃəl] *a.* 膚淺的

17. **reveal** [rɪˋvil] *vt.* 透露；揭露；顯露；洩漏
A nationwide poll revealed different opinions among young voters.
（一項全國調查顯示出年輕選民有不同的意見。）

18. **inferiority** [ɪnˏfɪrɪˋɔrətɪ / ɪnˏfɪrɪˋɑrətɪ] *n.* 劣等；自卑
a sense of inferiority 自卑感

Being shorter than most of his classmates gave Adam a sense of inferiority.
（比大部分的同學矮小曾讓亞當有自卑感。）

19. **put** [pʊt] *vt.* 說；表達
 as news reports put it
 就如新聞報導中所說
20. **a loss of face** 丟臉
21. **popularize** [ˈpɑpjələˌraɪz] *vt.* 使流行；使大眾化；使普及
 Over the years, Madonna has popularized many different clothing trends.
 （這幾年來，瑪丹娜引領許多不同的穿衣風潮。）
22. **a comic strip** （報紙上連載的）連環漫畫
 a comic book 漫畫書
 Comic strips are printed in the *New York Times* on Sundays.
 （週日版的《紐約時報》刊載連環漫畫。）
23. **cartoonist** [kɑrˈtunɪst] *n.* 漫畫家；動畫家
 Charlie's ambition is to become a cartoonist someday.
 （查理的理想是有一天能成為漫畫家。）

24. **run** [rʌn] *vt. & vi.* （故事在報紙或雜誌上）刊登 & *n.* 連續演出；連續刊登
25. **a musical comedy** （尤指二十世紀早期的）音樂喜劇
 The musical comedy had a 20-week run last year.
 （這齣音樂喜劇去年連續演出二十個月。）
26. **interestingly** [ˈɪntərɪstɪŋlɪ / ˈɪntrəstɪŋlɪ] *adv.* （句子副詞）有趣的是；有趣地
 Interestingly, people have kept pets for a variety of reasons.
 （有趣的是，人們養寵物的理由不一而足。）
27. **merely** [ˈmɪrlɪ] *adv.* 僅僅
 The apartment building is merely a five-minute walk from the MRT.
 （從那棟公寓走到捷運只要五分鐘。）
28. **in person** 親自
 = personally
 Gina has five pen pals, one of whom she has known for ages but has never met in person.
 （吉娜有五個筆友，其中一個已經認識多年，卻從未實際見過面。）

第 16 至 20 題為題組

　　許多人在一生中的某個時候，指甲上會出現白點。造成這些小白點的最常見原因之一就是白甲症這種疾病。雖然這個病名聽起來好像挺嚴重的，但是通常並不嚴重。儘管很多人認為引起這些白點的原因是缺鈣或鋅，不過通常並非如此。

　　事實上，產生這些白點的最常見原因是你的指甲受到輕微或中度的創傷。如果你想不出是什麼東西傷到了你的指甲，那就朝指甲生長速度非常慢的這個事實去想，那麼那個創傷可能是在白點出現前的數個星期發生的。輕微感染，或是過敏，或是某些藥物的副作用也可能是這些白點的成因。

　　不論那個創傷是怎麼來的，這些白點一般都不需要治療，而且應該會隨著你的指甲長長而消失。除非你的指甲再受到其他創傷，否則這些白點不會再出現。不過，只有一片指甲或一些指甲受到影響的情況下才會出現這種現象。假如你的所有指甲都出現了白點，白甲症就有可能是跟其他像是貧血、心臟疾病、糖尿病或腎臟病這些更嚴重的毛病有關了。

(A) 16. 理由：
 a. 本題測試是否可以辨別出副詞子句與主要子句的用法：
 副詞連接詞冠於任何一個主詞前面，該子句就成為副詞子句，而副詞子句絕不可能單獨存在，一定要與一開頭就是主詞的主要子句共存。
 <u>Although Rita is nice,</u> <u>I don't like her.</u>
 　　副詞子句　　　　主要子句
 （雖然麗塔人很好，但我不喜歡她。）

b. 本題句首的 Although 為副詞連接詞，本句的副詞子句就是 "Although the name sounds pretty serious,"（雖然這個病名聽起來好像挺嚴重的，），當中有不完全不及物動詞 sounds（聽起來），之後有形容詞 serious（嚴重的），故知主要子句空格應置 be 動詞 isn't，之後亦置相同形容詞 serious，由於形容詞相同，可予省略，故 (A) 項應為正選。

c. (B) doesn't、(C) couldn't、(D) wouldn't 均為助動詞，之後應置原形動詞，故不可選。

(B) 17. **理由**:
    a. (A)   in spite of...   儘管……
         =   despite...
         =   regardless of...
         =   notwithstanding...
         Everyone is required to attend the meeting in spite of the typhoon.
         （儘管有颱風，每個人還是被要求出席會議。）
      (B)   as a result of...   由於……
         =   because of...
         =   owing to...
         =   due to...
         =   on account of...
         The rice crop suffered considerable damage as a result of the typhoon.
         （由於這場颱風，稻米作物損失慘重。）
      (C)   to the best of...   盡……的全力
         I will finish the project to the best of my ability.
         （我會盡全力去完成那項計畫。）
      (D)   for the sake of...   為了……的緣故
         For the sake of your health, you should break the habit of smoking immediately.
         （為你的健康著想，你應該馬上戒掉抽菸的習慣。）
    b. 根據語意，(B) 項應為正選。

(D) 18. **理由**:
    a. 本題測試對過去事件推論的句型：
       S + may / might have + 過去分詞   ……當時可能已經 / 曾經……
       The road is wet. It may / might have rained last night.
       （馬路是濕的。昨天晚上可能下過雨。）
    b. 原題空格前有 the injury（該傷害），得知空格內應置表對過去事件推論的結構 may / might have occurred（可能已經發生），故 (D) 項應為正選。

(C) 19. **理由**:
    a. (A)   supposing (that)...   假設 / 假定……
         Supposing that we miss the train, what will we do then?
         （假設我們錯過了火車該怎麼辦？）
      (B)   including [ɪnˋkludɪŋ] *prep.* 包括
         =   inclusive of
         Five people attended the conference, including me.
         （有五個人去參加了那場會議，包括我自己。）

- (C) whatever [wɑtˋɛvɚ] *conj.* 無論什麼；不管什麼 & *a.* 不管什麼樣的
  If you can't come for whatever reason, please let us know as soon as possible.
  （如果你不能來，不管是什麼原因，請儘快讓我們知道。）
- (D) whether [ˋwɛðɚ] *conj.* 是否（引導名詞子句）；不論（引導副詞子句）
  Whether it rains or shines, Peter goes jogging every morning.
  （不論晴雨，彼得每天早上都去慢跑。）

b. 本空格應置連接詞 Whatever（＝No matter what），即：
Whatever the source of the injury (is),...
＝ No matter what the source of the injury (is),...
根據上述，(C) 項應為正選。

(C) 20. 理由：
a. (A) indicate [ˋɪndə͵ket] *vt.* 表明；顯示；指出
  The report indicates that we're heading toward a recession.
  （這篇報導指出我們正一步步走向經濟不景氣。）
  ＊recession [rɪˋsɛʃən] *n.* 經濟不景氣
- (B) define [dɪˋfaɪn] *vt.* 界定；確定；下定義；解釋
  Would you define a tomato as a fruit or as a vegetable?
  （你會把番茄定義為水果或蔬菜？）
- (C) apply [əˋplaɪ] *vt.* & *vi.* 應用；申請
  That rule does not apply to this case.
  （那個規則不能適用於這個案子。）
- (D) confirm [kənˋfɝm] *vt.* 證實；確認
  I would like to confirm my dinner reservation.
  （我想要確認晚餐的訂位。）

b. 根據語意，(C) 項應為正選。

重要單字片語

1. **at some point** 在某個時間
   At some point tonight, I would like to stop by Jimmy's house for a while.
   （我今天晚上想找個時間順路去吉米家一下。）

2. **fingernail** [ˋfɪŋgɚ͵nel] *n.* 指甲
   ＝ nail
   Many people bite their fingernails when they are nervous.
   （很多人一緊張時就會咬手指甲。）

3. **condition** [kənˋdɪʃən] *n.* 長期疾病（可數）；健康狀況（不可數）
   be in stable condition
   （病人）處於穩定的狀況
   be in critical condition
   （病人）處於危急的狀況
   The patient's condition gradually improved.
   （那個病人的狀況漸漸有了起色。）

4. **leukonychia** [͵ljukəˋnɪkɪə] *n.* 白甲症（不可數）
   Luke has had leukonychia for years.
   （路克多年來一直都有白甲症。）

5. **calcium** [ˋkælsɪəm] *n.* 鈣（不可數）
   be rich in calcium 富含鈣質
   Dairy products are rich in calcium, which helps to strengthen our bones and teeth.
   （乳製品富含鈣質，有助於強化我們的骨骼與牙齒。）

6. **zinc** [zɪŋk] *n.* 鋅（不可數）
   There is a small amount of zinc in the food we eat daily.
   （我們每天吃的食物當中都含有微量的鋅。）

7. **deficiency** [dɪˈfɪʃənsɪ] *n.* 缺乏；不足
   （與介詞 of 並用）
 = shortage
   iron deficiency　　缺鐵
   Symptoms of a deficiency of vitamin B include fatigue and restlessness.
   （缺少維他命 B 的症狀包括疲累與心神不定。）
   ＊fatigue [fəˈtig] *n.* 疲累

8. **in reality**　　實際上，事實上
 = in fact
 = in practice
   Johnny complains about his wife sometimes, but in reality, he loves her dearly.
   （強尼有時會抱怨他的太太，但事實上他非常疼老婆。）

9. **mild** [maɪld] *a.* 輕微的；不嚴重的；溫和的
   Mike has been experiencing a mild sore throat for two days.
   （麥克這兩天覺得喉嚨輕微疼痛。）

10. **moderate** [ˈmɑdərɪt] *a.* 中度的；適度的
    It's best to keep a moderate speed while driving.
    （開車時最好保持適當的速度。）

11. **trauma** [ˈtraʊmə / ˈtrɔmə] *n.* 痛苦；創傷（可數）；精神創傷（不可數）
    It took Tony a long time to recover from the trauma of his parents' death.
    （東尼經過很長的時間才從父母雙亡的傷痛中恢復過來。）

12. **think of sth**　　想出某事物
    Kevin still couldn't think of a good way to solve the problem.
    （凱文還是無法想出一個解決問題的好方法。）

13. **injure** [ˈɪndʒɚ] *vt.* 使受傷；弄傷
 = hurt
    be slightly injured　　受到輕傷
    be seriously injured　　受到重傷
    It's a miracle that no one was killed or injured in that accident.
    （那起意外無人傷亡，真是個奇蹟。）

14. **injury** [ˈɪndʒərɪ] *n.* （身體）傷害；（名譽）損壞
    It took three months for the footballer to recover from his sports injuries.
    （那個足球員的運動傷害花了三個月才康復。）

15. **infection** [ɪnˈfɛkʃən] *n.* 感染；傳染病
    The doctor prescribed me some antibiotics for my ear infection.
    （那位醫生開了些抗生素治療我的耳朵發炎。）

16. **allergy** [ˈælədʒɪ] *n.* 過敏；過敏性反應
    a food allergy　　食物過敏
    have an allergy to...　　對……過敏
    Angela has a severe allergy to cat hair.
    （安琪拉對貓毛有嚴重的過敏。）

17. **a side effect**　　（尤指藥物、療法的）副作用
    The doctor held a clinical trial to test the drug for side effects.
    （那位醫生進行臨床試驗，測試這種藥物的副作用。）

18. **medication** [ˌmɛdɪˈkeʃən] *n.* 藥物；藥劑
    （集合名詞，不可數）
    The doctor advised Claire to take medication for her stomach ulcer.
    （那位醫生建議克萊兒服用治療胃潰瘍的藥。）
    ＊ulcer [ˈʌlsɚ] *n.* 潰瘍

19. **grow out**　　長出來
    Grace dyed her gray hair black, but it will grow out again.
    （葛瑞絲把她的白髮染黑了，不過還是會再長出白髮來。）

20. **anemia** [əˈnimɪə] *n.* 貧血（不可數）
    The patient's pallor indicates anemia.
    （這個病人的面色蒼白，代表有貧血。）
    ＊pallor [ˈpælɚ] *n.* 蒼白的膚色（不可數）

21. **cardiac** [ˈkɑrdɪˌæk] *a.* 心臟的
    cardiac failure　　心衰竭
    cardiac arrest　　心搏停止，心臟停止
    Be careful of Carl's health; we don't want him to have a cardiac arrest.
    （注意卡爾的健康，我們不希望他心搏停止。）

22. **diabetes** [ˌdaɪəˈbitiz] *n.* 糖尿病（不可數）
    Douglas was diagnosed with diabetes three months ago.
    （三個月前道格拉斯被診斷出糖尿病。）
    ＊diagnose [ˈdaɪəgˌnos] *vt.* 診斷

23. **kidney** [ˈkɪdnɪ] *n.* 腎；腎臟
    a kidney transplant　　腎臟移植
    Kirk will die if he doesn't have a kidney transplant soon.
    （如果不趕快進行腎臟移植柯克將會死亡。）

三、文意選填（占 10 分）＊目前學測考法為 10 個選項中選出 10 個答案。

第 21 至 30 題為題組

　　水產養殖是指任何水中植物或動物的養殖。水產養殖非常重要，因為它能降低過度捕撈野生魚的可能性，以及改善魚肉品質、增加魚肉的供給給人類食用。

　　世界各地的古代文明都有從事不同類型的魚類養殖。澳洲原住民早在西元前 6000 年就被認為有養殖鰻魚。充分的證據指出他們在康達湖的附近將火山氾濫平原開拓成渠道和水壩，然後捕捉鰻魚並保存牠們以供全年食用。然而，最早的漁業養殖紀錄來自中國，在當地該習俗大約在西元前 2500 年被廣泛使用。當氾濫的河水消退後，一些魚會受困在湖中，這些魚大部分是鯉魚。早期漁民會接著拿幼蟲和蠶糞餵食魚群，然後再加以食用。

　　在歐洲，水產養殖最初於古羅馬發跡。非常喜歡海水魚和生蠔的羅馬人建立了類似游泳池的生蠔養殖場。於潟湖捕獲的魚和甲殼類動物（例如蝦子和螃蟹）會被放置在這些水池裡並維持生命直到被食用。這些養殖場通常是建在有錢人家裡，富裕人家可以邀請客人前來挑選他們想吃的魚。這項羅馬人的傳統後來在中歐被基督教修道院採用。

　　在中世紀時期，水產養殖傳遍歐洲。由於魚貨必須從海岸與大條河流長途運送，因此得加以醃製以防腐爛。在封建時期的歐洲各地，淡水魚主要供修道會和貴族食用，因為他們獨占了整片土地、森林以及水道，而平民很少能建造自己的魚池。非法捕魚如同狩獵一樣會遭受嚴厲處罰，而較窮困的人得等上好幾個世紀才能享用新鮮的魚。

(I) 21. 理由：
　　a. 空格前有定冠詞 the，得知空格內應置名詞，作 increases（增加）的受詞。
　　b. 選項中，(B) culture（種／養殖）、(F) monopoly（獨占）、(I) supply（供給）及 (K) evidence（證據）均為名詞，惟根據語意，(I) 項應為正選。
　　c. supply [səˋplaɪ] *n.* 供給，供應 & *vt.* 提供
　　　　supply and demand　　供需
　　　　Our factory needs a continuous supply of electricity to operate.
　　　　（我們的工廠需要持續不斷的電力供給才能運作。）
　　　　＊continuous [kənˋtɪnjʊəs] *a.* 持續不斷的
　　d. 空格前的 over fishing 應改為 overfishing。

(K) 22. 理由：
　　a. 空格前有形容詞 abundant（充裕的），空格後有第三人稱單數動詞 indicates（指出），得知空格內應置不可數名詞或單數可數名詞。
　　b. 選項中，(B) culture（種／養殖）與 (K) evidence（證據）為不可數名詞、(F) monopoly（獨占）為單數可數名詞，惟根據語意，(K) 項應為正選。
　　c. evidence [ˋɛvədəns] *n.* 證據，證明
　　　　There is clear evidence connecting the cause of allergy to air pollution.
　　　　（有明確的證據表示過敏的起因與空氣汙染有關。）

(B) 23. 理由：
　　a. 空格前有介詞 of 及名詞 fish（魚），得知空格內應置名詞，使 fish 與該名詞形成名詞詞組。
　　b. 選項中尚有 (B) culture（種／養殖）與 (F) monopoly（獨占）為名詞，惟根據語意，(B) 項應為正選，以形成名詞詞組 fish culture（漁業養殖）。
　　c. culture [ˋkʌltʃə] *n.* 種／養殖
　　　　The culture of genetically modified crops have gradually been accepted.
　　　　（基改農作物的種植已逐漸被接受。）

(C) 24. 理由:
- a. 空格前有 be 動詞過去式 were，空格後有介詞 in，得知空格內應置過去分詞作主詞補語。
- b. 選項中，(C) trapped（受困）、(D) adored（受喜愛）及 (L) treated（對待）為過去分詞，惟根據語意，(C) 項應為正選。
- c. trap [træp] *vt.* 困住 & *n.* 陷阱
  Thirty miners were trapped underground for three weeks before being rescued.
  （三十位礦工受困在地底下三個星期才獲救。）
  John set a trap in the basement to catch mice.
  （約翰在地下室布下陷阱抓老鼠。）

(D) 25. 理由:
- a. 空格前有關係代名詞 who，代表主詞為 The Romans（羅馬人），空格後有受詞 sea fish and oysters（海水魚和生蠔），得知空格內應置及物動詞。
- b. 選項中，僅剩 (D) adored（喜愛）與 (L) treated（對待）為過去式及物動詞，惟根據語意，(D) 項應為正選。
- c. adore [əˋdor] *vt.* 喜愛，寵愛
  Wendy adores her new puppy.
  （溫蒂喜愛她的新寵物狗。）

(E) 26. 理由:
- a. 本題測試下列固定用法：
  keep... alive　　使……維持生命
  Irene was kept alive on a life-supporting machine.
  （艾琳靠維生裝置維持生命。）
- b. 根據上述，可知 (E) 項應為正選。

(J) 27. 理由:
- a. 空格前有介詞 inside，空格後有複數名詞 homes（家庭），得知空格內應置形容詞修飾 homes。
- b. 選項中尚有 (G) delicious（美味的）與 (J) wealthier（較富裕的）為形容詞。由於空格內的形容詞是修飾 homes，在此若置 delicious 形成 delicious homes（美味的家庭）不合語意；置比較級形容詞 wealthier 則形成 wealthier homes（較富裕的家庭），合乎語意，故 (J) 項應為正選。

(A) 28. 理由:
- a. 空格前有主詞 aquaculture（水產養殖），空格後有詞組 in Europe（在歐洲），得知空格內應置不及物動詞。
- b. 選項中僅 (A) spread（傳播）可作不及物動詞，故應為正選。
- c. spread [sprɛd] *vi.* & *vt.* 傳播，擴散（三態同形）
  The news quickly spread throughout the country.
  （那條新聞迅速地傳遍全國。）
  It is not ethical to spread gossip about other people.
  （散播關於他人的八卦很不道德。）
- d. 本句宜改為 "During the Middle Ages, aquaculture spread throughout Europe. Since fish needed to be transported far away from the seacoasts and the big rivers, they had to be salted so that they did not rot." 方符合文法。

(F) 29. **理由**：
　　a. 空格前有不定冠詞 a，得知空格內應置單數可數名詞。
　　b. 選項中僅 (F) monopoly（獨占）為單數可數名詞，故應為正選。
　　c. monopoly [məˋnɑplɪ] *n.* 壟斷，獨占；獨占企業
　　　The government used to have a monopoly on tobacco sales.
　　　（政府過去曾壟斷菸草的銷售。）

(H) 30. **理由**：
　　a. 空格後有動名詞 fishing（釣魚），得知空格前應置形容詞或名詞，與 fishing 形成名詞詞組，作為本句的主詞。
　　b. 選項中，僅剩 (G) delicious（美味的）與 (H) illegal（非法的）兩個形容詞符合條件，又根據語意，(H) 項應為正選，形成名詞詞組 illegal fishing（非法釣魚）。
　　c. illegal [ɪˋligl] *a.* 非法的，違法的
　　　It is illegal to sell alcohol to those under 18.
　　　（販賣酒類給十八歲以下的未成年人是違法的。）

重要單字片語

1. **aquaculture** [ˋækwəkʌltʃə] *n.* 水產養殖（不可數）
2. **aquatic** [əˋkwætɪk] *a.* 水生的
　　aquatic plants　水生植物
3. **be of great importance**　很重要
　　（= be of great significance）
　　The doctor's research is of great importance to the medical field.
　　（該醫生的研究對醫學領域極為重要。）
4. **reduce** [rɪˋdus] *vt.* 減少
　　Regular exercise can reduce the risk of developing heart disease.
　　（規律運動可以減少罹患心臟疾病的機率。）
5. **consumption** [kənˋsʌmpʃən] *n.* 飲食；消耗量；消費
6. **civilization** [͵sɪvḷəˋzeʃən] *n.* 文明（不可數）
　　ancient civilization　古代文明
7. **engage** [ɪnˋgedʒ] *vi.* 從事
　　engage in + N/V-ing　從事……
　　The two countries have agreed to engage in peace talks.
　　（這兩個國家已同意進行和平談話。）
8. **indigenous** [ɪnˋdɪdʒənəs] *a.* 土著的；土生土長的
　　be indigenous to + 地方
　　為某地方所獨有
　　This species of bird is indigenous to Australia.
　　（這種鳥類是澳洲獨有的。）
9. **eel** [il] *n.* 鰻魚
10. **abundant** [əˋbʌndənt] *a.* 充裕的；充足的（= plentiful [ˋplɛntɪfəl]）
11. **indicate** [ˋɪndə͵ket] *vt.* 表明，顯示
　　Studies indicate that the lack of sunlight can lead to depression.
　　（研究指出缺乏日照會導致抑鬱症。）
12. **floodplain** [ˋflʌd͵plen] *n.* 氾濫平原
13. **channel** [ˋtʃænl] *n.* 水渠
14. **preserve** [prɪˋzɝv] *vt.* 保存，維護；醃製
　　We have to preserve the environment for the sake of our children.
　　（我們必須為了子孫著想而維護環境。）
　　Fresh berries are preserved in a jar.
　　（新鮮的莓果被放在罐子裡醃製。）
15. **practice** [ˋpræktɪs] *n.* 習俗；做法
16. **subside** [səbˋsaɪd] *vi.* （洪水）消退；平息
　　The flood waters gradually subsided.
　　（洪水漸漸消退。）
　　Ryan took a painkiller, hoping the pain will subside.
　　（萊恩吃了一顆止痛藥，希望能減輕疼痛感。）
17. **carp** [kɑrp] *n.* 鯉魚

18. **brood** [brud] *n.* 一窩（尤指幼鳥）
19. **nymph** [nɪmf] *n.* 幼蟲；（神話中的）仙女
20. **silkworm** [ˈsɪlkˌwɝm] *n.* 蠶
21. **feces** [ˈfisiz] *n.* 糞便（恆用複數）
22. **crustacean** [krʌsˈteʃən] *n.* 甲殼類動物
23. **lagoon** [ləˈgun] *n.* 潟湖
24. **well-to-do** [ˌwɛltəˈdu] *a.* 富有的，有錢的
    well-to-do families　富裕的家庭
25. **adopt** [əˈdɑpt] *vt.* 採用；收養
    The manager decided to adopt my proposal for this project.
    （針對這個專案，經理選擇採用我的提議。）
26. **monastery** [ˈmɑnəsˌtɛrɪ] *n.* 修道院
27. **salt** [sɔlt] *vt.* 用鹽醃製
    In some places, the meat is salted and stored throughout the winter.
    （在某些地方，肉會用鹽醃製以在冬天保存。）
28. **feudal** [ˈfjudl̩] *a.* 封建（制度）的
    the feudal system　封建制度
29. **monastic** [məˈnæstɪk] *a.* 修道院的；僧侶的
30. **order** [ˈɔrdɚ] *n.* 修道會
31. **aristocracy** [ˌærəˈstɑkrəsɪ] *n.* 貴族
32. **well-off** [ˌwɛlˈɔf] *a.* 有錢的，富裕的

四、篇章結構（占 10 分）＊目前學測考法為 4 個選項中選出 4 個答案，115 學年度起改為 5 個選項中選出 4 個答案。

第 31 至 35 題為題組

　　法國大革命的起因很複雜，歷史學家們仍然廣泛爭論。然而，許多學者同意食物在社會政治動盪中扮演著重要的角色。具體來說，麵包和鹽（法國菜中最重要的兩個元素）是該衝突的核心。

　　麵包是法國日常飲食中的一個主要構成要素，其往往與國家身分連結在一起。研究顯示，十八世紀的法國工人平均將一半的日薪花在麵包上。然而在 1788 年和 1789 年，當穀類作物連續兩年歉收時，麵包價格狂漲至其收入的 88%。一般家庭買不起足夠的食物來滿足他們的基本需求。絕大多數的法國人口都在挨餓。有些人甚至靠竊盜或賣淫來維生。

　　與此同時，農民對鹽稅的不滿正在蔓延。自十五世紀起，這種在鹽消費上開徵的稅收特別適用於窮人，貴族和特權階級則可豁免。高稅率和不平等的稅金分配引發走私者的廣泛非法交易，進而導致鹽價暴漲。

　　然而，凡爾賽宮的皇家法院將自身置於這個日益嚴重的危機之外且無動於衷。絕望的人民因此將飢荒及經濟動盪歸咎於統治階層。憤怒迅速累積，並在 1789 年法國大革命的大規模暴動中達到高潮。其結果包括攻陷巴士底監獄（巴黎的中世紀堡壘及監獄），以及最終將國王路易十六及王后瑪麗·安托瓦內特斬首。

　　隨著王室的崩潰，平靜也逐漸恢復。然而，在整個革命、拿破崙時代（1789-1815）及後來的時期，鹽稅和「麵包問題」仍然是最令人不安的社會與政治議題。

(F) 31. 理由：
　　a. 空格前一句提及 "However, many scholars agree that food played an important role in the socio-political upheaval."（然而，許多學者同意食物在社會政治動盪中扮演著重要的角色。）。
　　b. (F) 項句子提及 "Specifically, bread and salt, two most essential elements in the French cuisine, were at the heart of the conflict."（具體來說，麵包和鹽（法國菜中最重要的兩個元素）是該衝突的核心。），前一句提及食物在社會政治動盪中扮演的角色，而 (F) 項句子進一步舉例說明，故形成關聯。
　　c. 根據上述，(F) 項應為正選。

(D) 32. 理由：
　　a. 空格前一句提及 "In 1788 and 1789, however, when the grain crops failed two years in a row, the price of bread shot up to 88 percent of his earnings."（然而在 1788 年和 1789 年，當穀類作物連續兩年歉收時，麵包價格狂漲至其收入的 88%。）。

- b. (D) 項句子提及 "The common household could not afford to buy enough food to meet their basic needs."（一般家庭買不起足夠的食物來滿足他們的基本需求。），前一句提及穀類作物歉收及麵包價格狂漲，而 (D) 項句子則說明一般家庭買不起足夠的食物，故形成關聯。
- c. 根據上述，(D) 項應為正選。

(C) 33. 理由：
- a. 空格後一句提及 "Started in the 15th century, this tax on salt consumption was applied particularly to the poor, while the nobility and the privileged were exempted."（自十五世紀起，這種在鹽消費上開徵的稅收特別適用於窮人，貴族和特權階級則可豁免。）。
- b. (C) 項句子提及 "Meanwhile, peasants' resentment against the *gabelle* was spreading."（與此同時，農民對鹽稅的不滿正在蔓延。），此句提及的 gabelle（鹽稅）與空格後一句的 tax on salt consumption（鹽消費上開徵的稅收）形成關聯。
- c. 根據上述，(C) 項應為正選。

(E) 34. 理由：
- a. 空格後一句提及 "The results include the storming of the Bastille, a medieval fortress and prison in Paris, and the eventual beheading of King Louis XVI and his wife, Marie Antoinette."（其結果包括攻陷巴士底監獄（巴黎的中世紀堡壘及監獄），以及最終將國王路易十六及王后瑪麗・安托瓦內特斬首。）。
- b. (E) 項句子提及 "The anger quickly built up, culminating in the massive riots of the French Revolution in 1789."（憤怒迅速累積，並在 1789 年法國大革命的大規模暴動中達到高潮。），空格後一句則進一步說明暴動的結果，故形成關聯。
- c. 根據上述，(E) 項應為正選。

(B) 35. 理由：
- a. 空格前段末句提及 "The results include the storming of the Bastille, a medieval fortress and prison in Paris, and the eventual beheading of King Louis XVI and his wife, Marie Antoinette."（其結果包括攻陷巴士底監獄（巴黎的中世紀堡壘及監獄），以及最終將國王路易十六及王后瑪麗・安托瓦內特斬首。）。
- b. (B) 項句子提及 "With the collapse of the royal family, calm was restored gradually."（隨著王室的崩潰，平靜也逐漸恢復。），前段末句提及將國王及王后斬首，而 (B) 項句子提及王室崩潰，故形成關聯。
- c. 根據上述，(B) 項應為正選。

重要單字片語

1. **revolution** [ˌrɛvəˋluʃən] *n.* 革命；革新
   revolutionary [ˌrɛvəˋluʃənˌɛrɪ] *a.* 革命性的
   The political revolution will definitely go down in history.
   （這場政治革命一定會名留青史。）
   Steve Jobs' revolutionary ideas brought great changes to the world.
   （史提夫・賈伯斯革命性的觀念為世界帶來極大的改變。）
2. **upheaval** [ʌpˋhivl̩] *n.* 動亂；不安
3. **cuisine** [kwɪˋzin] *n.* 菜餚
4. **component** [kəmˋponənt] *n.* 成分，構成要素
   Green tea, with its many cancer-fighting components, is beneficial to your health.
   （綠茶含有很多抗癌成分，對健康助益良多。）
5. **in a row** 連續地（與數字並用）
   Poor Chris was sick for three days in a row last week.
   （可憐的克里斯上星期連續生病了三天。）

6. **shoot up**　迅速竄升
   After the release of his latest CD, the singer's popularity shot up.
   （那位歌手的人氣在最新 CD 發行後直線上升。）
7. **resort to...**　訴諸……（手段、方法等）
   We'll resort to legal action if you fail to pay the debt by Friday.
   （如果星期五前你無法還清債務，我們將採取法律行動。）
8. **prostitution** [ˌprɑstəˈtuʃən] *n.* 賣淫
9. **peasant** [ˈpɛzənt] *n.* 佃農
10. **resentment** [rɪˈzɛntmənt] *n.* 憤恨，憎惡
    Many people bear resentment against the new policy.
    （許多人對新政策感到不滿。）
11. **gabelle** [gəˈbɛl] *n.* （法國）鹽稅
12. **nobility** [noˈbɪlətɪ] *n.* 貴族階層
13. **privileged** [ˈprɪvəlɪdʒd] *a.* 有特權的
14. **exempt** [ɪgˈzɛmpt] *vt.* 豁免；免除
    exempt sb from...　某人自……得到豁免
    Tom was exempted from gym class because his leg was broken.
    （湯姆不用去上體育課，因為他的腿摔斷了。）
15. **provoke** [prəˈvok] *vt.* 激發；激怒；挑釁
    The crowd provoked the soldiers, and soon a small riot broke out.
    （群眾向士兵挑釁，不久便爆發了小暴動。）
16. **smuggler** [ˈsmʌglɚ] *n.* 走私者
17. **skyrocket** [ˈskaɪˌrɑkɪt] *vi.* 猛漲，突然升高
    In the last decade, incidences of diabetes in Asia's youth have skyrocketed.
    （近十年來，亞洲年輕人罹患糖尿病的機率急遽攀升。）
18. **be isolated from...**　與……隔絕 / 隔離
    The prisoners were completely isolated from the world.
    （這些囚犯與外界完全隔絕。）
19. **be indifferent to...**　對……漠不關心
    indifferent [ɪnˈdɪfrənt] *a.* 漠不關心的
    The rich man is indifferent to the suffering of the poor.
    （那個富翁對窮人的痛苦漠不關心。）
20. **escalate** [ˈɛskəˌlet] *vt.*（使）升高（本文為現在分詞作形容詞用）
    The new policy has brought a lot of public complaints because it escalated costs of everyday commodities.
    （那項新政策已讓民眾叫苦連天，因為它使得民生用品的物價不斷上升。）
21. **famine** [ˈfæmɪn] *n.* 飢荒
22. **disturbance** [dɪˈstɝbəns] *n.* 動盪；騷動
    There have been many political disturbances in that country over the years.
    （那個國家過去幾年來的政治局勢一直很不安定。）
23. **culminate in...**　在……達到高峰
    culminate [ˈkʌlməˌnet] *vi.* 達到高點
    The concert culminated in the huge finale with all the singers on stage.
    （當所有歌手在臺上進行盛大的終場表演時，這場演唱會達到了最高峰。）
24. **fortress** [ˈfɔrtrɪs] *n.* 堡壘；要塞
25. **behead** [bɪˈhɛd] *vt.* 將……斬首

五、閱讀測驗（占 32 分）

第 36 至 39 題為題組

　　卡爾・德萊斯爵士於 1785 年出生於德國西南部，是十九世紀最具創造力的德國發明家之一。男爵的眾多發明包括最早的打字機、絞肉機、在紙上錄製鋼琴樂的一項裝置、兩輛四輪人力車還有其他許多東西。然而，使他一舉成名的是行走機器（腳踏車的現代祖先）。

　　這個行走機器也被稱作手搖車或木馬車，事實上是一種非常原始的腳踏車：它沒有鏈條，需騎乘者以雙腳蹬地來驅動。雖然不是

現代意義上的腳踏車，但德萊斯的發明標誌著腳踏車發展的重大開端。這是第一部有兩個輪子排成一列的車輛。框架和輪子由木頭製成，且控制方向裝置已經類似現代腳踏車的把手。德萊斯的發明背後有一個很親民的重要理念：要找到一個肌動力裝置來取代昂貴且即使不使用也會消耗很多食物的馬匹。他相信這種機器可以讓廣大民眾移動得比步行或乘坐馬車還快。

1817 年六月十二日，德萊斯進行了他被記錄下來的首次騎乘，一小時內行駛了十三公里。幾個月後，德拉斯在四小時內騎行六十公里時造成了極大的轟動。之後是前往巴黎的行銷之旅，木馬車迅速在那裡流行了起來。這個風潮很快地也蔓延至英國。

然而，木馬車的成功如曇花一現。它們笨重又難騎。安全也是個問題：它們沒有煞車，也沒有曲柄和踏板。它們經常撞到毫無警覺的行人，幾年之後，許多歐美城市都禁止騎乘德萊斯的發明。但德萊斯的構想並沒有完全消失。數十年後，這種機器被法國人皮耶·拉勒蒙與皮耶·米蕭裝上踏板，現代腳踏車就此誕生。

(D) 36. 為什麼德萊斯發明行走機器？
(A) 證明他有發明家的創造力。　　(B) 保護馬匹不被虐待。
(C) 為皇室階級提供新的工具。　　(D) 為大眾提供更好的交通方式。
理由：
根據本文第二段，德萊斯的發明背後有一個很親民的重要理念：要找到一個肌動力裝置來取代昂貴且即使不使用也會消耗很多食物的馬匹。他相信這種機器可以讓廣大民眾移動得比步行或乘坐馬車還快，故 (D) 項應為正選。

(D) 37. 第二段中的 "marked the big bang" 的意思是什麼？
(A) 發出巨大的噪音。　　(B) 造成嚴重干擾。
(C) 廣受歡迎。　　(D) 代表開創性的作品。
理由：
marked the big bang 的意思為「標誌著重大開端」，與 (D) 項敘述最為接近，故為正選。

(D) 38. 關於行走機器的敘述，下列何者為真？
(A) 它配備有曲柄和踏板。　　(B) 它的輪子與框架是由鐵製成。
(C) 它有煞車來控制其移動速度。　　(D) 它的控制方向裝置類似於現代腳踏車的把手。
理由：
根據本文第二段，行走機器的框架和輪子由木頭製成，且控制方向裝置已經類似現代腳踏車的把手，故 (D) 項應為正選。

(C) 39. 為什麼木馬車未能於十九世紀成為普及的車輛？
(A) 它的價格昂貴又不夠耐用。　　(B) 它跑的速度沒有人們預期的那麼快。
(C) 它很難控制且騎在路上很危險。　　(D) 它在歐洲城市沒有獲得足夠的公眾關注。
理由：
根據本文最後一段，木馬車的成功如曇花一現。它們笨重又難騎。安全也是個問題：它們沒有煞車，也沒有曲柄和踏板。它們經常撞到毫無警覺的行人，幾年之後，許多歐美城市都禁止騎乘德萊斯的發明，故 (C) 項應為正選。

重要單字片語

1. **baron** [ˈbærən] *n.* 男爵
2. **grinder** [ˈgraɪndɚ] *n.* 研磨機
3. **in effect** 事實上

What Dad said, in effect, was that you should study harder.
（老爸所說的話事實上就是你應該更努力念書。）

4. **primitive** [ˈprɪmətɪv] *a.* 原始的，早期的
   The tribespeople in the mountain area still live a primitive life.
   （該山區的部落居民仍過著原始的生活。）
5. **propel** [prəˈpɛl] *vt.* 驅動，推動
6. **steering** [ˈstɪrɪŋ] *n.* 操縱 / 轉向裝置
7. **resemble** [rɪˈzɛmbl̩] *vt.* 像，與……相似
   After the massive earthquake, the city resembled a battlefield.
   （在那場強烈地震過後，整座城市看起來跟戰場沒兩樣。）
8. **handlebar** [ˈhændl̩ˌbɑr] *n.* （腳踏車 / 機車的）把手
9. **democratic** [ˌdɛməˈkrætɪk] *a.* 大眾可獲得 / 使用的；民主的
10. **replacement** [rɪˈplesmənt] *n.* 替換的人 / 事 / 物
    replace [rɪˈples] *vt.* 取代，替代
    replace A with B　　用 B 取代 A
    The replacement is not half as good as Edward was.
    （接替艾德華的那個人連他的一半都比不上。）
    Billy replaced his old desktop computer with a laptop.
    （比利把他的舊桌上型電腦換成筆電。）
11. **consume** [kənˈsum] *vt.* 消耗；攝取（食物）
    I've got to burn off some of the calories I consumed during lunch.
    （我得燃燒掉一些我午餐時攝取的卡路里。）
12. **coach** [kotʃ] *n.* 馬車
13. **undertake** [ˌʌndɚˈtek] *vt.* 從事
    （三態為：undertake, undertook, undertaken）
    If you plan to undertake this task, you'd better be prepared for some difficulties.
    （如果你要從事這項工作，最好有面臨困難的準備。）
14. **document** [ˈdɑkjəˌmɛnt] *vt.* 記錄（本文為過去分詞作形容詞用）
15. **sensation** [sɛnˈseʃən] *n.* 轟動；引起轟動的人或物
16. **catch on**　　蔚為流行；受到歡迎
    The game caught on with teenagers because it was exciting and easy to play.
    （這個遊戲很刺激、玩法又簡單，因此在青少年之間流行了起來。）

17. **fad** [fæd] *n.* 一時的流行 / 風尚
18. **crank** [kræŋk] *n.* 曲柄
19. **pedal** [ˈpɛdl̩] *n.* 踏板
20. **collision** [kəˈlɪʒən] *n.* 碰撞
    collide [kəˈlaɪd] *vi.* 相撞
    collide with...　　與……相撞
    It is estimated that 500 people were killed in the train collision.
    （據估計有五百人在這場火車對撞的事故中喪生。）
    A basketball player collided with the referee on the court.
    （一名籃球員在球場上和裁判撞在一起。）
21. **unsuspecting** [ˌʌnsəˈspɛktɪŋ] *a.* 無警覺性的
22. **pedestrian** [pəˈdɛstrɪən] *n.* 行人
23. **ban** [bæn] *vt.* 禁止
    The drunk driver was banned from driving for one year.
    （那名酒駕者被禁止一年不能開車。）
24. **equip** [ɪˈkwɪp] *vt.* 配備
    be equipped with...　　配備有……
    The soldiers were equipped with gear that would protect them from chemical attacks.
    （這些士兵配備有能保護自己不受化學攻擊傷害的裝備。）
25. **abuse** [əˈbjuz] *vt.* 虐待；濫用
    The woman was thrown in jail for abusing her children.
    （那名女子因虐待自己的小孩而入獄。）
26. **gadget** [ˈgædʒɪt] *n.* 小器具；小玩意兒
27. **transportation** [ˌtrænspɚˈteʃən] *n.* 交通運輸
28. **give out...**　　發出（聲音）
    The functioning air conditioner gave out a constant hum.
    （運轉中的冷氣機發出持續不斷的嗡嗡聲。）
29. **disturbance** [dɪˈstɝbəns] *n.* 干擾
30. **groundbreaking** [ˈgraʊndˌbrekɪŋ] *a.* 開創性的
31. **durable** [ˈdʊrəbl̩] *a.* 耐用的
    Kevin decided to buy that wooden table because it looked quite durable.
    （凱文決定要買那張木桌，因為它看起來很耐用。）

第 40 至 43 題為題組

電燈閃爍會引起頭痛。但如果一秒鐘閃數百萬次——遠比眼睛看得到或大腦處理速度更快——那麼可以被用來做些有用的事，例如傳輸數據。這是 Li-Fi 或被稱為「光照上網技術」的背後原理。Li-Fi 是愛丁堡大學教授哈洛德·哈斯在 2011 年 TED 演講上新創的詞彙，他於演講中介紹「來自每道光線的無線數據」構想。如今，Li-Fi 已發展成一種無線技術，與發光二極管（LED）配合，可以高速傳送數據，LED 是公共區域和家中愈來愈受歡迎的照明方式。

用 LED 燈做為數據傳輸的網路設備，Li-Fi 有幾點更優於 Wi-Fi（無線上網）。首先，Li-Fi 可讓區域網路擁有更大的安全性，因為不像 Wi-Fi 使用的無線電波，光線無法穿透牆或門。只要玻璃窗等透明材質被蓋住，就只有房內裝置可以進入 Li-Fi 頻道，確保信號不會被遠端入侵。同時，Li-Fi 可在電磁敏感區域（如機艙、醫院和核電站）運作，因為光線不會干擾無線電信號。Li-Fi 最顯著的優勢是速度。研究人員在實驗室條件下達到 224 Gbps（十億位元／秒）的速度，比 Wi-Fi 寬頻快得多。

Li-Fi 能如何豐富日常生活？任何有 LED 照明的地方，就有機會應用 Li-Fi。有 Li-Fi 的路燈可提供手機連網，使夜間行路更安全。交通號誌內的 LED 燈泡可以為駕駛更新天氣和交通資訊。Li-Fi 讓取得在地訊息更加方便，因此有助觀光業。在家裡，智慧燈也可以為家長提供解決孩子網路成癮問題的辦法：只要關燈，也就關掉了他們的上網管道。

當一百四十億個燈泡代表一百四十億個潛在的無線數據傳輸器時，一個更乾淨、更環保、甚至更光明的未來就要來臨。

(B) 40. 本文主旨為何？
  (A) 照明的新設計。   (B) 透過光照的無線傳輸。
  (C) 在公共場所的無線電干擾。 (D) Li-Fi 在軍事上的可能應用。
 理由：
 本文整篇在描述如何利用無線光通訊傳輸資料與其特性，因此 (B) 項應為正選。

(B) 41. 第一段的 "This" 指的是什麼？
  (A) 閃爍的燈光非常惱人。 (B) 閃光可以傳輸訊息。
  (C) 大腦可能被照明影響。 (D) 人眼可以察覺光線的變化。
 理由：
 本文第一段的第二句指出 "the flickering... it might be harnessed to do something useful, like transmitting data."（閃爍的光線可被用來做些有用的事情，如傳輸數據。）接著本句提到「這」是 Li-Fi 背後的概念。由此可知「This」指的是閃光可以傳遞訊息，得知 (B) 項應為正選。

(A) 42. 根據本文，下列哪個關於 Li-Fi 的敘述為非？
  (A) 它能穿透水泥牆。   (B) 它在 2011 年首度被公開。
  (C) 它可以高速傳輸資料。 (D) 它可幫助父母養育子女。
 理由：
 本文第二段的第二句指出 "Li-Fi... cannot penetrate walls or doors,..."（Li-Fi……無法穿透牆或門。），得知 (A) 項應為正選。

(D) 43. 根據本文，下列何者是 Li-Fi 相較於無線網路的優勢？
  (A) Li-Fi 可經由無線電供給電力，節省更多能源。
  (B) Li-Fi 在車輛不能到達的地區引導行人。
  (C) Li-Fi 在停電時提供比較安全的數據傳輸。
  (D) Li-Fi 可以被用在無線網路會干擾雷達訊號的地區。

理由:

本文第二段第四句指出 "Li-Fi can operate in electromagnetic sensitive areas... for light does not interfere with radio signals."（Li-Fi 可用在電磁敏感區域，因為光線不會干擾無線電信號。），得知 (D) 項應為正選。

重要單字片語

1. **flicker** [ˈflɪkɚ] vi. 閃動
   The storm caused the lights to flicker on and off.
   （暴風雨讓電燈一閃一滅的。）

2. **induce** [ɪnˈdus] vt. 引起；導致
   Dr. Lee induced sleep in his patient so that he would be unconscious during surgery.
   （李醫師替他的病人麻醉使他昏睡過去，如此才能在病人沒有知覺的情況下替他動手術。）

3. **harness** [ˈhɑrnɪs] vt. 加以控制並利用（自然資源）
   More and more people are harnessing solar energy for everyday use at home.
   （愈來愈多的人都在運用太陽能作為家中日常使用。）

4. **transmit** [trænsˈmɪt] vt. 傳播（疾病或能量）
   transmission [trænsˈmɪʃən] n. 傳送（電視訊號）；傳播（疾病）
   Some viruses are transmitted from one person to another through the air.
   （有些病毒藉由空氣在人與人之間互相傳染。）
   The five-minute interruption in our transmission yesterday was due to a technical malfunction.
   （由於機械故障，昨天我們傳送的訊息斷了五分鐘。）
   *malfunction [mælˈfʌŋkʃən] n. 故障

5. **Light Fidelity** [fɪˈdɛlətɪ] 光照上網技術（或簡稱為 Li-Fi）

6. **coin** [kɔɪn] vt. 發明（新字詞）& n. 硬幣
   The writer likes to coin words in his novels.
   （這位作家喜歡在他的小說裡發明新字詞。）
   Can you spare me a few coins?
   （你能施捨幾個硬幣給我嗎？）

7. **light-emitting diode** [ˈlaɪt,ɪmɪtɪŋ ˌdaɪod] n. 發光二極體（通常簡稱為 LED）

8. **illuminate** [ɪˈlumə,net] vt. 照亮
   Several candles illuminated the room with a warm glow.
   （幾支蠟燭溫暖的光線照亮了房間。）

9. **penetrate** [ˈpɛnə,tret] vt. 穿透
   Luckily, the bullet missed the bodyguard's arteries by an inch when it penetrated his arm.
   （很慶幸的是，這顆子彈穿透該保鑣的手臂時，以一英寸之差偏離了動脈。）
   *artery [ˈɑrtərɪ] n. 動脈

10. **transparent** [trænsˈpɛrənt] a. 透明的；清楚的
    Our marketing budget has to be transparent to be approved by the boss.
    （我們的行銷預算必須夠清楚，才能獲得老闆核准。）

11. **(have) access to...** 接觸到……；利用……
    Students in this school have easy access to the lab.
    （這個學校的學生可隨時使用實驗室。）

12. **ensure** [ɪnˈʃʊr] vt. 確保
    Hard work ensures success.
    （努力確保成功。）

13. **hack** [hæk] vi. & vt. 侵入（他人的電腦系統）
    hack into... （非法）入侵（某系統）
    Someone may have hacked into our computer system.
    （可能已經有人入侵我們的電腦系統了。）

14. **sensitive** [ˈsɛnsətɪv] a. 敏感的（常與介詞 to 並用）
    Be careful what you say to John. He is very sensitive to criticism.
    （你對約翰要慎言。他對批評很敏感。）

15. **interfere** [ˌɪntɚˈfɪr] *vi.* 妨礙
    interfere with... 妨礙……
    interference [ˌɪntɚˈfɪrəns] *n.* 干涉；阻礙
    The company's financial problems interfered with its plan for expansion.
    （該公司的財務問題妨礙了其擴大營運的計畫。）
    I can't put up with your constant interference in my affairs anymore.
    （我再也受不了你一直干涉我的事。）
16. **significant** [sɪɡˈnɪfəkənt] *a.* 重要的，重大的，意義深遠的
    Hard work plays a significant role in achieving success.
    （努力在獲得成功方面扮演重要的角色。）
17. **broadband** [ˈbrɔd͵bænd] *n.* 寬頻
18. **application** [ˌæpləˈkeʃən] *n.* 應用；申請
    This research has many practical applications.
    （這項研究有許多實際上的用途。）
    It will take about three weeks to process your application.
    （處理您的申請約要三星期的時間。）
19. **update** [ˈʌpdet] *n.* 更新 & [ʌpˈdet] *vt.* 使更新；為……提供最新消息
    update sb on sth
    告知某人某事的最新消息
    Coming up next on this station is our news update.
    （本臺接下來進行的是即時新聞。）
    We'll update you on the latest development in the murder trial.
    （我們會把這起謀殺審判發展的最新消息隨時讓你知道。）
20. **addiction** [əˈdɪkʃən] *n.* 上癮，耽溺
    Samuel was put into a rehab center for drug addiction.
    （山繆因為藥物成癮而被送到勒戒所。）
21. **light bulb** [ˈlaɪt bʌlb] *n.* 燈泡（亦可只稱 bulb）
22. **potential** [pəˈtɛnʃəl] *a.* 潛在的 & *n.* 潛能，潛力
    Global warming poses a potential threat to human survival.
    （全球暖化會對人類的生存造成潛在的威脅。）
    Peter is a promising young man full of potential.
    （彼得是個極富潛力的有為青年。）
    ＊promising [ˈprɑmɪsɪŋ] *a.* 有前途的
23. **nuisance** [ˈnusn̩s] *n.* 討厭的人或物（可數）
    Puppies are cute, but if they aren't trained to behave properly, they can be a nuisance.
    （小狗很可愛，但若牠們沒有受過適當的訓練就會令人討厭。）
24. **perceive** [pɚˈsiv] *vt.* 理解；察覺
    Kathy perceived that I was in a bad mood even though I was smiling.
    （即使我在微笑，凱西仍看出我心情不好。）
25. **pedestrian** [pəˈdɛstrɪən] *n.* 行人；步行者

第 44 至 47 題為題組

　　加拿大英屬哥倫比亞大學的一項新研究指出，部分世上最大的甲蟲已有體型縮減的趨勢，因為牠們的棲地正在暖化中。這項刊載於 2018 年一月號《動物生態學雜誌》中的研究顯示，氣候變遷對這些「小型的」生物已造成影響。

　　這項研究以深入搜索科學文獻開始。進化生態學家蜜雪兒‧曾及其學生仔細查閱他們所能找到的文章，從中尋找關於氣溫對昆蟲造成影響的實驗研究。他們找到了十九份研究，其中指出至少有二十二種甲蟲在高於常溫下飼育後體型縮小。

　　為測試此種模式是否適用於野外，該團隊動用了學校中樣本數達六十萬隻的昆蟲庫，涵括自十九世紀後期開始蒐集的數千種蟲類。這些研究人員在記錄最完整的八類甲蟲中拍攝了超過六千五百隻甲蟲的照片。他們還觀察氣候紀錄，以測定降雨趨勢及氣溫之外的其他因素。他們將這些甲蟲依大小分類時，發現這八種甲蟲中有五種在過去的一世紀以來已經縮小。包含蝸牛剋星步行蟲在內的四種最大型甲蟲在過去的四十五年來縮小了 20%。相較之下，較小型的甲蟲種類則未受到影響，或者甚至還稍微變大。

部分生態學家對曾姓學者的研究結果抱持謹慎態度，指出甲蟲變小的原因尚未證實是否真為氣溫暖化所致。然而，英國生物學家亞倫・羅南・波德隆卻十分確信。波德隆的研究記錄了某些魚類因氣候暖化而縮小。他的說法是較高的溫度會降低水中的氧氣濃度，導致魚消耗能量的速度加快，並且在體型較小時即發育成熟。不過他和曾姓學者都不認為氧氣減少能解釋甲蟲體積縮小的原因。

(A) 44. 以下哪一個最適合作為本篇短文的標題？
　　(A) 拜氣候變遷之賜，大甲蟲正在縮小　(B) 甲蟲對魚：牠們正在變小嗎？
　　(C) 我們所知道的進化生態學　　　　　(D) 動物生態學：過去與現在
　理由：
　本文主要在探討甲蟲體積縮小的原因，故 (A) 項應為正選。

(C) 45. 第二段中的 "**a deep dive**" 最有可能是什麼意思？
　　(A) 一個明顯的跡象。　　　　(B) 一項重要的發現。
　　(C) 一場徹底的檢查。　　　　(D) 一則有見地的評論。
　理由：
　由本文第二段「進化生態學家蜜雪兒・曾及其學生仔細查閱他們所能找到的文章，從中尋找關於氣溫對昆蟲造成影響的實驗研究。」可知，該團隊大量且徹底地查找相關文獻，故 (C) 項應為正選。

(C) 46. 關於曾姓學者所帶領的團隊的研究方法，下列哪一項是正確的？
　　(A) 他們進行了實驗室及實地研究。
　　(B) 他們替六十萬隻昆蟲樣本拍攝照片。
　　(C) 他們為了檢查而將甲蟲依體型大小分組。
　　(D) 他們記錄了從十九世紀後期以來的氧氣濃度。
　理由：
　由本文第三段 "Sorting the beetles into size categories, they found that five of the eight species have shrunk over the past century."（他們將這些甲蟲依大小分類時，發現這八種甲蟲中有五種在過去的一世紀以來已經縮小。）中可得知，該團隊在進行研究時將甲蟲依大小分類，故 (C) 項應為正選。

(B) 47. 下列哪一項是曾姓學者所帶領團隊的發現？
　　(A) 八種甲蟲在過去的一個世紀中體型縮小了。
　　(B) 有些甲蟲不受氣溫變化影響。
　　(C) 多數甲蟲在氣候暖化下都會活得更久。
　　(D) 甲蟲及魚類可能會縮減至相同尺寸。
　理由：
　根據本文第三段的最後一句 "In contrast, smaller beetles were unaffected or even slightly increased in size."（相較之下，較小的甲蟲種類則未受到影響，或者甚至還稍微變大。）得知有些甲蟲不受氣溫變化所影響，故 (B) 項應為正選。

重要單字片語

1. **habitat** [ˈhæbəˌtæt] n. （動植物的）棲息地
   Wildlife in Taiwan has lost large areas of natural habitat because of urban sprawl.
   （由於都市計畫無章法地擴展，臺灣的野生動物失去了大片的自然棲息地。）

   * sprawl [sprɔl] n. （建築）雜亂無章地擴展

2. **publish** [ˈpʌblɪʃ] vt. 刊登，發表；出版
An excerpt from Andrew's speech was published in the newspaper.
（安德魯的演講節錄被刊登在報紙上。）
My favorite author's latest novel will soon be published.
（我最愛的作者的最新小說就快要出版了。）

3. **ecology** [ɪˈkɑlədʒɪ] n. 生態學
ecologist [ɪˈkɑlədʒɪst] n. 生態學家
Bacteria play an important role in the ecology of our planet.
（細菌在我們星球的生態上扮演著重要的角色。）

4. **teeny** [ˈtinɪ] a. 很小的（這裡 teeny tiny 就比喻「極小的」）
Just a teeny slice of cake for me, please.
（給我來一小塊蛋糕就行。）

5. **organism** [ˈɔrgənˌɪzəm] n. 生物，有機體

6. **literature** [ˈlɪtərətʃə] n.（某一學科的）文獻資料，著述；文學
Beijing was first named Ji in the literature.
（北京最早見於文獻上的名稱叫「薊」。）
We were impressed by John's broad knowledge of English literature.
（我們對約翰深厚的英國文學素養留下深刻印象。）

7. **evolutionary** [ˌɛvəˈluʃənˌɛrɪ] a. 演化的，進化的
The key to understanding the evolutionary history of humans lies in our genes.
（瞭解人類進化史的關鍵就在我們的基因中。）

8. **comb through...** （在大量物件中）仔細搜尋……
comb [kom] vi. & vt. 徹底搜尋；梳理 & n. 梳子
Albert combed through the shelves looking for a novel with J.K. Rowling's autograph in it.
（艾伯特仔細在書架上尋找一本有 J.K. 羅琳親筆簽名的小說。）
My grandfather combed the house looking for his glasses.
（我爺爺翻遍家中找他的眼鏡。）

9. **laboratory** [ˈlæbrəˌtɔrɪ] n. 實驗室
The great scientist spent most of his life in this small laboratory.
（這位偉大的科學家大半輩子都待在這間小小的實驗室裡。）

10. **species** [ˈspiʃiz] n.（動植物）種類（單複數同形）
Scientists have found a rare species of plant on that island.
（科學家在那座島上發現了一種稀有植物。）

11. **shrink** [ʃrɪŋk] vi. 縮小（三態為：shrink, shrank, shrunk）
shrinkage [ˈʃrɪŋkɪdʒ] n. 減小（量）；縮小
Cotton clothes usually shrink in the dryer.
（棉質衣服烘乾後通常會縮小。）
Climate change led to the shrinkage of the lake.
（氣候變遷致使了這座湖泊的縮小。）

12. **specimen** [ˈspɛsəmən] n. 樣品，樣本
Rodney has a large collection of rare insect specimens.
（羅德尼收藏了大量稀有昆蟲的標本。）

13. **extensive** [ɪkˈstɛnsɪv] a. 全面的，廣泛的
Professor Johnson possessed extensive knowledge in the field of natural science.
（強森教授在自然科學的領域擁有廣泛的知識。）

14. **category** [ˈkætəˌgɔrɪ] n. 類別
fall into three / four / five... categories
歸類為三 / 四 / 五……種
Head injuries fall into two main categories: internal and external.
（頭部傷害可分成兩大類：內傷及外傷。）

15. **in contrast** [ˈkɑntræst] 相對之下，相比之下（多置句首，之後置逗點）
= by contrast
Jim is introverted. In / By contrast, his younger brother Tom is extroverted.
（吉姆很內向。相對之下，他弟弟湯姆就很外向。）
＊introverted [ˈɪntrəˌvɜtɪd] a. 內向的
extroverted [ˈɛkstrəˌvɜtɪd] a. 外向的

16. **slightly** [ˈslaɪtlɪ] adv. 約略，稍稍
（= a little）
After three glasses of beer, I started feeling slightly dizzy.
（喝完三杯啤酒後，我開始覺得有一點暈。）

17. **cautious** [ˈkɔʃəs] *a.* 小心的
    be cautious about...　對……很小心
    You should be cautious about doing business with that company.
    （與那家公司做生意你應該要小心點。）

18. **convince** [kənˈvɪns] *vt.* 使信服
    convince sb of sth　使某人相信某事
    = convince sb that...
    What he said convinced me of his innocence.
    = What he said convinced me that he was innocent.
    （他的話讓我相信他是清白的。）

19. **document** [ˈdɑkjə͵mɛnt] *vt.*（透過文字、電影、照片來）記錄、記載
    The doctor wanted the nurse to document everything the patient ate.
    （醫生要護士詳細記錄病人所吃的每一樣東西。）

20. **concentration** [͵kɑnsənˈtreʃən] *n.* 專心，專注
    Stress and tiredness often result in the loss of concentration.
    （壓力及疲憊經常導致注意力不集中。）

21. **oxygen** [ˈɑksədʒən] *n.* 氧氣

22. **mature** [məˈtʃʊr] *a.* 成熟的
    Though Paul is only 15, he is more mature than most of his peers.
    （雖然保羅只有十五歲，卻比他大部分的同儕要成熟。）

23. **decrease** [dɪˈkris] *vt. & vi.* 減少
    Productivity is decreasing because of the economic recession.
    （由於經濟不景氣，生產力在減少中。）

24. **indication** [͵ɪndəˈkeʃən] *n.* 指示；指標
    Our boss gave no indication of how he felt about our presentation.
    （老闆根本沒有表示他對我們的簡報有何感想。）

25. **insightful** [ˈɪn͵saɪtfəl] *a.* 有深刻見解的，富洞察力的
    Ted never has anything positive to say, let alone anything insightful.
    （泰德從沒表示過任何正面的想法，更不用說有什麼有見解的話了。）

26. **comment** [ˈkɑmɛnt] *n.* 評論；話語 & *vi.* 評論（均與 on 並用）
    Don't be so defensive. My comments weren't meant to offend you.
    （防衛心別那麼強，我說的話並沒有要冒犯你的意思。）
    Please don't comment on what I wrote unless it is constructive.
    （除非有建設性，否則請不要批評我寫的東西。）

27. **conduct** [kənˈdʌkt] *vt.* 進行（研究、調查等）
    We conducted a survey to find out what our customers thought of our service.
    （為了瞭解顧客對我們服務的想法，我們進行了一項調查。）

第 48 至 51 題為題組

　　為了保護穀物多樣性免於受到大災難的影響，在位於挪威及北極之間極區島嶼上的一座山下，成立了一間名為斯瓦爾巴全球種子庫的種子銀行。該種子庫旨在幫助農民及科學家們找尋改良現今穀物所需之基因。它的目標是培育多樣性以期更能應付新興的挑戰，像是氣候變遷以及人口成長。種子庫目前擁有超過八十六萬個源於幾乎全世界各國的樣本。

　　然而，現在有一波漸大的聲浪認為全球寄託於斯瓦爾巴的信念是不合時宜的。曾與農民在田野裡共事過的人們表示，多樣性並不能被盒裝起來儲存在單一個容器裡，無論這樣多麼地安全。穀物一直在改變，害蟲以及疾病不停地在適應環境，而全球暖化將帶來更多無法預見的挑戰。在一個完美的世界裡，解決的方法將會如同植物生命一樣地多元及多變。

　　如何以最佳的方式拯救穀物多樣性的爭論，著重於我們是否該與田野界或機構合作，因為要找到足夠資金來進行雙邊合作將會極為困難。與世隔絕的斯瓦爾巴種子庫目前正在消耗著可利用的資金。然而，這種高度集中的方式也許無法幫助農民應付從現在開始的五十年，或是一百年後

的環境變遷。根據新的研究發現，高達 75% 的全球穀物多樣性存在於這些大型機構的種子銀行之外。這種多樣性反而是把持在世界上最微不足道的農民手中。此外，有愈來愈強勢的論點表示種子銀行並無法彌補田野農民的實務知識，也比不上他們的巧思。

(C) 48. 本篇文章主旨為何？
(A) 種子銀行能幫助農夫們改善穀物。
(B) 種子銀行的實行需要全球性合作。
(C) 在種子銀行裡保存穀物多樣性的想法具爭議性。
(D) 種子銀行能夠因應氣候變遷的挑戰。

理由：
本文第三段點出對於如何以最佳的方式拯救穀物多樣性出現爭論 "The dispute about how best to save crop diversity centers on..."（如何以最佳的方式拯救穀物多樣性的爭論，著重於……），得知 (C) 項應為正選。

(A) 49. 根據此篇文章，以下關於斯瓦爾巴全球種子庫的敘述何者為真？
(A) 它正耗光許多資金。 (B) 它位於挪威的中央地區。
(C) 它的目標是對抗基因改造作物。 (D) 它持有 75% 的全球穀物多樣性。

理由：
本文第三段指出 "Now the isolated Svalbard seed vault is sucking up available funding."（與世隔絕的斯瓦爾巴種子庫目前正在消耗著可利用的資金。），得知 (A) 項應為正選。

(B) 50. 以下關於農夫對於保存穀物多樣性中扮演的角色何者為真？
(A) 與種子銀行競爭。 (B) 提供實務知識。
(C) 包裝種子以利研究。 (D) 對人口成長做出回應。

理由：
本文第三段最末句可看出農夫身為可提供實務知識的角色 "Moreover, it is argued with increasing force that seed banks can neither make up for the practical knowledge of farmers on the ground,..."（此外，有愈來愈強勢的論點表示種子銀行並無法彌補田野農民的實務知識，……），得知 (B) 項應為正選。

(A) 51. 第三段中的 "**the highly centralized approach**" 指的是？
(A) 與機構合作。 (B) 與農夫們合作。
(C) 找尋足夠的穀物多樣性。 (D) 找尋足夠資金。

理由：
本文第三段指出 "Yet, the highly centralized approach may not be able to help farmers cope with climate change, fifty or a hundred years from now."（然而，這種高度集中的方式也許無法幫助農民應付從現在開始的五十年，或是一百年後的環境變遷。）得知這種高度集中化的方式並非與農夫們合作，而是與機構合作，因此 (A) 項應為正選。

重要單字片語

1. **diversity** [daɪˋvɝsətɪ] *n.* 差異；多樣性
   Melbourne is a place that is celebrated for its ethnic diversity.
   （墨爾本是個以種族多樣性而聞名的地方。）
   *ethnic [ˋɛθnɪk] *a.* 種族的

2. **catastrophe** [kəˋtæstrəfɪ] *n.* 大災難

3. **gene** [dʒin] *n.* 基因
   Genes determine the characteristics of every living thing.
   （基因決定了每樣生物的種種特徵。）

4. **breed** [brid] *vt.* 繁殖；產生（惡果）& *vi.* 繁殖 & *n.* 品種

Poverty breeds violence.
（貧窮會滋生暴亂。）
Most animals breed in spring.
（大部分的動物都會在春天繁殖。）
My favorite breed of dog is the Akita.
（我最愛的狗的品種是秋田犬。）

5. **variety** [vəˋraɪətɪ] *n.* 種類
   a variety of... 各式各樣的……
   This seaside resort provides tourists with a variety of entertainment.
   （這處海邊度假勝地提供遊客各式各樣的娛樂。）

6. **emerging** [ɪˋmɝdʒɪŋ] *a.* 新興的
   emerge [ɪˋmɝdʒ] *vi.* 出現；興起
   That emerging nation was once plagued with a high rate of inflation.
   （那個新興國家曾一度飽受通貨膨脹所苦。）
   *plague [pleg] *vt. & n.* 使受苦；瘟疫
   This area has emerged as the most popular hangout for the young and trendy.
   （這個地區已成為年輕的時尚達人最常出沒的地方。）

7. **originate from sth** 源自於某事物
   originate [əˋrɪdʒə͵net] *vi.* 起源
   originate in + 地方 源自於某地
   originate with sb 起源於某人
   Mary's troubles with English originate from her fear of speaking in front of others.
   （瑪麗的英文問題來自於她不敢在人前開口。）
   The Olympics originated in Greece over 2,000 years ago.
   （奧運起源於兩千多年前的希臘。）
   Hip-hop music originated with black youth in the Bronx in the late 1970s.
   （嘻哈樂起源於一九七〇年代末期美國紐約布朗克斯區的年輕黑人。）

8. **box up... / box... up** 把……裝入箱/盒內
   I boxed up all my old toys and put them in the attic.
   （我把舊玩具全都裝進箱子，然後放到閣樓去。）

9. **container** [kənˋtenɚ] *n.* 容器

10. **secure** [sɪˋkjʊr] *a.* 安全的，受保護的；安心的，感到安全的
    All my jewelry is placed in a secret and secure location inside my house.
    （我所有的珠寶都被我藏在家中一個隱密且安全的地方。）
    Terry put his money in a safe so that it was secure from theft.
    （泰瑞把錢財放在一個保險箱內以防被竊。）

11. **pest** [pɛst] *n.* 害蟲；討厭鬼
    Let's call the pest control company right away to come and get rid of these roaches!
    （咱們快打電話給防蟲公司來除掉這些蟑螂吧！）
    Jimmy is a pest in our class because he always interrupts others when they are talking.
    （吉米在班上真是個討厭鬼，因為別人說話時他老愛打岔。）

12. **unforeseen** [͵ʌnfɔrˋsin] *a.* 預料不到的
    foreseen [fɔrˋsin] *a.* 可預期的
    Unforeseen circumstances caused Mike to withdraw from the race.
    （一些預料不到的情況導致麥克退賽。）

13. **dynamic** [daɪˋnæmɪk] *a.* 不斷變化的，動態的；有活力的
    Markets are dynamic, so a company must learn to adapt and make changes when needed.
    （市場千變萬化，因此公司必須學會適應並適時做出改變。）

14. **dispute** [dɪˋspjut] *n.* 爭執，糾紛
    The couple had a dispute over how to educate their child.
    （這對夫婦針對如何教育孩子一事起了爭執。）

15. **community** [kəˋmjunətɪ] *n.* 社區
    I live in a small community outside the city.
    （我住在城外的一個小社區裡。）

16. **institution** [͵ɪnstəˋtjuʃən] *n.* 機構；制度
    institutional [͵ɪnstəˋtuʃənl] *a.* 組織的，制度上的
    The report concluded that the police force was plagued by institutional racism.
    （這則報導推斷警力受到制度性種族主義的困擾。）

17. **isolated** [ˈaɪsəˌletɪd] *a.* 孤立的
    My hometown is an isolated village in the mountains.
    (我的故鄉是座落在山中的一個孤立的村落。)

18. **cope with...**　處理⋯⋯
    = deal with...
    = handle...
    You should try to find a healthy way to cope with all your work-related stress.
    (你該試著找出一種健康的方式來處理所有與工作有關的壓力。)

19. **marginal** [ˈmɑrdʒɪnḷ] *a.* 邊緣的，非主流的；些微的
    Our manager is worried because there was only a marginal increase in sales last month.
    (上個月的銷售額只有些微的成長，因此我們經理很擔心。)

20. **ingenuity** [ˌɪndʒəˈnuətɪ] *n.* 獨創性；巧思（皆不可數）
    ingenious [ɪnˈdʒinjəs] *a.* 巧妙的（修飾方法）；聰明的（修飾人）
    Kyle showed his ingenuity again by coming up with an amazing idea.
    (凱爾想出了這個驚人的點子，再次展現了他的巧思。)
    Marvin has devised an ingenious solution to conserve energy.
    (馬文想出一個節省能源的巧妙辦法。)

21. **cooperation** [koˌɑpəˈreʃən] *n.* 合作
    in cooperation with...　與⋯⋯合作
    We are conducting a planning meeting in cooperation with the sales department.
    (我們正與銷售部門合作召開一項籌劃會議。)

22. **debatable** [dɪˈbetəbḷ] *a.* 可爭論的；未定論的
    It's debatable whether or not the recent reforms have improved conditions.
    (近來的改革是否改善了現狀，這問題仍有待討論。)

23. **modify** [ˈmɑdəˌfaɪ] *vt.* （略微地）修改，更改
    Wendy modified her proposal to meet her client's ever-changing demands.
    (為了迎合客戶不斷更改的要求，溫蒂稍微修改了她的提案內容。)

24. **preserve** [prɪˈzɜv] *vt.* 維護，保護；（醃製）保存
    The mayor said this historic building should be preserved.
    (市長說這棟歷史建築應該加以維護。)
    Green olives may be preserved in brine.
    (綠橄欖可以放在鹽水裡保存。)

第貳部分：非選擇題（占 28 分）

一、中譯英（占 8 分）

1. 快速時尚以速度與低價為特徵，讓人們可以用負擔得起的價格買到流行的服飾。

示範譯句：
Fast fashion is all about speed and low prices, enabling people to buy fashionable clothes at an affordable price.
或：
Fast fashion is characterized by / features quickness and low costs, which allows customers to purchase trendy clothes at prices they can afford.

翻譯要點：
a. enable sb to V　使某人能夠（做）⋯⋯
   Winning the lottery enabled Ethan to travel around the world.
   (中樂透讓伊森得以去環遊世界。)
b. fashionable [ˈfæʃənəbḷ] *a.* 流行的，時髦的

c. at... prices   以……的價格
  注意：
  凡表「價格」、「速度」、「年紀」，或與「數字」有關之名詞，如：price（價格）、speed（速度）、age（年齡）、altitude（高度）等，均與介詞 at 並用。
  The scientist was awarded the Nobel Prize at the age of 40.
  （那名科學家四十歲時榮獲諾貝爾獎。）
  d. affordable [əˋfɔrdəb!] *a.* 負擔得起的
  e. purchase [ˋpɝtʃəs] *vt.* 購買，採購
  Jennifer purchased books about English literature on the internet.
  （珍妮佛在網路上購買了有關英國文學的書。）
  f. trendy [ˋtrɛndɪ] *a.* 流行的

2. 然而，它所鼓勵的「快速消費」卻製造了大量的廢棄物，造成巨大的汙染問題。

示範譯句：
However, "the fast consumption" it encourages has produced a large amount of waste, causing huge quantities of pollution.
或：
But the fast rate of consumption created leads to big amounts of waste that cause even bigger pollution problems.

翻譯要點：
  a. consumption [kənˋsʌmpʃən] *n.* 消費；消耗
  b. produce [prəˋdus] *vt.* 製作；生產
  The region produces the best wine in France.
  （這個地區生產法國最佳的葡萄酒。）
  c. quantity [ˋkwɑntətɪ] *n.* 量，數量
  d. lead to...   導致……
   = result in...
  The taxi driver's carelessness sadly resulted in the fatal accident.
  （計程車司機的粗心不幸造成這起致命的車禍。）

二、英文作文（占 20 分）

示範作文：

　　Consider a community with a population of whom approximately 30 percent are elderly. Many of them live alone and have difficulty coping on their own. It would thus be a good idea to plan a community outreach event to help them. At the very least, we could organize the provision of free meals and a cleaning service. I am sure the gesture would be appreciated.

　　Here's how we could do it. We could approach every restaurant in town and ask them to donate food. A starting point would be the ones that have placed ads in the local newspapers. Then we would offer to advertise them in the school magazine at a discount. They should be willing to cooperate because no one would say no to good publicity, and more publicity means more business. The other thing we could do is provide a house cleaning service alongside a merit point system. Under this plan, we should try to recruit experienced cleaners.

I'd like to ask my brother to help because he cleans houses part-time. There are probably other students who do the same. As an incentive to students, the school could translate the amount of time spent on the cleaning chores into discounts for participating restaurants. That way, the more help students gave to the elderly, the greater the discounts they would receive. They would be motivated by the knowledge that helping others would also help themselves. With the above measures in place, the elderly, the students, and the local restaurants would all benefit considerably from the project.

　　想一想，有一個社區，老年人口約占 30%。他們當中有許多人獨居且難以自理。因此，規劃一項走入社區的活動來幫助他們會是個不錯的想法。至少我們可以籌辦免費供餐和打掃的服務。我確信這個舉動會讓人感激的。

　　我們的做法如下。我們可以跟鎮上每一間餐廳接洽，請他們捐獻食物。一開始找那些曾在本地的報紙上刊登廣告的餐廳。然後我們提議以折扣價在校刊上替他們打廣告。他們應該會願意合作，因為沒有人會對有利的宣傳說「不」，而且更多的宣傳意味著更多的生意。我們能做的另一件事就是提供居家清潔服務並同時採用計點制度。按照計畫，我們應該設法招募有經驗的清潔人員。我想請我弟弟幫忙，因為他兼職打掃房子。可能還有其他的學生也一樣。學校可以向學生提供獎勵，將花在清潔工作的時間換算為折扣，供他們在參與計畫的餐廳內使用。這樣一來，學生對年長者提供的協助愈多，他們得到的折扣也愈大。知道幫助他人也是幫助自己，他們就會獲得激勵。上述措施準備就緒，年長者、學生及本地餐廳都將從本計畫中獲益匪淺。

重要單字片語

1. **population** [ˌpɑpjəˈleʃən] *n.* 人口（集合名詞）
   a large population　　人口眾多
   a small population　　人口很少
   Taipei has many populations. (✗)
   → Taipei has a large population. (○)
   （臺北的人口眾多。）
   The country has five million populations. (✗)
   → The country has a population of five million. (○)
   （該國的人口有五百萬人。）

2. **approximately** [əˈprɑksəmɪtlɪ] *adv.* 大約
   (= about / roughly)

3. **elderly** [ˈɛldəlɪ] *a.* 年長的
   the elderly　　老年人（集合名詞）
   (= elderly people)

4. **cope** [kop] *vi.* 處理，應付
   cope with sth　　處理某事
   cope on one's own　　自理生活
   (= manage on one's own)

5. **outreach** [ˈaʊtˌritʃ] *n.* 外展活動（不可數）
   an outreach program　　外展計畫

6. **gesture** [ˈdʒɛstʃɚ] *n.* 舉動
   a gesture of goodwill　　善意的舉動

7. **approach** [əˈprotʃ] *vt.* 接洽；靠近 & *n.* 方法
   John approached Peter with a business proposal.
   （約翰帶著一份商業提案跟彼得接洽。）

8. **donate** [ˈdoˌnet] *vt.* 捐獻
   donate sth to...　　將某物捐給……
   Frank donated his life savings to charity.
   （法蘭克將他畢生的積蓄捐給了慈善機構。）

9. **cooperate** [koˈɑpəˌret] *vi.* 合作
   cooperate with sb　　與某人合作

10. **publicity** [pʌbˈlɪsɪtɪ] *n.* 宣傳；（媒體大眾的）關注
    We'll employ any method necessary to get publicity for our new line of shoes.
    （我們將採取任何必要的方法來讓我們的新款鞋子曝光。）

11. **alongside** [əˌlɔŋˈsaɪd] *prep.* 與……一起；在……旁邊
    Carl refused to work alongside his long-time rival.
    （卡爾拒絕跟他的老對手共事。）

12. **merit** [ˈmɛrɪt] *n.* 優點
    (= strength [strɛŋθ])；功績
    demerit [dɪˈmɛrɪt] *n.* 缺點
    (= fault [fɔlt])
    on merit　　憑本事
    Bill won the scholarship on merit.
    （比爾憑本事贏得該獎學金。）

13. **recruit** [rɪˈkrut] *vt.* 招募（新成員、新兵）& *n.* 新成員；新兵
    Our club has recruited 30 new members this year.
    （今年我們的俱樂部招募了三十位新會員。）

14. **incentive** [ɪnˈsɛntɪv] *n.* 動機，原動力；誘因
    Bonus payments provide an incentive for employees to work harder.
    （獎金提供員工更努力工作的誘因。）

15. **translate** [trænsˈlet] *vt.* 換算；轉換；翻譯
    translate sth into...　把（某物）轉譯 / 轉變為……
    You have to translate promises into action.
    （你必須將承諾化為行動。）

16. **motivate** [ˈmotəˌvet] *vt.* 促使；激起
    motivate sb to V　激勵某人從事……
    The trip to San Francisco last year motivated me to learn English much more diligently than before.
    （去年的舊金山之行促使我比以前更加勤奮地學習英文。）

17. **be in place**　到位，就緒
    All of our vacation plans are in place. Now all we have to do is leave.
    （我們所有的假期計畫都已就緒。現在我們該做的就是啟程。）

107 年指考－35

106 年升大學指考英文試題詳解

106 年升大學指考英文試題 解答

1. (D)	2. (A)	3. (C)	4. (B)	5. (D)
6. (D)	7. (A)	8. (C)	9. (B)	10. (A)
11. (C)	12. (B)	13. (B)	14. (A)	15. (A)
16. (C)	17. (B)	18. (A)	19. (D)	20. (A)
21. (C)	22. (D)	23. (J)	24. (H)	25. (F)
26. (I)	27. (B)	28. (K)	29. (G)	30. (L)
31. (C)	32. (F)	33. (A)	34. (E)	35. (D)
36. (D)	37. (B)	38. (D)	39. (C)	40. (D)
41. (B)	42. (A)	43. (B)	44. (C)	45. (C)
46. (A)	47. (D)	48. (D)	49. (C)	50. (C)
51. (B)				

106 年升大學指考英文試題　詳解

第壹部分：單選題（占 72 分）

一、詞彙（占 10 分）

(D) 1. 自從上週與室友爭吵後，瑪莎一直試圖<u>避開</u>室友，因為她不想繼續這個爭執。

a. (A) overgrow [`ovɚ͵gro] vt. 茂盛生長於
A thriving plant is overgrowing its pot on the corner of Kelly's desk.
（凱莉桌角上的盆栽植物枝葉繁茂，長到花盆外了。）
(B) bother [`bɑðɚ] vt. 煩擾，麻煩 & vi. 費心
Melissa's constant complaints really bother me.
（梅麗莎不斷的抱怨實在很困擾我。）
(C) pursue [pɚ`su] vt. 追求
Henry is pursuing his dream of becoming a movie director.
（亨利正在追求成為電影導演的夢想。）
(D) avoid [ə`vɔɪd] vt. 避開，避免
To avoid getting burnt, don't touch the hot pan without a potholder.
（為了避免燙傷，沒有戴隔熱手套就不要去碰那個熱鍋。）

b. 根據語意，(D) 項應為正選。

(A) 2. 大衛吃完美味雞湯的最後一口時，他舔了舔嘴唇並發出<u>滿足</u>的聲音。

a. (A) contentment [kən`tɛntmənt] n. 滿足，滿意
content [kən`tɛnt] vt. 使滿足 & a. 滿足的
Happiness lies in contentment.
（知足常樂。——諺語。）
Suzie did her best to content her customers.
（蘇西盡她所能來滿足她的顧客。）
Terry isn't content with his new hairstyle.
（泰瑞不滿意自己的新髮型。）
(B) dominance [`dɑmənəns] n. 優勢
The dominance of that athlete is her perseverance.
（那名運動員的優勢在於她的毅力。）
*perseverance [͵pɝsə`vɪrəns] n. 毅力
(C) explosion [ɪk`sploʒən] n. 爆炸
Leaking gas can easily result in an explosion.
（瓦斯漏氣很容易導致爆炸。）
(D) affection [ə`fɛkʃən] n. 情感；情愛
Mary and George showed their affection by holding hands on the street.
（瑪麗和喬治在街上手牽手，展現他們之間的愛意。）

b. 根據語意，(A) 項應為正選。

(C) 3. 經過若干回合激烈的打鬥，該拳擊手在對手臉上重擊一拳，將他擊倒並贏得比賽。
    a. (A) performer [pɚˋfɔrmɚ] *n.* 表演者
            The judges at the dance contest were all amazed by the first performer.
            （舞蹈比賽的評審都對第一位表演者大為讚歎。）
       (B) attendant [əˋtɛndənt] *n.* 服務員
            The flight attendant reminded us not to forget our personal belongings when getting off the plane.
            （空服員提醒我們下飛機時別忘了帶走自己的隨身物品。）
       (C) opponent [əˋponənt] *n.* 對手，敵手
            To everyone's surprise, the world champion was defeated by his opponent.
            （出乎所有人的意料，那位世界冠軍竟被對手擊敗了。）
       (D) messenger [ˋmɛsndʒɚ] *n.* 信差
            message [ˋmɛsɪdʒ] *n.* 訊息
            The bike messenger wove his way through the busy city streets trying to make his deliveries.
            （那位單車快遞穿梭在忙碌的城市街頭來送信。）
    b. 根據語意，(C) 項應為正選。

(B) 4. 小心！那張長凳才剛漆油漆。如果想要加速它乾的速度，你可以搧風。
    a. (A) fasten [ˋfæsn̩] *vt.* 繫緊；繫牢
            All passengers are required to fasten their seat belts after taking their seats on a plane.
            （所有乘客登機就座後都被要求繫上安全帶。）
       (B) hasten [ˋhesn̩] *vt.* 催促 & *vi.* 急忙，趕快
            The father hastened his children off to bed.
            （這個父親催促孩子們上床睡覺。）
       (C) lengthen [ˋlɛŋθən] *vt.* 使加長
            Due to its popularity, the radio show was lengthened to two hours.
            （由於受到歡迎，這個廣播節目的時間延長成兩個小時。）
       (D) strengthen [ˋstrɛŋθən] *vt.* 加強，增強
            Many drugs claim to strengthen one's memory.
            （許多藥物都聲稱可以增強記憶。）
    b. 根據語意，(B) 項應為正選。

(D) 5. 溫牛奶助眠。因此，如果你很難入睡，試著在上床睡覺前喝點溫牛奶。
    a. (A) conceal [kənˋsil] *vt.* 隱藏；隱瞞
            I realized from Amy's tone of voice that she was concealing something from me.
            （從艾咪的語調中，我發現她有事瞞我。）
       (B) recruit [rɪˋkrut] *vt.* 招募
            This headhunting agency helps recruit new employees and has saved our company lots of time.
            （這家獵人頭公司幫忙招募新員工，替我們公司省下很多時間。）
       (C) absorb [əbˋsɔrb] *vt.* 吸收

Sponges absorb a lot more liquid than paper towels.
（海綿比紙巾更能吸收液體。）
(D) induce [ɪnˋdus] *vt.* 引起；導致；誘使
The doctor induced sleep so his patient would be unconscious during surgery.
（醫生替他的病人麻醉使他昏睡過去，如此才能在病人沒有知覺的情況下替他動手術。）
b. 根據語意，(D) 項應為正選。

(D) 6. 愛麗絲在小城鎮裡擔任資料處理員五年之久，她相當厭倦每天的例行工作和<u>單調</u>的生活。
a. (A) disturbance [dɪˋstɝbəns] *n.* 干擾；擾亂
If you talk too loudly on a bus or train, you may cause disturbances to other people.
（如果你在公車或火車上講話太大聲，就會干擾到別人。）
(B) salvation [sælˋveʃən] *n.* 拯救（不可數）
After their ship sank, the sailors knew their salvation lay in staying calm.
（他們的船沉沒後，水手們知道要得救就在於他們能否保持鎮定。）
(C) remainder [rɪˋmendɚ] *n.* 剩下的東西
Tim kept some of his books and gave away the remainder.
（提姆保留了一些書本，其餘的都送人了。）
(D) monotony [məˋnɑtənɪ] *n.* 單調，無變化
Taking a trip is a nice way to break up the monotony of life.
（去旅行是個突破生活單調的好方法。）
b. 根據語意，(D) 項應為正選。

(A) 7. 彼得從未準時出席會議或是約見。好好研究他為什麼會<u>慣性</u>遲到的原因一定很有趣。
a. (A) chronically [ˋkrɑnɪklɪ] *adv.* 慣性地；慢性地
The chronically ill patient rarely goes a day without taking medication.
（這名慢性病患者幾乎沒有一天不用服藥。）
(B) hysterically [hɪsˋtɛrɪklɪ] *adv.* 歇斯底里地
You're acting hysterically. Pull yourself together.
（你太歇斯底里了。冷靜一點好不好。）
(C) simultaneously [ˌsaɪməlˋtenɪəslɪ] *adv.* 同時地
Bill and Mary simultaneously shouted out the answer to the question.
（比爾和瑪麗同時喊出問題的答案。）
(D) resistantly [rɪˋzɪstəntlɪ] *adv.* 抵抗地
b. 根據語意，(A) 項應為正選。

(C) 8.《少年 Pi 的奇幻漂流》這部電影讓李安在 2013 年勇奪影壇最<u>令人夢寐以求</u>的獎項之一──奧斯卡最佳導演獎。
a. (A) populate [ˋpɑpjəˌlet] *vt.* 居住於（常用被動）
Densely populated areas don't usually have adequate parking.
（人口密集的地區通常停車位不足。）
(B) surpass [sɚˋpæs] *vt.* 勝過，超越
The child surpassed her peers on the IQ test.
（那孩子在智力測驗中超越她的同儕。）

(C) covet [ˈkʌvɪt] vt. 渴望；貪圖
　　Coveting what other people have will only make your life bitter.
　　（貪圖他人所擁有的東西只會讓你的生活痛苦。）
(D) rotate [ˈrotet] vi. 旋轉；（地球）自轉
　　No one can feel the earth rotate, but we know it happens.
　　（沒有人感覺得出來地球在轉動，但我們都知道這個事實。）
b. 根據語意，(C) 項應為正選。

(B) 9. 根據環境科學家表示，地球在下一世紀可能會經歷重大的<u>生態變化</u>。
　a. (A) provincial [prəˈvɪnʃəl] a. 省立的；省的
　　　It's a municipal high school, not a provincial one.
　　　（這是一所市立高中，而不是省立高中。）
　　(B) ecological [ˌikəˈlɑdʒɪkl̩] a. 生態的
　　　The destruction of the forests will have serious ecological consequences.
　　　（森林的破壞將會造成生態上的嚴重後果。）
　　(C) authentic [ɔˈθɛntɪk] a. 真正的；真跡的
　　　The expert found it difficult to distinguish the authentic painting from the fake.
　　　（該專家發現很難分辨真畫和假畫。）
　　(D) redundant [rɪˈdʌndənt] a. 多餘的
　　　You should omit this word in the sentence because it is redundant.
　　　（你應該省略句中的這個字，因為它是多餘的。）
　b. 根據語意，(B) 項應為正選。

(A) 10. 傳統的中國醫療方法包含了<u>草藥</u>，其使用植物、植物局部或上述混合物來預防或治療疾病。
　a. (A) herbal [ˈɝbl̩ / ˈhɝbl̩] a. 草本的；藥草的
　　　Chinese herbal medicines originate from plants and other natural substances.
　　　（中藥源自植物以及其他天然物質。）
　　(B) frantic [ˈfræntɪk] a. 發狂似的；狂熱的
　　　The frantic pace of the car race excited viewers.
　　　（賽車瘋狂的速度讓觀眾為之沸騰。）
　　(C) magnetic [mægˈnɛtɪk] a. 磁性的
　　　The tide is affected by the magnetic pull of the moon.
　　　（潮汐是受到月球磁場拉力的影響。）
　　(D) descriptive [dɪˈskrɪptɪv] a. 描述（仔細）的
　　　Susan was quite descriptive when she told the police what her mugger looked like.
　　　（蘇珊在告訴警方那個搶她的強盜長相時描述得很仔細。）
　b. 根據語意，(A) 項應為正選。

二、綜合測驗（占 10 分）
第 11 至 15 題為題組

　　法國是香奈兒、迪奧及聖羅蘭等這些大牌時裝公司的大本營，該國已與義大利、西班牙及以色列聯手採取法律行動抵制紙片模特兒在伸展臺或廣告中出現。

法國政府已通過一項法案，明定僱用過瘦的模特兒是非法行為。違反這項法律的模特兒經紀公司將可被處以高達 81,000 美元的罰鍰，涉及不法的員工也將被判處最重半年的徒刑。根據法國政府官員聲稱，該項措施旨在打壓對瘦到已危及生命的模特兒的盲目崇拜。

這項已獲通過的立法規定，模特兒必須提出醫檢証書證明她們身體健康之後方可獲准從事時裝界這個行業。此外，她們必須接受定期體重檢查。模特兒經紀公司必須提出醫檢報告以顯示旗下模特兒均維持體重與身高的健康比例。該法案預期會扭轉年輕女性對理想的女性體型的觀點。

(C) 11. 理由：

    a. (A) forecast [ˈfɔrkæst] vt.（天氣）預報（三態同形；或 forecast, forecast / forecasted, forecast / forecasted）
          The weather station forecast heavy thunderstorms all day tomorrow.
          （氣象臺預報明天整天都會有大雷雨。）

      (B) represent [ˌrɛprɪˈzɛnt] vt. 代表
          Since the CEO is on business in Paris, the general manager will represent him to preside over the meeting this morning.
          （由於執行長正在巴黎出差，總經理將代表他主持今晨的會議。）

      (C) criminalize [ˈkrɪmənlaɪz] vt. 將……視作非法
          Prostitution is criminalized in all Islamic countries.
          （在所有回教國家賣淫都被視作非法。）

      (D) distinguish [dɪˈstɪŋgwɪʃ] vt. 區分
          One should distinguish right from wrong.
      = One should distinguish between right and wrong.
          （吾人應明辨是非。）

    b. 根據語意，(C) 項應為正選。

(B) 12. 理由：

    a. (A) put up with... 容忍……
      = tolerate...
      = stand...
      = bear...
          Mary dumped Peter simply because she couldn't put up with his hot temper anymore.
          （瑪麗因為再也受不了彼得的壞脾氣而把他甩了。）

      (B) crack down on... 嚴厲取締／打擊……
          The government is cracking down on drunk driving.
          （政府正嚴厲取締酒駕。）

      (C) give in to... 屈服於……
      = yield to...
      = surrender to...
      = bow to...
          By no means should we give in to terrorism.
          （我們絕不可向恐怖主義屈服。）

      (D) look out for... 小心提防／留意……（= watch out for...）
          While traveling, we should always look out for pickpockets.
          （旅遊時，我們應隨時提防扒手。）

    b. 根據語意，(B) 項應為正選。

(B) 13. 理由:
- a. (A) coverage [ˈkʌv(ə)rɪdʒ] *n.* 新聞報導
    I'm sick and tired of the shallow news coverage on all TV stations in Taiwan.
    (臺灣各電視臺膚淺的新聞報導令我厭倦透了。)
  - (B) certificate [səˈtɪfɪkət] *n.* 證書
    In this day and age, a skill certificate is much more important than a college degree.
    (這年頭,技能證書遠比大學學位重要得多。)
  - (C) operation [ˌɑpəˈreʃən] *n.* 作業;手術(可數)
    = surgery [ˈsɝdʒərɪ] (surgery 為不可數名詞)
    perform | an operation | on... 對……進行手術
    　　　　| surgery |
    A team of doctors and nurses are performing an operation on the patient's brain now.
    (一組醫生及護理師團隊正為一位病人進行腦部手術。)
  - (D) prescription [prɪˈskrɪpʃən] *n.* 藥方,處方
    "Have the prescription filled at the pharmacy now," said the doctor to the patient.
    (醫生對病人說:「把這個處方拿到藥房去配藥。」)
- b. 根據語意,(B) 項應為正選。

(A) 14. 理由:
- a. (A) be subject [ˈsʌbdʒɛkt] to... 受……支配/必須接受……(此處 subject 是形容詞,表「服從的」)
    All students are subject to the new regulations.
    (所有學生均應服從這些新規定。)
  - (B) be accustomed [əˈkʌstəmd] to... 習慣於……(= be used to...)
    Years have passed, but I'm still not accustomed to city life.
    (多年過去了,不過我仍無法習慣都市生活。)
  - (C) be blessed [blɛst] with... 享有……
    Mr. & Mrs. Wang are blessed with three cute grandsons.
    (王氏夫婦擁有三個可愛的孫子真有福氣。)
  - (D) be | familiar [fəˈmɪljɚ] | with... 熟悉……
    　　　| acquainted [əˈkwentɪd] |
    Are you familiar with the guy talking to Mary now?
    (正在跟瑪麗說話的那個傢伙,你跟他熟嗎?)
- b. 根據語意,(A) 項應為正選。

(A) 15. 理由:
- a. (A) healthy [ˈhɛlθɪ] *a.* 健康的
    Healthful eating is important if you want to stay healthy.
    (你若想保持健康就應吃得健康。)
  - (B) pleasant [ˈplɛzənt] *a.* 令人愉快的;爽朗的
    What a pleasant day it is today!
    (今天天氣挺不錯的!)
  - (C) frequent [ˈfrikwənt] *a.* 頻繁的,經常性的 & [frɪˈkwɛnt] *vt.* 經常去

I'm a frequent customer of that grocery store. In other words, I frequent that grocery store because things there are a lot cheaper than those of the convenience store next to my house.
（我是那家雜貨店的常客。換言之，我常光顧那家雜貨店，因為那裡的東西比我家隔壁的便利商店便宜太多了。）

(D) distinctive [dɪˋstɪŋktɪv] a. 獨特的，特別的
The singer is popular with teenagers because of her distinctive voice.
（這位歌手的嗓音很獨特，因此很受青少年的青睞。）

b. 根據語意，(A) 項應為正選。

重要單字片語

1. **be home to...** 是……的大本營
That small island is home to some endangered species of animals.
（那個小島是若干瀕危物種的大本營。）

2. **join sb in V-ing** 加入某人從事……
Would you like to join us in going to the movies this evening, David?
（大衛，今晚你想跟我們一起去看電影嗎？）

3. **adopt** [əˋdɑpt] vt. 採用；領養
I'm afraid we can't adopt your idea because we don't think it will work.
（恐怕我們無法採用你的點子，因為我們認為它行不通。）

4. **skinny** [ˋskɪnɪ] a. 骨瘦如柴的
The dying patient is | as skinny as a rail.
　　　　　　　　　　| as thin as a rake.
（這位垂死的病人瘦得跟皮包骨似的。）

5. **catwalk** [ˋkætwɔk] n.（時裝模特兒在上面走動的）伸展臺，T 型臺
Believe it or not, the fashion model walking down the catwalk is my girlfriend.
（信不信由你，沿著伸展臺走過來的那位時裝模特兒是我女友。）

6. **bill** [bɪl] n. 法案；帳單
pass the bill　　通過法案
reject the bill　　否決法案

7. **excessively** [ɛkˋsɛsɪvlɪ] adv. 過度地
Instead of benefiting you, exercising excessively can cause harm to your health.
（運動過量非但對你沒好處，反而有害你的健康。）

8. **a modeling agency** [ˋedʒənsɪ] n. 模特兒經紀公司

9. **violate** [ˋvaɪəˏlet] vt. 違反
He who violates the law will be put in jail.
（違法的人一律入獄。）

10. **fine** [faɪn] n. 罰金 & vt.（向某人）罰款
John had to pay a fine of $150 for speeding. In other words, he was fined $150 for speeding.
（約翰因為超速得繳交罰鍰一百五十美元。換言之，他因超速被罰款一百五十美元。）

11. **...with up to six months in jail for staff involved.**
= ...with up to six months in jail / prison for staff members of modeling agencies who are involved in violating the law.
（……另外涉入違法的模特兒經紀公司的職員將被處以最高六個月的徒刑。）

12. **measure** [ˋmɛʒɚ] n. 措施（可數）
There is a strong likelihood that the police will take drastic measures to deal with pornography.
（警方極有可能對色情行業採取激烈措施。）

13. **aim to V** 目的是……，意圖……
= intend to V
The action aims to crack down on the underworld.
（這項行動旨在掃盪黑社會。）

14. **glorification** [ˏɡlɔrɪfəˋkeʃən] n. 頌揚
They set up the monument to glorify the war heroes.
（他們樹立這座紀念碑以頌揚這些戰爭英雄。）

15. **approve** [əˋpruv] vt. 批准，通過 & vi. 同意（與介詞 of 並用）

I'm afraid I don't approve of what you've just said.
（我恐怕對你剛才所說的話不敢苟同。）

16. **legislation** [ˌlɛdʒɪsˈleʃən] *n.* 法律，法規（總稱，不可數）；立法（亦不可數）
New traffic legislation will take effect early next year.
（新的交通法規將於明年初生效。）

17. **maintain** [menˈten] *vt.* 維持
It's everybody's duty to maintain social stability.
（維持社會的穩定是每個人的責任。）

18. **a healthy body mass-to-height ratio**
健康的體重與身高比例

第 16 至 20 題為題組

分別生物及無生物的一個要素就是前者能執行化學反應，這些化學反應對生物的生存至關重要。想像一下，一個體積大如人類的生物每天要執行多到數不盡的化學反應。要是沒酵素的話，這些化學反應就無法產生了。

酵素由各式各樣的蛋白質組成，這些蛋白質會協力推動化學反應，若干類的營養素就需要這些化學反應才能產生作用。酵素既可啟動化學反應也可加速這些反應。若沒有酵素，就算是反應物能轉換成有用的物質，可能也得花上好幾百年才能完成這個轉換過程。這就是何以酵素對地球生物繁衍不絕至關重要的原因。

然而，酵素發揮的功能並非一向完美無缺。1902 年，阿其巴德·葛洛德率先將某疾病歸咎於酵素功能不全所致，他後來將之稱為「先天性代謝缺陷」。今天，新生兒都會接受例行篩檢，以確診是否得到若干酵素缺陷症，像是 PKU（phenylketonuria [ˌfinɪlkitoˈnjʊrɪə] 苯酮尿症）及 galactosemia（[gəˌlæktəˈsimɪə] 半乳糖血症），後者就是處理半乳糖（galactose [gəˈlæktos]）的一種缺陷症。

(C) 16. 理由：
 a. 含空格的句子句尾有表否定的介詞 without（若無），得知句首應置否定代名詞 None，形成雙重否定表肯定意義的固定結構。
  None will succeed without working hard.
  = You'll succeed if you work hard.
  （若不努力，誰都不會成功。）
  Nothing could have been done without your help.
  （若是當時沒有你的幫助啥事也做不了。／好在當時有你的幫助，我們才有所為。）
 b. 根據上述，(C) 項應為正選。

(B) 17. 理由：
 a. 此處空格內應置過去分詞 required。本句原為：
  ...to drive the chemical reactions which are required for certain types of nutrients to take effect.
  （……推動化學反應，若干類的營養素就需要這些化學反應才能產生作用。）
 b. 上述畫線部分為關係代名詞作主詞所引導的形容詞子句，此時可將 which 刪除，之後的 be 動詞 are 變成現在分詞 being，再予省略，保留後面的過去分詞 required（被需要），合乎語意及文法，故 (B) 項應為正選。

(A) 18. 理由：
 a. 本題測試 if 與 at all 的用法：
  if... at all 就算……

You can't buy true love <u>if</u> you have any money <u>at all</u>.
= You can't buy true love <u>even if</u> you have money.
（就算你有錢，也買不到真愛。）

b. 本空格之前有連接詞 if 引導的副詞子句，當知空格內應置 at all，故 (A) 項應為正選。
　　...<u>if</u> they are able to do so <u>at all</u>.
= ...<u>even if</u> they are able to do so.
（……就算這些反應物能夠這樣做。）

c. (B) at hand　　在附近，即將來臨（用於下列片語）
　　　be near at hand　　即將來臨
　= be around the corner
　= be fast approaching
　　According to the weather forecast, a typhoon is near at hand.
　　（根據氣象預報，有颱風就要來了。）

(C) at first　　起先（置句首，句中動詞時態使用過去式）
　　At first, I thought the math problem was very easy. However, it turned out to be quite complicated.
　　（起先我還以為這道數學題蠻容易的。不過，它竟然相當複雜。）

(D) at ease　　輕鬆自在的（視作形容詞片語，常與感官動詞 feel 並用）
　　I feel quite | at ease | each time you sit by my side.
　　　　　　　 | relaxed |
　　（每次你坐在我身旁，我都感到很自在。）

(D) 19. 理由：
a. (A) hereafter [ˌhɪrˈæftɚ] adv. 從今起（恆置句首或句尾）
　= from now on
　　I promise that I'll study much harder hereafter.
　　（我保證從今起我會更加用功讀書。）

(B) instead [ɪnˈstɛd] adv. 相反地，反而
　　Everyone thinks that Paul is stingy. Instead, he is quite generous.
　　（大家都認為保羅很小器。恰恰相反地，他挺大方的。）

(C) likewise [ˈlaɪkwaɪz] adv. 同樣地
　　I treat you well, and I hope you'll treat me | likewise |.
　　　　　　　　　　　　　　　　　　　　　　　　 | the same |
　　　　　　　　　　　　　　　　　　　　　　　　 | in a similar way |
　　（我對你不錯，我希望你也能以同樣方式對我。）

(D) however [haʊˈɛvɚ] adv. 然而
　　John is very nice to Mary. However, Mary doesn't seem to like him.
　　（約翰對瑪麗不錯。不過，瑪麗似乎不喜歡他。）

b. 根據語意，(D) 項應為正選。

(A) 20. 理由：
a. (A) disease [dɪˈziz] n. 疾病
　　That disease is beyond cure.
　　（那種病無藥可醫。）

(B) balance [ˈbæləns] n. 均衡
Paul | failed to keep his balance | on the beam and fell down.
　　 | lost his balance |
（保羅在平衡木上失去平衡跌了下來。）

(C) measure [ˈmɛʒɚ] n. 措施（可數）
We should take immediate measures to deal with the problem before it's too late.
（我們應立即採取措施處理那個問題以免太遲。）

(D) statement [ˈstetmənt] n.（書面或口頭）聲明
Mr. Johnson made a formal statement at the meeting that he would retire at the end of this year.
（強森先生在會議上正式聲明他將於今年年底退休。）

b. 根據語意，(A) 項應為正選。

重要單字片語

1. **factor** [ˈfæktɚ] n. 因素，要素
The key factor in achieving success is, without doubt, hard work.
（獲致成功的關鍵要素毫無疑問就是努力。）

2. **separate** [ˈsɛpəˌret] vt. & vi.（使）分開
The teacher had to separate Billy from Tommy because they fought whenever they were together.
（小畢與小湯姆每次在一起就會吵架，因此老師不得不把他們分開。）

3. **inanimate** [ɪnˈænɪmət] a. 無生命的
A stone is inanimate, whereas a tree or a dog is animate.
（石頭是無生物，樹或狗則是生物。）

4. **organism** [ˈɔrɡənˌɪzəm] n. 生物；有機體

5. **carry out...** 履行（承諾）；實現（計畫、任務）
Thanks to your timely help, we carried out the mission right on time.
（幸虧有你適時的幫助，我們才能準時完成任務。）

6. **chemical reaction** [rɪˈækʃən] n. 化學反應

7. **crucial** [ˈkruʃl] a. 至關重要的，極重要的
It is crucial that the project (should) be finished as scheduled.
（該計畫如期完成至為重要。）

8. **survival** [sɚˈvaɪvl] n. 生存
Climate change is posing a threat to the survival of all beings.
（氣候變遷正對所有生物的生存構成威脅。）

9. **infinite** [ˈɪnfɪnət] a. 無限的
Don't ever think that natural resources are infinite. For the sake of our future generations, we should do the best we can to conserve them.
（千萬別以為天然資源是無限的。為了後代子孫，我們應竭盡所能節約使用這些資源。）

10. **Imagine the infinite amount of reactions that a large organism such as human carries out every single day.**
（想像一下，一個體積大如人類的生物每天要執行多到數不盡的化學反應。）

注意：

a. 本來 the amount of 之後應接不可數名詞，the number of 之後應接複數名詞，如下：
the amount of time / information / water...　時間／信息／水的量
the number of students / traffic accidents / books
學生／交通事故／書的數量

b. 本句的 (chemical) reactions（化學反應次數多到數不完）(infinite)，故用 amount。

11. **enzyme** [ˈɛnzaɪm] n. 酵素，酶

12. **attribute** [əˈtrɪbjute] vt. 將⋯⋯歸因於
（與介詞 to 並用）
I attribute what I'm today to my parents' unselfish sacrifice.
（我把我今日的成就歸因於我父母無私的犧牲。）

13. **defect** [ˈdifɛkt] *n.* 缺陷，毛病
    The company stopped manufacturing the new product soon after they found a defect in it.
    （該公司發現新產品有瑕疵時便立刻停止生產。）

14. **be referred to as...** 被稱為……
    = be called...
    The clever little boy is referred to by all as a child prodigy.
    （這個聰慧的小男孩被大家稱為神童。）

15. **inborn** [ɪnˈbɔrn] *a.* 與生俱來的，天生就有的
    = innate [ɪˈnet]
    There is no denying that John has an inborn talent for music.
    （不可否認，約翰的音樂才華與生俱有。）

16. **error** [ˈɛrɚ] *n.* 錯誤
    It's unbelievable that you've made three grammar errors in this sentence.
    （這個句子中你犯了三個文法錯誤，真令人難以置信。）

17. **metabolism** [məˈtæbəlɪzəm] *n.* 新陳代謝

18. **newborn** [ˈnubɔrn] *n.* 新生兒 & *a.* 新生的

19. **screen** [skrin] *vt.* 篩檢
    People of your age should be screened for colorectal cancer once every two years.
    （像你這樣年紀的人每兩年應篩檢大腸癌一次。）

三、文意選填（占 10 分）＊目前學測考法為 10 個選項中選出 10 個答案。

第 21 至 30 題為題組

　　數百年前，在中國農林地方，一個稱作「世紀蛋」（即皮蛋）讓人垂涎三尺的發想開始問世。傳說，某農夫在一個充滿泥漿及熟石灰的池塘中發現了一窩天然儲存的鴨蛋。他嚐了幾口沒事後，便開始用人工方式複製這些皮蛋，成功地創造出一道美食，這道美食流傳了好幾個世紀歷久不衰，在香港、中國及東南亞若干地區成了一道療癒系美食。

　　儘管皮蛋被人發現的詳情已不可考，科學家估計發現皮蛋的時間可能追溯到五百多年前的明朝時期。撇開當今大量生產皮蛋所使用的若干技術不談，皮蛋的醃製過程一直以來幾乎少有更動。

　　醃製皮蛋時，一般做法都是先將味道濃烈的紅茶、石灰、鹽及剛燒好的木灰混合在一起，然後把它們塞滿整個大缸子，再予冷卻一個晚上。次日再把鴨蛋，鵪鶉蛋或雞蛋添加到這混合物中。之後再將這些蛋浸泡七週到五個月不等——可不是「百年蛋」所稱要浸泡一個世紀之久。

　　皮蛋也有許多其他的稱法，像是「百年蛋」、「千年蛋」或「千禧年蛋」。不過不管怎麼稱呼皮蛋，這道普通市井小吃味道卻相當不普通，常被觀光客將之與有異國風味的亞洲食物像是雞腳及蛇湯歸成一類。第一個挑戰就是你敢不敢無視皮蛋的模樣。這種果凍模樣的皮蛋沒有蛋白也沒有鮮豔的橙色蛋黃，它的顏色呈現的是令人有點倒胃口的深棕色及沼澤綠。接下來你還得克服它那刺鼻像阿摩尼亞的怪味，這種怪味也讓這道小吃獲得了另一個綽號：「馬尿蛋」。

　　雖然老一輩的人及好奇的觀光客對皮蛋趨之若鶩，不過年輕的族群卻逐漸對它敬而遠之，他們吃膩了中國醃製及發酵過的東西。雖然這道市井小吃的前途未卜，不過中餐廳的主廚卻仍在設法保存這道美食傳統的懷舊小吃。

(C) 21. 理由：
　　a. 空格前有形容詞子句形成的分詞形片語動詞（即 resulting in 原為 which resulted in）表「導致」。由於 in 為介詞，之後須接名詞。且因空格前有不定冠詞 a，應知空格內應置單數可數名詞，以作 resulting in 的受詞。
　　b. 選項中為單數可數名詞的有 (C) delicacy（美味，佳餚）、(H) mixture（混合物）、(K) challenge（挑戰）及 (L) favor（恩惠，幫助），惟根據語意，(C) 項應為正選。
　　　delicacy [ˈdɛləkəsɪ] *n.* 好吃的東西，佳餚
　　　For me, tofu is a delicacy.
　　　（對我而言，豆腐就是一道佳餚。）

(D) 22. 理由：
    a. 空格前有代名詞 it 作主詞，得知空格後應接現在式第三人稱單數動詞或過去式動詞或動詞片語。
    b. 選項中，(A) provokes（煽動，激起）、(D) dates back（追溯）、(E) refreshed（使恢復精力）、(F) implies（暗示）、(I) goes by（遵守某規定；名叫……；經過……）均分別為現在式第三人稱單數動詞或動詞片語。惟空格之後有表一段時間的詞組 more than 500 years（五百多年），當知空格內應置 dates back，形成下列固定結構：
        date back to＋某確定時間　　追溯至某時間
        date back＋一段時間　　　　已存在有一段時間之久

(J) 23. 理由：
    a. 空格前有不完全及物動詞 remain（保持……的狀況，仍然是……），之後須接形容詞或可作形容詞用的分詞作主詞補語。
    b. 選項中，(B) exotic（有異國風味的）、(E) refreshed（恢復精神的）、(G) appetizing（令人開胃的，引起食慾的）及 (J) unchanged（一成不變的）均為形容詞，惟根據文意，(J) 項應為正選。
    Years have passed by; John's personality still remains unchanged. He is still as easy to get along with as he used to be.
    （多年過去了，約翰的個性仍然沒啥改變。他仍像過去一樣那麼容易相處。）

(H) 24. 理由：
    a. 空格前有定冠詞 the，當知空格內應置名詞，作 ...are added to（……被添加到）的受詞。
    b. 選項中，尚有 (H) mixture（混合物）、(K) challenge（挑戰）及 (L) favor（恩惠，幫助），惟空格前一句（即本段第一句）"To make the eggs, a vat is typically filled with a combination of strong black tea, lime, salt and freshly burned wood ashes,..." 中的 a combination 表「混合物，結合物」，與 mixture 同義，故知 (H) 項應為正選。
    mixture [ˈmɪkstʃɚ] n. 混合物
    Dough is usually a mixture of flour, water and yeast that we need when we want to make bread or pastry.
    （生麵團通常是用麵粉、水及酵母菌混製而成，我們製作麵包或糕點就需要這個麵團。）

(F) 25. 理由：
    a. 空格前有連接詞 as（就如），之後有單數名詞 the name（名字）作主詞。由於本段說明製作皮蛋的經過，各句均採現在式，如第一句的 "...a vat is typically filled with..."，第二句的 "...are added to..." 及第三句的 "Then they soak..."，由此得知空格內亦應採現在式第三人稱單數動詞。
    b. 選項中，(A) provokes（煽動）、(F) implies（暗示；表示）及 (I) goes by（經過）均為現在式第三人稱單數動詞或片語動詞，惟根據語意，(F) 項應為正選。
    imply [ɪmˈplaɪ] vt. 暗示；表示，認為
    Are you implying that I'm to blame for the mistake?
    （你是在暗示我該為這個錯負責嗎？）

(I) 26. 理由：
    a. 空格前有單數名詞詞組 The century egg（皮蛋／世紀蛋）作主詞，故知空格內應置現在式第三人稱單數及物動詞或片語及物動詞，使空格後的名詞詞組 many other names（許多其他的名稱）作其受詞。

b. 選項中，尚有 (A) provokes（煽動）及 (I) goes by（經過）分別為尚未被選過的現在式第三人稱單數及物動詞及片語動詞，但空格內若置 provokes，語意不合邏輯，故不可選，因此肯定 (I) 項為唯一正選。原來 go by 有下列用法：
　　　1) 作不及物動詞片語，表時間／某人／某動物「經過」，之後不必接受詞：
　　　　Time goes by so fast that we're getting old before we know it.
　　＝ Time passes (by) so fast that we're getting old before we know it.
　　　　（時光飛逝，不知不覺中我們都快上了年紀。）
　　　2) 作片語及物動詞，亦表「經過」，之後接受詞。
　　　　John went by / passed by me without noticing me.
　　　　（約翰經過我身邊，卻沒注意到我。）
　　　3) go by the name of...　　叫作……，採用……的名字
　　　　My name is Shixiong Lai, but when I deal with foreigners, I go by the name of Peter Lai.
　　　　（我叫賴世雄，不過我與老外來往時，便會採用彼得・賴這個名字。）
　　c. 由上得知，空格內置 goes by 後，整句合乎語意及用法，即：
　　　The century egg also goes by many other names...
　　　（皮蛋也會採用許多其他的名稱……）

(B) 27. 理由：
　　a. 空格前有個介詞 with，及物動詞與 group（歸類）形成下列被動語態的固定結構：
　　　be grouped (by travelers) with + 名詞　　（被觀光客）與……歸類在一起
　　b. 由上得知，原句空格前既有介詞 with，之後也有名詞詞組 Asian foods（亞洲食物）作 with 的受詞，得知空格內應置形容詞以修飾 Asian foods。選項中，(B) exotic（異國風味的）、(E) refreshed（恢復精神的）及 (G) appetizing（令人胃口大開的）均為形容詞，但 refreshed 只能修飾人，如下例：
　　　I felt refreshed after taking a good rest.
　　　　　　　人
　　　（我好好休息一陣子後恢復精神了。）
　　　故 (E) 項予以排除。
　　　appetizing（令人胃口大開的）有正面意思，然而空格後的諸多句子均表明皮蛋對觀光客而言是一種氣味難聞、顏色也怪的蛋，吃它是一種挑戰，故 (G) 項不可選，由此得知，(B) 項是唯一正選。
　　　exotic [ɪɡˋzɑtɪk] a. 異國風味的
　　　I enjoy visiting Bali because it is filled with exotic scenery.
　　　（我喜歡造訪峇里島，因為那兒充滿了異國風味的景色。）

(K) 28. 理由：
　　a. 空格前有定冠詞 the 及作形容詞用序數詞 first，故知空格內應置名詞。
　　b. 選項中，尚剩的名詞為 (K) challenge（挑戰）及 (L) favor（恩惠，幫助），惟根據語意，(K) 項應為正選。
　　　challenge [ˋtʃæləndʒ] n. 挑戰（常與及物動詞 meet 或 face 並用）
　　　I don't think Peter has the courage to meet the challenge.
　　　（我認為彼得沒有勇氣面對這個挑戰。）

(G) 29. 理由:
a. 選本題答案前應先了解本句句型：
...the jelly-like egg takes on a less _____ dark brown and swampy green hue.
　　　　主詞　　　片語及物動詞　　　　　　　　受詞
……這些像果凍的蛋 呈現 一種稍微不 _____ 的深棕色及沼澤綠的色澤。

由上得知片語及物動詞，表「呈現」之後接名詞詞組 "a... hue"（一種……的色調）作受詞，hue 是名詞，表「色調」，dark brown（＝ dark-brown）及 swampy green（＝ swampy-green）均為形容詞詞組，分別表示「深棕色的」及「沼澤綠色的」以 and 連接，共同修飾名詞 hue。由此得知，空格前有比較級副詞 less（較少地），故知空格內亦應置形容詞，修飾名詞詞組 dark brown and swampy green hue。

b. 選項中僅剩 (G) appetizing（令人胃口大開的）為形容詞，置入空格後與 less 並用，表「較不引人胃口大開的」，合乎語意，故為正選。

(L) 30. 理由:
a. 本空格測試下列固定片語：
fall out of favor with sb　　失去某人的青睞，失寵於某人
The golden oldies of the 1950's have fallen out of favor with the young generation today.
（一九五〇年代的黃金老歌如今已不再受到當今年輕世代的寵愛。）

b. 根據上述，(L) 項應為正選。

重要單字片語

1. **savory** [ˈsevərɪ] a. 好聞的，香氣四溢的
   I can tell by the savory smell from the kitchen that Mom is cooking dinner now.
   （我從廚房飄來的香味就知道老媽正在煮晚餐了。）

2. **hatch** [hætʃ] vt. 孵化，孵（蛋）
   The hen is hatching its eggs in a corner of the barn.
   （這隻母雞正在穀倉內的角落裡孵蛋。）

3. **rural** [ˈrʊrəl] a. 農村的，鄉下的
   People in rural areas live a simple, frugal life.
   （鄉下百姓過著簡單又節儉的生活。）

4. **As the story goes,...**
   故事是這樣說的，……

5. **preserve** [prɪˈzɝv] vt. 保存，保鮮
   You should preserve the raw meat in the refrigerator or it will | go bad | soon.
   　　　　　　　　　　　　　　　　　　　　　　　　　　　　　　| spoil |
   （你應把生肉放到冰箱存放，否則很快就腐壞了。）

6. **muddy** [ˈmʌdɪ] a. 爛泥巴的，泥濘的

   The trail becomes muddy after it rains.
   （下過雨後這條小路盡是爛泥巴。）

7. **slaked lime** [ˌslekt ˈlaɪm] n. 熟石灰

8. **survive** [səˈvaɪv] vt. 從……倖存
   & vi. 存活下來
   None survived the air crash.
   （這起空難無人倖存。）
   本文:
   "After surviving a tasting" 按字面譯成「品嚐一口存活下來後」，是誇大的言詞，實際翻譯成「嚐了一下沒事後」。

9. **set out to V**　開始著手從事／下定決心要從事……
   I admire David because he always succeeds in whatever he sets out to do.
   （我很欽佩大衛，因為他只要下定決心做什麼事，都會成功。）

10. **replicate** [ˈrɛplɪket] vt. 複製
    replica [ˈrɛplɪkə] n. 複製品；仿製品
    That painting is not authentic; in fact, it was replicated by an unknown artist.
    （那幅畫不是真品；事實上，它是由一位不知名的畫家臨摹的。）
    *authentic [ɔˈθɛntɪk] a. 真跡的；原創的

I know the flight jacket I'm wearing is just a replica, but I like it all the same.
（我知道我現在穿的這件飛行夾克只是個複製品，不過我仍然喜歡它。）

11. **manually** [ˈmænjʊəlɪ] *adv.* 以手工方式
12. **result in...** 　　導致⋯⋯
    The bus driver's carelessness resulted in the horrible accident.
    （公車司機的粗心導致這起可怕的車禍。）
13. **endure** [ɪnˈdʊr] *vt.* 忍耐
    = tolerate [ˈtɑləˌret]
    I don't like the summer here because I can't endure the intense heat.
    （我不喜歡這裡的夏天，因為我受不了那種酷熱。）
14. **comfort food** 　　療癒系美食，開心小吃
15. **detail** [ˈditel] *n.* 細節
    Tell me | in detail | what just happened.
    　　　　| at length |
    （把剛才發生的事詳細地告訴我。）
16. **undocumented** [ʌnˈdɑkjəmɛntɪd] *a.* 無書面紀錄的
17. **estimate** [ˈɛstɪmet] *vt.* 估計
    It is estimated that 50,000 students will participate in the demonstration tomorrow.
    （明天參與遊行示威活動的學生人數估計會有五萬人。）
18. **the Ming Dynasty** 　　明朝／明代
    dynasty [ˈdaɪnəstɪ] *n.* 朝代
19. 肯定句：**aside from...**
    除了⋯⋯之外尚⋯⋯
    = apart from...
    = in addition to...
    = on top of...
    Aside from two fancy sports cars, the young man owns a big villa.
    （這個年輕小伙子除了兩輛騷包的跑車外，還擁有一棟大別墅。）
    否定句：aside from...
    除了⋯⋯之外其餘都沒⋯⋯
    = apart from...
    = except (for)...

Aside from a mangy dog, the old man has virtually nothing left.
（這位老伯伯除了一隻癩皮狗外，幾乎一無所有。）

20. **technique** [tɛkˈnik] *n.* 技巧
21. **large-scale** [ˌlɑrdʒˈskel] *a.* 大規模的
22. **vat** [væt] *n.* （醃菜或肉的）大缸
23. **black tea** [ˌblæk ˈti] *n.* 紅茶
24. **freshly burned** 　　剛剛燒好的
25. **ash** [æʃ] *n.* 灰燼，煙灰
26. **overnight** [ˌovəˈnaɪt] *adv.* 一夕之間
    & [ˈovəˌnaɪt] *a.* 一夜之間的
    The singer became famous overnight.
    （這位歌手一夕之間成名了。）
    Mastering English is never an overnight job. It takes years of hard work and practice.
    （精通英文絕非一蹴可及的事。那需要多年的苦練。）
27. **quail** [kwel] *n.* 鵪鶉
28. **soak** [sok] *vt. & vi.* 浸泡
    Soak the soybeans overnight.
    （把黃豆泡一整個晚上。）
29. **millennium** [mɪˈlɛnɪəm] *n.* 一千年，千禧年
30. **snack** [snæk] *n.* 零食
    You'll get fat easily if you keep eating | snacks | between meals |.
    （你若不斷吃零食很容易就會胖起來。）
31. **group** [grup] *vt.* 將⋯⋯分組／分類
    ...is grouped by travelers with other exotic Asian foods...
    （⋯⋯會被遊客將之與其他異國風味的亞洲食物分成同類⋯⋯）
32. **yolk** [jok] *n.* 蛋黃
33. **jelly** [ˈdʒɛlɪ] *n.* 果凍
34. **take on a color** 　　呈現出一種顏色
    = show a color
    = display a color
35. **swamp** [swɑmp] *n.* 沼澤
36. **hue** [hju] *n.* 顏色（＝ color）
37. **pungent** [ˈpʌndʒənt] *a.* （氣味）刺鼻的
    I don't like garlic because of its pungent smell.
    （我不喜歡大蒜因為味道很刺鼻。）

38. **ammonia** [əˋmonɪə] *n.* 阿摩尼亞，氨
39. **urine** [ˋjʊrɪn] *n.* 尿
40. **draw a following** 吸引一大票人／吸引很多追隨者
 = draw a lot of followers
41. **weary** [ˋwɪrɪ] *a.* 疲憊的（= very tired）
 I was | weary | after a day's work.
        | beat |
        | exhausted|
        | tired out|
 （工作了一天後我累壞了。）

42. **ferment** [fɚˋmɛnt] *vt. & vi.* (使)發酵
43. **humble** [ˋhʌmb!] *a.* 出身卑微的；微不足道的
 The successful entrepreneur [ˌɑntrəprəˋnɝ] was born into a humble family.
 （這位成功的企業家出身寒門。）
44. **nostalgic** [nəˋstældʒɪk] *a.* 懷舊的
45. **culinary** [ˋkʌlɪnɛrɪ] *a.* 烹飪的
 culinary skills   烹飪技術
46. **heritage** [ˋhɛrɪtɪdʒ] *n.* (國家或社會所有的)遺產

四、篇章結構（占 10 分）＊目前學測考法為 4 個選項中選出 4 個答案，115 學年度起改為 5 個選項中選出 4 個答案。

第 31 至 35 題為題組

　　人類所要面對最艱困的事之一莫過於缺手缺腳了。要是一個人失去一隻胳臂或一隻腿時就非得裝義肢不可。

　　這種情況對海星卻迥然不同。海星要是失去一隻手臂，會自行長出一隻新的。同樣的情形也會發生在龍蝦、蠑螈及許多其他動物身上。蝸牛甚至會重新長出一個腦袋──想想看，人類若是也有這種本事，那將會是什麼的情況。不過我們可沒有這種本事。我們也長不出新的手腳或手指。這也就是為何科學家正在針對那些會重新長出身體器官，也就是器官會再生的動物進行研究的原因。他們希望該系列研究有朝一日會促成人體器官也能再生。

　　許多不同種的動物都會展現某種形態的器官再生。不過牠們的器官重生大多侷限於蜥蜴所能做的那碼事，像是斷尾重生。蟑螂失去的肢體都可重新長回來，但是肢體本身卻無法長出一隻新的蟑螂出來。科學家將此現象稱作單向器官再生。另一方面，雙向器官再生則指動物分裂的情況，此類分裂會衍生出獨立且功能俱全的動物。若干動物像是水螅及海星就會展現這類再生現象。你若將水螅切成兩半就會衍生出兩條水螅。若切成四片，就會衍生出四條水螅。

　　說到器官再生，能跟渦蟲魔法般的本領相抗衡的動物寥寥無幾。一條渦蟲可以被切成好幾百片，經過一個星期左右，每一片肉塊全都會長回成一條完整的渦蟲。渦蟲因為具有這種特殊能力，因此一隻渦蟲可以不斷複製，讓牠擁有一種生生不息的本事。這種現象是否能在人類身上發生很可能還需要多年的研究才得以見真章。

(C) 31. 理由：
　　a. 空格前兩句 "The situation is very different for a starfish. If a starfish loses an arm, it can grow a new one." 表示「這種情況對海星卻迥然不同。海星要是失去一隻手臂，會自行長出一隻新的。」，空格後的句子 "Snails can even regrow their heads..." 進一步表示蝸牛甚至會重新長出一個腦袋。
　　b. 由上得知，空格內應置與器官再生能力的動物相關的句子。
　　c. (C) 項 "The same thing happens for lobsters, salamanders, and many other animals." 句中，The same thing 即指空格前的兩句所指的海星有手臂再生的本領，而這種本領龍蝦、蠑螈及其他許多動物身上也具有。由此得知空格內置入 (C) 項句子後，前後句子均指若干動物具有器官再生的能力，文意連貫，故為正選。

(F) 32. 理由：
　　a. 空格前的句子 "That's why scientists are studying animals that can regrow body parts, that is, regenerate." 表示「科學家正在針對那些會重新長出身體器官，也就是器官會再生的動物進行研究的原因。」，本句暗示這些科學家研究動物器官再生的目的，無非是希望藉此能找出將來人類亦可具有器官再生的能力。

b. 空格前的句子最後一個字為 regenerate（再生），與 (F) 項句中名詞 regeneration（再生）同義，產生關聯，且 (F) 項置入空格後與前一句文意連貫，故為正選。

(A) 33. 理由：
a. 空格前諸多句子表示雖然許多動物都有器官再生的能力，不過這些能力大多侷限在像是蜥蜴失去尾巴時重新長出一條新的尾巴出來，暗指再生能力有限。作者進一步以蟑螂為例，這種昆蟲可以將失去的肢體長回來，卻無法長出一隻全新的蟑螂。
b. 空格後的句子起首主詞為 Bidirectional regeneration（雙向器官再生）則指某種動物經分裂或切割後，這些分裂的肉塊會各自長成功能俱全的動物出來。而 Bidirectional regeneration 與 (A) 項句尾的 unidirectional regeneration（單向器官再生）形成對比，因而產生關聯，故 (A) 項應為正選。

(E) 34. 理由：
a. 空格前的句子提及 bidirectional regeneration（雙向器官再生）的定義，空格後的句子則以 hydra（水螅）為例，進一步說明雙向器官再生能力的定義。
b. (E) 項句子 "This type of regeneration is demonstrated in a few animals, such as hydras and sea stars." 中，主詞 This type of regeneration 即指空格前一句的主詞 Bidirectional regeneration，且句中的 hydras 亦出現在空格後的句子中，空格前後兩句與 (E) 項句子產生關聯，文意連貫，故 (E) 項應為正選。

(D) 35. 理由：
a. 空格後第一個句子主詞為 A single one，此處 one 為單數代名詞，由此可知空格內的句子一定含有可數名詞。
b. (D) 項的句子句尾為可數名詞 the planarian（渦蟲），故空格後第一個句子主詞 A single one 應等同於 A single planarian；且根據空格後第二個句子主詞 "Because of this remarkable ability, one planarian..." 確知，(D) 項應為正選。

🏷️ 重要單字片語

1. **limb** [lɪm] *n.* 四肢之一
   John lost his legs in a car accident five years ago, so the legs you see he has now are actually artificial limbs.
   （五年前的一起車禍中，約翰失去了雙腿，因此你現在看到他的雙腿實際是義肢。）

2. **fit** [fɪt] *vt.* 安裝；適合
   The whole office is fitted with video monitors.
   （整個辦公室都裝設有錄影監視器。）

3. **starfish** [ˋstɑr͵fɪʃ] *n.* 海星

4. **snail** [snel] *n.* 蝸牛
   at a snail's pace　以蝸牛般的步調
   I don't like to work with Peter because he does everything at a snail's pace.
   （我不喜歡與彼得共事，因為他做每件事都慢得跟蝸牛似的。）

5. **regrow** [͵riˋgro] *vt.* 重新長出

6. **That's why scientists are studying animals that can regrow body parts, that is ／ that is to say ／ in other words ／ to put it differently, regenerate.**
   （這就是科學家為何都在研究那些身體部位會再生的動物，換言之，就是再生之意。）

7. **regenerate** [rɪˋdʒɛnə͵ret] *vt. & vi.* （使）再生
   A lot of research has proven that human liver cells can regenerate.
   （許多研究已經證實人類的肝細胞可以再生。）

8. **be | limited | to...**　侷限於……
   　　| confined |
   John's hobbies are limited to reading and listening to music. In other words, he is not interested in parties or outdoor activities at all.
   （約翰的嗜好只有閱讀與聽音樂。換言之，他對派對或戶外活動一點興趣都沒有。）
9. **lizard** [ˋlɪzəd] *n.* 蜥蜴
10. **be capable of + N/V-ing**
    = be able to V
    Do you think Sam is capable of | that mission | ?
    　　　　　　　　　　　　　　 | carrying out that mission |
    （你認為阿三哥可以完成那份任務嗎？）
11. 本文：**Most of them are, however, limited to the sort a lizard is capable of, like regrowing a lost tail.**
    = Most of the animals are, however, limited to the | sort | of regeneration which a lizard
    　　　　　　　　　　　　　　　　　　　　　　　　| kind |
    is capable of, like regrowing a lost tail.
    （不過這些動物大多只能從事這類再生，也就是蜥蜴所能從事的再生，像是把失去尾巴重新長回來。）
12. **cockroach** [ˋkɑkˏrotʃ] *n.* 蟑螂
    （簡稱 roach [rotʃ]）
13. **bidirectional** [ˏbaɪdəˋrɛkʃən] *a.* 雙向的
14. **refer to...**　指的是……；提及……
    （= mention...）；參考……（= consult...）
    Did you refer to my background at the meeting?
    （你在會議中提及我的背景嗎？）
15. **split** [splɪt] *vt. & vi.* 分開；分裂（三態同形）
    I split up with my girlfriend yesterday, which is why I'm so heartbroken.
    （我昨天跟女友分手了，這是我為何那麼傷心的原因。）
16. **separate** [ˋsɛprət] *a.* 單獨的，分開的
    Since I've found you have cheated on me, let's go our separate ways from now on.
    （既然我已發現你對我劈腿，咱們從現在起就分道揚鑣吧。）
17. **functional** [ˋfʌŋkʃən] *a.* 有功能的，有機能的
    Though old, the machine is still functional.
    （這臺機器雖然老舊，功能仍然正常。）
18. **planarian** [pləˋnɛrɪən] *n.* 渦蟲
19. **hydra** [ˋhaɪdrə] *n.* 水螅
20. **over and over**　一再地
    You've hurt my feelings over and over again, honey, so I've decided to leave you for another.
    （親愛的，你不斷傷了我的心，因此我已決定離你而去琵琶別抱。）
21. **immortality** [ˏɪmɔrˋtælətɪ] *n.* 不朽，永生
22. **lobster** [ˋlɑbstə] *n.* 大龍蝦
23. **salamander** [ˋsæləmændə] *n.* 蠑螈
24. **...few can equal the magic of the planarian.**　……少有動物能與渦蟲的本事匹敵。
    equal [ˋikwəl] *vt.* 比得上，與……匹敵 & *n.* 可抗衡者
    When it comes to singing, none | equals | Mary.
    　　　　　　　　　　　　　　　| matches |
    = Speaking of singing, Mary has no | equal | .
    　　　　　　　　　　　　　　　　　| match |
    （說到唱歌，沒人可與瑪麗相抗衡。）

五、閱讀測驗（占 32 分）

第 36 至 39 題為題組

　　札哈‧哈蒂 —— 一位出生於伊拉克的英國女性 —— 常被稱作最卓越的當代女建築師，以其睿智的韌性和拒絕對自己的藝術概念妥協而著稱。多年來，她的設計充斥在建築期刊的頁面，卻被認為不切實際或太過極端而遭摒棄。此外，身為一名女性在這由男性所主導的領域對她的成功並無助益。

儘管挫折連連，當辛辛那提當代藝術中心選中她的設計並建造時，她開始嶄露頭角，為她贏得全世界的讚譽。《紐約時報》形容這棟建築為「冷戰以來美國最重要的新建築」。當她的天賦一被認可，各種項目的設計委託建案開始湧現，包含公共運輸、圖書館以及歌劇院。2004 年，哈蒂成為第一位贏得極具名望的普立茲克建築獎的女性。她也於 2010 及 2011 年贏得斯特林獎。

哈蒂對建築的興趣起源於少女時期的一趟旅行，她的家人帶她到伊拉克南方的古蘇美地區，那裡是世界上最古老文明之一的所在地。她回憶道：「那兒的景觀之美從未離我而去，沙子、水、蘆葦、鳥類、建築和人類不知怎麼地好像都匯流在一起。我試著去發現（或發明，我想）某種建築風格以及各類型的都市計畫，以當代的方式來做同樣的事。」

對哈蒂的建築來說，大自然的種種形態似乎是一種不斷重現的靈感來源。她的設計是對於空間和建築物與周遭都市環境關係大膽而有遠見的實驗。她不斷突破建築與都市設計的極限，追求一種傳達她理想的夢幻美學。註：She consistently pushes（建議此處加上 back）the boundaries of architecture and urban design in the pursuit of a visionary aesthetic that expresses her ideals.

(D) 36. 根據本文，什麼是哈蒂成功的主要因素？
(A) 她家庭的支持。　　　　　　(B) 她的種族血統。
(C) 她的性別與教育。　　　　　(D) 她的遠見與天賦。

理由:
根據本文第二段及最後一段，當札哈‧哈蒂的天賦一被認可，各種項目的設計委託建案開始湧現，包含公共運輸、圖書館以及歌劇院。她的設計是對於空間和建築物與周遭都市環境關係大膽而有遠見的實驗，故 (D) 項應為正選。

(B) 37. 本文第二段的 "...her star began to rise..."，作者想表達的是什麼？
(A) 她開始賺大錢。　　　　　　(B) 她獲得更多認可。
(C) 她的設計變得古典。　　　　(D) 她的概念開始成形。

理由:
...her star began to rise... 的意思為「嶄露頭角」，與 (B) 項敘述最為接近，故為正選。

(D) 38. 第三段主要談的是什麼？
(A) 哈蒂家庭的文化背景。　　　(B) 哈蒂家鄉的美麗景觀。
(C) 哈蒂少女時代的生動回憶。　(D) 哈蒂建築理念的根源。

理由:
根據本文第三段，哈蒂對建築的興趣起源於少女時期的一趟旅行，她的家人帶她到伊拉克南方的古蘇美地區，那裡是世界上最古老文明之一的所在地，故 (D) 項應為正選。

(C) 39. 根據本文，關於哈蒂的建築職涯下列哪一項是對的？
(A) 她建造了紐約第一座當代藝術中心。
(B) 她的建案主要包含都市地區的博物館。
(C) 她的作品可被形容為大膽地表現當代與創新。
(D) 由於她的政治背景，她早期的設計常被拒絕。

理由:
根據本文最後一段，哈蒂的設計是對於空間和建築物與周遭都市環境關係大膽而有遠見的實驗，她不斷突破建築與都市設計的極限，追求一種傳達她理想的夢幻美學，故 (C) 項應為正選。

重要單字片語

1. **prominent** [ˈprɑmənənt] *a.* 傑出的，卓越的
   Thomas Edison was a prominent inventor.
   (湯瑪斯・愛迪生是一位卓越的發明家。)

2. **contemporary** [kənˈtɛmpəˌrɛrɪ] *a.* 當代的
   Of all the contemporary artists in the world today, that young man is the best.
   (在現今全世界的當代藝術家中，那名年輕人是最出色的。)

3. **architect** [ˈɑrkəˌtɛkt] *n.* 建築師
   architecture [ˈɑrkəˌtɛktʃɚ] *n.* 建築（總稱）；建築藝術（均不可數）
   (本文使用單數 an architecture 乃指某建築風格。)

4. **toughness** [ˈtʌfnɪs] *n.* 不屈不撓

5. **compromise on...** 在……妥協
   compromise [ˈkɑmprəˌmaɪz] *vi.* 妥協
   In the meeting, we compromised on almost everything.
   (會議時我們幾乎所有事情都讓步。)

6. **dismiss A as B** 將 A 斥為 B
   Mr. Warren dismissed the reports as ridiculous.
   (華倫先生將這些報導斥為無稽之談。)

7. **radical** [ˈrædɪkl̩] *a.* 極端的；徹底的
   Before going on a radical diet, you should consult a doctor first.
   (在你開始用極端的方式節食之前，應該先與醫師諮商。)

8. **dominate** [ˈdɑməˌnet] *vt.* 主宰，支配，控制（本文為過去分詞作形容詞用，male-dominated 表「由男性所主宰的」。）
   Sadly, Minnie's work dominates most of her life.
   (可悲的是，米妮的工作支配她大部分的生活。)

9. **setback** [ˈsɛtˌbæk] *n.* 挫折
   Despite a number of setbacks, Jerry persevered in his attempts to bike all the way from Taipei to Kaohsiung.
   (儘管有一些挫折，傑瑞仍堅持不懈地從臺北一路騎自行車到高雄。)

10. **acclaim** [əˈklem] *n. & vt.* 讚揚，稱讚
    Rachel's innovative photography won her worldwide acclaim.
    (瑞秋創新的攝影手法贏得了全世界的讚譽。)
    The artist was highly acclaimed for his painting techniques.
    (該藝術家的繪畫技巧受到高度讚揚。)

11. **commission** [kəˈmɪʃən] *n.* 委託；佣金 & *vt.* 委託，委任
    You'll get a 15 percent commission on everything you sell.
    (你所賣出的東西都可以抽 15% 的佣金。)
    The artist has been commissioned to paint a portrait of the mayor.
    (該畫家被委託畫一張市長的肖像。)

12. **a variety of...** 各式各樣的……
    Tracy has a variety of CDs in her collection.
    (崔西收藏了各式各樣的 CD。)

13. **prestigious** [prɛsˈtɪdʒəs] *a.* 有名望的
    Several underprivileged students were given full scholarships to the prestigious university.
    (幾位家境清寒的學生獲得就讀該所著名大學的全額獎學金。)

14. **have (one's) roots in...** 根源於 / 來自於……
    Rock has its roots in blues.
    (搖滾樂源自於藍調音樂。)

15. **civilization** [ˌsɪvələˈzeʃən] *n.* 文明；文化
    Many ancient civilizations have vanished from the planet.
    (許多古文明已從地球上消失。)

16. **recall** [rɪˈkɔl] *vt.* 回想，回憶
    I can't recall what Anderson just told me.
    (我想不起安德森剛剛跟我說了什麼。)

17. **reed** [rid] *n.* 蘆葦

18. **recurrent** [rɪˈkɝənt] *a.* 一再發生的，復發的
    There are recurrent spelling mistakes in your essays.
    (你的作文中有重複出現的拼字錯誤。)

19. **daring** [ˈdɛrɪŋ] *a.* 大膽的，敢於冒險的
    The diver made a daring jump off the cliff.
    (那名跳水員從懸崖邊大膽地一躍而下。)

20. **visionary** [ˈvɪʒəˌnɛrɪ] *a.* 有遠見的
 Many people are hailing Randell's idea as visionary.
 （許多人都稱讚藍道的想法很有遠見。）

21. **push (back) the boundaries of sth** 突破……的界線；開拓……
 Angela pushes the boundaries of her own creativity with each design.
 （安琪拉藉由每項設計突破她的創造力。）

22. **in pursuit of...** 追求……
 Peter is planning to study abroad in pursuit of a bright future.
 （彼得計劃要出國留學，以追求光明的前途。）

23. **aesthetic** [ɛsˈθɛtɪk] *n.*（一套）美學標準

24. **ethnic** [ˈɛθnɪk] *a.* 種族的，民族的

25. **take shape** 成形
 The idea began to take shape in Amy's mind two months ago.
 （這個構想於兩個月前開始在艾咪的心中成形。）

26. **recollection** [ˌrɛkəˈlɛkʃən] *n.* 回憶

27. **fundamental** [ˌfʌndəˈmɛntl] *a.* 基礎的，根本的
 Many people think that our educational system is in need of fundamental changes.
 （許多人認為我們的教育體制需要根本改革。）

28. **be characterized as...** 被描述成／形容為……
 The ruling party is characterized as too conservative.
 （該執政黨被形容為過於保守。）

第 40 至 43 題為題組

退休商人陶德·波爾從沒想過他在 2009 年的某天在他（屋後）的木板平臺上建的一個木箱會在今日影響全世界。

波爾建了一個娃娃屋大小的建築物，看起來像一間在柱子上的校舍，然後他把它放在他的草坪上來作為一個免費的社區圖書館以紀念他母親，他母親是個愛書人也是位學校老師。波爾的原型孕育出了「迷你免費圖書館」（LFL），這是個非營利組織，試圖在世界各地的社區放置小型又易於使用的書籍交流箱。這個想法很簡單：街坊鄰里受邀去分享一本書、留下一本書或是兩種情形都有。如今已有五萬多個這樣的圖書館遍布七十個國家。

幾乎每個人都可以向 LFL 登記，只要那個人能將該圖書館維持良好狀態並確保書籍內容適合社區閱讀就可以設立一個圖書館。館主可以打造屬於他們自己的圖書館書箱；因此，圖書館的外觀通常都是獨一無二的，而且看起來擁有無限的可能性。一個在加州的圖書館是用二手酒箱打造的；另一個在德州的圖書館則有著小樓梯及鮮明的彩繪牆。圖書館一旦登記了便會在 LFL 的網站分配到一個編號。LFL 索引會以 GPS 的座標和其他資訊列出所有圖書館的位置。館主會收到標有 Little Free Library 的標誌。

大家都說他們經過迷你免費圖書館時，會因為出於好奇和方便而更想要去拿起一本書來讀。一些路邊圖書館主人說自從他們的前院有了迷你圖書館後，他們便認識了更多的鄰居。波爾也因迷你免費圖書館把社區凝聚在一起而感到非常自豪。他說：「它啟動了鄰里間的交流。它使大家和鄰居交談以及相處更融洽，這讓他們會互相幫忙。」

(D) 40. 關於陶德·波爾下列哪項敘述沒有提及？
　　　(A) 他母親以前是一位學校老師。　　(B) 他曾從事經貿行業。
　　　(C) 他提供了好的服務給社區。　　　(D) 他蓋了一間校舍來向他母親致敬。

<u>理由</u>：
本文第二段第一句提到 "...his mother, who was a book lover and school teacher."（(A) 項正確）。第一段第一句提到 "Todd Bol, a retired businessman..."（(B) 項正確）。最後一段第三句提到 "Bol is also most proud of the way Little Free Library is bringing communities together."（波爾也因迷你免費圖書館把社區凝聚在一起而感到非常自豪。）（(C) 項正確）。全文並沒有提到「他蓋了一間校舍來向他母親致敬」，得知 (D) 項應為正選。

(B) 41. 第二段的 prototype 指的是什麼？
   (A) 社區中心。　　　　　　　　(B) 書籍交流箱。
   (C) 桿子上的娃娃屋。　　　　　(D) 非營利組織。
   理由：
   本文第二段第二句提到 "Bol's prototype gave birth to Little Free Library (LFL), a nonprofit organization that seeks to place small, accessible book exchange boxes in neighborhoods around the world."（波爾的原型孕育出了「迷你免費圖書館」(LFL)，這是個非營利組織，試圖在世界各地的社區放置小型又易於使用的書籍交流箱。），得知此處 prototype（原型）指的是「書籍交流箱」，故 (B) 項應為正選。

(A) 42. 關於迷你免費圖書館的運作下列哪項是正確的？
   (A) 圖書館可以有任何的形狀和顏色。
   (B) 圖書的內容選擇沒有限制。
   (C) 館主首先必須從 LFL 的網站上得到分配的編碼。
   (D) 圖書館員負責檢查圖書的進出狀況。
   理由：
   本文第三段第二句提到：館主可以打造屬於他們自己的圖書館書箱；因此，圖書館的外觀通常都是獨一無二的，而且看起來擁有無限的可能性。故此得知 (A) 項應為正選。

(B) 43. 迷你免費圖書館的貢獻是什麼？
   (A) LFL 索引可以改善 GPS 的功能。
   (B) 它用簡單的方式促進了閱讀和識字能力。
   (C) 它有助於加強世界各國圖書館的交流。
   (D) 它的位置滿足了人們對鄰居的好奇心。
   理由：
   本文第四段主要提及大家經過迷你免費圖書館時都會產生好奇心且因方便的關係，便會不由自主地去選本書看看。且這種迷你免費圖書館也凝聚社區的密切往來，因此 (B) 項應為正選。(A)、(C)、(D) 項本文均未提及，故不可選。

重要單字片語

1. **retired** [rɪˋtaɪrd] *a.* 退休的
2. **container** [kənˋtenɚ] *n.* 貨櫃；容器
   What's the stuff in that container?
   （那個容器裡面是什麼東西？）
3. **impact** [ˋɪmpækt] *n.* & [ɪmˋpækt] *vt.* 衝擊，影響
   The natural disaster had a serious impact on the economy in that entire country.
   = The natural disaster impacted the economy in that entire country.
   （那場天災衝擊了那整個國家的經濟。）
4. **structure** [ˋstrʌktʃɚ] *n.* 建築物；結構
   The monument is a famous structure in town.
   （這座紀念碑是鎮上有名的建築。）
5. **community** [kəˋmjunətɪ] *n.* 社區
   I live in a small community outside the city.
   （我住在城外的一個小社區裡。）
6. **commemorate** [kəˋmɛməˌret] *vt.* 紀念
   Roman emperors built arches to commemorate their victories.
   （羅馬皇帝建造拱門來紀念他們的勝利。）
7. **prototype** [ˋprotəˌtaɪp] *n.* 原型
8. **nonprofit** [ˌnɑnˋprɑfɪt] *a.* 非營利的
9. **seek to V**　　設法／試圖……
   （seek 的動詞三態為：seek, sought [sɔt], sought）
   The mayor seeks to improve public transportation in the city.
   （市長試圖改善市內的大眾運輸。）

10. **accessible** [æk'sɛsəbl] *a.* 可達到的；易接近的
 The beach is accessible from this road.
 （從這條路可以通到海灘。）

11. **exchange** [ɪks'tʃendʒ] *n. & vt.* 交換
 I'd like to exchange my toys for your CD.
 = I'd like to give my toys to you in exchange for your CD.
 （我想用這些玩具換你的 CD。）

12. **concept** ['kɑnsɛpt] *n.* 概念
 Treating people kindly is not a difficult concept.
 （善待他人這是個不難理解的概念。）

13. **register** ['rɛdʒɪstɚ] *vt. & vi.* 註冊，登記
 Don't forget to register your car with the Department of Motor Vehicles.
 （別忘了到監理處為你的汽車辦理登記。）

14. **material** [mə'tɪrɪəl] *n.* 素材；資料；原料，材料

15. **appropriate** [ə'propriɪt] *a.* 適合的，恰當的
 You should clean your skin with the appropriate facial wash.
 （你應該用適合你的洗面乳洗臉。）

16. **crate** [kret] *n.* 條板箱

17. **assign** [ə'saɪn] *vt.* 分配 / 指派
 The teacher assigned me a job.
 （老師指派我一個工作。）

18. **index** ['ɪndɛks] *n.* 索引；指標
 To find the medical terms, you should first look in the index.
 （要找這幾個醫學術語，你應該先查閱索引。）

19. **location** [lo'keʃən] *n.* 位置，地點
 The rent for my apartment is cheap. Additionally, the location is perfect.
 （我的公寓租金便宜。此外，地點更是棒透了。）

20. **coordinates** [ko'ɔrdənəts] *n.* 座標（恆用複數）

21. **be inclined to V**　　有……的傾向；易於……
 John is inclined to lie, which is why I don't trust him.
 （約翰常會說謊，這也就是我不信任他的原因。）

22. **out of curiosity**　　出於好奇
 Just out of curiosity, I'd like to know how long you've been watching me.
 （只是出於好奇，我想知道你盯著我看多久了。）

23. **be engaged in...**　　從事 / 忙於……
 My brother is engaged in a life-and-death struggle with cancer.
 （我哥哥正處於與癌症病魔搏鬥的生死關頭。）

24. **commerce** ['kɑmɝs] *n.* 商業；貿易

25. **provide** [prə'vaɪd] *vt.* 提供
 provide sb with sth　　提供某人某物
 The hotel provides all their guests with free internet.
 （這家飯店提供所有房客免費上網的服務。）

26. **pay tribute** ['trɪbjut] **to sb/sth**
 對……表示敬意
 A concert was held to pay tribute to the late pop star.
 （為了向那位已故流行巨星致敬而舉辦了一場演唱會。）

27. **operation** [ˌɑpə'reʃən] *n.* 經營，營運

28. **come in...**　　有……（顏色、大小等）
 Nowadays, contact lenses come in various materials and colors.
 （時下的隱形眼鏡有各種材質及顏色。）

29. **selection** [sə'lɛkʃən] *n.* 選擇

30. **be in charge of...**　　負責掌管……
 Ruth is in charge of the class play.
 （露絲負責籌劃這次班上的戲劇演出。）

31. **check a book in / out of the library**
 向圖書館借 / 還圖書

32. **contribution** [ˌkɑntrə'bjuʃən] *n.* 貢獻
 We set up a monument in memory of his contributions to society.
 （我們設立紀念碑以紀念他對社會的貢獻。）

33. **improve** [ɪm'pruv] *vt.* 改良 & *vi.* 改善
 To improve his English, Hank went to a cram school at night.
 （為使英文進步，漢克晚上到補習班進修。）

34. **function** ['fʌŋkʃən] *n.* 功能 & *vi.* 運轉，工作
 This keyboard hasn't functioned properly since Betty spilled water on it.
 （自從貝蒂把水灑到鍵盤後，它就一直無法正常運作。）

35. **promote** [prə`mot] *vt.* 促進
The manager has decided to launch a series of campaigns to promote sales.
（經理已決定要發動一連串的促銷活動。）

36. **literacy** [`lɪtərəsɪ] *n.* 識字
Nepal is one of the poorest countries in the world, with a literacy rate below 50 percent.
（尼泊爾是世上最窮的國家之一，其國民識字率低於50%。）

37. **strengthen** [`strɛnθən] *vt.* 增強
Jeff lifts weights to strengthen his muscles.
（傑夫練舉重來增強他的肌肉。）

38. **association** [ə͵sosɪ`eʃən] *n.* 協會；聯合
We decided to set up an association of photography lovers.
（我們決定成立一個攝影愛好者協會。）

39. **satisfy** [`sætɪs͵faɪ] *vt.* 使滿意，使高興
Suzie did her best to satisfy her customers.
（蘇西盡她所能來滿足她的顧客。）

第 44 至 47 題為題組

「司法語言學」這個術語，就最廣泛的意義來說，涵蓋了語言和法律交匯的所有學習領域。最著名的應用實例就是克里斯·科爾曼的案子，2009 年他涉嫌殺害其家人。霍夫斯特拉大學司法語言學課程主任羅伯特·萊納德，在針對科爾曼的審判中提出了一些重要的語言學證據。萊納德相當仰賴用字遣詞及拼法，他認為寫下威脅電子郵件以及（在犯罪現場）用噴漆塗鴉是同一個人所為，並認為這些採樣跟科爾曼的書寫方式確有相似之處。科爾曼後來裁定謀殺罪名成立。

羅伯特·萊納德並不是第一個在刑事調查中訴求語言學證據的人。1996 年，他的同事詹姆斯·菲茨傑拉德因「大學炸彈客」一案便引起大家對司法語言學的重視，這是一起因炸彈客多年來向教授發送一連串的郵件炸彈造成嚴重傷亡的案子。當時在聯邦調查局工作的菲茨傑拉德力促公布該大學炸彈客的信件——犯案人在這封信中洋洋灑灑道出了他的理念。

信件被公布後，許多人都打電話到聯邦調查局聲稱他們認出這封信的寫作風格。菲茨傑拉德藉由句構分析、用字遣詞以及其他語言學模式，縮小了可能撰信人的範圍，最後將這封信連繫到一位孤僻的前數學家泰德·卡辛斯基的筆跡。例如，卡辛斯基偏好使用大量的平行片語（平行片語如 I aspire to listen to music, to go hiking, and to do the shopping wherever possible.），而這些平行片語經常在炸彈客的郵件中出現。卡辛斯基和炸彈客兩者也都顯現出對幾十個不尋常字的偏好，像是「極不切實際的」和「社會腐敗的」這樣的字眼。炸彈客對女性使用「娘們」和對非裔美國人使用「黑鬼」的字眼，使菲茨傑拉德可以大概推測出嫌犯的年紀。語言學證據足以讓法官可以在蒙大拿州搜索卡辛斯基的偏僻小屋，在那裡所找到的證據使他獲判終生監禁。

在某種程度上，從語言學證據中找出隱藏的涵意是我們大家從日常語言互動時本能上都會做的一件事。司法專業人員所做的也是相同的一件事。一家名為 *Testipro* 司法語言學公司在其網路上所做的宣傳廣告這麼說道，這個領域可被視為「整個法律制度的基礎」。

(C) 44. 本文的主旨為何？
(A) 羅伯特·萊納德在法庭上提出了語言學證據。
(B) 聯邦調查局主要仰賴語言專家來解決犯罪案件。
(C) 研究文字內容可為刑事調查提供重要的證據。
(D) 在語言使用中找尋隱藏的涵意對日常互動很重要。

理由：
由本文第一段第一句 "The term 'forensic linguistics,' in its broadest sense, covers all areas of study where language and law intersect."（「司法語言學」這個術語，就最廣泛的意義來說，涵蓋了語言和法律交匯的所有學習領域。）破題，接著列舉兩個刑事案件，而這兩個案件都是藉由語言學的協助而破案，根據以上得知，(C) 項應為正選。

(C) 45. 下列關於大學炸彈客的敘述哪一項是正確的？
  (A) 他不喜歡被稱為黑人。 (B) 他很擅長分析語言的運用。
  (C) 他以書寫的方式表明自己的人生觀。(D) 他是霍夫斯特拉校區的數學教授。
  理由：
  根據本文第二段最後一句：當時在聯邦調查局工作的菲茨傑拉德力促公布該大學炸彈客的信件 —— 犯案人在這封信中洋洋灑灑道出了他的理念。故此得知，(C) 項應為正選。

(A) 46. 本文並未提及何種語言特色？
  (A) 語音模式。 (B) 拼字。
  (C) 選詞。 (D) 語法模式。
  理由：
  根據本文，僅 (A) 選項未被提及，故為正選。

(D) 47. 由本文可推論出哪一項？
  (A) 涵義可能在書寫過程中會被扭曲。(B) 每個人都會有若干共通的語言特色。
  (C) 受過高等教育的人通常會犯罪。 (D) 人們往往在使用語言時會有一定的習慣模式。
  理由：
  根據本文第三段第四至六句：卡辛斯基和炸彈客兩者也都顯現出對幾十個不尋常字的偏好，像是「極不切實際的」和「社會腐敗的」這樣的字眼。炸彈客對女性使用「娘們」和對非裔美國人使用「黑鬼」的字眼，使菲茨傑拉德可以大概推測出嫌犯的年紀。得知人們往往在使用語言時會有一定的習慣模式，故 (D) 項應為正選。

重要單字片語

1. **term** [tɝm] *n.* 術語，用詞
2. **forensic** [fəˋrɛnsɪk] *a.* 法庭的；法醫的
3. **linguistics** [lɪŋˋgwɪstɪks] *n.* 語言學
4. **intersect** [͵ɪntɚˋsɛkt] *vi.* 相交，交叉
5. **application** [͵æpləˋkeʃən] *n.* 應用
6. **suspect** [səˋspɛkt] *vt.* 懷疑；猜想
 & [ˋsʌspɛkt] *n.* 嫌犯
 I suspect that Dave is dating my ex-girlfriend.
 （我懷疑戴維在跟我的前女友約會。）
 The police investigated the case and found that the suspect was innocent.
 （警方調查該案，發現該嫌犯是無辜的。）
7. **present** [prɪˋzɛnt] *vt.* 呈現，展現
 Steve Jobs presented the iPhone to the public on January 9, 2007.
 （史蒂夫・賈伯斯於 2007 年元月九日向世人推出 iPhone。）
8. **evidence** [ˋɛvədəns] *n.* 證據；證明（集合名詞，不可數）
 an evidence (✗)
→ a piece of evidence   一件 / 份證據 (○)

9. **trial** [ˋtraɪəl] *n.* 審問；試驗
 be on trial   接受審判
10. **spray** [spre] *vt.* 噴塗，噴灑
11. **graffiti** [græˋfitɪ] *n.* 牆上的塗鴉（集合名詞，不可數）
12. **guilty** [ˋgɪltɪ] *a.* 有罪的（常與 of 並用）
 The man was found guilty of taking drugs and ended up in jail for 15 years.
 （該男子因吸毒被判罪，結果入獄十五年。）
13. **resort** [rɪˋzɔrt] *vi.* 訴諸
 We have no choice but to resort to violence to settle the dispute.
 （我們不得不訴諸暴力來平息紛爭。）
14. **investigation** [ɪn͵vɛstəˋgeʃən] *n.* 調查
15. **prominence** [ˋprɑmənəns] *n.* 顯著，傑出
 The new singer rose to prominence overnight with her crystal clear and touching voice.
 （這位新歌手以清晰動人的歌聲一夕之間成名了。）
16. **casualty** [ˋkæʒʊəltɪ] *n.* 傷亡人數（多用複數）

17. **urge** [ɝdʒ] *vt.* 驅策；力勸
 We would like to urge all young people to vote in the upcoming election.
 （我們要敦促全體青年朋友在即將到來的選舉中投票。）
18. **analyze** [ˈænḷˌaɪz] *vt.* 分析
19. **pattern** [ˈpætən] *n.* 圖案，花樣
20. **narrow down...** 縮小……範圍（從多個選擇中逐一挑選出）
 The interviewers narrowed down the applicants for the job to three candidates.
 （面試官把工作應徵者篩選到三名候選人。）
21. **be linked to...** 與……有關聯／有關係
 = be related to...
22. **solitary** [ˈsɑləˌtɛrɪ] *a.* 孤獨的；唯一的，單個的
 Bob's disobedience in prison has caused him to be locked in a solitary cell.
 （鮑伯在獄中的不服從行為導致他被關在單獨的牢房裡。）
23. **tend to V** 往往會／易於……
 = be apt to V
 = be prone to V
 = be liable to V
 = be inclined to V
 David tends to lie, which is why few trust what he says.
 （大衛常會說謊，這也是為什麼相信他的話的人寥寥無幾。）
24. **extensive** [ɪkˈstɛnsɪv] *a.* 廣闊的
 Professor Johnson possessed extensive knowledge in the field of natural science.
 （強森教授在自然科學的領域擁有廣泛的知識。）
25. **preference** [ˈprɛfərəns] *n.* 偏好，偏愛，喜好
26. **chimerical** [kaɪˈmɛrɪkḷ] *a.* 極不切實際的，幻想的
27. **anomic** [əˈnɑmɪk] *a.* 社會腐敗的

28. **broad** [brɔd] *n.* 娘們，婆娘（俚語，本字有歧視意味）
29. **negro** [ˈnigro] *n.* 黑人（此字有歧視意味，宜避免使用）
30. **enable** [ɪnˈebḷ] **sb to V** 使某人能夠……
 Your timely help enabled me to achieve the mission as scheduled.
 （你及時的幫助使我如期完成任務。）
31. **roughly** [ˈrʌflɪ] *adv.* 大約
 (= approximately [əˈprɑksəmɪtlɪ])
 The state of Pennsylvania is roughly in between New York and Ohio.
 （賓州大約位於紐約和俄亥俄州之間。）
32. **calculate** [ˈkælkjəˌlet] *vt.* 計算
33. **isolated** [ˈaɪsḷˌetɪd] *a.* 被孤立的
 The hospital isolated Tim from the other patients because he had H1N1.
 （醫院把提姆和其他病人隔離，因為他得了 H1N1 流感。）
34. **intuitively** [ɪnˈtuɪtɪvlɪ] *adv.* 直覺地
35. **interaction** [ˌɪntəˈækʃən] *n.* 互動
36. **promotional** [prəˈmoʃənḷ] *a.* 促銷用的
37. **be regarded as...** 被認為是……
 Dr. Tooth is regarded as the best dentist in town.
 （吐斯醫師被認為是鎮上最好的牙醫。）
38. **critical** [ˈkrɪtɪkḷ] *a.* 極重要的；批評的；危急的
 I don't like one who is always critical of others.
 （老愛批評他人的人我不喜歡。）
39. **infer** [ɪnˈfɝ] *vt.* 推論
40. **distort** [dɪsˈtɔrt] *vt.* 扭曲
41. **habitual** [həˈbɪtʃʊəl] *a.* 習以為常的；慣常的
 Andy took his habitual walk by the river with his grandson at 6:00 p.m.
 （安迪在傍晚六點按慣例都會和孫子沿著河岸散步。）

第 48 至 51 題為題組

　　過去三百年間，一個國家要是獲得自由或獨立時，最先創立的事物之一便是國歌了。一般在正式的國家場合和其他慶祝或擁護該國之民族認同的活動中都會演奏並唱國歌。

十六世紀的荷蘭聖歌《威廉頌》被廣泛地認為是世上最古老的國歌，而後是盛行於一七四〇年代、同為聖歌的英國國歌《天佑吾王／天佑女王》。十八、十九世紀歐洲興起民族主義的風潮時，國歌同樣蔚為風潮。許多國家，像是現為德國一部分的獨立邦國，都效仿《天佑吾王／天佑女王》採用聖歌（通常用來對神或貴賓唱頌的祈禱歌曲）。其他國家，特別是西班牙和法國，則選擇用進行曲（常由軍樂隊演奏、帶有強烈而規律節奏的歌曲）── 這些進行曲表達尚武精神而非歌頌君王精神。歐洲人隨著帝國主義的擴張將他們的音樂品味也傳播了出去。即使舊有的殖民地已取得獨立，這些國家往往仍然模仿先前統治者的傳統。結果這些國家的國歌大多若非聖歌便是進行曲，且都由歐洲樂器演奏。

　　日本國歌在歐洲人的影響下形成了一個很好的研究個案。一八六〇年代，一位住在日本的英國樂隊指揮約翰·威廉·芬頓注意到該國並沒有國歌。當地一位名叫大山巖的軍官選了一首平安時代的詩作為歌詞，並由芬頓譜曲。大約十年後，一個日本委員會改以一首由宮廷音樂家所譜的曲子替換 ── 這首曲子專為日本樂器創作，不過是一首仍受到芬頓編曲影響的混和風格曲調。現今所使用的版本也是經由德國人弗蘭茲·埃克特改編以符合西式音階。

　　除了聖歌及進行曲之外，英國作曲家麥可·布里斯托又發現了更多的次級分類。南美及中美洲的國歌常帶有歌劇風格，以及又長又複雜的管弦樂前奏。這是受到了十九世紀義大利歌劇影響所致。緬甸及斯里蘭卡同屬民謠範疇，因為他們比較偏賴本土樂器。

(D) 48. 下列哪一項未被提及為國歌編曲的基本要素？
　　(A) 祈禱歌曲。　　　　　　(B) 進行曲。
　　(C) 義大利歌劇樂。　　　　(D) 電影主題樂。
　　理由：
　　根據本文第四段第一到三句：除了聖歌及進行曲之外，英國作曲家麥可·布里斯托又發現了更多的次級分類。南美及中美洲的國歌常帶有歌劇風格，以及又長又複雜的管弦樂前奏。這是受到了十九世紀義大利歌劇影響所致。故此得知，(D) 項在本短文中並未提及，故為正選。

(C) 49. 第二段的主旨是什麼？
　　(A) 國歌的功能。　　　　　(B) 世上最古老的國歌。
　　(C) 國歌的起源與傳播。　　(D) 許多國家擁有國歌的原因。
　　理由：
　　本文第二段提到歐洲許多國家的國歌起源及傳播，因此得知 (C) 項應為正選。

(C) 50. 下列有關日本國歌的敘述，哪一項是正確的？
　　(A) 它到二十世紀才被譜寫出來。
　　(B) 歌詞是由一位日本官員所撰寫的。
　　　　註：The lyrics was（由於 lyrics 為複數，故 was 應改為 were）written.....
　　(C) 其旋律最初由一位英國音樂家所作。
　　(D) 目前的版本幾乎沒有受到西方音樂的影響。
　　理由：
　　根據本文第三段第二、三句：一八六〇年代，一位住在日本的英國樂隊指揮約翰·威廉·芬頓注意到該國並沒有國歌。當地一位名叫大山巖的軍官選了一首平安時代的詩作為歌詞，並由芬頓譜曲。故此得知，(C) 項應為正選。

(B) 51. 關於歐洲帝國主義對國歌的影響，可以推論出下列哪一項？
　　(A) 人權是常見的國歌主題。
　　(B) 若干國家的國歌有類似的音樂風格。
　　(C) 許多國歌都是由歐洲統治國遴選的。
　　(D) 國歌的譜曲均排除當地傳統。

106 年指考 — 29

理由：

根據本文第二段倒數第三句：歐洲人隨著帝國主義的擴張將他們的音樂品味也傳播了出去。故此得知，(B) 項應為正選。

重要單字片語

1. **anthem** [ˈænθəm] *n.* 國歌（常與 national 並用）
   When the national anthem is played, everyone must stand up and remove their hats.
   （奏國歌時，大家都應該起立並且脫帽。）

2. **popularize** [ˈpɑpjələˌraɪz] *vt.* 使普及／大眾化；宣傳，推廣
   Over the years, Madonna has popularized many different clothing trends.
   （這幾年來，瑪丹娜引領許多不同的穿衣風潮。）

3. **nationalism** [ˈnæʃnəˌlɪzm] *n.* 民族主義；國家主義
   Nationalism played a major role in starting both world wars.
   （民族主義是兩起世界大戰爆發的重要因素。）

4. **hymn** [hɪm] *n.* 聖歌，讚美詩
   Singing hymns always calms my soul and gives me strength.
   （唱聖歌總能安撫我的心靈並提供我力量。）

5. **martial** [ˈmɑrʃəl] *a.* 軍事的；尚武的
   Since my father worked in the Army, he runs our family in a very martial way.
   （由於我父親在軍中服務，因此他治家非常軍事化。）

6. **monarchic** [məˈnɑrkɪk] *a.* 君主政體的，君主的

7. **imperialism** [ɪmˈpɪrɪəlˌɪzəm] *n.* 帝國主義
   Though Western imperialism has died out, some of its effects still last.
   （雖然西方的帝國主義已不復見，但它的一些影響仍在延續。）

8. **colony** [ˈkɑlənɪ] *n.* 殖民地
   The colony will hold a vote on independence in December.
   （該殖民地將於十二月針對獨立問題進行投票。）

9. **imitate** [ˈɪməˌtet] *vt.* 模仿
   The audience burst out laughing when the comedian imitated the vice president.
   （那個諧星模仿副總統時，逗得觀眾哈哈大笑。）

10. **bandmaster** [ˈbændˌmæstɚ] *n.* （軍樂隊、銅管樂隊等的）樂隊指揮

11. **arrangement** [əˈrendʒmənt] *n.* 編曲，改編曲；安排，籌畫
    This musician is famous for his beautiful guitar arrangements for kids' songs.
    （這位音樂家以其美妙的兒歌吉他編曲而著稱。）

12. **alter** [ˈɔltɚ] *vt. & vi.* （使）變化，（使）改變
    Lisa's life was altered dramatically when she was fired from her high-paying job.
    （麗莎從高薪工作被炒魷魚之後，她的生活大大改變。）

13. **scale** [skel] *n.* 音階
    The C major scale is the first scale you should learn to play on piano.
    （你學鋼琴首先應該從 C 大調音階開始學起。）

14. **identify** [aɪˈdɛntəfaɪ] *vt.* 發現，識別
    Before doctors can cure an illness, they must first identify it.
    （醫生在治病前，須先確認是何種疾病。）

15. **category** [ˈkætəˌɡ(ɔ)rɪ] *n.* 範疇，類別
    The survey can be divided into four main categories.
    （這次的調查結果可分為四大類。）

16. **operatic** [ˌɑpəˈrætɪk] *a.* 歌劇的
    The operatic music helped me concentrate on the task at hand.
    （歌劇樂幫助了我專注於手邊的工作。）

17. **elaborate** [ɪˈlæbərɪt] *a.* 複雜／詳盡的；精心製作的

Although the professor gave an elaborate explanation to my question, I still don't understand how the math problem is solved.
（雖然教授對我的問題解釋得很詳盡，但我還是不了解這個數學題是怎麼解出來的。）
18. **orchestral** [ɔrˋkɛstrəl] *a.* 管弦樂（隊）的
The cymbals are my favorite sounds in the background of that orchestral piece of music.
（在那首管弦樂曲的背景音樂中，銅鈸聲是我最喜歡的聲音。）
19. **introduction** [ˌɪntrəˋdʌkʃən] *n.* 前奏；序言

I really love this song even though it has a really long instrumental introduction.
（我很喜歡這首歌，雖然它的前奏很長。）
20. **indigenous** [ɪnˋdɪdʒənəs] *a.* 本地／土生土長的；（某地）獨有的
be | indigenous | to + 地方
    | unique |
    | native |
是某地所獨有的
Lemurs are indigenous to Madagascar.
（狐猴為馬達加斯加島當地特有。）

第貳部分：非選擇題（占 28 分）

一、中譯英（占 8 分）

1. 世界大學運動會（The Universiade）是一項國際體育與文化盛事，每兩年一次由不同城市舉辦。

示範譯句：
The Universiade is an international sports and cultural event which is held once every two years in different cities.
或：
The Universiade is a global sports and cultural activity that takes place biennially in various cities.

翻譯要點：
a. the Universiade [ˌjunəˋvɝsæd] *n.* 世界大學運動會
b. international [ˌɪntɚˋnæʃən!] *a.* 國際的
There is no denying that this policy poses a threat to international peace and security.
（不可否認，這個政策對國際和平及安全造成威脅。）
c. event [ɪˋvɛnt] *n.* 大事，活動（如運動會、演講比賽等）
in the event of... 萬一……，倘若……
= in case of...
In the event of an earthquake, don't use the elevator.
（萬一發生地震，別搭乘電梯。）
d. global [ˋglob!] *a.* 全世界的，全球的
The global food system is already dysfunctional from a sustainability perspective.
（從永續性的角度來看，全球糧食系統早已失調了。）
e. take place 舉行（= be held）；（事件）發生（= occur / happen）
The monthly meeting will take place at eight tomorrow morning.
（月會將於明天早上八點舉行。）
f. biennially [baɪˋɛnɪəlɪ] *adv.* 兩年一度地
g. various [ˋvɛrɪəs] *a.* 不同的；各式各樣的
Africa is home to various kinds of wild animals.
（非洲是各種野生動物的大本營。）

2. 在比賽中，來自全球大學的學生運動員建立友誼，並學習運動家精神的真諦。

示範譯句：

During those games, student athletes from universities around the world can strike up a friendship with each other and learn the true meaning of sportsmanship.

或：

Student athletes from international universities can form friendships with each other and discover the value of sportsmanship during the games.

翻譯要點：

a. athlete [ˈæθlɪt] *n.* 運動員
b. strike up a friendship　建立友誼
= build up a friendship
　After a pleasant chat, I already struck up a friendship with the bartender.
　（經過一段愉快的閒聊後我已經跟那名酒保建立友誼。）
c. sportsmanship [ˈspɔrtsmənʃɪp] *n.* 運動員精神
d. discover [dɪsˈkʌvɚ] *vt.* 發現
　discovery [dɪsˈkʌvərɪ] *n.* 發現
　The artifacts that were recently discovered here date back thousands of years.
　（最近在此處發現的古代文物可追溯至數千年前。）
　＊artifact [ˈɑrtɪˌfækt] *n.* 歷史文物；手工藝品
e. value [ˈvælju] *n.* 價值觀 & *vt.* 重視；珍惜
　The mother implanted many positive values in her children.
　（這名母親灌輸很多正面的價值觀給她的孩子。）
　Caroline has decided to quit her job because she isn't valued or treated with respect.
　（凱洛琳覺得不受重視和尊重而決定辭掉工作。）

二、英文作文（占 20 分）

示範作文：

　　Everyone can relate to the feeling of loneliness at some point in their lives. After my older siblings moved away to attend college, this feeling started to creep in. I missed all the time we would spend together playing video games or going to the park when our parents were working every Saturday. My brother and sister were gone, and most of my friends attend cram school on Saturdays. Since I was spending that time solo, I needed to find something worthwhile to do with my free time.

　　While browsing online one day, I found a post from an animal shelter in my neighborhood looking to hire volunteers. It piqued my interest, so I went directly to the shelter to learn more. The more experienced volunteers there taught me how to take care of the animals by feeding them, washing them, and playing with them in the yard. Even though it was quite a challenge at first, the dogs and cats at the shelter eventually warmed up to me, and now they keep me company on Saturdays.

　　每個人都可能會在人生中的某個時刻體會到孤獨感。在我哥哥和姊姊離家上大學後，這種感覺便悄然而生。我想念每個星期六當我爸媽去工作時，我們一起玩電動遊戲或去公園玩的時光。我哥哥和姊姊離開家了，而我的朋友們大多在星期六都要去補習班。既然我得獨自度過那段時間，我必須找到在閒暇時值得做的事。

有一天，我在上網時發現了一則由我們社區一間動物收容所發布的貼文，他們正在徵尋志工。這引起了我的興趣，所以我直接前往那間收容所了解更多資訊。比較有經驗的志工教我如何餵食動物、替牠們洗澡，以及和牠們在院子裡玩耍來照顧牠們。儘管一開始相當有挑戰性，收容所裡的貓狗們最終都接納了我，而如今每個星期六牠們都陪伴著我。

重要單字片語

1. **relate to...** 對……產生共鳴；認同……
   Julia related to the book's main character because they both lost their mothers at a young age.
   （茱莉亞對這本書的主角產生認同，因為他們都在年輕時就失去了媽媽。）

2. **loneliness** [ˈlonlɪnɪs] n. 孤獨
   Iris feels a strong sense of loneliness when she is away from home.
   （艾瑞絲離家時備感孤寂。）

3. **sibling** [ˈsɪblɪŋ] n. 兄弟姊妹之一

4. **attend** [əˈtɛnd] vt. 上（學）；出席，參加
   All employees are required to attend the monthly staff meeting tomorrow morning.
   （所有員工都必須參加明早的每月員工會議。）

5. **creep in** 悄悄出現；偷偷潛入
   creep [krip] vi. 爬行；躡手躡腳地走
   （三態為：creep, crept [krɛpt], crept）
   Mistakes start to creep in when you work too long or too hard.
   （當你工作過久或過勞時，錯誤就會逐漸出現。）

6. **worthwhile** [ˌwɝθ(h)waɪl] a. 值得的
   It is worthwhile to V　做……是值得的
   = It pays to V
   It is worthwhile to buy that vintage watch at any price. It's one of a kind.
   （不論花多少錢買那隻古董錶都值得。它是獨一無二的。）

7. **browse** [brauz] vi. 瀏覽，隨意翻閱
   Lisa browsed through the CDs at the brand-new music store in Taipei 101.
   （麗莎在臺北 101 新開的唱片行中瀏覽著 CD。）

8. **shelter** [ˈʃɛltɚ] n. 收容所，避難所 & vt. 保護，庇護
   I'd like to know how to donate clothing to a homeless shelter.
   （我想知道該如何捐贈衣物到遊民收容所。）
   Even though Nick knew that it was illegal to shelter a criminal, he couldn't say no to his brother.
   （雖然尼克知道包庇罪犯是違法的，但他還是無法拒絕他哥哥。）
   * criminal [ˈkrɪmənl̩] n. 罪犯 & a. 犯罪的，犯法的

9. **pique sb's interest** 引起某人的興趣
   = arouse sb's interest
   pique [pik] vt. 引起，激起
   The sale piqued Heidi's interest in getting some new shoes.
   （那場特賣會引起了海蒂買新鞋的興趣。）

10. **take care of...** 照料／照顧……
    Dan has to take care of his sisters whenever his mother is away.
    （每當阿丹的媽媽不在家時，他就得照顧妹妹們。）

11. **feed** [fid] vt. 餵食 & vi. 以……為食物
    （三態為：feed, fed [fɛd], fed）
    Carnivores do not feed on grass.
    （肉食動物不吃草。）

12. **challenge** [ˈtʃælɪndʒ] n. 挑戰 & vt. 向……挑戰
    Without thorough training, I do not think I can meet the challenge.
    （若沒有完善的訓練，我認為我無法面對挑戰。）
    William challenged me to a game of chess because he thought he could beat me.
    （威廉向我挑戰下西洋棋，因為他認為他可以擊敗我。）

13. **warm up to...** 開始接納……
    Many people have warmed up to the idea of green living.
    （許多人已開始接納綠色生活的這種觀念。）

14. **keep sb company**　　陪伴某人
    After divorcing, Mary adopted a cat to keep her company.
    (瑪麗離婚後，領養了一隻貓咪來與她作伴。)

試辦學測篇

試辦 學測英文試題詳解

試辦 學測英文試題 解答

1. (B)　　2. (A)　　3. (B)　　4. (C)　　5. (C)
6. (D)　　7. (D)　　8. (A)　　9. (C)　　10. (B)
11. (B)　　12. (C)　　13. (D)　　14. (B)　　15. (A)
16. (D)　　17. (A)　　18. (B)　　19. (C)　　20. (D)
21. (E)　　22. (F)　　23. (J)　　24. (G)　　25. (D)
26. (C)　　27. (A)　　28. (I)　　29. (H)　　30. (B)
31. (C)　　32. (A)　　33. (D)　　34. (B)　　35. (C)
36. (A)　　37. (C)　　38. (D)　　39. (A)　　40. (C)
41. (B)　　42. (D)　　43. (A)　　44. (A)　　45. (B)
46. (C)

47. insulted

48. the Duke of Austria, Leopold V
或：the Duke of Austria
或：Leopold V
或：the Austrian Duke / duke
或：the Duke / duke
或：Duke Leopold

49. mint
或：Mint

50. (B)、(E)

試辦 學測英文試題 詳解

第壹部分、選擇題（占 62 分）

一、詞彙題（占 10 分）

(B) 1. 新聞記者需要根據可信的來源撰寫報導，以免誤導大眾。
   a. (A) misplace [ˌmɪsˋples] vt. （因記不起放置於何處而）暫時弄丟
      Dale is forgetful: He has misplaced his keys and wallet several times.
      （戴爾很健忘：他已經好幾次忘記把鑰匙和錢包放哪裡了。）
   (B) mislead [ˌmɪsˋlid] vt. 誤導，使誤信（三態為：mislead, misled [ˌmɪsˋlɛd], misled）
      mislead sb into + V-ing　　誤導某人做……
      The salesperson misled the old lady into believing that this medicine could cure everything.
      （那推銷員誤導這老太太相信此藥是萬靈丹。）
   (C) misjudge [ˌmɪsˋdʒʌdʒ] vt. 對……判斷錯誤
      I misjudged Bruce: He is actually a liar.
      （我看錯布魯斯了：他實際上是個騙子。）
   (D) mistreat [ˌmɪsˋtrit] vt. 虐待
      After seeing a man mistreating a cat, Bill immediately called the police.
      （比爾看到有人虐貓，馬上報警。）
   b. 根據語意，可知 (B) 項應為正選。

必考重點

base A on B　　根據 B 為基礎而得出 A（= A is based on B）
The writer based his latest novel on a true story.
= The writer's latest novel is based on a true story.
（此作家最新的小說是根據一個真實的故事。）

(A) 2. 在醫生的照料下，我奶奶在動完膝關節手術後一直都在穩定進步中。
   a. (A) steady [ˋstɛdɪ] a. 穩定的
      Becky's father told her that she should get a steady job instead of becoming an actress.
      （貝琪的父親告訴她她該找份穩定的工作，而不該想要當演員。）
   (B) routine [ruˋtin] a. 例行性的，慣常的
      Dennis and his coworkers conduct a routine inspection of our fire safety system and equipment once a year.
      （丹尼斯和他同事每年來我們公司做一次消防安全系統和設備的例行檢查。）
   (C) mobile [ˋmobl̩ / ˋmobaɪl] a. 可移動的
      The kids in the remote area are excited that a mobile library vehicle will be coming next month.
      （偏遠地區的孩子很興奮，因下個月會有行動圖書館專車要來。）

110 年試辦－3

(D) conscious [ˋkɑnʃəs] *a.* 神智清醒的
　　The boy was wounded but still conscious.
　　（這男孩受了傷，但仍然意識清楚。）
b. 根據語意，可知 (A) 項應為正選。

> **必考重點**
>
> make progress　　有進步
> My son has made great progress in basketball.
> （我兒子籃球進步很多。）

(B) 3. 艾咪要她哥哥把音響<u>音量</u>調小聲，這樣她才可以清楚聽到電話裡她朋友的聲音。
　a.　(A) intensity [ɪnˋtɛnsətɪ] *n.* 強烈
　　　　Some plants have wilted because of the intensity of the heat.
　　　　（由於高溫，一些植物已經枯萎。）
　　　(B) volume [ˋvɑljəm] *n.* 音量
　　　　turn down the volume / turn the volume down　　把音量調小
　　　　Would you mind turning the volume down? I'm talking with my friend on the phone.
　　　　（你介意把音量關小點嗎？我在和朋友講電話。）
　　　(C) frequency [ˋfrikwənsɪ] *n.* 頻率，發生次數
　　　　Since the mayor was sworn in two years ago, the frequency of bank robberies in this area has decreased.
　　　　（從兩年前市長宣誓就職以來，此區域的銀行搶案頻率已降低。）
　　　(D) operation [͵ɑpəˋreʃən] *n.* 運作；手術
　　　　in operation　　在運作
　　　　Remember to keep away from the machine when it is in operation.
　　　　（切記機器運轉時離它遠一點。）
　b. 根據語意，可知 (B) 項應為正選。

(C) 4. 以藝術及科學上偉大成就而聞名的李奧納多‧達文西，是文藝復興時期的一位<u>重量級</u>人物。
　a.　(A) universal [͵junəˋvɝsḷ] *a.* 普遍的
　　　　Since climate change is a universal problem, all nations should collaborate with one another to deal with it.
　　　　（由於氣候變遷是個普遍的問題，所有國家都應彼此合作來應對。）
　　　(B) artificial [͵ɑrtəˋfɪʃəl] *a.* 人造的
　　　　These artificial flowers are made of plastic.
　　　　（這些人造花是用塑膠做的。）
　　　(C) dominant [ˋdɑmənənt] *a.* 顯著的；主導的
　　　　Ashley holds a dominant position in that international company.
　　　　（艾希莉在那家跨國公司坐擁高位。）
　　　(D) conventional [kənˋvɛnʃənḷ] *a.* 傳統的
　　　　Eric, as an indigenous person, wanted to hold a conventional, rather than western, wedding ceremony.
　　　　（身為原住民的艾瑞克想舉辦一場傳統婚禮，而非西式婚禮。）
　b. 根據語意，可知 (C) 項應為正選。

(C) 5. 為阻止疾病傳播，任何在醫院不戴口罩的人會被拒絕提供醫療服務，甚至可能被罰款。

    a. (A) charge [tʃɑrdʒ] *vt. & vi.* 收費
            charge sb + 費用 (+ for sth)　　向某人索取（某物的）費用
            The company charged me NT$1,000 for the repairs to the washing machine.
            （那家公司向我收取新臺幣一千元的洗衣機修理費。）
       (B) direct [dəˋrɛkt] *vt.* 指揮
            Daphne directed the delivery guys to put her new TV in place.
            （達芙妮指揮送貨人員將她的新電視就定位。）
       (C) refuse [rɪˋfjuz] *vt.* 拒絕
            refuse sb sth　　拒絕給予某人某事物
            The US government refused Gary his travel visa because they suspected he could be a terrorist.
            （美國政府拒絕發旅遊簽證給蓋瑞，因為他們懷疑他可能是恐怖分子。）
       (D) pardon [ˋpɑrdn̩] *vt.* 原諒
            pardon me　　打擾一下
            Pardon me, but may I ask you a few questions about this project?
            （打擾一下，請問我能問幾個關於此專案的問題嗎？）
    b. 根據語意，可知 (C) 項應為正選。

必考重點

fail to V　　未能做到……
According to the news report, many failed to exercise their right to vote in this election.
（根據這新聞報導，這次選舉很多人都沒有去行使投票權。）

(D) 6. 在農業機械發明之前，農夫一年四季從早到晚都要在田裡工作。

    a. (A) drill [drɪl] *vi. & vt.* 鑽（孔）
            drill through / into...　　鑽孔鑽穿過 / 進……
            Hank drilled through the living room wall by accident.
            （漢克不小心鑽穿了客廳的牆壁。）
       (B) harvest [ˋhɑrvɪst] *vi. & vt. & n.* 收割，收穫
            The farmers had to harvest all the fruit before the typhoon came.
            （農人得在颱風來之前把水果全部採摘下來。）
       (C) shift [ʃɪft] *vi. & vt.* （使）移動，（使）轉移
            shift to...　　（轉）移至……，（轉）移給……
            Over the years, public opinion in that country has shifted to the right.
            （多年來，該國的大眾輿論已偏向右翼。）
       (D) labor [ˋlebɚ] *vi.* 勞動，做粗活 *& n.* 勞動；分娩
            Jerry labored day and night at the factory in order to give his family a better life.
            （為了讓家人過更好的生活，傑瑞在工廠日以繼夜地工作。）
    b. 根據語意，可知 (D) 項應為正選。

(D) 7. 男孩堅持說他的房間裡有怪物，但實際上那是月光造成的錯覺。

    a. (A) array [əˋre] *n.* 一大批 / 群
            an array of...　　一大批 / 群……

The girl was attracted by the wide array of beautiful flowers in the garden.
（花園內各式各樣的美麗花朵吸引了那女孩。）
(B) entry [ˈɛntrɪ] *n.* 入口
an entry to...　……的入口
The main entry to the museum is on Pine Street.
（這博物館的主要入口是在松樹街上。）
(C) outlook [ˈaʊtˌlʊk] *n.* 展望
an outlook for...　……的展望 / 前景
The outlook for this company is very bright. Maybe we should invest some money in it.
（這公司的前景大好。也許我們該在這間公司投資一些錢。）
(D) illusion [ɪˈluʒən] *n.* 錯覺，假象
Actually, the man's kindness is an illusion. He often bad-mouths me behind my back.
（其實此人的善良是種假象。他經常在背後說我壞話。）
b. 根據語意，可知 (D) 項應為正選。

(A) 8. 很多退休人士並沒有閒待在家，而是去參加社交活動和當義工。
a. (A) idle [ˈaɪdl̩] *a.* 無事可做的，空閒的
On the rainy day, most clerks in the store sat idle because there were no customers.
（下雨天顧客不上門，所以店裡大部分店員都閒閒坐著沒事幹。）
(B) stiff [stɪf] *a.* 硬的，不易彎曲的
身體部位 + be stiff from + V-ing　某身體部位因做……而變得僵硬
My grandmother's legs were stiff from sitting too long.
（我奶奶坐太久，兩條腿都僵了。）
(C) vacant [ˈvekənt] *a.* 未被占用的，空的
Greta's boss said he would keep her position vacant until she fully recovered.
（葛瑞塔的老闆說他會把她的職位空著直到她完全康復為止。）
(D) sensible [ˈsɛnsəbl̩] *a.* 明智的，理智的
That's a more sensible approach to this complex problem.
（那是解決這複雜問題較為明智的做法。）
b. 根據語意，可知 (A) 項應為正選。

(C) 9. 在許多繁忙的國際機場，計程車都是隨叫隨到，以提供入境旅客交通服務。
a. (A) merely [ˈmɪrlɪ] *adv.* 只不過，僅僅
The superstar said she and Mike were merely friends and that they were not dating each other.
（這位超級巨星說她和麥克只是朋友，他們沒有在約會。）
(B) strictly [ˈstrɪktlɪ] *adv.* 嚴格地
Eating and drinking on the MRT is strictly forbidden.
（捷運內嚴禁飲食。）
(C) readily [ˈrɛdɪlɪ] *adv.* 容易地；迅速地
be readily available　隨時都有
These dried spices are readily available at this Indian store.
（這些香料乾貨在這家印度商店都有。）

(D) variously [ˈvɛrɪəslɪ] *adv.* 不同地，以各種方式
　　A be variously described as B and C　　大家對 A 的看法不一，有人說他是 B，有人說他是 C
　　The politician has been variously described as a patriot and a traitor.
　　（大家對這位政治家的看法不一，有人說他很愛國，有人則說他是個叛徒。）
b. 根據語意，可知 (C) 項應為正選。

必考重點

at all hours (of the day or / and night)　　在任何時刻
You can't call your secretary at all hours. She needs a break after getting off work.
（你不是隨便什麼時候都能打電話給你的秘書。她下班後需要休息。）

(B) 10. 長年的戰爭迫使許多平民離開家園，變成難民<u>流亡</u>至其他國家。
　a.　(A) awe [ɔ] *n.* 驚歎，敬畏（不可數）
　　　　in awe　　驚歎地，敬畏地
　　　　We gazed in awe at the spectacular view of the valley.
　　　　（我們驚歎地看著這山谷的壯麗景色。）
　　　(B) exile [ˈɛksaɪl / ˈɛgzaɪl] *n.* 放逐，流亡（不可數）；流亡者（可數）
　　　　live in exile　　流亡（生活）
　　　　Due to political reasons, the scientist was forced to flee his own country and live in exile.
　　　　（由於政治因素，這位科學家被迫逃離自己的國家，過著流亡生活。）
　　　(C) fraction [ˈfrækʃən] *n.* 少量
　　　　a fraction of...　　少量的……
　　　　Gina only spends a fraction of her earnings on food.
　　　　（吉娜只花小部分的收入在食物上。）
　　　(D) boredom [ˈbɔrdəm] *n.* 乏味，無聊（不可數）
　　　　out of (sheer) boredom　　出於無聊
　　　　Kevin started to eat lots of junk food out of boredom.
　　　　（凱文因為無聊就開始吃很多垃圾食物。）
　b. 根據語意，可知 (B) 項應為正選。

二、綜合測驗（占 10 分）

第 11 至 15 題為題組

　　丹麥在全球幸福排行榜中一向名列前茅，而丹麥人對於如何感受幸福有些頗酷炫的字眼。最近被丹麥人民投票選出最受歡迎的單字是 pyt，是用來描述該國人面對壓力時的一個哲學字眼。

　　pyt 並沒有精準對應的英文翻譯。它通常是面對日常犯錯或遭遇小挫折時會作出的言語反應，大致對應於英文慣用語的「別擔心。」或「這也難免啦。」這個字的核心概念是接受事實與重新調整——提醒人們要退一步、重新聚焦，不要反應過度。pyt 並不會怪罪自己或他人；反而[註1]是幫你理解並非所有事都能十全十美。不過這並不意味 pyt 在所有事情上都一體適用。在你應該負責任的情況下就不能用它；[註2]同時它也不該被當作不作為的藉口。

　　現在在丹麥的教室裡，這個字甚至成了一個 pyt 按鈕，當學童對小事感到沮喪時可以去按這個按鈕。有些大人也開始在家中使用這個按鈕。基本上，pyt 鼓勵所有年齡層的人別掛懷於小挫折，繼續把日子好好過下去。

註1：第 13 題正解為選項 (D)，然而選項 (C) however（但是，然而）亦帶有轉折語氣，置入空格亦能符合語意，故為可能的答案選項。

註2：若以較嚴謹的文法來看，nor 為連接詞，其前不應置分號，應置逗號。

(B) 11. 理由：
    a. (A) health [hɛlθ] *n.* 健康（不可數）
           Sam is in good health because he exercises on a regular basis.
           （山姆規律運動，所以很健康。）
       (B) stress [strɛs] *n.* 精神壓力；強調 & *vt.* 緊張；強調
           Psychological stress can lead to illness.
           （心理上的壓力會讓人生病。）
       (C) culture [ˋkʌltʃɚ] *n.* 文化
           Our culture is greatly influenced by Western countries.
           （我們的文化深受西方國家影響。）
       (D) friendship [ˋfrɛndʃɪp] *n.* 友誼
           I will cherish your friendship forever.
           （我會永遠珍惜你的友誼。）
    b. 根據語意，(B) 項應為正選。

(C) 12. 理由：
    a. (A) hand gesture　　手勢
           The foreigner used hand gestures to convey his idea.
           （這名外國人用手勢傳達他的意思。）
       (B) body movement　　身體動作
           Alex can't dance because his body movements are clumsy.
           （艾力克斯不會跳舞因為他的身體動作很笨拙。）
       (C) verbal response　　言語反應
           verbal [ˋvɝbḷ] *a.* 言語的；口頭的
           Some patients who suffer from brain damage have no verbal response to pain.
           （有些腦部受損的病人對於疼痛不會有言語反應。）
       (D) facial expression　　臉部表情
           Susan had a strange facial expression when she heard the song.
           （蘇珊聽到那首歌時臉上表情很奇怪。）
    b. 根據語意，(C) 項應為正選。

(D) 13. 理由：
    a. (A) therefore [ˋðɛr͵for] *adv.* 因此
           Derek didn't study at all; therefore, he didn't pass the test.
           （德瑞克根本沒有念書，因此他考試不及格。）
       (B) likewise [ˋlaɪk͵waɪz] *adv.* 同樣，也
           Rich people are not necessarily happy; likewise, poor people are not necessarily sad.
           （有錢人未必快樂；同樣地，窮人未必悲傷。）
       (C) however [haʊˋɛvɚ] *adv.* 然而；無論
           George is nice; however, I don't want to be friends with him.
           （喬治人不錯，然而我不想跟他做朋友。）

(D) instead [ɪnˋstɛd] *adv.* 反而；作為替代
　　Rick does not feel like eating a cake. Instead, he wants a pizza.
　　（瑞克不想吃蛋糕，而是想吃披薩。）
b. 根據語意，(D) 項應為正選。

(B) 14. 理由：
a. 本題測試下列固定用法：
　　否定句, nor + 倒裝句　　……不……，也不……
　　注意：nor 為連接詞，用以連接兩個否定的主要子句。nor 之後的子句須採倒裝句型。
　　John is not at home, nor is he at work.
　　（約翰不在家，也不在辦公室。）
b. 根據上述用法，(B) 項應為正選。

(A) 15. 理由：
a. (A) let go of sth　　（心理上）放下某事物；放開某物
　　It's time to make peace with ourselves and let go of the past.
　　（是時候與自己和解並放下過去了。）
　(B) look up to sb　　敬重某人
　　Frank has always looked up to his father, who is a police officer.
　　（法蘭克一直都非常敬重他父親，他父親是位警察。）
　(C) go in for sth　　從事某事；喜愛某事；參加某考試／比賽
　　Leo plans to go in for politics, even though many people have advised him against it.
　　（李歐打算從政，儘管許多人建議不要。）
　(D) come up with sth　　想出（點子、計畫等）
　　This is such a complex problem that we can't come up with a simple solution to it.
　　（這是一個很複雜的問題，我們想不出簡單的解決方案。）
b. 根據語意，(A) 項應為正選。

重要單字片語

1. **consistently** [kənˋsɪstəntlɪ] *adv.* 一向；一致地
　The two parties have argued consistently about the new policy.
　（這兩個政黨總是針對新政策起爭執。）
2. **philosophy** [fəˋlɑsəfɪ] *n.* 哲學（不可數）；人生觀（可數）
3. **translation** [trænsˋleʃən] *n.* 翻譯
　translate [trænsˋlet] *vi.* & *vt.* 翻譯
4. **frustration** [frʌˋstreʃən] *n.* 挫折
5. **correspond** [ˌkɔrəˋspɑnd] *vi.* 相當；符合
　correspond to...　相當於……
　The nursery schools in that country correspond to our kindergartens.
　（那個國家的育幼院相當於我們的幼兒園。）
6. **saying** [ˋseɪŋ] *n.* 諺語，格言

7. **core** [kɔr] *n.* 核心 & *a.* 核心的
8. **reset** [riˋsɛt] *vi.* & *vt.* 重新調整；重新設置
　（三態同形，現在分詞為 resetting [riˋsɛtɪŋ]）
　Remember to reset your watch to local time.
　（請記得要將你的手錶調整為當地時間。）
9. **reminder** [rɪˋmaɪndɚ] *n.* 提醒（的話）
　a reminder to V　　提醒要……
　The email from the manager was a reminder to finish our work on time.
　（主管寄來的電子郵件是提醒我們要準時完成工作。）
10. **overreact** [ˌovɚrɪˋækt] *vi.* 反應過度
　Daisy overreacted when she saw her boyfriend talking to another woman.
　（黛西看到她男友與別的女人講話時反應過度。）

11. **ought to V** 應該……（= should V）
    You ought to kick the bad habit of smoking.
    （你應該要戒除抽菸的壞習慣。）
12. **inaction** [ɪnˈækʃən] *n.* 不作為（不可數）
13. **manifest** [ˈmænəˌfɛst] *vt.* 表現；顯示
    The disease is usually manifested in headaches and tiredness.
    （這個疾病的表現通常為頭痛與疲倦。）
14. **literal** [ˈlɪtərəl] *a.* 字面上的
15. **insignificant** [ˌɪnsɪgˈnɪfəkənt] *a.* 不重要的
    significant [sɪgˈnɪfəkənt] *a.* 重要的

第 16 至 20 題為題組

　　起雞皮疙瘩是交感神經系統的「戰或逃」反應之一。當你感到寒冷或恐懼時，某種神經反應會發送至肌肉，然後肌肉會不由自主地收縮。這種肌肉收縮會使毛髮豎立起來。毛髮豎立的皮膚類似羽毛被拔掉的鵝皮一樣，故名「雞皮疙瘩」[註1]。

　　但這種對恐懼或寒冷的反應，是如何幫助我們的呢？在以前我們的祖先可能毛髮更濃密的時候，此舉可能有助保暖或嚇唬迎面而來的掠食動物。但現在起雞皮疙瘩對人類已經不再有用處。雞皮疙瘩，或說導致雞皮疙瘩的反射動作，也見於許多其他哺乳動物。很多哺乳動物在受到威脅時全身毛髮會蓬起來，讓自己看起來更大更兇。例如當豪豬遇到掠食動物時，牠長又尖的毛會豎起來好嚇唬敵人。皮毛厚的動物在毛立起來時，毛髮之間會留存更多空氣，產生另一層隔熱以達到保暖效果。

註1：中文習慣說「雞皮疙瘩」，但英文表此意時卻是指「鵝皮」，在此翻法以中文習慣的說法為主。

(D) 16. 理由:
　　a. (A) **imitate** [ˈɪməˌtet] *vt.* 模仿
　　　　　Daniel is good at imitating famous people.
　　　　　（丹尼爾很擅長模仿名人。）
　　　　(B) **explain** [ɪkˈsplen] *vt. & vi.* 解釋
　　　　　explain (to sb) why / how / what... （向某人）解釋為何 / 如何 / 什麼……
　　　　　Duke explained to his daughter how to use the blender.
　　　　　（杜克向他女兒解釋如何用這臺果汁機。）
　　　　(C) **develop** [dɪˈvɛləp] *vt. & vi.* （使）發展
　　　　　develop a skill　　發展 / 培養技能
　　　　　In this class, you can develop your reading skills.
　　　　　（在這門課裡，你可以培養閱讀技巧。）
　　　　(D) **resemble** [rɪˈzɛmbḷ] *vt.* 與……相似
　　　　　Candice closely resembles her mother.
　　　　　（坎蒂絲長得很像她媽媽。）
　　b. 根據語意，(D) 項應為正選。

(A) 17. 理由:
　　a. 本題測試對文意的理解。本文第二段第二句至最後一句提到起雞皮疙瘩對我們祖先和其他哺乳動物的作用，因此可推知空格本句之意為：但這種對恐懼或寒冷的反應，是「如何」幫助我們的呢？
　　b. 根據語意，(A) 項應為正選。

(B) 18. 理由:
　　a. 本題測試連接上下文的語意正確性。選項 (B) no longer useful 表「不再有用處」，置入空格後符合語意，故為正選。

b. 選項 (A) even more ridiculous 表「甚至更荒謬可笑的」、選項 (C) still quite convenient 表「仍然相當方便的」以及選項 (D) more than important 表「非常重要的」，置入空格後不符合語意，故皆不可選。

c. no longer　不再
After losing his job, Dennis could no longer afford a new car.
（失業後，丹尼斯再也買不起新車了。）

(C) 19. 理由：

a. 本題測試分詞構句的用法：
當兩個句子主詞相同時，可使用「分詞構句」簡化句型。此處為簡化副詞子句的分詞構句，原句為：
Many mammals fluff up their fur when they are threatened, ...
故可將同樣指 Many mammals（很多哺乳動物）的主詞 they 刪除，並將其後的 be 動詞 are 變成現在分詞 being 之後，予以省略，形成以下句子：
= Many mammals fluff up their fur when threatened, ...

b. 根據上述，可知 (C) 項應為正選。

(D) 20. 理由：

a. 本題測試連接上下文的語意正確性。選項 (D) scaring the enemy 表「嚇唬敵人」，置入空格後符合語意，故為正選。

b. 選項 (A) blocking the smell 表「阻絕氣味」、選項 (B) attracting mates 表「吸引配偶」以及選項 (C) showing friendliness 表「表現友善」，置入空格後不符合語意，故皆不可選。

重要單字片語

1. **goose bumps**　雞皮疙瘩（恆用複數）
When I heard the song, I got goose bumps.
（我當時聽到這首歌就起了雞皮疙瘩。）

2. **fight-or-flight** [ˌfaɪtɔrˈflaɪt] a. 戰或逃的
a fight-or-flight reaction　戰或逃的反應（心理學術語）
A person's fight-or-flight reaction is activated when he or she faces danger.
（人在面臨危險時會激發戰或逃的反應。）

3. **sympathetic nervous system**　交感神經系統
sympathetic [ˌsɪmpəˈθɛtɪk] a. 同情的

4. **contract** [kənˈtrækt] vi. & vt. （使）收縮
contraction [kənˈtrækʃən] n. 收縮
The heart contracts to squeeze out blood, which then circulates throughout the body.
（心臟收縮擠出血液，然後循環至全身。）

5. **involuntarily** [ɪnˈvɑlənˌtɛrəlɪ] adv. 不由自主地，不自覺地；非自願地

6. **erect** [ɪˈrɛkt] a. 豎直的，直立的 & vt. 豎立

7. **pluck** [plʌk] vt. 拔除（雞等的毛）
Mom, I don't want to pluck the chicken. Could I just cut the carrots instead?
（媽，我不想拔雞毛。我可以只切胡蘿蔔就好了嗎？）

8. **hence** [hɛns] adv. 所以

9. **oncoming** [ˈɑnˌkʌmɪŋ] a. 迎面而來的

10. **predator** [ˈprɛdətɚ] n. 掠食動物，捕食性動物

11. **mammal** [ˈmæml̩] n. 哺乳動物

12. **fluff** [flʌf] vt. 使蓬鬆，拍/抖鬆（枕頭等）
fluff up sth / fluff sth up　拍/抖鬆某物
Eliot fluffed up the pillow for his daughter.
（艾略特幫他女兒把枕頭拍鬆。）

13. **porcupine** [ˈpɔrkjəpaɪn] n. 豪豬

14. **as a means of + N/V-ing**　做為……的手段
In the movie, the bad guy uses food as a means of controlling the orphans.
（在這部電影裡，壞人用食物作為控制那些孤兒的手段。）

15. **trap** [træp] *vt.* 使存留，儲存
（三態為：trap, trapped [træpt], trapped）
Gasses such as carbon dioxide and methane can trap heat in the atmosphere.
（二氧化碳和甲烷等氣體可以將熱能滯留在大氣層中。）

16. **insulation** [ˌɪnsəˈleʃən] *n.* 絕緣；隔熱；隔音（不可數）
17. **ridiculous** [rɪˈdɪkjələs] *a.* 荒謬的，可笑的
18. **friendliness** [ˈfrɛndlɪnəs] *n.* 友善（不可數）

三、文意選填（占 10 分）

第 21 至 30 題為題組

　　在非洲傳統宗教裡，生命不會因死亡而結束。人類死後會以靈魂的形式延續。某些非洲族群相信這些靈魂居住在與活人世界相似的地底世界──但卻是上下顛倒的。其他族群相信天空是亡者的永久安息地。例如非洲南部的布希曼人認為亡者的靈魂會升至天空成為繁星。

　　所有靈魂當中，祖先自成一個特殊類別。身為祖先，他們有些額外的力量。成為祖先是人們死後最期望的結果。然而，並非所有死去的人都能成為祖先。要成為祖先，必須在活著的時候滿足一些條件──例如過正直的人生，並履行所有社會與宗教責任。

　　許多非洲族群相信祖先的靈魂仍待在活著的子孫左右，擔任家族及其傳統的守護者。只要子孫確實執行祭拜儀式並給予他們應得的尊重，那麼在有麻煩時他們會幫忙解決。但假如有某些儀式未確實執行或有違反社群法條情事，他們則會給予懲罰。

　　祖先崇拜在某些非洲族群的神話中也扮演很重要的角色。以位於當今烏干達的布干達人為例，他們的第一位祖先是金圖，他來自眾神之地並娶了天堂之王的女兒南比為妻。另一例為蘇丹的丁卡人，他們相信自己是加朗與阿布的子孫，他們是世間第一對男女，是上帝在盆裡養出來的小泥人。對這些非洲人而言，備受尊敬的亡者不僅成為信仰的對象，也是故事與傳說的主題。

(E) 21. 理由:
　　a. 空格前有片語動詞 continue to（繼續），得知空格應置原形動詞，與不定詞 to 形成不定詞片語。
　　b. 選項中為原形動詞、片語動詞的有 (E) live on（存活）、(G) hope for（期望）、(J) comprise（組成），惟選項 (E) 置入空格後符合語意，故應為正選。
　　c. live on　　存活
　　John's grandmother died ten years ago, but her memory lives on.
　　（約翰的外婆十年前過世，但對她的回憶延續了下來。）

(F) 22. 理由:
　　a. 空格前有定冠詞 the 及形容詞 permanent（永久的），空格後有名詞 place（地點），得知空格應置現在分詞、過去分詞、形容詞或名詞，與名詞 place 形成名詞詞組。
　　b. 選項中為現在分詞、過去分詞、形容詞或名詞的有 (A) due（應得的；預計的）、(F) resting（安息的）、(H) significant（重要的），惟選項 (F) 置入空格後符合語意，故應為正選。
　　c. resting place　　安息地；墳墓（固定用法）
　　The old man chose his hometown as his final resting place.
　　（這位老人決定長眠於他的家鄉。）

(J) 23. 理由:
　　a. 空格前有作主詞的複數名詞 the ancestors（祖先），空格後有作受詞的名詞詞組 a special category of their own（一個特殊類別），得知空格應置複數及物動詞或片語動詞。

12－110 年試辦

b. 選項中為複數及物動詞或片語動詞的有 (G) hope for（期望）以及 (J) comprise（組成），惟選項 (J) 置入空格後符合語意，故應為正選。

　　c. comprise [kəmˋpraɪz] vt. 組成；包括
　　Volunteers comprise 30% of the hospital's workforce.
　　（志工構成這間醫院百分之三十的人力。）

(G) 24. 理由：
　　a. 空格前有助動詞 can，得知空格應置原形動詞或片語動詞。
　　b. 選項中為原形動詞或片語動詞的僅剩 (G) hope for（期望），且置入空格後符合語意，故應為正選。
　　c. hope for...　　期望……
　　All the players on the team hope for a big win in the final game.
　　（隊上每位球員都期望在決賽中大勝。）

(D) 25. 理由：
　　a. 空格前有虛主詞 there 及 be 動詞 are，得知空格應置複數可數名詞。
　　b. 選項中為複數可數名詞的有 (B) subjects（主題）、(C) guardians（守護者）、(D) conditions（條件）以及 (I) violations（違反），惟選項 (D) 置入空格後符合語意，故應為正選。
　　c. conditions [kənˋdɪʃənz] n. 條件（恆用複數）
　　The company will only sign the contract if certain conditions are met.
　　（只有在滿足某些條件的情況下，這家公司才會簽署合約。）

(C) 26. 理由：
　　a. 空格前有複數名詞詞組 the spirits of ancestors（祖先的靈魂）作 that 引導的名詞子句的主詞，以及介詞 as（擔任；作為），得知空格應置複數名詞，對應 the spirits of ancestors
　　b. 選項中為複數名詞的有 (B) subjects（主題）、(C) guardians（守護者）以及 (I) violations（違反），惟選項 (C) 置入空格後符合語意，故應為正選。
　　c. guardian [ˋɡɑrdɪən] n. 守護者；（法定）監護人
　　Most people see the police as the guardians of law and order.
　　（大多數人視警方為法律與秩序的維護者。）

(A) 27. 理由：
　　a. 空格後有名詞 respect（尊重），依語意得知空格應置選項 (A) 以形成下列固定用法：
　　due respect　　應得的尊重
　　with (all) due respect　　恕我直言
　　With (all) due respect, I don't think your idea is good enough.
　　（恕我直言，我認為你的主意不夠好。）
　　b. 根據上述，(A) 項應為正選。

(I) 28. 理由：
　　a. 空格前有限定詞 some（某些；一些），得知空格應置複數名詞。
　　b. 選項中為複數名詞的僅剩 (B) subjects（主題）以及 (I) violations（違反），惟選項 (I) 置入空格後符合語意，故應為正選。
　　c. violation [ˌvaɪəˋleʃən] n. 違反
　　The angry man claimed the actions of the police were a violation of his human rights.
　　（憤怒的男子聲稱警方的行為已違反他的人權。）

(H) 29. 理由：
- a. 空格前有不定冠詞 a 及副詞 very（非常），空格後有名詞 role（角色），得知空格應置形容詞修飾名詞 role，並可被副詞 very 修飾。
- b. 選項中為形容詞的僅剩 (H) significant（重要的），且置入空格後符合語意，故應為正選。
- c. significant [sɪgˋnɪfəkənt] a. 重要的
 Hard work plays a significant role in achieving success.
 （努力在獲致成功方面扮演了重要的角色。）

(B) 30. 理由：
- a. 空格前有對等連接詞 not only... but also...（不僅……而且……）及名詞詞組 objects of worship（信仰的對象），得知空格應置複數名詞，與空格後的 of tales and legends 形成名詞詞組，並與 objects of worship 形成對等。
- b. 選項中為複數名詞的僅剩 (B) subjects（主題），且置入空格後符合語意，故應為正選。
- c. subject [ˋsʌbdʒɪkt] n. 主題；學科
 The subject of today's discussion is housing prices.
 （今天討論的主題是房價。）

重要單字片語

1. **dwell** [dwɛl] vi. 居住
（三態為：dwell, dwelt [dwɛlt] / dwelled, dwelt / dwelled）
dwell in... 居住於……（= reside in...）
The farmer and his family dwell in the countryside.
（這位農夫與他的家人居住在鄉下。）

2. **upside down** 上下顛倒
The artist hung the painting upside down on purpose in the exhibition.
（藝術家刻意在展覽中將這幅畫掛顛倒。）

3. **permanent** [ˋpɝmənənt] a. 永久的，永恆的；固定的
The hot iron burned Peter's skin, leaving a permanent mark.
（燒燙的鐵灼傷彼得的皮膚，留下了永久的疤痕。）

4. **ancestor** [ˋænsɛstɚ] n. 祖先

5. **category** [ˋkætəˏgɔrɪ] n. 類別，種類

6. **fulfill** [fʊlˋfɪl] vt. 滿足；實現（美式用法）
= fulfil（英式用法）
Because the contractor did not fulfill the terms of the contract, he will not receive the payment.
（由於那名包商沒有履行合約中的條款，他將不會收到付款。）

7. **upright** [ˋʌpˏraɪt] a. 正直的 & a. & adv. 直立的／地
The manager likes Walter because he is upright and dependable.
（經理很喜歡華特，因為他正直又可靠。）

8. **descendant** [dɪˋsɛndənt] n. 子孫，後代，後裔

9. **as long as...** 只要……
As long as you perform well at the company, you will have a chance for promotion.
（只要你在公司表現良好，就會有機會升遷。）

10. **ritual** [ˋrɪtʃʊəl] n. 儀式；例行公事 & a. 儀式的

11. **ceremony** [ˋsɛrəˏmonɪ] n. 儀式；典禮

12. **community** [kəˋmjunətɪ] n. 社區；群體；團體

13. **worship** [ˋwɝʃɪp] n. & vt. 崇拜；信仰
（三態為：worship, worshipped / worshiped, worshipped / worshiped）
The temple is where people of the tribe go to worship the gods.
（部落的人會到這個神殿敬拜眾神。）

14. **mythology** [mɪˋθɑlədʒɪ] n. 神話

15. **present-day** [ˏprɛznt'de] a. 現在的，當今的

16. **descend** [dɪˋsɛnd] *vt. & vi.* 下降
    be descended from sb　　是某人的子孫 /
    後裔

    The Lee family is said to be descended from a noble family.
    （李家據說是某個貴族世家的後代。）

17. **legend** [ˋlɛdʒənd] *n.* 傳說

四、篇章結構（占 8 分）

第 31 至 34 題為題組

　　慷慨的億萬富翁並不少見，但要找到一位把所有財富都拿來作慈善，目的就是想破產的億萬富翁，絕對是一項挑戰。而這正是「前」美國億萬富翁查爾斯・費尼的事蹟。

　　費尼成長於紐澤西州的貧窮社區，是個尋找商機的天才。他從小就為了幫家裡掙幾分錢而什麼工作都做過[註1] —— 比如夏天分銷雨傘、冬天則賣聖誕卡。在就讀康乃爾大學期間，他賣自製的[註2]三明治給其他學生，那裡的人仍然記得他叫「三明治先生」。之後費尼於一九六〇年代創立機場零售店環球免稅商店（DFS），讓他在一九八〇年代躋身億萬富翁之列。但費尼從未悠遊於富豪的生活方式。他過著簡樸的生活，經常思索要如何處理所有他賺到的錢。

　　受成長環境的影響，費尼決定在有生之年將他所有的錢捐給窮人。1984 年，當時五十三歲的費尼簽字將所有財產 —— 他的 DFS 股分以及他在全世界收購的各種企業和房地產 —— 都轉給他創立的慈善基金會大西洋慈善基金。接下來的幾十年，費尼透過該組織以匿名方式向全世界的慈善機構、大學、人權活動和基金會，捐贈超過八十億美元[註3]。如此驚人的為善不欲人知之舉，讓《富比士》雜誌送給他一個「慈善界詹姆士・龐德」的雅號。

　　費尼是「生前捐贈」理念的先驅，現今許多知名億萬富豪包括比爾・蓋茲和華倫・巴菲特均以他為楷模。費尼鼓勵人們在死前至少捐出自己一半的財產。2020 年九月，費尼的「努力破產」任務達成，現在他和妻子靠著退休金在舊金山一間簡樸的公寓過著幸福的生活。

註1：原文為 "Since childhood, he would take any job..."，然使用 since 時，主要子句一般使用完成式或完成進行式，以表達從某個時間點持續至目前的狀態，不過根據語意，此處應為表達 Feeney 過去在孩童時期所發生的狀況，因此不宜使用 since，句子宜改為 "In his childhood, he took any job..."。

註2：普遍常見用法為 homemade。

註3：以較嚴謹的文法觀點來看的話，anonymously 之後的逗點應刪除。

(C) 31. 理由：
　　a. 空格前一句提及「慷慨的億萬富翁並不少見，但要找到一位把所有財富都拿來作慈善，目的就是想破產的億萬富翁，絕對是一項挑戰」；又空格後簡述費尼如何白手起家致富，還將其全部的財產都捐出去，最後和其妻子快樂簡樸地生活著；因此整篇文章主要是在描述費尼此人。
　　b. (C) 項句子提及「這正是『前』美國億萬富翁查爾斯・費尼的事蹟」，點出本文主旨。
　　c. 根據上述，(C) 項應為正選。

(A) 32. 理由：
　　a. 空格前一句提到費尼在一九八〇年代變成億萬富翁；又空格後句提到費尼過著簡樸的生活，因此前後語意相反，可推知空格內容應表此轉折之意。
　　b. (A) 項句子提及「但費尼從未悠遊於富豪的生活方式」，其中轉折語 however（但，然而）之後帶出費尼並未過著有錢人的生活，與空格後一句形成關聯。
　　c. 根據上述，(A) 項應為正選。

(D) 33. 理由：
　　a. 空格前一句提到費尼透過其所創立的慈善基金會以匿名的方式捐款至世界各地，金額超過八十億美元。
　　b. (D) 項句子提及「如此驚人的為善不欲人知之舉，讓《富比士》雜誌送給他一個『慈善界詹姆士・龐德』的雅號」，其中「如此驚人的為善不欲人知之舉」呼應了空格前句提到的「以匿名方式……捐贈超過八十億美元」。
　　c. 根據上述，(D) 項應為正選。

(B) 34. 理由：
　　a. 空格前一句提到「費尼是『生前捐贈』理念的先驅」。
　　b. (B) 項句子提及「費尼鼓勵人們在死前至少捐出自己一半的財產」，其中「鼓勵人們在死前……捐出……」呼應了空格前句提到的「『生前捐贈』理念」，且語意連貫。
　　c. 根據上述，(B) 項應為正選。

重要單字片語

1. **billionaire** [ˌbɪljə'nɛr] *n.* 億萬富翁
2. **definitely** ['dɛfənɪtlɪ] *adv.* 肯定地，當然
3. **charity** ['tʃærətɪ] *n.* 慈善事業（不可數）；慈善機構（可數）
4. **genius** ['dʒinjəs] *n.* 天才
   a genius at + N/V-ing　在……方面的天才
   Charlotte is a genius at handicrafts.
   （夏綠蒂很會做手工藝品。）
5. **distribute** [dɪ'strɪbjut] *vt.* 發放，分發
   The teacher was distributing the examination papers to the class.
   （老師當時正在把考卷發給全班。）
6. **retailer** ['ritelɚ] *n.* 零售商 / 店
7. **modestly** ['mɑdɪstlɪ] *adv.* 簡樸 / 普通地，不算昂貴地；謙虛地
   modest ['mɑdɪst] *a.* 簡樸 / 普通的，不算昂貴的；謙虛的
8. **ponder** ['pɑndɚ] *vt. & vi.* 思索，考慮
   ponder what / how / whether...　思索怎麼 / 如何 / 是否……
   Having earned his master's degree, Darren is now pondering what his next move should be.
   （達倫取得碩士學位後，現在正仔細考慮下一步該怎麼走。）
9. **upbringing** ['ʌpˌbrɪŋɪŋ] *n.* 教育 / 養，撫育
10. **sign over sth to sb / sign sth over to sb**
    簽字轉讓某物給某人
    Fred signed his house in Taichung over to his daughter.
    （弗瑞德簽字把自己在臺中的房子轉到他女兒的名下。）
11. **acquire** [ə'kwaɪr] *vt.* 購得，獲得
    This firm was acquired by the tycoon last year.
    （這名大亨去年收購了這家公司。）
12. **worldwide** ['wɝldˌwaɪd] *adv. & a.* 全世界地 / 的
13. **Atlantic** [ət'læntɪk] *a.* 大西洋的
14. **philanthropy** [fɪ'lænθrəpɪ] *n.* 慈善，捐助
15. **foundation** [faʊn'deʃən] *n.* 基金會
16. **donate** ['donet / do'net] *vt. & vi.* 捐贈
    Dolly donated two thousand dollars to a local charity.
    （朵莉捐了兩千美元給本地的慈善機構。）
17. **anonymously** [ə'nɑnəməslɪ] *adv.* 匿名地
18. **pioneer** [ˌpaɪə'nɪr] *vt.* 做先鋒，開創 & *n.* 先驅
    This useful approach was pioneered by a group of scientists in Germany.
    （德國一群科學家開創了此有用的方法。）
19. **go-for-broke** ['gofɚˌbrok] *a.* 全力一搏的
    （本文為利用字面「朝破產邁進」意義的雙關語）
20. **pension** ['pɛnʃən] *n.* 退休金，養老金
21. **feel at ease with...**　對……感到自在，和……在一起感到自在

I don't want Duke to be my partner. I never feel at ease with him.
（我不想要跟杜克搭檔。跟他在一起時我總是不自在。）

22. **incredible** [ɪnˈkrɛdəbl] *a.* （令人）難以置信的，不可思議的
23. **generosity** [ˌdʒɛnəˈrɑsətɪ] *n.* 慷慨，大方（不可數）

五、閱讀測驗（占 24 分）

第 35 至 38 題為題組

　　島嶼不同於一個洲或大陸。島嶼的大小與孤立性，對島嶼的生態系以及其間棲息的動物來說有著深遠的影響。

　　專門研究物種演化的科學家發現，在棲息於島嶼的哺乳動物種類中，大型物種會變小，而小型物種則會變大。這一現象是於 1964 年由約翰·布里斯托·福斯特發現，因此被稱作福斯特法則或島嶼效應。以棲息在島嶼上的齧齒動物（如老鼠與松鼠）為例，牠們通常會愈長愈大，而大型哺乳動物（如鹿與大象）則較有可能會愈長愈小。雖然這個模式有些例外，但就化石種與現存島內哺乳動物而言，這個趨勢大體上仍是準確的。

　　福斯特法則顯示身體大小是一切的準則。在大陸環境中，體型大通常是躲避掠食者較安全、合適的形態。由於島嶼上的天敵與競爭較少，特別大的體型已不再是優勢；事實上，體型大還可能是阻礙，因為大型動物需要攝取更多食物才能存活與繁衍。

　　一項針對棲息於島嶼的長鼻目動物（即史前長毛象）的新化石研究進一步顯示，身體特徵以及島嶼的生態結構可能會影響大型哺乳動物體型縮小的程度。在相對平衡、物種豐富的島嶼上，與其他物種的競爭常導致[註1]體型縮小程度相對較小。相較之下，在食物來源有限、缺乏競爭對手的小島上，此群體的成員縮小的速度出乎意料地快。在距離法國海岸十五英里的海峽群島中，有一個成為孤島後才不過六千年，其間的紅鹿已縮小至歐洲大陸上紅鹿的六分之一大小。

註1：原句 ..., competition with other species often result in a relatively dwarfed body size. 因為主要子句內的主詞為不可數名詞 competition（競爭），所以動詞應為 results，而非 result。

(C) 35. 第二段的主題是什麼？
(A) 哺乳動物隨著時間改變與演化的原因。
(B) 比較不同島內上體型巨大化與縮小化的現象。
(C) 大型與小型島內哺乳動物的不同演化模式。
(D) 化石種與現存物種在演化上的相似之處。
理由：
本文第二段主要解釋福斯特法則，即在島嶼上大型哺乳動物通常會變小，小型哺乳動物則會變大，故得知 (C) 項應為正選。

(A) 36. 根據本文，大型哺乳動物在島嶼上可能會遇到什麼問題？
(A) 食物可能不夠。
(B) 在小島上較難找到遮風蔽雨之處。
(C) 在小島上可能難以到處活動。
(D) 由於缺乏天敵，會變得較無競爭力。
理由：
本文第三段最後一句提及在小島上體型大對於動物可能是個阻礙，因為大型動物需要攝取更多食物才能存活及繁衍，故得知 (A) 項應為正選。

(C) 37. 第四段中的 this group 所指的是什麼？
(A) 化石種。
(B) 天敵。
(C) 大型哺乳動物。
(D) 數量有限的競爭對手。

理由：
本文第四段第一句提及 big mammals（大型哺乳動物），第二句也在講述大型哺乳動物棲息於相對平衡、物種豐富的島嶼上的情況，可判斷本句的 this group 指的依然是大型哺乳動物，並講述大型哺乳動物在食物來源有限、競爭對手缺乏的小島上的情況，故得知 (C) 項應為正選。

(D) 38. 作者是以何種方式為最後一段作結？
 (A) 以一項預測。　　　　　　　　(B) 以一個總結。
 (C) 以一項建議。　　　　　　　　(D) 以一則實例。

理由：
本文第四段最後一句提及海峽群島上的紅鹿體型縮小之事，故得知 (D) 項應為正選。

重要單字片語

1. **mainland** [ˋmenlənd / ˋmenˏlænd] n. （指與附近島嶼相對的）大陸，本土
2. **isolation** [ˏaɪslˋeʃən] n. 孤立，隔絕
 isolate [ˋaɪslˏet] vt. 使孤立，使隔絕
3. **profound** [prəˋfaʊnd] a. 深遠的；有深度的
4. **ecosystem** [ˋikoˏsɪstəm / ˋɛkoˏsɪstəm] n. 生態系統
5. **inhabitant** [ɪnˋhæbɪtənt] n. 棲息動物；居民
6. **specialize** [ˋspɛʃəlˏaɪz] vi. 專攻
 specialize in... 專攻／專門從事……
 Professor Lee specializes in American literature.
 （李教授專精美國文學。）
7. **species** [ˋspiʃiz] n. 物種（單複數同形）
8. **evolution** [ˏɛvəˋluʃən] n. 演化，進化；發展
 evolve [ɪˋvalv] vi. 進化 & vt. 發展為
9. **mammal** [ˋmæml̩] n. 哺乳動物
10. **apt** [æpt] a. 有……傾向的
 be apt to V 易於……
 Fred is apt to talk on and on when he gets nervous.
 （佛瑞德一緊張就容易講話講個不停。）
11. **enlarge** [ɪnˋlɑrdʒ] vi. & vt. （使）增大 & vt. 放大（照片、文件等）
12. **phenomenon** [fəˋnɑməˏnɑn] n. 現象（複數為 phenomena [fəˋnɑmənə]）
13. **gigantism** [dʒaɪˋgæntɪzəm] n. 巨大（症）
 dwarfism [ˋdwɔrˏfɪzəm] n. 矮小；侏儒症
14. **rodent** [ˋrodn̩t] n. 齧齒動物
15. **dwarf** [dwɔrf] vt. 使矮小；使顯得矮小 & n. 矮人（複數為 dwarfs 或 dwarves）
16. **exception** [ɪkˋsɛpʃən] n. 例外；除外
17. **hold true (for...)** （對……而言）仍為正確／真實
 The scientist's theory holds true for people of all age groups.
 （這位科學家的理論適用於所有年齡層的人。）
18. **fossil** [ˋfɑsl̩] a. 化石的 & n. 化石
19. **regulate** [ˋrɛgjəˏlet] vt. 控制；規範；調節
 It is difficult for developing countries to regulate working conditions.
 （發展中國家難以規範工作條件。）
20. **adaptive** [əˋdæptɪv] a. 適應的
21. **predator** [ˋprɛdətɚ] n. 掠食動物，捕食動物
22. **competition** [ˏkɑmpəˋtɪʃən] n. 競爭（不可數）；比賽（可數）
 competitor [kəmˋpɛtətɚ] n. 競爭者；參賽者
 competitive [kəmˋpɛtətɪv] a. 競爭的
23. **hindrance** [ˋhɪndrəns] n. 阻礙
 = obstacle [ˋɑbstəkl̩]
24. **reproduce** [ˏriprəˋd(j)us] vi. & vt. 繁殖，生殖
25. **dwell** [dwɛl] vi. 居住
 （三態為：dwell, dwelt [dwɛlt] / dwelled, dwelt / dwelled）
26. **proboscidean** [ˏprɑbəˋsɪdɪən] n. 長鼻目動物 & a. 長鼻目的
27. **prehistoric** [ˏprihɪsˋtɔrɪk] a. 史前的
28. **attribute** [ˋætrəˏbjut] n. 特質，特性 & [əˋtrɪbjut] vt. 將……歸因於

29. **ecological** [ˌikəˈlɑdʒɪkl̩/ˌɛkəˈlɑdʒɪkl̩] *a.* 生態（學）的；環保的
30. **continental** [ˌkɑntəˈnɛntl̩] *a.* 大陸的；洲的
31. **mere** [mɪr] *a.* 僅僅的
    a mere + 數字　　僅僅若干……
    We need a mere $30,000 to shoot the movie.
    （我們拍這部電影僅需三萬美元就夠了。）
32. **shelter** [ˈʃɛltɚ] *n.* 遮蔽（不可數）；庇護所（可數）& *vi.* 遮蔽 & *vt.* 保護；收容
    find / take shelter　　尋求遮蔽處；避難
33. **prediction** [prɪˈdɪkʃən] *n.* 預測
34. **suggestion** [sə(g)ˈdʒɛstʃən] *n.* 建議；提議
35. **illustration** [ˌɪləˈstreʃən] *n.* 實例；插圖

第 39 至 42 題為題組

　　《大富翁》是現在世界上很受歡迎的桌遊，但大家對發明這桌遊的美國發明家伊莉莎白‧瑪姬以及她發明這桌遊背後的哲學卻所知甚少。

　　瑪姬出生於 1866 年，是個反抗她那時代規範和政治的人。瑪姬受到亨利‧喬治的啟發：喬治認為人人都有平等使用土地的權利，就像人人皆可呼吸空氣一樣[註1]，所以瑪姬就以桌遊的形式來挑戰資本主義的財產所有權制度。1904 年，她為其《大地主紙牌遊戲》申請了專利權，此遊戲含有一圈的街道和待售的地標。

　　瑪姬的遊戲有兩組規則：繁榮模式和壟斷模式。[註2]繁榮模式規定，每當有玩家獲得新房產時，每個玩家都應得到好處。而當某個玩家以最少的錢開始玩，然後將其財富翻倍時，大家都是贏家。相對地，在壟斷模式下，每個玩家購買房產且向後來來到這些房產上的玩家收房租，以求取得先機。最後讓所有其他玩家破產的人贏得遊戲。瑪姬說，設定兩組規則的目的是為了讓玩家了解，處理財產的不同方法會導致不同的社會現象：「大家都贏」或「一人獨贏」。

　　此款遊戲很快在大學校園和貴格會信徒之間流行起來，有些人還修改了此桌遊。一個名叫查爾斯‧達洛的失業玩家，將此修改過的版本當做自己的發明，賣給製造商派克兄弟。然而當此遊戲的真正原創曝光後，派克兄弟僅以五百美元就向瑪姬買走了專利權。然後他們以《大富翁》之名重新推出此款遊戲，而僅包括了一人獨贏的遊戲規則。達洛被宣傳為因出售此款遊戲而成為百萬富翁的發明家。因此，一個白手起家的神話被編造了出來，諷刺地坐實了《大富翁》隱含的價值觀：如果你想脫穎而出，就該追逐財富並打垮你的對手。

註1：先行詞 Henry George 是定義明確的先行詞，因此關係子句應使用「非限定」用法，即關係代名詞前需加逗點，所以在此 who 之前應加逗點。

註2：此句冒號後接名詞，而非接完整的句子，因此 The 的 T 應改為小寫，即 the。

(A) 39. 本文主要是關於什麼？
　(A) 一款桌遊的誕生及修改。
　(B) 某人氣遊戲之專利所有權人間的鬥法。
　(C) 一款地主遊戲背後社會經濟的勝利。
　(D) 因一款好玩遊戲而成為百萬富翁的人。

理由：
本文第一段指出大家對發明《大富翁》遊戲的伊莉莎白‧瑪姬所知甚少；第二段簡述瑪姬想發明此遊戲的原因；第三段提到瑪姬的遊戲有兩組規則：繁榮模式和壟斷模式；最後一段提到有人把修改過後的瑪姬遊戲版本賣給了製造商而致富，而製造商後來方知瑪姬是真正的遊戲發想人，便向她買走了專利權，並再將此遊戲修改成只有壟斷模式的遊戲規則，故得知 (A) 項應為正選。

(C) 40. 瑪姬遊戲中繁榮模式的主要目的為何？
(A) 強調資本主義制度的價值。
(B) 介紹取得新土地的不同方式。
(C) 提倡當某人致富時，所有人都應得利。
(D) 挑戰喬治認為人人都應有平等使用土地權利之想法。
理由：
本文第三段第二句提到繁榮模式，其規定每當有玩家獲得新房產時，每個玩家都該得到好處，故得知 (C) 項應為正選。

(B) 41. 最後一段的 a rags-to-riches myth 指的是什麼？
(A)《大富翁》遊戲修改過的版本。　　(B) 達洛把該遊戲賣掉後變成人生勝利組。
(C) 派克兄弟公司買了瑪姬的專利權。　(D) 在大學校園裡該遊戲很受歡迎。
理由：
本文最後一段第二句提到一個名叫達洛的失業玩家，將修改過後的瑪姬的遊戲，賣給了製造商；倒數第二句提到達洛被宣傳為因出售此款遊戲而成為百萬富翁的發明家，因此可推測 a rags-to-riches myth 指的是達洛把修改過後的遊戲賣掉而致富，故得知 (B) 項應為正選。

(D) 42. 以下哪一項最能描述瑪姬對現今這版本遊戲的感受？
(A) 很興奮。　　　　　　　　　　　　(B) 鬆了一口氣。
(C) 很尷尬。註1　　　　　　　　　　 (D) 很不高興。
理由：
本文第二段第二句提到瑪姬以桌遊的形式來挑戰資本主義；第三段最後一句提到瑪姬的桌遊有兩組規則，其目的是為了讓玩家了解處理財產的不同方法，會導致不同的社會現象：「大家都贏」或「一人獨贏」；最後一段倒數第三、第二句提到製造商向瑪姬買走專利權後，重新推出了瑪姬的遊戲，但這新遊戲的規則是只有壟斷模式，而達洛則被宣傳為因出售此款遊戲而致富的發明家，故得知 (D) 項應為正選。
註1：由於文中並未明確提及任何有關瑪姬感受的敘述，故考生僅能透過文中敘述之情況── 瑪姬對於改良過後的遊戲與其一開始設計遊戲的目的不同 ── 來判斷瑪姬可能會有的感受，較為主觀，因此 (C) 項也可能是會產生的感受。

重要單字片語

1. **monopoly** [məˋnɑplɪ] *n.* 壟斷，獨占
   monopolist [məˋnɑpəlɪst] *n.* 壟斷者
2. **a board game**　　桌遊
   Have you played any board games, such as Monopoly and chess?
   （你玩過《大富翁》和西洋棋等桌遊嗎？）
3. **rebel** [ˋrɛbḷ] *n.*（反抗社會等的）叛逆者，不循規蹈矩的人；反叛者
   a rebel against...　　反抗……的人；反叛……的人
   Eddy is known as a rebel against traditional values.
   （大家都知道艾迪是反抗傳統價值觀的人。）
4. **norms** [nɔrmz] *n.* 規範（恆用複數）

5. **patent** [ˋpætn̩t] *vt.* 申請專利權，得到……的專利權 & *n.* 專利權
   This company has patented more than 80 inventions so far.
   （到目前為止，這家公司已經申請了超過八十項發明的專利。）
6. **landlord** [ˋlænd͵lɔrd] *n.* 地主；房東
7. **consist** [kənˋsɪst] *vi.* 包含……，由……組 / 構成
   consist of...　　包含……，由……組 / 構成
   The breakfast consists of a sandwich and some soy milk.
   （早餐是三明治和豆漿。）
8. **circuit** [ˋsɝkɪt] *n.*（一）圈 / 環；環狀 / 行物

20-110 年試辦

9. **dual** [ˈd(j)uəl] *a.* 兩部分的，雙（重）的
10. **modify** [ˈmɑdəˌfaɪ] *vt.* 修改（三態為：modify, modified [ˈmɑdəˌfaɪd], modified）
    Some of the terms in the contract have to be modified before our boss signs it.
    （在我們老闆簽署之前，此合約中的若干條款必須修改。）
11. **unemployed** [ˌʌnɪmˈplɔɪd] *a.* 待/失業的
12. **version** [ˈvɝʒən] *n.* 版本
13. **come to light**　曝光，被揭露，為人所知
    After the scandal came to light, the mayor quit immediately.
    （醜聞曝光後，市長就立刻辭職了。）
14. **triumph** [ˈtraɪəmf] *n.* 勝利，成功
    (a) triumph over...　戰勝……
    Gerald's life is a tale of triumph over tragedy and frustration.
    （傑拉德的一生是個戰勝悲劇和挫折的故事。）
15. **publicize** [ˈpʌblɪˌsaɪz] *vt.* 宣傳
    Our company bought ads on Instagram to publicize our grand opening event that will take place in two months.
    （我們公司在 IG 上買廣告，以宣傳我們兩個月後會舉辦的盛大開幕活動。）
16. **rags-to-riches** [ˌrægztəˈrɪtʃɪz] *a.* 白手起家的，從貧窮到富裕的
17. **myth** [mɪθ] *n.* 神話；編造的話，迷思
18. **ironically** [aɪˈrɑnɪklɪ] *adv.* 具有諷刺意味地
19. **exemplify** [ɪɡˈzɛmpləˌfaɪ] *vt.* 作為……的例證（三態為：exemplify, exemplified [ɪɡˈzɛmpləˌfaɪd], exemplified）
    The brochures and signs written in several languages in this museum exemplify its popularity among foreigners.
    （此博物館以多種語言撰寫小冊子和標誌，證明它很受外國人歡迎。）
20. **implicit** [ɪmˈplɪsɪt] *a.* 不言明的，含蓄的
21. **opponent** [əˈponənt] *n.* 對手，敵手
22. **come out on top**　脫穎而出，勝出
    The competition is so fierce that it's really hard to say who'll come out on top.
    （競爭很激烈，很難說誰會勝出。）
23. **modification** [ˌmɑdəfəˈkeʃən] *n.* 修改
24. **socio-economic** [ˌsosɪoˌɛkəˈnɑmɪk] *a.* 社會經濟的
25. **advocate** [ˈædvəˌket] *vt.* 提倡，主張
    advocate + N/V-ing　提倡……，主張……
    The candidate advocates building more libraries and schools.
    （那位候選人主張多蓋圖書館和學校。）
26. **purchase** [ˈpɝtʃəs] *n.* 購買（行為）
27. **displeased** [dɪsˈplizd] *a.* 不高興的

第 43 至 46 題為題組

　　數十年來，印度的時區一直是個被激烈爭辯的話題。時區的概念於 1884 年正式建立時，印度使用兩個時區 ── 孟買時間與加爾各答時間。雖然 1906 年引進了印度標準時間（IST），但加爾各答時間與孟買時間在 1947 年印度獨立後仍然在使用，然後分別於 1948 年與 1955 年停用。目前的單一時區雖然是英國統治的遺緒，仍常被視為統一的象徵。然而並非所有人都對此制度買單。

　　印度國土由東至西綿延三千公里，橫跨經度約三十度。以天空太陽的位置來計算，這相當於兩小時的平均太陽時時差。因此在印度東部，日出時間會較印度最西邊早將近兩個小時。在東北部各邦，夏季可能早至清晨四點就日出，冬季則在下午四點就日落，比公定的上班時間提前太多。此狀況導致損失相當多的白晝時間，電力消耗更多，且經常性導致生產效率低落。

　　同時有近期研究指出，目前的制度對某些學生的學業來說造成嚴重問題。印度全國大體上在同一時間上學，因此在日落時間較晚的印度西部，孩童上床睡覺的時間較晚且睡覺時間被壓縮。這種日入而息型態的睡眠遭剝奪的現象，在窮人身上較為明顯，主要是因為環境吵雜，且欠缺窗簾或室內床鋪等可引導入眠的設施。平均而言，日落時間晚一個小時會使孩童的睡眠時間減少三十分鐘，而全年平均日落時間若晚一個小時，學習時間就會減少 0.8 年。因此在日落時間較晚的區域，孩童較難完成國小及國中教育。

儘管有眾多請願及提案要求改為多重時區，印度政府仍傾向保留現有制度，其給予的理由是為避免鐵路、飛機航班運作上的混亂以及安全問題。

(A) 43. 下列哪一項圖示表現 1955 年後的印度時區制度？

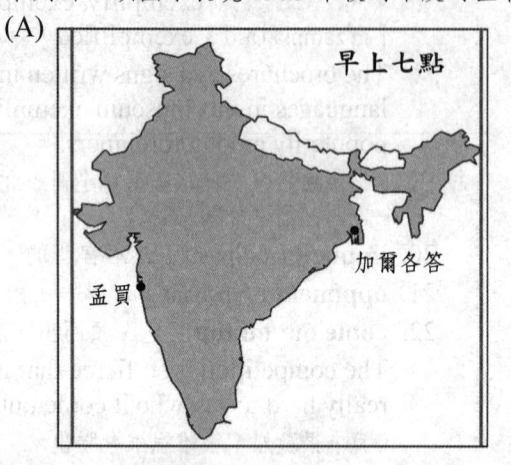

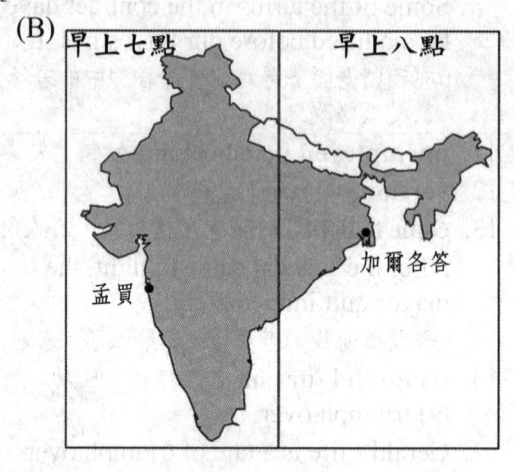

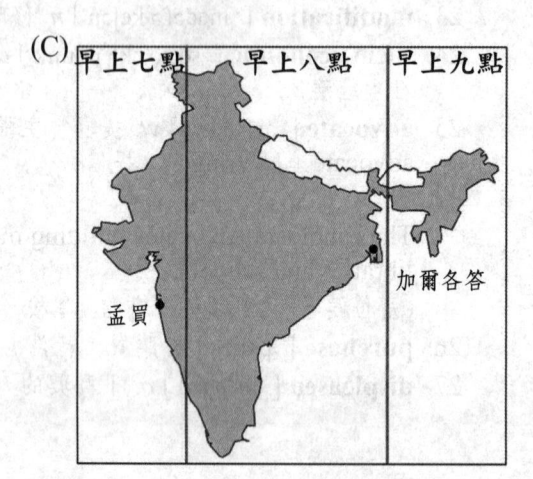

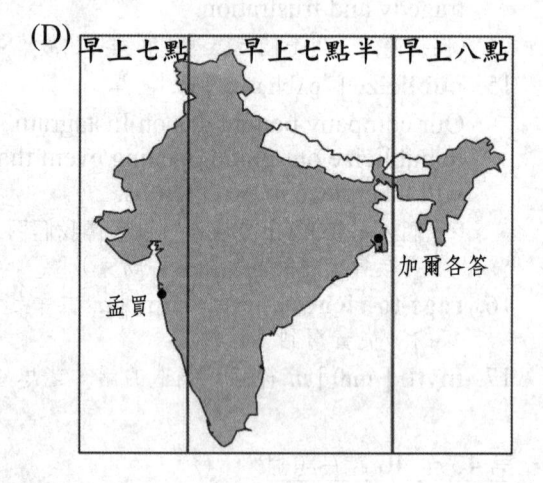

(A) 早上七點

(B) 早上七點 ｜ 早上八點

(C) 早上七點 ｜ 早上八點 ｜ 早上九點

(D) 早上七點 ｜ 早上七點半 ｜ 早上八點

理由：
本文第一段第三句提及 1906 年就開始採用印度標準時間（IST）且加爾各答時間與孟買時間則分別於 1948 年與 1955 年停用，可判斷 1955 年後印度全國皆採取單一時區制度，故得知 (A) 項應為正選。

(A) 44. 第三段中的 pronounced 與下列哪一項的意思最接近？
(A) 嚴重的。　　　　　　　　　　(B) 可變通的。
(C) 遙遠的。　　　　　　　　　　(D) 吵雜的。

理由：
pronounced 為「明顯的」的意思。若由句中語意來判斷，該句講述窮人因欠缺窗簾或床鋪等可引導入眠的設施，因此其睡眠不足的狀況應是更「明顯的」或更「嚴重的」，由此推斷可得知 (A) 項應為正選。

(B) 45. 根據本文，下列哪一項是支持多重時區的論點？
(A) 可以減少交通意外發生的次數。　(B) 孩童可以有更高品質的睡眠與教育。
(C) 印度可以有更多發電的能源。　　(D) 該國可以除去英國殖民的影響。

22－110 年試辦

理由:
本文第三段提及單一時區制度會影響某些學生的教育,即在日落時間較晚的區域,孩童的睡眠時間較短,進而影響到孩童的學習,故得知 (B) 項應為正選。

(C) 46. 根據本文,地圖上的城市瓦拉納西在十二月的日落時間最有可能是何時?

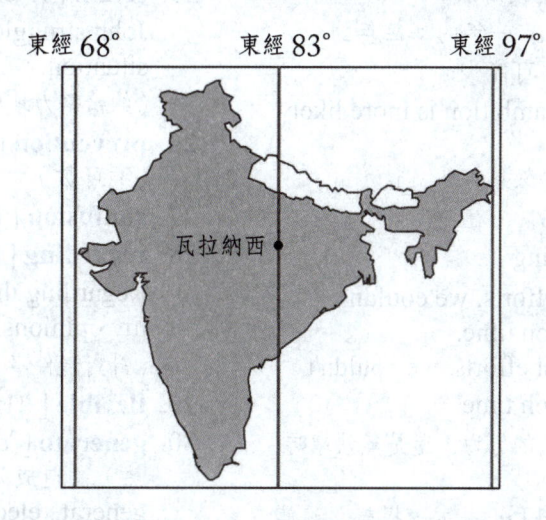

東經 68°　　　東經 83°　　　東經 97°

瓦拉納西

(A) 晚上七點。　　(B) 晚上六點。　　(C) 下午五點。　　(D) 下午四點。

理由:
本文第二段第三句提及印度東部與西部相差兩個小時（東部日出時間比西部早約兩個小時）,可判斷印度東部與中部相差一個小時。又第二段第四句提及在東北部各邦,冬季日落時間為下午四點,由此推斷可得知 (C) 項應為正選。

重要單字片語

1. **a time zone** 時區
2. **issue** [ˈɪʃu] n. 重大議題,爭議
3. **establish** [ɪˈstæblɪʃ] vt. 建立,創立
   The multinational technology company was established in 2005.
   （這間跨國科技公司於 2005 年創立。）
4. **respectively** [rɪˈspɛktɪvlɪ] adv. 分別地,各自地
5. **legacy** [ˈlɛɡəsɪ] n. 遺留物；遺產（複數為 legacies [ˈlɛɡəsɪz]）
6. **span** [spæn] vt. 橫跨；（時間）持續
   （三態為：span, spanned [spænd], spanned）
   The ancient empire spanned much of South America.
   （這古老帝國橫跨南美洲大部分土地。）
7. **longitude** [ˈlɑndʒəˌt(j)ud] n. 經度
   latitude [ˈlætəˌt(j)ud] n. 緯度
8. **correspond** [ˌkɔrəˈspɑnd] vi. 相當；符合
   correspond to... 相當於……
   My job position corresponds to the role of assistant manager in that company.
   （我的職位相當於那間公司的副理。）
9. **mean solar time** 平均太陽時間
   mean [min] a. 平均的
   solar [ˈsolɚ] a. 太陽的
10. **daylight** [ˈdeˌlaɪt] n. 白天；日光（皆不可數）
11. **consumption** [kənˈsʌmpʃən] n.（能源、資源）消耗（量）；消費；攝取（皆不可數）
12. **productivity** [ˌprodʌkˈtɪvətɪ] n. 生產力,生產率（不可數）
13. **nationwide** [ˌneʃənˈwaɪd / ˈneʃənˌwaɪd] adv. 在全國 & a. 全國的
14. **-induced** [ɪnˈd(j)ust] suffix 由……引起的
    induce [ɪnˈd(j)us] vt. 導致；誘使,勸說
15. **deprivation** [ˌdɛprɪˈveʃən] n. 缺乏,剝奪
16. **pronounced** [prəˈnaʊnst] a. 顯著的,明顯的

17. **facility** [fəˈsɪlətɪ] *n.* 設備，設施（常用複數，複數為 facilities [fəˈsɪlətɪz]）
18. **shade** [ʃed] *n.* 捲簾（美式用法）
 = window shade （美式用法）
 = blind [blaɪnd]（英式用法）
19. **annual** [ˈænjʊəl] *a.* 一年的；每年的
20. **be likely to V**　　可能……
   A man with great ambition is more likely to succeed.
   （有遠大抱負的人較容易成功。）
21. **despite + N/V-ing**　　儘管……
 = in spite of + N/V-ing
   Despite our best efforts, we couldn't finish the project on time.
 = In spite of our best efforts, we couldn't finish the project on time.
   （儘管我們盡了最大的努力，還是無法準時完成案子。）
22. **proposal** [prəˈpozl̩] *n.* 提案，提議；建議
23. **multiple** [ˈmʌltəpl̩] *a.* 多個的，多重的
24. **keen** [kin] *a.* 熱切的；渴望的；激烈的
   be keen to V　　熱切想要做……；渴望做……
   I enjoy working with Leslie because she is always keen to help.
   （我喜歡與萊絲莉共事，因為她總是很熱心助人。）
25. **retain** [rɪˈten] *vt.* 保留，保有
   John struggled to retain control of the situation.
   （約翰努力地保持著對狀況的掌控。）
26. **prevention** [prɪˈvɛnʃən] *n.* 避免；阻止（不可數）
27. **confusion** [kənˈfjuʒən] *n.* 混亂；混淆
28. **regarding** [rɪˈɡɑrdɪŋ] *prep.* 關於，有關
   Regarding this issue, I'd like to express my opinions.
   （針對這件事，我想表達我的意見。）
29. **flexible** [ˈflɛksəbl̩] *a.* 可變通的；有彈性的
30. **generate** [ˈdʒɛnəˌret] *vt.* 產生（電、光、熱）；造成
   generate electricity　　發電
31. **impact** [ˈɪmpækt] *n.* 影響 & [ɪmˈpækt] *vt. & vi.* 對……產生影響
 = influence [ˈɪnfluəns]

第貳部分、混合題（占 10 分）

第 47 至 50 題為題組

　　理查一世是 1189 年至 1199 年間的英格蘭國王。他因為勇猛善戰且據說無所畏懼而被稱作「獅心王理查」。登基之後，為了從回教徒手中奪回基督教聖地，理查帶領軍隊加入第三次十字軍東征。他與奧地利公爵利奧波德五世並肩作戰，在 1191 年一起攻下強大的阿卡城堡壘。但是當理查登上城堡頂端宣布勝利時，他只展示了自己的旗幟，而沒有展示當時並不在場的利奧波德公爵的旗幟。這對公爵來說是難以忍受的羞辱，因此他祭出懸賞捉拿理查。

　　理查明白戰後回到英格蘭的路上潛藏危機。然而他除了穿越奧地利之外別無選擇，而奧地利的領土卻是由跟他敵對的前盟友掌控著。理查喬裝趕路，卻在抵達維也納之前被識破而遭到俘擄。利奧波德公爵將理查囚禁在多瑙河畔的杜倫施坦城堡。幾個月後，理查被轉交給德意志王國的皇帝亨利六世。公爵與皇帝要求三十五噸重的銀子作為贖金才會釋放理查。這對英格蘭而言是筆龐大的金額。

　　贖金於 1194 年交付，而理查終獲釋放，但籌措贖金的過程卻令整個英格蘭的人民大傷元氣。德意志皇帝與奧地利公爵瓜分了這筆銀子。奧地利人用此款項修整維也納的城牆以及一些東部小城，也藉此設立了奧地利鑄幣廠並製造銀幣。一直到一九六〇年代，奧地利的十先令硬幣中仍有少量的銀成分來自這筆贖金。

47. 請從文章第一段中選出一個單詞（word）填入下列句子的空格，並視語法需要作適當的字形變化，使句子語意完整、語法正確，且符合第一段文意。（填空，2分）
    1191 年攻下阿卡城之後，奧地利公爵因遭到嚴重羞辱而大怒。
    答案：
    insulted
    理由：
    a. 本文第一段第五、六句提及理查一世攻取阿卡城堡壘之後未展示奧地利公爵的旗幟，對公爵為莫大的羞辱，由此可推斷公爵遭到羞辱為他大怒的原因，得知空格內應置入單字 insult（羞辱）以符合語意，又因為空格前有 had been 表示過去完成式，得知空格內應改為動詞的過去分詞 insulted 以符合文法。
    b. insult [ɪnˈsʌlt] vt. & [ˈɪnsʌlt] n. 羞辱，侮辱
       Ned was very angry because Jennifer insulted him.
       （奈德非常生氣，因為珍妮佛侮辱了他。）

48. 第二段中的 his unfriendly former ally 所指的是誰？（簡答，2分）
    答案：
    the Duke of Austria, Leopold V（奧地利公爵利奧波德五世）
    或：the Duke of Austria（奧地利公爵）
    或：Leopold V（利奧波德五世）
    或：the Austrian Duke / duke（奧地利公爵）
    或：the Duke / duke（公爵）
    或：Duke Leopold（利奧波德公爵）
    理由：
    本文第一段第四句提及理查一世與奧地利公爵利奧波德五世曾是盟友，又第一段第五、六句提及奧地利公爵遭理查一世羞辱而反目成仇，又第二段第二句提到查理一世得要穿越奧地利，而奧地利是由他敵對的前盟友掌控著，由此得知第二段中的 his unfriendly former ally（跟他敵對的前盟友）應為奧地利公爵利奧波德五世。

49. 本文中哪個單字的意思為「製造硬幣、勳章及代幣的地方」？（簡答，2分）
    答案：
    mint
    或：Mint
    理由：
    a. 本文第三段第四句提及奧地利人利用贖金的銀子製造銀幣，由此可推斷單字 mint（鑄幣廠）指的應為製造硬幣、勳章及代幣的地方。
    b. mint [mɪnt] n. 鑄幣廠
       Coins for the United Kingdom are produced in the Royal Mint.
       （英國的硬幣是在皇家鑄幣廠製造的。）

50. 故事中理查一世、亨利六世及利奧波德五世各發生了什麼事？請根據本文從下列選項 (A) 至 (F) 中選出正確的敘述。（多選題，4分）
    (A) 理查一世最終報仇成功。
    (B) 亨利六世拿到部分的贖金。
    (C) 事件發生後理查一世失去王位。
    (D) 阿卡城戰役後利奧波德五世獨自宣布勝利。

(E) 利奧波德五世利用贖金重建城鎮與城牆。
(F) 亨利六世俘擄理查一世並把他轉交給利奧波德五世。

答案：
(B)、(E)

理由：
本文第三段第二句提及德意志王國的皇帝（即亨利六世）與奧地利公爵（即利奧波德五世）分攤了贖金的銀子，得知選項 (B) 為正確敘述。又本文第三段第三句提及奧地利人利用這些銀子加強修築維也納的城牆及一些東部小城，得知選項 (E) 也是正確敘述。

重要單字片語

1. **warrior** [ˈwɔrɪɚ] n. 戰士
2. **ascend** [əˈsɛnd] vt. 登上（王位）
   ascend the throne　登基，登上王位
3. **throne** [θron] n. 王位；王座
4. **crusade** [kruˈsed] n. 十字軍東征（常大寫）；（為某種目的而發起的）運動
5. **Christian** [ˈkrɪstʃən] a. 基督教的 & n. 基督徒
6. **a holy site**　聖地
   holy [ˈholɪ] a. 神聖的
7. **Muslim** [ˈmʌzləm / ˈmʊzlɪm] n. 回教徒，伊斯蘭教徒，穆斯林 & a. 回教的，伊斯蘭教的，穆斯林的
8. **side by side**　並肩；並排
   Doctors and scientists are working side by side to produce a cure for the disease.
   （醫生與科學家並肩合作，製造可治癒該疾病的藥物。）
9. **duke** [d(j)uk] n. 公爵
10. **conquer** [ˈkɑŋkɚ] vt. 征服；克服
    In the 16th century, Spain conquered the majority of the so-called New World.
    （西班牙在十六世紀征服了所謂的新大陸大部分的土地。）
11. **fortress** [ˈfɔrtrɪs] n. 堡壘；要塞
12. **banner** [ˈbænɚ] n. 旗幟
13. **place / put a price on sb's head**
    祭出懸賞捉 / 緝拿某人
    The police placed a price on the drug lord's head.
    （警方祭出懸賞緝拿毒梟。）

14. **be aware of...**　知道……；察覺到……
    Mark was aware of the problems, but he did not make any effort to solve them.
    （馬克知道有問題，但是他並沒有付出努力解決它們。）
15. **await** [əˈwet] vt. 等候，等待
    await sb　即將發生於某人身上
    A difficult challenge awaits the hero on top of the mountain.
    （英雄即將在山頂遇到一項棘手的挑戰。）
16. **have no (other) choice but to V**
    除了……之外別無選擇
    = have no (other) alternative but to V
    = have no (other) option but to V
    A storm is coming, so we have no choice but to cancel the trip.
    （暴風雨即將來臨，所以我們別無選擇只好取消行程。）
17. **unfriendly** [ʌnˈfrɛndlɪ] a. 有敵意的，不友好的
18. **ally** [ˈælaɪ] n. 盟友；同盟國（複數為 allies [ˈælaɪz]）
19. **disguise** [dɪsˈɡaɪz] n. 偽裝（物）& vt. 喬裝，假扮
    in disguise　偽裝
    The movie star usually goes out in disguise to avoid being bothered.
    （那位電影明星出門通常會喬裝，避免受到騷擾。）
20. **hand over... / hand... over to...**
    移交……給……

26－110 年試辦

After the villagers caught the thief, they handed him over to the police.
（村民逮到賊後移交給警方。）
21. **ransom** [ˈrænsəm] *n.* 贖金
22. **demand** [dɪˈmænd] *vt. & n.* 要求
The angry woman demanded an apology from the rude man.
（怒氣沖沖的女子要求那名無禮的男子道歉。）
23. **split** [splɪt] *vt.* 分得／享 & *vt. & vi.* （使）分開；（使）裂開（三態同形）& *n.* 裂口；分歧
The prize was split between the two winners.
（兩位優勝者平分這筆獎金。）
24. **establish** [ɪˈstæblɪʃ] *vt.* 創立，建立
25. **stem** [stɛm] *vi.* 源自，起因於 & *vt.* 阻止（三態為：stem, stemmed [stɛmd], stemmed）& *n.* 莖

stem from... 源自……；起因於……
The depressed woman's problems stemmed from her childhood.
（這名憂鬱女子的問題源自她的童年。）
26. **Schilling** [ˈʃɪlɪŋ] *n.* 先令（為奧地利使用歐元前的貨幣單位）
27. **conquest** [ˈkɑŋkwɛst] *n.* 征服
28. **revenge** [rɪˈvɛndʒ] *n.* 報復，報仇 & *vt.* 為……報仇
29. **rebuild** [riˈbɪld] *vt.* 重建；改造（三態為：rebuild, rebuilt [riˈbɪlt], rebuilt）
Most houses in the city had to be rebuilt after the earthquake.
（地震後市區大部分的房子需要重建。）

第參部分、非選擇題（占 28 分）

一、中譯英（占 8 分）

1. 很多人害怕公開演講，常在上台之前發抖、覺得頭昏。

示範譯句：
Many people are <u>afraid / scared / fearful / terrified</u> of public speaking, often <u>trembling / shivering / shaking / shuddering</u> and feeling <u>dizzy / faint</u> before <u>going on stage / getting on stage / taking (to) the stage</u>.
或：
Many people are <u>afraid / scared / fearful / terrified</u> of public speaking, and (they) often <u>tremble / shiver / shake / shudder</u> and feel <u>dizzy / faint</u> before <u>going on stage / getting on stage / taking (to) the stage</u>.
或：
Many people are <u>afraid / scared / fearful / terrified</u> of public speaking; they often <u>tremble / shiver / shake / shudder</u> and feel <u>dizzy / faint</u> before <u>going on stage / getting on stage / taking (to) the stage</u>.
或：
Many people are <u>afraid / scared / fearful / terrified</u> of public speaking. They often <u>tremble / shiver / shake / shudder</u> and feel <u>dizzy / faint</u> before <u>going on stage / getting on stage / taking (to) the stage</u>.

翻譯要點：
a. terrified [ˈtɛrəˌfaɪd] *a.* 非常害怕的
be terrified of... 很害怕……
= be afraid / scared / fearful of...
Don't ask me to kill the cockroaches. I'm terrified of them!
（不要叫我殺那些蟑螂。我很怕蟑螂！）

b. public speaking　　公開演講/說
Would you please give me some tips for public speaking?
（你能告訴我一些公開演說的技巧嗎？）

c. shiver [ˈʃɪvɚ] vi. 發抖
= tremble [ˈtrɛmbl̩]
= shake
= shudder [ˈʃʌdɚ]
The little boy hid behind the door and shivered with fear as the bad guys broke into the house.
（壞人闖進屋裡時，小男孩躲在門後，嚇得渾身發抖。）

d. go on stage　　上臺
= get on stage
= take (to) the stage
Richard, you're going on stage in ten minutes. Take a deep breath if you're nervous.
（理查，你十分鐘後就要上臺了。如果你緊張就深呼吸。）

2. 只要我們對自己有信心，並持續練習，就可以克服怯場的問題。

示範譯句：
As long as we have confidence / faith in ourselves and keep (on) / continue practicing, we can overcome / conquer / beat / solve / resolve the problem of stage fright.
或：
As long as we are confident in ourselves and keep (on) / continue practicing, we can overcome / conquer / beat / solve / resolve the problem of stage fright.

翻譯要點：
a. as long as...　　只要……
You can play online games as long as you finish doing your homework first.
（只要你先把功課寫完，就可以玩網路遊戲。）

b. confidence [ˈkɑnfədəns] n. 信心
have confidence in oneself　　（某人）對自己有信心
= have faith in oneself
= be confident in oneself
Jeremy, you should have more confidence in yourself. I believe you'll make it.
（傑瑞米，你應要對自己更有信心。我相信你會成功的。）

c. overcome [ˌovɚˈkʌm] vt. 克服 & vi. 得勝（三態為：overcome, overcame [ˌovɚˈkem], overcome）
overcome a problem　　克服/解決問題/難題
= conquer [ˈkɑŋkɚ] a problem
= beat / solve a problem
= resolve [rɪˈzɑlv] a problem
I hope my child will develop the ability to overcome problems and never give up easily.
（我希望我的孩子培養出克服問題的能力，永不輕言放棄。）

d. stage fright　　怯場
The famous actress said that it actually took her a long time to get over stage fright.
（這位知名女演員說，事實上她花了很長一段時間才克服了怯場的問題。）

二、英文作文（占 20 分）

示範作文：

　　In 2021, a prolonged drought in Taiwan meant that the water level in most reservoirs and water sources became very low. This led to some incredible sights around the island, such as people being able to stand on the bottom of a dried-up Sun Moon Lake. The authorities, particularly in central and southern areas, responded by restricting water usage. For instance, residents were not able to access tap water for two days out of every week. Instead, water trucks visited communities, and people had to line up to fill their plastic containers with the valuable commodity.

　　Sadly, events such as this will likely become more common—in Taiwan and across the world—as climate change gets worse and temperatures rise. The scientific community is united in pinning the blame for this on humans and our activities, such as the burning of fossil fuels. A warming planet means unpredictable weather and an unreliable supply of water, which is vital for life. We all need to learn to be aware of how much water we use and to conserve it when we can. In addition, the government of Taiwan needs to be brave and introduce necessary—though controversial—policies, such as increasing the cost of water, which is cheaper here than in most countries in the world.

　　2021 年臺灣經歷了長時間的乾旱，意味大多數水庫與水源的水位是在極低的位置。此現象導致島上出現一些不可思議的景象，例如人們可以站在乾涸的日月潭潭底。有關當局，特別是中南部地區，以限制用水來應對。例如每週有兩天居民無法使用自來水。取而代之的是水車開進社區，人們必須排隊用塑膠容器裝這珍貴物資。

　　悲哀的是，隨著氣候變遷加劇及氣溫上升，這類事件在臺灣或世界各地都很可能會愈來愈常見。科學界一致將問題歸咎於人類及燃燒化石燃料等人類活動上。升溫的地球代表變化無常的天氣，以及生存必需的水資源供應也會變得不穩定。我們都需要學會在乎自己的用水量，並盡可能節約用水。此外，臺灣政府需要硬起來推動有爭議但必要的政策，例如提高水費。與世界大多數國家相比，臺灣的水費相對便宜。

重要單字片語

1. **prolonged** [prəˋlɔŋd] *a.* 長期的
   prolong [prəˋlɔŋ] *vt.* 延長
2. **drought** [draʊt] *n.* 乾旱
3. **reservoir** [ˋrɛzɚ͵vwɑr / ˋrɛzɚ͵vɔr] *n.* 水庫；蓄水池
4. **authority** [əˋθɔrətɪ] *n.* 當局，官方（恆用複數）；權威（不可數）；權威人士
   the authorities (concerned) （有關）當局
5. **usage** [ˋjusɪdʒ] *n.* 使用（量）（不可數）；（字或語言的）用法
   water usage　用水量
6. **commodity** [kəˋmɑdətɪ] *n.* （有用、有價值的）物品，商品

7. **pin the blame (for sth) on sb/sth**
   將（某事的）責任歸咎於某人 / 某事物上
   pin [pɪn] *vt.* （用別針）別住，固定住（三態為：pin, pinned [pɪnd], pinned）
   No one believed Kevin when he tried to pin the blame on Vicky.　（凱文試圖將責任歸咎於薇琪時沒有人相信他。）
8. **unpredictable** [͵ʌnprɪˋdɪktəbl̩] *a.* 無法預測的，出乎意料的
9. **unreliable** [͵ʌnrɪˋlaɪəbl̩] *a.* 不可靠的
10. **vital** [ˋvaɪtl̩] *a.* 極重要、維持生命必需的
11. **conserve** [kənˋsɝv] *vt.* 節約；保存；保護
    conserve water / electricity / energy
    節約用水 / 用電 / 能源
12. **controversial** [͵kɑntrəˋvɝʃəl] *a.* 有爭議的

國家圖書館出版品預行編目（CIP）資料

近五年英文學測／指考試題詳解：詳解本. 114年
版／賴世雄作. -- 初版. -- 臺北市：常春藤數位
出版股份有限公司, 2025.03
　面；　公分. --（常春藤升大學系列；AC02-114）
ISBN 978-626-7225-84-4（平裝）
1. CST: 英語　2. CST: 問題集
3. CST: 中等教育
524.38　　　　　　　　　　　　　　114001563

填讀者問卷
送熊贈點

常春藤升大學系列【AC02-114】
近五年英文學測／指考試題詳解－詳解本（114年版）

總 編 審	賴世雄
終　　審	梁民康
執行編輯	許嘉華
編輯小組	常春藤中外編輯群
設計組長	王玥琦
封面設計	林桂旭
排版設計	王穎緁・林桂旭
法律顧問	北辰著作權事務所蕭雄淋律師
出 版 者	常春藤數位出版股份有限公司
地　　址	臺北市忠孝西路一段33號5樓
電　　話	(02) 2331-7600
傳　　真	(02) 2381-0918
網　　址	www.ivy.com.tw
電子信箱	service@ivy.com.tw
郵政劃撥	50463568
戶　　名	常春藤數位出版股份有限公司
定　　價	380元／套（含試題本及詳解本）

©常春藤數位出版股份有限公司 (2025) All rights reserved.　　Y000064-3588
本書之封面、內文、編排等之著作財產權歸常春藤數位出版股份有限公司所有。未經本公司
書面同意，請勿翻印、轉載或為一切著作權法上利用行為，否則依法追究。

如有缺頁、裝訂錯誤或破損，請寄回本公司更換。　　【版權所有　翻印必究】

114年版
近五年
英文學測/指考
試題詳解 試題本

序

　　從 111 年新制學測考題可證明，108 課綱實施後，學測英文考試題型已產生了極大改變。本人帶領常春藤中外編輯團隊秉持始終如一的品質和專業理念、負責嚴謹的態度，出版**《近五年英文學測／指考試題詳解》**，期盼以詳實精闢的解析，給予考生在英文學習及大學學測考試有所助益。

　　新制學測英文考題融合歷屆學測、指考與 108 課綱核心素養的命題精神，與以往的學測最大不同點在於新增兩種題型：**篇章結構與混合題**。「**篇章結構**」雖是舊式學測未曾出現的題型，卻是指考必考題型，且從 115 學年度開始，本題型將由原先的 4 個選項搭配 4 個答案，改為 5 個選項搭配 4 個答案；為兼顧考生需求，我們納入近五年指考試題與詳解，不但可以多練習篇章結構，更能挑戰難度較高的試題。「**混合題**」則為新制學測的另一特點：打破以往閱讀測驗選擇題的出題方式，**以核心素養為主軸，考生需將文章內容融會貫通之後，再以選擇、勾選或是手寫方式回答問題，題目可能是擷取文章訊息，也可能是找出段落主題句……等**。以 114 年的題目為例，考生需閱讀 10 位民眾對於動物園的正反意見，然後從中找出 2 個單詞，並依句型結構適度變化後填入作答；另一題為多選題，考生需針對意見內容挑選出持正面看法的民眾，並填入代號；最後則為簡答題，依文章內容推論出某單詞代表的含意。

　　此外，為了讓考生多加熟悉新制學測的考題，在本書中特編入 110 年試辦學測試題並加以詳細解析、翻譯，期望讀者能充分利用，提升應考戰力。

　　我曾經應邀到各校演講，得知許多學校的英文老師治學甚嚴，不少老師給我留下深刻的印象。**宜蘭縣慧燈中學的劉清標老師**就是其中一位，他利用本書及常春藤雜誌（附贈的升大學模擬試題+詳解）當作高二、三全體學生英文的教材，逐題精細講解（也因如此，本書間接獲得劉老師的校審），多年來，慧燈中學竟然締造出驚人的成果，多數學生在學測達到十五級滿級分，並在各種英文檢定考試也有亮麗的成績。可見本書不只是一本優質的參考書，也是最好的教材。

　　由於 111 年起升大學指考已取消，是以分科測驗取代且不考英文，只有學測才考英文，可謂「**一試定勝負**」。建議同學從「高一」就開始積極準備、熟讀、反覆演練，必能戰勝學測獲得高級分。唯有超前部署，英文獲得好成績，才能進入理想大學。本書封底裡詳列了針對新制學測出版的各類書籍，只要多加利用，必能勇奪高級分。祝各位學習成功！

114 年升大學學測 / 指考英文試題　目錄

- 114 年升大學學測英文試題 …………… 學 114 年 P.1 - P.12
- 113 年升大學學測英文試題 …………… 學 113 年 P.1 - P.12
- 112 年升大學學測英文試題 …………… 學 112 年 P.1 - P.12
- 111 年升大學學測英文試題 …………… 學 111 年 P.1 - P.12
- 110 年升大學學測英文試題 …………… 學 110 年 P.1 - P.12
- 110 年升大學指考英文試題 …………… 指 110 年 P.1 - P.12
- 109 年升大學指考英文試題 …………… 指 109 年 P.1 - P.12
- 108 年升大學指考英文試題 …………… 指 108 年 P.1 - P.12
- 107 年升大學指考英文試題 …………… 指 107 年 P.1 - P.12
- 106 年升大學指考英文試題 …………… 指 106 年 P.1 - P.12
- 110 年升大學試辦學測英文試題 ………… 試 110 年 P.1 - P.12

學測篇

114 年升大學學測英文試題

114 年升大學學測英文試題

第壹部分：選擇題（占 62 分）

一、詞彙題（占 10 分）

說明：第 1 題至第 10 題為單選題，每題 1 分。

1. If you put a _____ under a leaking faucet, you will be surprised at the amount of water collected in 24 hours.
   (A) border (B) timer (C) container (D) marker

2. The local farmers' market is popular as it offers a variety of fresh seasonal _____ to people in the community.
   (A) produce (B) fashion (C) brand (D) trend

3. As the years have passed by, many of my childhood memories are already _____; I can no longer recall clearly what happened back then.
   (A) blurring (B) trimming (C) draining (D) glaring

4. Racist remarks are by nature _____ and hurtful, and should be avoided on all occasions.
   (A) excessive (B) furious (C) offensive (D) stubborn

5. Not satisfied with the first _____ of her essay, Mary revised it several times before turning it in to the teacher.
   (A) text (B) brush (C) draft (D) plot

6. Left _____ for years, the deserted house was filled with a thick coating of dust and a smell of old damp wood.
   (A) casual (B) fragile (C) remote (D) vacant

7. The high school student showed _____ courage when she helped the old man escape from the fire.
   (A) gigantic (B) exclusive (C) multiple (D) enormous

8. Publicly financed projects are often _____ or delayed during tough economic times due to a lack of resources.
   (A) halted (B) hatched (C) possessed (D) reinforced

9. Despite his busy schedule, the President _____ the school's graduation ceremony with his presence and a heartwarming speech.
   (A) praised (B) graced (C) addressed (D) credited

10. The manager of the company was sued for _____ abusing his colleagues, calling them "hopeless losers."
    (A) verbally (B) dominantly (C) legitimately (D) relevantly

二、綜合測驗（占 10 分）

說明：第 11 題至第 20 題為單選題，每題 1 分。

第 11 至 15 題為題組

In 1995, a group of business and academic leaders met at the home of Juanita Brown and David Isaacs in Mill Valley, California. None of them had any idea they were about to create a social innovation that _(11)_ rapidly around the world.

The group was supposed to have a large-circle discussion in their beautiful garden. Unfortunately, it started pouring. With their plan _(12)_ by the rain, the two dozen participants squeezed into the living room. They broke into small, intimate table conversations, recording their insights on paper tablecloths. They periodically stopped their conversations to switch tables so the insights and ideas might _(13)_ and deepen. As they moved from one table to another, they noticed new ideas emerging from the discussions. This in turn enriched subsequent rounds of conversation. Over the course of the morning, the innovative discussion process _(14)_ a new form of collective effort that transformed the depth, scope, and quality of their discussion.

The World Café was _(15)_ created. Since that rainy morning in Mill Valley, the World Café approach has been applied to multi-group discussions and cooperative actions by businesses, industries, and educational institutions around the world.

11. (A) had spread   (B) would spread   (C) had been spreading   (D) would have spread
12. (A) facilitated   (B) disrupted   (C) disclosed   (D) fulfilled
13. (A) circulate   (B) emphasize   (C) recover   (D) preserve
14. (A) made up for   (B) kept track of   (C) gave rise to   (D) looked out for
15. (A) still   (B) also   (C) further   (D) thus

第 16 至 20 題為題組

If you have ever been sick to your stomach on a rocking boat or a bumpy car ride, you know the discomfort of motion sickness. It can _(16)_ suddenly, progressing from a feeling of uneasiness to a cold sweat. Soon, it can lead to dizziness, nausea, and vomiting.

Motion sickness occurs when the signals your brain receives from your eyes, ears, and body _(17)_. Your brain doesn't know whether you are stationary or moving when these parts send conflicting information: One part of your balance-sensing system detects that your body is moving, but the other parts _(18)_. Your brain's confused reaction makes you feel sick. You may experience the discomfort from the motion of cars, boats, or amusement park rides. You may also get sick from playing video games, or looking through a microscope.

You can take some _(19)_ to help avoid the discomfort. If you are traveling, reserve seats where motion is felt the least, such as the front row of a car or forward cars of a train. Looking out into the distance from the vehicle can help _(20)_. You can also take medicine before your ride to avoid or reduce nausea and vomiting.

16. (A) crash (B) flush (C) burst (D) strike
17. (A) are not regular (B) can hardly move (C) do not match (D) are rarely cued
18. (A) aren't (B) won't (C) don't (D) haven't
19. (A) special opportunities (B) preventive measures
    (C) potential risks (D) significant advantages
20. (A) as well (B) by far (C) at least (D) after all

三、文意選填（占 10 分）

說明：第 21 題至第 30 題為單選題，每題 1 分。

第 21 至 30 題為題組

The Notre-Dame de Paris is one of the most famous cathedrals in Europe. Located at the heart of Paris, this medieval cathedral is _(21)_ for its intricate architecture, stunning stained glass windows, and, above all, its bells.

Mounted in the two tall towers of the cathedral, Notre-Dame's bells have been ringing for over 800 years. In fact, there is documented _(22)_ to the ringing of bells even before the cathedral's construction was completed, dating as far back as the 12th century. The 10 bells vary in size, each _(23)_ a name. The largest one, named "Emmanuel," weighs over 13 tons. It is the only one of the whole group that _(24)_ the French Revolution, while the rest were melted down for weapons. The melted bells were recast in the late 19th century. But due to their poor acoustic quality, all of the bells were replaced in 2013—except for Emmanuel, which _(25)_ its renowned, excellent sound. This particular bell, ringing in F sharp, is considered one of the most harmonically beautiful in Europe.

Over centuries, the bells have become a _(26)_ part of life in Paris, where they are known as "the cathedral's voice." They have been used to mark the hours of the day, to call the _(27)_ to prayer, and to signal emergency situations such as fires and invasions. They have also rung in times of _(28)_ and of mourning, announcing such events as royal weddings and coronations of kings, as well as funerals of heads of state.

However, after the devastating fire that damaged the cathedral in 2019, the bells fell _(29)_. The building went through a complex and time-consuming process of _(30)_, and the famous monument was finally reopened on December 8, 2024. The sounds of Notre-Dame bells once again filled the air in Paris, and will be heard for generations to come.

(A) reference (B) bearing (C) familiar (D) retained
(E) faithful (F) survived (G) celebration (H) restoration
(I) noted (J) silent

四、篇章結構（占 8 分）

說明：第 31 題至第 34 題為單選題，每題 2 分。

第 31 至 34 題為題組

　　A capsule hotel, also known as a pod hotel, is a unique type of basic, affordable accommodation. Originated in Japan, these hotels were initially meant for business professionals to stay close to populated business districts without spending a lot. _(31)_

　　A typical room of a capsule hotel is roughly the length and width of a single bed, with sufficient height for a guest to crawl in and sit up on the bed. The walls of each capsule may be made of wood, metal or any rigid material, but are often fiberglass or plastic. _(32)_ Each capsule is equipped with a comfortable mattress, a small light, and sometimes a television or other entertainment options. Such minimalist design is what makes these hotels both inexpensive and efficient, providing only the essential elements for a good night sleep.

　　The first capsule hotel, the Capsule Inn Osaka, opened in 1979. Since then, capsule hotels have quickly spread to other cities and countries. Chains have emerged in Taiwan, Singapore, and even on resort islands like Bali. Pod hotels are also seen in Europe and North America, especially in big cities like New York, London, and Paris. _(33)_ Instead of the traditional bare pod-sized style, new chains now feature interior design that appeals to digitally connected travelers from around the world. Guests may enjoy facilities such as free Wi-Fi, mobile charging, and even a soundless alarm system that raises the sleeping guests into a seated position while gradually brightening the lights.

　　While offering budget-conscious travelers a unique option, capsule hotels may not be suitable for everyone. Some hotels may not provide air conditioning in the capsules, leading to poor air flow. _(34)_ Also, you may have to share common facilities (such as bathrooms) with other guests. And, if you're worried about feeling claustrophobic in small spaces, you'd better think twice before making a reservation.

(A) In response to rising demands, these hotels are embracing a wave of innovation.
(B) The room's thin plastic walls easily transmit the sound of snoring made by neighboring guests.
(C) The chambers are stacked side-by-side, two units high, with the upper rooms reached by a ladder.
(D) Today, they provide low-budget, overnight lodging in commerce centers in large cities worldwide.

五、閱讀測驗（占 24 分）

說明：第 35 題至第 46 題為單選題，每題 2 分。

第 35 至 38 題為題組

　　While waiting to cross the street at busy intersections, have you ever wondered who invented the traffic light? Most people credit the first traffic light to Nottingham engineer John Peake

Knight. A railway manager, Knight specialized in designing the signaling system for Britain's growing railway network in the 1860s. He saw no reason why this could not be adapted for use on the busy London intersections. Thus, he proposed a signaling system based on the railway movable-arm signal: Arms extending horizontally commanded drivers to stop, whereas arms lowered to a 45-degree angle told drivers to move on, resembling a traffic director's gestures. Red and green gas lamps were added to the signal for use at night. A police officer was stationed by the side to operate the system.

Knight's traffic signal was installed near London's Westminster Bridge in December 1868, but the system was short-lived. A gas leak one month later caused an explosion in the lights, injuring the policeman operating it. Deemed a public hazard, the project was immediately dropped, and traffic lights were banned until their return in 1929 back to the British streets.

In the early 1900s, versions of the British traffic lights appeared in big cities in America, where traffic was on a sharp rise. Systems using movable arms were popular in Chicago, while those using the red and green lights were adopted in San Francisco. Patents with innovations on Knight's ideas were filed nationwide. A major breakthrough was the yellow light invented by a Detroit police officer William Potts. Installed in Detroit in 1920, Potts' three-color system allowed for the added signal "proceed with caution" to be displayed.

Now, with the emergence of self-driving cars, researchers have begun to suggest that traffic signals are no longer necessary. Intersections will operate in a way that cars automatically adjust their speed to cross through, while maintaining safe distances from other vehicles. In the near future, we may experience a brand new form of traffic management!

35. What is this passage mainly about?
    (A) The evolution of traffic control systems.
    (B) The inventors of traffic lights in history.
    (C) The functions of different traffic signals.
    (D) The development of modern transportation.

36. Which of the following pictures shows Knight's proposed traffic signal?

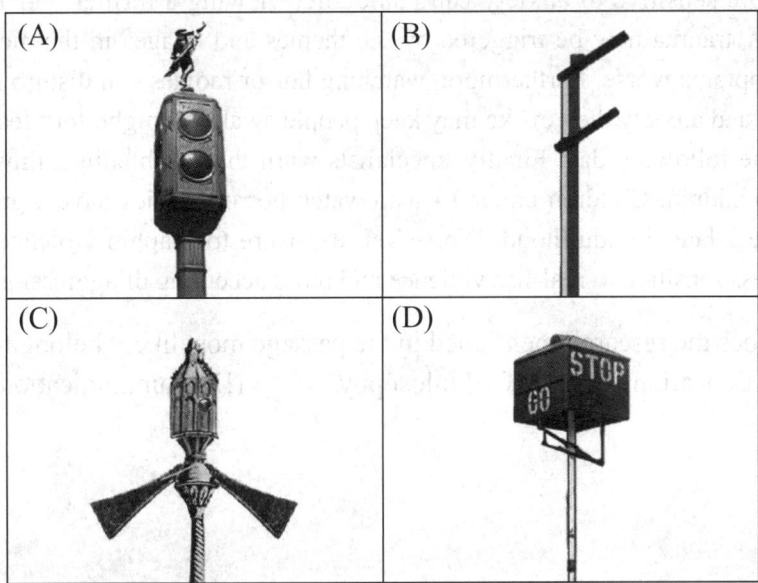

(A)

(B)

(C)

(D)

37. Which of the following statements is true, according to the passage?
    (A) Knight was injured in the explosion of his traffic light.
    (B) Potts' traffic light was the first one to appear in the USA.
    (C) The first traffic signal originated from the idea of a traffic director.
    (D) Future vehicles may not need traffic lights to cross an intersection.

38. Here is a sentence: "**This design was adopted in later traffic light designs across the world.**"
    Which paragraph is most suitable to have it as the final sentence?
    (A) Paragraph 1. (B) Paragraph 2. (C) Paragraph 3. (D) Paragraph 4.

第 39 至 42 題為題組

　　Typically featuring zombies and serial killers, horror movies are too frightening to be fun for some people. But many others enjoy a good fear spectacle, and line up to see the latest scary movie. Given the variations in preferences, new studies have started to untangle the benefits and risks of horror movies.

　　One benefit of horror movies revolves around the concept of so-called "safe fear." When watching a frightening film, people are in the comfort of their own home or theater seats rather than under the threat of any real danger. In a controlled environment, these films may actually reduce the negative impact on viewers and help them become tougher. Secondly, as people are drawn into the story, they tend to take the perspective of the characters and rehearse the plot unconsciously. Researchers believe that viewers are **learning vicariously** this way, picking up tips on how to handle threats in the real world. In addition, studies show that the thrill and excitement linked with scary films can be therapeutic: It allows viewers to release bottled-up emotions and experience a sense of relief after the movie is over. This probably explains why during the COVID-19 pandemic, horror and pandemic thrillers were the most-watched movies on digital movie apps.

　　However, researchers also find that horror movies can have negative effects on some people. People who are more sensitive to anxiety can panic after viewing a thriller. For those with unpleasant experiences, trauma may be triggered by the themes and images in the movies, which could make their symptoms worse. Furthermore, watching horror movies can disturb sleep patterns, as the residual fear and anxiety they evoke may keep people awake all night, thus leading to fatigue and irritability the following day. Finally, specialists warn that frightening films can have a negative impact on children. Children under 14 who watch horror movies have a greater chance of developing anxiety later in adulthood. Worse yet, exposure to graphic violence and bloodshed can make them less sensitive to real-life violence and more accepting of aggression.

39. What field of study does the research mentioned in the passage most likely belong to?
    (A) Psychology. (B) Education. (C) Philosophy. (D) Communication.

40. What does the author mean by "**learning vicariously**" in the second paragraph?
    (A) Making inquiries without reservation.
    (B) Gaining knowledge through observation.
    (C) Acquiring insights by face-to-face interaction.
    (D) Obtaining information from personal experience.

41. Which of the following statements about horror movies can be inferred from the passage?
    (A) Most horror movie lovers are prone to aggressive behavior.
    (B) There are far more benefits to horror movies than disadvantages.
    (C) COVID-19 was an important source of inspiration for horror movies.
    (D) Watching horror movies may have a long-term effect on personality.

42. How does the author develop the ideas in this passage?
    (A) By defining and illustrating a concept.
    (B) By showing opposing views of an issue.
    (C) By presenting cause and effect of a problem.
    (D) By providing steps for settling a disagreement.

第 43 至 46 題為題組

Russia is widely portrayed as the most alcohol-dependent country in the world. Critics of the country say that drinking is almost an inherent trait of the Russian people. However, there is more to the story.

The consumption of alcoholic beverages was unusual in ancient Russia. Before the adoption of Christianity in Russia (10th century), there were no vineyards and therefore no wine. People only drank beverages with low alcohol content. Vodka, Russia's national drink, was not a Russian invention. The liquid was originally a grape alcohol introduced from France in the late 14th century. The first Russian-made vodka appeared in the 15th century, and the drink remained relatively low in alcohol content until the mid-18th century.

There is contradictory information about Russians' inclination toward alcohol in the 15th and 16th centuries. Some documents noted that Russians "indulge in excessive drinking whenever the occasion arises," while others claimed that Russians "rarely drink wine." The heaviest drinkers in medieval Europe were actually Germans. There were many sayings about their desire for alcohol, such as "drunk as a German."

The Russian state played a significant role in the spread of alcohol consumption in the country. In the 19th century, the emperors began to establish a state monopoly, largely due to the rise of illegal production of low-quality vodka. Thus, only the government was permitted to produce the alcohol. **This** soon filled the state treasury with huge revenues, but it also encouraged vodka consumption. The situation worsened when the industrial production of vodka began in the country, causing its prices to drop sharply and making it available to even low-income citizens.

Meanwhile, a powerful anti-alcohol movement started in the 19th century. Government policies were made and public organizations established to prevent the spread of alcoholism in the country. The movement continued over the years; however, the problem remains. Although Russia does not occupy first place when it comes to alcohol consumption per capita, it is still close to the top.

43. What is the main purpose of the second paragraph in the passage?
    (A) To discuss the content of alcoholic drinks in ancient Europe.
    (B) To highlight the French impact on Russians' drinking habits.
    (C) To argue against the assumption that Russians are born drinkers.
    (D) To link Russians' vodka consumption to their adoption of Christianity.

44. Which of the following is true about vodka production?
    (A) Vodka production in Russia started in the 15th century.
    (B) The first vodka made from wheat was imported from France.
    (C) Germany was the biggest vodka producer in medieval Europe.
    (D) Russian people were encouraged to make their own vodka in the 19th century.

45. What does "**This**" in the fourth paragraph refer to?
    (A) The alcohol.   (B) The government.
    (C) The illegal production. (D) The state monopoly.

46. How does the author conclude the passage in the last paragraph?
    (A) By providing further facts.   (B) By summarizing the main ideas.
    (C) By raising a new problem.   (D) By making a future prediction.

第貳部分：混合題（占 10 分）

說明：本部分共有 1 題組，每一子題配分標於題末。限在答題卷標示題號的作答區內作答，並以規定用筆作答。

第 47 至 50 題為題組

A zoo is a place where animals in captivity are put on display for humans to see. While early zoos put emphasis on displaying as many unusual creatures as possible, most modern zoos now focus on conservation and education. Still, many animal rights activists believe the cost of confining animals outweighs the benefits. What are your opinions? Feel free to share your ideas on this forum.

A. Amy
Personally I'm against zoos, though I do understand some of the arguments why they should exist. I don't agree with caging animals for our entertainment.

B. Ben
What gives humans the right to capture, confine, or breed other species? Even if an animal is endangered, does that justify restricting its freedom?

C. Cathy   Zoos are a tradition, and a visit to a zoo is a wholesome family activity. Wildlife encounters are unforgettable experiences for children and adults alike.
D. Daniel   To me, a zoo can be a good place for endangered species which have difficulty finding suitable mates in the wild.
E. Eddie   My childhood memory of a polar bear pacing back and forth in a very small space in a zoo keeps haunting me. Is it a good idea to keep animals in sites not suited to them?
F. Frank   Well, if zoos are an inevitability, zoo keepers must provide the best possible conditions for the animals that live in captivity—to say the least!
G. George   Zoos have an educational aspect to it. It's easier to learn about an animal by seeing them in person.
H. Henry   Most animals in zoos are not endangered, nor are they being prepared for release into natural habitats. In fact, it is nearly impossible to release captive-bred animals.
I. Irene   Fostering empathy...By seeing an animal up close, the public could be encouraged to be more sensitive and compassionate to a species that is facing extinction in the wild.
J. Jack   In making a case for or against zoos, both sides argue that they're saving animals. Whether or not zoos benefit the animal community, they certainly do make money. Like it or not, zoos will continue to exist as long as there is a demand for them.

47-48. 請根據選文內容，從文章中選出兩個單詞，分別填入下列句子空格，並視句型結構需要作適當的字形變化，使句子語意完整、語法正確，且符合全文文意。<u>每格限填一個單詞</u>（word）。（填充，4分）

Modern zoos serve the purposes of conserving endangered species as well as _(47)_ visitors. However, some people are against zoos because the animals _(48)_ there will lose the freedom they enjoy in the wild.

49. From (A) to (J) in the above forum discussion, which **ONES** show a positive attitude toward zoos?（多選題，4分）

50. Which **phrase** on the forum discussion carries the meaning of "building the ability to understand and share the feelings of others"?（簡答題，2分）

第參部分：非選擇題（占 28 分）

說明：本部分共有二大題，請依各題指示作答，答案必須寫在「答題卷」標示題號之作答區內，作答時不必抄題。

一、中譯英（占 8 分）

說明：依題號將以下中文句子譯成正確、通順、達意的英文。每題 4 分，共 8 分。

1. 人類的想像和創意是科技進步最大的驅動力。
2. 過去在科幻電影中出現的神奇物件，現在正逐一成真。

二、英文作文（占 20 分）

說明：依提示寫一篇英文作文，文長至少 120 個單詞（words）。

提 示：每逢颱風逼近臺灣，各縣市政府會依氣象預報的內容而決定隔日是否停止上班上課。請針對這個議題寫一篇英文作文，文分兩段。第一段根據下方對比圖片，描述颱風假時，實際上可能出現的兩種不同情景；第二段說明你對放颱風假的看法與經驗。

113 年升大學學測英文試題

113 年升大學學測英文試題

第壹部分：選擇題（占 62 分）

一、詞彙題（占 10 分）

說明：第 1 題至第 10 題為單選題，每題 1 分。

1. People who desire a _____ figure should exercise regularly and maintain healthy eating habits.
   (A) spicy (B) slender (C) slight (D) slippery

2. Watching the sun _____ from a sea of clouds is a must-do activity for all visitors to Ali Mountain.
   (A) emerging (B) flashing (C) rushing (D) floating

3. Do you know what time the next bus is _____? I've been waiting here for more than 30 minutes.
   (A) apt (B) due (C) bound (D) docked

4. The roasting heat and high _____ made me feel hot and sticky, no matter what I did to cool off.
   (A) density (B) humidity (C) circulation (D) atmosphere

5. Artwork created by truly great artists such as Picasso and Monet will no doubt _____ the test of time.
   (A) stay (B) take (C) serve (D) stand

6. In some countries, military service is _____ for men only; women do not have to serve in the military.
   (A) forceful (B) realistic (C) compulsory (D) distinctive

7. The team complained that its leader always took the _____ for all the hard work done by the team members.
   (A) advantage (B) revenge (C) remedy (D) credit

8. Located at the center of the city, the business hotel _____ not only good service but also convenient public transport.
   (A) proposes (B) contains (C) promises (D) confirms

9. As blood supplies have fallen to a critically low level, many hospitals are making an _____ for the public to donate blood.
   (A) appeal (B) approach (C) operation (D) observation

10. David felt disappointed when he found out that he could not choose his study partners, but would be _____ placed in a study group.
    (A) eligibly (B) randomly (C) apparently (D) consequently

二、綜合測驗（占 10 分）

說明：第 11 題至第 20 題為單選題，每題 1 分。

第 11 至 15 題為題組

Mystery shoppers are paid consumers who are hired to shop in stores and collect data. They are sent to a wide variety of service-based businesses, including stores, restaurants, and banks—potentially anywhere customers are served. Sometimes referred to as secret shoppers, mystery shoppers _(11)_ regular customers to purchase items, eat in restaurants, make inquiries, or return items. They grade and report on the quality of products, customer service, and environment of the stores _(12)_ they are assigned.

When evaluating a business, mystery shoppers have to follow certain standard procedures to avoid _(13)_. They are often given a checklist that provides directions on what to observe or look out for to ensure consistency. Sometimes these shoppers collect data about their "normal" observations, such as cleanliness of the store or timeliness of the service. They may also pretend to be _(14)_ customers, arguing with a salesperson without a good reason. With the data they collect, mystery shoppers can identify areas for _(15)_ and thereby help enhance the quality of products and services. In this way, these secret shoppers may help a business gain a competitive edge.

11. (A) call for (B) pose as (C) attend to (D) engage in
12. (A) in that (B) with which (C) for that (D) to which
13. (A) keen competitions (B) financial hardship
    (C) racial conflicts (D) personal bias
14. (A) difficult (B) potential (C) constant (D) anonymous
15. (A) distribution (B) expectation (C) improvement (D) management

第 16 至 20 題為題組

The modern worker rolls out of bed, groans, and turns off an alarm clock before reluctantly getting up for the day's work. But how did people get to work on time before alarm clocks were widely used?

During the second Industrial Age, people toiled at unusual hours in mines or factories and often had to get up for work early in the morning. They _(16)_ alarm clocks because adjustable alarms had been invented by the mid-19th century. But the new device was still relatively expensive and unreliable. British workers thus relied on a human alarm clock known as a "knocker-up." _(17)_ sticks or pea shooters, the human alarms would tour the streets, tap on windows, or blast them with dried peas, trying to wake paying customers in time for work.

Whether they wielded rods or pea shooters, knockers-up became _(18)_ throughout the United Kingdom. Every morning, these people, often older in age, were seen in big streets and small alleys, waking up their customers professionally. They usually would not leave people's houses until they were sure their customers were awake.

While the practice continued in some parts of the country until the 1970s, it _(19)_ as alarm clocks became more widespread and affordable. Today, beeping alarm clocks and smartphones that play morning music are surely simpler and more convenient. However, they cannot _(20)_ the personal attention coming from the distinctive tap of a pea shooter.

16. (A) must be using (B) could have used
    (C) had hardly used (D) were mostly using
17. (A) Aimed at (B) Trained for (C) Equipped with (D) Exhausted by
18. (A) familiar presences (B) distant memories
    (C) vague images (D) public eyesores
19. (A) remained (B) dismissed (C) revised (D) declined
20. (A) forget (B) change (C) match (D) regret

三、文意選填（占 10 分）

說明：第 21 題至第 30 題為單選題，每題 1 分。

第 21 至 30 題為題組

On a hilltop overlooking the 2011-tsunami hit Otsuchi Town in northeastern Japan, there is a white phone booth standing all alone in the wind. The lonely "wind phone" serves to connect family members to their _(21)_ loved ones who died in the tsunami that claimed 18,000 lives. People come to speak to those they have lost, to say the words they never got to say on that _(22)_ day.

The idea for the wind phone was first _(23)_ by a Japanese garden designer named Itaru Sasaki, who was grieving over the death of his cousin in 2010, before the tsunami. Feeling that he needed a private space to help him navigate through the _(24)_, Sasaki positioned a booth where he could "speak" to the dead relative. The booth he built _(25)_ only an old dial phone with a disconnected phone line. When he stepped into the booth, he could pick up the phone to call his cousin, telling him how he was, and how he missed him. Sasaki stated in an interview: "Because my thoughts couldn't be _(26)_ through a regular phone line, I wanted them to be carried on the wind." Hence, the wind phone allows Sasaki to create a one-way conversation with deep, soulful personal meaning, and renders the grieving process more _(27)_ for him.

Sasaki opened his wind phone to the public in 2011, after the devastating tsunami. News about the phone gradually spread, and the booth has become a _(28)_ between the living and the dead. Phones resembling the wind phone have since been built around the world. Some were even set up to allow people to call their loved ones lost in the COVID-19 pandemic.

Grieving is a natural _(29)_ for coping with loss of a loved one, and people grieve in various ways. For those who speak into the wind phone, _(30)_ is always there: They believe that their messages will—through some unknown way—reach the deceased.

(A) passed on (B) bridge (C) sorrow (D) hope
(E) departed (F) mechanism (G) housed (H) manageable
(I) fateful (J) brought forth

四、篇章結構（占 8 分）

說明：第 31 題至第 34 題為單選題，每題 2 分。

第 31 至 34 題為題組

　　While Dr. Weinstein, a surgeon at Dartmouth College, was trying to lift a heavy box, he twisted his back. The pain was agonizing. The surgeon could not sit, and when he lay down he could barely get up. So he decided to go out for a run. He took an aspirin, iced the injured area, and off he went. When he returned, he felt "pretty good."

　_(31)_ When people have sprained a muscle or tendon, they are usually advised not to go right back to exercising until the pain goes away. But Dr. Weinstein says that approach is outdated and counterproductive. In fact, when active people consult him, he usually tells them to just keep exercising.

　　Dr. Weinstein is not alone in his treatment of sports injury, but the specific advice can differ from specialist to specialist. _(32)_ They nevertheless caution that a cutback may be necessary, such as running shorter distances or going more slowly. Others say the patients may need to engage in sports outside of their usual, main sport (that is, to cross-train), at least some of the time. Still others say the safest thing to do is cross-train all the time until the pain is gone. _(33)_ Their consensus, however, is that unless the injury involves something as serious as a broken bone or a ripped muscle, moderate exercise can actually speed healing.

　_(34)_ Thus, more and more patients are now advised to keep moving despite the pain. The rule of thumb, however, is to see a doctor first and get an accurate diagnosis. If a serious injury is ruled out and the pain is not getting worse after exercising, then the exercise "makes a lot of sense."

(A) For example, an injured runner might end up cycling and swimming instead of running.
(B) Over time, researchers have come to realize the importance of exercising when injured.
(C) Many suggest that most patients can continue with the sport they love.
(D) This seems to run counter to the common practice.

五、閱讀測驗（占 24 分）

說明：第 35 題至第 46 題為單選題，每題 2 分。

第 35 至 38 題為題組

　　One fine morning in 1941, Swiss engineer George de Mestral went for a walk in the woods with his dog. Upon their return home, he found a lot of burrs (from plants) stuck to the dog's fur and his pants. He immediately rushed to his microscope and examined the burrs attached on his pants—feeling **a lightbulb moment** coming on.

Upon closer examination, de Mestral observed that the burrs, which appeared straight to the naked eye, actually contained many small hooks that clung firmly to the loops in the fabric of his pants. He determined that if he could recreate the same thing, making hooks-and-loops that bind to each other firmly, he could produce a strong fastener with many uses.

De Mestral's first challenge was finding a fabric for a strong bonding system. He first tried cotton, but it proved too soft and could not withstand repeated openings and closures. After years of research and testing, he learned that synthetics worked best and eventually settled on heat-treated nylon, a strong and durable substance. By 1955, he had completed an improved version of the product, with each square inch of material containing 300 hooks, which made it stay fastened and yet easy enough to pull apart when needed. Named "Velcro," from the French words *velours* (velvet) and *crochet* (hook), the new product received a patent from the Swiss government in 1955. De Mestral thus began mass-producing Velcro, opening plants in Europe and eventually into Canada and the United States.

Initially Velcro did not fare well. As most fashion critics considered it ugly and cheap-looking, the use of Velcro was limited to athletic equipment. In the early 1960s, the product received a huge boost in popularity when NASA began using it in a lot of equipment that went into space along with astronauts. Today, de Mestral's design is found almost everywhere: clothing and footwear, toys, airline seat cushions, blood pressure cuffs and surgeons' gowns. Most impressively, the magical fastener was used in the first human artificial heart transplantation to hold together parts of the device.

35. Which of the following pictures shows de Mestral's invention?

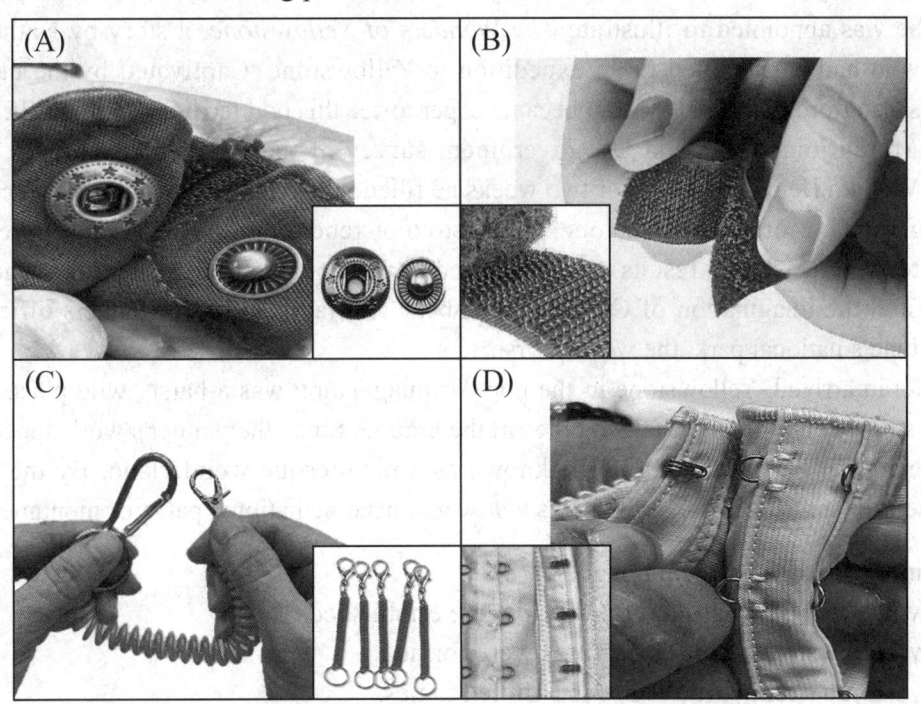

(A) (B) (C) (D)

36. What does the author mean by "**a lightbulb moment**" in the first paragraph?
    (A) A blessing in disguise. (B) A happy ending.
    (C) An unpredictable future. (D) A sudden inspiration.

37. Which of the following statements about Velcro is true?
   (A) It has been a market favorite since its first appearance.
   (B) Cotton was not durable enough to be used as its materials.
   (C) It was given a French name because it was first produced in France.
   (D) The design was intended to look as shiny and smooth as velvet.

38. Which of the following fields is **NOT** mentioned for Velcro uses in the passage?
   (A) Civil engineering.   (B) Aerospace industry.
   (C) Medical technology.   (D) Sports and recreation.

第 39 至 42 題為題組

Thomas Moran, a famous painter in the 19th century, played an important role in the establishment of American national parks. His vivid paintings brought the splendor of the extraordinary landscapes before the eyes of American people, thus setting the stage for the regions to be widely recognized and officially established as national parks.

Moran came to the United States at age 7 with his family and settled in Philadelphia. They came from northwest England, **the blackened heart** of the Industrial Revolution: Its main street was "a dark, unattractive hole" and the river running through it was a string of dirty water. That was all the nature that Moran knew. Moran began painting by age 15, inspired by the landscape paintings of the British master J.M.W. Turner. There was plenty of landscape for him to paint in America, much different from his hometown. Showing great talent in painting, Moran was soon hired as an illustrator at *Scribner's Monthly*, and later appointed chief illustrator by age 34. In 1871, he was appointed to illustrate *The Wonders of Yellowstone*, a story by Nathaniel P. Langford, who had participated in an expedition to Yellowstone. Captivated by the utterly fantastic sights Langford described, Moran became eager to see this odd territory for himself.

In 1871 Moran joined the first US government survey of the Yellowstone region with photographer William Henry Jackson. For two weeks he filled his sketchbook with the landscape's most stunning sights. Moran's watercolors—the first color renderings of the area—as well as Jackson's photos and the survey results were presented to the Congress. His powerful images of Yellowstone fired the imagination of Congress members. In March 1872, lawmakers officially made Yellowstone a national park, the world's first.

Before Moran arrived, Yellowstone in the popular imagination was a harsh, wild place with hot water and steam coming out of hellish holes in the ground. Since the painter's work appeared, Yellowstone National Park has come to be known as a picturesque wonderland. By the time Moran died, he had painted a dozen other areas that would become national parks or monuments.

39. What can we learn from the passage?
   (A) How national parks around the world were established.
   (B) How Yellowstone's natural features were formed.
   (C) Why Moran's family moved to the United States.
   (D) Why Moran started painting Yellowstone.

40. Why does the author use "**the blackened heart**" in paragraph 2 to describe Moran's hometown?
    (A) The place was severely polluted.
    (B) The town was filled with darkened holes.
    (C) There were many evil-hearted industry owners.
    (D) The laborers mostly wore dark and dirty uniforms.

41. Which of the following statements is true about the Yellowstone National Park?
    (A) Its establishment was proposed by Langford.
    (B) Americans knew little about its beauty before the 1870s.
    (C) The government project was started due to its rich natural resources.
    (D) It was the only national park established because of Moran's works.

42. What can be inferred from the passage?
    (A) *Scribner's Monthly* was a magazine promoting national parks.
    (B) Moran had visited Yellowstone before he started painting its landscapes.
    (C) Color photos were not common when Moran started painting Yellowstone.
    (D) Watercolor was the most popular form of landscape painting in the 19th century.

第 43 至 46 題為題組

In 2020, Petur Oddsson, a power station worker in Iceland, was struck by a 60,000-volt current. The electrical shock burned almost half of his body and melted layers of his skin off. Such deep and extensive burns can be fatal. But Oddsson's life was saved by a creative invention: transplanting codfish skins onto human bodies.

A triumph for medical technology, Oddsson's fish skin transplantation was actually part of the astonishing achievement of "100% Fish," an ambitious task in promoting environmental efficiency. The Icelandic project, from which **this pioneering procedure** emerged, strives for making a fundamental change in the marine industry. It aims to encourage full utilization of each fish caught, and to strengthen innovation in seafood products.

Reducing waste of fish catch has become a serious issue today, when many countries are faced with food crises. According to a 2003 study, about 60% of a codfish caught in Iceland was lost or wasted during the production process for human consumption. Under the guidance of 100% Fish, however, Icelanders are now using almost 95% of a cod. Cod skin, for example, is made into calcium supplement and energy drinks, and even as material for skin transplantation as in Oddsson's case. Dried fish heads and spines are exported to West Africa, where they are used as the base of a protein-rich soup. Other groundbreaking products, including Omega-3 capsules, cold virus pretreatment sprays, and dog snacks are made from what was once cod catch detritus.

The Icelandic success is accomplished largely through cooperative efforts across various industries. 100% Fish takes the initiative to show seafood companies the importance of collaboration, and facilitate valuable connections between fishing companies and other participants of the project, including academia, start-ups, and research and development teams. By sharing knowledge and information, the different sectors are able to come up with improved processing and handling, through which creation of various innovative products was made possible. The project not only helps Icelanders to get 30% more value from each cod than most developed countries, but also provides an effective model to promote resource efficiency worldwide.

43. What is the primary goal of 100% Fish?
    (A) To advance ocean technology.
    (B) To reduce food crises worldwide.
    (C) To enhance cross-industry cooperation.
    (D) To make the most of marine resources.

44. What does "**this pioneering procedure**" in the second paragraph refer to?
    (A) 100% Fish's mission.
    (B) Oddsson's skin transplant.
    (C) A fundamental change in seafood business.
    (D) A new approach to protect the environment.

45. Which of the following is true according to the passage?
    (A) Iceland has increased their fish catch by 30% in the last 20 years.
    (B) Petur Oddsson was an important member of the Icelandic project.
    (C) Cross-field collaboration has proved to be very fruitful for 100% Fish.
    (D) 100% Fish is a big international enterprise marketing seafood products.

46. Here is a sentence: "**Almost nothing of a fish is left for the trash bin.**" Which paragraph is most suitable to have it as the final sentence?
    (A) Paragraph 1.   (B) Paragraph 2.
    (C) Paragraph 3.   (D) Paragraph 4.

第貳部分：混合題（占 10 分）

說明：本部分共有 1 題組，每一子題配分標於題末。限在答題卷標示題號的作答區內作答，並以規定用筆作答。

第 47 至 50 題為題組

Many animals are known to live and move in groups to secure food and avoid predators. Over the years, people have been curious about the way they deal with **disturbances** arising from the environment, and the operations underlying their responses as a group. Studies on jackdaws and turtle ants may provide some insights into the issue.

Jackdaws are birds in the crow family often found in the English countryside. They are highly social birds and often travel in large flocks. Normally, the birds enjoy a smooth flight together as a group when "commuting" between two locations, such as from their nesting site to their feeding ground. However, if a predator (such as a fox) is present, the pattern of their flight will change immediately. Instead of paying attention to all the other members and following the group pattern, they now focus only on the birds within a fixed distance from them, based on information coming from other members. By doing so, the flock members are able to keep a safe distance between themselves, and thus avoid crashing into each other while they flee from the predator.

Turtle ants often live in the cavities of dead branches in American forests. They have evolved search strategies to link their food source to their nests. They travel entirely along tree branches and vines, laying down trails of pheromone (a chemical substance) behind them so that other ants can follow. The trails connect the ants' colonies and sources of food, forming a sort of communication network. However, since these trails can easily be broken by wind or rain, the ants have to find new paths to get around the broken points and reestablish the network. Often they have to work together to explore alternative routes many times before they finally settle on the most efficient one. By working collectively, the ants are able to improve the efficiency of their network and adapt to their ever-changing environment.

47-48. 下列簡短敘述摘記上方文章重點。請從文章中找出最適當的**單詞**（word）填入下列句子空格中，並視句型結構需要做適當的字形變化，使句子語意完整、語法正確，並符合全文文意。**每格限填一個單詞**（word）。（填充，4分）

Studies show that animals like jackdaws and turtle ants are able to use _(47)_ intelligence in both solving problems and _(48)_ to new challenging environment.

49. From (A) to (F) below, choose the **ONES** that are true for both jackdaws and turtle ants. （多選題，4分）

(A) They have special strategies to locate food sources.
(B) They have complex interactions led by a leader.
(C) They share information with their group members.
(D) They establish rules to stay away from enemies.
(E) They change their nesting sites from time to time.
(F) They show behavior governed by a unique system of communication.

50. What is the "**disturbance**" for jackdaws mentioned in the passage?（簡答，2 分）

第參部分：非選擇題（占 28 分）

說明：本部分共有二大題，請依各題指示作答，答案必須寫在「答題卷」標示題號之作答區內，作答時不必抄題。

一、中譯英（占 8 分）

說明：依題號將以下中文句子譯成正確、通順、達意的英文。每題 4 分，共 8 分。

1. 每逢選舉季節，總會看到政治人物造訪各地著名廟宇。
2. 除了祈求好的選舉結果，他們也希望展現對在地文化與習俗的尊重。

二、英文作文（占 20 分）

說明：依提示寫一篇英文作文，文長至少 120 個單詞（words）。

提　示：這個世代的青少年除了有課業壓力外，生活上也常面對一些困擾與挑戰。下列三張圖分別呈現青少年經常遭遇的三種問題，如果你有一個機器人小幫手可以幫你解決其中一個問題，你會選擇哪一個？請寫一篇英文作文，文分兩段，第一段說明你最想解決哪一個問題，並解釋原因。第二段說明你希望這個機器人小幫手具備什麼特質或能力、可以如何和你分工合作來解決此問題。

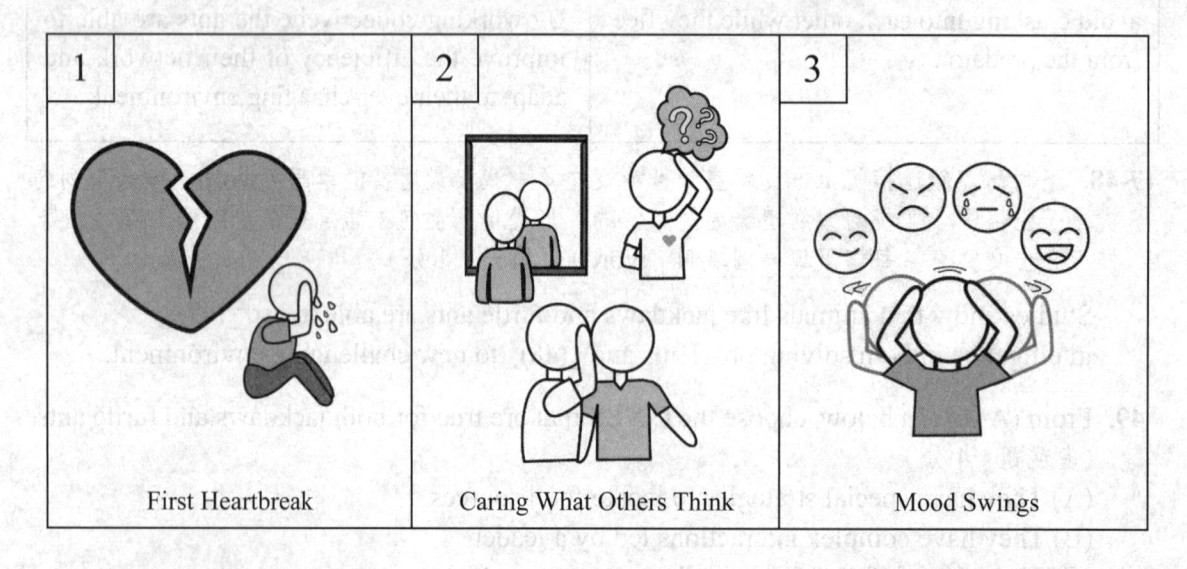

1	2	3
First Heartbreak	Caring What Others Think	Mood Swings

112 年升大學學測英文試題

112 年升大學學測英文試題

第壹部分：選擇題（占 62 分）

一、詞彙題（占 10 分）

說明：第 1 題至第 10 題為單選題，每題 1 分。

1. The bus driver often complains about chewing gum found under passenger seats because it is _____ and very hard to remove.
   (A) sticky　　　(B) greasy　　　(C) clumsy　　　(D) mighty

2. Jesse is a talented model. He can easily adopt an elegant _____ for a camera shoot.
   (A) clap　　　(B) toss　　　(C) pose　　　(D) snap

3. In order to draw her family tree, Mary tried to trace her _____ back to their arrival in North America.
   (A) siblings　　　(B) commuters　　　(C) ancestors　　　(D) instructors

4. Upon the super typhoon warning, Nancy rushed to the supermarket—only to find the shelves almost _____ and the stock nearly gone.
   (A) blank　　　(B) bare　　　(C) hollow　　　(D) queer

5. Even though Jack said "Sorry!" to me in person, I did not feel any _____ in his apology.
   (A) liability　　　(B) generosity　　　(C) integrity　　　(D) sincerity

6. My grandfather has astonishing powers of _____. He can still vividly describe his first day at school as a child.
   (A) resolve　　　(B) fraction　　　(C) privilege　　　(D) recall

7. Recent research has found lots of evidence to _____ the drug company's claims about its "miracle" tablets for curing cancer.
   (A) provoke　　　(B) counter　　　(C) expose　　　(D) convert

8. Corrupt officials and misguided policies have _____ the country's economy and burdened its people with enormous foreign debts.
   (A) crippled　　　(B) accelerated　　　(C) rendered　　　(D) ventured

9. As a record number of fans showed up for the baseball final, the highways around the stadium were _____ with traffic all day.
   (A) choked　　　(B) disturbed　　　(C) enclosed　　　(D) injected

10. Studies show that the _____ unbiased media are in fact often deeply influenced by political ideology.
    (A) undoubtedly　　　(B) roughly　　　(C) understandably　　　(D) supposedly

二、綜合測驗（占 10 分）

說明：第 11 題至第 20 題為單選題，每題 1 分。

第 11 至 15 題為題組

In certain forests, when you look up you will see a network of cracks formed by gaps between the outermost edges of tree branches. It looks like a precisely engineered jigsaw puzzle, each branch growing just perfectly so it almost, _(11)_, touches the neighboring tree. This beautiful phenomenon is called crown shyness.

Scientists have been discussing crown shyness since the 1920s, proposing _(12)_ explanations for the phenomenon. Some researchers point out that as trees often grow close together, treetops can easily collide and break when swayed by the wind. In order to protect their branches from breakage, trees maintain "shyness gaps"—spaces large enough to prevent them from touching their neighbors.

Other scientists suggest that plants, like animals, _(13)_ resources—nutrients, water, space, and light. In forested areas with thick tree crowns, there is intense struggle for these resources. Gaps in the treetops resulting from crown shyness may allow trees to increase their _(14)_ light and enhance photosynthesis. Additionally, by having branches that do not touch those of their neighbors, trees may be able to limit the spread of leaf-eating insects, and potentially also the transmission of diseases from tree to tree. _(15)_ decades of investigation, there is no consensus on exactly what causes the beautiful and mysterious phenomenon of crown shyness.

11. (A) in no time   (B) by all means   (C) but not quite   (D) and pretty much
12. (A) universal   (B) productive   (C) conventional   (D) multiple
13. (A) get over   (B) compete for   (C) give way to   (D) make up for
14. (A) reliance on   (B) exposure to   (C) sensitivity to   (D) reflection on
15. (A) For   (B) Besides   (C) Despite   (D) Concerning

第 16 至 20 題為題組

Gravity has been at the top of the science agenda since the start of Mars missions. In the earlier days of space travel, scientists tried to overcome the force of gravity so that a rocket could shoot _(16)_ Earth's pull in order to land humans on the moon. Today, they are more interested in how reduced gravity affects the astronauts' _(17)_ condition.

Our bodies have evolved to exist within Earth's gravity (1 g), not in the weightlessness of space (0 g) or the microgravity of Mars (0.3 g). When on Earth, we have more fluids in our lower body because they are pulled down by Earth's gravity. However, with the absence of gravity in the outer space, our body fluids _(18)_, shifting toward the upper body and the head. As a result, the astronauts have swollen, puffy faces, very much resembling that of the round-headed Charlie Brown in the famous comic strip. This "Charlie Brown effect" will be more _(19)_ when the astronauts go on their Mars missions, which will take about three years to complete, much longer than missions to the moon. Moreover, the effect is often _(20)_ space motion sickness, headaches, and nausea. Such a syndrome is considered the top health risk for the astronauts, and scientists are still trying to figure out how it may be prevented.

16. (A) back to (B) free of (C) long before (D) straight on
17. (A) physical (B) perceptual (C) mental (D) external
18. (A) redistribute (B) redistributed
    (C) redistributing (D) being redistributed
19. (A) contagious (B) unusual (C) severe (D) aggressive
20. (A) varied with (B) brought about
    (C) transferred from (D) accompanied by

三、文意選填（占 10 分）

說明：第 21 題至第 30 題為單選題，每題 1 分。

第 21 至 30 題為題組

Water makes up more than half of our body weight. To sustain this amount of fluid in our bodies, plain water is considered our best choice, for it contains no sugar and no calories. Yet, is water always the healthiest drink we can _(21)_? Well, it depends on who and where we are, and what we're doing.

Obviously, a physically _(22)_ person with an outdoor job under the sun will need to drink more fluid than a desk-bound person who lives and works in an air-conditioned place. But there's more to it than that. When a person sweats, he loses water and salt, so he needs to replace both. Replacing lost fluid with just plain water means the body has too much water and not enough salt. To _(23)_ things out, the body will get rid of water by producing urine. For this reason, milk can actually be more _(24)_ than drinking water. Milk naturally contains salt and lactose, a sugar which the human body needs in small amounts to help stimulate water _(25)_. Coconut water, which contains salt and carbohydrates, is also more functional than water at restoring and maintaining a normal fluid _(26)_ after exercise.

For the average person, however, water remains a very good _(27)_ for keeping hydrated—if you know how to drink it. The secret is: Never wait until the body is telling you you're thirsty, since there must already have been significant changes in your body for it to eventually _(28)_ your consciousness. At that point, it might be well past the best moment to take in fluid. Also, drinking a lot of liquid in one go can cause more water to _(29)_ the body quickly and come out as urine. To _(30)_ this, you need to drink water throughout the day to maintain your hydration levels.

(A) absorption (B) active (C) alert (D) combat
(E) option (F) effective (G) even (H) status
(I) pass through (J) reach for

四、篇章結構（占 8 分）

說明：第 31 題至第 34 題為單選題，每題 2 分。

第 31 至 34 題為題組

Have you ever thought of "coloring" the names of the days of the week? When you listen to someone speaking, do you see a rainbow of colors? Or perhaps Mozart's music tastes like an apple pie to you? If so, it is very likely that you have synesthesia.

Synesthesia is a condition in which people's senses intermix. In some cases, people with synesthesia may experience colors when they hear, read, or even think of letters and numbers. In others, words can trigger a real sensation of taste on their tongue.

_(31)_ In the early 1990s, however, scientists noticed that synesthetic colors do not change over time. When asked what color is evoked by a letter or number, synesthetic people would persistently give the same answer even if tested months or years apart. _(32)_ The most compelling support, however, comes from brain scans, which show that color processing areas in the brain light up when these people listen to certain words.

Is synesthesia genetically inherited or acquired after birth? Scientists agree that synesthesia has a genetic basis, because it frequently runs in families. But an actual synesthesia gene (or genes) has not been identified yet. _(33)_ For example, the flavors people with taste-word synesthesia experience are usually childhood flavors, such as chocolate or strawberries. Also, people with color-music synesthesia more often than not have had early musical training.

Once thought to be extremely rare, synesthesia is now found to affect about one to four percent of the population. _(34)_ As is often observed, most of us tend to associate lower notes with darker colors and higher notes with brighter colors. Researchers further point out that in most people synesthesia is active only during the first months of their infancy, while this ability remains forever in certain individuals.

(A) This consistency serves as a proof that synesthesia is real.
(B) Meanwhile, environmental influences seem to shape a person's synesthesia.
(C) People with synesthesia used to be accused of making their experiences up.
(D) Some studies even show that people may all be synesthetic to some degree.

五、閱讀測驗（占 24 分）

說明：第 35 題至第 46 題為單選題，每題 2 分。

第 35 至 38 題為題組

When did people first experience the joy of the hula hoop? Although the term did not emerge until the 18th century, toy hoops twirled around the waist, limbs, or neck can be traced back to ancient times. As early as 1000 BC, Egyptian children played with hoop toys of dried grapevine. They threw, jumped, and slung them around their bodies as we do today. They also struck them with sticks to roll them down the road. Hoop rolling was also popular in ancient Greece. Their hoops, often made of metal, were not merely toys for Greek children but served as exercise devices as well.

In the 14th century, hoops were popular as a form of recreation in Great Britain. The craze for hoops even resulted in dislocated backs and heart attacks, according to medical records. The term "hula," however, did not enter the English language until the 1700s, when British sailors first witnessed hula dancing in the Hawaiian Islands. Though no hoops were used, the movements of the ritual dances looked very similar to those in hooping. Thus "hula" and "hoop" came together, resulting in the term "hula hooping."

Hoops spun their way through the cultures of pre-colonial America as well. Often considered as representing the circle of life, hoops featured prominently in the ritual dances of Native Americans. Dancers used small reed hoops as symbolic representations of animals such as eagles or snakes. With very rapid movements, they used the hoops to construct the symbolic forms around their bodies.

The hula hoop gained international popularity in the late 1950s, when a plastic version was successfully marketed by California's Wham-O toy company. Twenty-five million plastic hoops were sold in less than four months. The hula hoop "fad" is still going strong today.

35. What question does the passage answer?
    (A) How was the word "hula-hooping" derived?
    (B) Why did Wham-O start making hula hoops?
    (C) Where did Hawaiian hula dancing come from?
    (D) What was the favorite toy of ancient Egyptian kids?

36. Which of the following statements is true about use of the hoop in history?
    (A) The British used it for medical purposes.
    (B) Native Americans used it to train animals.
    (C) Ancient Greeks used it as a tool for workout.
    (D) Hawaiian dancers used it to represent the circle of life.

37. Which of the following is **NOT** mentioned as a way of enjoying hula hoop fun?
    (A) Striking.   (B) Twirling.   (C) Spinning.   (D) Kicking.

38. According to the passage, what materials have been used for making hoops?
    (A) reed, grapevine, bamboo, plastic
    (B) reed, grapevine, plastic, metal
    (C) reed, bamboo, plastic, animal skin
    (D) grapevine, plastic, metal, animal skin

第 39 至 42 題為題組

When you enjoy your morning cup of tea, you are probably not aware that those tea leaves can mean injury, or even death, for Asian elephants roaming Indian tea gardens.

In the Indian state of Assam, growing numbers of tea farms are destroying the Asian elephant's habitats and endangering their population. Much of the forest land where tea is grown in Assam is flat and thus farmers must dig drainage trenches to prevent water from accumulating and hurting the shrubs. The trenches, however, can be death traps for the elephants. Since the elephants need to use tea plantations as landmarks when navigating forests, they almost inevitably have to move through the farms. Moreover, because there are fewer humans around, pregnant females often use tea-growing areas as safe shelters to give birth. But baby elephants, not used to negotiating rough ground, may easily fall into the trenches and get hurt; and once injured, they might not be able to climb out. When mothers try to dig their babies out, both may be trapped and smothered by thick mud. Furthermore, elephants are known to resist leaving their sick or dying behind, and a herd may linger at a trench with a trapped baby for hours, reluctant to move on until all hope is lost.

Is it possible for elephants to coexist with the prosperous tea business? Elephant Friendly Tea is an organization that takes the initiative to make **it** possible. The organization encourages consumers to choose brands that take precautions to protect elephants and has set up a certification program to reward tea growers who are doing it right. Until now, only smaller tea brands have been certified, but awareness is growing. The organization believes that people may be motivated to buy elephant-friendly brands when they know more about the risk tea can pose to these endangered animals.

39. Why do farmers in Assam dig trenches in tea gardens?
    (A) To protect tea trees.
    (B) To trap elephants.
    (C) To expand tea farms.
    (D) To mark boundaries of tea gardens.

40. Why are baby elephants easily injured in the Assam tea gardens according to the passage?
    (A) They cannot find a safe shelter when climbing out of the trenches.
    (B) They cannot locate the landmarks while trying to navigate forests.
    (C) They are trapped by the sharp branches of the tea trees.
    (D) They have difficulties moving around the uneven fields.

41. Which of the following statements about elephants and the tea gardens is true according to the passage?
    (A) The elephants use the trenches to roam around the tea gardens.
    (B) The fast growth of the tea gardens destroys the elephants' food source.
    (C) Elephants are unwilling to leave their injured members behind in the tea gardens.
    (D) Pregnant elephants avoid delivering babies in the tea gardens for fear of being disturbed.

42. What does "**it**" in the last paragraph refer to?
   (A) To certify elephant-friendly trenches and organizations.
   (B) To reward tea growers for protecting the environment.
   (C) To encourage consumers to choose high-quality brands.
   (D) To create a win-win situation for elephants and tea farms.

第 43 至 46 題為題組

Situated off the coast of Tanzania and washed by the warm, clean waters of the Indian Ocean, Zanzibar is a tropical archipelago comprised of several scattered islands. This popular beach destination is now famous for its white sand beaches, slender palms, and turquoise seas. But few people know that in the past, control of Zanzibar meant access to unimaginable wealth.

From ancient times, Zanzibar has been a trading hotspot, thanks to its location on the trade route between Arabia and Africa. Traders from Asia had already visited the islands 900 years before the arrival of its first permanent settlers from the African mainland (around 1000 AD). In the 8th century, Persian merchants built settlements here, which grew over the next four centuries into their trading posts. Between the 12th and 15th centuries, trade increased between Arabia, Persia, and Zanzibar, bringing the archipelago both wealth and power.

During the Age of Exploration, commerce in Zanzibar quickly boomed, largely due to the rise of the spice trade. At the close of the 15th century, Europeans' craze for spices gave rise to the Spice Route, a network of sea lanes joining Europe with the Far East, where most spices came from. In 1498, Portuguese explorer Vasco da Gama made the first sea voyage to India, via the southernmost tip of Africa. In 1499, he arrived at Zanzibar, an archipelago sitting at the crossroads of the Spice Route. The islands soon attracted traders from different lands. Hundreds of ships sailing the Spice Route docked here, bringing spices and goods for transaction, and Zanzibar became one of the biggest trading centers in the world.

Since the 16th century, Zanzibar has come under the rule of the Portuguese, the Arabians, and then the British, each leaving a mark on the place. The paths of various religions also crossed here: Muslims have lived peacefully with Christians and Buddhists on the islands for centuries. The unique cultural intersections, scented with the aroma of cloves, vanilla, and cinnamon floating in the air, give these jewels on the Indian Ocean an amazing charm that goes far beyond tropical beach fun.

43. Which of the following is true about the earliest traders in Zanzibar?
   (A) The earliest traders arrived around 900 AD.
   (B) Most of the earliest merchants came from Africa.
   (C) Asian merchants arrived centuries before the African settlers.
   (D) Traders from Persia settled down permanently around 1000 AD.

44. According to the passage, where is Zanzibar most likely located on the following map?

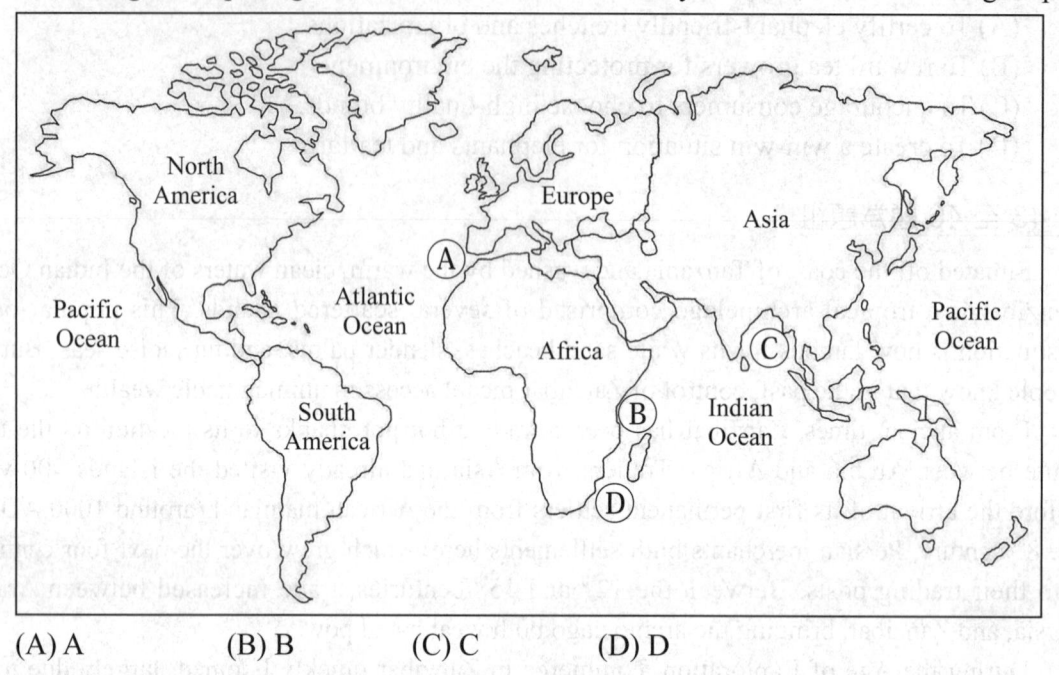

(A) A   (B) B   (C) C   (D) D

45. Which of the following can be inferred from the passage about Zanzibar?
    (A) For centuries, Zanzibar has been a heaven for beach lovers.
    (B) Cloves, vanilla, and cinnamon are common spices in Zanzibar.
    (C) Besides spices, Zanzibar is well known for a great variety of jewelry.
    (D) Vasco da Gama was Zanzibar's first foreign ruler during the Age of Exploration.

46. Which set of words is used in the passage to refer to Zanzibar?
    (A) islands, settlements, posts, crossroads
    (B) islands, posts, jewels, destination
    (C) archipelago, islands, jewels, destination
    (D) archipelago, settlements, paths, islands

第貳部分：混合題（占 10 分）

說明：本部分共有 1 題組，每一子題配分標於題末。限在答題卷標示題號的作答區內作答，並以規定用筆作答。

Even if you're not a vegetarian, there's a good chance you've heard of plant-based meat. These meat substitutes are often advertised as beneficial for the environment. **But do the customers really like them?** Read the following chatroom discussions about GreenBurger, a product using alternative-meat patties.

(A) Olivia

That's a firm NO! I tried one when I was a prep cook for Next Level Burgers... tasted awful, just like mashed peas gone to rot.

(B) Smith

I haven't tried them. I just don't see the point. They are heavily processed with more calories and sodium than meat and are more expensive too! Unless you are a strict vegetarian and eschew meat for ethical reasons, meat is surely a better deal.

(C) Mika

Not really. It tastes too much like actual meat. If I wanted to eat a dead cow, I would go for real burgers. Being vegan means I try to stick to plant food. But this is just not something that will ever interest me.

(D) Thomas

GreenBurger just tastes "beany" to me, so I think that whatever form it comes in, it works better in recipes that would usually contain beans, such as in a rice bowl (as ground meat substitute). That being said, I'm definitely a carnivore and prefer meat, but I don't see anything wrong with choosing one of the fakey-fakey meaty things once in a while—just for a change.

(E) Rico

I finally tried one last week. It didn't taste that bad, but I was surprised to find it had 40 more calories than the meat version! Isn't it supposed to be a healthy choice?

(F) Linda

I liked it fine. I did NOT like the price, though. Hopefully that will come down. I'm trying to eat less beef.

(G) Ablo

Yes! My whole family does. We've been mostly vegan 90% of the time for the last 6 years and we cannot thank GreenBurger enough! Especially when a burger craving hits... a GreenBurger does the trick. I've tried all kinds of vegan "burgers," and GreenBurgers are closer to what I'm looking for. In fact, I can have them every day—vegan or not!

(H) Alexander

Well, they taste good if you add plenty of spices and sauces. Good for you? No, not at all. They're highly processed and contain no vegetables. They also contain a very large amount of processed coconut oil, which is even worse than lard. It's a killer for sure if eaten regularly. So why risk your life?

47-48. 請從文章中找出最適當的單詞（word）填入下列句子空格中，並視語法需要做適當的字形變化。每格限填一個單詞（word）。（填充，4分）

On the whole, the chatroom discussions about GreenBurger mainly focus on the issues of _(47)_, price, and _(48)_ concerns.

49. From (A) to (H) in the above chatroom discussions, which ones show that GreenBurger can be a choice for the chatroom participants themselves **only under certain circumstances**？（多選題，4分）

50. Which **phrase** in the chatroom discussions means "serves the purpose" or "works well"？（簡答，2分）

第參部分：非選擇題（占28分）

說明：本部分共有二大題，請依各題指示作答，答案必須寫在「答題卷」標示題號之作答區內，作答時不必抄題。

一、中譯英（占8分）

說明：依題號將以下中文句子譯成正確、通順、達意的英文。每題4分，共8分。

1. 歷史一再證明，戰爭會造成極為可怕的災難。
2. 避免衝突、確保世界和平應該是所有人類追求的目標。

二、英文作文（占20分）

說明：依提示寫一篇英文作文，文長至少120個單詞（words）。

提　示：隨著社群媒體的普及，表情符號（emoji）的使用也極為普遍。請參考下列表情符號，寫一篇英文作文，文分兩段。第一段說明人們何以喜歡使用表情符號，並從下列的表情符號中舉一至二例，說明表情符號在溝通上有何功能。第二段則以個人或親友的經驗為例，討論表情符號在訊息表達或解讀上可能造成的誤會或困擾，並提出可以化解的方法。

1	2	3	4

111年升大學學測英文試題

111 年升大學學測英文試題

第壹部分：選擇題（占 62 分）

一、詞彙題（占 10 分）

說明：第 1 題至第 10 題，每題 1 分。

1. When Jeffery doesn't feel like cooking, he often orders pizza online and has it _____ to his house.
   (A) advanced   (B) delivered   (C) offered   (D) stretched

2. Jane is the best _____ I have ever had. I cannot imagine running my office without her help.
   (A) assistant   (B) influence   (C) contribution   (D) politician

3. The temple celebrated Mazu Festival by hosting ten days of lion dances, Taiwanese operas, and traditional hand _____ shows.
   (A) chat   (B) quiz   (C) puppet   (D) variety

4. The new vaccine was banned by the Food and Drug Administration due to its _____ fatal side effects.
   (A) potentially   (B) delicately   (C) ambiguously   (D) optionally

5. _____ the photos with dates and keywords help you sort them easily in your file.
   (A) Tagging   (B) Flocking   (C) Rolling   (D) Snapping

6. An _____ person is usually pleasant and easy to get along with, but don't expect that he or she will always say "yes" to everything.
   (A) enormous   (B) intimate   (C) agreeable   (D) ultimate

7. Hidden deep in a small alley among various tiny shops, the entrance of the Michelin star restaurant is barely _____ to passersby.
   (A) identical   (B) visible   (C) available   (D) remarkable

8. The original budget for my round-island trip was NT$5,000, but the _____ cost is likely to be 50 percent higher.
   (A) moderate   (B) absolute   (C) promising   (D) eventual

9. After watching a TV program on natural history, Adam decided to go on a _____ for dinosaur fossils in South Dakota.
   (A) trial   (B) route   (C) strike   (D) quest

10. With pink cherry blossoms blooming everywhere, the valley _____ like a young bride under the bright spring sunshine.
    (A) bounces   (B) blushes   (C) polishes   (D) transfers

111 年學測—3

二、綜合測驗（占 10 分）

說明：第 11 題至第 20 題，每題 1 分。

第 11 至 15 題為題組

A book town is a rural town in which second-hand and antiquarian bookshops are concentrated. The concept was _(11)_ by Richard Booth, who opened the first second-hand bookshop in Hay-on-Wye, UK in 1961. Following him, many local people opened their own bookshops, and the small town soon became a model of sustainable rural development and tourism. Since the 1970s, book towns like Hay-on-Wye _(12)_ up all over the world.

Although all book towns have a great number of bookshops, that's where the similarities _(13)_. Each of these towns shows unique features of its own. Some have many small private shops, while others have organizations steered by volunteers. Some even run regular activities to attract visitors. For example, an annual book festival is held in Hay-on-Wye. Clunes, in Australia, holds a monthly book talk that hosts authors to discuss their latest _(14)_.

As digital reading is changing our traditional way of reading, book towns like Hay-on-Wye are particularly important to _(15)_. The feel of a book, the smell, the weight, and the knowledge that a particular book might be more than a hundred years old—all these highlight the importance of preserving the physical book as a complement to technology.

11. (A) initiated (B) represented (C) acknowledged (D) manipulated
12. (A) spring (B) sprang
    (C) had sprung (D) have been springing
13. (A) form (B) count (C) end (D) matter
14. (A) trends (B) releases (C) agendas (D) announcements
15. (A) get their worldwide fame (B) conform to the new mode
    (C) make their visitors satisfied (D) keep the printed word alive

第 16 至 20 題為題組

Airline passengers may have noticed that all plane windows have rounded edges, instead of the hard corners commonly found in our house. The round windows are indeed pleasant to the eye, but they actually were designed for reasons _(16)_ aesthetics.

In the early days of aviation, plane windows _(17)_ square in shape. Then as commercial air travel became popular in the 1950s and airplanes began flying higher and faster, three planes mysteriously broke apart in midair. The cause? Square windows. Scientists found that sharp corners are natural weak spots where stress concentrates. The problem is _(18)_ when airplanes fly at higher altitudes, where the difference between the inside and outside pressure increases, causing added stress. When subjected to repeated pressurization high in the sky, the four corners on a square window may _(19)_.

Curved windows, on the other hand, distribute stress around more evenly, reducing the likelihood of cracks or breaks. Circular shapes are also stronger and resist deformation, and therefore can _(20)_ extreme differences in pressure inside and outside of an aircraft.

Thus, round windows are a major safety innovation that keeps planes from disintegrating mid-flight. They are also used on ships and spacecraft for their greater structural integrity.

16. (A) contrary to   (B) except for   (C) more of   (D) other than
17. (A) used to be   (B) were to be   (C) would have been   (D) must have been
18. (A) disguised   (B) understood   (C) confronted   (D) intensified
19. (A) cause conflict   (B) rebuild strength   (C) spell disaster   (D) endure shock
20. (A) tolerate   (B) improve   (C) justify   (D) obtain

三、文意選填（占 10 分）

說明：第 21 題至第 30 題，每題一個空格，請依文意在文章後所提供的 (A) 到 (J) 選項中分別選出最適當者，填入空格中。每題 1 分。

第 21 至 30 題為題組

A stunt person is a man or a woman who performs dangerous acts, usually in the television or movie industry. In this line of work, the person is paid to do daring actions that are deemed too _(21)_ for the regular actor to perform, including jumping from heights, crashing cars, or fighting with weapons.

Stunt work emerged out of _(22)_ over time. In the early days of the film industry, actors themselves shot acrobatic acts and dangerous scenes, until they began to get injured. There were, however, no _(23)_ crew members to perform impressive stunts at that time. If something dangerous needed to be done for a scene, the producers would hire anyone crazy or desperate enough to do it. These people were not trained to perform stunts, so they often _(24)_ things for the first time during the actual shooting. They had to learn from their own mistakes, which _(25)_ some their lives, and almost all suffered light or severe injuries.

Beginning around 1910, audiences developed a taste for serial action movies, which _(26)_ the use of dedicated stunt people to perform in dangerous scenes. Such demand increased with the rise of western movies, and many cowboys with masterful skills on horseback found a new _(27)_ as a stunt person. Tom Mix and Yakima Canutt were among the most famous. The 1960s and '70s _(28)_ the development of most modern stunt technology, like air rams and bullet squibs. That technology has continued to evolve into the present.

Today, CGI (computer generated imagery) is widely used in filmmaking, and it is now _(29)_ to create very lifelike scenes without using real stunt people. However, CGI has difficulties of its own, and there will always be a demand for the realism and thrilling _(30)_ of an actual stunt. So the stunt industry is probably in no immediate danger of dying off.

(A) possible   (B) sensation   (C) risky   (D) cost
(E) witnessed   (F) professional   (G) called for   (H) tried out
(I) necessity   (J) career

四、篇章結構（占 8 分）

說明：第 31 題至第 34 題，每題一個空格，請依文意在文章後所提供的 (A) 到 (D) 選項中分別選出最適當者，填入空格中。每題 2 分。

第 31 至 34 題為題組

Obon, or the Bon Festival, is a Japanese holiday that honors the spirits of the dead. _(31)_ The festival usually lasts for four to five days in August. During this period, many people travel back to their hometowns and spend time with loved ones, both past and present.

Though not a national holiday, *Obon* is surely one of the most traditional events of the year. Celebration often begins with *mukaebi* (welcoming fire), during which people make a small bonfire in front of their house to guide spirits upon their return back home. _(32)_ Food offerings are presented at house altars and temples. Some regions prepare horses made of cucumbers and cows made of eggplants, hoping that the spirits will come back to Earth quickly, on a horse, and leave slowly, riding the cow.

_(33)_ Paper lanterns and offerings are sent floating down rivers to accompany the ancestors back to their resting place. Many areas will also organize *bon-odori* dances. The style of the dances varies from region to region but is normally based on the rhythms of *taiko* drums. Performers usually play on a tall stage with lanterns and banners strung all around. Participants, often dressed in light cotton kimonos, are encouraged to dance to the music around the stage. _(34)_ Originally dedicated to the deceased, the dances have now become a symbol of the summer festival themselves.

(A) Some people also visit the cemetery to clean up the family graves and pray for their ancestors.
(B) Such festive activities are usually held in parks, temples, and other public places around Japan.
(C) *Obon* concludes with another bonfire, *okuribi*, lighting up the sky to see the ancestors' spirits off.
(D) Originating from the Chinese Ghost Festival, this annual event has evolved into a time of family reunion.

五、閱讀測驗（占 24 分）

說明：第 35 題至第 46 題，每題 2 分。

第 35 至 38 題為題組

Standing proud in the savannah with their red blankets and painted shields, the Maasai people are one of the widely known symbols of East Africa. Their unique style, as remarked by Karen Blixen, author of *Out of Africa*, "has grown from the inside, and is an expression of the race and its history."

The Maasai are a semi-nomadic group in Kenya and northern Tanzania, wandering in bands and living almost entirely on the meat, blood, and milk of their herds. Over the years, the fearless tribesmen have stood strong against slavery, and resisted the urging of the Kenyan and Tanzanian governments to adopt a more modern lifestyle. In fact, they are one of the few tribes that have retained most of their traditions. Up until recently, the only way for a Maasai boy to achieve warrior status was to single-handedly kill a lion with his spear.

Maasai clothing varies with age, gender, and place. The most recognizable piece of clothing is the *shúkà*, a sheet of fabric worn wrapped around the body. Red is a popular color, and women generally opt for checked, striped, or patterned pieces of cloth. Young men wear black for several months after their circumcision, a ritual signifying their coming of age. A Maasai warrior is rarely seen without his spear and shield. In Blixen's words, "their weapons and finery are as much a part of their being as are a stag's antlers" (a male deer's horns).

Beadwork is an important part of Maasai culture. Beaded jewelry is made by women, and is famous for its complexity. Natural materials such as clay, shells, and ivory were used before trading with the Europeans in the 19th century. They were then replaced by colorful glass beads, allowing for more detailed beadwork and color patterns. Multicolored beadwork is popular among both men and women. Each color holds a special meaning: White stands for peace, green for land and production, while red—the most favored color among the Maasai—is the symbol of unity and bravery.

35. Which of the following pictures best represents the image of a typical Maasai warrior?
    (A)　　　　　　　　　　　　(B)

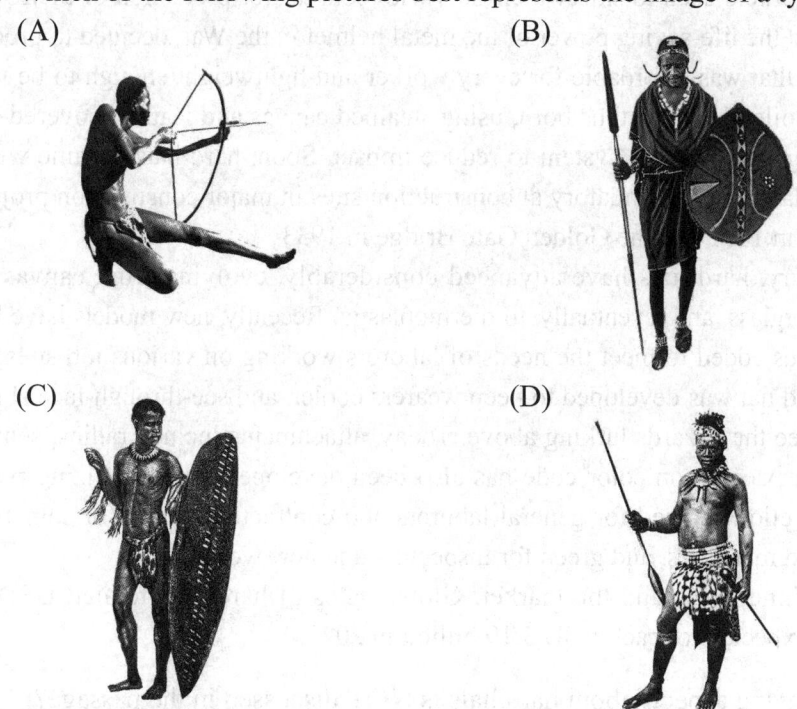

    (C)　　　　　　　　　　　　(D)

36. What can we learn from the passage about the Maasai people?
    (A) They have been urged by governments to leave behind their traditions.
    (B) They resist foreign influence because they were enslaved in the past.
    (C) A boy has to kill a lion by himself before becoming an adult.
    (D) A Maasai woman is usually good at beadwork and farming.

37. Which of the following is true about Maasai clothing and beadwork?
    (A) Striped and patterned cloth is preferred by young adults.
    (B) Young men cannot wear black until they become warriors.
    (C) Colorful glass jewelry became popular after the 19th century.
    (D) The color of the *shúkà* represented one's importance in the tribe.

38. Why does the author quote Blixen's comment at the end of the third paragraph?
    (A) To explain how Maasai warriors hunt for deer in the wild.
    (B) To exemplify the types of weapons used by Maasai warriors.
    (C) To emphasize that weapons are an inseparable part of a Maasai warrior's outfit.
    (D) To show the similarities between the behavior of a Maasai warrior and that of a male deer.

第 39 至 42 題為題組

A hard hat is a helmet used mostly at worksites to protect the head from injuries due to falling objects. Since its introduction in the early 20th century, the headgear has saved countless lives and is considered the number one safety tool for construction workers.

The hard hat was invented in 1919 by Edward W. Bullard, who had just returned from World War I. Before the war, workers used to smear their hats with coal tar for protection of their head. Bullard, having witnessed the life-saving power of the metal helmet in the War, decided to produce a head protection device that was affordable for every worker and lightweight enough to be worn all day long. The Hard Boiled Hat was thus born, using steamed canvas and leather, covered with black paint, and featuring a suspension system to reduce impact. Soon, hard hats became widely used. The headgear was later made mandatory at construction sites in major construction projects, such as the Hoover Dam in 1931 and the Golden Gate Bridge in 1933.

Over the past century, hard hats have advanced considerably, evolving from canvas and leather to aluminum, fiberglass, and, eventually, to thermoplastic. Recently, new models have been introduced and accessories added to meet the needs of laborers working on various job sites. For instance, a ventilated hard hat was developed to keep wearers cooler, and see-through face shields were attached to better see the hazards lurking above. Today, attachments include radios, sensors, cameras, and a lot more. A common color code has also been developed for recognizing people and their roles on site. Yellow is used for general laborers and contractors, white (or sometimes black) for supervisors and managers, and green for inspectors and new workers.

New products continue to expand the market. Global sales of hard hats totaled USD 2.1 billion in 2016, and are expected to reach USD 3.19 billion in 2025.

39. Which of the following aspects about hard hats is **NOT** discussed in the passage?
    (A) Their functions.
    (B) Their appearances.
    (C) Their materials.
    (D) Their limitations.

40. In what order did the following protective hats appear?
   a. fiberglass hats
   b. hats with see-through shields
   c. hats with canvas and leather
   d. hats with tar over them
   (A) d→c→a→b　　(B) c→d→b→a　　(C) c→b→a→d　　(D) d→c→b→a

41. According to the passage, which of the following statements is true about the hard hat?
   (A) Global sales have doubled every ten years.
   (B) The inspiration came from the inventor's wartime experience.
   (C) It was standard equipment for construction workers in the 1920s.
   (D) Different colors are used in different industries to signal the roles of people on site.

42. Which of the following words are used in the passage to refer to the hard hat?
   a. tool
   b. code
   c. device
   d. helmet
   e. accessory
   f. headgear
   (A) a, b, d, e　　(B) a, c, d, f　　(C) c, d, e, f　　(D) a, d, e, f

第 43 至 46 題為題組

　　Zebrafish, named for their characteristic stripes, have been a popular test subject for researchers. Only a few centimeters in length, the fish breed easily in captivity, grow quickly, and their transparent body makes it easy to study their organs. Above all, they possess some amazing "self-healing" power. When part of their heart is removed, they can grow it back in a matter of weeks. When blinded, they can quickly regain the ability to see.

　　Recent studies show that humans and zebrafish have the same major organs and share 70 percent of the genes. Moreover, 84 percent of human genes associated with disease find a counterpart in zebrafish. Scientists thus hope that understanding the self-healing mystery of the fish may one day allow humans to regenerate such organs as eyes, hearts, and spines.

　　Researchers at Vanderbilt University are particularly interested in zebrafish retina regeneration. They have learned that damage of retina can cause blindness in zebrafish, yet it only takes about three to four weeks before vision is restored. The structure and cell types of zebrafish retinas are almost identical to those of humans. If the process can be **replicated** in humans, it may give rise to new treatments for blindness caused by retinal damage.

　　In order to know exactly how zebrafish retina is regenerated, the team looked at the neurotransmitter gamma-aminobutyric acid (GABA), a chemical messenger in the brain that reduces the activity of neurons. They found that lowering GABA levels in zebrafish can trigger retina regeneration, while a high level of GABA concentration will suppress the regeneration process. This suggested that GABA plays an important role in the fish's ability to regain their sight.

The team is beginning to test the GABA theory on mice. If that works, human trials will be next on the agenda. If the research proves successful in humans, some of the nearly 40 million blind people worldwide may one day have a tiny, striped fish to thank.

43. What can we learn about zebrafish from the passage?
    (A) How they should be studied in labs.
    (B) Where they derive their regenerative ability.
    (C) Why they share humans' genetic code.
    (D) What they may offer in medical advancements.

44. Which of the following statements is true regarding GABA in zebrafish?
    (A) Increasing GABA level facilitates neuron activities.
    (B) There is a high level of GABA in the brain of zebrafish.
    (C) Lowering GABA levels in the brain can stimulate retina regrowth.
    (D) GABA contains chemical elements that trigger the growth of neurons.

45. Which of the following is closest in meaning to "**replicated**" in the third paragraph?
    (A) Reproduced.
    (B) Reassembled.
    (C) Recycled.
    (D) Restored.

46. According to the passage, which of the following is an opinion, but **NOT** a fact?
    (A) Humans and zebrafish have 70 percent of genes in common.
    (B) Zebrafish can quickly recover vision after damage to the retina.
    (C) Scientists are testing if the GABA theory works on mice as it does on zebrafish.
    (D) Understanding regeneration in zebrafish may allow humans to regrow their organs.

第貳部分：混合題（占 10 分）

說明：本部分共有 1 題組，每一子題配分標於題末。限在答題卷標示題號的作答區內作答，並依規定用筆作答。

第 47 至 49 題為題組

To support refugees and people facing crises around the world, the International Olympic Committee created the Refugee Olympic Team. Refugee athletes have been invited to compete in the Olympic Games since 2016. Here are two refugee athletes and their stories.

Yusra Mardini is a swimmer who grew up in the war-torn country of Syria. Due to the unstable political situation there, Yusra sometimes had to train in pools under roofs that had been blown open by bombings.

In 2015 when she was just a 17-year-old, her house was destroyed in the civil war, so she decided to flee her home country. She managed to reach Turkey through Lebanon. From Turkey, she boarded a small boat that held 20 people and set sail into the deep waters of the Aegean Sea. But 30 minutes later, the engine stopped and the boat began to sink. Yusra dove into the cold water, and—with the help of her sister and two men—swam and pushed the boat for over three hours to reach the Greek island of Lesbos. They saved everyone aboard.

Yusra eventually settled in Germany and has since worked to inspire others to pursue their dreams. Her incredible story and superior swimming skills won her the opportunity to participate in the Olympic Games. She was a member of the Refugee Olympic Team for both the 2016 Rio Games and 2021 Tokyo Games.

Popole Misenga was born in the Democratic Republic of the Congo. When he was nine, the country's civil war claimed the life of his mother and left him homeless. Escaping from the war zone, he wandered alone for a week in a rainforest before being rescued and taken to a center for displaced children in the capital, Kinshasa.

There, Popole discovered judo, from which he gained strength in body and mind. "Judo helped me by giving me serenity, discipline, commitment—everything," he said. He trained hard and became a professional judoka. However, each time he lost a competition, his coaches would lock him in a cage for days, feeding him only coffee and bread. Finally, when he was cruelly abused for not winning medals at the 2013 World Championships in Brazil, he decided to seek protection.

Popole was granted asylum in 2014 by Brazilian government and later continued judo training at a youth facility. He made his Olympic debut at Rio 2016. He also represented the Refugee Olympic Team in 2021 Tokyo Games.

47. 請根據選文內容，從兩則故事中各選出一個單詞（word），分別填入下列兩句的空格，並視語法需要作適當的字形變化，使句子語意完整、語法正確，且符合全文文意。（填空，4分）

With her amazing courage and swimming skills, Yusra Mardini was not only able to save lives but also fulfill her dream of _(A)_ in the Olympic Games.

Judo helped Popole Misenga to be strong both physically and mentally, and gave him the courage to escape from the _(B)_ of his coaches.

48. Which word in Popole Misenga's story means "protection given by a country or embassy to refugees from another country"?（簡答，2分）

49. 請從下列 (A) 到 (F) 中，選出對 Yusra Mardini 和 Popole Misenga 都正確的選項。
（多選題，4 分）
(A) Being an Olympic medalist.
(B) Growing up in an orphanage.
(C) Joining the Olympic Games more than once.
(D) Leaving his/her hometown because of war.
(E) Showing talent in sports after going to a foreign country.
(F) Traveling through several countries before securing protection.

第參部分：非選擇題（占 28 分）

說明：本部分共有二大題，請依各題指示作答，答案必須寫在答題卷標示題號之作答區內，作答時不必抄題。

一、中譯英（占 8 分）

說明：依題號將以下中文句子譯成正確、通順、達意的英文。每題 4 分，共 8 分。

1. 飼養寵物並非一項短暫的人生體驗，而是一個對動物的終生承諾。
2. 在享受寵物所帶來的歡樂時，我們不該忽略要善盡照顧他們的責任。

二、英文作文（占 20 分）

說明：依提示寫一篇英文作文，文長至少 120 個單詞（words）。

提　示：不同的公園，可能樣貌不同，特色也不同。請以此為主題，並依據下列兩張圖片的內容，寫一篇英文作文，文分兩段。第一段描述圖 A 和圖 B 中的公園各有何特色，第二段則說明你心目中理想公園的樣貌與特色，並解釋你的理由。

110 年升大學學測英文試題

110 年升大學學測英文試題

第壹部分：單選題（占 72 分）

一、詞彙（占 15 分）

說明：第 1 題至第 15 題，每題有 4 個選項，其中只有一個是正確或最適當的選項，請劃記在答案卡之「選擇題答案區」。各題答對者，得 1 分；答錯、未作答或劃記多於一個選項者，該題以零分計算。

1. Tom is really a naughty boy. He likes to _____ and play jokes on his younger sister when their parents are not around.
   (A) alert   (B) spare   (C) tease   (D) oppose

2. Elderly shoppers in this store are advised to take the elevator rather than the _____, which may move too fast for them to keep their balance.
   (A) airway   (B) operator   (C) escalator   (D) instrument

3. Upon hearing its master's call, the dog wagged its tail, and followed her out of the room _____.
   (A) obediently   (B) apparently   (C) logically   (D) thoroughly

4. Since many of our house plants are from humid jungle environments, they need _____ air to keep them green and healthy.
   (A) moist   (B) stale   (C) crisp   (D) fertile

5. The skydiver managed to land safely after jumping out of the aircraft, even though her _____ failed to open in midair.
   (A) glimpse   (B) latitude   (C) segment   (D) parachute

6. The invention of the steam engine, which was used to power heavy machines, brought about a _____ change in society.
   (A) persuasive   (B) harmonious   (C) conventional   (D) revolutionary

7. To encourage classroom _____, the teacher divided the class into groups and asked them to solve a problem together with their partners.
   (A) operation   (B) interaction   (C) adjustment   (D) explanation

8. Lisa _____ onto the ground and injured her ankle while she was playing basketball yesterday.
   (A) buried   (B) punched   (C) scattered   (D) tumbled

9. Hundreds of residents received free testing _____ from the city government to find out if their water contained any harmful chemicals.
   (A) kits   (B) trials   (C) zones   (D) proofs

10. The 2011 Nobel Peace Prize was awarded _____ to three women for the efforts they made in fighting for women's rights.
    (A) actively   (B) earnestly   (C) jointly   (D) naturally

11. The company is _____ and making great profits under the wise leadership of the chief executive officer.
    (A) applauding   (B) flourishing   (C) circulating   (D) exceeding

12. It is absolutely _____ to waste your money on an expensive car when you cannot even get a driver's license.
    (A) absurd   (B) cautious   (C) vigorous   (D) obstinate

13. The problem of illegal drug use is very complex and cannot be traced to merely one _____ reason.
    (A) singular   (B) countable   (C) favorable   (D) defensive

14. The non-profit organization has _____ $1 million over five years to finance the construction of the medical center.
    (A) equipped   (B) resolved   (C) committed   (D) associated

15. One week after the typhoon, some bridges were finally opened and bus service _____ in the country's most severely damaged areas.
    (A) departed   (B) resumed   (C) transported   (D) corresponded

二、綜合測驗（占 15 分）

說明：第 16 題至第 30 題，每題一個空格，請依文意選出最適當的一個選項，請劃記在答案卡之「選擇題答案區」。各題答對者，得 1 分；答錯、未作答或劃記多於一個選項者，該題以零分計算。

第 16 至 20 題為題組

Street pigeons are a common sight in many European cities. In fact, a visit to a major European city just would not be the same _(16)_ encountering them: bathing in fountains, perching on historic buildings, and flocking in public squares. In Barcelona, however, the birds are now threatening to _(17)_ the city's historic center, pooping on monuments, buildings, and even tourists.

The city council originally proposed _(18)_ the pigeon population by gathering the birds and shooting them. But that idea led to strong protests from numerous animal rights groups. After heated debates and discussions, the government was finally persuaded to consider another _(19)_ effective method: giving the pigeons birth control.

In 2016, the city council decided to put its 85,000 pigeon population on a birth control pill to block the formation of eggs in birds. Starting from April 2017, the pills were placed in 40 bird feeders _(20)_ throughout the city. It was predicted that there would be a decrease of 20 percent in the pigeon population in the first year and between 70 and 80 percent in four or five years.

16. (A) as   (B) for   (C) though   (D) without
17. (A) set up   (B) hang on   (C) take over   (D) break down
18. (A) counting   (B) reducing   (C) displaying   (D) maintaining
19. (A) nearly   (B) shortly   (C) precisely   (D) similarly
20. (A) installing   (B) installed   (C) to install   (D) having installed

第 21 至 25 題為題組

Being hit by lightning is a rare event. Over the course of an 80-year life span, the odds of being hit by lightning are 1 in 3,000, _(21)_ the probability of being struck seven different times. Roy Sullivan, a park ranger in the United States, was struck by lightning more recorded times than any other human being. Over his 36-year career, Sullivan was struck by lightning seven times—and _(22)_ each shock!

Strikes one, two, and three were pure bad luck, he thought. But after strike four, Sullivan became _(23)_ death and took precautions during lightning strikes. Strike five occurred in 1973 when Sullivan was on patrol. A storm cloud "chased" him until he was struck. The same thing happened again in 1976. Sullivan, while surveying a campground, felt that a cloud was _(24)_ him, and tried all he could to run—but it got him anyway. Finally, on 25 June 1977, a seventh and final bolt struck Sullivan as he was fishing in a pond. "I don't believe God is after me," he theorized. "If he was, the first bolt _(25)_ enough. Best I can figure is that I have some chemical, some mineral, in my body that draws lightning. I just wish I knew."

21. (A) if it isn't   (B) as you can see   (C) not to mention   (D) with regard to
22. (A) piloted   (B) rejected   (C) survived   (D) tracked
23. (A) fearful of   (B) critical of   (C) doubtful about   (D) positive about
24. (A) coming after   (B) getting over   (C) holding on to   (D) watching out for
25. (A) was   (B) had been   (C) would be   (D) would have been

第 26 至 30 題為題組

Glaciers are usually associated with colder climates. But some mountain ranges of South America, Africa, and Indonesia are also _(26)_ glaciers and ice sheets. These tropical glaciers serve as a major source of water supply to one-sixth of the world's population.

A newly published study, however, revealed that rising temperatures are posing an _(27)_ threat to the last tropical glaciers in Indonesia's Papua region. The ice sheets, which once spanned 20 square kilometers, are thinning over five times as quickly compared to a few years ago. _(28)_ already shrunk by 85% to a mere 0.5 square kilometers, Papua's glaciers will completely disappear within a decade, researchers have predicted.

The disappearance of the glaciers will also leave a significant _(29)_ impact. For many indigenous Papuans, the ice sheets represent a sacred symbol. "The mountains and valleys are the arms and legs of their god and the glaciers are the head," explained the head researcher.

The study warned that Papua's glaciers are only the "first to go" if greenhouse gases are _(30)_ and temperatures continue rising. And this is certainly a serious warning about the depressing fate of other glaciers around the world.

26. (A) home to   (B) covers of   (C) roofs over   (D) room for
27. (A) occasional   (B) elaborate   (C) immediate   (D) offensive
28. (A) Have   (B) Had   (C) Having   (D) Having been
29. (A) cultural   (B) moral   (C) political   (D) environmental
30. (A) kept balanced (B) made released   (C) seen dismissed   (D) left unchecked

三、文意選填（占 10 分）

說明：第 31 題至第 40 題，每題一個空格，請依文意在文章後所提供的 (A) 到 (J) 選項中分別選出最適當者，並將其英文字母代號劃記在答案卡之「選擇題答案區」。各題答對者，得 1 分；答錯、未作答或劃記多於一個選項者，該題以零分計算。

第 31 至 40 題為題組

If you cannot find ways to fit exercise into your busy daily schedule, don't worry! Exercise doesn't always have to be laborious. Research shows that _(31)_ amounts of exercise—even just 15 minutes a day—helps ease depression, enhance self-image, relieve stress, and much more. That's right. Doing exercise makes you happy, and you don't have to be a fitness _(32)_ to do it. What you need to do is to make "start slow and have fun" a motto to _(33)_. Then you'll be well on your way to using physical activity as a tool to make you feel better every day.

The "no pain, no gain" view of exercise is now considered old-fashioned. In fact, _(34)_ health studies prove that exercise doesn't have to hurt to be effective. You might _(35)_ that if working out doesn't give you pain, it isn't working. According to fitness trainers, physically _(36)_ exercises may make you breathe heavily and your muscles may ache temporarily, but exercise should not be painful. In fact, if it is, it may _(37)_ an injury or muscle strain. Many great forms of exercise—like walking, swimming, or gentle stretching—get results without the _(38)_ or discomfort some people associate with exercise.

For the sake of your health, it is time to make regular exercise a part of your life. Keep in mind that even short periods of low-impact exercise serve as a powerful _(39)_ to improve your health. So, no matter how busy you are, try to _(40)_ for exercise every day, like a 15-minute walk with your dog. Your body will thank you in many ways.

(A) means   (B) soreness   (C) point to   (D) argue
(E) demanding   (F) abide by   (G) fanatic   (H) current
(I) make time   (J) modest

四、閱讀測驗（占 32 分）

說明：第 41 題至第 56 題，每題請分別根據各篇文章之文意選出最適當的一個選項，請劃記在答案卡之「選擇題答案區」。各題答對者，得 2 分；答錯、未作答或劃記多於一個選項者，該題以零分計算。

第 41 至 44 題為題組

The prickly pear cactus is such a powerful symbol in Mexico that it occupies a prime spot on Mexico's national flag. The plant was considered sacred by the ancient Aztecs, and modern-day Mexicans eat it, drink it, and even use it in medicines and shampoos. Now scientists have come up with a new use for the bright green plant: producing renewable energy.

Known locally as *nopal*, the prickly pear is farmed on a massive scale in Mexico. Over the years, only the edible soft inner flesh has been used. The cactus's thick outer layer (i.e., husk), with all those spines, had always been viewed as a waste product until researchers developed a biogas generator to turn the husks into electricity.

The pilot project dedicated to developing the cactus biogas generator began in the south of Mexico City. The area produces 200,000 tons a year of prickly pear cactus—up to 10 tons of which ends up as waste on the floor of the cactus market each day. Then, a local green energy startup company got the idea to turn that waste into energy. The generator is now in place at the cactus market, where the vendors are enthusiastic about this new way to utilize the tons of cactus husks that once went directly into the trash.

The prickly pear has a number of advantages over other biofuel crops, such as wheat, sugarcane, and soybeans. For one thing, only the husk of the cactus is used for generating biofuel, while its inner flesh is still preserved for food. Therefore, using the plant as a fuel source will not put pressure on food prices. Moreover, the cactus requires minimum water, and thus is not grown on traditional agricultural pasture. This means that no increased competition arises for the water or land presently used for food production.

The project in Mexico City has brought new hope to reducing the use of fossil fuels. If it can be expanded, the prickly pear could be the key to Mexico's energy future.

41. What is the purpose of this passage?
   (A) To argue for the benefits of *nopales*.
   (B) To introduce a new source of energy.
   (C) To predict the future agriculture policy of Mexico.
   (D) To change people's ideas about energy consumption.

42. Which of the following is **NOT** mentioned as a function of the prickly pear?
    (A) For treating illnesses.
    (B) For personal hygiene.
    (C) For food and beverage.
    (D) For gardening and landscaping.

43. Which of the following statements about the prickly pear cactus is true?
    (A) Its soft inner part is often discarded.
    (B) It was not discovered until the modern era.
    (C) It turns into 200,000 tons of waste in Mexico each year.
    (D) It appears in a prominent place on Mexico's national flag.

44. What advantage does the prickly pear cactus have over other biofuel crops?
    (A) It generates more energy.
    (B) It will not influence food prices.
    (C) It may replace feed for livestock.
    (D) It can increase global food production.

第 45 至 48 題為題組

　　The concept of a travel document, which shows a person is under a ruler's protection while in a foreign land, has probably existed since rulers and states were first invented. But the earliest mention of an object which we might recognize as a passport appeared in about 450 B.C. The Hebrew Bible states that Nehemiah, an official serving King Artaxerxes of ancient Persia, asked permission to travel to Judah. The King agreed and gave Nehemiah a letter "to the governors of the province beyond the river," requesting safe passage for him as he travelled through their lands.

　　Later, in the medieval Islamic Caliphate, a form of passport was the *bara'a*, a receipt for taxes paid. Only people who paid their taxes were permitted to travel to different regions of the Caliphate. In medieval Europe, on the other hand, travel documents were issued by local authorities, and generally contained a list of towns and cities which the document holder was permitted to enter or pass through. On the whole, documents were not required for travel to seaports, which were considered open trading points, but documents were required to travel inland from seaports.

　　King Henry V of England is credited with having invented the first true passport, as a way of helping his subjects prove who they were in foreign lands. The earliest reference to these documents is found in a 15th-century Act of Parliament, while the term "passport" came into use about a century later. Nevertheless, passports were not generally required for international travel until the First World War. It was at this time that passports as we would recognize them today began to be used.

45. How is the information in the passage organized?
    (A) In order of time.
    (B) By cause and effect.
    (C) In order of importance.
    (D) By definition and illustration.

46. Which of the following statements is true about the earliest travel document?
    (A) It was issued by the king of Judah.
    (B) It was given to an official of Persia.
    (C) It appeared more than three thousand years ago.
    (D) It served to invite people to travel beyond the river.

47. When did the term "passport" start being used?
    (A) In about 450 B.C.
    (B) During World War I.
    (C) In the 16th century.
    (D) During King Henry V's reign.

48. Which of the following is **NOT** mentioned in the passage as a form of passport?
    (A) A letter.
    (B) A receipt.
    (C) A proof of identity.
    (D) A list of seaports.

第 49 至 52 題為題組

Benjamin Franklin, one of the Founding Fathers of the United States, was not only a great politician but also a highly accomplished scientist and inventor. Of his many achievements, probably the least well-known are his accomplishments in music. He invented an instrument for which both Mozart and Beethoven composed music—the glass armonica.

In 1761, while living in England, Franklin heard a performer playing musical glasses. Franklin was charmed by the music, but felt that there was a better way to create the same sound. He had a glassmaker create thirty-seven hemispheres made of glass, with each being a different size and thickness to produce different pitches. The glass hemispheres were color coded with paint to identify the notes. Franklin ran an iron rod through a hole in the top of each hemisphere so that **they** could nest together from largest to smallest. He linked all of this to a device shaped like a spinning wheel, with a foot control that turned the rod, making the glass hemispheres rotate. Franklin moistened his fingers and held them against the rims of the glass hemispheres as they turned, producing a unique sound. He mastered the instrument and took it to parties and gatherings to play for his friends and acquaintances. The instrument became so popular that thousands were built and sold.

But musical fashions changed. Music was moving out of the relatively small halls of Mozart's day into the large concert halls of the 19th century, and without amplification, the glass armonica simply couldn't be heard. Concert reviews from the period mourned the fact that the armonica sounded wonderful—only when it could be heard. So, alas, Franklin's marvelous invention was ultimately abandoned. The popularity of the instrument faded early in the 19th century, but it is still played occasionally today.

49. Which of the following is the closest illustration of Benjamin Franklin's invention?
    (A)
    (B)
    (C)
    (D)

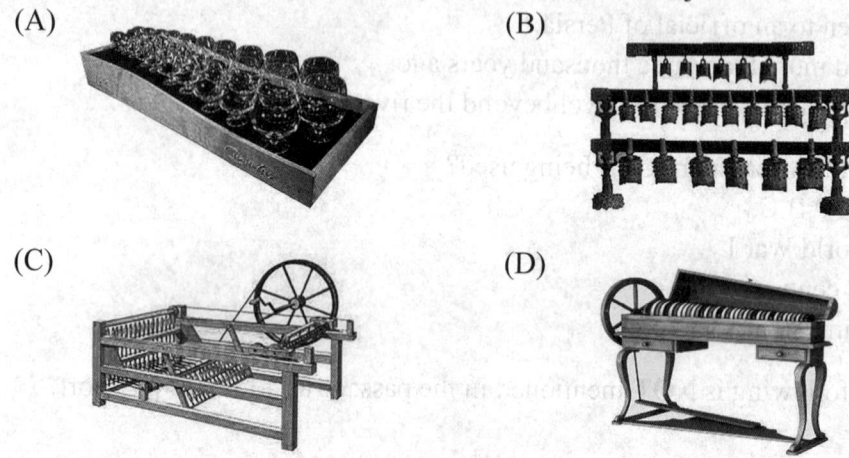

50. Which of the following statements is true about how the glass armonica works?
    (A) Water has to be poured into the glass hemispheres.
    (B) Colored paint makes it sound better and last longer.
    (C) An iron rod is used to strike the thicker glass hemispheres.
    (D) The performer's fingers have to be slightly wet when playing it.

51. According to the passage, why did the glass armonica lose its popularity?
    (A) The skill of playing the glass armonica was very hard to master.
    (B) Famous musicians like Beethoven had problems composing for it.
    (C) Concert halls became too big for its music to be heard by the audience.
    (D) Reviewers in that time indicated that it was clumsy and not fashionable.

52. What does the highlighted "they" in the second paragraph refer to?
    (A) Iron rods.
    (B) Hemispheres.
    (C) Colored notes.
    (D) Musical pitches.

第 53 至 56 題為題組

　　Morgan's Wonderland, located in San Antonio, Texas, is a theme park geared mainly toward mentally or physically disabled children. The park was built by Gordon Hartman, a former real estate developer. The creation of the park was inspired by his daughter, Morgan, who suffers from severe cognitive delay and physical challenges.

　　The world's first **ultra-accessible** family fun park, Morgan's Wonderland opened in the spring of 2010. Admission for guests with special needs is free, and fees for the general public are set at a much discounted price so that people of all ages and abilities can come together and play in a fun and safe environment.

　　Completely wheelchair-accessible, the park features 25 acres of attractions including rides, playgrounds, a catch-and-release fishing lake, and picnic areas throughout the park. The rides are custom-designed to accommodate wheelchair riders so that every family member can enjoy the fun. The adapted rides include the Off-Road Adventure, where guests can test their driving skills in sporty vehicles. Moreover, each visitor is offered the option to wear a GPS Adventure Band, which allows them to keep track of each other while in the park. The band also enables them to take part in electronic activities. For example, when the riders scan the band at the Off-Road Adventure, a photo will be taken and sent to their email.

　　In June 2017, Morgan's Wonderland celebrated the opening of Morgan's Inspiration Island. The new expansion is composed of five themed splash pads and a River Boat Adventure Ride. The wheelchair guests can transfer out of their chairs into unique, waterproof chairs and enjoy the splash park without risking damage to their personal wheelchairs.

　　"Morgan taught me that there's more to life in many ways than what I saw before," said Hartman. "The blessing that Morgan has brought is beyond anything that I ever could have imagined and could explain."

53. What is the passage mainly about?
    (A) The new addition to Morgan's Wonderland.
    (B) The establishment and features of a special theme park.
    (C) The advanced technological devices in Morgan's Wonderland.
    (D) The needs of people who suffer from physical and mental disabilities.

54. What does "**ultra-accessible**" in the second paragraph imply?
    (A) It's easy for all visitors to use the facilities.
    (B) Admission is free for people young and old.
    (C) Wheelchairs are provided for every featured attraction.
    (D) Morgan's Wonderland is situated in a convenient location.

55. Which of the following is **NOT** mentioned as a fun activity in the park?
    (A) Fishing.
    (B) Driving.
    (C) Hiking.
    (D) Picnicking.

56. Which of the following statements is true about Morgan's Wonderland?
    (A) Waterproof chairs enable visitors to roam all over the park.
    (B) Morgan's Inspiration Island includes 25 acres of attractions.
    (C) The success of the park is exactly what Morgan intended to achieve.
    (D) GPS bands allow visitors to enjoy the convenience of the electronic devices.

第貳部分：非選擇題（占 28 分）

說明：本部分共有二大題，請依各題指示作答，答案必須寫在「答案卷」上，並標明大題號（一、二），若因字跡潦草、未標示題號、標錯題號等原因，致評閱人員無法清楚辨識者，該部分不予計分。作答使用筆尖較粗之黑色墨水的筆書寫，且不得使用鉛筆。

一、中譯英（占 8 分）

說明：1. 請將以下中文句子譯成正確、通順、達意的英文，並將答案寫在「答案卷」上。
      2. 請依序作答，並標明子題號。每題 4 分，共 8 分。

1. 根據新聞報導，每年全球有超過百萬人在道路事故中喪失性命。
2. 因此，交通法規必須嚴格執行，以確保所有用路人的安全。

二、英文作文（占 20 分）

說明：1. 依提示在「答案卷」上寫一篇英文作文。
      2. 文長至少 120 個單詞（words）。

提　示：下圖為遊客到訪某場所的新聞畫面。你認為圖中呈現的是什麼景象？你對這個景象有什麼感想？請根據此圖片，寫一篇英文作文。文分兩段，第一段描述圖片的內容，包括其中人、事、物以及發生的事情；第二段則以遊客或場所主人的立場，表達你對這件事情的看法。

指考篇

110 年升大學指考英文試題

110 年升大學指考英文試題

第壹部分：選擇題（占 72 分）

一、詞彙題（占 10 分）

說明：第 1 題至第 10 題，每題有 4 個選項，其中只有一個是正確或最適當的選項，請劃記在答案卡之「選擇題答案區」。各題答對者，得 1 分；答錯、未作答或劃記多於一個選項者，該題以零分計算。

1. Due to a budget cut, our company's annual year-end party, which is usually quite a treat, has to be held at a _____ cost.
   (A) hostile   (B) barren   (C) minimal   (D) systematic

2. A plot to rob the bank was _____ to the police, and all the people involved in the plan were caught.
   (A) revealed   (B) cancelled   (C) declared   (D) explored

3. One good way to _____ questions you don't want to answer in a conversation is to change the topic.
   (A) whip   (B) split   (C) litter   (D) dodge

4. To apply for a job, you need to have _____ such as skills, education, and experience required by the job.
   (A) regulations   (B) qualifications (C) preventions   (D) conventions

5. For years, Lily has been _____ all incoming calls on both her mobile phone and home phone because she hates to be bothered by unknown callers.
   (A) glittering   (B) purifying   (C) mimicking   (D) filtering

6. Many people felt extremely sad and angry over the _____ news of a stray dog found abused and killed in the park.
   (A) flexible   (B) sorrowful   (C) eventual   (D) optional

7. Chris never shows up at meetings on time. His excuse for being _____ late is that he wants to avoid small talk at the beginning of the meetings.
   (A) consistently   (B) respectfully   (C) indifferently   (D) enormously

8. Steve will quit his job next week. His _____ is completely unexpected, especially after his promotion and pay raise two months ago.
   (A) approval   (B) enforcement   (C) resignation   (D) signature

9. People with an _____ illness should avoid going to public places to keep the diseases from spreading.
   (A) outrageous   (B) infectious   (C) ultimate   (D) explicit

10. Although electronic devices are very popular nowadays, paper _____ are still most common in major elections around the world.
    (A) tokens　　　　(B) fragments　　　　(C) ballots　　　　(D) warranties

二、綜合測驗（占 10 分）

說明：第 11 題至第 20 題，每題 1 個空格。請依文意選出最適當的 1 個選項，請劃記在答案卡之「選擇題答案區」。各題答對者，得 1 分；答錯、未作答或劃記多於 1 個選項者，該題以零分計算。

第 11 至 15 題為題組

　　We all know that too much stress is not good for our health, but too little is not ideal, either. While _(11)_ stress can be dangerous to the body, short-term stress is actually healthy.

　　Short-term stress triggers the production of protective chemicals in our body and strengthens the body's defenses. _(12)_ our body is in a vulnerable situation, a burst of stress will quickly mobilize the body's own repair system to defend the damaged areas. This _(13)_ us from physical discomfort and sickness. Small amounts of stress hormones may even sharpen our memory. A recent study found that when rats were forced to swim—an activity that places them under stress for a short while—they remembered their way through mazes far _(14)_ than rats that were in a relaxed state.

　　The key to a healthy lifestyle is to keep our stress level _(15)_. Too much stress will make us cranky and sick. Too little stress, on the other hand, will lead to boredom and low motivation.

11. (A) contagious　　(B) chronic　　(C) diagnostic　　(D) tedious
12. (A) Till　　(B) Unless　　(C) When　　(D) Whereas
13. (A) conceals　　(B) derives　　(C) shields　　(D) transforms
14. (A) harder　　(B) better　　(C) less　　(D) further
15. (A) balanced　　(B) balancing　　(C) balances　　(D) to balance

第 16 至 20 題為題組

　　Do you know the difference between the terms *meteoroid*, *meteor*, and *meteorite* in astronomy? Many people find these words confusing. However, the difference is all about their _(16)_.

　　Meteoroids are far up in the sky. They are chunks of rock or metal that speed through space. Some are very large and may be hundreds of feet wide. Others _(17)_ the size of a small stone. Most meteoroids travel around the sun in space and stay away from the Earth. However, sometimes a meteoroid will enter the Earth's atmosphere. Friction with the atmosphere will cause it to _(18)_ and burn while traveling at high speed. As a meteoroid begins to burn in the atmosphere, it leaves a streak of light. When this tail-like light is falling down toward the Earth, it is called a meteor, or a shooting star. Most meteors vaporize completely before they hit the ground. If any meteor _(19)_ its fiery journey through the atmosphere and lands on Earth, it is called a meteorite. Large meteorites can cause great explosions and much destruction on the surface of the Earth. _(20)_, Barringer Crater in the American state of Arizona, measuring 1,200 m in diameter and some 170 m deep, was produced by a meteorite impact.

16. (A) size (B) weight (C) location (D) temperature
17. (A) may be (B) would be (C) must have been (D) could have been
18. (A) wear out (B) turn off (C) break through (D) heat up
19. (A) approaches (B) survives (C) confirms (D) targets
20. (A) Indeed (B) Nevertheless (C) For example (D) In short

三、文意選填（占 10 分）＊目前學測考法為 10 個選項中選出 10 個答案。

說明：第 21 題至第 30 題，每題 1 個空格，請依文意在文章後所提供的 (A) 到 (L) 選項中分別選出最適當者，並將其英文字母代號劃記在答案卡之「選擇題答案區」。各題答對者，得 1 分；答錯、未作答或劃記多於 1 個選項者，該題以零分計算。

第 21 至 30 題為題組

Some people say that Cantonese is a dialect of Chinese. Others insist that it is a language in its own _(21)_. Who is correct? How do dialects differ from languages?

Two kinds of criteria are used to _(22)_ languages from dialects. The first are social and political: In this view, "languages" are typically written, official, and _(23)_, whereas "dialects" are mostly spoken, unofficial, and looked down upon. As a saying goes, "A language is a dialect with an army and a navy." This implies that a powerful group of people like an army or a government can _(24)_ which dialect is chosen as the official language of a state.

Linguists have a different criterion: If two kinds of speech are so _(25)_ in grammar, vocabulary, and pronunciation that their speakers can understand each other, they are regarded as dialects of a single language. On the other hand, if _(26)_ is difficult or even impossible, they are different languages. On this _(27)_, Mexican Spanish and Argentine Spanish are dialects of the same language (Spanish). Speakers of these dialects normally have little _(28)_ communicating with each other. Cantonese, on the other hand, is not considered a dialect of Chinese because speakers of the two languages can hardly _(29)_ with each other. This criterion of mutual understandability, though objective, can annoy nationalists. For example, Danes and Norwegians have no difficulty understanding each other, making Danish and Norwegian _(30)_ as dialects of the same language. Yet, few Danes or Norwegians would actually feel happy about this classification.

(A) recognized (B) determine (C) sound (D) trouble
(E) comprehension (F) ground (G) right (H) converse
(I) similar (J) prestigious (K) distinguish (L) particular

四、篇章結構（占 10 分）＊目前學測考法為 4 個選項中選出 4 個答案，115 學年度起改為 5 個選項中選出 4 個答案。

說明：第 31 題至第 35 題，每題 1 個空格。請依文意在文章後所提供的 (A) 到 (F) 選項中分別選出最適當者，填入空格中，使篇章結構清晰有條理，並將其英文字母代號劃記在答案卡之「選擇題答案區」。各題答對者，得 2 分；答錯、未作答或劃記多於 1 個選項者，該題以零分計算。

第 31 至 35 題為題組

　　Niki de Saint Phalle, one of the most famous artists of the 20th century, was a French-American born in 1930. She was brought up in a very conservative family, and yet, she rejected the staid, conservative values of her family to pursue a career in painting. _(31)_ Fortunately, painting offered her an effective therapy and a way to develop as an artist. Her famous "Nana" series gained universal praise. It is a testimony to the glory of women. _(32)_ Some of these sculptures are very big, "so that men would look small next to them." Saint Phalle used vivid colors in these works and her female subjects dance cheerfully and merrily. _(33)_

　　Saint Phalle's sculptural park, "The Tarot Garden," inspired by Tarot cards, is situated in the Italian province of Tuscany. _(34)_ The park contains sculptures of the symbols found on Tarot cards. The brightly colored combinations of buildings and sculptures reflect the metaphysical qualities represented by the 22 main tarot cards. The sculptures, however, have nothing to do with fortune telling. _(35)_

　　Saint Phalle passed away on May 21, 2002, in San Diego, California, at the age of 71. Her death meant the loss of a woman of diverse creative talents.

(A) The series is mostly composed of life-size dolls of women in various roles such as brides and new mothers.
(B) Work on the garden began in 1979, and it was officially opened to the public in May 1998.
(C) Many modern women artists create sculptures that have become iconic pieces of feminist movement.
(D) Through these joyful and powerful images of Nana, the artist sends a positive message to all women.
(E) Her rebelliousness created a series of conflicts with her family, which led to a nervous breakdown at age 23.
(F) Instead, the works focus on the elements of life experience, personality, and self-knowledge that the cards refer to.

五、閱讀測驗（占 32 分）

說明：第 36 題至 51 題，每題請分別根據各篇文章之文意選出最適當的 1 個選項，請劃記在答案卡之「選擇題答案區」。各題答對者，得 2 分；答錯、未作答或劃記多於 1 個選項者，該題以零分計算。

第 36 至 39 題為題組

Located in Black Canyon straddling the border between Nevada and Arizona in the southwestern region of the United States, Hoover Dam is named one of the Top 10 Construction Achievements of the 20th century. The dam, constructed between 1931 and 1936, was the largest of its kind at the time. Its construction was the result of a massive effort involving thousands of workers and cost over one hundred lives.

Since about 1900, the Black Canyon and nearby Boulder Canyon had been investigated for their potential to support a dam that would control floods, provide irrigation water, and produce hydroelectric power. In 1928, the US Congress authorized the project. The winning bid to build the dam was submitted by Six Companies, Inc. However, such a large concrete structure had never been built before, and some of the techniques were unproven. The extreme summer heat and lack of facilities near the site also presented tremendous difficulties. Nevertheless, Six Companies turned over the finished dam to the federal government on March 1, 1936, more than two years ahead of schedule.

The initial design of the dam, which was more concerned with the dam's functionality than its exterior, was criticized by many as being too plain and unremarkable for a project of such immense scale. So Gordon B. Kaufmann, the architect who was brought in to redesign the exterior, greatly streamlined the design and applied an elegant Art Deco style to the entire project. Allen Tupper True, an American illustrator, was also hired to handle the design and decoration of the walls and floors of the new dam. He integrated into his design the images and colors based on Native American visions of rain, lightning, clouds, and animals, thereby creating symbolic patterns which appear both ancient and modern.

Today, Hoover Dam has become a national historic landmark. Standing at more than 725 feet above the Colorado River, the highest concrete dam in the Western Hemisphere continues to draw crowds 85 years after its creation, attracting more than a million visitors a year.

36. Which of the following is **NOT** mentioned as a reason for building the dam in the beginning?
    (A) To promote tourism.
    (B) To support agriculture.
    (C) To generate electricity.
    (D) To prevent natural disasters.

37. Which of the following statements is true about Hoover Dam?
    (A) Its construction lasted for more than a decade.
    (B) It is strong in functionality, but plain in design.
    (C) Its site stretches over two states in the United States.
    (D) It became famous because it led to the discovery of Black Canyon.

38. According to the passage, what did Six Companies, Inc. experience in the process of building the dam?
    (A) It was defeated by the harsh working conditions.
    (B) It lost some workers in the construction of the dam.
    (C) It benefited from prior experience of building dams of similar scale.
    (D) It gave up the project authorized by the government before the deadline.

39. What contribution did Gordon B. Kaufmann make to Hoover Dam?
    (A) He improved the outer appearance of the dam.
    (B) He enhanced the practical functions of the dam.
    (C) He added aboriginal flavor to the design of the floor.
    (D) He decorated the walls of the dam with images from nature.

第 40 至 43 題為題組

France gave birth to restaurants, but it was no civilized affair. In fact, today's restaurant business is a byproduct of the class warfare that arose during the French Revolution.

Back in the Middle Ages, fine dining was a privilege enjoyed exclusively by noble families who had their own grand kitchens and personal chefs. The only commercial diners for the masses were dusty, shabby roadside inns, where strangers crowded around mediocre buffets of lukewarm roasts and over-sauced beans. But sometime in the 1760s, the merchant class of Paris developed a taste for healthy clear broths which were considered restorative; hence the term "restaurant." By the 1780s, this new Parisian "healthy food" craze led to a handful of reputable dining halls, where customers could sit at individual tables and choose from a wide range of dishes.

Ironically, the popularity of these restaurants grew at a time when the majority of the French population could not afford bread. Decades of harsh winters and oppressive taxation had **taken their toll on kitchen tables**. By 1789, the starving French masses could no longer be controlled. Looting and riots erupted throughout Paris, ushering in the French Revolution. Rich nobles fled to the countryside, leaving behind their highly skilled chefs and the fine wines from their cellars. Suddenly, unemployed cooks found their way to the city's eateries, and within a year, nearly 50 elegant restaurants had popped up in Paris.

The restaurant business truly came into its own during the early 1800s, after General Napoleon seized control of the country. He granted "freedom of pleasure" to all citizens, as he reasoned that people who were focused on champagne and fine food probably would not conspire against him. The number of restaurants rose quickly. By 1814, about three thousand restaurants were listed in a popular travel guide. Paris became the center of the new restaurant scene, which, to some degree, it remains today.

40. According to the passage, where does the word "restaurant" originate from?
    (A) Famous chefs.
    (B) Popular soups.
    (C) Dining halls.
    (D) Daily menus.

41. What does "taken their toll on kitchen tables" mean in the third paragraph?
    (A) Deprived people of adequate food for living.
    (B) Controlled the nutrients in people's diet.
    (C) Charged people for using kitchen tables.
    (D) Paid tribute to chefs working in kitchens.

42. Which of the following is true about commercial diners before the French Revolution?
    (A) Many fine restaurants were owned by highly skilled chefs.
    (B) Reputable dining halls were popular in Paris during the 1760s.
    (C) Public dining halls in the Middle Ages were run-down and dirty.
    (D) A limited variety of food was served in Parisian restaurants in the 1780s.

43. What was the main reason for Napoleon to promote the development of restaurants?
    (A) He hoped to improve the life of his citizens.
    (B) He wanted to help unemployed chefs find new jobs.
    (C) He feared that reductions in restaurants might hurt the travel business.
    (D) He believed that the development of restaurants would bring political stability.

第 44 至 47 題為題組

Falcons are powerful birds that may be trained to hunt in cooperation with humans. The art of training falcons as "hunting dogs of the skies" is called falconry. It was developed in the ancient Arabian Desert around 4000 B.C. In the past, falconry mainly involved hunting with falcons to supplement one's diet. But now, it has become the favorite sport and pastime in the Arabian Peninsula.

Falconry includes three major processes: acquiring the falcons, training them, and hunting with them. Every year, falconers begin capturing wild falcons in June and July, the migration season. The best birds to catch are the ones with naturally nurtured hunting skills, aged one or two years. Once the falcons are captured, their heads are immediately covered with a leather hood. This is essential because they imprint as their master whomever they see first after the hood is removed. Right after a bird is caught, the training process starts. It begins by depriving the bird of food to make it easier to tame. The birds are taught to know their own name and respond to their master when called. Arab falconers live with their birds day and night in order to build a strong relationship with them.

By the end of October or mid-November, the trained falcons are ready to hunt in the desert. They have excellent vision, 2.6 times greater than that of a human. They are also the fastest divers on the planet. One hunting technique that sets them apart from other animals is that they can be trained to deliver their prey, without killing it first. This is vital in Islamic culture because animals used for food must still be alive to ensure that the meat is *halal*, that is, properly prepared according to Islamic law.

Falcons have played such a crucial role in traditional Islamic cultures that a number of countries in the Middle East have made them their national bird. Falconry has grown so popular that specialist hospitals have been established to take care of these magnificent birds. Falcons are even issued their own passports. They are the only animals in the United Arab Emirates that are legally allowed to travel inside planes, enjoying a level of luxury that some humans can only dream of.

44. What makes falcons a unique animal for hunting in Islamic culture?
    (A) Falcons are relatively easy to train for hunting.
    (B) Falcons can form a strong bond with their owners quickly.
    (C) Falcons' vision is particularly suitable for hunting in deserts.
    (D) Falcons keep their prey alive before delivering it to falconers.

45. What is the main reason for Arabic people to hunt with falcons today?
    (A) To supplement their diet.
    (B) To serve as entertainment and exercise.
    (C) To worship their national bird.
    (D) To replace the practice of hunting with dogs.

46. According to the article, what privilege do falcons enjoy in the Arab world?
    (A) Free air ticket.   (B) Passports issued by the King.
    (C) Meals that are *halal*.   (D) Access to specialized medical care.

47. Which of the following statements is true?
    (A) Falconers deprive the falcons of food in order to capture them.
    (B) Falcons are not allowed to see their masters during the training process.
    (C) The trainers' names are imprinted on the hoods covering the birds' heads.
    (D) Wild falcons with natural hunting skills are most ideal for falconers to catch.

第 48 至 51 題為題組

Since golf started in the 15th century, many advances have occurred in the game, including significant changes to the golf ball. Early golf was played with a rounded wooden ball before the Featherie, a leather sack stuffed with goose or chicken feathers, became the norm. Then, in 1848, the Gutta Percha ball was introduced, which was made from the juice of the leaves of the gutta tree (a tropical tree native to Malaysia) and was considerably more durable and affordable than its predecessor. The next advancement occurred in the early 1900s with the development of the Haskell. It was the first ball featuring a center rubber core and an outer cover. The Haskell traveled up to 20 yards farther than the Gutta Percha ball and was more durable. In 1905, William Taylor introduced the first dimpled ball, a ball covered with tiny holes on the surface. By the 1930s, golf balls with rows of dimples were accepted as the standard design. Most golf balls today consist of rubber thread wound around a rubber core and coated with dimpled enamel.

Dimples play an important role in a golf ball's performance because these markings and patterns enhance the ball's aerodynamics. When a ball is hit and moves through the air, it experiences two major aerodynamic forces: lift and drag. Drag slows the forward motion, and lift acts in a direction vertical to it. With dimples added to the ball, the force that pulls back on the ball is minimized, allowing it to travel faster and longer. Dimples also help to force the airflow downward, which pushes the ball upward. These are the same principles of aerodynamics that airplanes use to fly. In general, golf balls with small, shallow dimples tend to have a longer, lower flight path, whereas those with deeper dimples have a higher flight path. Golfers can choose their balls based on what they need for a particular shot or for particular weather.

48. Which of the following best states the main idea of the first paragraph?
    (A) Science and technology have influenced the game of golf.
    (B) Price, durability, and function determine the quality of golf balls.
    (C) Accumulated efforts have resulted in changes in how golf balls are made.
    (D) Golfers who have a sound knowledge of aerodynamics play the game well.

49. Which of the following is true about golf balls?
    (A) William Taylor added a rubber center to golf balls.
    (B) The Gutta Percha ball was stuffed with bird feathers.
    (C) The Featherie was the first golf ball ever used in the game.
    (D) The Haskell lasted longer and traveled farther than its predecessor.

50. How do dimples on a golf ball affect its performance?
    (A) They help it travel farther.   (B) They keep it in a better shape.
    (C) They enhance its drag force.   (D) They allow it to endure stronger impact.

51. Which ball will give golfers a better shot to get a ball out of a deep sand trap?
    (A) A ball with deep dimples.   (B) A ball made from Gutta trees.
    (C) A ball with a leather sack.   (D) A ball with a smooth outer cover.

第貳部分：非選擇題（占 28 分）

說明：本部分共有二題，請依各題指示作答，答案必須寫在「答案卷」上，並標明大題號（一、二），若因字跡潦草、未標示題號、標錯題號等原因，致評閱人員無法清楚辨識，該部分不予計分。作答使用筆尖較粗之黑色墨水的筆書寫，且不得使用鉛筆。

一、中譯英（占 8 分）

說明：1. 請將以下中文句子譯成正確、通順、達意的英文，並將答案寫在「答案卷」上。
2. 請依序作答，並標明子題號（1、2）。每題 4 分，共 8 分。

1. 很多人好奇今年年初在美國破紀錄的低溫是否與全球暖化有關。
2. 不論答案為何，氣候專家預告這種不正常的天氣將會變成新的常態。

二、英文作文（占 20 分）

說明：1. 依提示在「答案卷」上寫一篇英文作文。
2. 文長至少 120 個單詞（words）。

提　示：近年來，很多大學鼓勵教授以英語講授專業課程，請寫一篇英文作文，說明你對這個現象的看法。文分兩段，第一段說明你是否認同這個趨勢並陳述理由；第二段說明如果你未來就讀的大學必修課是以英語授課，你將會如何因應或規劃。

109 年升大學指考英文試題

109 年升大學指考英文試題

第壹部分：單選題（占 72 分）

一、詞彙（占 10 分）

說明：第 1 題至第 10 題，每題有 4 個選項，其中只有一個是正確或最適當的選項，請畫記在答案卡之「選擇題答案區」。各題答對者，得 1 分；答錯、未作答或畫記多於一個選項者，該題以零分計算。

1. When John proposes an idea, people in his office always lend their support. He feels lucky to have _____ like them.
   (A) villains　　(B) executives　　(C) colleagues　　(D) intruders

2. As last year's MVP (Most Valuable Player), Joan is _____ to the basketball team. No other player can replace her.
   (A) indispensable　(B) comprehensible　(C) affordable　(D) permissible

3. The researcher warned that the results of the study needed to be interpreted with _____ because the sample size was not big enough to make firm conclusions.
   (A) metaphor　　(B) caution　　(C) enthusiasm　　(D) impulse

4. Although the small group of soldiers was greatly _____ by their enemy, they fought with great courage and finally won the battle.
   (A) initiated　　(B) contradicted　　(C) outnumbered　　(D) triggered

5. Mr. Wise received an award for his _____ to the needy children and the elderly in the neighborhood.
   (A) competence　　(B) prospect　　(C) momentum　　(D) devotion

6. One simple yet good way to _____ your love for your family is to express it directly in words.
   (A) manifest　　(B) resemble　　(C) execute　　(D) instruct

7. Cloning animals has been very controversial. Some people consider it a medical breakthrough, while others think it is _____ and should be prohibited.
   (A) legitimate　　(B) inclusive　　(C) unethical　　(D) nonmilitant

8. Animals that stay in groups are more likely to find food and detect danger than a _____ animal—multiple pairs of eyes are better than one.
   (A) contagious　　(B) rigid　　(C) distinctive　　(D) solitary

9. On the first page of her new book, the writer _____ all the people who helped in the publication of the book.
   (A) contemplates　　(B) acknowledges　　(C) inquires　　(D) regulates

10. Due to the recession, it is not easy for people to get _____ paid jobs, even if they are highly educated and well-trained in the field.
   (A) compatibly   (B) decently   (C) relevantly   (D) virtually

二、綜合測驗（占 10 分）

說明：第 11 題至第 20 題，每題 1 個空格。請依文意選出最適當的 1 個選項，請畫記在答案卡之「選擇題答案區」。各題答對者，得 1 分；答錯、未作答或畫記多於 1 個選項者，該題以零分計算。

第 11 至 15 題為題組

The Consumer Protection Act in Taiwan was enacted on January 11, 1994. The Act demonstrated the government's efforts to protect consumers' rights and interests. The Consumer Protection Commission, the current Consumer Protection Committee, _(11)_ the supervisor and coordinator for the various consumer protection organizations that put this law into practice. In order to improve the well-being of consumers in Taiwan, the Committee advocates fair trade and _(12)_ pricing for goods and services. The Committee also organizes educational programs to raise consumer awareness, and is active in assisting consumers involved in _(13)_ with businesses or manufacturers.

Since its establishment, the Consumer Protection Committee has taken measures that emphasize product safety and sanitation. These measures also ensure that all labels and advertisements _(14)_ to regulations. In addition, the Committee collaborates with various international consumer protection organizations to respond to problems involving cross-border trade and business. _(15)_ its regulatory power and administrative resources, the Committee plays a crucial role in protecting consumers in Taiwan.

11. (A) serves as   (B) fights for   (C) persists in   (D) corresponds to
12. (A) prominent   (B) essential   (C) reasonable   (D) intensive
13. (A) references   (B) shortages   (C) purchases   (D) disputes
14. (A) conform   (B) conformed   (C) conforming   (D) to conform
15. (A) From   (B) With   (C) Despite   (D) Beyond

第 16 至 20 題為題組

Scientific discovery can take various forms. One of them is "serendipity," the luck of finding valuable things unintentionally. Serendipity was at work when Alexander Fleming discovered penicillin, the antibiotic miracle.

Fleming had long been known for having an untidy laboratory. One morning in 1928, this _(16)_ proved very fortunate. It was his first day coming back to work after a long vacation. Before the vacation, he _(17)_ in the sink a number of petri dishes in which he had been growing bacteria. While he was sorting through the long _(18)_ dishes of germs that morning, he observed that some of the dishes were contaminated with a fungus, which had ruined his experiment. He was about to _(19)_ the dishes, but he noticed that in one dish, the bacteria had failed to grow in the area around the fungus. This accidental finding gave rise to subsequent research that led to the discovery of penicillin—a drug that has since saved millions of lives.

Chance _(20)_, however, may not be enough to make key discoveries like this. The scientist must have a prepared and open mind to detect the importance of the unforeseen incident and to use it constructively.

16. (A) merit   (B) opinion   (C) scandal   (D) disorder
17. (A) would pile   (B) had piled   (C) was piling   (D) might have piled
18. (A) disabled   (B) excluded   (C) unattended   (D) misunderstood
19. (A) toss out   (B) get off   (C) catch up   (D) carry on
20. (A) alone   (B) alike   (C) above   (D) ahead

三、文意選填（占 10 分） ＊目前學測考法為 10 個選項中選出 10 個答案。

說明：第 21 題至第 30 題，每題 1 個空格，請依文意在文章後所提供的 (A) 到 (L) 選項中分別選出最適當者，並將其英文字母代號畫記在答案卡之「選擇題答案區」。各題答對者，得 1 分；答錯、未作答或畫記多於 1 個選項者，該題以零分計算。

第 21 至 30 題為題組

　　Robert Stroud (1890-1963) was an American prisoner who reared and sold birds and became an ornithologist while in prison. He became known as the "Birdman of Alcatraz." Despite this _(21)_, he actually kept birds only at Leavenworth Prison, before he was transferred to Alcatraz.

　　Stroud is one of the most notorious criminals in American history. He was convicted of first-degree murder and sentenced to death by hanging in 1916. His mother desperately _(22)_ for his life. Finally, in 1920, President Woodrow Wilson changed his death sentence to life _(23)_ without parole. But because of Stroud's unpredictable and violent outbursts, the warden directed that Stroud be placed in a _(24)_ unit to live out his sentence in total isolation.

　　While at Leavenworth (1912-1942), Stroud developed a _(25)_ interest in birds after finding an injured sparrow in the prison yard. He was given a special right to _(26)_ birds and maintain a lab inside his two prison cells. It was felt that this activity would allow for productive use of his time. As a result of this _(27)_, Stroud was able to author two books on canaries and their diseases. He had raised nearly 300 birds in his cells, carefully studying their habits and physiology. He even developed and marketed medicines for various kinds of bird _(28)_. Although it is widely debated whether the remedies he developed were _(29)_, Stroud was able to make scientific observations that would later benefit research on the canary species.

　　In 1942, Stroud was transferred to Alcatraz. He spent the next seventeen years there, but was not allowed to keep pets. While there, he wrote two more manuscripts, but these were never published because it was _(30)_ by the prison authorities. In 1963, he died in a medical center in Missouri.

(A) keen   (B) breed   (C) release   (D) banned
(E) supportive   (F) imprisonment (G) illness   (H) separated
(I) nickname   (J) effective   (K) pleaded   (L) privilege

四、篇章結構（占 10 分）＊目前學測考法為 4 個選項中選出 4 個答案，115 學年度起改為 5 個選項中選出 4 個答案。

說明：第 31 題至第 35 題，每題 1 個空格。請依文意在文章後所提供的 (A) 到 (F) 選項中分別選出最適當者，填入空格中，使篇章結構清晰有條理，並將其英文字母代號畫記在答案卡之「選擇題答案區」。各題答對者，得 2 分；答錯、未作答或畫記多於 1 個選項者，該題以零分計算。

第 31 至 35 題為題組

Gladiators were combatants who fought against criminals, wild animals, and each other during the time of the Roman Empire. They were armed with deadly weapons and in most cases fought till either one of them accepted defeat or was killed. _(31)_ Roman people enjoyed the sight of blood and violent death. They crowded into the arenas to watch gladiator games, just like we watch football, baseball, and tennis matches today.

_(32)_ Some were slaves bought from different lands under Roman control, and some were prisoners of war. Most of the others were volunteers, a group which once accounted for half of all gladiators. The majority of the gladiators were Thracians, Gauls, and Africans. These combatants were generally skilled fighters and were paid for their services. _(33)_ All of the fighters, both male and female, were well looked after by their owners and rewarded after winning fights.

Roman historians sometimes called gladiators *hordearii*, a Latin term which means "barley eaters" in English. _(34)_ Chemical analyses of the bones found in a gladiator graveyard indicated that the typical food eaten by gladiators was wheat, barley, and beans. _(35)_ In addition to a plant-heavy diet, gladiators drank plant ashes to fortify the body after physical exertion and to promote better bone healing. The diet that gladiators followed may be unconventional by modern athletic standards, but in the days of the Romans, this was the diet of heroes.

(A) Gladiators were recruited from different sources.
(B) The origins of gladiators were obscure and mysterious.
(C) Recent research findings suggest that this name was likely literal.
(D) There is evidence to suggest that females also participated in gladiator contests.
(E) Gladiators fought for the entertainment of Rome's rich and mighty, as well as for the public.
(F) Also, there was little sign of meat or dairy products in the diet of almost all of these professional fighters.

五、閱讀測驗（占 32 分）

說明：第 36 題至第 51 題，每題請分別根據各篇文章之文意選出最適當的 1 個選項，請畫記在答案卡之「選擇題答案區」。各題答對者，得 2 分；答錯、未作答或畫記多於 1 個選項者，該題以零分計算。

第 36 至 39 題為題組

　　Early civilizations often built drainage systems in urban areas to handle rainwater that ran down the street during a storm. The Romans constructed elaborate systems that also drained wastewater from the public baths. However, as the population of the cities grew, the old drainage systems became overloaded. During the Industrial Revolution, manufacturing waste was added to sewage, which increased the need for more efficient sewage treatment. In the mid-19th century, the first steps were taken to treat wastewater.

　　Sewage or wastewater treatment in modern times is the process of removing harmful physical, chemical, and biological elements from wastewater and house sewage. The whole process starts with screening out large objects such as paper and wood, and removing heavy materials like dirt. The screened wastewater is then ready to go through a series of concrete tanks for further treatment. In the second step, the sewage passes into the primary tanks. Here, human waste, called sludge, settles to the bottom while oils and grease float to the top, where they are collected. At the same time, organic matter like eggshells or coffee grounds in the sewage is broken down into smaller substances. The remaining sewage then enters the secondary tanks for the third stage of treatment. The solids that were not treated in the primary tanks are removed here through decomposition, which digests the material. Then, the liquid sewage is filtered through sand. This filtering process gets rid of almost all bacteria, as well as other solid particles that remain in the water. Finally, the wastewater flows into the last tanks, where the chemical chlorine is added to kill the remaining bacteria. After the bacteria are destroyed, the chlorine is eliminated from the water, and the treated clean water is discharged into a river or the ocean.

36. What is the passage mainly about?
    (A) The elements of sewage.
    (B) The treatment of wastewater.
    (C) The history of draining systems.
    (D) The ways to control manufacturing waste.

37. Which of the following is **NOT** a reason for developing more effective systems to deal with wastewater?
    (A) Population growth.
    (B) Increasing manufacturing waste.
    (C) Overloaded drainage systems.
    (D) Heavy rainfall due to climate change.

38. Which of the following can be removed in the primary tanks?
    (A) Wood.
    (B) Heavy material.
    (C) Grease.
    (D) Organic matter.

39. What is the main reason that liquid sewage needs to go through sand?
    (A) To eliminate bacteria.
    (B) To drain water.
    (C) To dissolve solid particles.
    (D) To remove oil.

第 40 至 43 題為題組

The planet's deepest point is in the Pacific Ocean's Mariana Trench, which lies miles below the sea surface. According to a new study published in *Nature Ecology & Evolution*, even in this remote locale, creatures cannot escape pollution.

A team of researchers recently sent a remotely operated vehicle into the depths of the Mariana Trench. They found that extraordinarily high levels of forbidden industrial chemicals are contaminating marine life more than 7 miles deep in the trench. The small hard-shelled marine life that the robotic submarine brought to the surface was polluted with toxic chemicals, with toxin levels 50 times greater than those of the most heavily polluted rivers in the world.

These pollution levels were not the only alarming aspect of the discovery. The types of compounds found were all considered "persistent organic pollutants" (POPs), meaning they stick around in the environment for a very long time. Two of the most prevalent types are PCBs and PBDEs. PCBs were once used in many industrial applications, but were outlawed in the United States in the 1970s after being linked to cancer. Similarly, PBDEs were used in a wide range of products—from electronics to couch cushions. Neither chemical breaks down in the environment.

These compounds stick to the surface of materials like plastic. Many creatures mistakenly eat this colorful but toxic material, causing the POPs to build up in their bodies, lurking in their fat tissues. When these sea creatures die, their **POP-riddled** bodies sink to the ocean floor, where deep-sea marine life eat their remains. POPs are therefore transferred to other creatures along the food chain.

The Mariana Trench is many miles away from any industrial source. This suggests that these pollutants travel over long distances despite having been prohibited worldwide decades ago.

40. What is the passage mainly about?
    (A) The decrease of polluted creatures in the food chain.
    (B) Using remote control in research on marine pollution.
    (C) Pollution of the deep sea by persistent toxic chemicals.
    (D) Types of chemical pollution caused by industrial applications.

41. Which of the following is closest in meaning to "**POP-riddled**" in paragraph 4?
    (A) Operated by POPs.
    (B) Filled with POPs.
    (C) Completed with POPs.
    (D) Discarded by POPs.

42. According to the passage, which of the following statements is true?
    (A) PCBs are often used in making electronic products.
    (B) Chemicals washed down to the ocean stay on the surface.
    (C) The deepest point of the Mariana Trench is free from pollution.
    (D) A robotic vehicle was used to help study pollution in the Mariana Trench.

43. Which of the following can be inferred from the passage?
    (A) Marine pollution poses a threat to human health.
    (B) Strict regulations are being developed to stop ocean pollution.
    (C) PCBs and PBDEs become less harmful over long periods of time.
    (D) Chemical pollution is more serious in rivers than in industrial areas.

第 44 至 47 題為題組

The All Blacks, New Zealand's national rugby team, is widely credited for bringing the "haka" to the world stage. Immediately before kick-off, the whole team will issue a warlike chant, stamping their feet, slapping their thighs, rolling their eyes, flicking their tongues, and making aggressive gestures in unison. This performance before each match, which is intended to heighten their morale and intimidate opponents, is a sight to behold. No other international sporting team possesses a pre-match ritual as powerful as the famed All Blacks haka.

What does "haka" mean? Haka is often thought of as a broad term for Māori war dances traditionally used to intimidate the enemy and prepare the warriors for battle. Most people believe it was performed either on the battlefield prior to engaging the enemy, or as the warriors were leaving their own village en route to a battle. But in the language of Māori, the word haka simply means a dance. The dance is accompanied by a chant that expresses emotions or tells ancient stories. While many haka should be performed by males, there are some haka that can be performed by anyone, male or female. There are even some women-only haka.

Thanks to the All Blacks, two of the haka have become widely renowned: *Ka Mate* and *Kapa o Pango*. The former was composed by a Māori chief in the early 1800s about how he outsmarted his enemies. It was first performed by the All Blacks in 1906. The latter was written specifically for the team in 2005. They are now performed interchangeably by the All Blacks.

Today, different varieties of haka are performed on various ceremonial occasions—from receiving distinguished guests to birthdays, weddings, or the funerals of chiefs and people of high status. Though the **practice** had traditionally been limited to Māori communities, it has now spread far beyond that. Māori and New Zealanders of European heritage alike view doing the haka with a sense of pride, both on the rugby field and outside it. The haka has become the most recognizable symbol of New Zealanders as a people.

44. Which of the following best describes the tone of this article?
    (A) Cynical.　　　(B) Humorous.　　　(C) Pessimistic.　　　(D) Respectful.

45. According to the passage, for what purpose do the All Blacks perform the haka?
    (A) To anger their opponents.
    (B) To gain public attention and fame.
    (C) To boost their own spirits.
    (D) To show respect to their ancestors.

46. Which of the following is closest in meaning to the word "**practice**" in the last paragraph?
    (A) Sport.　　　(B) Performance.　　　(C) Competition.　　　(D) Occupation.

47. According to the passage, which of the following statements is true?
    (A) The traditional Māori haka is limited to use by male Māori warriors in battle.
    (B) The original meaning of haka in Māori is a war dance accompanied by songs.
    (C) The All Blacks have taken turns performing *Ka Mate* and *Kapa o Pango* since 1906.
    (D) Haka are now used for important events by both Māori and non-Māori New Zealanders.

第 48 至 51 題為題組

In 2015, President Obama of the USA signed the Every Student Succeeds Act (ESSA), replacing the Bush-era No Child Left Behind (NCLB) that had been in effect since 2001. This new Act provides states with more decision-making power regarding curriculum, instruction, and assessment. Below are some big-picture ideas influencing many states as they approach the assessment task.

One important idea is flexibility. For years, states have used standardized K-12 assessments, similar to the SAT and ACT for college application, to measure student achievement. They are easy to use, but they fail to give a complete picture of how a student is progressing. Thus, states are rethinking one-size-fits-all standardized assessments and are instead considering personalized, student-centered assessments in schools. Obviously, the task is difficult and time-consuming. Fortunately, modern technology can help solve this **dilemma**. For instance, computer adaptive assessments can automatically adjust questions based on a student's performances on the previous questions. This mechanism prevents the computer from giving questions that are obviously too easy or too difficult for the student. It thus allows teachers to quickly assess a student's level of understanding and provide instant feedback to help in the learning process.

Another idea is multi-subject testing. Several states have started to incorporate subjects beyond the traditional math and reading items in their K-12 assessments. All 50 states include tests on science at least twice prior to senior high school, and some are now starting to include social studies, government, or economics. Some states are also moving toward assessing multiple subjects on one test, for example, reading and social studies.

A third idea is the emphasis on students' learning process. In pursuit of a student-centered approach, many states are putting more emphasis on assessments throughout the learning process rather than on traditional end-of-year summative tests. Teachers are encouraged to accumulate data at different points in their students' learning process. These data together present a more complete picture of a student's learning.

The last idea regards the purpose of assessment. Assessment should be used to inform both teachers' instruction and students' learning. Teachers can modify their teaching based on students' performance on tests; students can identify their own problems and make plans for improvement.

48. Which of the following is the best title for this passage?
    (A) Computers and Assessments
    (B) The Four Components of ESSA
    (C) Student-Centered Curriculum and Instruction
    (D) From NCLB to ESSA, with a Focus on Assessment

49. What does the word "**dilemma**" in paragraph 2 refer to?
    (A) The choice between SAT and ACT.
    (B) The choice between NCLB and ESSA.
    (C) Whether or not to use student-centered assessment.
    (D) Whether or not to replace computer-based assessment.

50. Which of the following is an emerging new subject in the ESSA assessment?
    (A) Math.　　　　(B) Reading.　　　　(C) Science.　　　　(D) Economics.

51. If the following sentences were to be included in the passage, which paragraph should they go to?
    One good example is that many teachers today are asking students to keep a learning portfolio, which is a purposeful collection of student works at different points of time in the semester. This portfolio exhibits students' effort, progress, and achievements in one or more areas of the course.
    (A) Paragraph 2.　　(B) Paragraph 3.　　(C) Paragraph 4.　　(D) Paragraph 5.

第貳部分:非選擇題(占 28 分)

說明:本部分共有二題,請依各題指示作答,答案必須寫在「答案卷」上,並標明大題號(一、二),若因字跡潦草、未標示題號、標錯題號等原因,致評閱人員無法清楚辨識,其後果由考生自行承擔。作答使用筆尖較粗之黑色墨水的筆書寫,且不得使用鉛筆。

一、中譯英(占 8 分)

說明:1. 請將以下中文句子譯成正確、通順、達意的英文,並將答案寫在「答案卷」上。
2. 請依序作答,並標明子題號(1、2)。每題 4 分,共 8 分。

1. 早期的博物館只開放給中上階層,而且參觀者必須事先申請進入許可。
2. 現今多數人可以親自或透過線上導覽,享受探索文化珍寶的樂趣。

二、英文作文(占 20 分)

說明:1. 依提示在「答案卷」上寫一篇英文作文。
2. 文長至少 120 個單詞(words)。

提 示:維護校園安全是校園內每個成員的責任,請寫一篇英文作文,說明應該如何維護校園安全。文分兩段,第一段說明校園安全的重要性及校園內可能發生的安全問題;第二段說明身為校園的一份子,你覺得校內成員應該採取哪些作為以維護校園安全。

108 年升大學指考英文試題

108 年升大學指考英文試題

第壹部分：單選題（占 72 分）

一、詞彙（占 10 分）

說明：第 1 題至第 10 題，每題有 4 個選項，其中只有一個是正確或最適當的選項，請畫記在答案卡之「選擇題答案區」。各題答對者，得 1 分；答錯、未作答或畫記多於一個選項者，該題以零分計算。

1. The sign in front of the Johnsons' house says that no one is allowed to set foot on their _____ without permission.
   (A) margin   (B) shelter   (C) reservation   (D) property

2. Instead of giving negative criticism, our teachers usually try to give us _____ feedback so that we can improve on our papers.
   (A) absolute   (B) constructive   (C) influential   (D) peculiar

3. A study shows that the chance of an accident is much higher for drivers who are _____ in phone conversations while driving.
   (A) contained   (B) engaged   (C) included   (D) located

4. Mike trembled with _____ and admiration when he saw the magnificent view of the waterfalls.
   (A) awe   (B) plea   (C) oath   (D) merit

5. Ms. Chen has a large collection of books and most of them are quite heavy; she needs a bookshelf _____ enough to hold all of them.
   (A) coarse   (B) vigorous   (C) portable   (D) sturdy

6. The athlete rolled up his sleeves to show his _____ forearms, thick and strong from years of training in weight-lifting.
   (A) barren   (B) chubby   (C) ragged   (D) muscular

7. Suffering from a serious financial crisis, the car company is now on the edge of _____, especially with the recent sharp decrease in its new car sales.
   (A) graduation   (B) capacity   (C) depression   (D) bankruptcy

8. After the rain, the meadow _____ under the sun with the droplets of water on the grass.
   (A) rippled   (B) shattered   (C) glistened   (D) mingled

9. The Great Wall of China was originally built to _____ the northern border of the country against foreign invasion.
   (A) fortify   (B) rehearse   (C) diminish   (D) strangle

10. A mad scientist in a novel is often portrayed as a wild-eyed man with crazy hair, working _____ in a lab full of strange equipment and bubbling test tubes.
   (A) contagiously   (B) distinctively   (C) frantically   (D) tremendously

二、綜合測驗（占 10 分）

說明：第 11 題至第 20 題，每題 1 個空格。請依文意選出最適當的 1 個選項，請畫記在答案卡之「選擇題答案區」。各題答對者，得 1 分；答錯、未作答或畫記多於 1 個選項者，該題以零分計算。

第 11 至 15 題為題組

The fashion industry in Africa has witnessed tremendous growth in recent years. African fashion design has caught the eyes of international celebrities including former US first lady, Michelle Obama, Rihanna, and Beyoncé, _(11)_. Global demand for African-inspired fashion has led to incredible sales for some African designers and brands.

Folake Folarin-Coker, founder of Tiffany Amber, is one of the best-known fashion designers in both the African and global fashion industry. Born in Lagos, Nigeria, she received her education in Europe, _(12)_ she got an opportunity to interact with various cultures at a young age. _(13)_, she has a master's degree in law from Switzerland, but as fate would have it, her passion for fashion led her into fashion design.

Folake's tasteful and colorful creations have earned her global _(14)_, making her the first African fashion designer to showcase her talent at the New York Mercedes Fashion Week for two consecutive years. She has also been widely _(15)_ in international media such as CNN. In 2013, she was listed as one of the Forbes Power Women in Africa.

11. (A) if any   (B) among others   (C) in short   (D) at best
12. (A) where   (B) there   (C) that   (D) whether
13. (A) Generally   (B) Ideally   (C) Relatively   (D) Interestingly
14. (A) recognition   (B) motivation   (C) supervision   (D) preparation
15. (A) believed   (B) announced   (C) featured   (D) populated

第 16 至 20 題為題組

When we stream the latest TV series, or download high-resolution photos, we are probably unaware that the data behind them is speeding around the world in cables under the sea.

These cable systems, faster and cheaper than satellites, carry most of the intercontinental Internet traffic. Today, there are over 420 submarine cables _(16)_, stretching over 700,000 miles around the world. It is not a new phenomenon, _(17)_. The first transcontinental cable—laid in 1854—ran from Ireland to Newfoundland, and made telegraph communication possible between England and Canada. Currently, the world's highest-capacity undersea Internet cable is a 5,600-mile link between the US and Japan. _(18)_ named "FASTER," the cable connects Oregon in the US with Japan and Taiwan.

The submarine cables require extra _(19)_ to install. They must generally be run across flat surfaces of the ocean floor, and stay clear of coral reefs, sunken ships, fish beds, and other general _(20)_. The fiber-optic cables are also very fragile, so they are surrounded with layers of tubing and steel to prevent damage.

16. (A) at large (B) in service (C) by contrast (D) under control
17. (A) then (B) still (C) instead (D) though
18. (A) Suitably (B) Constantly (C) Vitally (D) Mockingly
19. (A) speed (B) light (C) care (D) link
20. (A) directions (B) obstacles (C) aquariums (D) circulations

三、文意選填（占 10 分）＊目前學測考法為 10 個選項中選出 10 個答案。

說明：第 21 題至第 30 題，每題 1 個空格，請依文意在文章後所提供的 (A) 到 (L) 選項中分別選出最適當者，並將其英文字母代號畫記在答案卡之「選擇題答案區」。各題答對者，得 1 分；答錯、未作答或畫記多於 1 個選項者，該題以零分計算。

第 21 至 30 題為題組

The Getty Center sits more than 800 feet above sea level, towering above the city of Los Angeles. A 0.75-mile-long tramway takes visitors to the top of the hill. At the top, four exhibit pavilions and a visitor center form the heart of an eleven-building complex. The museum was originally constructed to _(21)_ the vast art collection belonging to oil tycoon J. Paul Getty. Today, it is stocked with so many art works that the exhibit arenas can show just a part of them at a time, making the _(22)_ special exhibitions a highlight of any visit to the Getty.

The Center's award-winning architect, Richard Meier, did an outstanding job of creating a public space that has _(23)_ many visitors. Visitors go to the Getty thinking they are visiting a museum with works of art on the inside. What they discover instead is a work of art with a museum inside. The idea is interesting: The outdoor space can be a completely satisfying _(24)_ experience.

Meier took a few basic _(25)_: metal, stone and glass. Working with a billion-dollar budget, he combined them to create a work of architecture that can excite visitors as much as the art collection inside does. Around every corner and at every _(26)_, there is a new view to enchant guests. And then, just when they think they have seen it all, a new fountain or landscape pops up.

The building stone is travertine, _(27)_ from Italy, the same source as for the historic buildings in Rome. A special cutting process exposes the fossils long buried inside the stone, which reveals the delicate treasures _(28)_ under the rough surface. Some of them are set as "feature" stones scattered about the site, waiting to _(29)_ those who find them. The most fantastic one is on the arrival plaza wall, across from the tram station.

In addition to museum tours, the Getty also provides various free on-site tours, including tours of the gardens. These _(30)_ are a must for anyone interested in learning more about Meier's techniques and ideas.

(A) delight	(B) explorations	(C) turn	(D) surprised
(E) imported	(F) over-emphasized	(G) artistic	(H) hidden
(I) foundations	(J) materials	(K) house	(L) ever-changing

四、篇章結構（占 10 分）＊目前學測考法為 4 個選項中選出 4 個答案，115 學年度起改為 5 個選項中選出 4 個答案。

說明：第 31 題至第 35 題，每題 1 個空格。請依文意在文章後所提供的 (A) 到 (F) 選項中分別選出最適當者，填入空格中，使篇章結構清晰有條理，並將其英文字母代號畫記在答案卡之「選擇題答案區」。各題答對者，得 2 分；答錯、未作答或畫記多於 1 個選項者，該題以零分計算。

第 31 至 35 題為題組

Copernicus, founder of modern astronomy, was born in 1473 to a well-to-do merchant family in Torun, Poland. He was sent off to attend university in Italy, studying mathematics and optics, and canon law. Returning from his studies abroad, Copernicus was appointed to an administrative position in the cathedral of Frauenburg. There he spent a sheltered and academic life for the rest of his days.

_(31)_ He made his observations from a tower situated on the protective wall around the cathedral. His observations were made with the "bare eyeball," so to speak, as a hundred years were to pass before the invention of the telescope. In 1530, Copernicus completed his famous work *De Revolutionibus*, which later played a major role in changing the philosophical view of humankind's place in the universe. _(32)_

Copernicus died in 1543 and was never to know what a stir his work would cause. In his book, he asserted that the Earth rotated on its axis once daily and traveled around the Sun once yearly. _(33)_ People then regarded the Earth as stationary, situated at the center of the universe, with the Sun and all the planets revolving around it. Copernicus' theory challenged the long-held belief that God created the Heavens and the Earth, and could overturn the core values of the Catholic world. _(34)_ Other ministers quickly followed suit, saying of Copernicus, "This fool wants to turn the whole art of astronomy upside down."

Ironically, Copernicus had dedicated his work to Pope Paul III. _(35)_ The Church ultimately banned *De Revolutionibus*, and the book remained on the list of forbidden reading material for nearly three centuries thereafter.

(A) Meanwhile, Copernicus was a lifelong member of the Catholic Church.
(B) The book, however, wasn't published until two months before his death.
(C) If this act was an attempt to seek the Catholic Church's approval, it was of no use.
(D) This went against the philosophical and religious beliefs held during medieval times.
(E) Religious leader Martin Luther voiced his opposition to the sun-centered system model.
(F) In his spare time, Copernicus studied the stars and the planets, applying his math knowledge to the mysteries of the night sky.

五、閱讀測驗（占 32 分）

說明：第 36 題至第 51 題，每題請分別根據各篇文章之文意選出最適當的 1 個選項，請畫記在答案卡之「選擇題答案區」。各題答對者，得 2 分；答錯、未作答或畫記多於 1 個選項者，該題以零分計算。

第 36 至 39 題為題組

Tempeh (or *tempe*), a traditional soy product from Indonesia, is hailed as the country's "gift to the world," like *kimchi* from Korea or *miso* from Japan.

A stable, cheap source of protein in Indonesia for centuries, *tempeh* is a fermented food originating from the island of Java. It was discovered during tofu production when discarded soybean residue caught microbial spores from the air and grew certain whitish fungi around it. When this fermented residue was found to be edible and tasty, people began producing it at home for daily consumption across the country. This has given rise to many variations in its flavor and texture throughout different Indonesian regions.

Tempeh is high in protein and low in fat, and contains a host of vitamins. In fact, it is the only reported plant-based source of vitamin B12. Apart from being able to help reduce cholesterol, increase bone density, and promote muscle recovery, *tempeh* has a lot of polyphenols that protect skin cells and slow down the aging process. Best of all, with the same protein quality as meat and the ability to take on many flavors and textures, *tempeh* is a great meat substitute—something the vegetarian and vegan communities have been quick in adopting.

In addition to its highly nutritional makeup, *tempeh* has diverse preparation possibilities. It can be served as a main course (usually in curries) or a side dish to be eaten with rice, as a deep-fried snack, or even blended into smoothies and healthy juices. Though not yet a popular food among international diners, you may find *tempeh*-substituted BLTs (bacon, lettuce, tomato sandwiches) in San Francisco as easily as you can find vegetarian burgers with *tempeh* patties in Bali.

For the people of Indonesia, *tempeh* is not just food but also has cultural value. With the Indonesian traditional fabric *batik* being recognized by UNESCO as "Intangible Cultural Heritage of Humanity," *tempeh* has great potential for this honor as well.

36. What is the passage mainly about?
    (A) The preparation of a health food.
    (B) A traditional delicacy from Java.
    (C) A gourmet guide for vegetarians.
    (D) The cultural heritage of Indonesia.

37. According to the passage, which of the following is true about *tempeh*?
    (A) It is mainly served as a side dish.
    (B) It is discarded when fungi grow around it.
    (C) It is formed from fermented soybeans.
    (D) It has the same nutritional benefits as *kimchi*.

38. What aspects of *tempeh* are discussed in paragraphs 2 to 4?
    (A) Origin → nutrition → cuisine.
    (B) Origin → cuisine → marketing.
    (C) Cuisine → nutrition → marketing.
    (D) Distribution → cuisine → nutrition.

39. Which of the following can be inferred from this passage?
    (A) Senior citizens will eat *tempeh* as vitamin supplement.
    (B) *Tempeh* will soon be more popular than *kimchi* or *miso*.
    (C) The nutrition of *tempeh* will be reduced with mass production.
    (D) *Tempeh* is likely to be recognized as an international cultural symbol.

第 40 至 43 題為題組

When Dr. David Spiegel emerged from a three-hour shoulder surgery in 1972, he didn't use any pain medication to recover. Instead, he hypnotized himself. It worked—to the surprise of everyone but Spiegel himself, who has studied hypnosis for 45 years.

Hypnosis is often misunderstood as a sleep-like state in which a person is put to sleep and does whatever he is asked to do. But according to Dr. Spiegel, it is a state of highly focused attention and intense concentration. Being hypnotized, you tune out most of the stimuli around you. You focus intently on the subject at hand, to the near exclusion of any other thought. This trance-like state can be an effective tool to control pain, ease anxiety, and deal with stress.

Not all people, however, are equally hypnotizable. In a recent study, Dr. Spiegel and his colleagues found that people who are easily hypnotized tend to be more trusting of others, more intuitive, and more likely to get caught up in a good movie. The research team compared people who were highly hypnotizable with those low in hypnotizability. Both groups were given fMRI scans during several different conditions: at rest, while recalling a memory, and during two sessions of hypnotism. The researchers saw some interesting changes in the brain during hypnosis—but only in the highly hypnotizable group. Specifically, there was a drop in activity in the part of the brain which usually fires up when there is something to worry about.

This helps explain how hypnosis can have powerful effects, including reducing stress, anxiety, pain, and self-consciousness. Spiegel hopes that the practice can be used to replace painkillers. His own previous research has shown that when people in pain were taught self-hypnosis, they needed half the pain medication and suffered half the pain of those who were only given access to painkillers. However, more needs to be learned about hypnosis in order to harness its potential effects.

40. How does the author begin the passage?
    (A) By giving a definition.
    (B) By mentioning an incident.
    (C) By providing statistics.
    (D) By comparing people's responses.

41. According to the passage, what is the goal of Dr. Spiegel's work?
    (A) To explain the real cause of pain.
    (B) To help people concentrate on their job.
    (C) To explore how hypnosis can be used as a medical treatment.
    (D) To strengthen the brain's functions to reduce psychological problems.

42. According to Dr. Spiegel, which of the following is true when people are hypnotized?
    (A) They recall only happy memories.
    (B) Their mind is fixed only on what they are doing.
    (C) They do whatever they are told to do.
    (D) They have greater awareness of things around them.

43. What can be inferred about highly hypnotizable people?
    (A) They tend to be isolated from the society.
    (B) They are more likely to fall asleep during the day.
    (C) They may easily identify themselves with characters in fictions.
    (D) They are more trustworthy than people who are less hypnotizable.

第 44 至 47 題為題組

In many languages, such as English, there is no straightforward way to talk about smell. For **want** of dedicated odor terminology, English speakers are often forced to use odor-sources such as "flowery" and "vanilla" and metaphors like "sweet" and "oriental" in their descriptions of smell.

But the difficulty with talking about smell is not universal. The Maniq, a group of hunter-gatherers in southern Thailand, can describe smells using at least fifteen different terms, which express only smells and are not applicable across other sensory domains. In addition to Maniq, researchers found that there are also a dozen words for various smells in Jahai, a language spoken by a neighboring hunter-gatherer population.

Interestingly, the difficulty for English speakers to translate smell directly into words seems to have very little to do with the nose's actual capabilities. According to findings of a recent study, English speakers are capable of discriminating more than a trillion different odors. Then, why is there a gap between their ability to discriminate scent and their vocabulary? The researchers suggest that surroundings may play a significant role.

Maniq and Jahai speakers live in tropical rainforest regions with a hunting-gathering lifestyle, and these two ethnic groups evaluate their surroundings through their noses to survive in nature.

In an environment that is still largely untouched by humans, they are surrounded by smells at all times. They need to use their sense of smell to identify animals that they can hunt, and to recognize objects or events, such as spoiled food, that can pose a danger. Unlike the Maniq and the Jahai, many English speakers inhabit the post-industrial west and do not rely on smells to survive in their environment. This difference may explain the interesting linguistic phenomenon discussed above.

44. What is the purpose of this passage?
    (A) To evaluate the languages used by different ethnic groups.
    (B) To prove how civilization slows down language development.
    (C) To describe how terms of smell are found in different languages.
    (D) To point out the link between language use and the environment.

45. What does the word "**want**" in the first paragraph most likely mean?
    (A) Lack.   (B) Growth.   (C) Loss.   (D) Search.

46. Which of the following is true about the Maniq?
    (A) They live in a different climate zone from the Jahai.
    (B) Their ability to smell is stronger than that of the Jahai.
    (C) They use smell terms to describe how food looks and tastes.
    (D) Their living environment is similar to that in earlier human history.

47. Why is it difficult for English speakers to describe smells directly?
    (A) They cannot distinguish the smells around them.
    (B) The sense of smell is not critical for their survival.
    (C) They consider it uncivilized to talk about smells directly.
    (D) There are not many sources of odor in their surroundings.

第 48 至 51 題為題組

The okapi is a mammal living above the equator in one of the most biodiverse areas in central Africa. The animal was unknown to the western world until the beginning of the 20th century, and is often described as half-zebra, half-giraffe, as if it were a mixed-breed creature from a Greek legend. Yet its image is prevalent in the Democratic Republic of Congo—the only country in the world where it is found living in the wild. The okapi is to Congo what the giant panda is to China or the kangaroo to Australia.

Although the okapi has striped markings resembling those of zebras', it is most closely related to the giraffe. It has a long neck, and large, flexible ears. The face and throat are greyish white. The coat is a chocolate to reddish brown, much in contrast with the white horizontal stripes and rings on the legs and white ankles. Overall, the okapi can be easily distinguished from its nearest relative. It is much smaller (about the size of a horse), and shares more external similarities with the deer than with the giraffe. While both sexes possess horns in the giraffe, only males bear horns in the okapi.

The West got its first **whiff** of the okapi in 1890 when Welsh journalist Henry Morton Stanley had puzzled over a strange "African donkey" in his book. Other Europeans in Africa had also heard of an animal that they came to call the "African unicorn." Explorers may have seen the fleeting view of the striped backside as the animal fled through the bushes, leading to speculation that the okapi was some sort of rainforest zebra. Some even believed that the okapi was a new species of zebra. It was only later, when okapi skeleton was analyzed, that naturalists realized they had a giraffe on their hands.

In 1987, the Okapi Wildlife Reserve was established in eastern Congo to protect this rare mammal. But decades of political turbulence has seen much of the Congo's natural resources spin out of the government's control, and okapi numbers have fallen by 50 percent since 1995. Today, only 10,000 remain.

48. Which of the following is a picture of an okapi?
    (A)   (B)   (C)   (D)

49. Which of the following descriptions is true about the okapi?
    (A) It is an important symbol of Congo.
    (B) It is a mystical creature from a Greek legend.
    (C) It has been well protected since 1987.
    (D) It is more closely related to the zebra than the giraffe.

50. What does the word "**whiff**" most likely mean in the third paragraph?
    (A) Firm belief.   (B) Kind intention.   (C) Slight trace.   (D) Strong dislike.

51. Which of the following can be inferred about Henry Morton Stanley?
    (A) He was the first European to analyze okapi skeleton.
    (B) He had found many new species of animals in Africa.
    (C) He did not know the "African donkey" in his book was the okapi.
    (D) He had seen the backside of an okapi dashing through the bushes.

第貳部分：非選擇題（占 28 分）

說明：本部分共有二題，請依各題指示作答，答案必須寫在「答案卷」上，並標明大題號（一、二），若因字跡潦草、未標示題號、標錯題號等原因，致評閱人員無法清楚辨識，其後果由考生自行承擔。作答使用筆尖較粗之黑色墨水的筆書寫，且不得使用鉛筆。

一、中譯英（占 8 分）

說明：1. 請將以下中文句子譯成正確、通順、達意的英文，並將答案寫在「答案卷」上。
2. 請依序作答，並標明子題號（1、2）。每題 4 分，共 8 分。

1. 創意布條最近在夜市成了有效的廣告工具，也刺激了買氣的成長。
2. 其中有些看似無意義，但卻相當引人注目，且常能帶給人們會心的一笑。

二、英文作文（占 20 分）

說明：1. 依提示在「答案卷」上寫一篇英文作文。
2. 文長至少 120 個單詞（words）。

提　示：右表顯示美國 18 至 29 歲的青年對不同類別之新聞的關注度統計。請依據圖表內容寫一篇英文作文，文長至少 120 個單詞。文分二段，第一段描述圖表內容，並指出關注度較高及偏低的類別；第二段則描述在這六個新聞類別中，你自己較為關注及較不關注的新聞主題分別為何，並說明理由。

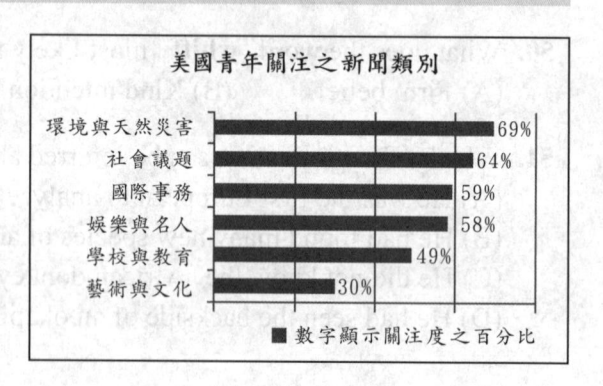

美國青年關注之新聞類別

類別	百分比
環境與天然災害	69%
社會議題	64%
國際事務	59%
娛樂與名人	58%
學校與教育	49%
藝術與文化	30%

■ 數字顯示關注度之百分比

107 年升大學指考英文試題

107 年升大學指考英文試題

第壹部分：單選題（占 72 分）

一、詞彙（占 10 分）

說明：第 1 題至第 10 題，每題有 4 個選項，其中只有一個是正確或最適當的選項，請畫記在答案卡之「選擇題答案區」。各題答對者，得 1 分；答錯、未作答或畫記多於一個選項者，該題以零分計算。

1. Gorillas have often been portrayed as a fearful animal, but in truth these shy apes _____ fight over sex, food, or territory.
   (A) constantly   (B) shortly   (C) nearly   (D) rarely

2. With her nine-to-five job, Sally sometimes has to run personal _____ during the lunch break, such as going to the bank or mailing letters.
   (A) affairs   (B) errands   (C) belongings   (D) connections

3. After an argument with the parents of his students, the teacher finally admitted his mistake and _____ himself to ask for their forgiveness.
   (A) resisted   (B) humbled   (C) detected   (D) handled

4. Instead of criticizing other people, we should focus on their strengths and give them _____.
   (A) compliments   (B) compromises   (C) convictions   (D) confessions

5. Taking advantage of a special function of the search engine, users can _____ the internet without leaving behind any history of the webpages they visit.
   (A) browse   (B) stride   (C) rumble   (D) conceal

6. Due to extremely low rainfall and a dangerous reduction of reservoir water, the area is experiencing the worst _____ in 30 years.
   (A) fluid   (B) scandal   (C) drought   (D) nuisance

7. On Teachers' Day we pay _____ to Confucius for his contribution to the philosophy of education.
   (A) consent   (B) tribute   (C) devotion   (D) preference

8. When the fire fighter walked out of the burning house with the crying baby in his arms, he was _____ as a hero by the crowd.
   (A) previewed   (B) cautioned   (C) doomed   (D) hailed

9. Due to the worldwide recession, the World Bank's forecast for next year's global economic growth is _____.
   (A) keen　　　　(B) mild　　　　(C) grim　　　　(D) foul

10. Jeffery has always been a _____ person, so it's not surprising he got into an argument with his colleagues.
    (A) respective　　(B) preventive　　(C) contagious　　(D) quarrelsome

二、綜合測驗（占 10 分）

說明：第 11 題至第 20 題，每題 1 個空格。請依文意選出最適當的 1 個選項，請畫記在答案卡之「選擇題答案區」。各題答對者，得 1 分；答錯、未作答或畫記多於 1 個選項者，該題以零分計算。

第 11 至 15 題為題組

"Keeping up with the Joneses" is a catchphrase in many parts of the English-speaking world. Just like "keeping up appearances," it refers to the _(11)_ to one's neighbors as a standard for social status or the accumulation of material goods. Generally speaking, the more luxuries people have, the higher their value or social status—or _(12)_ they believe. To fail to "keep up with the Joneses" is thus perceived as revealing socio-economic inferiority or, as the Chinese would put it, a great loss of face.

The _(13)_ was popularized when a comic strip of the same name was created by cartoonist Arthur R. "Pop" Momand. The strip was first published in 1916 in the *New York World*, and ran in American newspapers for 28 years before it was eventually _(14)_ into books, films, and musical comedies. The "Joneses" of the title were rich neighbors of the strip's main characters and, interestingly, they were merely _(15)_ but never actually seen in person in the comic strip.

11. (A) reaction　　(B) attachment　　(C) similarity　　(D) comparison
12. (A) still　　　　(B) so　　　　　　(C) yet　　　　　(D) even
13. (A) phrase　　　(B) signal　　　　(C) material　　　(D) analysis
14. (A) adapted　　 (B) admitted　　　(C) advanced　　　(D) advised
15. (A) checked out　(B) watched over　(C) spoken of　　 (D) traded with

第 16 至 20 題為題組

Many people at some point in life have white spots on their fingernails. One of the most common causes for these little white spots is a condition called leukonychia. Although the name sounds pretty serious, the condition typically _(16)_. And while many people think the white spots are caused by a calcium or zinc deficiency, that's generally not the case.

In reality, these spots most often develop _(17)_ mild to moderate trauma to your nail. If you can't think of anything that would have injured your nail, consider the fact that nails grow very slowly, so the injury _(18)_ weeks before the spots ever appeared. The spots could also be a sign of a mild infection or allergy, or a side effect of certain medications.

_(19)_ the source of the injury, these spots typically do not require any treatment and should go away as your nail grows out. And they should not return unless you suffer another injury to a nail. However, this generally _(20)_ when only a single or a few nails are affected. If all of your nails are showing white spots, the leukonychia could be related to another more serious condition such as anemia, cardiac disease, diabetes, or kidney disease.

16. (A) isn't　　　　(B) doesn't　　　　(C) couldn't　　　　(D) wouldn't
17. (A) in spite of　　(B) as a result of　　(C) to the best of　　(D) for the sake of
18. (A) might occur　(B) would occur　　(C) will have occurred　(D) may have occurred
19. (A) Supposing　(B) Including　　　(C) Whatever　　　(D) Whether
20. (A) indicates　　(B) defines　　　　(C) applies　　　　(D) confirms

三、文意選填（占 10 分）＊目前學測考法為 10 個選項中選出 10 個答案。

說明：第 21 題至第 30 題，每題 1 個空格，請依文意在文章後所提供的 (A) 到 (L) 選項中分別選出最適當者，並將其英文字母代號畫記在答案卡之「選擇題答案區」。各題答對者，得 1 分；答錯、未作答或畫記多於 1 個選項者，該題以零分計算。

第 21 至 30 題為題組

　　Aquaculture is the farming of any aquatic plant or animal. Aquaculture is of great importance because it reduces the possibility of over fishing wild fish, and also improves the quality and increases the _(21)_ of fish for human consumption.

　　Ancient civilizations throughout the world engaged in different types of fish farming. The indigenous people in Australia are believed to have raised eels as early as 6000 BC. Abundant _(22)_ indicates they developed volcanic floodplains near Lake Condah into channels and dams, then captured eels and preserved them to eat all year round. The earliest records of fish _(23)_, however, are from China, where the practice was in wide use around 2500 BC. When the waters subsided after river floods, some fish, mainly carp, were _(24)_ in lakes. Early fish farmers then fed their brood using nymphs and silkworm feces, and ate them afterwards.

　　In Europe, aquaculture first began in ancient Rome. The Romans, who _(25)_ sea fish and oysters, created oyster farms which were similar to swimming pools. Fish and crustaceans (such as shrimps and crabs) caught in lagoons were kept _(26)_ in these pools until it was time to eat them. The farms were often built inside _(27)_ homes, where well-to-do families could invite their guests over and choose the fish they wished to eat. This Roman tradition was later adopted by Christian monasteries in central Europe.

　　During the Middle Ages, aquaculture _(28)_ in Europe, since far away from the seacoasts and the big rivers, fish had to be salted so they did not rot. Throughout feudal Europe, monastic orders and the aristocracy were the main users of freshwater fish, for they had a _(29)_ over the land, forests, and water courses while the common people could seldom build ponds of their own. As with hunting, _(30)_ fishing was severely punished and the less well-off would have to wait a few centuries before fresh fish was served on their plates.

(A) spread　　　　(B) culture　　　　(C) trapped　　　　(D) adored
(E) alive　　　　　(F) monopoly　　　 (G) delicious　　　(H) illegal
(I) supply　　　　 (J) wealthier　　　 (K) evidence　　　 (L) treated

四、篇章結構（占 10 分）＊目前學測考法為 4 個選項中選出 4 個答案，115 學年度起改為 5 個選項中選出 4 個答案。

說明：第 31 題至第 35 題，每題 1 個空格。請依文意在文章後所提供的 (A) 到 (F) 選項中分別選出最適當者，填入空格中，使篇章結構清晰有條理，並將其英文字母代號畫記在答案卡之「選擇題答案區」。各題答對者，得 2 分；答錯、未作答或畫記多於 1 個選項者，該題以零分計算。

第 31 至 35 題為題組

　　The causes of the French Revolution are complex and still widely debated among historians. However, many scholars agree that food played an important role in the socio-political upheaval. _(31)_

　　A main component in the French daily meal, bread was often tied up with the national identity. Studies show that the average 18th-century French worker spent half his daily wage on bread. In 1788 and 1789, however, when the grain crops failed two years in a row, the price of bread shot up to 88 percent of his earnings. _(32)_ The great majority of the French population was starving. Some even resorted to theft or prostitution to stay alive.

　　_(33)_ Started in the 15th century, this tax on salt consumption was applied particularly to the poor, while the nobility and the privileged were exempted. The high rate and unequal distribution of the tax provoked widespread illegal dealing in salt by smugglers, leading to skyrocketing salt prices.

　　However, the royal court at Versailles was isolated from and indifferent to the escalating crisis. The desperate population thus blamed the ruling class for the famine and economic disturbances. _(34)_ The results include the storming of the Bastille, a medieval fortress and prison in Paris, and the eventual beheading of King Louis XVI and his wife, Marie Antoinette.

　　_(35)_ Yet, the *gabelle* and the "bread question" remained among the most unsettling social and political issues throughout the Revolutionary and Napoleonic periods (1789-1815) and well beyond.

(A) External threats closely shaped the course of the Revolution.
(B) With the collapse of the royal family, calm was restored gradually.
(C) Meanwhile, peasants' resentment against the *gabelle* was spreading.
(D) The common household could not afford to buy enough food to meet their basic needs.
(E) The anger quickly built up, culminating in the massive riots of the French Revolution in 1789.
(F) Specifically, bread and salt, two most essential elements in the French cuisine, were at the heart of the conflict.

五、閱讀測驗（占 32 分）

說明：第 36 題至第 51 題，每題請分別根據各篇文章之文意選出最適當的 1 個選項，請畫記在答案卡之「選擇題答案區」。各題答對者，得 2 分；答錯、未作答或畫記多於 1 個選項者，該題以零分計算。

第 36 至 39 題為題組

Born in 1785 in southwestern Germany, Baron Karl Drais was one of the most creative German inventors of the 19th century. The baron's numerous inventions include, among others, the earliest typewriter, the meat grinder, a device to record piano music on paper, and two four-wheeled human-powered vehicles. But it was the running machine, the modern ancestor of the bicycle, that made him famous.

The running machine, also called Draisine or hobby horse, was in effect a very primitive bicycle: it had no chains and was propelled by riders pushing off the ground with their feet. Though not a bike in the modern sense of the word, Drais' invention **marked the big bang** for the bicycle's development. It was the first vehicle with two wheels placed in line. The frame and wheels were made of wood; the steering already resembled a modern handlebar. Drais' big democratic idea behind his invention was to find a muscle-powered replacement for the horses, which were expensive and consumed lots of food even when not in use. The machine, he believed, would allow large numbers of people faster movement than walking or riding in a coach.

Drais undertook his first documented ride on June 12th, 1817, covering a distance of 13 kilometers in one hour. A few months later, Drais created a huge sensation when he rode 60 kilometers in four hours. These were later followed by a marketing trip to Paris, where the hobby horse quickly caught on. The fad also quickly spread to Britain.

The success of the hobby horse was short-lived, though. They were heavy and difficult to ride. Safety was an issue, too: They lacked a brake, as well as cranks and pedals. There were frequent collisions with unsuspecting pedestrians, and after a few years Drais' invention was banned in many European and American cities. Drais' ideas, however, did not disappear entirely. Decades later, the machine was equipped by Frenchmen Pierre Lallement and Pierre Michaux with pedals to become the modern bicycle.

36. Why did Drais invent the running machine?
    (A) To prove his creativity as an inventor.
    (B) To protect the horses from being abused.
    (C) To provide a new gadget for the royal class.
    (D) To give the general public a better means of transportation.

37. What does "**marked the big bang**" mean in the second paragraph?
    (A) Gave out huge noise.　　　　　(B) Created serious disturbance.
    (C) Enjoyed wide popularity.　　　(D) Represented groundbreaking work.

38. Which of the following descriptions is true about the running machine?
    (A) It was equipped with cranks and pedals.
    (B) Its wheels and frame were made of iron.
    (C) It had a brake to control the speed of its movement.
    (D) Its steering was similar to the handlebar of a modern bike.

39. Why did the hobby horse fail to become a common vehicle in the 19th century?
    (A) It was expensive and not durable enough.
    (B) It did not go as fast as people had expected.
    (C) It was hard to control and dangerous to ride on the road.
    (D) It did not receive enough public attention in European cities.

第 40 至 43 題為題組

Flickering lamps can induce headaches. But if the flickering happens millions of times a second—far faster than the eye can see or the brain process—then it might be harnessed to do something useful, like transmitting data. **This** is the idea behind Li-Fi, or Light Fidelity. The term Li-Fi was coined by University of Edinburgh Professor Harald Haas in a 2011 TED Talk, where he introduced the idea of "wireless data from every light." Today, Li-Fi has developed into a wireless technology that allows data to be sent at high speeds, working with light-emitting diodes (LEDs), an increasingly popular way to illuminate public areas and homes.

Using LED lights as networking devices for data transmission, Li-Fi has several advantages over Wi-Fi (Wireless Fidelity). First, Li-Fi allows for greater security on local networks, as light cannot penetrate walls or doors, unlike radio waves used in Wi-Fi. As long as transparent materials like glass windows are covered, access to a Li-Fi channel is limited to devices inside the room, ensuring that signals cannot be hacked from remote locations. Also, Li-Fi can operate in electromagnetic sensitive areas such as aircraft cabins, hospitals, and nuclear power plants, for light does not interfere with radio signals. The most significant advantage of Li-Fi is speed. Researchers have achieved speeds of 224 gigabits per second in lab conditions, much faster than Wi-Fi broadband.

How could Li-Fi enrich daily life? Anywhere there is LED lighting, there is an opportunity for Li-Fi enabled applications. Li-Fi-enabled street lights could provide internet access to mobile phones, making walking at night safer. The LED bulbs in traffic lights could provide drivers with weather conditions and traffic updates. Li-Fi could help with tourism by providing an easier access to local information. At home, smart light could also provide parents with solutions to their children's internet addiction: Just turn off the lights and you've turned off their access.

When 14 billion light bulbs mean 14 billion potential transmitters of wireless data, a cleaner, a greener, and even a brighter future is on the way.

40. What is this passage mainly about?
    (A) A new design in lighting.
    (B) Wireless transmission through illumination.
    (C) Radio interference in public areas.
    (D) Potential applications of Li-Fi for military use.

41. What does "**This**" in the first paragraph refer to?
    (A) Flickering light is a nuisance.
    (B) Light flashes can deliver messages.
    (C) The brain can be affected by lighting.
    (D) Human eyes can perceive changes in light.

42. According to the passage, which of the following statements is **NOT** true about Li-Fi?
    (A) It passes through concrete walls.   (B) It was first introduced in 2011.
    (C) It transmits data at high speed.   (D) It may help with parenting.

43. According to the passage, which of the following is an advantage of Li-Fi over Wi-Fi?
    (A) Li-Fi can be powered by radio and save more energy.
    (B) Li-Fi guides pedestrians in areas where vehicles cannot travel.
    (C) Li-Fi provides safer transmission of data during a power failure.
    (D) Li-Fi can be used in areas where Wi-Fi may interfere with radar signals.

第 44 至 47 題為題組

Some of the world's largest beetles are getting smaller because their habitats are warming up, according to new research from the University of British Columbia, Canada. The study, published in the *Journal of Animal Ecology* in January 2018, shows that climate change is having an impact on these "teeny tiny" organism.

The study began with **a deep dive** into the scientific literature. Evolutionary ecologist Michelle Tseng and her students combed through all the articles they could find, looking for laboratory studies of temperature effects on insects. They found 19 that indicated at least 22 beetle species shrank when raised in warmer than normal temperatures.

To see whether this pattern held true in the wild, the team made use of the university's 600,000-specimen insect collection, which included thousands of bugs collected locally since the late 1800s. The researchers took photographs of more than 6,500 beetles from the eight species with the most extensive records. They also looked at climate records to determine trends in rainfall and other factors besides temperature. Sorting the beetles into size categories, they found that five of the eight species have shrunk over the past century. The four largest species of beetles, including the snail-killer ground beetles, shrank 20% in the past 45 years. In contrast, smaller beetles were unaffected or even slightly increased in size.

Some ecologists are cautious about Tseng's findings, saying that it hasn't yet been proved whether the warming temperatures are the actual cause for the beetle shrinkage. UK biologist

Alan Ronan Baudron, however, is convinced. Baudron's studies have documented shrinkage of certain fish species due to climate warming. His account is that warmer temperatures lower the concentration of oxygen in the water, causing fish to burn energy faster and mature at a smaller size. But neither he nor Tseng is convinced that decreased oxygen can explain the shrinkage in the beetles.

44. What is the best title for the passage?
    (A) Large Beetles Are Shrinking, Thanks to Climate Change
    (B) Beetles vs Fish: Are They Becoming Smaller?
    (C) What We Know About Evolutionary Ecology
    (D) Animal Ecology: Past and Present

45. What does "a deep dive" most likely mean in the second paragraph?
    (A) A clear indication.   (B) An important finding.
    (C) A thorough examination.   (D) An insightful comment.

46. Which of the following is true about the research method of Tseng's team?
    (A) They conducted both laboratory and field studies.
    (B) They took pictures of 600,000 specimens of insects.
    (C) They divided the beetles into different size groups for examination.
    (D) They recorded the degrees of oxygen concentration since the late 1800s.

47. Which of the following is a finding of Tseng's team?
    (A) Eight species of beetles have shrunk over the past century.
    (B) Some beetles were not affected by temperature change.
    (C) Most beetles tend to live longer with climate warming.
    (D) Beetles and fish may shrink down to the same size.

第 48 至 51 題為題組

In order to protect the diversity of crops from catastrophe, the Svalbard Global Seed Vault, a seed bank, was built beneath a mountain on an Arctic island halfway between Norway and the North Pole. The Vault is meant to help farmers and scientists find the genes they need to improve today's crops. It also aims to breed varieties that might better respond to emerging challenges, such as climate change and population growth. Currently, the Vault holds more than 860,000 samples, originating from almost every country in the world.

There is now, however, a growing body of opinion that the world's faith in Svalbard is misplaced. Those who have worked with farmers in the field say that diversity cannot be boxed up and saved in a single container—no matter how secure it may be. Crops are always changing, pests and diseases are always adapting, and global warming will bring additional challenges that remain unforeseen. In a perfect world, the solution would be as diverse and dynamic as plant life itself.

The dispute about how best to save crop diversity centers on whether we should work with communities in the fields or with institutions, since it will be extremely difficult to find enough funding to do both. Now the isolated Svalbard seed vault is sucking up available funding. Yet, **the highly centralized approach** may not be able to help farmers cope with climate change, fifty or a hundred years from now. According to new research findings, as much as 75 percent of global crop diversity exists outside the big institutional seed banks. Such diversity is held instead by some of the world's most marginal farmers. Moreover, it is argued with increasing force that seed banks can neither make up for the practical knowledge of farmers on the ground, nor compete with their ingenuity.

48. What is the main idea of this passage?
    (A) Seed banks can help farmers improve their crops.
    (B) The practice of seed banks requires global cooperation.
    (C) The idea of saving crop diversity in seed banks is debatable.
    (D) Seed banks are able to deal with challenges of climate change.

49. According to this passage, which of the following statements is true about the Svalbard Global Seed Vault?
    (A) It is using up a lot of the funding.
    (B) It is located in the center of Norway.
    (C) It aims to fight against gene modified crops.
    (D) It holds 75 percent of global crop diversity.

50. Which of the following is true about the role of farmers in preserving crop variety?
    (A) Competing with seed banks.
    (B) Providing practical knowledge.
    (C) Packaging seeds for research.
    (D) Responding to population growth.

51. What does "**the highly centralized approach**" in the third paragraph refer to?
    (A) Working with institutions.
    (B) Working with farmers.
    (C) Finding enough crop diversity.
    (D) Finding sufficient funds.

第貳部分：非選擇題（占 28 分）

說明：本部分共有二題，請依各題指示作答，答案必須寫在「答案卷」上，並標明大題號（一、二），若因字跡潦草、未標示題號、標錯題號等原因，致評閱人員無法清楚辨識，其後果由考生自行承擔。作答務必使用筆尖較粗之黑色墨水的筆書寫，且不得使用鉛筆。

一、中譯英（占 8 分）

說明：1. 請將以下中文句子譯成正確、通順、達意的英文，並將答案寫在「答案卷」上。
2. 請依序作答，並標明子題號（1、2）。每題 4 分，共 8 分。

1. 快速時尚以速度與低價為特色，讓人們可以用負擔得起的價格買到流行的服飾。
2. 然而，它所鼓勵的「快速消費」卻製造了大量的廢棄物，造成巨大的汙染問題。

二、英文作文（占 20 分）

說明：1. 依提示在「答案卷」上寫一篇英文作文。
2. 文長至少 120 個單詞（words）。

提　示：如果你就讀的學校預計辦理一項社區活動，而目前師生初步討論出三個方案：（一）提供社區老人服務（如送餐、清掃、陪伴等）；（二）舉辦特色市集（如農產、文創、二手商品等）；（三）舉辦藝文活動（如展出、表演、比賽等）。這三個方案，你會選擇哪一個？請以此為題，寫一篇英文作文，文長至少 120 個單詞。文分兩段，第一段說明你的選擇及原因，第二段敘述你認為應該要有哪些活動內容，並說明設計理由。

106 年升大學指考英文試題

106 年升大學指考英文試題

第壹部分：單選題（占 72 分）

一、詞彙（占 10 分）

說明：第 1 題至第 10 題，每題有 4 個選項，其中只有一個是正確或最適當的選項，請畫記在答案卡之「選擇題答案區」。各題答對者，得 1 分；答錯、未作答或畫記多於一個選項者，該題以零分計算。

1. Martha has been trying to _____ her roommate since their quarrel last week, as she doesn't want to continue the argument.
   (A) overgrow   (B) bother   (C) pursue   (D) avoid

2. As David finished the last drop of the delicious chicken soup, he licked his lips and gave out sounds of _____.
   (A) contentment   (B) dominance (C) explosion (D) affection

3. After several rounds of intense fighting, the boxer punched his _____ right in the face, knocked him out, and won the match.
   (A) performer   (B) attendant   (C) opponent   (D) messenger

4. Watch out! The bench has just been painted. You can fan the wet paint if you want to _____ its drying.
   (A) fasten   (B) hasten   (C) lengthen   (D) strengthen

5. Warm milk _____ sleepiness. So if you have trouble falling asleep, try drinking some warm milk before going to bed.
   (A) conceals   (B) recruits   (C) absorbs   (D) induces

6. Having worked five years as a data processor in a small town, Alice is tired of the routine of her job and the _____ of her life.
   (A) disturbance (B) salvation   (C) remainder   (D) monotony

7. Peter has never been on time to meetings or appointments. It would be interesting to look into reasons why he is _____ late.
   (A) chronically (B) hysterically (C) simultaneously (D) resistantly

8. The film *Life of Pi* won Ang Lee an Oscar in 2013 for Best Director—one of the most _____ awards in the movie industry.
   (A) populated   (B) surpassed   (C) coveted   (D) rotated

9. According to environmental scientists, the earth is likely to experience significant _____ changes within the next century.
   (A) provincial   (B) ecological   (C) authentic   (D) redundant

10. Traditional Chinese medical practices include _____ remedies, which use plants, plant parts, or a mixture of these to prevent or cure diseases.
    (A) herbal   (B) frantic   (C) magnetic   (D) descriptive

二、綜合測驗（占 10 分）

說明：第 11 題至第 20 題，每題 1 個空格。請依文意選出最適當的 1 個選項，請畫記在答案卡之「選擇題答案區」。各題答對者，得 1 分；答錯、未作答或畫記多於 1 個選項者，該題以零分計算。

第 11 至 15 題為題組

France, home to such major fashion houses as Chanel, Dior, and Yves Saint Laurent, has joined Italy, Spain, and Israel in adopting laws against super-skinny models on catwalks or in ads.

The French government has passed a bill that will _(11)_ the use of excessively skinny models. Modeling agencies violating the law can receive a fine of up to US$81,000, with up to six months in jail for staff involved. According to French officials, the measure aims to _(12)_ the glorification of dangerously thin models.

Under the approved legislation, models will have to present a medical _(13)_ that proves they are healthy before being allowed to work in the fashion industry. Moreover, they will be _(14)_ regular weight checks. Modeling agencies will have to produce a medical report showing that their models have maintained a _(15)_ body mass-to-height ratio. This bill is expected to change young women's view on the ideal female form.

11. (A) forecast   (B) represent   (C) criminalize   (D) distinguish
12. (A) put up with   (B) crack down on   (C) give in to   (D) look out for
13. (A) coverage   (B) certificate   (C) operation   (D) prescription
14. (A) subject to   (B) accustomed to   (C) blessed with   (D) familiar with
15. (A) healthy   (B) pleasant   (C) frequent   (D) distinctive

第 16 至 20 題為題組

One factor that separates a living thing from an inanimate object is the organism's ability to carry out chemical reactions that are crucial for its survival. Imagine the infinite amount of reactions that a large organism such as human carries out every single day. _(16)_ of these reactions are possible without enzymes.

Enzymes consist of various types of proteins that work to drive the chemical reactions _(17)_ for certain types of nutrients to take effect. Enzymes can either launch a reaction or speed it up. In the absence of enzymes, reactants may take hundreds of years to convert into a usable product, if they are able to do so _(18)_. This is why enzymes are crucial in the sustenance of life on earth.

Enzymes, _(19)_, do not always function perfectly. In 1902 Sir Archibald Garrod was the first to attribute a _(20)_ to an enzyme defect, which he later referred to as an "inborn error of metabolism." Today, newborns are routinely screened for certain enzyme defects such as PKU (phenylketonuria) and galactosemia, an error in the handling of the sugar galactose.

16. (A) Any   (B) All   (C) None   (D) More
17. (A) requires   (B) required   (C) requiring   (D) to require
18. (A) at all   (B) at hand   (C) at first   (D) at ease
19. (A) hereafter   (B) instead   (C) likewise   (D) however
20. (A) disease   (B) balance   (C) measure   (D) statement

三、文意選填（占 10 分）＊目前學測考法為 10 個選項中選出 10 個答案。

說明：第 21 題至第 30 題，每題 1 個空格，請依文意在文章後所提供的 (A) 到 (L) 選項中分別選出最適當者，並將其英文字母代號畫記在答案卡之「選擇題答案區」。各題答對者，得 1 分；答錯、未作答或畫記多於 1 個選項者，該題以零分計算。

第 21 至 30 題為題組

Hundreds of years ago, a savory idea—called the century egg—was hatched in rural China. As the story goes, a farmer found naturally preserved duck eggs in a muddy pool of water and slaked lime. After surviving a tasting, he set out to replicate them manually, resulting in a _(21)_ that would endure for centuries as a comfort food in Hong Kong, China and parts of Southeast Asia.

Though details of the century egg's discovery are undocumented, scientists estimate that it _(22)_ more than 500 years to the Ming Dynasty. And aside from some techniques used for large-scale production today, the egg preservation process has remained relatively _(23)_.

To make the eggs, a vat is typically filled with a combination of strong black tea, lime, salt and freshly burned wood ashes, and left to cool overnight. The next day, duck, quail, or chicken eggs are added to the _(24)_. Then they soak anywhere from seven weeks to five months—not for a century as the name _(25)_.

The century egg also _(26)_ many other names, such as hundred-year egg, thousand-year egg, or millennium egg. But no matter what it's called, this common snack has a rather uncommon taste and is often grouped by travelers with other _(27)_ Asian foods such as chicken feet or snake soup. Getting beyond the egg's appearance is the first _(28)_. Instead of being white with a bright orange yolk, the jelly-like egg takes on a less _(29)_ dark brown and swampy green hue. There's also a pungent ammonia-like odor to contend with, which has earned the snack yet another nickname: the "horse urine egg."

While the century egg draws a following from older generations and curious travelers, it is falling out of _(30)_ with the younger set, who are weary of China's preserved and fermented foods. The future of the humble snack is uncertain, but chefs in Chinese restaurants are still trying to preserve this nostalgic bite of culinary heritage.

(A) provokes	(B) exotic	(C) delicacy	(D) dates back
(E) refreshed	(F) implies	(G) appetizing	(H) mixture
(I) goes by	(J) unchanged	(K) challenge	(L) favor

四、篇章結構（占 10 分）＊目前學測考法為 4 個選項中選出 4 個答案，115 學年度起改為 5 個選項中選出 4 個答案。

說明：第 31 題至第 35 題，每題 1 個空格。請依文意在文章後所提供的 (A) 到 (F) 選項中分別選出最適當者，填入空格中，使篇章結構清晰有條理，並將其英文字母代號畫記在答案卡之「選擇題答案區」。各題答對者，得 2 分；答錯、未作答或畫記多於 1 個選項者，該題以零分計算。

第 31 至 35 題為題組

One of the most difficult things for a human to face is the loss of a limb. If a person loses an arm or a leg, he/she must be fitted with an artificial limb.

The situation is very different for a starfish. If a starfish loses an arm, it can grow a new one. _(31)_ Snails can even regrow their heads—imagine what the world would be like if humans could do that. But we can't. Nor can we grow new limbs or even fingers. That's why scientists are studying animals that can regrow body parts, that is, regenerate. _(32)_

Many different kinds of animals show some form of regeneration. Most of them are, however, limited to the sort a lizard is capable of, like regrowing a lost tail. A cockroach can grow back a missing limb, but the limb itself can't generate a new cockroach. _(33)_ Bidirectional regeneration, on the other hand, refers to a situation in which splitting of an animal will result in separate fully functional animals. _(34)_ Cut a hydra in half, and you'll get two hydras. Cut it into four pieces, and you'll get four.

_(35)_ A single one can be cut into hundreds of pieces and each will grow back into a whole in a week or so. Because of this remarkable ability, one planarian can be created over and over, giving it a sort of immortality. Whether this phenomenon can be achieved in humans will likely require years of research.

(A) Scientists call this unidirectional regeneration.
(B) Humans aren't completely without regenerative talents.
(C) The same thing happens for lobsters, salamanders, and many other animals.
(D) When it comes to regeneration, few animals can equal the magic of the planarian.
(E) This type of regeneration is demonstrated in a few animals, such as hydras and sea stars.
(F) They hope that this line of research will make regeneration possible in humans someday.

五、閱讀測驗（占 32 分）

說明：第 36 題至第 51 題，每題請分別根據各篇文章之文意選出最適當的 1 個選項，請畫記在答案卡之「選擇題答案區」。各題答對者，得 2 分；答錯、未作答或畫記多於 1 個選項者，該題以零分計算。

第 36 至 39 題為題組

Often named as the most prominent contemporary female architect, Zaha Hadid, an Iraqi-born British woman, is significant for her intellectual toughness and her refusal to compromise on her artistic ideas. For many years, her designs filled the pages of architecture journals but were dismissed as impractical or too radical. Also, being female in a male-dominated field didn't help her succeed.

Despite these setbacks, **her star began to rise** when her design for Cincinnati's new Center for Contemporary Art was selected and built, earning her worldwide acclaim. *The New York Times* described the building as "the most important new building in America since the Cold War." Once her talent was recognized, commissions started coming in to design a variety of projects, including public transportation, libraries, and opera houses. In 2004, Hadid became the first woman to win the prestigious Pritzker Prize. She also won the Stirling Prize in 2010 and 2011.

Hadid's interest in architecture had roots in a trip her family took to the ancient Sumer region in southern Iraq, the site of one of the world's oldest civilizations, when she was a teenager. She recalled: "The beauty of the landscape—where sand, water, reeds, birds, buildings, and people all somehow flowed together—has never left me. I'm trying to discover—invent, I suppose—an architecture and forms of urban planning that do something of the same thing in a contemporary way."

Nature's forms appear as a recurrent source of inspiration for Hadid's architecture. Her designs are daring and visionary experiments with space and with the relationships of buildings to their urban surroundings. She consistently pushes the boundaries of architecture and urban design in the pursuit of a visionary aesthetic that expresses her ideals.

36. According to the passage, what is a major factor in Hadid's success?
    (A) Her family support.　　　　　(B) Her ethnic origin.
    (C) Her gender and education.　　(D) Her vision and talent.

37. What does the author mean by "**...her star began to rise...**" in the second paragraph?
    (A) She started to make a fortune.　　(B) She became more recognized.
    (C) Her designs became classical.　　(D) Her ideas started to take shape.

38. What is the third paragraph mainly about?
    (A) The cultural background of Hadid's family.
    (B) The beautiful landscape of Hadid's hometown.
    (C) A vivid recollection of Hadid's life as a teenager.
    (D) A fundamental source of Hadid's architectural philosophy.

39. According to the passage, which of the following is true about Hadid's career in architecture?
    (A) She built the first Center for Contemporary Art in New York.
    (B) Her architecture projects mainly involve museums in urban areas.
    (C) Her works can be characterized as boldly contemporary and innovative.
    (D) Her early designs were often rejected because of her political background.

第 40 至 43 題為題組

Todd Bol, a retired businessman, could never have expected that a wooden container he built on his deck one day in 2009 would have the global impact it does today.

Bol built a dollhouse-size structure that looked like a schoolhouse on a post, and he put it on his lawn as a free community library to commemorate his mother, who was a book lover and school teacher. Bol's **prototype** gave birth to Little Free Library (LFL), a nonprofit organization that seeks to place small, accessible book exchange boxes in neighborhoods around the world. The concept is simple: Neighbors are invited to share a book, leave a book, or both. Today, there are over 50,000 of these libraries registered in 70 countries.

Almost everyone can register with LFL and start a library as long as the person keeps it in good shape and makes sure that book materials are appropriate for his / her neighborhood. Library owners can create their own library boxes; therefore, the libraries are usually unique in appearance, and there seems to be no limit to the possibilities. One library in California was built out of a used wine crate; another in Texas had tiny stairs and bright colored walls. Once registered, libraries are assigned a number at LFL's website. The LFL Index lists the locations of all libraries with GPS coordinates and other information. Owners receive a sign that reads "Little Free Library."

People say they have been more inclined to pick up a book when walking by a Little Free Library, out of curiosity and because it's convenient. Some sidewalk librarians say they have met more neighbors since having a little library in their front yard. Bol is also most proud of the way Little Free Library is bringing communities together. "It's started a neighborhood exchange. It gets people talking and more comfortable with their neighbors," he says. "This leads to them helping each other."

40. Which of the following statements is **NOT** mentioned about Todd Bol?
    (A) His mother used to be a school teacher.
    (B) He was engaged in trade and commerce.
    (C) He provided a great service to his neighborhood.
    (D) He built a schoolhouse to pay tribute to his mother.

41. What does "**prototype**" refer to in the second paragraph?
    (A) A community center.   (B) A book exchange box.
    (C) A dollhouse on a post.   (D) A nonprofit organization.

42. Which of the following is true about the operation of a Little Free Library?
    (A) The library can come in any shape and color.
    (B) There is no limit to the selection of its materials.
    (C) The owner must first be assigned a number from the LFL website.
    (D) The librarian is in charge of checking the books in and out of the library.

43. What is a contribution of Little Free Library?
    (A) The LFL Index can improve GPS functions.
    (B) It promotes reading and literacy in a simple way.
    (C) It helps to strengthen library associations around the world.
    (D) Its location satisfies people's curiosity about their neighbors.

第 44 至 47 題為題組

　　The term "forensic linguistics," in its broadest sense, covers all areas of study where language and law intersect. A famous example of its application is the case of Chris Coleman, who was suspected of killing his family in 2009. Robert Leonard, the head of the forensic linguistics program at Hofstra University, presented some important linguistic evidence in the trial against Coleman. Relying heavily on word choice and spelling, Leonard suggested that the same person had written the threatening e-mails and sprayed the graffiti, and that those samples bore similarities to Coleman's writing style. Coleman was later found guilty of the murder.

　　Robert Leonard was not the first one who resorted to linguistic evidence in criminal investigation. The field of forensic linguistics was brought to prominence by his colleague James Fitzgerald in 1996 with his work in the case of the Unabomber, who had sent a series of letter bombs to college professors over several years, causing serious casualties. Working for the FBI, Fitzgerald urged the publication of the Unabomber's letter—a lengthy declaration of the criminal's philosophy.

　　After the letter was published, many people called the FBI to say they recognized the writing style. By analyzing sentence structure, word choice, and other linguistic patterns, Fitzgerald narrowed down the range of possible authors and finally linked the letter to the writings of Ted Kaczynski, a solitary former mathematician. For instance, Kaczynski tended to use extensive parallel phrases, which were frequently found in the bomber's letter. Both Kaczynski and the bomber also showed a preference for dozens of unusual words, such as "chimerical" and "anomic." The bomber's use of the terms "broad" for women and "negro" for African Americans also enabled Fitzgerald to roughly calculate the suspect's age. The linguistic evidence was strong enough for the judge to search Kaczynski's isolated cabin in Montana; what was found there put him in prison for life.

On some level, finding hidden meanings from linguistic evidence is what we all do intuitively in our daily language interaction. This is exactly the same work forensic professionals do. As one forensic-linguistics firm, *Testipro*, puts it in its online promotional ad, the field can be regarded as "the basis of the entire legal system."

44. What is the main idea of the passage?
    (A) Robert Leonard has provided linguistic evidence in court cases.
    (B) The FBI relies mainly on language experts to solve its crime cases.
    (C) Studying texts can provide critical evidence in criminal investigations.
    (D) Finding hidden meanings in language use is important for daily interactions.

45. Which of the following is true about the Unabomber?
    (A) He didn't like to be called negro.
    (B) He was good at analyzing the use of language.
    (C) He declared his philosophy in a written statement.
    (D) He was a professor of mathematics living on Hofstra campus.

46. What type of language feature is **NOT** mentioned in the passage?
    (A) Sound pattern.   (B) Spelling of words.
    (C) Selection of words.   (D) Grammatical pattern.

47. What can be inferred from the passage?
    (A) Meaning can be distorted in the process of writing.
    (B) Some features in language use are shared by everyone.
    (C) Crimes are usually committed by people who are highly educated.
    (D) People tend to stick to certain habitual patterns in their use of language.

第 48 至 51 題為題組

During the past three hundred years, when a country gains its freedom or independence, one of the first things established is a national anthem. National anthems are generally played and sung at formal state occasions and other events which celebrate or support the country's national identity.

Holland's 16th-century hymn "Het Wilhelmus" is widely considered the world's oldest national anthem, followed by the UK's "God Save the King / Queen" —also a hymn, popularized in the 1740s. As nationalism spread throughout Europe in the 18th and 19th centuries, so did anthems. Many countries, such as the independent states that are today part of Germany, took "God Save the King / Queen" as a model and adopted hymns (songs of prayer typically addressed to a deity or VIP). Others, notably Spain and France, chose marches (songs with a strong, regular rhythm often performed by military bands)—which expressed a martial rather than monarchic spirit. With imperialism, Europeans spread their musical taste. Even when former colonies gained independence, they often imitated the traditions of their former rulers. The result is that most anthems are either hymns or marches, played on European instruments.

Japan's anthem makes for a good case study of European influence. In the 1860s a British bandmaster living in Japan, John William Fenton, noted that the country did not have a national anthem. A local military officer, Ōyama Iwao, selected the lyrics from a Heian era poem and Fenton wrote the melody. About a decade later, a Japanese committee chose a replacement melody by a court musician—one that had been composed for traditional Japanese instruments, but in a mixed style influenced by Fenton's arrangement. The version in use today was also altered by German Franz Eckert to fit a Western scale.

In addition to hymns and marches, British composer Michael Bristow identifies a couple of more minor categories. National anthems in South and Central America are often operatic, with long, elaborate orchestral introductions. These were influenced by 19th-century Italian opera. Burma and Sri Lanka are both in a folk group, as they rely more on indigenous instruments.

48. Which of the following is **NOT** mentioned as a basis to compose national anthems?
    (A) Prayer songs.　　　　　　　　(B) Marching songs.
    (C) Italian opera music.　　　　　(D) Movie theme music.

49. What is the second paragraph mainly about?
    (A) The function of national anthems.
    (B) The world's oldest national anthem.
    (C) The origin and spread of national anthems.
    (D) Reasons why many countries have national anthems.

50. Which of the following is true regarding Japan's national anthem?
    (A) It was not written until the 20th century.
    (B) The lyrics was written by a Japanese officer.
    (C) The melody was first composed by a British musician.
    (D) The current version is barely influenced by western music.

51. What can be inferred about the influence of European imperialism on national anthems?
    (A) Human rights are a common theme in national anthems.
    (B) National anthems of some countries share similar musical features.
    (C) Many national anthems were chosen by ruling European countries.
    (D) Local traditions were excluded in the composition of national anthems.

第貳部分：非選擇題（占 28 分）

說明：本部分共有二題，請依各題指示作答，答案必須寫在「答案卷」上，並標明大題號（一、二）。作答務必使用筆尖較粗之黑色墨水的筆書寫，且不得使用鉛筆。

一、中譯英（占 8 分）

說明：1. 請將以下中文句子譯成正確、通順、達意的英文，並將答案寫在「答案卷」上。
2. 請依序作答，並標明子題號（1、2）。每題 4 分，共 8 分。

1. 世界大學運動會（The Universiade）是一項國際體育與文化盛事，每兩年一次由不同城市舉辦。
2. 在比賽中，來自全球大學的學生運動員建立友誼，並學習運動家精神的真諦。

二、英文作文（占 20 分）

說明：1. 依提示在「答案卷」上寫一篇英文作文。
2. 文長至少 120 個單詞（words）。

提　示：每個人從小到大都有覺得寂寞的時刻，也都各自有排解寂寞的經驗和方法。當你感到寂寞時，有什麼人、事或物可以陪伴你，為你排遣寂寞呢？請以此為主題，寫一篇英文作文，文長至少 120 個單詞。文分兩段，第一段說明你會因為什麼原因或在何種情境下感到寂寞，第二段描述某個人、事或物如何伴你度過寂寞時光。

試辦學測篇

試辦 學測英文試題

試辦 學測英文試題

第壹部分、選擇題（占 62 分）

一、詞彙題（占 10 分）

說明：第 1 題至第 10 題，每題 1 分。

1. News reporters need to base their stories on trusted sources in order to avoid _____ the public.
   (A) misplacing (B) misleading (C) misjudging (D) mistreating

2. Under the doctor's care, my grandmother has been making _____ progress since her knee operation.
   (A) steady (B) routine (C) mobile (D) conscious

3. Amy asked her brother to turn down the _____ of the stereo so that she could hear her friend clearly on the phone.
   (A) intensity (B) volume (C) frequency (D) operation

4. Famous for his great achievements as an artist and scientist, Leonardo da Vinci is one of the _____ figures of the Renaissance.
   (A) universal (B) artificial (C) dominant (D) conventional

5. To stop the spread of the illness, anyone who fails to wear a mask in the hospital can be _____ service and even fined.
   (A) charged (B) directed (C) refused (D) pardoned

6. Before the invention of farm machinery, farmers had to _____ from dawn to dusk in the fields all year round.
   (A) drill (B) harvest (C) shift (D) labor

7. The boy insisted that there was a monster in his room, but it was actually an _____ created by the moonlight.
   (A) array (B) entry (C) outlook (D) illusion

8. Instead of remaining _____ at home, many retired people take part in social activities and do volunteer work.
   (A) idle (B) stiff (C) vacant (D) sensible

9. At many busy international airports, taxis are _____ available at all hours to provide transportation services to incoming travelers.
   (A) merely (B) strictly (C) readily (D) variously

10. Long years of wars have forced many civilians to leave their homeland and live in _____ as refugees in other countries.
    (A) awe (B) exile (C) fraction (D) boredom

二、綜合測驗（占 10 分）

說明：第 11 題至第 20 題，每題 1 分。

第 11 至 15 題為題組

Denmark consistently scores high in global happiness rankings, and Danish people have some cool words for ways to be happy. The word recently voted most popular among Danes is *pyt*, a term that describes the nation's philosophy toward _(11)_.

Pyt doesn't have an exact English translation. It is usually used as a _(12)_ to a daily mistake or small frustration, corresponding roughly to the English sayings, "Don't worry about it," or "Well, things happen." At its core, the word is about accepting and resetting—a reminder to step back and refocus rather than overreact. *Pyt* doesn't point blame at either yourself or another person; _(13)_, it helps you learn that not everything can be perfect. But this does not mean that *pyt* applies to everything. It should not be used when you ought to take responsibility; _(14)_ should it be taken as an excuse for inaction.

Today, the word is even manifested into a literal "*pyt* button" in Danish classrooms for schoolchildren to press when they are upset about something insignificant. Some adults have also started using the button at home. Basically, *pyt* encourages people of all ages to _(15)_ minor frustrations and move on with their lives.

11. (A) health   (B) stress   (C) culture   (D) friendship
12. (A) hand gesture   (B) body movement   (C) verbal response   (D) facial expression
13. (A) therefore   (B) likewise   (C) however   (D) instead
14. (A) so   (B) nor   (C) only   (D) nearly
15. (A) let go of   (B) look up to   (C) go in for   (D) come up with

第 16 至 20 題為題組

Goose bumps are one of those fight-or-flight reactions of the sympathetic nervous system. When you experience cold or fear, a nerve reaction is sent to the muscles, which then contract involuntarily. This muscle contraction causes your body hair to stand erect. The skin with standing body hair _(16)_ a goose's skin after its feathers have been plucked—hence the name goose bumps.

But _(17)_ is this helpful to us as a response to fear or cold? Back in the days when our ancestors may have had a lot more body hair, this might have helped to keep them warm or scare an oncoming predator. These days, however, goose bumps are _(18)_ to human beings. Goose bumps, or the reflex that causes them, also occur in many other mammals. Many mammals fluff up their fur when _(19)_, to look bigger and thus more dangerous. For example, when a porcupine encounters a predator, its long sharp pointed hairs will stand up as a means of _(20)_. In animals with a thick hair coat, the rising of hair traps more air between the hairs, providing another layer of insulation to keep them warm.

16. (A) imitates   (B) explains   (C) develops   (D) resembles
17. (A) how   (B) where   (C) what   (D) whether

18. (A) even more ridiculous　　　　　　(B) no longer useful
    (C) still quite convenient　　　　　　(D) more than important
19. (A) threaten　　(B) threatening　　(C) threatened　　(D) to threaten
20. (A) blocking the smell　　　　　　(B) attracting mates
    (C) showing friendliness　　　　　(D) scaring the enemy

三、文意選填（占 10 分）

說明：第 21 題至第 30 題，每題 1 分。

第 21 至 30 題為題組

　　In the traditional religions of Africa, life does not end with death. After death, humans continue to _(21)_ as spirits. Some African groups believe these spirits dwell underground in a world much like that of the living—but upside down. Other groups believe the sky is the permanent _(22)_ place of the dead. For instance, the Bushmen of southern Africa believe that the spirits of the dead go up to the sky and become stars.

　　Among the spirits, the ancestors _(23)_ a special category of their own. As ancestors, they have some extra powers. To become an ancestor is the best that one can _(24)_ after death. However, not everyone who dies will turn into an ancestor. For one to become an ancestor, there are _(25)_ to be fulfilled while the person is alive—living an upright life and fulfilling all social and religious duties, for example.

　　Many African groups believe that the spirits of ancestors remain near their living descendants as _(26)_ of the family and their traditions. They help in times of trouble as long as their descendants perform proper rituals and pay them _(27)_ respect. But they punish people if certain ceremonies have not been performed properly or if there are some _(28)_ of community laws.

　　Ancestor worship also plays a very _(29)_ role in the mythologies of some African peoples. For example, the people of Buganda in present-day Uganda say that their first ancestor was Kintu, who came from the land of the gods and married Nambe, daughter of the king of heaven. Another example is the Dinkas of Sudan, who believe they are descended from Garang and Abuk, the first man and woman created by God as tiny clay figures in a pot. For these Africans, the honored dead have become not only objects of worship but also _(30)_ of tales and legends.

(A) due　　　　　(B) subjects　　　(C) guardians　　(D) conditions
(E) live on　　　 (F) resting　　　　(G) hope for　　　(H) significant
(I) violations　　(J) comprise

四、篇章結構（占 8 分）

說明：第 31 題至第 34 題，每題 2 分。

第 31 至 34 題為題組

　　Generous billionaires are not hard to come by, but it is definitely a challenge to find a billionaire who spends all his fortune on charity just to end up broke. _(31)_

Feeney, who grew up in a poor neighborhood of New Jersey, is a genius at finding business opportunities. Since childhood, he would take any job to make a few cents for his family—jobs like distributing umbrellas in summer and selling Christmas cards in winter. In his college years at Cornell University, he sold home-made sandwiches to other students and is still remembered there as the Sandwich Man. Then, in the 1960s, Feeney established airport retailer Duty Free Shoppers (DFS), which helped him reach his billionaire status by the 1980s. _(32)_ He lived modestly, and often pondered what to do with all the money he made.

Influenced by his upbringing, Feeney decided to give away all his money to those in need in his lifetime. In 1984, the then 53-year-old Feeney signed over everything—his DFS shares and the various businesses and properties he had acquired worldwide—to Atlantic Philanthropies, a charity foundation he established. In the following decades, Feeney donated through the organization more than $8 billion anonymously, to charities, universities, human rights campaigns, and foundations worldwide. _(33)_

Pioneering the idea of "Giving while Living," Feeney is a role model for many famous billionaires today, including Bill Gates and Warren Buffet. _(34)_ In September 2020, Feeney's go-for-broke mission was completed, and he now lives happily with his wife on a pension in a modest apartment in San Francisco.

(A) However, Feeney never felt at ease with the lifestyle of the wealthy.
(B) He encourages people to donate at least half their fortunes before death.
(C) This is exactly what happened to "former" American billionaire Charles Feeney.
(D) Such incredible secret generosity won him the title "James Bond of Philanthropy" from *Forbes* magazine.

五、閱讀測驗（占 24 分）

說明：第 35 題至第 46 題，每題 2 分。

第 35 至 38 題為題組

Islands are different from a continent or mainland. The size and isolation of islands have a profound effect on island ecosystems and their inhabitants.

Scientists who specialize in species evolution have found that, among mammal species that settle on islands, big species tend to shrink while small ones are apt to enlarge. This phenomenon, discovered by J. Bristol Foster in 1964, has been called Foster's rule, or the island effect. For instance, rodents (such as rats and squirrels) living on islands tend toward gigantism, while big mammals (like deer and elephants) are more likely to become dwarfed. Although there are a number of exceptions to this pattern, the trend generally holds true for both fossil species and living island mammals.

Foster's rule shows that body size regulates everything. In a mainland environment, being large is often a safer and adaptive form of avoiding predators. On an island, with few natural predators and less competition, being really big is no longer an advantage; in fact, it can be a hindrance since a huge animal will need a lot more food in order to survive and reproduce.

A new fossil study of island-dwelling proboscideans (i.e. prehistoric hairy elephants) further shows that the physical attributes and ecological structure of an island may affect the degree of shrinking in big mammals. On relatively balanced and species-rich islands, competition with other species often result in a relatively less dwarfed body size. In contrast, on smaller islands where food sources are limited and competitors lacking, members of **this group** become smaller surprisingly quickly. On one of the Channel Islands 15 miles off the coast of France, the red deer dwarfed to one-sixth the size of deer on continental Europe in a mere 6,000 years after the island became isolated.

35. What is the second paragraph mainly about?
    (A) The reasons why mammals change and evolve through time.
    (B) A comparison of gigantism and dwarfism on different islands.
    (C) The different patterns of evolution for big and small island mammals.
    (D) The similarity between the evolution of fossil species and that of living species.

36. According to the passage, what is a problem big mammals might face on an island?
    (A) There may not be enough food.
    (B) It is harder to find shelter on small islands.
    (C) It may be difficult to move around on small islands.
    (D) They become less competitive due to lack of natural enemies.

37. What does "**this group**" in the fourth paragraph refer to?
    (A) Fossil species.   (B) Natural predators.
    (C) Big mammals.   (D) Limited competitors.

38. How does the author conclude the last paragraph?
    (A) With a prediction.   (B) With a summary.
    (C) With a suggestion.   (D) With an illustration.

第 39 至 42 題為題組

Monopoly is a very popular board game around the world today, but little is known about its American inventor, Elizabeth Magie, and the philosophy behind her invention.

Born in 1866, Magie was a rebel against the norms and politics of her times. Inspired by Henry George who believed that all men should have an equal right to use the land as they have to breathe air, she challenged the capitalist system of property ownership—in the form of a board game. In 1904, she patented her Landlord's Game, which consisted of a circuit of streets and landmarks for sale.

Magie's game contained two sets of rules: The Prosperity rules and the Monopolist rules. The Prosperity rules stated that every player should gain each time someone acquired a new property. The game was won (by all!) when the player starting with the least money doubled his or her fortune. Under Monopolist rules, on the other hand, each player advanced by acquiring properties and collecting rent from all who landed there later. Whoever managed to bankrupt the other players won the game. The purpose of the dual sets of rules, said Magie, was for players to understand how these different approaches to property can lead to different social outcomes: "all win" or "win all."

The game soon became a hit on college campuses and among Quaker communities, and some people modified the game board. An unemployed player named Charles Darrow sold this modified version to the manufacturer Parker Brothers as his own. However, when the game's true origin came to light, Parker Brothers bought the patent from Magie for only $500. They then re-launched the game as Monopoly, including only the rules leading to the triumph of one over all. Darrow was publicized as the inventor who had become a millionaire from selling the game. Thus **a rags-to-riches myth** was created, ironically exemplifying Monopoly's implicit values: Chase wealth and crush your opponents if you want to come out on top.

39. What is this passage mainly about?
    (A) The creation and modification of a board game.
    (B) A fight between patent owners of a popular game.
    (C) A socio-economic victory behind a landlord game.
    (D) The person who became a millionaire from a fun game.

40. What was the main purpose of Magie's Prosperity rules?
    (A) To emphasize the value of the capitalist system.
    (B) To introduce different approaches to obtaining new land.
    (C) To advocate that all should be rewarded when one acquires wealth.
    (D) To challenge George's idea that men should have an equal right to the land.

41. What does "**a rags-to-riches myth**" refer to in the last paragraph?
    (A) A modified version of Monopoly.
    (B) Darrow's success after selling the game.
    (C) Parker Brothers' purchase of Magie's patent.
    (D) The popularity of the game on college campuses.

42. Which of the following would best describe Magie's feelings toward today's version of her game?
    (A) Excited.   (B) Relieved.
    (C) Embarrassed.   (D) Displeased.

第 43 至 46 題為題組

For decades, India's time zone has been a hotly debated issue. Back in 1884 when time zones were officially established, two time zones were used—Bombay Time and Calcutta Time. Indian Standard Time (IST) was introduced in 1906, but Calcutta Time and Bombay Time continued to be maintained after India's independence in 1947, until 1948 and 1955 respectively. The current single time zone, though a legacy of British rule, is often viewed as a symbol of unity. Yet, not everyone thinks it is a good idea.

India stretches 3,000 km from east to west, spanning roughly 30 degrees longitude. This corresponds to a two-hour difference in mean solar time, based on the position of the sun in the sky. Thus, the sun rises nearly two hours earlier in the east than in India's far west. In Northeastern states, sunrise can be as early as 4 a.m. in summer and sunset by 4 p.m. in winter, much earlier than the official working hours. This results in great loss of daylight hours and more consumption of electricity, and often reduced productivity.

Meanwhile, recent studies point out that the current system leads to a serious problem in education for some students. Nationwide, the school day starts at roughly the same time; thus, children go to bed later and have reduced sleep in west India, where the sun sets later. Such sunset-induced sleep deprivation is more **pronounced** among the poor, mostly due to their noisy environment and lack of sleep-inducing facilities like window shades or indoor beds. On average, an hour's delay in sunset time reduces children's sleep by 30 minutes, and an hour's delay in annual average sunset time reduces education by about 0.8 years. As a result, children living in locations with later sunsets are less likely to complete primary and middle school education.

Despite various requests and proposals for multiple time zones, the government is keen to retain the current system. Reasons provided include prevention of confusion and safety issues regarding railway and flight operations.

43. Which of the following illustrates the Indian time zone system since 1955?

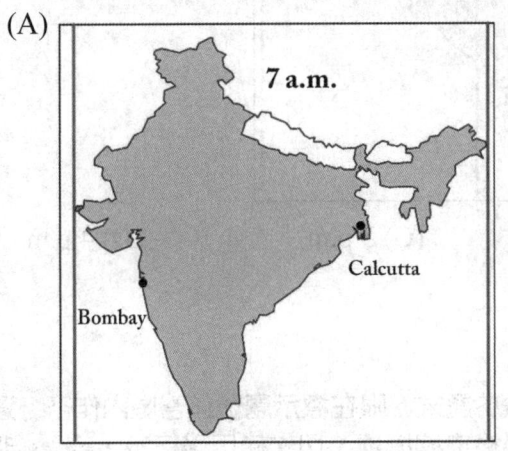

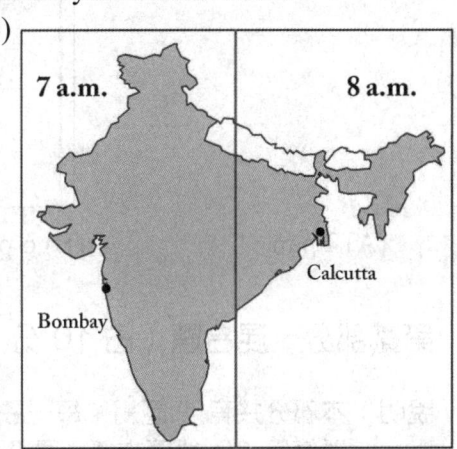

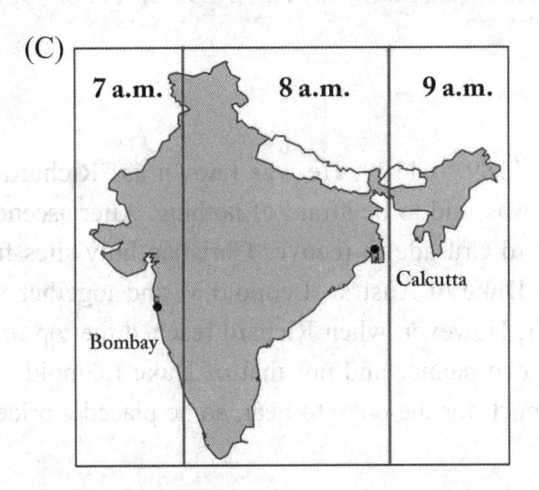

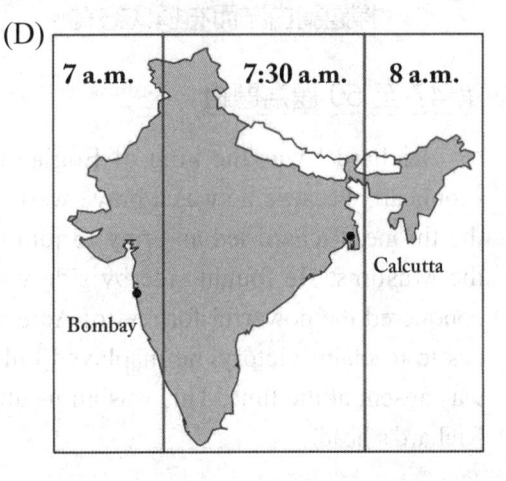

(A) 7 a.m. — map of India with Bombay and Calcutta

(B) 7 a.m. | 8 a.m. — map of India with Bombay and Calcutta

(C) 7 a.m. | 8 a.m. | 9 a.m. — map of India with Bombay and Calcutta

(D) 7 a.m. | 7:30 a.m. | 8 a.m. — map of India with Bombay and Calcutta

44. Which of the following is closest in meaning to the word "**pronounced**" in the third paragraph?
   (A) Serious.　　　　(B) Flexible.　　　　(C) Distant.　　　　(D) Noisy.

45. According to the passage, which of the following is a supporting argument for multiple time zones?
   (A) The number of traffic accidents can be reduced.
   (B) Children may have better-quality sleep and education.
   (C) India may have more energy resources to generate electricity.
   (D) The country may rid itself of the impact of British colonization.

46. According to the passage, when is most likely the sunset hour in December in the city of Varanasi shown on the map?

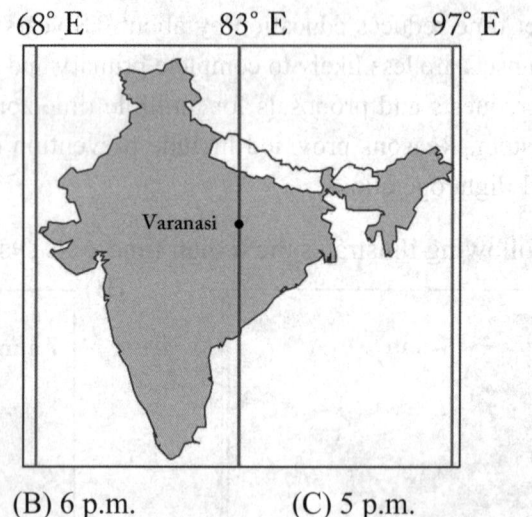

   (A) 7 p.m.　　　　(B) 6 p.m.　　　　(C) 5 p.m.　　　　(D) 4 p.m.

第貳部分、混合題（占 10 分）

說明：本部分共有 1 題組，每一子題配分標於題末。限在標示題號作答區內作答。選擇題使用 2B 鉛筆作答，更正時，應以橡皮擦擦拭，切勿使用修正液（帶）。非選擇題請由左而右橫式書寫。

第 47 至 50 題為題組

Richard I was the king of England from 1189 to 1199. He was known as "Richard the Lionheart" because he was a brave warrior and was said to be afraid of nothing. After ascending the throne, Richard led an army to join the Third Crusade to recover Christian holy sites from the Muslims. He fought side by side with the Duke of Austria, Leopold V, and together they conquered the powerful fortress of Acre in 1191. However, when Richard reached the top of the castle to claim victory, he displayed only his own banner and not that of Duke Leopold, who was absent at the time. This was an insult too much for the duke to bear, so he placed a price on Richard's head.

Richard was aware of the danger awaiting him on his way back to England after the war. However, he had no other choice but to cross through Austria, a land controlled by **his unfriendly former ally**. Richard traveled in disguise but was recognized and caught before reaching Vienna. Duke Leopold held Richard at Dürnstein, a castle on the bank of the Danube River. After a few months, Richard was handed over to the German Emperor Heinrich VI. A ransom of 35 tons of silver was demanded by the duke and the emperor to release Richard. That was a huge amount for England to pay.

In 1194, the ransom was paid and Richard was finally released, though the effort it took to raise the money affected people throughout England. The silver was split between the German Emperor and the Austrian Duke. The Austrians used it to improve the city walls of Vienna and some small towns in the east. It was also used to establish the Austrian mint and make silver coins. Until the 1960s, small amounts of the silver stemming from the ransom could still be found in Austrian 10 Schilling coins.

47. 請從文章第一段中選出一個單詞（word）填入下列句子的空格，並視語法需要作適當的字形變化，使句子語意完整、語法正確，且符合第一段文意。（填空，2分）

    After the conquest of Acre in 1191, the Duke of Austria was very upset because he felt he had been greatly ___47___.

48. Who does "**his unfriendly former ally**" in the second paragraph refer to?（簡答，2分）

49. Which word in the passage means "a place where coins, medals, or tokens are made"? （簡答，2分）

50. What happened to Richard I, Heinrich VI, and Leopold V in the story? From (A) to (F) below, choose the statements that are true according to the passage.（多選題，4分）
    (A) Richard I got his revenge at the end.
    (B) Heinrich VI received part of the ransom.
    (C) Richard I lost his throne after the incident.
    (D) Leopold V claimed victory alone after the battle at Acre.
    (E) Leopold V rebuilt towns and city walls with some ransom money.
    (F) Heinrich VI captured Richard I and handed him over to Leopold V.

第參部分、非選擇題（占 28 分）

說明：本部分共有二大題，請依各題指示作答，答案必須寫在「答題卷」標示題號之作答區內，作答時不必抄題。

一、中譯英（占 8 分）

說明：1. 請將以下中文句子譯成正確、通順、達意的英文，並將答案寫在「答題卷」上。
2. 請依序作答，並標明子題號。每題 4 分，共 8 分。

1. 很多人害怕公開演講，常在上台之前發抖、覺得頭昏。
2. 只要我們對自己有信心，並持續練習，就可以克服怯場的問題。

二、英文作文（占 20 分）

說明：1. 依提示在「答題卷」上寫一篇英文作文。
2. 文長至少 120 個單詞（words）。

提　示：你認為下面兩張圖片中呈現的是什麼景象？你對這些景象有什麼感想？請根據圖片內容，寫一篇英文作文，文分兩段。第一段描述兩張圖片的內容，包括其中的人、事、物以及發生的事情；第二段討論導致這個現象可能的原因，並說明你認為未來可以採取什麼具體的因應措施，以避免類似景象再度發生。

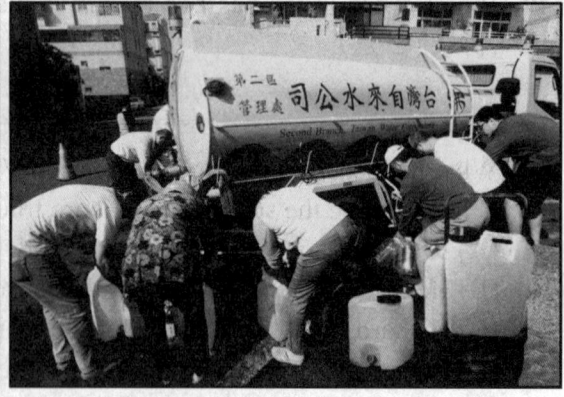

常春藤升大學系列【AC01-114】
近五年英文學測／指考試題詳解－試題本（114年版）

總 編 審	賴世雄
終　　審	梁民康
執行編輯	許嘉華
編輯小組	常春藤中外編輯群
設計組長	王玥琦
封面設計	林桂旭
排版設計	王穎緁‧林桂旭
法律顧問	北辰著作權事務所蕭雄淋律師
出 版 者	常春藤數位出版股份有限公司
地　　址	臺北市忠孝西路一段 33 號 5 樓
電　　話	(02) 2331-7600
傳　　真	(02) 2381-0918
網　　址	www.ivy.com.tw
電子信箱	service@ivy.com.tw
郵政劃撥	50463568
戶　　名	常春藤數位出版股份有限公司
定　　價	380 元／套（含試題本及詳解本）

©常春藤數位出版股份有限公司 (2025) All rights reserved.　Y000064-3588
本書之封面、內文、編排等之著作財產權歸常春藤數位出版股份有限公司所有。未經本公司書面同意，請勿翻印、轉載或為一切著作權法上利用行為，否則依法追究。

如有缺頁、裝訂錯誤或破損，請寄回本公司更換。　【版權所有　翻印必究】